THÈMES

AP® French Language and Culture

Geneviève Delfosse | Eliane Kurbegov | Parthena Draggett

Boston, Massachusetts

Publisher: José A. Blanco

Vice President, Editorial Director: Amy Baron

Senior National Language Consultant: Norah Lulich Jones

Executive Editor: Sharla Zwirek

Editorial Development: Brian Contreras, Diego García

Rights Management: Jorgensen Fernandez, Maria Rosa Alcaraz Pinsach, Annie Pickert Fuller, Caitlin O'Brien

Technology Production: Jamie Kostecki, Paola Ríos Schaaf

Design: Mark James, Germán Salazar, Andrés Vanegas

Production: Manuela Arango, Oscar Díez, Jennifer López

THÈMES Student Edition ISBN: 978-1-68004-027-2

Library of Congress Control Number: 2014948569

7 8 9 TC 21 20

Printed in Canada.

THE VISTA HIGHER LEARNING STORY

Your Specialized Foreign Language Publisher

Independent, specialized, and privately owned, Vista Higher Learning was founded in 2000 with one mission: to raise the teaching and learning of world languages to a higher level. This mission is based on the following beliefs:

- It is essential to prepare students for a world in which learning another language is a necessity, not a luxury.
- Language learning should be fun and rewarding, and all students should have the tools they need to achieve success.
- Students who experience success learning a language will be more likely to continue their language studies both inside and outside the classroom.

With this in mind, we decided to take a fresh look at all aspects of language instructional materials. Because we are specialized, we dedicate 100 percent of our resources to this goal and base every decision on how well it supports language learning.

That is where you come in. Since our founding, we have relied on the invaluable feedback of language instructors and students nationwide. This partnership has proved to be the cornerstone of our success, allowing us to constantly improve our programs to meet your instructional needs.

The result? Programs that make language learning exciting, relevant, and effective through:

- unprecedented access to resources
- a wide variety of contemporary, authentic materials
- the integration of text, technology, and media
- a bold and engaging textbook design

By focusing on our singular passion, we let you focus on yours.

The Vista Higher Learning Team

500 Boylston Street, Suite 620, Boston, MA 02116-3736 TOLL-FREE: 800-618-7375
TELEPHONE: 617-426-4910 FAX: 617-426-5209 www.vistahigherlearning.com

ABOUT THE AUTHORS

Geneviève J. Delfosse

Geneviève Delfosse is a native speaker of French who has been teaching French at Thomas Jefferson High School for Science and Technology in Northern Virginia for more than 25 years. She enjoys teaching novice freshmen as well as AP® and post-AP® students. Geneviève has served as co-chair of the College Board AP® French Language and Culture Development Committee, and she has been an AP® table leader for many years. As a consultant for the College Board, she regularly presents AP® French Language workshops during the summer. Geneviève has been chair of the development committee for the National French Contest for the last ten years. A National Board Certified teacher since 2002, she received the prestigious *Palmes Académiques* for her contributions to the teaching of French at the secondary level.

Eliane Kurbegov

Eliane Kurbegov is a native French speaker who taught French at the high school and college levels in Florida and Colorado. She was twice honored by the French government with the prestigious *Palmes Académiques*. Eliane has been involved with the College Board and AP® testing in many capacities. She participated in the redesign of the AP® French Language and Culture curriculum and exam and was the lead trainer for College Board consultants. She has developed College Board workshop materials and participated in AP® readings as a table and question leader. Eliane has also authored curricular items and College Board materials. Currently, Eliane leads AP® workshops and Summer Institutes and monitors the AP® French Teachers Community website for the College Board. Eliane was a co-author on the *Barron's AP® French Language and Culture Guide*.

Parthena Draggett

Parthena Draggett has been teaching French and Spanish for more than thirty years and is currently World Language Department Chair at the Community School of Naples, Florida. She was named Ohio Teacher of the Year for 2015 by the Ohio Foreign Language Association. A table leader at the AP® reading, Parthena represents World Languages on the College Board Consultants' Panel. Parthena is a 2011-2012 Grant Recipient of the Martha Holden Jennings Foundation for her project "Making Global Connections." She is a Praxis II Chief Scoring Leader for ETS and was named State Director of the Year for the *Sociedad Honoraria Hispánica*. The lead author on the best-selling AP® Spanish textbook, *Temas*, Parthena earned her M.A. in French and Spanish Pedagogy and Applied Linguistics from Kent State University.

CONTRIBUTING WRITERS

Evelyne Berman
El Camino College, Torrance, CA

A native speaker of French, Evelyne Berman has been teaching all levels of French language, literature and culture at El Camino College for the last 30 years. She holds a Ph.D. in French from UCLA, has published scholarly articles, and has given numerous presentations at the local, regional and national levels. She co-authored a first year-textbook as well as various French educational materials and received the California Outstanding Teacher Award in 2008.

Madeleine Cosson-Flanagan
Delray Beach, FL and Paris, France

Madeleine Cosson-Flanagan, Ph.D., is a French native with over 25 years of experience in French as a foreign language. She directed and produced a French children's cultural program *La fête en français*, for which she received the Mary-Anne Sullivan Award for the "Year's Best Entertainment Series." She is also a trainer for TV5Monde. Madeleine conducts teacher workshops on the AP® French Language and Culture curriculum and is the vice-president of AATF/Florida.

Tripp DiNicola
Riverside High School, Leesburg, VA

Frank G. ("Tripp") Di Nicola, III, Ph.D. has been teaching French, Japanese, Spanish, and modern languages methodology courses at the secondary and university levels since 1996. A Fulbright scholar in 1998, Tripp has been a reader for the AP® French Language and Culture exam on five occasions. He was the recipient of the 2014 American Association of Teachers of French Intercultural Student Experiences Language Matters award. A former French Curriculum Leader in Loudoun County Public Schools, he now serves as assistant principal at Riverside High School in Leesburg, Virginia.

Catherine Ousselin
Mt. Vernon High School, Mt. Vernon, WA

Catherine Ousselin is the social media manager and the chair of the Technology Commission for the American Association of Teachers of French. She is also a former president of the Washington chapter of AATF. In 2012, Catherine was recognized as an ASCD Outstanding Young Educator Program honoree. She teaches all levels of French at Mount Vernon High School and serves as a digital literacy coach for the school district. Catherine has an M.A. in French from the University of Kansas.

François Wolman
Canyon High School, Santa Clarita, CA

François Wolman is a native of Paris, France. He has been teaching all levels of French at Canyon High School in Santa Clarita, CA since 1990, and has also taught at Beverly Hills High School and Los Angeles Valley College. In 1996, François started serving as an AP® reader for the College Board and has been a Table Leader since 2011. He is also a member of AATF, where he received the certificate of Recognition of Merit in French Education in 2013.

Mayanne Wright
Austin, TX and Paris, France

Mayanne Wright has been working in the educational publishing field for over 20 years. She has contributed to the research, development, and writing of print and digital world language textbooks and supplements, and she has been an educational consultant and teacher trainer. She has also served as a translator and writing coach. Mayanne has her Texas Secondary Teacher Certification and has done graduate work at the Monterey Institute of International Studies and L'Institut Supérieur d'Interprétariat et Traduction in Paris, France.

ACKNOWLEDGMENTS

Vista Higher Learning expresses its sincere appreciation to the many instructors who contributed their ideas and suggestions to this project. We also wish to extend a special thank you to **Inés Benlloch**, **Daniel Finkbeiner**, **Crystal Stillman**, and **Géraldine Touzeau-Patrick** for their research contributions, and to **Myriam Arcangeli, Christelle Ahyee, Kayli Brownstein,** and **Séverine Champeny** for their invaluable assistance in helping to shape *Thèmes*.

Reviewers

- **ELSIE AUGUSTAVE**
  Stuyvesant High School
  New York, NY
- **CHRISTOPHE BARQUISSAU**
  Los Altos High School
  Los Altos, CA
- **MARTINE C. BERLIET**
  Wilton High School
  Wilton, CT
- **TERESA CHARDOLA**
  Seven Lakes High School
  Katy, TX
- **RITA DAVIS**
  The Agnes Irwin School
  Rosemont, PA
- **DR. KATELY DEMOUGEOT**
  Montgomery College
  Rockville, MD
- **MARINA A. DILLINGHAM**
  Bonita Vista High School
  Chula Vista, CA
- **JEANNE MARTINELLI ENGELKEMEIR**
  Carmel Catholic High School
  Mundelein, IL
- **KEITH R. GRASMANN**
  Pleasantville UFSD
  Pleasantville, NY
- **SAGE GOELLNER**
  University of Wisconsin-Madison
  Madison, WI
- **THEODORE HALDEMAN, *retired***
  Homewood-Flossmoor High School
  Flossmoor, IL
- **BRIAN G. KENNELLY**
  California Polytechnic State University
  San Luis Obispo, CA
- **VERNA LOFARO**
  Cherry Creek High School
  Greenwood Village, CO
- **NANCY MANNING**
  Central Peel Secondary School
  Peel District School Board
  Brampton, Ontario
  Canada
- **MONA MULHAIR**
  Las Lomas High School
  Walnut Creek, CA
- **NICOLE NADITZ,**
  Bella Vista High School
  Fair Oaks, CA
- **JAMIE NOYES**
  Kenton Ridge High School
  Springfield, OH
- **DR. JULIETTE PARNELL**
  University of Nebraska at Omaha
  Omaha, NE
- **DAVARA DYE POTEL, *retired***
  Solon High School
  Solon, OH
- **DR. CELESTE RENZA-GUREN**
  Highland Park High School
  Dallas, TX
- **NILDA RIVERA**
  Jesuit High School of New Orleans
  New Orleans, LA
- **FRANCINE G. SHIRVANI**
  Head-Royce School
  Oakland, CA
- **JEFF STEIN**
  Webster Groves High School
  St. Louis, MO
- **KATHLEEN M. TURNER**
  Sharon High School
  Sharon, MA
- **BEVERLY A. WASHBURN**
  Franklin High School
  Reisterstown, MD

THÈME 1

LA FAMILLE ET LA COMMUNAUTÉ

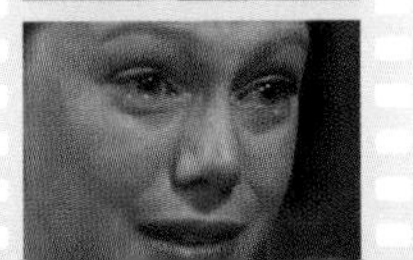

THÈME 2

LA SCIENCE ET LA TECHNOLOGIE

CONTEXTE 1 LA TECHNOLOGIE ET SES EFFETS SUR LA SOCIÉTÉ

CONTEXTE 2 LES DÉCOUVERTES ET LES INVENTIONS

CONTEXTE 3 LES CHOIX MORAUX

CONTEXTE 4 DROITS D'AUTEUR ET COMMUNICATION

THÈME 3

L'ESTHÉTIQUE

THÈME 4

LA VIE CONTEMPORAINE

THÈME 5

LES DÉFIS MONDIAUX

CONTEXTE 1 L'ÉCONOMIE

CONTEXTE 2 L'ENVIRONNEMENT

CONTEXTE 3 L'ALIMENTATION ET LA SANTÉ

CONTEXTE 4 LA TOLÉRANCE

THÈME 6

LA QUÊTE DE SOI

APPENDICES

SUCCESS IN ADVANCED FRENCH COURSES

Thèmes is designed to help students in upper-level French succeed in the language classroom and, in particular, on the AP® French Language and Culture Examination. As defined by the College Board, successful students in the advanced language course should:

> “demonstrate an understanding of the culture(s), incorporate interdisciplinary topics (Connections), make comparisons between the native language and the target language and between cultures (Comparisons), and use the target language in real-life settings (Communities).”[1]

How does *Thèmes* help you reach this goal?

Thematic organization *Thèmes* contains authentic readings, audio, and films organized around the themes of the AP® French Language and Culture Examination:

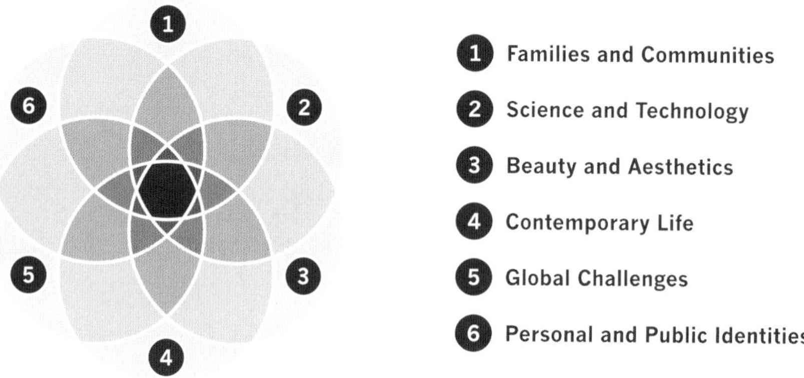

The College Board's recommended contexts provide the framework for communicating about real-world issues and your own life experiences.

Authentic sources Selections offer an extraordinary wealth of material for study and discussion. Pre- and post-reading and listening activities guide classroom discussion to develop communication skills and promote a deeper understanding of culture.

Vocabulary development *Thèmes* employs a discovery approach to vocabulary development, encouraging each student to generate and maintain his or her own list of vocabulary. Rather than prescribing words for memorization, *Thèmes* allows students to develop their own tools for communication through reading and listening to authentic sources.

Communication In addition to providing opportunities for success within the French-language classroom, *Thèmes* creates a broad base to prepare students to effectively communicate in French for travel, study, work, or to achieve proficiency on standardized exams.

1 AP® French Language and Culture Course and Exam Description, p. 7. © 2011 by The College Board.
NB: The authors and developers of *Thèmes* used this document as a guide for instruction. We encourage all students and teachers to review the Curriculum Framework on their own for complete details on both the course philosophy and exam.

AP® FRENCH

Language and Culture Exam Preparation

Many students enrolled in advanced French programs that use *Thèmes* may be preparing for the AP® French Language and Culture Examination. The exam consists of two sections: one for multiple choice responses to authentic print and audio texts (interpretive communication) and the other for free responses to both print and audio text prompts (interpersonal and presentational speaking). Please see the chart below for a breakdown of the exam contents:

<table>
<tr><th colspan="2">SECTION</th><th>NUMBER OF QUESTIONS</th><th>PERCENT OF FINAL SCORE</th><th>TIME</th></tr>
<tr><td colspan="4">Section I: Multiple Choice</td><td>Approx. 95 minutes</td></tr>
<tr><td>Part A</td><td>Interpretive Communication: Print Texts</td><td>30 questions</td><td rowspan="3">50%</td><td>Approx. 40 minutes</td></tr>
<tr><td rowspan="2">Part B</td><td>Interpretive Communication: Print and Audio Texts (combined)</td><td rowspan="2">35 questions</td><td rowspan="2">Approx. 55 minutes</td></tr>
<tr><td>Interpretive Communication: Audio Texts</td></tr>
<tr><td colspan="4">Section II: Free Response</td><td>Approx. 85 minutes</td></tr>
<tr><td colspan="2">Interpersonal Writing: E-mail Reply</td><td>1 prompt</td><td rowspan="4">50%</td><td>15 minutes</td></tr>
<tr><td colspan="2">Presentational Writing: Persuasive Essay</td><td>1 prompt</td><td>Approx. 55 minutes</td></tr>
<tr><td colspan="2">Interpersonal Speaking: Conversation</td><td>5 prompts</td><td>20 seconds for each response</td></tr>
<tr><td colspan="2">Presentational Speaking: Cultural Comparison</td><td>1 prompt</td><td>2 minutes to respond</td></tr>
</table>

To allow students to practice and prepare for the exam, *Thèmes* provides a complete sample exam in Appendix I. Additionally, *Thèmes* provides exam preparation through the inclusion of many activities that mimic the exam formats.

INTEGRATED CONTENT

means a better student experience

- All textbook "mouse-icon" activities and additional online-only practice activities
- Immediate feedback for all auto-graded activities
- Powerful vocabulary tools for personalized study—students focus on the words they need to learn
- Partner Chat tool for recording live student conversations via video or audio and submitting to the gradebook
- Virtual Chat tool for interpersonal speaking: conversation activities online
- Streaming video for authentic short films with teacher-controlled subtitles and translations
- Record & Submit activities for practice and assessment of oral presentations[1]
- Write & Submit activities for practice and assessment of written presentations
- Strategies break down content into manageable activities for reading and listening
- Grammar appendix in print and online
- Complete AP® practice exam that replicates the test-day experience

SPECIALIZED RESOURCES

ensure successful implementation

- Online assessments
- MP3 audio files for the complete Textbook and Testing Program
- Scoring guidelines (rubrics)
- Teaching suggestions
- Answer keys
- Correlations
- Pacing guides

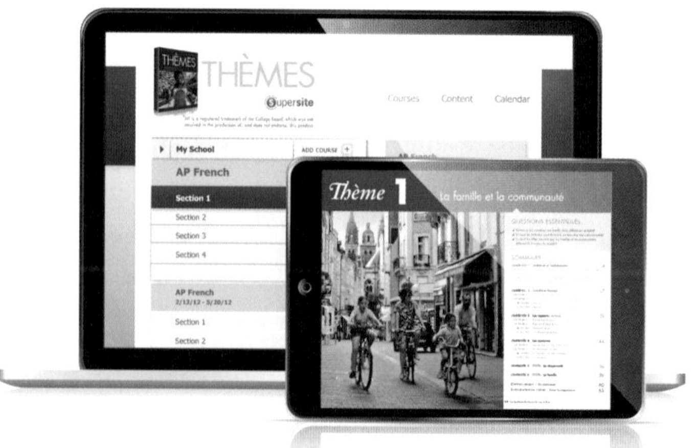

1 Students must use a computer for audio-recording and select presentations and tools that require Flash or Shockwave.

ONLINE TOOLS

facilitate effective instruction

- Enhanced auto-feedback for increased comprehension
- A gradebook for rosters, assignments, and grades
- Time-saving grading options, including randomized spot-checking and voice commenting
- Online assessment with time limits and password protection
- Composition grading tool for in-line comments and corrections via text or voice
- A communication center for announcements, notifications, and responding to help requests
- Live Chat (video or audio) and instant messaging
- Voiceboards for oral assignments, group discussions, and projects
- Tools to personalize your course:
  - Create Partner Chat and open-ended activities
  - Add your own notes to existing content
  - Add video and outside resources
- Single sign-on LMS integration for Blackboard
- Reporting tools for summarizing student data

The following icons appear throughout the Student Edition, and reference activities or tools on the Supersite that support and enhance the program.

	ONLINE ACTIVITY OR TOOL		WRITE & SUBMIT ACTIVITY
	AUDIO MP3 ONLINE		RECORD & SUBMIT ACTIVITY
	STREAMING VIDEO ONLINE		CHAT ACTIVITY

CONTENT AND TOOLS DELIVERED YOUR WAY

which **100% digital** option is right **for you**?

I'm always online.

vText (Online)

- Browser-based electronic text for online viewing
- Links on the vText page to all mouse-icon textbook activities*, audio, and video
- Access to all Supersite resources
- Highlighting and note taking
- Easy navigation with searchable table of contents and page number browsing
- iPad®-friendly*
- Single- and double-page view, zooming
- Automatically adds auto-graded activities in teacher gradebook

Available on any PC or device that has internet connectivity.

I need offline access.

eBook (Downloadable for iPad®)

- Downloadable electronic text for offline viewing
- Embedded audio for anytime listening
- Easy navigation with searchable table of contents and page number browsing
- Highlighting and note taking
- Single-page view, zooming

When student is connected online:

- Links on the eBook page to all mouse-icon textbook activities*, audio, and video
- Access to all Supersite resources
- Automatically adds auto-graded activities in instructor gradebook

Available for iPad® via a Vista Higher Learning eBook app.

To learn more, **visit vistahigherlearning.com/new-supersite/digital-texts**

*Students must use a computer for audio recording and select presentations and tools that require Flash or Shockwave

ENGAGE

Engaging chapter theme presentation

Essential Questions for chapter

Thème 1 • La famille et la communauté

QUESTIONS ESSENTIELLES

- Qu'est-ce qui constitue une famille dans différentes sociétés?
- En quoi les individus contribuent-ils au bien-être des communautés?
- En quoi les rôles assumés par les familles et les communautés diffèrent-ils à travers le monde?

SOMMAIRE

Une famille fait du vélo dans les rues de Paris.

Six contexts full of authentic print and audio

Supersite

Supersite resources are available for every section of the theme at **vhlcentral.com**. Icons show you which textbook activities are also available online. The description next to the Supersite icon indicates the type of activity or tool, including auto-graded and video Partner Chat activities and the personalized My Vocabulary study tool.

PREPARE

Context introduction with broad questions

Student-driven vocabulary development

Information about the reading

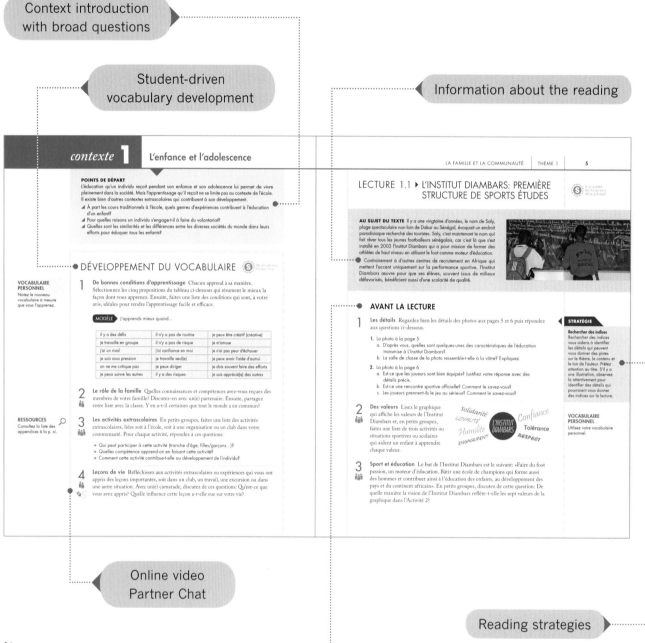

contexte 1 L'enfance et l'adolescence

POINTS DE DÉPART
L'éducation qu'un individu reçoit pendant son enfance et son adolescence lui permet de vivre pleinement dans la société. Mais l'apprentissage qu'il reçoit ne se limite pas au contexte de l'école. Il existe bien d'autres contextes extrascolaires qui contribuent à son développement.

- À part les cours traditionnels à l'école, quels genres d'expériences contribuent à l'éducation d'un enfant?
- Pour quelles raisons un individu s'engage-t-il à faire du volontariat?
- Quelles sont les similarités et les différences entre les diverses sociétés du monde dans leurs efforts pour éduquer tous les enfants?

DÉVELOPPEMENT DU VOCABULAIRE

My Vocabulary
Partner Chat

VOCABULAIRE PERSONNEL
Notez le nouveau vocabulaire à mesure que vous l'apprenez.

1 **De bonnes conditions d'apprentissage** Chacun apprend à sa manière. Sélectionnez les cinq propositions du tableau ci-dessous qui résument le mieux la façon dont vous apprenez. Ensuite, faites une liste des conditions qui sont, à votre avis, idéales pour rendre l'apprentissage facile et efficace.

MODÈLE J'apprends mieux quand...

il y a des défis	il n'y a pas de routine	je peux être créatif (créative)
je travaille en groupe	il n'y a pas de risque	je m'amuse
j'ai un rival	j'ai confiance en moi	je n'ai pas peur d'échouer
je suis sous pression	je travaille seul(e)	je peux avoir l'aide d'autrui
on ne me critique pas	je peux diriger	je dois souvent faire des efforts
je peux suivre les autres	il y a des risques	je suis apprécié(e) des autres

2 **Le rôle de la famille** Quelles connaissances et compétences avez-vous reçues des membres de votre famille? Discutez-en avec un(e) partenaire. Ensuite, partagez votre liste avec la classe. Y en a-t-il certaines que tout le monde a en commun?

RESSOURCES
Consultez la liste des appendices à la p. xi.

3 **Les activités extrascolaires** En petits groupes, faites une liste des activités extrascolaires, liées soit à l'école, soit à une organisation ou un club dans votre communauté. Pour chaque activité, répondez à ces questions:

- Qui peut participer à cette activité (tranche d'âge, filles/garçons...)?
- Quelles compétence apprend-on en faisant cette activité?
- Comment cette activité contribue-t-elle au développement de l'individu?

4 **Leçons de vie** Réfléchissez aux activités extrascolaires ou expériences qui vous ont appris des leçons importantes, soit dans un club, un travail, une excursion ou dans une autre situation. Avec un(e) camarade, discutez de ces questions: Qu'est-ce que vous avez appris? Quelle influence cette leçon a-t-elle eue sur votre vie?

LA FAMILLE ET LA COMMUNAUTÉ | THÈME 1 | 5

LECTURE 1.1 ▸ L'INSTITUT DIAMBARS: PREMIÈRE STRUCTURE DE SPORTS ÉTUDES

Auto-graded
My Vocabulary
Write & Submit

AU SUJET DU TEXTE Il y a une vingtaine d'années, le nom de Saly, plage spectaculaire non loin de Dakar au Sénégal, évoquait un endroit paradisiaque recherché des touristes. Saly, c'est maintenant le nom qui fait rêver tous les jeunes footballeurs sénégalais, car c'est là que s'est installé en 2003 l'Institut Diambars qui a pour mission de former des athlètes de haut niveau en utilisant le foot comme moteur d'éducation.

Contrairement à d'autres centres de recrutement en Afrique qui mettent l'accent uniquement sur la performance sportive, l'Institut Diambars œuvre pour que ses élèves, souvent issus de milieux défavorisés, bénéficient aussi d'une scolarité de qualité.

AVANT LA LECTURE

1 **Les détails** Regardez bien les détails des photos aux pages 5 et 6 puis répondez aux questions ci-dessous.

1. La photo à la page 5
   a. D'après vous, quelles sont quelques-unes des caractéristiques de l'éducation transmise à L'Institut Diambars?
   b. La salle de classe de la photo ressemble-t-elle à la vôtre? Expliquez.
2. La photo à la page 6
   a. Est-ce que les joueurs sont bien équipés? Justifiez votre réponse avec des détails précis.
   b. Est-ce une rencontre sportive officielle? Comment le savez-vous?
   c. Les joueurs prennent-ils le jeu au sérieux? Comment le savez-vous?

2 **Des valeurs** Lisez le graphique qui affiche les valeurs de l'Institut Diambars et, en petits groupes, faites une liste de trois activités ou situations sportives ou scolaires qui aident un enfant à apprendre chaque valeur.

Solidarité
LOYAUTÉ
Humilité
ENGAGEMENT
L'INSTITUT DIAMBARS
Confiance
Tolérance
RESPECT

3 **Sport et éducation** Le but de l'Institut Diambars est le suivant: «Faire du foot passion, un moteur d'éducation. Bâtir une école de champions qui forme aussi des hommes et contribuer ainsi à l'éducation des enfants, au développement des pays et du continent africain». En petits groupes, discutez de cette question: De quelle manière la vision de l'Institut Diambars reflète-t-elle les sept valeurs de la graphique dans l'Activité 2?

STRATÉGIE
Rechercher des indices
Rechercher des indices vous aidera à identifier les détails qui peuvent vous donner des pistes sur le thème, le contenu et le ton de l'auteur. Prêtez attention au titre. S'il y a une illustration, observez-la attentivement pour identifier des détails qui pourraient vous donner des indices sur la lecture.

VOCABULAIRE PERSONNEL
Utilisez votre vocabulaire personnel.

Online video
Partner Chat

Reading strategies

Pre-reading activities

- Auto-graded
- My Vocabulary
- Partner Chat
- Write & Submit

READ

Authentic texts from varied sources

Challenging words from reading defined in French

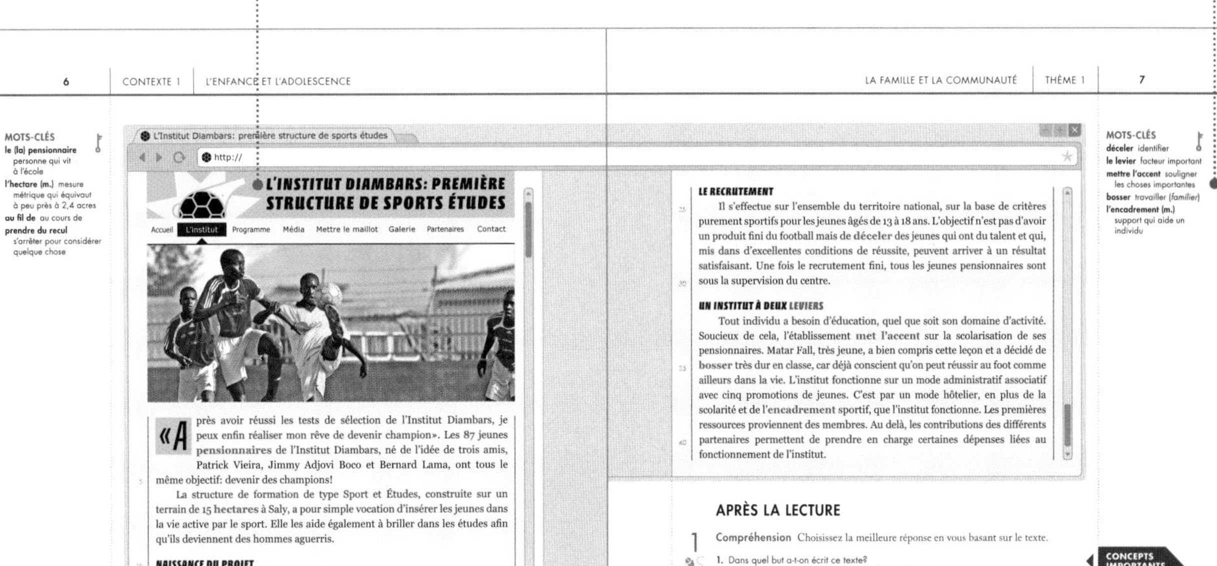

MOTS-CLÉS
le (la) pensionnaire personne qui vit à l'école
l'hectare (m.) mesure métrique qui équivaut à peu près à 2,4 acres
au fil de au cours de
prendre du recul s'arrêter pour considérer quelque chose

L'Institut Diambars: première structure de sports études

http://

L'INSTITUT DIAMBARS: PREMIÈRE STRUCTURE DE SPORTS ÉTUDES

Accueil | L'institut | Programme | Média | Mettre le maillot | Galerie | Partenaires | Contact

«Après avoir réussi les tests de sélection de l'Institut Diambars, je peux enfin réaliser mon rêve de devenir champion». Les 87 jeunes **pensionnaires** de l'Institut Diambars, né de l'idée de trois amis, Patrick Vieira, Jimmy Adjovi Boco et Bernard Lama, ont tous le même objectif: devenir des champions!

La structure de formation de type Sport et Études, construite sur un terrain de 15 **hectares** à Saly, a pour simple vocation d'insérer les jeunes dans la vie active par le sport. Elle les aide également à briller dans les études afin qu'ils deviennent des hommes aguerris.

NAISSANCE DU PROJET

De leurs années au LOSC et au RC Lens, Bernard Lama et Jimmy Adjovi Boco ont gardé plus qu'une grande amitié. **Au fil des** déplacements, des matches, des rencontres sportives et amicales, de leurs échanges, ils ont gardé une envie commune: «rendre au foot ce qu'il leur a donné», c'est-à-dire partager... Assez vite, ils pensent à une école de foot, mais une école pas comme les autres. Si Bernard joue encore, Jimmy a **pris du recul**, et avec Saër Seck, ami de longue date et ex-international junior, très impliqué dans le foot au Sénégal, ils perçoivent l'impact que le football a sur les jeunes. Le projet prend bientôt de la dimension: «Faire du foot passion, un moteur d'éducation. Bâtir une école de champions qui forme aussi des hommes, et contribuer ainsi à l'éducation des enfants, au développement des pays et du continent africain». Un soir de l'année 1997 sur la plage de Saly au Sénégal, Jimmy Adjovi Boco et Saër Seck baptisent le projet Diambars.

LE RECRUTEMENT

Il s'effectue sur l'ensemble du territoire national, sur la base de critères purement sportifs pour les jeunes âgés de 13 à 18 ans. L'objectif n'est pas d'avoir un produit fini du football mais de **déceler** des jeunes qui ont du talent et qui, mis dans d'excellentes conditions de réussite, peuvent arriver à un résultat satisfaisant. Une fois le recrutement fini, tous les jeunes pensionnaires sont sous la supervision du centre.

UN INSTITUT À DEUX LEVIERS

Tout individu a besoin d'éducation, quel que soit son domaine d'activité. Soucieux de cela, l'établissement **met l'accent** sur la scolarisation de ses pensionnaires. Matar Fall, très jeune, a bien compris cette leçon et a décidé de **bosser** très dur en classe, car déjà conscient qu'on peut réussir au foot comme ailleurs dans la vie. L'institut fonctionne sur un mode administratif associatif avec cinq promotions de jeunes. C'est par un mode hôtelier, en plus de la scolarité et de l'**encadrement** sportif, que l'institut fonctionne. Les premières ressources proviennent des membres. Au delà, les contributions des différents partenaires permettent de prendre en charge certaines dépenses liées au fonctionnement de l'institut.

MOTS-CLÉS
déceler identifier
le levier facteur important
mettre l'accent souligner les choses importantes
bosser travailler (familier)
l'encadrement (m.) support qui aide un individu

APRÈS LA LECTURE

1 **Compréhension** Choisissez la meilleure réponse en vous basant sur le texte.

1. Dans quel but a-t-on écrit ce texte?
   a. Pour informer le public sur une initiative sénégalaise
   b. Pour critiquer la manière de recruter les pensionnaires
   c. Pour détailler les victoires du club Diambars
   d. Pour remercier les supporters et sponsors du club
2. Selon le texte, où recrute-t-on les futurs jeunes de Diambars?
   a. Dans la région de Saly
   b. Dans les environs de Dakar
   c. Dans les clubs du LOSC ou du RC Lens
   d. Dans tout le Sénégal
3. Qu'est-ce qu'on peut sous-entendre par la citation des fondateurs de l'institut: «rendre au foot ce qu'il leur a donné»?
   a. Le foot a eu un impact très bénéfique sur eux.
   b. Ils ont déjà donné beaucoup à ce sport.
   c. Ils ont l'intention d'améliorer ce sport.
   d. Le foot a rendu les autres joueurs meilleurs.

CONCEPTS IMPORTANTS

Intentions de l'auteur
Habituellement, les auteurs écrivent pour des raisons différentes, par exemple pour convaincre, informer ou divertir. À la lecture d'un texte, nous devons identifier ce qu'a voulu dire la personne qui l'a écrit; cela peut nous aider à mieux comprendre le message.

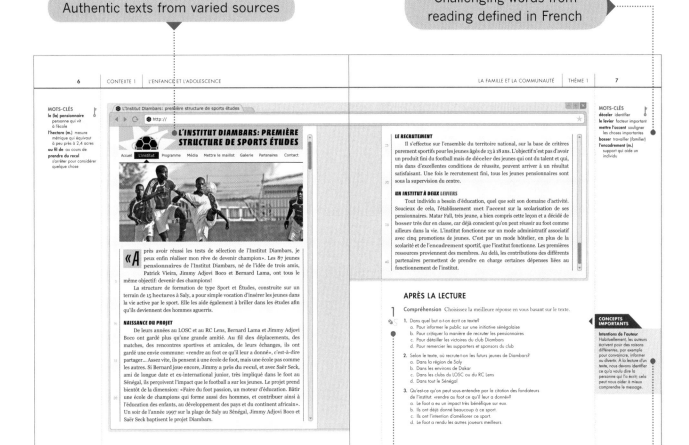

Auto-graded multiple choice activities online

- Auto-graded
- My Vocabulary
- Strategy

Key concepts for reading comprehension

RESPOND

Grammar applied in context; more grammar in appendix and online

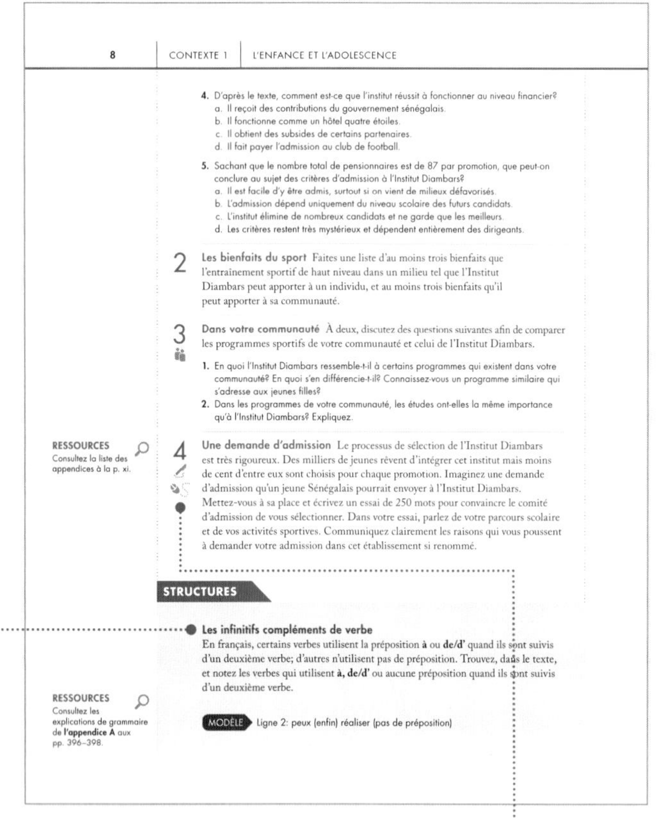

Personalized online study tool

Speaking strategies

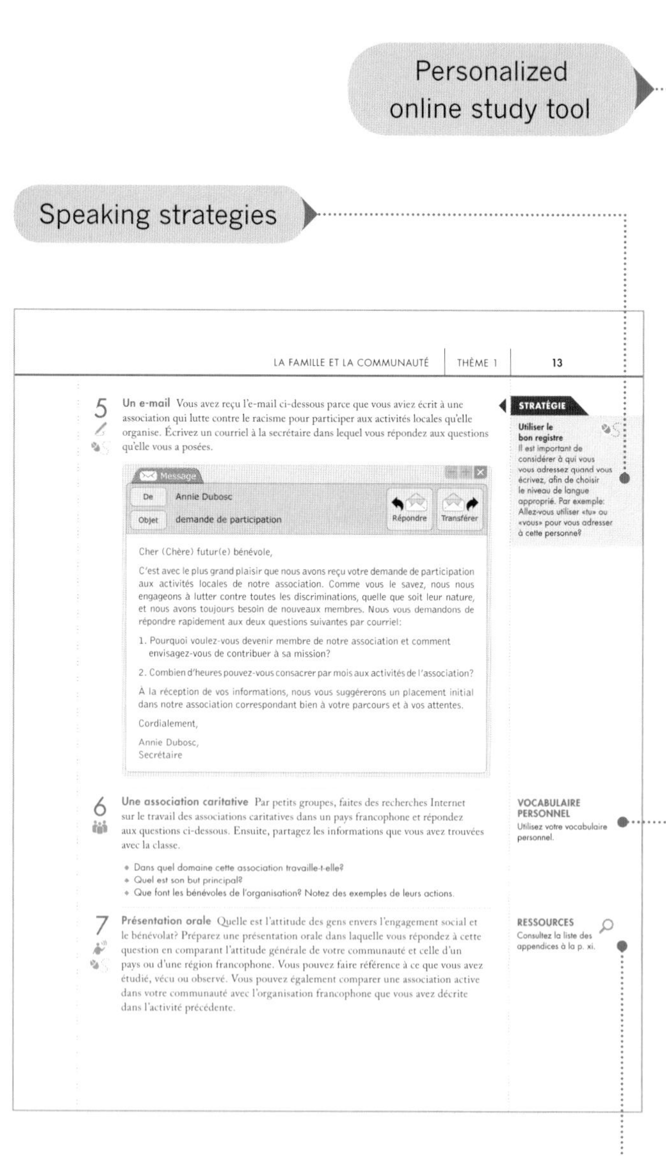

Write & Submit essays online

- Auto-graded
- My Vocabulary
- Record & Submit
- Strategy
- Write & Submit

Communication resources in appendix

LISTEN

Authentic, downloadable audio recordings

Information about audio

Post-listening activities

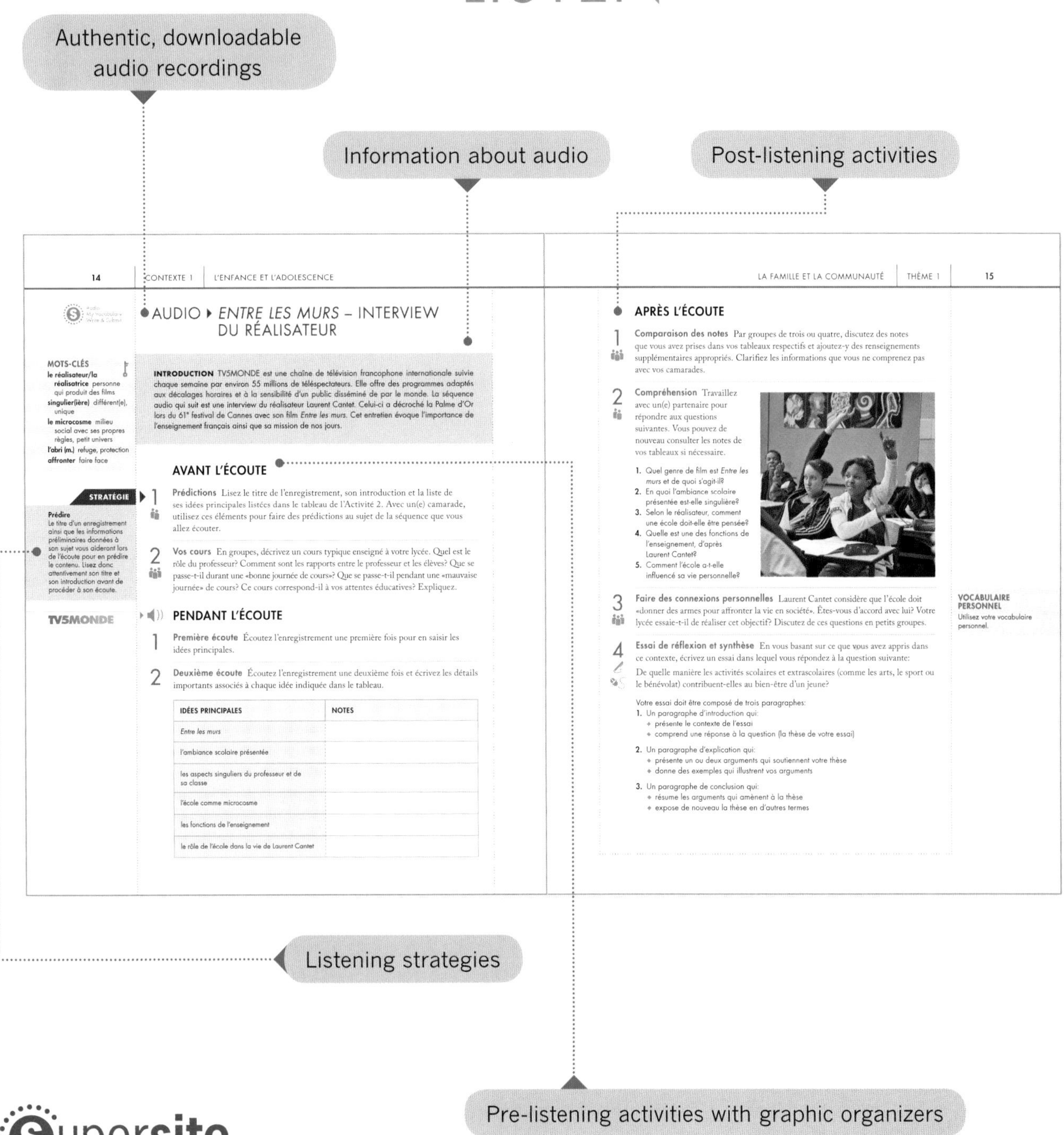

14
CONTEXTE 1
L'ENFANCE ET L'ADOLESCENCE
AUDIO ▸ ENTRE LES MURS – INTERVIEW DU RÉALISATEUR
MOTS-CLÉS
le réalisateur/la réalisatrice personne qui produit des films
singulier(ière) différent(e), unique
le microcosme milieu social avec ses propres règles, petit univers
l'abri (m.) refuge, protection
affronter faire face
INTRODUCTION TV5MONDE est une chaîne de télévision francophone internationale suivie chaque semaine par environ 55 millions de téléspectateurs. Elle offre des programmes adaptés aux décalages horaires et à la sensibilité d'un public disséminé de par le monde. La séquence audio qui suit est une interview du réalisateur Laurent Cantet. Celui-ci a décroché la Palme d'Or lors du 61e festival de Cannes avec son film Entre les murs. Cet entretien évoque l'importance de l'enseignement français ainsi que sa mission de nos jours.
AVANT L'ÉCOUTE
STRATÉGIE
Prédire
Le titre d'un enregistrement ainsi que les informations préliminaires données à son sujet vous aideront lors de l'écoute pour en prédire le contenu. Lisez donc attentivement son titre et son introduction avant de procéder à son écoute.
1 Prédictions Lisez le titre de l'enregistrement, son introduction et la liste de ses idées principales listées dans le tableau de l'Activité 2. Avec un(e) camarade, utilisez ces éléments pour faire des prédictions au sujet de la séquence que vous allez écouter.
2 Vos cours En groupes, décrivez un cours typique enseigné à votre lycée. Quel est le rôle du professeur? Comment sont les rapports entre le professeur et les élèves? Que se passe-t-il durant une «bonne journée de cours»? Que se passe-t-il pendant une «mauvaise journée» de cours? Ce cours correspond-il à vos attentes éducatives? Expliquez.
TV5MONDE
PENDANT L'ÉCOUTE
1 Première écoute Écoutez l'enregistrement une première fois pour en saisir les idées principales.
2 Deuxième écoute Écoutez l'enregistrement une deuxième fois et écrivez les détails importants associés à chaque idée indiquée dans le tableau.
IDÉES PRINCIPALES
NOTES
Entre les murs
l'ambiance scolaire présentée
les aspects singuliers du professeur et de sa classe
l'école comme microcosme
les fonctions de l'enseignement
le rôle de l'école dans la vie de Laurent Cantet
LA FAMILLE ET LA COMMUNAUTÉ
THÈME 1
15
APRÈS L'ÉCOUTE
1 Comparaison des notes Par groupes de trois ou quatre, discutez des notes que vous avez prises dans vos tableaux respectifs et ajoutez-y des renseignements supplémentaires appropriés. Clarifiez les informations que vous ne comprenez pas avec vos camarades.
2 Compréhension Travaillez avec un(e) partenaire pour répondre aux questions suivantes. Vous pouvez de nouveau consulter les notes de vos tableaux si nécessaire.
1. Quel genre de film est Entre les murs et de quoi s'agit-il?
2. En quoi l'ambiance scolaire présentée est-elle singulière?
3. Selon le réalisateur, comment une école doit-elle être pensée?
4. Quelle est une des fonctions de l'enseignement, d'après Laurent Cantet?
5. Comment l'école a-t-elle influencé sa vie personnelle?
3 Faire des connexions personnelles Laurent Cantet considère que l'école doit «donner des armes pour affronter la vie en société». Êtes-vous d'accord avec lui? Votre lycée essaie-t-il de réaliser cet objectif? Discutez de ces questions en petits groupes.
VOCABULAIRE PERSONNEL
Utilisez votre vocabulaire personnel.
4 Essai de réflexion et synthèse En vous basant sur ce que vous avez appris dans ce contexte, écrivez un essai dans lequel vous répondez à la question suivante:
De quelle manière les activités scolaires et extrascolaires (comme les arts, le sport ou le bénévolat) contribuent-elles au bien-être d'un jeune?
Votre essai doit être composé de trois paragraphes:
1. Un paragraphe d'introduction qui:
• présente le contexte de l'essai
• comprend une réponse à la question (la thèse de votre essai)
2. Un paragraphe d'explication qui:
• présente un ou deux arguments qui soutiennent votre thèse
• donne des exemples qui illustrent vos arguments
3. Un paragraphe de conclusion qui:
• résume les arguments qui amènent à la thèse
• expose de nouveau la thèse en d'autres termes

Listening strategies

Pre-listening activities with graphic organizers

Supersite

- Audio
- My Vocabulary
- Record & Submit

CONNECT

Thematically-based cultural information

Record & Submit oral presentation online

16 | CONTEXTE 1 | L'ENFANCE ET L'ADOLESCENCE

LIENS CULTURELS

Atelier pour enfants organisé par l'Institut Pasteur de Lille

Crèches et écoles maternelles

EN FRANCE, LES ENFANTS SONT BIEN PRIS EN CHARGE. Lorsque les parents retournent au travail après la naissance du bébé, l'enfant est gardé à la crèche, chez une assistante maternelle ou par une nounou à domicile. Ces professionnels sont diplômés en puériculture et veillent à la sécurité, à la santé, et au développement des enfants dont ils sont responsables. Cela coûte cher. Pour aider, le gouvernement accorde des subventions en fonction de la taille et des revenus de la famille. À partir de trois ans, presque 100% des enfants vont à la maternelle. Ils y restent jusqu'à ce qu'ils aient six ans. À la différence de la crèche, la maternelle est gratuite et accessible à tous. Elle socialise l'enfant et assure son éveil. C'est d'abord un terrain d'apprentissage centré sur le jeu et le langage oral, mais c'est aussi une structure qui prépare le jeune enfant à devenir élève. En fait, c'est un moyen de prendre un bon départ à l'école et dans la vie.

- Les Québécois sont aussi très attachés au bien-être de leurs enfants. Le Parti québécois, en campagne, continue à essayer d'améliorer le système éducatif du Québec et promet la maternelle dès 4 ans pour tous. Le gouvernement veut éviter le décrochage scolaire qui touche les enfants les plus défavorisés. En effet, l'arrêt prématuré du cursus scolaire avant l'obtention d'un diplôme a été constaté. Une telle tendance ne peut être expliquée par une seule cause. Le gouvernement vise à donner un coup de pouce supplémentaire aux moins bien lotis.
- Les efforts pour une éducation préscolaire se poursuivent au Sénégal, mais l'accès reste limité. Le taux de préscolarisation se situe à environ 10% et les disparités régionales sont très marquées. Beaucoup de Sénégalais considèrent l'éducation préscolaire comme inabordable. Pour démocratiser l'accès, le Ministère de l'Éducation a mis en place un programme qui aidera les enfants des milieux les plus défavorisés comme les banlieues et les villages en brousse. Ce programme consiste en la réhabilitation ou la construction de structures pour accueillir les enfants, en l'amélioration de la formation des professionnels et en la gestion du secteur. Ceci dit, il reste encore un long chemin à parcourir.

Présentation orale: comparaison culturelle
Préparez une présentation orale sur le thème suivant.

- Quelles sont les similarités et les différences entre les diverses sociétés du monde dans leurs efforts pour éduquer tous les enfants?

Comparez votre propre communauté à une région du monde francophone que vous connaissez.

Examples presented from several countries

Cultural comparisons activity

Supersite

▸ Record & Submit

EXPLORE

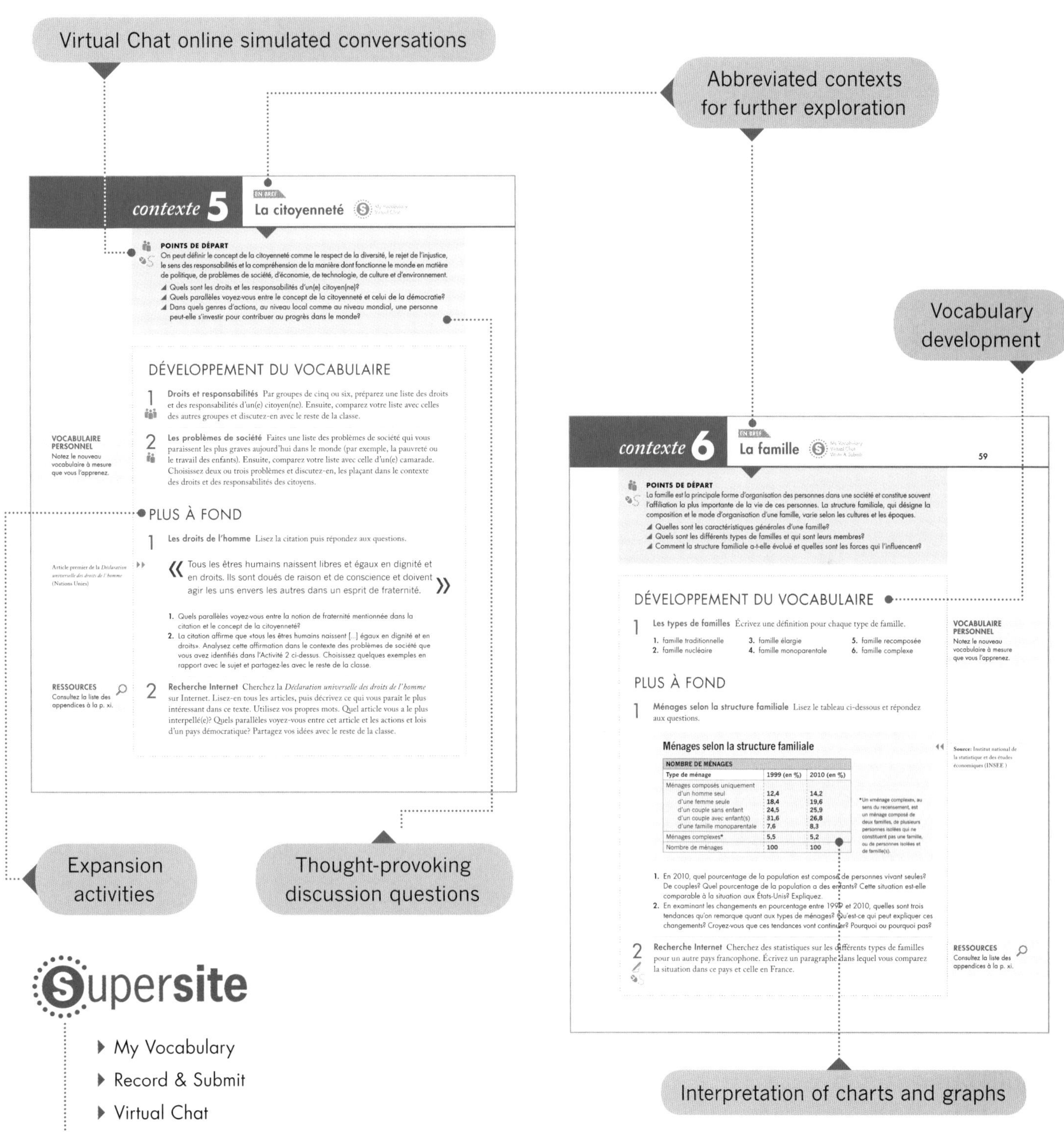

Virtual Chat online simulated conversations
Abbreviated contexts for further exploration
Vocabulary development
contexte 5
EN BREF
La citoyenneté
POINTS DE DÉPART
DÉVELOPPEMENT DU VOCABULAIRE
Droits et responsabilités
Les problèmes de société
VOCABULAIRE PERSONNEL
PLUS À FOND
Les droits de l'homme
Tous les êtres humains naissent libres et égaux en dignité et en droits. Ils sont doués de raison et de conscience et doivent agir les uns envers les autres dans un esprit de fraternité.
RESSOURCES
Recherche Internet
contexte 6
EN BREF
La famille
59
POINTS DE DÉPART
DÉVELOPPEMENT DU VOCABULAIRE
Les types de familles
VOCABULAIRE PERSONNEL
PLUS À FOND
Ménages selon la structure familiale
Ménages selon la structure familiale
Recherche Internet
RESSOURCES
Expansion activities
Thought-provoking discussion questions
Interpretation of charts and graphs
Supersite
My Vocabulary
Record & Submit
Virtual Chat
Write & Submit

SYNTHESIZE

Authentic short films

Pre-, during, and post-viewing activities

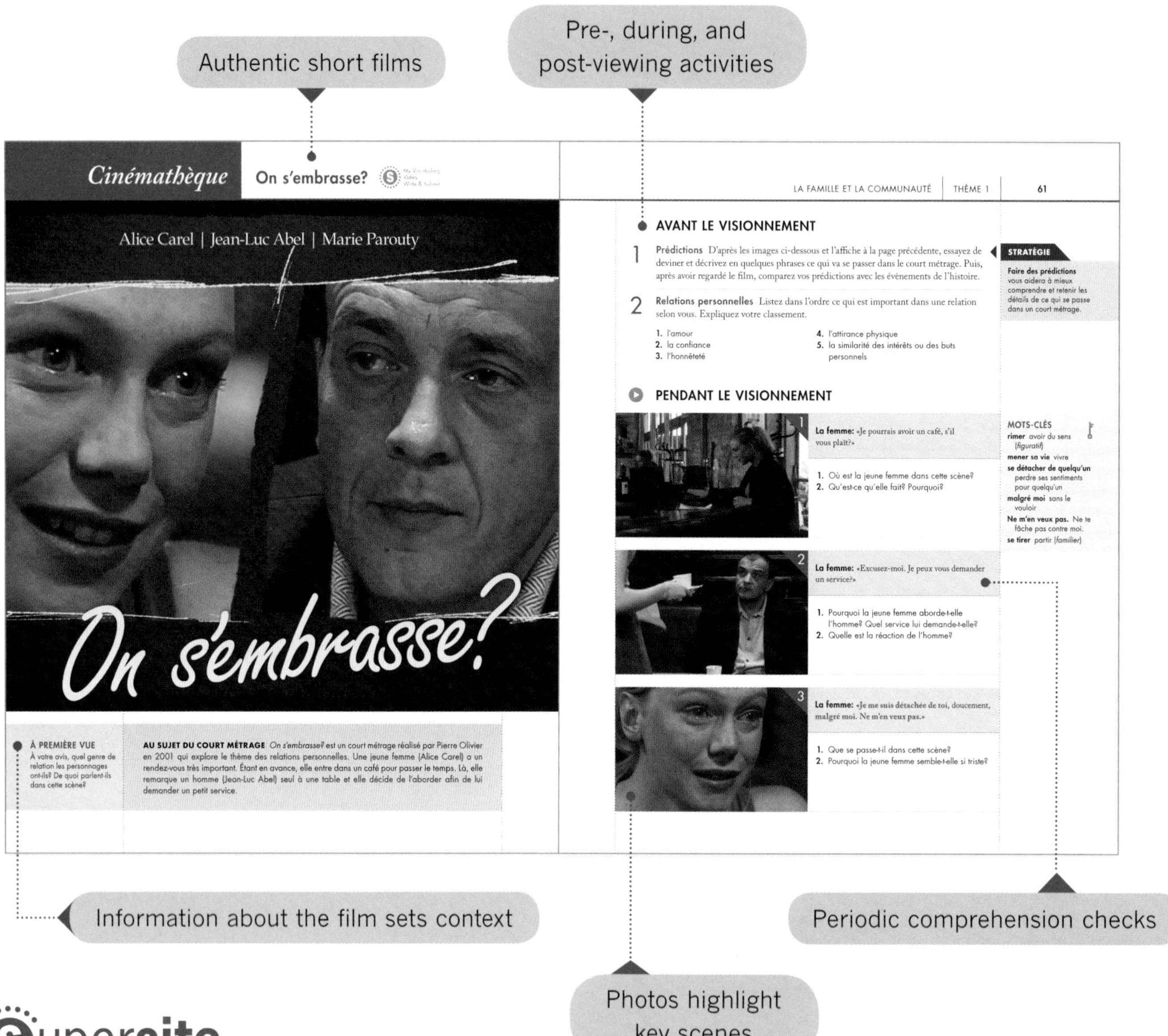

Cinémathèque | On s'embrasse?

My Vocabulary
Video
Write & Submit

Alice Carel | Jean-Luc Abel | Marie Parouty

On s'embrasse?

À PREMIÈRE VUE À votre avis, quel genre de relation les personnages ont-ils? De quoi parlent-ils dans cette scène?

AU SUJET DU COURT MÉTRAGE *On s'embrasse?* est un court métrage réalisé par Pierre Olivier en 2001 qui explore le thème des relations personnelles. Une jeune femme (Alice Carel) a un rendez-vous très important. Étant en avance, elle entre dans un café pour passer le temps. Là, elle remarque un homme (Jean-Luc Abel) seul à une table et elle décide de l'aborder afin de lui demander un petit service.

LA FAMILLE ET LA COMMUNAUTÉ | THÈME 1 | 61

AVANT LE VISIONNEMENT

1 **Prédictions** D'après les images ci-dessous et l'affiche à la page précédente, essayez de deviner et décrivez en quelques phrases ce qui va se passer dans le court métrage. Puis, après avoir regardé le film, comparez vos prédictions avec les évènements de l'histoire.

STRATÉGIE
Faire des prédictions vous aidera à mieux comprendre et retenir les détails de ce qui se passe dans un court métrage.

2 **Relations personnelles** Listez dans l'ordre ce qui est important dans une relation selon vous. Expliquez votre classement.

1. l'amour
2. la confiance
3. l'honnêteté
4. l'attirance physique
5. la similarité des intérêts ou des buts personnels

PENDANT LE VISIONNEMENT

1 **La femme:** «Je pourrais avoir un café, s'il vous plaît?»

1. Où est la jeune femme dans cette scène?
2. Qu'est-ce qu'elle fait? Pourquoi?

2 **La femme:** «Excusez-moi. Je peux vous demander un service?»

1. Pourquoi la jeune femme aborde-t-elle l'homme? Quel service lui demande-t-elle?
2. Quelle est la réaction de l'homme?

3 **La femme:** «Je me suis détachée de toi, doucement, malgré moi. Ne m'en veux pas.»

1. Que se passe-t-il dans cette scène?
2. Pourquoi la jeune femme semble-t-elle si triste?

MOTS-CLÉS
rimer avoir du sens (*figuratif*)
mener sa vie vivre
se détacher de quelqu'un perdre ses sentiments pour quelqu'un
malgré moi sans le vouloir
Ne m'en veux pas. Ne te fâche pas contre moi.
se tirer partir (*familier*)

Information about the film sets context

Periodic comprehension checks

Photos highlight key scenes

Supersite

- My Vocabulary
- Partner Chat
- Strategy
- Video
- Write & Submit

PRESENT

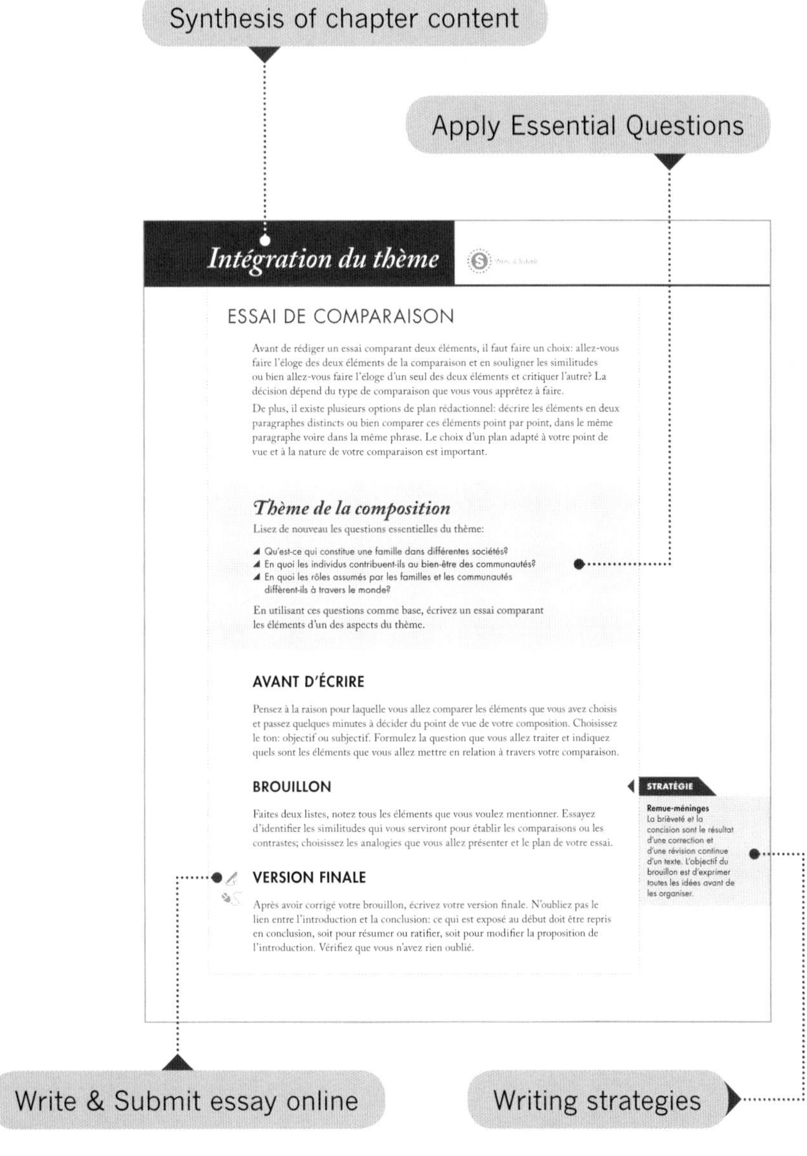

Intégration du thème

ESSAI DE COMPARAISON

Avant de rédiger un essai comparant deux éléments, il faut faire un choix: allez-vous faire l'éloge des deux éléments de la comparaison et en souligner les similitudes ou bien allez-vous faire l'éloge d'un seul des deux éléments et critiquer l'autre? La décision dépend du type de comparaison que vous vous apprêtez à faire.

De plus, il existe plusieurs options de plan rédactionnel: décrire les éléments en deux paragraphes distincts ou bien comparer ces éléments point par point, dans le même paragraphe voire dans la même phrase. Le choix d'un plan adapté à votre point de vue et à la nature de votre comparaison est important.

Thème de la composition

Lisez de nouveau les questions essentielles du thème:

- Qu'est-ce qui constitue une famille dans différentes sociétés?
- En quoi les individus contribuent-ils au bien-être des communautés?
- En quoi les rôles assumés par les familles et les communautés diffèrent-ils à travers le monde?

En utilisant ces questions comme base, écrivez un essai comparant les éléments d'un des aspects du thème.

AVANT D'ÉCRIRE

Pensez à la raison pour laquelle vous allez comparer les éléments que vous avez choisis et passez quelques minutes à décider du point de vue de votre composition. Choisissez le ton: objectif ou subjectif. Formulez la question que vous allez traiter et indiquez quels sont les éléments que vous allez mettre en relation à travers votre comparaison.

BROUILLON

Faites deux listes, notez tous les éléments que vous voulez mentionner. Essayez d'identifier les similitudes qui vous serviront pour établir les comparaisons ou les contrastes; choisissez les analogies que vous allez présenter et le plan de votre essai.

STRATÉGIE

Remue-méninges
La brièveté et la concision sont le résultat d'une correction et d'une révision continue d'un texte. L'objectif du brouillon est d'exprimer toutes les idées avant de les organiser.

VERSION FINALE

Après avoir corrigé votre brouillon, écrivez votre version finale. N'oubliez pas le lien entre l'introduction et la conclusion: ce qui est exposé au début doit être repris en conclusion, soit pour résumer ou ratifier, soit pour modifier la proposition de l'introduction. Vérifiez que vous n'avez rien oublié.

Write & Submit

CONSULT

Reference tools and practice activities in appendices

Grammar explanations review difficult structures

Full-length practice exam

appendice A Grammaire

LE PASSÉ COMPOSÉ ET L'IMPARFAIT

Rappel
On utilise soit le passé composé soit l'imparfait pour parler de faits passés. Leur usage respectif est déterminé par le contexte ou par le point de vue du narrateur.

Emplois du passé composé

- On utilise le passé composé pour parler d'un fait passé, spécifique et achevé (*completed*) au moment où l'on parle.
  Martin **a rencontré** Julie chez des amis communs.
- On l'utilise aussi pour parler d'un fait qui s'est passé à un moment précis du passé.
  Ils se **sont mariés** il y a deux mois.
- On utilise le passé composé pour parler d'une action passée en précisant le début ou la fin de cette action.
  Ils **sont rentrés** chez eux à onze heures.
  Voilà, c'est Manon... elle **a eu** un accident.
- On utilise le passé composé pour parler d'une action passée qui a eu lieu un certain nombre de fois sans être une action habituelle.
  Alain et Murielle se **sont téléphoné** trois fois hier.
- On l'utilise pour parler d'une suite d'événements passés.
  Karim et Sonia se **sont parlé**, **se sont plu** et **ont décidé** de se revoir.

Emplois de l'imparfait

- On utilise l'imparfait pour parler d'une action passée sans en préciser le début ni la fin.
  Je **croyais** que j'aurais le temps de te le dire, mais j'**étais** bien avec toi, tu sais?
- On utilise l'imparfait pour parler d'un fait habituel dans le passé.
  Ils se **voyaient** tous les jours.
  Chaque année, ils **passaient** leurs vacances ensemble.
- On l'utilise aussi pour décrire quelqu'un (son âge, son état d'esprit) ou quelque chose dans le passé.
  C'**était** quelqu'un de calme et de réfléchi.
  Les arbres **étaient** en fleurs.

ATTENTION!
Les verbes qui utilisent en général l'auxiliaire **être**, peuvent utiliser l'auxiliaire **avoir** s'ils sont suivis d'un complément d'objet direct.
Elle **est sortie**. mais Elle **a sorti** le chien.
Élodie **est passée** devant la maison. **mais** Élodie **a passé** un an en France.

COUP DE MAIN
Le verbe **être** est irrégulier à l'imparfait:
j'étais, tu étais, il/elle/on était, nous étions, vous étiez, ils/elles étaient.

appendice I

AP® French Language and Culture Practice Exam

SECTION I ▸ Multiple Choice Questions

DO NOT OPEN THIS BOOKLET UNTIL YOU ARE TOLD TO DO SO.

At a Glance

Total Time
Approximately 1 hour, 35 minutes
Number of Questions
65
Percent of Total Score
50%
Writing Instrument
Pencil required

Section I Part A
Number of Questions
30
Time
40 minutes

Section I Part B
Number of Questions
35
Time
Approximately 55 minutes

Instructions

Section I of this exam contains 65 multiple-choice questions.

Indicate all of your answers to the multiple-choice questions on the answer sheet. No credit will be given for anything written in this exam booklet, but you may use the booklet for notes or scratch work. After you have decided which of the suggested answers is best, mark your response on your answer sheet, one response per question. If you change an answer, be sure that the previous mark is erased completely. Here is a sample question and answer.

Sample Question	Sample Answer	
Chicago is a	No.	Answer
(A) state	1	B
(B) city		
(C) country		
(D) continent		

Use your time effectively, working as quickly as you can without losing accuracy. Do not spend too much time on any one question. Go on to other questions and come back to the ones you have not answered if you have time. It is not expected that everyone will know the answers to all of the multiple-choice questions.
Your total score on the multiple-choice section is based only on the number of questions answered correctly. Points are not deducted for incorrect answers or unanswered questions.

Supersite

- AP® French Language and Culture practice exam
- Auto-graded practice activities
- Grammar explanations
- Scoring guidelines

THÈMES PACING

Traditional One-Year Schedule

In the following Pacing Guide, we assume you will:

- Use *Thèmes* in a one-year course, culminating with the AP® French Language and Culture Exam
- Use *Thèmes* chapter content and assessments up to two weeks before the exam
- Spend the last two weeks exclusively on exam-format practice
- Use thematic material not previously selected for the remainder of the school year

Day	Topic	Warm-up/Activate	Present/Practice/ Communicate	Reflect/Conclude/ Connect
1	THÈME OPENER CONTEXTE 1: Questions essentielles; Développement du vocabulaire	• Evoke student experiences and vocabulary for *Thème* using opener photo • Discuss *Questions essentielles* to activate vocabulary • Read *Points de départ*, answer reflection questions, and discuss as a group	• Do *Développement du vocabulaire* activities	• Student pairs reflect on what they have shared and learned through *Contexte* opener • HW: *Vocabulaire personnel*
2	CONTEXTE 1: Lecture 1	• Restate theme and reflections • Read *Au sujet du texte* and review *Stratégie* as class	• Do *Avant la lecture* activities • Read *Lecture 1* • Begin *Après la lecture* activities	• Student pairs restate connection of reading to theme • HW: Finish *Après la lecture*
3	CONTEXTE 1: Lecture 2	• Read *Au sujet du texte* and review *Stratégie* as class	• Do *Avant la lecture* activities • Read *Lecture 2* • Begin *Après la lecture* activities	• Student pairs reflect on connection of reading to theme and to first reading • HW: Finish *Après la lecture*
4	CONTEXTE 1: Audio; Liens culturels	• Read *Introduction* and review *Stratégie* as class	• Do *Avant l'écoute* activities • Listen to audio selection and complete *Pendant l'écoute* • Do *Après l'écoute*	• Student pairs reflect on connection of audio to theme and readings • HW: Read *Liens culturels* and prepare oral presentation

Day	Topic	Warm-up/Activate	Present/Practice/ Communicate	Reflect/Conclude/ Connect
5	CONTEXTE 2: Développement du vocabulaire	• Discuss *Questions essentielles* to activate vocabulary • Read *Points de départ*, answer reflection questions, and discuss as group	• Do *Développement du vocabulaire* activities	• Student pairs reflect on what they have shared and learned through context opener; as time permits, connect with preceding context • HW: *Vocabulaire personnel*
6	CONTEXTE 2: Lecture 1	• Students restate theme and reflections • Read *Au sujet du texte* and review *Stratégie* as class	• Do *Avant la lecture* activities • Read *Lecture 1* • Begin *Après la lecture* activities	• Student pairs restate connection of reading to theme • HW: Finish *Après la lecture*
7	CONTEXTE 2: Lecture 2	• Read *Au sujet du texte* and review *Stratégie* as class	• Do *Avant la lecture* activities • Read *Lecture 2* • Begin *Après la lecture* activities	• Student pairs reflect on connection of reading to theme and to first reading • HW: Finish *Après la lecture*
8	CONTEXTE 2: Audio	• Read *Introduction* and review *Stratégie* as class	• Do *Avant l'écoute* activities • Listen to audio selection and complete *Pendant l'écoute* • Do *Après l'écoute*	• Student pairs reflect on connection of audio to theme and readings • HW: Read *Liens culturels*
9	CONTEXTE 2: Liens culturels	• Read *Liens culturels* as class	• Student pairs reflect on reading and prepare oral presentation • Student pairs give oral presentations	• HW: Study for *Épreuve*
10	ASSESSMENT; CONTEXTE 5	• *Épreuve 1: Contextes 1 et 2*	• Read *Contexte 5 (en bref) Points de départ*, answer reflection questions, and discuss as group • Do *Développement du vocabulaire* activities	• Do *Plus à fond* activities • HW: *Vocabulaire personnel*
11	CONTEXTE 3: Développement du vocabulaire	• Discuss *Questions essentielles* to activate vocabulary • Read *Points de départ*, answer reflection questions, and discuss as group	• Do *Développement du vocabulaire* activities	• Student pairs reflect on what they have shared and learned through context opener; as time permits, connect with preceding context • HW: *Vocabulaire personnel*

Day	Topic	Warm-up/Activate	Present/Practice/ Communicate	Reflect/Conclude/ Connect
12	CONTEXTE 3: Lecture 1	• Restate theme and reflections • Read *Au sujet du texte* and review *Stratégie* as class	• Do *Avant la lecture* activities • Read *Lecture 1* • Begin *Après la lecture* activities	• Student pairs restate connection of reading to theme • HW: Finish *Après la lecture*
13	CONTEXTE 3: Lecture 2	• Read *Au sujet du texte* and review *Stratégie* as class	• Do *Avant la lecture* activities • Read *Lecture 2* • Begin *Après la lecture* activities	• Student pairs reflect on connection of reading to theme and to first reading • HW: Finish *Après la lecture*
14	CONTEXTE 3: Audio; Liens culturels	• Read *Introduction* and review *Stratégie* as class	• Do *Avant l'écoute* activities • Listen to audio selection and complete *Pendant l'écoute* • Do *Après l'écoute*	• Student pairs reflect on connection of audio to theme and readings • HW: Read *Liens culturels* and prepare oral presentation
15	CONTEXTE 4: Développement du vocabulaire	• Discuss *Questions essentielles* to activate vocabulary • Read *Points de départ*, answer reflection questions, and discuss as group	• Do *Développement du vocabulaire* activities	• Student pairs reflect on what they have shared and learned through context opener; as time permits, connect with preceding context • HW: *Vocabulaire personnel*
16	CONTEXTE 4: Lecture 1	• Restate theme and reflections • Read *Au sujet du texte* and review *Stratégie* as class	• Do *Avant la lecture* activities • Read *Lecture 1* • Begin *Après la lecture* activities	• Student pairs restate connection of reading to theme • HW: Finish *Après la lecture*
17	CONTEXTE 4: Lecture 2	• Read *Au sujet du texte* and review *Stratégie* as class	• Do *Avant la lecture* activities • Read *Lecture 2* • Begin *Après la lecture* activities	• Student pairs reflect on connection of reading to theme and to first reading • HW: Finish *Après la lecture*
18	CONTEXTE 4: Audio	• Read *Introduction* and review *Stratégie* as class	• Do *Avant l'écoute* activities • Listen to audio selection and complete *Pendant l'écoute* • Do *Après l'écoute*	• Student pairs reflect on connection of audio to theme and readings • HW: Read *Liens culturels*

Day	Topic	Warm-up/Activate	Present/Practice/ Communicate	Reflect/Conclude/ Connect
19	CONTEXTE 4: Liens culturels	• Read *Liens culturels* as class	• Student pairs reflect on reading and prepare oral presentation • Student pairs give oral presentations	• HW: Study for *Épreuve*
20	ASSESSMENT; CONTEXTE 6	• *Épreuve 3: Contextes 3 et 4*	• Read *Contexte 6 (en bref) Points de départ*, answer reflection questions, and discuss as group • Do *Développement du vocabulaire* activities	• Do *Plus à fond* activities • HW: *Vocabulaire personnel*
21	CINÉMATHÈQUE	• Reflect on film poster and complete *Avant le visionnement* activities	• View film while completing *Pendant le visionnement* activities	• HW: Review film; complete *Après le visionnement*
22	INTÉGRATION/ ASSESSMENT	Complete *Intégration du thème, Examen*, or other assessment		

Here are some additional pacing options for using *Thèmes*:

One-year course, not specifically targeted to the exam

Thèmes is an integrated, culture-centered, authenticity-rich experience for all upper-level students of French. The six themes, divided evenly over your academic year, will provide a rewarding outcome for all students, whether or not they plan on taking standardized assessments.

Using *Thèmes* Over Two Years

Thèmes provides a wealth of material that could easily serve a two-year, upper-level sequence. You may consider using half the themes for each year, or perhaps you would prefer to explore a couple of contexts of each theme during the first year and then focus on the same themes, through the remaining contexts, in the second year. A two-year scenario provides more opportunities for extended practice on interpersonal and presentational speaking and writing; if students are planning on taking the AP® French Language and Culture Exam, there is additional time to practice test-taking strategies.

Thèmes in Block Scheduling

In the Pacing Guide above, you will find basic approaches to the various contexts and themes, which apply to block scheduling as much as to traditional class periods. Use reflection moments within the class period, as well as at the opening and closing of each class session, to provide students with more time to absorb their experiences and to plan for self-expression. With *Thèmes*, the focus is on how students can use French to express themselves.

THÈMES

AP® French Language and Culture

Thème 1

La famille et la communauté

QUESTIONS ESSENTIELLES

- Qu'est-ce qui constitue une famille dans différentes sociétés?
- En quoi les individus contribuent-ils au bien-être des communautés?
- En quoi les rôles assumés par les familles et les communautés diffèrent-ils à travers le monde?

SOMMAIRE

Une famille fait du vélo dans les rues de Paris.

contexte 1 L'enfance et l'adolescence

POINTS DE DÉPART

L'éducation qu'un individu reçoit pendant son enfance et son adolescence lui permet de vivre pleinement dans la société. Mais l'apprentissage qu'il reçoit ne se limite pas au contexte de l'école. Il existe bien d'autres contextes extrascolaires qui contribuent à son développement.

- À part les cours traditionnels à l'école, quels genres d'expériences contribuent à l'éducation d'un enfant?
- Pour quelles raisons un individu s'engage-t-il à faire du volontariat?
- Quelles sont les similarités et les différences entre les diverses sociétés du monde dans leurs efforts pour éduquer tous les enfants?

DÉVELOPPEMENT DU VOCABULAIRE

VOCABULAIRE PERSONNEL
Notez le nouveau vocabulaire à mesure que vous l'apprenez.

1 **De bonnes conditions d'apprentissage** Chacun apprend à sa manière. Sélectionnez les cinq propositions du tableau ci-dessous qui résument le mieux la façon dont vous apprenez. Ensuite, faites une liste des conditions qui sont, à votre avis, idéales pour rendre l'apprentissage facile et efficace.

MODÈLE J'apprends mieux quand...

il y a des défis	il n'y a pas de routine	je peux être créatif (créative)
je travaille en groupe	il n'y a pas de risque	je m'amuse
j'ai un rival	j'ai confiance en moi	je n'ai pas peur d'échouer
je suis sous pression	je travaille seul(e)	je peux avoir l'aide d'autrui
on ne me critique pas	je peux diriger	je dois souvent faire des efforts
je peux suivre les autres	il y a des risques	je suis apprécié(e) des autres

2 **Le rôle de la famille** Quelles connaissances et compétences avez-vous reçues des membres de votre famille? Discutez-en avec un(e) partenaire. Ensuite, partagez votre liste avec la classe. Y en a-t-il certaines que tout le monde a en commun?

RESSOURCES
Consultez la liste des appendices à la p. xiii.

3 **Les activités extrascolaires** En petits groupes, faites une liste des activités extrascolaires, liées soit à l'école, soit à une organisation ou un club dans votre communauté. Pour chaque activité, répondez à ces questions:

- Qui peut participer à cette activité (tranche d'âge, filles/garçons...)?
- Quelles compétences apprend-on en faisant cette activité?
- Comment cette activité contribue-t-elle au développement de l'individu?

4 **Leçons de vie** Réfléchissez aux activités extrascolaires ou expériences qui vous ont appris des leçons importantes, soit dans un club, un travail, une excursion ou dans une autre situation. Avec un(e) camarade, discutez de ces questions: Qu'est-ce que vous avez appris? Quelle influence cette leçon a-t-elle eue sur votre vie?

LECTURE 1.1 ▸ L'INSTITUT DIAMBARS: PREMIÈRE STRUCTURE DE SPORTS ÉTUDES

AU SUJET DU TEXTE Il y a une vingtaine d'années, le nom de Saly, plage spectaculaire non loin de Dakar au Sénégal, évoquait un endroit paradisiaque recherché des touristes. Saly, c'est maintenant le nom qui fait rêver tous les jeunes footballeurs sénégalais, car c'est là que s'est installé en 2003 l'Institut Diambars qui a pour mission de former des athlètes de haut niveau en utilisant le foot comme moteur d'éducation.

Contrairement à d'autres centres de recrutement en Afrique qui mettent l'accent uniquement sur la performance sportive, l'Institut Diambars œuvre pour que ses élèves, souvent issus de milieux défavorisés, bénéficient aussi d'une scolarité de qualité.

AVANT LA LECTURE

1 **Les détails** Regardez bien les détails des photos aux pages 5 et 6 puis répondez aux questions ci-dessous.

1. La photo à la page 5
   a. D'après vous, quelles sont quelques-unes des caractéristiques de l'éducation transmise à L'Institut Diambars?
   b. La salle de classe de la photo ressemble-t-elle à la vôtre? Expliquez.
2. La photo à la page 6
   a. Est-ce que les joueurs sont bien équipés? Justifiez votre réponse avec des détails précis.
   b. Est-ce une rencontre sportive officielle? Comment le savez-vous?
   c. Les joueurs prennent-ils le jeu au sérieux? Comment le savez-vous?

STRATÉGIE

Rechercher des indices
Rechercher des indices vous aidera à identifier les détails qui peuvent vous donner des pistes sur le thème, le contenu et le ton de l'auteur. Prêtez attention au titre. S'il y a une illustration, observez-la attentivement pour identifier des détails qui pourraient vous donner des indices sur la lecture.

2 **Des valeurs** Lisez le graphique qui affiche les valeurs de l'Institut Diambars et, en petits groupes, faites une liste de trois activités ou situations sportives ou scolaires qui aident un enfant à apprendre chaque valeur.

VOCABULAIRE PERSONNEL
Utilisez votre vocabulaire personnel.

3 **Sport et éducation** Le but de l'Institut Diambars est le suivant: «Faire du foot passion, un moteur d'éducation. Bâtir une école de champions qui forme aussi des hommes et contribuer ainsi à l'éducation des enfants, au développement des pays et du continent africain». En petits groupes, discutez de cette question: De quelle manière la vision de l'Institut Diambars reflète-t-elle les sept valeurs du graphique dans l'Activité 2?

MOTS-CLÉS

le (la) pensionnaire personne qui vit à l'école

l'hectare (m.) mesure métrique qui équivaut à peu près à 2,4 acres

au fil de au cours de

prendre du recul s'arrêter pour considérer quelque chose

L'Institut Diambars: première structure de sports études

http://

L'INSTITUT DIAMBARS: PREMIÈRE STRUCTURE DE SPORTS ÉTUDES

Accueil | L'institut | Programme | Média | Mettre le maillot | Galerie | Partenaires | Contact

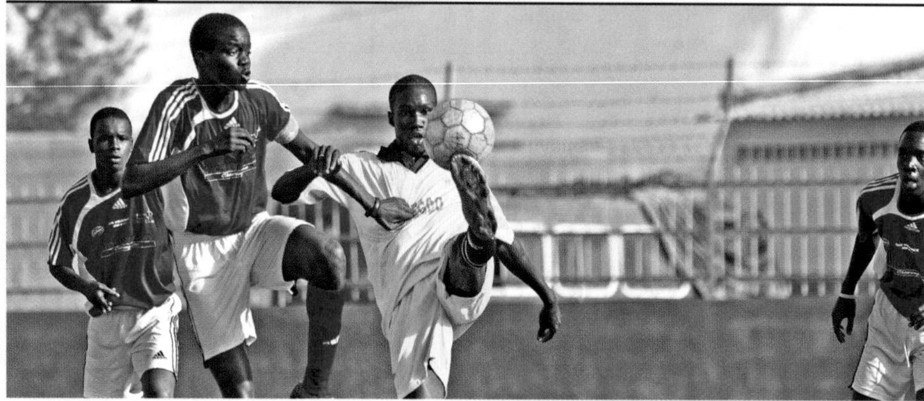

«Après avoir réussi les tests de sélection de l'Institut Diambars, je peux enfin réaliser mon rêve de devenir champion». Les 87 jeunes **pensionnaires** de l'Institut Diambars, né de l'idée de trois amis, Patrick Vieira, Jimmy Adjovi Boco et Bernard Lama, ont tous le même objectif: devenir des champions!

La structure de formation de type Sport et Études, construite sur un terrain de 15 **hectares** à Saly, a pour simple vocation d'insérer les jeunes dans la vie active par le sport. Elle les aide également à briller dans les études afin qu'ils deviennent des hommes aguerris.

NAISSANCE DU PROJET

De leurs années au LOSC et au RC Lens, Bernard Lama et Jimmy Adjovi Boco ont gardé plus qu'une grande amitié. **Au fil des** déplacements, des matches, des rencontres sportives et amicales, de leurs échanges, ils ont gardé une envie commune: «rendre au foot ce qu'il leur a donné», c'est-à-dire partager... Assez vite, ils pensent à une école de foot, mais une école pas comme les autres. Si Bernard joue encore, Jimmy **a pris du recul**, et avec Saër Seck, ami de longue date et ex-international junior, très impliqué dans le foot au Sénégal, ils perçoivent l'impact que le football a sur les jeunes. Le projet prend bientôt de la dimension: «Faire du foot passion, un moteur d'éducation. Bâtir une école de champions qui forme aussi des hommes, et contribuer ainsi à l'éducation des enfants, au développement des pays et du continent africain». Un soir de l'année 1997 sur la plage de Saly au Sénégal, Jimmy Adjovi Boco et Saër Seck baptisent le projet Diambars.

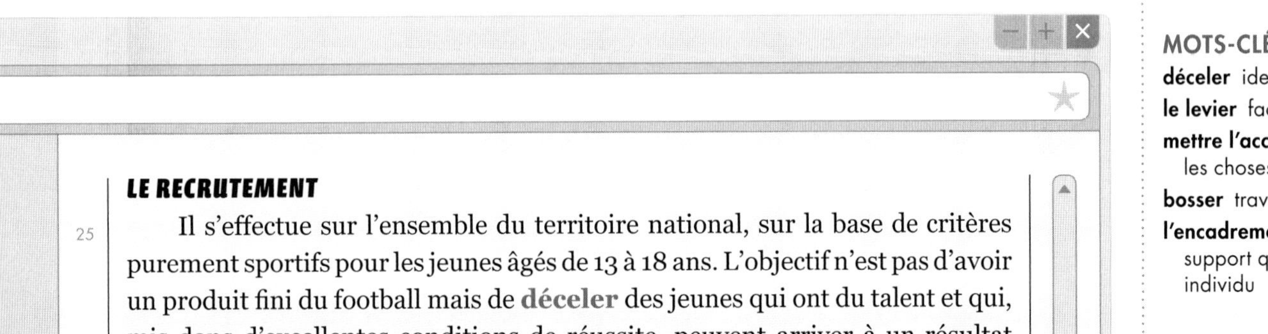

LE RECRUTEMENT

Il s'effectue sur l'ensemble du territoire national, sur la base de critères purement sportifs pour les jeunes âgés de 13 à 18 ans. L'objectif n'est pas d'avoir un produit fini du football mais de **déceler** des jeunes qui ont du talent et qui, mis dans d'excellentes conditions de réussite, peuvent arriver à un résultat satisfaisant. Une fois le recrutement fini, tous les jeunes pensionnaires sont sous la supervision du centre.

UN INSTITUT À DEUX LEVIERS

Tout individu a besoin d'éducation, quel que soit son domaine d'activité. Soucieux de cela, l'établissement **met l'accent** sur la scolarisation de ses pensionnaires. Matar Fall, très jeune, a bien compris cette leçon et a décidé de **bosser** très dur en classe, car déjà conscient qu'on peut réussir au foot comme ailleurs dans la vie. L'institut fonctionne sur un mode administratif associatif avec cinq promotions de jeunes. C'est par un mode hôtelier, en plus de la scolarité et de l'**encadrement** sportif, que l'institut fonctionne. Les premières ressources proviennent des membres. Au delà, les contributions des différents partenaires permettent de prendre en charge certaines dépenses liées au fonctionnement de l'institut.

MOTS-CLÉS

déceler identifier
le levier facteur important
mettre l'accent souligner les choses importantes
bosser travailler (*familier*)
l'encadrement (m.) support qui aide un individu

APRÈS LA LECTURE

1 Compréhension Choisissez la meilleure réponse en vous basant sur le texte.

1. Dans quel but a-t-on écrit ce texte?
   a. Pour informer le public sur une initiative sénégalaise
   b. Pour critiquer la manière de recruter les pensionnaires
   c. Pour détailler les victoires du club Diambars
   d. Pour remercier les supporters et sponsors du club

2. Selon le texte, où recrute-t-on les futurs jeunes de Diambars?
   a. Dans la région de Saly
   b. Dans les environs de Dakar
   c. Dans les clubs du LOSC ou du RC Lens
   d. Dans tout le Sénégal

3. Qu'est-ce qu'on peut sous-entendre par la citation des fondateurs de l'institut: «rendre au foot ce qu'il leur a donné»?
   a. Le foot a eu un impact très bénéfique sur eux.
   b. Ils ont déjà donné beaucoup à ce sport.
   c. Ils ont l'intention d'améliorer ce sport.
   d. Le foot a rendu les autres joueurs meilleurs.

CONCEPTS IMPORTANTS

Intentions de l'auteur
Habituellement, les auteurs écrivent pour des raisons différentes, par exemple pour convaincre, informer ou divertir. À la lecture d'un texte, nous devons identifier ce qu'a voulu dire la personne qui l'a écrit; cela peut nous aider à mieux comprendre le message.

4. D'après le texte, comment est-ce que l'institut réussit à fonctionner au niveau financier?
   a. Il reçoit des contributions du gouvernement sénégalais.
   b. Il fonctionne comme un hôtel quatre étoiles.
   c. Il obtient des subsides de certains partenaires.
   d. Il fait payer l'admission au club de football.
5. Sachant que le nombre total de pensionnaires est de 87 par promotion, que peut-on conclure au sujet des critères d'admission à l'Institut Diambars?
   a. Il est facile d'y être admis, surtout si on vient de milieux défavorisés.
   b. L'admission dépend uniquement du niveau scolaire des futurs candidats.
   c. L'institut élimine de nombreux candidats et ne garde que les meilleurs.
   d. Les critères restent très mystérieux et dépendent entièrement des dirigeants.

2 **Les bienfaits du sport** Faites une liste d'au moins trois bienfaits que l'entraînement sportif de haut niveau dans un milieu tel que l'Institut Diambars peut apporter à un individu, et au moins trois bienfaits qu'il peut apporter à sa communauté.

3 **Dans votre communauté** À deux, discutez des questions suivantes afin de comparer les programmes sportifs de votre communauté et celui de l'Institut Diambars.

1. En quoi l'Institut Diambars ressemble-t-il à certains programmes qui existent dans votre communauté? En quoi s'en différencie-t-il? Connaissez-vous un programme similaire qui s'adresse aux jeunes filles?
2. Dans les programmes de votre communauté, les études ont-elles la même importance qu'à l'Institut Diambars? Expliquez.

RESSOURCES
Consultez la liste des appendices à la p. xiii.

4 **Une demande d'admission** Le processus de sélection de l'Institut Diambars est très rigoureux. Des milliers de jeunes rêvent d'intégrer cet institut mais moins de cent d'entre eux sont choisis pour chaque promotion. Imaginez une demande d'admission qu'un jeune Sénégalais pourrait envoyer à l'Institut Diambars. Mettez-vous à sa place et écrivez un essai de 250 mots pour convaincre le comité d'admission de vous sélectionner. Dans votre essai, parlez de votre parcours scolaire et de vos activités sportives. Communiquez clairement les raisons qui vous poussent à demander votre admission dans cet établissement si renommé.

STRUCTURES

Les infinitifs compléments de verbe

En français, certains verbes utilisent la préposition **à** ou **de/d'** quand ils sont suivis d'un deuxième verbe; d'autres n'utilisent pas de préposition. Trouvez, dans le texte, et notez les verbes qui utilisent **à, de/d'** ou aucune préposition quand ils sont suivis d'un deuxième verbe.

RESSOURCES
Consultez les explications de grammaire de **l'appendice A** aux pp. 396–398.

MODÈLE Ligne 2: peux (enfin) réaliser (pas de préposition)

LECTURE 1.2 ▸ UNE JEUNESSE SOLIDAIRE

AU SUJET DU TEXTE L'article dont est tiré ce texte a été publié à l'issue d'une étude sur les raisons de l'engagement des jeunes. On y découvre que, désormais, la jeunesse s'engage de plus en plus dans le volontariat, en partie pour développer ses compétences professionnelles, mais également pour y trouver une satisfaction personnelle. Valérie Fourneyron, la Ministre des Sports, de la Jeunesse, de l'Éducation populaire et de la Vie associative (2012–2014), se réjouit également des conclusions de l'étude réalisée par l'IFOP pour France Bénévolat qui montre que le nombre de volontaires en France a augmenté de 14% entre 2010 et 2013.

AVANT LA LECTURE

1 **Familles de mots** Devinez le sens des mots dans les colonnes de droite à partir de ceux dans les colonnes de gauche. Écrivez ensuite une phrase qui illustre le sens de chaque mot.

une association	⟷	**associatif, associative**	le transfert	⟷	**transférable**
l'ego	⟷	**égoïste**	compétent(e)	⟷	**la compétence**
la générosité	⟷	**généreux, généreuse**	investir	⟷	**investi(e)**
la volonté	⟷	**le volontariat**	engager	⟷	**l'engagement**
étudiant(e)	⟷	**estudiantin(e)**	la charité	⟷	**caritatif, caritative**
jeune	⟷	**la jeunesse**	haut(e)	⟷	**rehausser**

STRATÉGIE

Utiliser ce que vous savez déjà
Quand vous rencontrez un mot nouveau, pour en comprendre le sens, cherchez les éléments qui vous sont familiers: mots similaires en anglais, préfixes, suffixes et racines communes avec d'autres mots en français.

2 **La solidarité** Réfléchissez au sens du terme «solidarité». À quoi pensez-vous quand vous entendez ce mot? Quels autres mots vous viennent à l'esprit? Par groupes de trois, utilisez une carte conceptuelle pour présenter les idées que vous inspire ce concept. Ensuite, comparez vos graphiques avec ceux des autres groupes et discutez-en. Donnez aussi des exemples précis de démonstration de solidarité dont vous avez été témoins ou dont vous avez entendu parler.

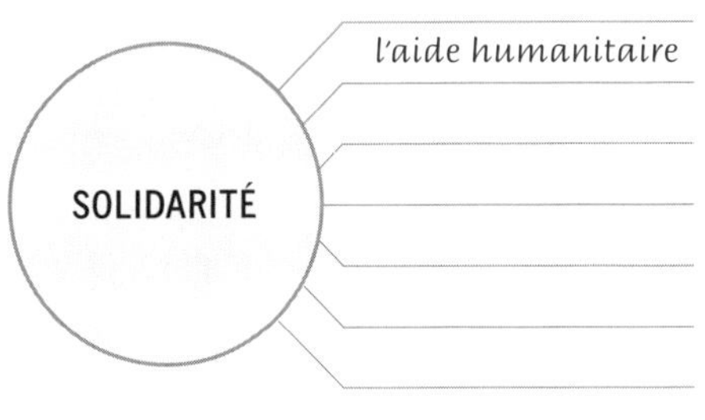

VOCABULAIRE PERSONNEL
Notez le nouveau vocabulaire à mesure que vous l'apprenez.

3 **Le volontariat dans notre communauté** Travaillez avec un(e) camarade. Identifiez et donnez les noms des organisations de volontariat les plus importantes dans votre communauté. En quoi se ressemblent-elles? En quoi sont-elles différentes?

4 **Votre engagement** Avez-vous déjà travaillé comme volontaire pour une organisation dans votre communauté? Si oui, décrivez votre expérience à un(e) camarade. Si non, expliquez laquelle, parmi ces associations, vous attirerait le plus en répondant aux questions suivantes.

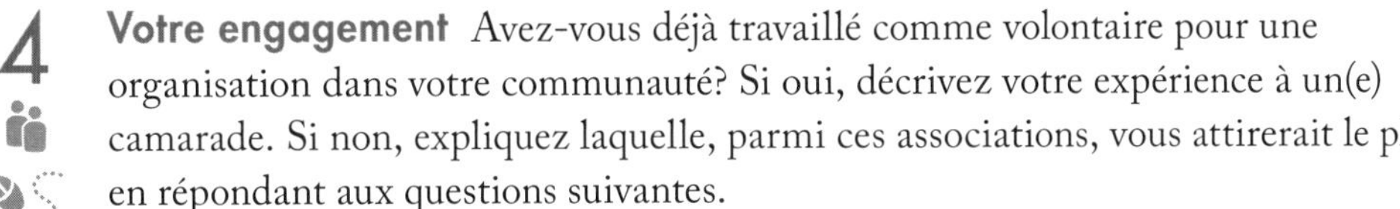

- Qui est-ce que cette association essaie d'aider?
- Pourquoi avez-vous choisi ou choisiriez-vous cette association plutôt qu'une autre?

une jeunesse solidaire

MOTS-CLÉS

désabusé(e) désenchanté(e)

le sens direction, orientation

consacrer dédier

le bénévolat volontariat, activité non rémunérée

l'épanouissement (m.) développement maximal et positif du potentiel d'un être humain

le CV (Curriculum Vitæ) document qui résume l'éducation et l'expérience professionnelle

« On l'a dite passive, désabusée, égoïste. Nous la voyons ici telle qu'elle est réellement: généreuse, investie, faisant confiance à la vie associative pour faire évoluer la société dans le sens qu'ils souhaitent. »

Valerie Fourneyron, Ministre des Sports, de la Jeunesse, de l'Éducation populaire et de la Vie associative

QUI L'EÛT CRU? De plus en plus de Français **consacrent** une partie de leur temps au profit de la solidarité. D'après les résultats d'une étude récente, 40% des Français affirment faire du volontariat. Malgré la crise, les jeunes sont de sérieux acteurs du **bénévolat** en France avec une augmentation de 32% de leur engagement entre 2010 et 2013. Ces chiffres rehaussent l'image d'une jeunesse parfois critiquée dans les médias ou à travers certains discours politiques.

Trois raisons principales justifieraient l'engagement des jeunes: le développement de compétences facilement transférables à la vie estudiantine ou au marché du travail, la dimension collective et l'**épanouissement**.

Qu'est-ce qui attire la jeunesse vers le bénévolat?

La compétence pour la vie professionnelle, le **CV**	90%
C'est une source d'épanouissement	60%
La dimension collective, le travail en équipe	46%

Source: *Étude menée par France Bénévolat à partir d'une enquête de l'IFOP, avec l'appui de Recherches & Solidarités et de l'IFOP, grâce au soutien du Crédit Mutuel.*

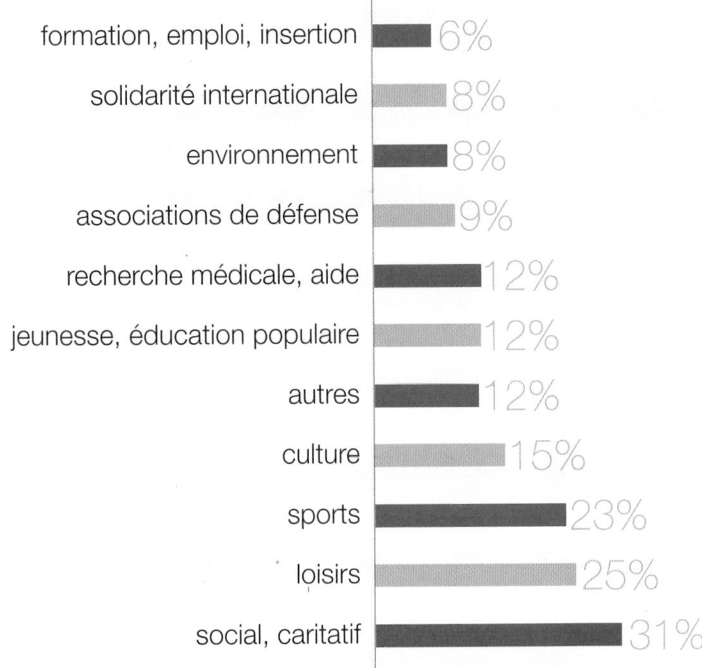

*Les chiffres correspondent aux années 2010 à 2013; choix multiple possible

Source: francebenevolat.org

APRÈS LA LECTURE

1 Compréhension Répondez aux questions suivantes.

1. D'après les propos de Valérie Fourneyron, en général, quelle est l'opinion du public sur la jeunesse?
2. D'après Valérie Fourneyron, comment les jeunes d'aujourd'hui sont-ils vraiment?
3. Selon l'article, pourquoi considère-t-on les jeunes comme «de sérieux acteurs du bénévolat»? Quel est l'impact des chiffres donnés à ce sujet?
4. Quelles sont les trois raisons principales qui incitent les jeunes à faire du bénévolat?
5. D'après le graphique, quel domaine attire le plus de bénévoles?
6. Quel est le pourcentage de bénévoles qui s'investissent surtout pour les enfants et les jeunes?
7. Dans quel domaine pourrait-on être volontaire si on désirait améliorer son CV en tant que professionnel de la santé?

2 Interprétation et discussion Avec un(e) partenaire, discutez des questions suivantes.

1. Dans le graphique, «loisirs» vient en seconde position. Selon vous, dans ce secteur quelle sorte de bénévolat serait possible?
2. Le texte stipule «malgré la crise». De quelle crise est-il question ici? Quelle conséquence logique cette crise pourrait-elle avoir sur le bénévolat?
3. Les documents montrent une augmentation du bénévolat en France de manière générale. À votre avis, quelles pourraient en être les raisons?
4. Si on vous proposait de choisir un secteur du graphique dans lequel faire du bénévolat, lequel choisiriez-vous? Pourquoi?
5. Si vous faisiez une enquête dans votre communauté sur les secteurs d'activités qui attirent les bénévoles, les résultats seraient-ils similaires à ceux du graphique, à votre avis? Justifiez votre réponse.

STRATÉGIE

Paraphraser
Quand vous parlez avec quelqu'un, pour éviter les malentendus avant de lui répondre, vous pouvez reformuler—ou paraphraser—ce que vous croyez avoir compris. Cela peut vous aider à maintenir une communication efficace. Utilisez cette stratégie quand vous travaillez avec un(e) partenaire ou en groupe.

3 Votre propre sondage Pour en apprendre plus sur les activités bénévoles des personnes dans votre communauté, posez les questions suivantes à plusieurs élèves. Utilisez le tableau ci-dessous pour noter leurs réponses. Partagez ensuite vos données en petits groupes et identifiez les tendances que le sondage révèle.

Fais-tu/Connais-tu quelqu'un qui fait du bénévolat? Où et combien d'heures par mois?	*Quelle est la raison principale qui te (le/la) motive à faire du bénévolat?*	*Quels sont les bienfaits que le bénévolat t'apporte/apporte à cette personne?*

4 Une campagne en faveur du volontariat Pour motiver les élèves de votre école à s'engager dans le volontariat, vous avez décidé de préparer une campagne d'information intitulée «Le bénévolat expliqué aux élèves». Travaillez avec un(e) partenaire sur le message de votre campagne: pourquoi il est important de faire du bénévolat, quelles organisations existent et dans quels domaines, les fruits de cet engagement. Partagez ensuite ce message avec toute la classe.

VOCABULAIRE PERSONNEL
Utilisez votre vocabulaire personnel.

5 **Un e-mail** Vous avez reçu l'e-mail ci-dessous parce que vous aviez écrit à une association qui lutte contre le racisme pour participer aux activités locales qu'elle organise. Écrivez un courriel à la secrétaire dans lequel vous répondez aux questions qu'elle vous a posées.

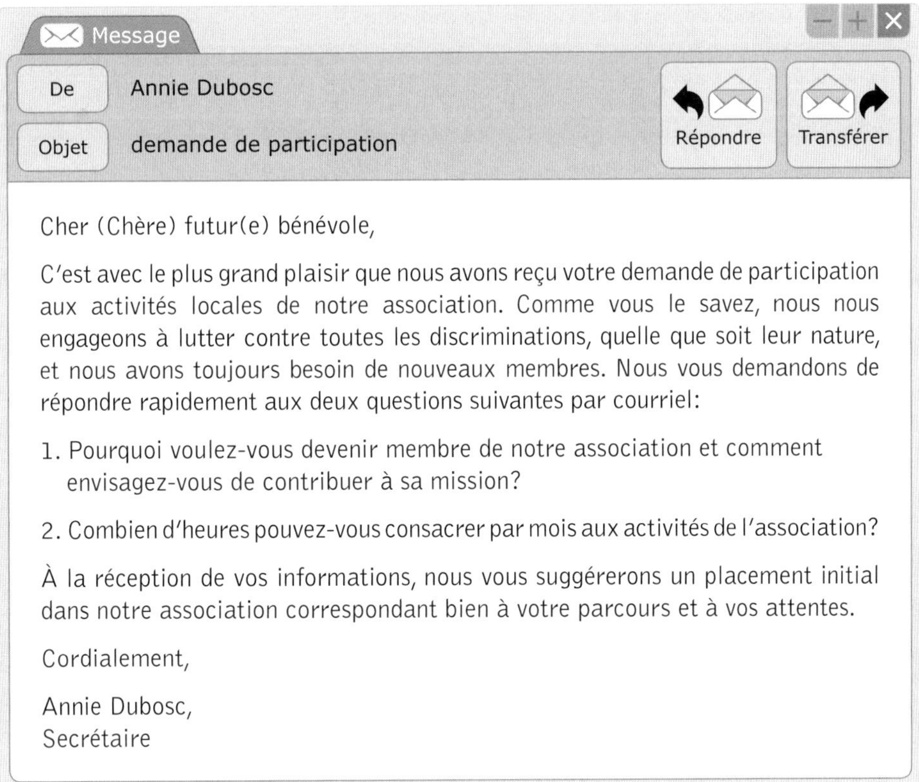
Message

De: Annie Dubosc

Objet: demande de participation

Répondre | Transférer

Cher (Chère) futur(e) bénévole,

C'est avec le plus grand plaisir que nous avons reçu votre demande de participation aux activités locales de notre association. Comme vous le savez, nous nous engageons à lutter contre toutes les discriminations, quelle que soit leur nature, et nous avons toujours besoin de nouveaux membres. Nous vous demandons de répondre rapidement aux deux questions suivantes par courriel:

1. Pourquoi voulez-vous devenir membre de notre association et comment envisagez-vous de contribuer à sa mission?
2. Combien d'heures pouvez-vous consacrer par mois aux activités de l'association?

À la réception de vos informations, nous vous suggérerons un placement initial dans notre association correspondant bien à votre parcours et à vos attentes.

Cordialement,

Annie Dubosc,
Secrétaire

STRATÉGIE

Utiliser le bon registre
Il est important de considérer à qui vous vous adressez quand vous écrivez, afin de choisir le niveau de langue approprié. Par exemple: Allez-vous utiliser «tu» ou «vous» pour vous adresser à cette personne?

6  **Une association caritative** Par petits groupes, faites des recherches Internet sur le travail des associations caritatives dans un pays francophone et répondez aux questions ci-dessous. Ensuite, partagez les informations que vous avez trouvées avec la classe.

- Dans quel domaine cette association travaille-t-elle?
- Quel est son but principal?
- Que font les bénévoles de l'organisation? Notez des exemples de leurs actions.

VOCABULAIRE PERSONNEL
Utilisez votre vocabulaire personnel.

7  **Présentation orale** Quelle est l'attitude des gens envers l'engagement social et le bénévolat? Préparez une présentation orale dans laquelle vous répondez à cette question en comparant l'attitude générale de votre communauté et celle d'un pays ou d'une région francophone. Vous pouvez faire référence à ce que vous avez étudié, vécu ou observé. Vous pouvez également comparer une association active dans votre communauté avec l'organisation francophone que vous avez décrite dans l'activité précédente.

RESSOURCES 
Consultez la liste des appendices à la p. xiii.

AUDIO ▸ *ENTRE LES MURS* – INTERVIEW DU RÉALISATEUR

MOTS-CLÉS

le réalisateur/la réalisatrice personne qui produit des films
singulier(ière) différent(e), unique
le microcosme milieu social avec ses propres règles, petit univers
l'abri (m.) refuge, protection
affronter faire face

INTRODUCTION TV5MONDE est une chaîne de télévision francophone internationale suivie chaque semaine par environ 55 millions de téléspectateurs. Elle offre des programmes adaptés aux décalages horaires et à la sensibilité d'un public disséminé de par le monde. La séquence audio qui suit est une interview du réalisateur Laurent Cantet. Celui-ci a décroché la Palme d'Or lors du 61ᵉ festival de Cannes avec son film *Entre les murs*. Cet entretien évoque l'importance de l'enseignement français ainsi que sa mission de nos jours.

AVANT L'ÉCOUTE

STRATÉGIE

Prédire
Le titre d'un enregistrement ainsi que les informations préliminaires données à son sujet vous aideront lors de l'écoute pour en prédire le contenu. Lisez donc attentivement son titre et son introduction avant de procéder à son écoute.

1 **Prédictions** Lisez le titre de l'enregistrement, son introduction et la liste de ses idées principales listées dans le tableau de l'Activité 2. Avec un(e) camarade, utilisez ces éléments pour faire des prédictions au sujet de la séquence que vous allez écouter.

2 **Vos cours** En groupes, décrivez un cours typique enseigné à votre lycée. Quel est le rôle du professeur? Comment sont les rapports entre le professeur et les élèves? Que se passe-t-il durant une «bonne journée de cours»? Que se passe-t-il pendant une «mauvaise journée» de cours? Ce cours correspond-il à vos attentes éducatives? Expliquez.

TV5MONDE

PENDANT L'ÉCOUTE

1 **Première écoute** Écoutez l'enregistrement une première fois pour en saisir les idées principales.

2 **Deuxième écoute** Écoutez l'enregistrement une deuxième fois et écrivez les détails importants associés à chaque idée indiquée dans le tableau.

IDÉES PRINCIPALES	NOTES
Entre les murs	
l'ambiance scolaire présentée	
les aspects singuliers du professeur et de sa classe	
l'école comme microcosme	
les fonctions de l'enseignement	
le rôle de l'école dans la vie de Laurent Cantet	

APRÈS L'ÉCOUTE

1 **Comparaison des notes** Par groupes de trois ou quatre, discutez des notes que vous avez prises dans vos tableaux respectifs et ajoutez-y des renseignements supplémentaires appropriés. Clarifiez les informations que vous ne comprenez pas avec vos camarades.

2 **Compréhension** Travaillez avec un(e) partenaire pour répondre aux questions suivantes. Vous pouvez de nouveau consulter les notes de vos tableaux si nécessaire.

1. Quel genre de film est *Entre les murs* et de quoi s'agit-il?
2. En quoi l'ambiance scolaire présentée est-elle singulière?
3. Selon le réalisateur, comment une école doit-elle être pensée?
4. Quelle est une des fonctions de l'enseignement, d'après Laurent Cantet?
5. Comment l'école a-t-elle influencé sa vie personnelle?

3 **Faire des connexions personnelles** Laurent Cantet considère que l'école doit «donner des armes pour affronter la vie en société». Êtes-vous d'accord avec lui? Votre lycée essaie-t-il de réaliser cet objectif? Discutez de ces questions en petits groupes.

VOCABULAIRE PERSONNEL
Utilisez votre vocabulaire personnel.

4 **Essai de réflexion et synthèse** En vous basant sur ce que vous avez appris dans ce contexte, écrivez un essai dans lequel vous répondez à la question suivante:

De quelle manière les activités scolaires et extrascolaires (comme les arts, le sport ou le bénévolat) contribuent-elles au bien-être d'un jeune?

Votre essai doit être composé de trois paragraphes:

1. Un paragraphe d'introduction qui:
   - présente le contexte de l'essai
   - comprend une réponse à la question (la thèse de votre essai)
2. Un paragraphe d'explication qui:
   - présente un ou deux arguments qui soutiennent votre thèse
   - donne des exemples qui illustrent vos arguments
3. Un paragraphe de conclusion qui:
   - résume les arguments qui amènent à la thèse
   - expose de nouveau la thèse en d'autres termes

LIENS CULTURELS

Atelier pour enfants organisé par l'Institut Pasteur de Lille

Crèches et écoles maternelles

EN FRANCE, LES ENFANTS SONT BIEN PRIS EN CHARGE. Lorsque les parents retournent au travail après la naissance du bébé, l'enfant est gardé à la crèche, chez une assistante maternelle ou par une nounou à domicile. Ces professionnels sont diplômés en puériculture et veillent à la sécurité, à la santé, et au développement des enfants dont ils sont responsables. Cela coûte cher. Pour aider, le gouvernement accorde des subventions en fonction de la taille et des revenus de la famille. À partir de trois ans, presque 100% des enfants vont à la maternelle. Ils y restent jusqu'à ce qu'ils aient six ans. À la différence de la crèche, la maternelle est gratuite et accessible à tous. Elle socialise l'enfant et assure son éveil. C'est d'abord un terrain d'apprentissage centré sur le jeu et le langage oral, mais c'est aussi une structure qui prépare le jeune enfant à devenir élève. En fait, c'est un moyen de prendre un bon départ à l'école et dans la vie.

- Les Québécois sont aussi très attachés au bien-être de leurs enfants. Le Parti québécois, en campagne, continue à essayer d'améliorer le système éducatif du Québec et promet la maternelle dès 4 ans pour tous. Le gouvernement veut éviter le décrochage scolaire qui touche les enfants les plus défavorisés. En effet, l'arrêt prématuré du cursus scolaire avant l'obtention d'un diplôme a été constaté. Une telle tendance ne peut être expliquée par une seule cause. Le gouvernement vise à donner un coup de pouce supplémentaire aux moins bien lotis.
- Les efforts pour une éducation préscolaire se poursuivent au Sénégal, mais l'accès reste limité. Le taux de préscolarisation se situe à environ 10% et les disparités régionales sont très marquées. Beaucoup de Sénégalais considèrent l'éducation préscolaire comme inabordable. Pour démocratiser l'accès, le Ministère de l'Éducation a mis en place un programme qui aidera les enfants des milieux les plus défavorisés comme les banlieues et les villages en brousse. Ce programme consiste en la réhabilitation ou la construction de structures pour accueillir les enfants, en l'amélioration de la formation des professionnels et en la gestion du secteur. Ceci dit, il reste encore un long chemin à parcourir.

Présentation orale: comparaison culturelle

Préparez une présentation orale sur le thème suivant.

- Quelles sont les similarités et les différences entre les diverses sociétés du monde dans leurs efforts pour éduquer tous les enfants?

Comparez votre propre communauté à une région du monde francophone que vous connaissez.

Ms. ANASTASIA BOWEN

1. ~~Les~~ Les réseaux sociaux influence l'amitie parce que ils fait que peu devenir les amis en 5 minutes.

2. On peut avoir un fractured coeur et a mal santé si il ne l'aime pas.

3. Les bouches et les hugs

je t'aime

Y219651
04-012-037902

? Ces sentiments nous sont aussi essentiels que l'air, la
rs existé, la façon dont on les exprime change avec le
onne.

sociaux sur l'amitié?
euvent-ils influencer le bien-être d'une personne?
nt l'amour ou l'amitié qu'on ressent pour les gens qui

U VOCABULAIRE

que étape de la vie, indiquez quels sont l'âge, les
res d'intérêt ou les activités qui les caractérisent.

	PERSONNE(S) IMPORTANTE(S)	CENTRES D'INTÉRÊT OU ACTIVITÉS
n	*maman, papa*	*manger et dormir*

VOCABULAIRE PERSONNEL
Notez le nouveau vocabulaire à mesure que vous l'apprenez.

ez aux personnes ou aux situations qui ont déjà
vent chez vous, chacun de ces états émotionnels.

'heureuse quand je passe du
ot avec mon ami Sylvain.

- curieux/curieuse
- en colère
- heureux/heureuse
- romantique
- sérieux/sérieuse
- énervé(e)
- amusé(e)
- à l'aise
- en compétition
- libre
- passionné(e)
- compris(e)

3 **L'amitié et l'amour** C'est quoi l'amour? Qu'est-ce que l'amitié? Avec un(e) camarade, essayez de définir ces deux concepts et d'expliquer ce qu'ils représentent pour vous. Utilisez des exemples de votre vie pour illustrer vos idées.

RESSOURCES
Consultez la liste des appendices à la p. xiii.

LECTURE 2.1 ▸ FACEBOOK A-T-IL DÉTRUIT L'AMITIÉ?

AU SUJET DU TEXTE Dans le texte que vous allez lire, Anne Dalsuet, enseignante de philosophie, réfléchit à la place qu'occupe l'amitié dans la société moderne et aux nouvelles formes qu'elle prend grâce à Internet et aux réseaux sociaux. Ces nouvelles technologies devenues presque incontournables pour un public jeune ne cessent d'évoluer. Font-elles une entorse au lien amical, profond et véritable? En effet, elles viennent redéfinir nos conceptions de l'amitié, de notre relation aux autres, mais également à nous-même. À l'occasion de la sortie de son livre, intitulé *T'es sur Facebook? Qu'est-ce que les réseaux sociaux ont changé à l'amitié?*, elle est interviewée par l'hebdomadaire culturel *Les Inrocks* sur ces sujets.

AVANT LA LECTURE

VOCABULAIRE PERSONNEL
Notez le nouveau vocabulaire à mesure que vous l'apprenez.

1 **Avantages et inconvénients** Inspirez-vous de votre propre expérience et faites une liste de trois avantages et de trois inconvénients des amitiés en ligne.

AVANTAGES	INCONVÉNIENTS
J'ai des nouvelles de mes amis qui habitent loin.	*Je n'ai pas le temps de répondre à tout le monde.*

2 **Comparez et discutez** Utilisez les points suivants pour comparer vos réponses à l'Activité 1 avec celles d'un(e) camarade. Décrivez des exemples personnels pour illustrer vos réponses.

- Discutez des similarités et des différences entre vos deux listes.
- Demandez à votre partenaire de vous expliquer les éléments de sa liste que vous ne comprenez pas.

STRATÉGIE

Analyser le titre
Le titre d'un texte condense une grande partie du texte. Lisez le titre de la lecture pour en déduire le thème principal et le point de vue de l'auteur.

3 **Que dit le titre?** Lisez le titre pour avoir une idée du sujet de l'article, puis répondez aux questions.

1. D'après le titre, quel genre d'article est-ce? Un article d'information? De divertissement (*entertainment*)? De réflexion?
2. Est-ce que cet article semble plutôt en faveur de Facebook ou pas? Expliquez.
3. Quel sera le message principal d'Anne Dalsuet? Écrivez une phrase qui résume votre prédiction.
4. Comment trouvez-vous le titre? Intéressant? Provocateur? Pourquoi?
5. Quelle est votre expérience des amitiés en ligne? Plutôt positive ou plutôt négative? Expliquez.
6. D'après vous, est-ce que Facebook détruit l'amitié ou pas? Donnez des exemples.

Sélections recommandées

FACEBOOK A-T-IL DÉTRUIT L'AMITIÉ?

AUJOURD'HUI, il suffit de se croiser 5 minutes dans une soirée pour devenir ami sur Facebook le lendemain. Dans un ouvrage récent, la philosophe Anne Dalsuet revient sur les bouleversements sociologiques provoqués par les réseaux sociaux. Dans notre monde hyperconnecté, l'amitié a-t-elle encore un sens?

DAVID DOUCET Les réseaux sociaux ont-ils redéfini la notion d'amitié?

ANNE DALSUET Si l'on prend la définition qu'en donne Aristote, l'amitié est un lien qui unit les humains, semblables et égaux. Elle constitue un modèle tant éthique que politique. C'est un lien affectif qui surpasse la simple et froide justice, une surabondance qui augmente la joie de se sentir vivant. Elle accroît la connaissance de soi et nous conduit à partager des actions et des pensées. Le paradoxe avec les réseaux sociaux, c'est qu'ils exploitent les caractéristiques et les spécificités de l'amitié telles qu'elles ont été inscrites et codifiées par ce discours philosophique classique mais pour les adapter à des fins promotionnelles ou marchandes.

DAVID DOUCET Sur Facebook, quel sens prend la notion d'amitié?

ANNE DALSUET On devient ami ou plutôt «friend», pour reprendre la désignation de Facebook, sans nécessairement connaître l'autre, sans s'être apprivoisés. La socialisation numérique, ce que l'on appelle le «friending», porte davantage sur la constitution de liens nouveaux que sur le renforcement de liens existants.

DAVID DOUCET L'amitié s'exerce-t-elle différemment?

ANNE DALSUET C'est vrai que l'amitié 2.0 peut déjà exister sans lieu et sans corps. Les réseaux numériques nous offrent la capacité de défier les lois habituelles de la rencontre et de l'espace social. Le corps ne joue plus un rôle ontologique fondamental. Sur les réseaux sociaux, nous pouvons décider de notre visibilité, contrôler notre image, en limer nos imperfections, rehausser nos qualités ou même dissimuler notre apparence physique. Mais le corps n'a pas disparu pour autant. Il a plutôt été transformé notamment avec les technologies androïdes.

DAVID DOUCET Grâce aux réseaux sociaux, nous pouvons avoir le sentiment d'une omniprésence. Touche-t-on au mythe de l'ubiquité?

ANNE DALSUET Sur Facebook, l'omniprésence est presque un impératif. La notion de lointain ou d'éloignement a été transformée. Notre invisibilité physique se paie par la possibilité de ▶▶▶▶

MOTS-CLÉS

le bouleversement changement important

le sens signification

la connaissance de soi fait de connaître et comprendre sa propre personnalité

à des fins marchandes à but lucratif, avec des objectifs commerciaux

le renforcement fait de rendre plus fort

l'ubiquité (f.) fait d'être partout en même temps

Sélections recommandées

MOTS-CLÉS

la pudeur discrétion par rapport à la vie privée

la parole fait de pouvoir parler et exprimer ses idées

le quotidien vie de tous les jours

la disponibilité fait d'avoir du temps libre, de ne pas être occupé

liberticide qui tue la liberté

contrôler ou d'être soi-même surveillé sur le site. Sur Facebook, par exemple, un signal vert inscrit en marge indique que vous êtes en ligne. Il y a une incitation au contact permanent.

DAVID DOUCET Les nouvelles générations dévoilent-elles davantage leur vie privée que par le passé?

ANNE DALSUET Oui, sans doute. Le rapport à la pudeur se déplace, tout comme les frontières. Il y a une préférence pour une certaine forme de transparence. Nos affinités électives ont également étés affectées par l'apparition des réseaux sociaux et les modalités de la rencontre bousculées ou renouvelées, à commencer par le lieu. Maintenant, on dit «nous nous sommes rencontrés sur Facebook», ces expressions propres au monde numérique sont investies d'un sens original.

DAVID DOUCET Parmi les apports positifs des réseaux sociaux, vous évoquez dans votre livre la mobilisation des jeunes au sein de l'espace public.

ANNE DALSUET Les réseaux sociaux bousculent nos représentations politiques. Avant celui qui parlait, c'était le chef du parti, celui qui avait réfléchi à une question, aujourd'hui le débat surgit partout. La distribution de la parole est plus égalitaire.

DAVID DOUCET Est-ce qu'il y a autant de rencontres IRL («dans la vie réelle») que par le passé?

ANNE DALSUET C'est une idée préconçue de penser qu'elles auraient diminué. Pour les Grecs, l'amitié requiert la proximité physique et ne se vit pas à distance. Elle nécessite l'expérience commune du quotidien, le partage d'un même territoire. Aujourd'hui la technologie numérique permet de la vivre différemment. Les lieux de vies s'additionnent. Nous sommes dans l'hypercontact permanent. Qui éteint son smartphone aujourd'hui lorsqu'il prend un café avec quelqu'un? Pendant que je discute, je suis connectée à d'autres personnes grâce à mon smartphone. Les deux réalités se complètent.

DAVID DOUCET Cet «hypercontact permanent» s'explique t-il par une plus grande difficulté à appréhender la solitude?

ANNE DALSUET Oui, cette immersion numérique nous empêche de voir le monde autrement que sous le régime de la proximité et de la disponibilité. Les réseaux sociaux ont signé la fin d'un monde de la séparation. Nous existons désormais sous le régime de la coprésence. Nous sommes dans l'hyperlien comme dotés du pouvoir de convoquer les êtres que nous désignons en quelques clics. Nous pouvons parcourir d'autres mondes sans quitter notre chaise, parler à distance de choses intimes sans parfois connaître notre interlocuteur. Nous le faisons en utilisateurs plus ou moins informés, souvent candides, confondant la carte et le territoire, l'information et le savoir, la représentation et sa source.

DAVID DOUCET Peut-on encore vivre seul aujourd'hui?

ANNE DALSUET Ce n'est pas évident. Sans en faire une valeur éthique absolue, la solitude est importante. Aujourd'hui la solitude est dépréciée ou rendue difficile. Pourtant ces moments de temps en suspens sont nécessaires. Il faut pouvoir s'abstraire de l'immédiateté et prendre du recul sur sa vie de temps en temps.

DAVID DOUCET Dans la conclusion de votre ouvrage, vous écrivez qu'il nous faut repenser l'utilisation que l'on fait des réseaux sociaux. Pour quelles raisons?

ANNE DALSUET Je pensais notamment à Facebook qui comme la plupart des réseaux sociaux numériques à volonté économique et politique impérialiste, constitue un nouvel État en expansion perpétuelle, avec son monopole, ses règles d'appartenance, sa constitution, ses fonctions régaliennes de sécurité et de police, ses bannissements et ses abus liberticides. Cette valorisation du comptage de l'amitié à des perspectives économiques n'est pourtant pas ce qui avait été mis en avant par Mark Zuckerberg au moment de la création de Facebook. Il nous faut donc repenser l'utilisation que nous faisons des réseaux sociaux, techniquement, juridiquement et éthiquement. Faute d'une législation adaptée et surtout d'une éducation émancipatrice, les utilisateurs se retrouvent trop facilement victimes de leurs propres actions, de leur ignorance ou de leur naïveté.

APRÈS LA LECTURE

1

Compréhension Choisissez la meilleure réponse d'après le texte.

1. Quel genre d'information est-ce que cette interview donne aux lecteurs?
a. L'opinion personnelle d'une femme française moderne et active
b. Les questions que se pose une philosophe et les réponses qu'elle y apporte
c. Des chiffres et des informations pratiques pour la vie quotidienne
d. Une description des meilleures utilisations de Facebook

2. D'après Anne Dalsuet, quel est le rôle des sites comme Facebook dans les sociétés modernes?
a. Elle pense qu'ils n'ont aucun effet majeur.
b. Elle imagine qu'ils ont des effets plutôt positifs, mais ne sait pas exactement.
c. Elle ne pense pas qu'ils aient changé beaucoup de choses, sauf pour les jeunes.
d. Elle pense que ces sites ont aidé à créer de nouvelles formes d'amitié.

3. Dans cet article, à quoi est-ce qu'on compare la socialisation numérique?
a. Aux relations d'amitié dans la vie réelle
b. Au vrai amour, romantique et exclusif
c. Au «friending» et au fait d'avoir beaucoup de «friends»
d. Aux rencontres dans les soirées

4. Comment est-ce que les utilisateurs de sites comme Facebook sont présentés dans l'article?
a. Comme des gens un peu seuls qui n'ont pas de vrais amis
b. Comme des gens intéressants, passionnés et qui n'ont pas peur de la technologie
c. Comme des gens qui cherchent l'amour, mais ne le trouve jamais
d. Comme des gens parfois un peu naïfs et qui devraient mieux s'informer sur le fonctionnement de ces sites

5. Anne Dalsuet pense qu'il y a un problème important avec les sites comme Facebook, mais lequel?
a. Ils sont trop grands et ils ont trop d'utilisateurs.
b. Ils isolent les gens, car ils n'autorisent pas les vraies rencontres.
c. Ils utilisent l'amitié et le besoin de socialisation des gens pour faire de l'argent.
d. Ils utilisent mal les nouvelles technologies et ils bloquent le progrès.

CONCEPTS IMPORTANTS

Idée principale
Pour avoir une compréhension globale du texte, il est important d'en identifier l'idée principale. Le titre et les mots-clés du texte peuvent vous aider à comprendre cette idée principale. Les paragraphes d'introduction et de conclusion peuvent aussi vous donner des indices.

2

Évaluez l'article Commencez par répondre aux questions suivantes pour donner votre avis sur l'article. Puis, discutez de vos réponses avec votre partenaire.

1. Est-ce que cet article donne une bonne description des amitiés sur Facebook, en général?
2. Est-ce que les idées contenues dans cet article vous paraissent justes? Donnez des exemples.
3. Trouvez-vous qu'Anne Dalsuet explique bien sa pensée?
4. Pensez-vous que le sujet de l'article a été bien choisi étant donné les actualités de nos jours? Expliquez.
5. Dans l'ensemble, est-ce que cet article vous paraît plutôt intéressant et de bonne qualité? Pourquoi?

3 

Citations Ces citations proviennent de l'article. À deux, expliquez ce qu'elles semblent dire dans chaque cas. Êtes-vous d'accord avec ces phrases? Échangez vos opinions.

1. «Aujourd'hui, il suffit de se croiser 5 minutes dans une soirée pour devenir ami sur Facebook le lendemain». (lignes 1–4)
2. «Il y a une préférence pour une certaine forme de transparence». (lignes 67–68)
3. «La distribution de la parole est plus égalitaire». (lignes 83–84)
4. «Les deux réalités se complètent». (ligne 100)
5. «Aujourd'hui, la solitude est dépréciée ou rendue difficile». (lignes 124–125)
6. «Il faut pouvoir s'extraire de l'immédiateté et prendre du recul sur sa vie de temps en temps». (lignes 126–128)

VOCABULAIRE PERSONNEL
Utilisez votre vocabulaire personnel.

4

Un commentaire Lisez ce commentaire sur l'article. Êtes-vous d'accord ou pas avec son auteur? Écrivez une réponse d'au moins cent mots.

Commentaires:
Moi, je pense que Facebook et les réseaux sociaux ne servent pas à grand-chose. Je n'ai pas de compte et je suis bien content de ne pas en avoir. Internet, c'est pas la vraie vie! À passer tout son temps en ligne, on ne vit pas assez, et ce n'est pas sur Facebook qu'on va faire des rencontres intéressantes.

Répondre:

5 

Exploration des thèmes Réfléchissez aux thèmes suivants puis faites une enquête sur l'un d'entre eux. Préparez cinq questions sur le thème de votre choix, puis interviewez plusieurs camarades de classe sur le sujet. Notez leurs réponses.

- l'utilité de Facebook dans la création de liens et d'amitiés nouvelles
- la solitude dans un monde hyperconnecté
- le besoin de rester connecté en permanence face au besoin de liberté
- la transformation des relations à distance et les nouvelles formes de relations qui se créent

6 

Présentation orale Utilisez les réponses de vos camarades à l'Activité 5 pour préparer une présentation orale qui résume leurs idées. Quels sont les points d'accord et de désaccord les plus importants? Pourquoi existent-ils, à votre avis? Terminez votre présentation avec une conclusion personnelle.

RESSOURCES 
Consultez la liste des appendices à la p. xiii.

7 

Le futur de l'amitié À votre avis, quelle influence Facebook a-t-il sur les amitiés? Par exemple, est-ce que l'activité sociale en ligne complète la vie réelle ou s'y ajoute? Les liens affectifs qu'on développe sur Facebook sont-ils authentiques ou plutôt artificiels? Écrivez une analyse qui examine ces questions. Présentez une thèse et défendez-la en utilisant des arguments qui viennent de l'article, de votre propre expérience ou des exemples que vous avez observés autour de vous.

LECTURE 2.2 ▸ CYRANO DE BERGERAC

AU SUJET DE L'AUTEUR Edmond Rostand est né en 1868 à Marseille. Après avoir poursuivi des études de droit à Paris, il décide de se consacrer à la poésie. Il publie plusieurs recueils de poèmes, puis se met à écrire des pièces de théâtre. De toutes ses œuvres, la plus célèbre et la plus acclamée est *Cyrano de Bergerac*, une pièce en cinq actes écrite en vers qui a été traduite en plusieurs langues et adaptée au cinéma ainsi qu'à l'opéra.

AU SUJET DU TEXTE Cyrano de Bergerac est un mousquetaire intrépide et très éloquent qui est amoureux de sa cousine, la belle Roxane. Il n'ose cependant pas lui avouer son amour car il est affligé d'un nez énorme qui le rend très laid. Roxane, elle, est amoureuse d'un beau jeune homme qui s'appelle Christian. L'extrait que vous allez lire provient de la célèbre scène du balcon, qui rappelle sans doute la scène entre Roméo et Juliette dans la pièce de Shakespeare. Dans cette scène, Cyrano prétend être le beau Christian et il fait la cour à Roxane au pied de son balcon.

AVANT LA LECTURE

VOCABULAIRE PERSONNEL
Notez le nouveau vocabulaire à mesure que vous l'apprenez.

1 Caractéristiques Quelles caractéristiques appréciez-vous le plus chez vos ami(e)s intimes? Parmi les choix suivants, sélectionnez-en trois et expliquez à un(e) camarade de classe pourquoi ces caractéristiques vous semblent importantes.

- la bonne humeur
- l'intelligence
- le sens de l'humour
- la beauté physique
- les intérêts communs
- la générosité
- les valeurs
- la passion
- la sincérité
- la loyauté

2 De bons rapports Réfléchissez à un couple que vous connaissez ou à un couple dans un film ou roman et discutez avec un(e) camarade de classe de ces questions à propos de leurs rapports.

1. Que fait ce couple quand tous les deux ne sont pas d'accord?
2. Que font-ils quand il faut résoudre un malentendu?
3. Que fait chacun pour mettre l'autre à l'aise?
4. Que fait chacun pour faire plaisir à l'autre?
5. Comment ce couple prend-il des décisions?
6. Que fait chacun quand l'autre a une mauvaise surprise?
7. Que fait chacun quand l'autre a une bonne surprise?
8. Que fait chacun quand l'autre développe une vraie passion pour quelque chose?

3 Une histoire d'amour Écrivez le résumé d'une histoire d'amour que vous connaissez (celle d'un roman, d'un film ou d'une chronique historique). Servez-vous des questions suivantes comme guide.

1. Qui sont les personnages? Où vivent-ils? Qu'ont-ils en commun?
2. Quels sont les rapports entre les personnages? Comment s'entendent-ils?
3. Quel est le conflit, l'obstacle à surmonter pour que leurs relations restent bonnes ou s'améliorent?
4. Quel est le moment culminant de l'histoire? Comment se termine l'histoire?

STRATÉGIE

Visualiser
Avant d'écrire, visualisez le contexte de l'histoire que vous allez décrire et imaginez les personnages (expressions, langage corporel, ton de la voix), ainsi que d'autres détails.

Cyrano de Bergerac (1990)
Anne Brochet, Gérard Depardieu

Extrait de l'Acte III

MOTS-CLÉS

à mi-voix pas très fort, doucement

l'ombre (f.) zone où il y a une absence de lumière

ROXANE: Vos mots sont hésitants. Pourquoi?

CYRANO (parlant **à mi-voix**, comme Christian)**:** C'est qu'il fait nuit, | Dans cette **ombre**, à tâtons, ils cherchent votre oreille.

ROXANE: Les miens n'éprouvent pas difficulté pareille.

CYRANO: Ils trouvent tout de suite? oh! cela va de soi, | Puisque c'est dans mon cœur, eux, que je les reçois; | Or, moi, j'ai le cœur grand, vous, l'oreille petite. | D'ailleurs vos mots à vous, descendent: ils vont vite. | Les miens montent, Madame: il leur faut plus de temps!

ROXANE: Mais ils montent bien mieux depuis quelques instants.

CYRANO: De cette gymnastique, ils ont pris l'habitude!

ROXANE: Je vous parle, en effet, d'une vraie altitude!

CYRANO: Certes, et vous me tueriez si de cette hauteur | Vous me laissiez tomber un mot dur sur le cœur!

ROXANE (avec un mouvement)**:** Je descends.

CYRANO (vivement) Non!

ROXANE (lui montrant le banc qui est sous le balcon)**:** Grimpez sur le banc, alors, vite!

CYRANO (reculant avec effroi dans la nuit)**:** Non!

ROXANE: Comment... non?

CYRANO (que l'émotion gagne de plus en plus)**:** Laissez un peu que l'on profite... | De cette occasion qui s'offre... de pouvoir | Se parler doucement, sans se voir.

ROXANE: Sans se voir?

CYRANO: Mais oui, c'est adorable. On se devine à peine. | Vous voyez la noirceur d'un long manteau qui traîne, | J'aperçois la blancheur d'une robe d'été: | Moi je ne suis qu'une ombre, et vous qu'une clarté! | Vous ignorez pour moi ce que sont ces minutes! | Si quelquefois je fus éloquent...

ROXANE: Vous le fûtes!

CYRANO: Mon langage jamais jusqu'ici n'est sorti | De mon vrai cœur...

ROXANE: Pourquoi?

CYRANO: Parce que... jusqu'ici | Je parlais à travers...

ROXANE: Quoi?

CYRANO: ... le **vertige** où tremble | Quiconque est sous vos yeux!... Mais, ce soir, il me semble... | Que je vais vous parler pour la première fois!

ROXANE: C'est vrai que vous avez une tout autre voix.

CYRANO (se rapprochant avec fièvre): Oui, tout autre, car dans la nuit qui me protège | J'**ose** être enfin moi-même, et j'ose... | (Il s'arrête et avec égarement): Où en étais-je? | Je ne sais... tout ceci, – pardonnez mon **émoi**, – | C'est si délicieux,... c'est si nouveau pour moi!

ROXANE: Si nouveau?

CYRANO (bouleversé, et essayant toujours de rattraper ses mots): Si nouveau... mais oui... d'être sincère: | La peur d'être **raillé**, toujours au cœur me serre...

ROXANE: Raillé de quoi?

CYRANO: Mais de... d'un élan!... Oui, mon cœur | Toujours, de mon esprit s'habille, par pudeur: | Je pars pour décrocher l'étoile, et je m'arrête | Par peur du ridicule, à cueillir la fleurette!

ROXANE: La fleurette a du bon.

CYRANO: Ce soir, dédaignons-la!

ROXANE: Vous ne m'aviez jamais parlé comme cela!

CYRANO: Ah! si loin des carquois, des torches et des flèches, | On se sauvait un peu vers des choses... plus fraîches! | Au lieu de boire goutte à goutte, en un mignon | Dé à coudre d'or fin, l'eau fade du Lignon, | Si l'on tentait de voir comment l'**âme** s'abreuve | En buvant largement à même le grand fleuve!

ROXANE: Mais l'esprit?...

CYRANO: J'en ai fait pour vous faire rester | D'abord, mais maintenant ce serait insulter | Cette nuit, ces parfums, cette heure, la Nature, | Que de parler comme un billet doux de Voiture! | – Laissons, d'un seul regard de ses astres, le ciel | Nous désarmer de tout notre artificiel: | Je crains tant que parmi notre alchimie exquise | Le vrai du sentiment ne **se volatilise**, | Que l'âme ne se vide à ces passe-temps vains, | Et que le fin du fin ne soit la fin des fins!

ROXANE: Mais l'esprit?...

CYRANO: Je le **hais** dans l'amour! C'est un crime | Lorsqu'on aime de trop prolonger cette escrime! | Le moment vient d'ailleurs inévitablement, | – Et je **plains** ceux pour qui ne vient pas ce moment! – | Où nous sentons qu'en nous une amour noble existe | Que chaque joli mot que nous disons rend triste!

ROXANE: Eh bien! si ce moment est venu pour nous deux, | Quels mots me direz-vous?

CYRANO: Tous ceux, tous ceux, tous ceux | Qui me viendront, je vais vous les jeter, en touffe, | Sans les mettre en bouquet: je vous aime, j'étouffe, | Je t'aime, je suis fou, je n'en peux plus, c'est trop; | Ton nom est dans mon cœur comme dans un grelot, | Et comme tout le temps, Roxane, je frissonne, | Tout le temps, le grelot s'agite, et le nom sonne! | De toi, je me souviens de tout, j'ai tout aimé: | Je sais que l'an dernier, un jour, le douze mai, | Pour sortir le matin tu changeas de coiffure! | J'ai tellement pris pour clarté ta chevelure | Que, comme lorsqu'on a trop fixé le soleil, | On voit sur toute chose ensuite un rond vermeil, | Sur tout, quand j'ai quitté les feux dont tu m'inondes, | Mon regard ébloui pose des taches blondes!

ROXANE (d'une voix troublée): Oui, c'est bien de l'amour...

CYRANO: Certes, ce sentiment | Qui m'envahit, terrible et jaloux, c'est vraiment | De l'amour, il en a toute la fureur triste! | De l'amour, – et pourtant il n'est pas égoïste! |

MOTS-CLÉS

le vertige malaise dû au vide, perte d'équilibre

oser avoir l'audace, le courage de faire quelque chose

l'émoi (m.) émotion, trouble

raillé(e) ridiculisé(e)

l'âme (f.) pensée, intellect de l'humain; opposé au corps matériel

se volatiliser disparaître

haïr détester

plaindre avoir de la pitié

STRATÉGIE

Se mettre à la place du personnage

Pour mieux comprendre les expériences vécues par un personnage, essayez de vous mettre à sa place. Comment vous sentiriez-vous si vous vous retrouviez dans une situation similaire? Si vous compatissez avec le personnage, vous pourrez mieux comprendre ses sentiments et ses motivations.

MOTS-CLÉS
l'ivresse (f.) état d'exaltation, d'euphorie causé par la passion

Ah! que pour ton bonheur je donnerais le mien, | Quand même tu devrais n'en savoir jamais rien, | S'il se pouvait, parfois, que de loin, j'entendisse | Rire un peu le bonheur né de mon sacrifice! | – Chaque regard de toi suscite une vertu | Nouvelle, une vaillance en moi! Commences-tu | À comprendre, à présent? voyons, te rends-tu compte? | Sens-tu mon âme, un peu, dans cette ombre, qui monte?... | Oh! mais vraiment, ce soir, c'est trop beau, c'est trop doux! | Je vous dis tout cela, vous m'écoutez, moi, vous! | C'est trop! Dans mon espoir même le moins modeste, | Je n'ai jamais espéré tant! Il ne me reste | Qu'à mourir maintenant! C'est à cause des mots | Que je dis qu'elle tremble entre les bleus rameaux! | Car vous tremblez, comme une feuille entre les feuilles! | Car tu trembles! Car j'ai senti, que tu le veuilles | Ou non, le tremblement adoré de ta main | Descendre tout le long des branches du jasmin! |

(Il baise éperdument l'extrémité d'une branche pendante.)

ROXANE: Oui, je tremble, et je pleure, et je t'aime, et suis tienne! | Et tu m'as enivrée!

CYRANO: Alors, que la mort vienne! | Cette **ivresse**, c'est moi, moi, qui l'ai su causer! ◣

APRÈS LA LECTURE

CONCEPTS IMPORTANTS

Personnage
Les caractéristiques d'un personnage peuvent se deviner à partir de ce que celui-ci fait et dit. Pour vous faire une idée d'un personnage, prêtez attention à la manière dont il traite les autres, à ce qu'il leur dit et à ses actions.

1 Compréhension Choisissez la meilleure réponse pour chacune des questions suivantes.

1. Comment peut-on décrire le personnage de Cyrano?
 a. C'est un homme romantique et très éloquent.
 b. C'est un homme rationnel qui sait maîtriser ses émotions.
 c. C'est un homme prétentieux et égoïste.
 d. C'est un homme audacieux mais qui a peu d'esprit.

2. Quelle peur exprime Cyrano aux vers 11–12?
 a. Que Roxane ne descende du balcon.
 b. Que Roxane ne veuille plus l'écouter.
 c. Que Roxane ne lui parle cruellement.
 d. Que Roxane ne découvre son identité.

3. Quelle opinion Cyrano évoque-t-il dans la réplique des vers 21–23?
 a. Apprendre à se connaître sans se voir est moins superficiel.
 b. Il est romantique de se parler doucement dans l'ombre.
 c. Il faut savoir parler avec esprit et intelligence.
 d. Il faut attendre la clarté du jour pour se faire des aveux.

4. Que veut dire «mon cœur… de mon esprit s'habille» (vers 40)?
 a. Il se laisse dominer par la sensibilité et les émotions.
 b. Il ne sait pas maîtriser ses émotions ni sa furie.
 c. Il se laisse inonder par ses impulsions poétiques.
 d. Il laisse la raison et la pensée masquer ses sentiments.

5. Quelle prédiction est-ce que le vers 75 suggère?
 a. Cyrano sera éventuellement trompé par Roxane.
 b. Cyrano ne pourra s'empêcher de décevoir Roxane.
 c. Cyrano devra lutter pour ne pas perdre l'amour de Roxane.
 d. Cyrano se sacrifiera pour assurer le bonheur de Roxane.

2 **Chronologie** Mettez les moments suivants dans l'ordre chronologique du texte.

___ Cyrano insiste sur le mystère et l'obscurité parce qu'il ne veut pas être reconnu.
___ Roxane ne comprend pas pourquoi son amoureux parle d'une manière hésitante.
___ Roxane avoue aussi son amour pour Cyrano.
___ Cyrano dit à Roxane que ses mots mettent du temps à lui parvenir à cause de la hauteur du balcon.
___ Cyrano décide d'ouvrir son cœur à Roxane en toute sincérité.

3 **Le personnage de Cyrano** Dans le tableau ci-dessous, faites des remarques pertinentes concernant chaque aspect du personnage de Cyrano.

ASPECTS DU PERSONNAGE	REMARQUES
la sincérité	*Cyrano ose être sincère seulement lorsque Roxane ne peut pas voir son physique.*
l'esprit	
la passion	
les intérêts	
l'intelligence	

4 **Interprétations** Avec trois ou quatre camarades de classe, discutez d'interprétations possibles pour chaque citation ci-dessous.

1. «Or moi, j'ai le cœur grand, vous, l'oreille petite». (vers 6)
2. «Mais oui, c'est adorable. On se devine à peine». (vers 21)
3. «...dans la nuit qui me protège
   J'ose être enfin moi-même...» (vers 33–34)
4. «Je crains tant que parmi notre alchimie exquise
   Le vrai du sentiment ne se volatilise» (vers 54–55)

STRATÉGIE

Répéter et reformuler
Pour éclaircir quelque chose qui a déjà été mentionné, vous pouvez répéter ce que vous avez dit en employant d'autres mots ou en exprimant vos idées d'une manière différente.

5 **Un moment inévitable et mémorable** Relisez le passage des vers 58–61. Discutez en groupe du moment unique qui y est décrit en vous servant des questions suivantes.

1. Qu'est-ce que Cyrano déteste dans l'amour?
2. De quelle «escrime» parle-t-il?
3. Quels «jolis mots» rendent un amoureux/une amoureuse triste?
4. À quel moment inévitable deux personnes qui sont tombées amoureuses l'une de l'autre doivent-elles se faire face?

VOCABULAIRE PERSONNEL
Utilisez votre vocabulaire personnel.

6 **Présentation orale** Cyrano se cache de Roxane car il se croit trop laid. Alors, il essaie de gagner son cœur par son intelligence et son esprit. Dans l'amour, qu'est-ce qui est plus important: la beauté ou l'intelligence? Faites une présentation orale dans laquelle vous répondez à cette question. N'oubliez pas d'utiliser des exemples de votre vie ou de l'histoire pour soutenir vos arguments.

RESSOURCES
Consultez la liste des appendices à la p. xi.

AUDIO ▸ L'AMITIÉ

MOTS-CLÉS

proche intime, qu'on connaît très bien
exprimer déclarer, articuler, expliquer
se chicaner se disputer
pousser nos boutons nous taquiner, nous embêter
énerver irriter, exaspérer, impatienter
faire confiance à quelqu'un compter sur ou s'en remettre à une personne
partager avoir quelque chose en commun
l'égalité (f.) équivalence, similitude
c'est le fun c'est amusant (*expression canadienne*)
avoir du plaisir s'amuser (*expression canadienne*)

INTRODUCTION Cet enregistrement est extrait d'Ados-Radio, une émission pour les jeunes de 12 à 17 ans, patronnée par la station Ici Radio-Canada. Des jeunes du Conseil scolaire francophone de la Colombie-Britannique sont interviewés par Valérie Letarte sur l'amitié.

AVANT L'ÉCOUTE

1 **Complétez** Complétez chaque phrase en écrivant la forme correcte d'un des mots-clés.

1. Mon frère cadet m'____________ beaucoup quand j'avais cinq ans.
2. Il est important d'être honnête et d'____________ franchement ses véritables opinions.
3. Les ados préfèrent passer du temps avec des amis qui sont très ____________.
4. Les deux enfants de la famille Lebeau ____________ le même sang et les mêmes gènes.
5. Ce n'est pas juste s'il n'y a pas d'____________ entre les membres de la classe.

2 **Sondage** Lisez chaque déclaration et indiquez si vous êtes d'accord ou pas.

	D'accord	Pas d'accord
1. Pour être heureux, il vaut mieux avoir beaucoup d'amis.	☐	☐
2. Il est plus facile d'exprimer ses opinions en famille qu'avec ses copains.	☐	☐
3. En général, je préfère passer du temps avec des personnes qui ont des personnalités et des intérêts variés.	☐	☐
4. Pour les ados américains, les frères et sœurs sont plus importants que les amis.	☐	☐
5. Si un ami m'énerve, je mets fin à notre amitié.	☐	☐

PENDANT L'ÉCOUTE

STRATÉGIE

Prendre des notes
Prendre des notes vous aidera à retenir les informations les plus importantes d'un texte audio.

1 **Première écoute** Écoutez l'enregistrement pour savoir qui sont les adolescents qui participent à l'interview et commencez à prendre quelques notes à leur sujet.

1. Adam. Notes: ____________
2. Bénédicte. Notes: ____________
3. Kaichata. Notes: ____________
4. Sami. Notes: ____________
5. Julien. Notes: ____________
6. Nicolas. Notes: ____________
7. Madeleine. Notes: ____________

2 **Deuxième écoute** Cette fois-ci, prenez des notes plus complètes à côté du nom de chaque adolescent qui parle.

APRÈS L'ÉCOUTE

1 

Compréhension Choisissez la meilleure réponse pour chaque question selon les commentaires entendus dans l'interview.

1. D'après l'introduction, quel est le thème de l'émission?
  a. Les rapports conflictuels entre anciens amis
  b. L'importance de l'amitié pour les jeunes
  c. L'évolution de l'amitié au cours des étapes de la vie
  d. L'opinion des parents sur les amis de leurs enfants

2. Quels sujets Valérie n'aborde-t-elle pas pendant les interviews?
  a. Les sujets de conversation entre amis
  b. La fin d'une amitié
  c. Le choix de ses amis
  d. Les qualités qu'on recherche chez ses amis

3. Pourquoi, en parlant de sa famille, Bénédicte dit-elle que c'est toujours la même chose avec ses frères et sœurs?
  a. Parce qu'ils ne l'ennuient jamais
  b. Parce qu'ils l'aident à exprimer les différents aspects de sa personnalité
  c. Parce qu'ils peuvent être hypocrites
  d. Parce qu'ils l'énervent souvent

4. Quels genres d'amis est-ce que Nicolas aime bien avoir?
  a. Des amis avec qui il peut rire et avoir du plaisir
  b. Des amis très différents de lui
  c. Des amis en qui il peut avoir confiance
  d. Des amis qu'il considère comme ses égaux

5. Qu'est-ce que Madeleine ne mentionne pas?
  a. L'importance d'avoir des amis qui sont un peu différents d'elle
  b. L'importance d'avoir plusieurs perspectives
  c. Que ses amis l'énervent souvent
  d. Qu'elle peut parler à tout le monde

CONCEPTS IMPORTANTS

Objectifs d'une interview
Habituellement, avant de commencer une interview, le locuteur annonce quel va être le sujet de celle-ci. Prêtez donc une attention particulière au début de l'interview.

2

Citation Avec un(e) camarade de classe, discutez des interprétations possibles de cette phrase adaptée de l'enregistrement. Expliquez vos opinions personnelles sur le sujet et justifiez-les en donnant des exemples précis.

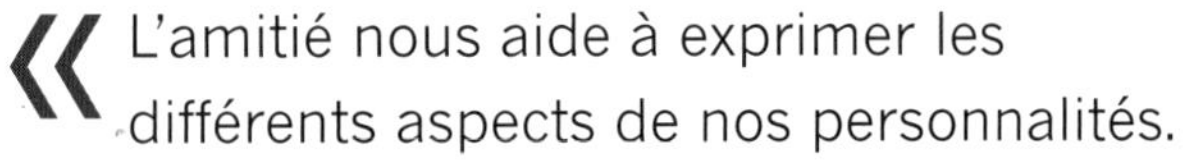
« L'amitié nous aide à exprimer les différents aspects de nos personnalités. »

VOCABULAIRE PERSONNEL
Utilisez votre vocabulaire personnel.

3  

Essai Écrivez un essai pour répondre à la question ci-dessous. Inspirez-vous de ce que vous avez appris en étudiant les trois sélections de ce contexte, puis présentez vos idées personnelles et illustrez celles-ci avec des exemples.

- Quelle importance ont l'amitié et l'amour pour le bien-être d'une personne, de sa famille et de son entourage en général?

RESSOURCES 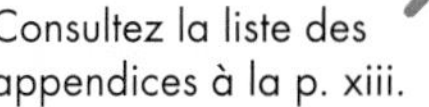
Consultez la liste des appendices à la p. xiii.

LIENS CULTURELS

Un couple à Alger, Algérie

La Saint-Valentin en Algérie

LA FÊTE DE LA SAINT-VALENTIN—OU FÊTE DES AMOUREUX— est un symbole d'un mode de vie à l'occidentale qui gagne du terrain en Algérie. Cependant, comme ils sont confrontés à une société plutôt conservatrice, les jeunes ont des difficultés à pouvoir exprimer leurs sentiments en pleine lumière en raison de la pression sociale existante. De plus, les couples sont souvent freinés dans leurs projets de mariage par des obstacles tels que le chômage ou la difficulté à trouver un logement. Heureusement, la musique d'un chanteur de raï comme Cheb Hasni leur permet d'exprimer leur amour, et le 14 février, les fleuristes algériens réalisent les plus importantes ventes de fleurs de l'année, preuve qu'on ne peut stopper ni l'amour ni l'avancée de la mondialisation.

- Les Québécois célèbrent aussi la Saint-Valentin et ils possèdent même quelque chose d'unique: le village de Saint-Valentin. Situé au sud-est de Montréal, la commune est la capitale de l'amour. Elle propose un festival de la Saint-Valentin avec des animations variées et une messe pour les amoureux. Voilà de quoi vous rendre romantique si vous ne l'êtes pas déjà!
- À La Nouvelle-Orléans, en Louisiane, on aime célébrer la Saint-Valentin en faisant une croisière sur le Mississippi à bord d'un des célèbres bateaux aubes. Ou, si on préfère la terre ferme, on peut choisir une balade romantique en calèche pour découvrir le quartier historique du Vieux Carré, aussi appelé le Quartier Français. Centre historique de la ville, les créoles francophones y logeaient.

Présentation orale: comparaison culturelle

Préparez une présentation orale sur le thème suivant.

- Quels mots, gestes ou actions expriment l'amour ou l'amitié qu'on ressent pour les gens qui nous sont chers?

Comparez votre propre communauté à une région du monde francophone que vous connaissez.

Les rapports sociaux

POINTS DE DÉPART

Les rapports sociaux sont indubitablement liés à l'identité culturelle, mais ils évoluent en fonction de certains facteurs, tels que le niveau socio-économique et la structure familiale. Parallèlement, dans la société, il se forme souvent de nouveaux groupes communautaires aux aspirations diverses et parfois divergentes.

- Comment la culture d'une personne peut-elle influencer sa façon de communiquer?
- En quoi les rapport sociaux sont-ils influencés par la famille, la communauté et l'environnement?
- De quelle manière les rapports sociaux entre les personnes liées par l'âge ou le milieu social peuvent-ils bénéficier à une société?

DÉVELOPPEMENT DU VOCABULAIRE

1 **D'accord ou pas d'accord** Dites si vous êtes d'accord ou pas avec chacune des affirmations suivantes, puis comparez vos réponses avec celles d'un(e) camarade.

	D'accord	Pas d'accord
1. Les personnes du troisième âge jouent un rôle de plus en plus important dans la société.	☐	☐
2. Les familles adoptives exercent la même influence sur leurs enfants que les parents biologiques.	☐	☐
3. Les membres d'une famille partagent généralement les mêmes valeurs.	☐	☐
4. Il y a toujours un fossé des générations entre les adolescents et leurs parents.	☐	☐
5. Il est bon que les jeunes remettent en cause les valeurs transmises par leurs aînés.	☐	☐
6. Les enfants qui grandissent dans des communautés unies ont de meilleurs rapports les uns avec les autres.	☐	☐
7. La diversité et la mobilité sont des facteurs positifs dans les rapports sociaux.	☐	☐

VOCABULAIRE PERSONNEL
Notez le nouveau vocabulaire à mesure que vous l'apprenez.

2 **Votre communauté** En petits groupes, discutez des questions suivantes à propos des rapports sociaux dans votre communauté.

1. Qui sont les personnes que vous voyez souvent dans votre communauté (exemples: les voisins, le facteur, la caissière au supermarché)? Quels genres d'interactions avez-vous avec elles?
2. Habitez-vous une région urbaine ou rurale? Comment sont les rapports entre les membres de votre région? Chaleureux? Réservés? Qu'est-ce qui explique la qualité de leurs rapports?
3. Croyez-vous que les rapports sociaux sont différents dans une grande ville, en banlieue, dans un petit village et à la campagne? Expliquez.
4. En quoi les rapports sociaux diffèrent-ils dans les quartiers aisés et les quartiers défavorisés d'une ville?

VOCABULAIRE PERSONNEL
Utilisez votre vocabulaire personnel.

3 **De bons rapports** Écrivez un paragraphe dans lequel vous décrivez ce qui constitue de bons rapports sociaux dans un groupe. Expliquez-en les raisons en donnant des détails précis et des exemples. Vos exemples peuvent provenir de votre propre expérience, de faits divers, de l'actualité ou d'une œuvre littéraire.

RESSOURCES
Consultez la liste des appendices à la p. xiii.

LECTURE 3.1 ▸ L'ÉTUDIANT ÉTRANGER

AU SUJET DE L'AUTEUR Philippe Labro (1936–) est un écrivain, journaliste, auteur de chansons et réalisateur français. À l'âge de 18 ans, inspiré par une grande curiosité de l'Amérique qu'il avait découverte dans les livres et au cinéma, Labro est parti aux États-Unis grâce à une bourse d'études. Après cela, en 1957, le jeune Philippe Labro est retourné en France pour devenir reporter à Europe 1. Au cours de sa carrière, il a travaillé à RTL et *Paris-Match* et il a publié de nombreux romans.

AU SUJET DU TEXTE Philippe Labro a écrit deux romans de jeunesse basés sur ses souvenirs de l'Amérique. Dans l'extrait suivant de son roman autobiographique *L'Étudiant étranger*, il décrit une expérience vécue dans les années cinquante sur le campus de l'Université Washington and Lee, en Virginie. Labro décrit l'un de ces inévitables malentendus auxquels toute personne risque de faire face quand elle est exposée à une nouvelle culture.

AVANT LA LECTURE

VOCABULAIRE PERSONNEL
Utilisez votre vocabulaire personnel.

1 **Les années 50** Qu'est-ce que vous savez déjà de la vie des étudiants pendant les années 50? Réfléchissez aux films, émissions de télévision ou romans de cette époque et essayez de décrire ce monde universitaire avec un(e) partenaire. Utilisez les questions suivantes pour guider votre discussion, et notez vos réponses.

1. Comment s'habillaient les étudiants pour aller en cours?
2. Quelle était l'ambiance en cours et sur le campus?
3. Comment étaient les rapports parmi les étudiants et entre les professeurs et les étudiants?
4. Quels genres de clubs et activités existaient sur le campus?
5. Quelles personnes ou organisations aidaient les étudiants à s'intégrer à la vie universitaire?
6. Quels étaient les règles de conduite—en cours, sur le campus, dans les résidences, pendant les activités sociales?

2  **Hier et aujourd'hui** Maintenant réfléchissez aux campus universitaires de nos jours. Servez-vous des notes que vous avez prises pour l'activité précédente et écrivez un petit essai dans lequel vous comparez la vie universitaire des années 50 avec celle d'aujourd'hui. Tâchez d'aborder les thèmes de l'Activité 2—l'ambiance, les rapports, les activités—dans votre comparaison.

3  **La communication multiculturelle** Pour bien communiquer dans une autre culture, il faut maîtriser plus que la langue. Il est nécessaire aussi d'employer les gestes corrects et suivre les codes de conduite. Discutez en petits groupes des différences entre les Français et les Américains par rapport à leurs façons de saluer les gens, de donner des conseils ou d'offrir des suggestions, de faire des compliments et de critiquer les autres. Quelles différences culturelles peuvent amener à un malentendu assez important? Pourquoi?

L'ÉTUDIANT ÉTRANGER (extrait)

de **Philippe Labro**

MOTS-CLÉS
croiser rencontrer quelqu'un

LA RÈGLE DE LA PAROLE était l'une des deux traditions indestructibles de l'université, avec le port de la veste et de la cravate. Il s'agissait de saluer verbalement («Hi!») toute personne que vous **croisiez** ou de répondre à celle qui vous croisait, si elle vous avait salué en premier. Au début, j'avais été surpris, pas tellement par l'idée de dire bonjour à un inconnu qui traverse le campus, mais plutôt par la perspective d'avoir à le dire et le dire et le dire et le redire, à longueur de journée, et quelle que soit mon humeur ou quelle que soit la tête de celui qui venait à ma hauteur. Mais j'avais suivi la Règle. Ce n'était pas une loi écrite sur les murs du collège, mais enfin, comme tout le monde le faisait, si vous ne le faisiez pas, vous passiez très vite pour un loup solitaire ou un type mal élevé, ou un type qui ne voulait pas jouer le jeu—ce qui revenait au même. D'ailleurs, si par hasard vous aviez négligé de respecter la Règle de la Parole, il se trouvait toujours quelqu'un, au moins une fois dans la journée, pour vous le faire remarquer. Soit en appuyant de façon ironique sur le «Hi!» et en vous fixant droit dans les yeux, ce qui vous forçait à répondre. Soit en prévenant le Comité d'Assimilation. [...]

Le secrétaire général du Comité d'Assimilation était un étudiant de quatrième année, un grand type du Texas qui s'appelait Gordon Gotch. [...]

Gordon Gotch était assis derrière une table en merisier luisant. [...] Gordon s'éclaircit la gorge avant de parler. Il avait une voix douce et basse, grave, dont il semblait jouer avec satisfaction, une voix où il n'y avait aucune place pour le doute.

—Comment ça va? me demanda-t-il.

—Très bien, dis-je.

MOTS-CLÉS

mal à l'aise déconcerté(e), gêné(e)

le comportement conduite, attitude, manière d'agir

à la légère avec insouciance, sans réfléchir

accueillir offrir l'hospitalité

tâtonner chercher avec difficulté, comme dans le noir

renvoyer relancer ou retourner quelque chose

—Pas trop de difficultés dans tes études?

—Je ne crois pas, non, répondis-je. Et puis quand je prends du retard, je vais voir mon conseiller, ça m'aide beaucoup.

—C'est vrai, dit Gordon en se retournant vers ses deux adjoints, les conseillers se sont toujours révélés très utiles pour les étudiants étrangers.

J'eus la sensation qu'il avait insisté sur le mot étranger, mais c'est peut-être l'accent du Texas qui a tendance à traîner en fin de phrase. Il parlait lentement, ses grands yeux bruns ne me quittaient pas, je commençais à me sentir **mal à l'aise**, ne sachant pas si je devais continuer de le regarder ou porter mes yeux sur les deux autres. L'un était roux, l'autre blond cendré, ils paraissaient chétifs aux côtés de cette masse de viande et d'os qu'était Gordon Gotch. Jusqu'ici, ils n'avaient pas ouvert la bouche, sauf pour me saluer.

—Ceci, bien sûr, est une réunion tout à fait informelle, dit Gordon.

—Tout à fait informelle, répéta le garçon roux.

Le blond ne dit rien. Il se passa un moment sans que personne ne bouge. J'attendais.

—Nous comprenons fort bien, reprit Gordon, qu'un étranger, un étudiant étranger, mette un peu plus de temps que les autres à s'habituer à nos traditions. Nous le comprenons. [...]

Il se pencha vers moi.

—Tout va très bien, me dit-il, tout le monde est très content de ton **comportement** sur le campus, mais voilà... la Règle de la Parole, nous avons reçu des informations selon lesquelles tu ne t'y conformais pas. Pas vraiment.

—Mais ça n'est pas vrai, dis-je. C'est faux.

Gordon sourit. Il se redressa sur son siège, sûr de son fait.

—Attends, s'il te plaît. Le Comité d'Assimilation n'a pas pour habitude de lancer des affirmations pareilles **à la légère.** Nous vérifions toujours.

—Toujours, répéta le garçon roux.

Le blond opina de la tête, sans parler.

—Mais je dis bonjour, protestai-je, je suis désolé, je salue tout le monde, et je réponds au salut des autres.

Pour la première fois depuis qu'il m'avait **accueilli** dans la salle, Gordon eut l'air gêné. Il cherchait ses mots. Ses gros sourcils bruns se fronçaient sous l'effort.

—Tu dis bonjour, c'est vrai, mais... Il **tâtonnait**, penchant sa lourde tête vers la table, comme pour éviter de faire face à mon indignation.

—Mais quoi? dis-je. Quoi?

Gordon Gotch continua sur un ton de regret embarrassé.

—Ça n'est pas que tu ne dises pas bonjour, ou que tu ne **renvoies** pas les saluts, ça n'est pas ça, nous avons vérifié. Nous sommes d'accord, ce n'est pas cela.

Il répéta:

—Là n'est pas la question.

Puis il lâcha, comme si c'était une notion énorme et qu'il avait eu quelque pudeur à exprimer:

—C'est que tu ne souris pas en le faisant.

Il appuya en répétant:

—Tu ne souris pas en le faisant, en laissant, cette fois à chacun de ses adjoints le soin de répéter la phrase essentielle.

Le blond et le roux eurent vers moi le même regard qui voulait dire: eh bien voilà, ce n'est pas compliqué, tout de même! Tout alla très vite ensuite. Je ne savais pas quoi répondre et le Comité d'Assimilation, de son côté, semblait estimer qu'il avait rempli sa tâche. Gordon se leva, me serra la main. [...] ◣

APRÈS LA LECTURE

1 **Compréhension** Choisissez la meilleure réponse selon la lecture.

1. Quel adjectif décrit le style de l'université où se trouve le jeune «étranger»?
   a. avant-garde
   b. traditionnel
   c. scientifique
   d. artistique
2. Quelle règle le jeune «étranger» a-t-il tout de suite comprise?
   a. Il faut saluer tous les étudiants à chaque fois qu'on les rencontre sur le campus.
   b. Il faut porter un costume à tout moment.
   c. Il faut regarder les gens dans les yeux quand on leur parle.
   d. Il faut imiter ses camarades en tout.
3. Quelle est l'intention du «Hi» ironique?
   a. Il a pour but d'identifier les étudiants étrangers.
   b. Il fait partie des règles du campus.
   c. C'est une forme d'intimidation typique.
   d. C'est un rappel qu'il faut dire bonjour.
4. Pourquoi le jeune «étranger» est-il convoqué devant le Comité d'Assimilation?
   a. Il doit témoigner qu'il est victime d'intimidation.
   b. Il n'a pas totalement compris la Règle de la Parole.
   c. Il ne socialise pas assez avec ses camarades de classe.
   d. Il se comporte bien sur le campus.
5. Selon le secrétaire, qu'est-ce que le jeune «étranger» n'a pas fait?
   a. Il n'a pas souri en saluant les personnes.
   b. Il n'a pas dit «bonjour» à tout le monde.
   c. Il a dit «bonjour» de façon moqueuse.
   d. Il n'a pas renvoyé les saluts.
6. Quelle est la réaction du jeune «étranger» à la fin de son entretien avec les étudiants du Comité d'Assimilation?
   a. Il est fâché.
   b. Il est si surpris qu'il en perd la parole.
   c. Il a envie de pleurer mais se retient.
   d. Il répond de son mieux aux dernières accusations.

CONCEPTS IMPORTANTS

Déductions
Pour déduire des informations sous-entendues dans un texte, utilisez les données fournies dans le texte.

2 **Synthèse** Avec un(e) camarade, répondez aux questions suivantes.

1. Selon le narrateur, quelle est la Règle de la Parole? Est-ce que cette règle ou une similaire existent dans votre communauté? Y a-t-il des variations régionales dans la façon dont on salue les gens?
2. Quel «faux pas» communicatif le narrateur a-t-il fait? En vous basant sur votre discussion de l'Activité 3 dans **Avant la lecture**, pourquoi croyez-vous que cette erreur était si mal vue?
3. D'après vous, qu'est-ce qu'un sourire communique dans la culture américaine? Et si on ne sourit pas, qu'est-ce que cela peut indiquer? Croyez-vous que les Français ont une autre perspective en ce qui concerne le sourire? Pourquoi ou pourquoi pas?
4. Pour éviter les malentendus, quels conseils en ce qui concerne les salutations donneriez-vous aux étudiants étrangers qui viennent aux États-Unis?

STRATÉGIE

Synthétiser
Après avoir lu et compris un texte, faites-en la synthèse. Considérez de nouveau les perspectives culturelles et pensez à la manière dont vous pouvez relier ce que vous avez appris et ce que vous saviez déjà.

3 

Présentation orale À l'université dans la lecture, il y a un Comité d'Assimilation. Pourquoi ou pourquoi pas l'assimilation est-elle importante dans une école, dans une communauté ou dans la société même? Préparez une présentation orale pour répondre à cette question. Dans votre discours:

- déclarez votre position
- énumérez au moins trois arguments pour soutenir votre position
- citez des exemples de votre vie ou de l'actualité pour illustrer vos arguments

RESSOURCES
Consultez la liste des appendices à la p. xiii.

4 

Étudier à l'étranger De quelle manière une année d'études à l'étranger peut-elle enrichir la vie d'une personne? Discutez de cette question en petits groupes afin de créer une liste de dix bénéfices. Ensuite, partagez votre liste avec la classe.

5 

Échange d'e-mails Mona, une jeune Toulousaine, va venir passer une année dans votre lycée. Elle vous envoie un e-mail dans lequel elle vous pose des questions. Dans votre e-mail, répondez d'abord à ses questions puis, développez plus en détail un sujet que Mona a abordé dans son message.

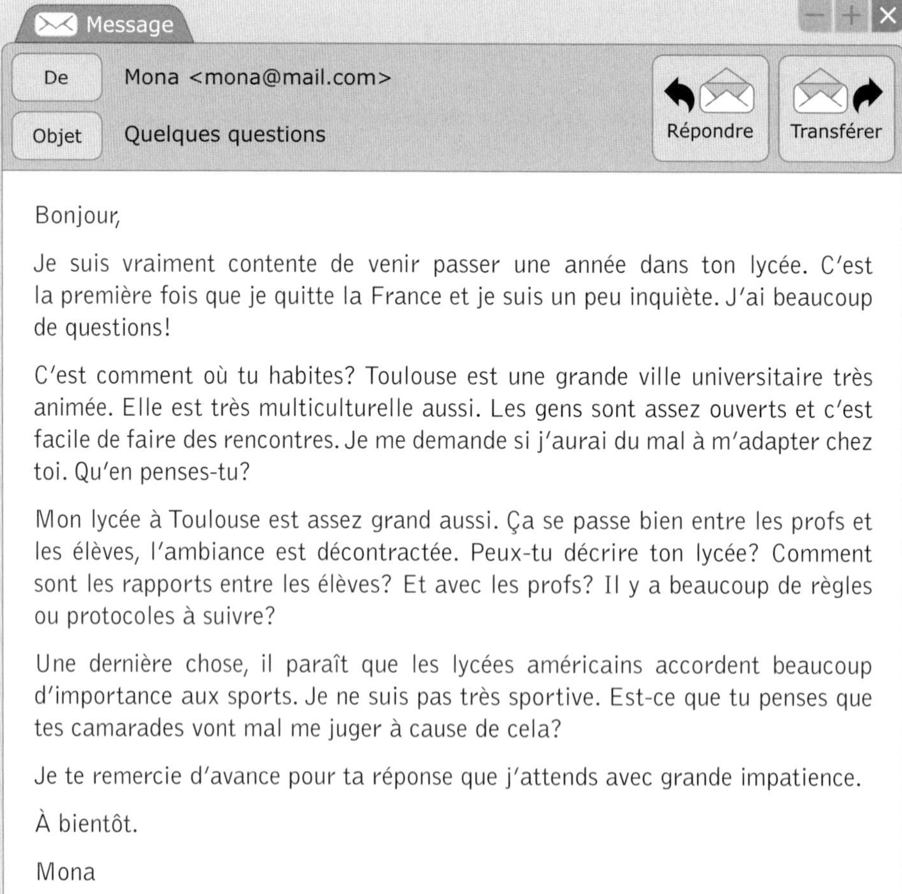

Message

De: Mona <mona@mail.com>

Objet: Quelques questions

Répondre | Transférer

Bonjour,

Je suis vraiment contente de venir passer une année dans ton lycée. C'est la première fois que je quitte la France et je suis un peu inquiète. J'ai beaucoup de questions!

C'est comment où tu habites? Toulouse est une grande ville universitaire très animée. Elle est très multiculturelle aussi. Les gens sont assez ouverts et c'est facile de faire des rencontres. Je me demande si j'aurai du mal à m'adapter chez toi. Qu'en penses-tu?

Mon lycée à Toulouse est assez grand aussi. Ça se passe bien entre les profs et les élèves, l'ambiance est décontractée. Peux-tu décrire ton lycée? Comment sont les rapports entre les élèves? Et avec les profs? Il y a beaucoup de règles ou protocoles à suivre?

Une dernière chose, il paraît que les lycées américains accordent beaucoup d'importance aux sports. Je ne suis pas très sportive. Est-ce que tu penses que tes camarades vont mal me juger à cause de cela?

Je te remercie d'avance pour ta réponse que j'attends avec grande impatience.

À bientôt.

Mona

LECTURE 3.2 ▸ COMMENT CHLOÉ ET DIMITRI ONT ADOPTÉ UNE GRAND-MÈRE

AU SUJET DU TEXTE Aujourd'hui, dans nos sociétés, les familles sont souvent éclatées, recomposées ou monoparentales. Parfois aussi, les différentes générations sont géographiquement éloignées et les relations deviennent alors distendues et les moments passés ensemble moins fréquents. Les liens de communication entre les différents membres d'une même famille évoluent aussi et parfois, ils deviennent assez difficiles. Pour essayer d'améliorer les relations et la communication intergénérationnelles, certaines initiatives ont vu le jour, comme l'association «Grands-Parrains». L'article qui suit, du journal français *Le Monde*, présente un témoignage de grand-parrainage entre une famille avec deux jeunes enfants et une sénior célibataire et sans enfant.

AVANT LA LECTURE

1 

Relations entre générations En quoi l'évolution de nos sociétés contribue-t-elle à des changements dans les relations entre les générations? Travaillez par petits groupes et échangez vos points de vue au sujet des questions suivantes.

1. Aujourd'hui, combien de générations composent une famille en moyenne?
2. À votre avis, quel est le rôle des grands-parents dans une famille?
3. Quels sont les moments d'échanges entre les générations dans une famille?
4. Rendre service, c'est aussi un moyen de communiquer. Dans votre famille, qui rend service à qui et comment?
5. Pour les membres d'une même famille, vivre loin les uns des autres peut avoir des effets positifs ou négatifs dans la communication entre les générations. Lesquels, d'après vous?

2

Grands-parents et petits-enfants Répondez aux questions suivantes.

1. Est-ce que vos grands-parents sont encore en vie? Les voyez-vous souvent? Si non, est-ce qu'ils vous manquent? Pourquoi?
2. De quoi est-ce que les petits-enfants parlent avec leurs grands-parents en général?
3. Qu'est-ce qu'ils aiment faire avec eux?
4. Est-ce que dans votre famille on célèbre la journée des grands-parents? Cette fête est-elle importante pour vous? Pourquoi ou pourquoi pas?

VOCABULAIRE PERSONNEL
Utilisez votre vocabulaire personnel.

3

Communiquer en famille Répondez aux questions, puis comparez vos réponses avec celles d'un(e) camarade de classe pour échanger vos points de vue.

1. Est-il facile ou difficile de discuter, d'échanger des idées en famille? Pourquoi?
2. Communiquez-vous facilement avec vos parents? Pourquoi ou pourquoi pas?
3. Dans votre famille, avec qui êtes-vous le (la) plus à l'aise pour parler librement? De quoi parlez-vous?
4. De quels sujets ne parlez-vous jamais en famille? Pourquoi ces sujets sont-ils interdits?
5. À part les conversations verbales, quelles autres formes de communication employez-vous dans votre famille?

MOTS-CLÉS

rigoler rire, s'amuser

le (la) septuagénaire personne qui a environ 70 ans

le lien de parenté lien qui unit des personnes de la même famille

les dames (f.) un genre de jeu de société

le coup de pouce aide, assistance

distendu(e) pas fort(e)

l'isolement (m.) solitude

l'enjeu (m.) ce que l'on peut gagner ou perdre lors d'une action

COMMENT CHLOÉ ET DIMITRI ONT ADOPTÉ UNE GRAND-MÈRE

Par **Moïna Fauchier-Delavigne**

CE DIMANCHE, c'est Françoise Grouard qui reçoit. Aujourd'hui, on fête les 14 ans de Chloé. Au menu pour son goûter d'anniversaire: un gâteau au chocolat, une crème renversée et la fameuse tarte aux pommes au caramel. Le salon au papier peint jaune est animé, père, mère et les deux enfants sont réunis. On **rigole** et on se moque gentiment. En bref, cela ressemble beaucoup à un goûter en famille. Pourtant la dynamique **septuagénaire** et la famille Merckaert n'ont pas de **liens de parenté**: Françoise Grouard est leur grand-mère d'adoption.

Depuis dix ans maintenant, cette petite troupe déjeune ensemble tous les dimanches. En général, c'est Françoise Grouard qui vient dans le pavillon de la famille—plus pratique que son appartement de Montgeron (Essonne) pour accueillir les enfants. Elle apporte à chaque fois le dessert.

Mais cette grand-mère d'adoption—qui se fait appeler «Grand'Ma» en clin d'œil à son ancienne vie de professeur d'anglais—ne se contente pas de faire des gâteaux. Elle a aussi du temps pour jouer aux **dames**, elle emmène les enfants en vacances, et elle peut même donner un **coup de pouce** pour les devoirs. «*On fait tout ensemble et des fois, elle m'aide pour réviser. On lui demande aussi des réponses*», explique Chloé. «*Grand'Ma fait complètement partie de la famille*», conclut Marie-France, la mère de l'adolescente. Elle-même a été pratiquement élevée par sa grand-mère et voulait absolument que ses enfants aient un lien avec des grands-parents parce que «*les parents ne peuvent pas tout donner*».

Les «grands-parents d'adoption» apportent beaucoup à des familles où les liens familiaux sont **distendus**. Mais ces initiatives sont aussi développées pour rompre l'**isolement** des personnes âgées. La solitude des retraités devient un **enjeu** de société en France, où 12% de la population, et 24% de plus de 75 ans, vit seule.

Pour Françoise Grouard, tout a commencé quand elle a pris sa retraite. Cette femme de caractère comptait s'accorder une année sabbatique mais après trois mois tranquilles, elle a entendu parler d'une association qui cherchait des bénévoles. Elle s'est donc rapidement impliquée dans «Grands-Parrains». Célibataire sans enfants, elle s'imaginait mal rester chez elle sans rien faire. L'association en question propose à des personnes âgées de devenir des grands-parents de cœur.

Naturellement, elle a décidé d'essayer aussi le parrainage «*pour mieux connaître le sujet*». Après toute sa carrière dans l'enseignement, ne plus être en contact avec des enfants lui manquait aussi.

La complicité se niche même parfois là où on ne l'attend pas. Chloé et sa grand-mère d'adoption ont trouvé un langage commun. Élève de 4e dans une classe européenne, la jeune fille parle déjà suffisamment bien anglais pour discuter avec cette ancienne enseignante. Les parents ne comprennent pas grand-chose mais assistent, ravis, à ces échanges. ◣

APRÈS LA LECTURE

1 Compréhension

Répondez aux questions suivantes.

1. Quel est le but de l'association «Grands-Parrains»?
2. Qui est Françoise Grouard? Comment est-elle?
3. Quelles activités Françoise Grouard fait-elle avec la famille Merckaert?
4. Qu'est-ce que les grand-parrains peuvent apporter à une famille?
5. Pourquoi Françoise a-t-elle décidé de devenir grand-mère d'adoption?
6. Que dit la mère de Chloé au sujet de Françoise?

2 La vie quotidienne avant le grand-parrainage

En vous basant sur le texte, et avec un partenaire, faites des hypothèses sur la vie de la famille Merckaert avant sa rencontre avec Françoise Grouard. Par la suite, répondez aux questions suivantes.

1. Comment se passaient les fêtes de famille?
2. Que faisait la famille Merckaert pendant le week-end?
3. Comment célébrait-on les anniversaires?
4. Que se passait-il lorsque Chloé avait besoin d'aide à l'école?
5. Que faisait la famille Merckaert pendant les vacances?

3 Les associations

En petits groupes, répondez aux questions suivantes afin de discuter des objectifs des associations comme «Grands-Parrains».

1. Quels problèmes de société les associations comme «Grands-Parrains» essaient-elles de résoudre?
2. D'où ces problèmes viennent-ils? Quelles en sont les causes?
3. Connaissez-vous d'autres associations qui ont les mêmes objectifs que «Grands-Parrains»? Lesquelles? Quelles populations souhaitent-elles aider? En quoi consistent leurs activités?
4. Croyez-vous que les associations comme «Grands-Parrains» sont efficaces dans la réalisation de leurs objectifs? Pourquoi ou pourquoi pas?
5. D'après vous, les associations comme «Grands-Parrains» sont-elles nécessaires pour le bon fonctionnement de la société ou peut-on s'en passer? Pourquoi ou pourquoi pas?
6. L'article parle aussi de l'isolement des gens dans la société actuelle. En quoi les gens sont-ils plus isolés par rapport au passé?
7. Comment les associations bénévoles aident à briser l'isolement? Quels autres moyens existent pour le réduire?

STRATÉGIE

Faire des connexions
Quand vous faites des connexions entre un texte et le monde qui vous entoure, vous comprenez mieux les informations dans le texte, leur importance ainsi que leur utilité dans d'autres situations ou contextes.

4 

Vos aînés Y a-t-il quelqu'un d'une autre génération avec qui vous conversez régulièrement? Cette personne peut être un membre de votre famille, un(e) voisin(e) ou un(e) prof. À deux, utilisez les questions suivantes pour discuter de vos relations.

1. Qui est cette personne aînée avec laquelle vous conversez? Quelles sont vos relations?
2. Comment décririez-vous vos relations? Qu'est-ce que vous faites ensemble? Quand vous voyez-vous et à quelle fréquence?
3. De quoi parlez-vous?
4. Qu'est-ce que vous apprenez de cette personne? Par exemple, apprenez-vous certaines activités telles que la cuisine ou la menuiserie? Ou apprenez-vous des informations à propos de votre famille, vos ancêtres ou votre culture?
5. Qu'est-ce que cette personne vous apporte (à votre développement ou à votre bien-être)?

---

5 

Essai Rédigez un essai dans lequel vous répondez à cette question: Pour quelles raisons est-il important d'encourager des relations intergénérationnelles? Votre essai doit consister en:

- un paragraphe d'introduction qui répond à la question
- un paragraphe qui développe deux arguments qui soutiennent votre position
- un paragraphe de conclusion qui résume votre position et vos arguments en d'autres termes

---

6 

Débat Certaines personnes font l'effort de passer du temps en famille le week-end, mais d'autres préfèrent passer du temps avec des amis. Qu'en pensez-vous? En petits groupes, débattez cette question:

- Lequel est plus important—passer du temps en famille le week-end ou passer du temps avec des amis?

STRUCTURES

Les pronoms

Voici un petit résumé de l'action de l'organisation «Grands-Parrains». Complétez le paragraphe avec les pronoms appropriés de la boîte.

lui	leur	y	l'	en	eux

Les enfants qui n'ont pas de grands-parents peuvent ____________ souffrir. Et il en va de même pour les séniors qui n'ont pas de petits-enfants. L'association «Grands-Parrains» met donc en contact ces enfants et ces séniors. Tout le monde ____________ trouve son compte. Le principe est une intégration réciproque du plus âgé et du plus jeune. Le premier donne des conseils au second et ____________ aide à progresser dans la vie. En échange, le plus jeune ____________ propose de construire une relation affective et durable entre ____________. Un bel exemple de solidarité intergénérationnelle qui ____________ convient à tous les deux!

RESSOURCES
Consultez les explications de grammaire de l'appendice A aux pp. 378–380.

AUDIO ▸ «GENTRIFICATION»

INTRODUCTION Ce reportage vient de RFI—Radio France Internationale—une radio publique française diffusée dans le monde entier. Il s'agit de l'explication du mot d'origine anglaise «gentrification» qui s'insinue progressivement dans la langue française. La gentrification est un phénomène social: des gens aisés s'installent dans un quartier populaire d'une ville et le réhabilitent, ce qui crée des changements au niveau économique aussi bien que social. Le reportage donne des exemples de la gentrification historique à Paris et de ses conséquences.

MOTS-CLÉS

l'urbanisme (m.) organisation, développement d'une ville

la noblesse personnes issues de l'aristocratie

huppé(e) opulent(e), riche, chic

le loyer ce qu'on paie pour louer un appartement

la bâtisse immeuble, grande maison

la demeure maison

délabré(e) détérioré(e), en mauvais état

l'entrepôt (m.) lieu où on met des marchandises

l'atelier (m.) lieu où on fabrique des choses

AVANT L'ÉCOUTE

1 **Vocabulaire utile** Lisez les définitions des mots-clés et complétez ces phrases avec les mots appropriés.

1. J'aimerais bien louer un appartement dans ce quartier chic, mais les ____________ sont trop chers.
2. Dans ce quartier riche de la ville, on ne voit que des familles ____________.
3. L'ancien supermarché abandonné est rapidement devenu ____________.
4. Dans ce quartier industriel, il y avait autrefois beaucoup d'____________ et d'ateliers.
5. Avec le récent plan d'____________, il y aura de nouveaux parcs et plus de commerces dans notre quartier.
6. Cet homme vient d'une grande famille française. Il est issu de la ____________.

2 **La ville et ses quartiers** Répondez à ces questions et puis discutez-en par petits groupes.

1. Pensez à votre ville et à ses quartiers: Y a-t-il des quartiers plus défavorisés ou plus chics que les autres? Qu'est-ce qui les distingue? Les bâtiments? Les habitants?
2. Avez-vous remarqué une rénovation d'un quartier de votre ville? Qu'est-ce qui a changé? Est-ce qu'il y a plus de commerces, de logements ou d'espaces verts?
3. Si vous vouliez rénover un quartier, que changeriez-vous pour l'améliorer?
4. À votre avis, est-ce qu'il est juste que les habitants d'un quartier rénové soient obligés de le quitter parce que leurs loyers ont augmenté? Expliquez votre point de vue.

PENDANT L'ÉCOUTE

Source: Extrait de "Les mots de l'actualité", Yvan Amar, diffusé le 6 janvier 2010. Vous pouvez trouver la version intégrale sur www.rfi.fr.

1 **Ce que vous entendez** Cochez les descriptions que vous entendez associées avec le mot, la définition ou le processus de «gentrification».

- ☐ langue courante
- ☐ embourgeoisement
- ☐ devenir plus aisée
- ☐ invasion massive des riches
- ☐ usines détruites
- ☐ sont réhabilitées
- ☐ laissés à l'abandon
- ☐ les commerces changent
- ☐ population ancienne
- ☐ bourgeois-bohèmes

APRÈS L'ÉCOUTE

Le Marais, qui est mentionné dans le reportage, est un quartier historique de Paris, sur la rive droite de la Seine. On y trouve de nombreuses petites boutiques, d'excellents restaurants et beaucoup de galeries d'art.

1 **Vrai ou faux?** Décidez selon le reportage si chaque phrase est **vraie** ou **fausse**. Corrigez celles qui sont fausses.

1. «Gentrification» est un mot courant qui se trouve dans les dictionnaires usuels.
2. Le radical du mot gentrification désigne la petite noblesse.
3. La gentrification implique une grande transformation dans la population d'un quartier.
4. C'est cher d'acheter ou de louer un appartement dans un quartier qui se gentrifie.
5. Les anciennes bâtisses sont rarement réhabilitées pendant le processus de gentrification.
6. Dans le Marais à Paris, les usines et les ateliers sont devenus des appartements d'habitation.
7. Quand une ville se gentrifie, les locaux industriels attirent souvent des jeunes aisés.
8. La boboïsation se passe quand des gens sans beaucoup d'argent envahissent un quartier.

VOCABULAIRE PERSONNEL
Utilisez votre vocabulaire personnel.

2 **Essai** La gentrification: progrès ou destruction? Écrivez un essai dans lequel vous donnez votre avis en général sur le phénomène de gentrification. Dans votre essai, tâchez de:

- définir le processus de gentrification
- expliquer les conséquences positives et négatives
- déclarer clairement votre position
- présenter deux arguments pour ou contre la gentrification
- citer des exemples concrets pour soutenir votre position

STRATÉGIE

Recycler le vocabulaire
Réutilisez le vocabulaire que vous avez appris ou que vous avez entendu pendant l'écoute de l'enregistrement.

3 **Jeu de rôles** Suite à l'annonce d'un projet de démolition d'un théâtre historique pour construire une tour d'appartements de luxe, les habitants de la communauté, les conseillers municipaux, les promoteurs immobiliers et les commerçants locaux se réunissent à ce sujet. Chaque personne du groupe choisira un rôle et présentera ses opinions pour ou contre l'initiative. Inspirez-vous des idées présentées dans le reportage et utilisez vos opinions personnelles dans le débat. Préparez aussi des questions à poser à vos camarades selon leurs rôles.

LIENS CULTURELS

Les Maisons de Jeunes proposent une grande variété d'activités sportives et de loisir ainsi que des ateliers créatifs et artistiques.

La Maison de Jeunes

«DIS-MOI QUI TU FRÉQUENTES, JE TE DIRAI QUI TU ES». Comme le suggère ce proverbe, il existe un lien entre notre développement personnel et nos fréquentations. L'âge et la classe sociale sont deux des critères principaux qui influencent nos rapports sociaux: personnes ou groupes qu'on fréquente, associations auxquelles on appartient, activités qu'on fait, etc.

Pour répondre à cette réalité dans un objectif d'éducation et d'assistance, la Maison de Jeunes a été créée en Belgique. Cette association, liée à une fédération internationale, encourage les jeunes à développer tout leur potentiel en leur offrant «l'occasion de dire qui ils sont, ce qu'ils vivent et ce qu'ils veulent, grâce à l'encadrement d'une équipe d'animateurs professionnels». Les centres de la Maison de Jeunes sont des espaces de rencontres, de loisirs, d'expression et de développement artistique ouverts à tous. Ils «favorise[nt] la citoyenneté active, critique et responsable des jeunes et lutte[nt] contre toute forme d'exclusion».

- TopGeneration.ch est un réseau social suisse pour les 45 ans et plus. Ce site permet de rencontrer des personnes de sa région et de sa génération pour partager des projets et des loisirs comme un sport ou un restaurant. En s'inscrivant, le nouveau membre est placé dans un groupe géographique de son choix. Chaque groupe a un ambassadeur qui organise des sorties auxquelles ses membres peuvent participer. TopGeneration vise à répondre aux attentes et aux besoins d'une génération dynamique qui a un pouvoir d'achat assez élevé.
- La Fédération des aînées et aînés francophones du Canada est dédiée à l'épanouissement et aux besoins des séniors. Un de ses objectifs principaux est la valorisation des compétences et de l'expertise des personnes âgées. À cet égard, la fédération a lancé Généraction, une initiative qui encourage des liens intergénérationnels et invite les personnes âgées à partager leurs connaissances avec les plus jeunes. Les projets et activités de Généraction sont divers, comme créer une pièce de théâtre ou participer à une soirée *cook-off*.

Présentation orale: comparaison culturelle

Préparez une présentation orale sur le thème suivant.

- De quelle manière les rapports sociaux entre les personnes liées par l'âge ou le milieu social peuvent-ils bénéficier à une société?

Comparez votre propre communauté à une région du monde francophone que vous connaissez.

contexte 4 Les coutumes

POINTS DE DÉPART

Les coutumes, les traditions et les croyances jouent un rôle important dans l'évolution et dans le sens identitaire d'un individu. Elles varient souvent d'une culture à l'autre et selon ses traditions et croyances.

- À quoi servent les coutumes, les traditions et les pratiques culturelles dans une société?
- De quelle manière les croyances et les traditions reflètent-elles les valeurs d'un individu ou d'une société?
- De quelles manières les célébrations d'un même évènement diffèrent-elles à travers le monde?

DÉVELOPPEMENT DU VOCABULAIRE

1 

Antonymes Écrivez les antonymes des mots suivants en ajoutant les préfixes dés- ou in-. Ensuite, choisissez cinq mots et écrivez une phrase pour chacun.

MODÈLE obéir *désobéir*

1. acceptable
2. accord
3. s'accoutumer
4. cohérent(e)
5. congru(e)
6. discipliné(e)
7. juste
8. orienter
9. sécurité
10. stablilité
11. unir
12. volontairement

VOCABULAIRE PERSONNEL
Notez le nouveau vocabulaire à mesure que vous l'apprenez.

2 **C'est la coutume** Identifiez les coutumes et les pratiques culturelles de votre famille en cochant parmi les options suivantes celles qui en font partie.

- ☐ prendre ses repas en famille chaque soir
- ☐ organiser une réunion annuelle de toute la famille
- ☐ fêter les rites de passage
- ☐ fréquenter un établissement religieux
- ☐ donner à un nouveau-né le nom d'un ancêtre
- ☐ célébrer une fête en préparant un repas spécial
- ☐ adhérer à un code vestimentaire particulier

3 **Nos traditions** En petits groupes, discutez des traditions associées aux situations suivantes. Ensuite, faites une liste des trois traditions les plus importantes pour chaque situation. Partagez votre liste avec la classe.

- le mariage
- la naissance d'un bébé
- les anniversaires
- les funérailles
- la rentrée (à l'école)
- les évènements sportifs
- l'ouverture d'un nouveau magasin, d'un restaurant ou d'une nouvelle entreprise
- les concours ou compétitions

VOCABULAIRE PERSONNEL
Utilisez votre vocabulaire personnel.

4 

Ma tradition préférée Travaillez avec un(e) partenaire et décrivez votre tradition familiale ou communautaire préférée. Expliquez-lui pourquoi c'est votre tradition favorite puis justifiez son importance pour vous et votre famille/communauté. Mentionnez si cette pratique devrait rester inchangée ou être transformée.

LECTURE 4.1 ▸ LES INVITÉS

AU SUJET DE L'AUTEUR Pierre Assouline (1953–) est un écrivain et journaliste français d'origine marocaine. Il est l'auteur d'une trentaine de livres, notamment de biographies et romans. Dans ses œuvres, il chronique l'histoire et la culture (surtout des Juifs), enquête sur les mœurs de la société et explore les thèmes de l'identité et du racisme. En 2007, il a obtenu le Prix de la langue française.

AU SUJET DU TEXTE Cet extrait du roman *Les invités* (2009) dévoile les codes et les usages de la grande bourgeoisie parisienne lors d'un dîner. Le roman est une allégorie de la société actuelle et il montre de façon ironique l'hypocrisie et les défauts de ses membres, représentés par les invités.

AVANT LA LECTURE

1 Les invitations à dîner Répondez aux questions à propos des coutumes, rituels et habitudes associés aux invitations à dîner.

1. Dans votre culture, quelles sont trois coutumes à respecter quand on invite quelqu'un ou quand on est invité à dîner? Par exemple, l'invité doit-il offrir un cadeau à ses hôtes?
2. Que se passe-t-il si on ne respecte pas les coutumes ou rituels que vous avez nommés ci-dessus? Comment les gens réagissent-ils?
3. Votre famille est-elle attachée aux coutumes et rituels que vous avez identifiés? Pourquoi ou pourquoi pas?

2 Les bonnes et les mauvaises manières Les bonnes manières et le savoir-vivre jouent un rôle très important dans la vie en société car ils facilitent les relations humaines. Faites une liste de bonnes manières et une liste de mauvaises manières associées aux soirées chez des amis et au comportement à table.

BONNES MANIÈRES	MAUVAISES MANIÈRES
Téléphoner si on va arriver en retard	*Parler la bouche pleine*

3 Les règles de savoir-vivre chez vous Comparez votre liste de l'Activité 2 avec celle d'un(e) camarade de classe. Ensuite, discutez ensemble de ces questions.

1. Quelles sont les cinq règles les plus importantes dans votre famille?
2. Êtes-vous d'accord avec toutes les coutumes et règles à respecter dans votre famille? Pourquoi ou pourquoi pas?
3. Quelles valeurs reflètent les coutumes et règles que vous avez mentionnées? Ces valeurs sont-elles importantes pour votre famille?

STRATÉGIE

Utilisez ce que vous savez déjà
Pour mieux comprendre la lecture, pensez à ce que vous savez déjà sur le thème et notez-le. Après la lecture, comparez vos idées avec ce que vous avez appris au cours de votre lecture pour pouvoir enrichir vos connaissances.

LES INVITÉS

de **Pierre Assouline**
(extrait)

MOTS-CLÉS

le (la) convive personne qui prend part à un repas
la gêne état de malaise
rester coi(te) demeurer calme
s'apprêter se préparer pour quelque chose

«**LORS D'UN** dîner de la bourgeoisie parisienne autour duquel se réunissent hommes d'affaires, politiques et industriels, un invité se décommande à la dernière minute, portant le nombre des **convives** à 13.»

Les cartons de chacun des invités disposés sous ses yeux, telles des pièces sur une carte d'état-major, elle manœuvrait ses troupes. «George, à côté de moi… Marie-Do, là-bas… Stan, c'est cela, tu as deviné, comme d'habitude… Alexandre, à ma droite, évidemment, comment en doutais-tu… Maître, ici… Erwan, là et Sybil, non, là-bas…»

Chacun se trouvait debout devant sa chaise. D'un gracieux signe de main, Sophie invita les dames à s'asseoir. mais les messieurs hésitaient à les suivre, embarrassés par leurs mains posées sur les dossiers des chaises. Madamedu, qui s'était également assise, se releva, consciente d'un léger problème. Les regards étaient tournés vers Christina Le Châtelard dite «la Présence», plus fantomatique que jamais.

Elle restait debout, mais bien en retrait derrière sa chaise, en une attitude figée, les bras ballants, insouciante de la **gêne** qu'elle provoquait. Elle si lumineuse semblait soudainement éteinte, comme cette sombre clarté que les manuels disent exemplaire d'une certaine figure de style. Christina mannequin de l'oxymore. Son évanescence faisait peur à voir tant elle paraissait hantée. Sophie lança un bref regard en direction de son mari; pour une fois l'avocat **restait coi**, se grattant le lobe de l'oreille et inspectant son assiette avec un intérêt renouvelé, comme si vue de haut la perspective était imprenable.

«Christina, restez avec nous!» lui dit-elle d'un ton faussement enjoué.

Les murmures se turent. Chacun attendait une réponse qui ne venait pas. Douze paires d'yeux la trouaient. Le silence se fit pesant, car ces secondes-là durent des heures. **S'apprêtait**-elle à faire tourner la table? Ou quelque chose du genre?

«Ce ne sera pas possible», lâcha-t-elle enfin en reculant encore d'un pas.

[…]

«Comment ça? Vous ne voulez pas dîner avec nous? tenta Sophie.

—Ce ne sera pas possible. Vous l'avez **fait exprès**?

—Pardon?

—Comptez vous-même… Dans ces conditions, je ne pourrai pas rester.»

Et comme l'avocat se décidait enfin à réagir, non en intervenant par le verbe mais en opérant un mouvement en direction de sa femme, elle ajouta froidement, le regard perdu dans de lointains horizons inaccessibles au commun: «Ceci n'est pas négociable.» […]

Chacun vérifia aussitôt, compta et recompta les commensaux à mi-voix. Quelqu'un osa un: «En effet…» que Madamedu jugea du pire effet si l'on en cru le regard mauvais qu'elle lui réserva. Elle était **effondrée**, mais debout. Comment cela avait-il été possible, chez elle, dans cette maison où tout est toujours prévu et organisé? Elle qui vérifiait tout à en être maniaque, elle qui comptait les myrtilles de son *muffin* pour s'assurer qu'il y en avait bien dix au minimum lorsqu'elle se trouvait dans un salon de thé, elle n'avait plus pensé à ça, ce principe élémentaire. […]

—Mais il n'y a pas de retardataire. Je suis confuse, chère Christina, mais voyez-vous, un couple a annulé quasiment à la dernière minute, et puis avec notre ami Hubert d'A. arrivé **à l'improviste** et finalement reparti, franchement, je n'y étais plus, et voilà! Bon. Mais que fait-on maintenant? dit-elle dans un large sourire les bras grands ouverts en direction du ciel nonobstant le plafond et le lustre.

[…]

—Vous comptez vraiment passer un bon quart d'heure sur le 13?» s'inquiéta Dandieu.

[…]

—J'ai une proposition à faire. Je crois me souvenir qu'une fois, Victor Hugo avait retardé un dîner où la question se posait. Il était revenu dix minutes plus tard avec un quatorzième **déniché** je ne sais où. Si j'ai bien compris, notre Hubert se trouve quelques étages au-dessous. Et si j'allais le chercher?

—Mais vous n'y pensez pas! dit Thibault qui **s'en mêlait** enfin. À cette heure, ils sont déjà à table, eux.»

[...]

«Dans ce cas, il ne me reste plus qu'à rentrer chez moi. Résolution du problème par la suppression du problème. Adrien, la clé de la voiture. Tu trouveras bien quelqu'un pour te **raccompagner**. Désolée d'avoir troublé la soirée.»

> « Le silence se fit pesant, car ces secondes-là durent des heures. »

Et comme elle s'apprêtait effectivement à **se retirer**, l'assemblée fut prise d'un même mouvement pour la retenir. Encore lui eût-il fallu faire l'effort de se déplacer jusqu'à elle pour l'empêcher de partir. Ce qu'un seul invité fit vraiment. Le seul dont on n'avait pas entendu le son de la voix depuis une dizaine de minutes que durait cette histoire. Avait-il **pressenti** que la situation menaçait de dégénérer? Toujours est-il que George Banon, le seul étranger du dîner, étranger au pays aussi bien qu'au cénacle, jugea opportun de s'en mêler lui aussi en se portant vers elle:

«Chère Madame, il n'en est pas question.»

[...]

«M'autorisez-vous à prendre une initiative?

—Mais, je vous en prie…», fit-elle assez inquiète.

Il se dirigea vers Sonia. […]

«Mademoiselle, voulez-vous bien venir jusqu'à nous?»

D'instinct, la domestique regarda derrière son épaule, comme s'il était inimaginable qu'un invité s'adressât ainsi à elle en cet instant, en de tels lieux. ◣

MOTS-CLÉS

faire exprès faire de manière intentionnelle

effondré(e) soudainement détruit(e), démoli(e)

à l'improviste d'une manière inattendue

déniché(e) trouvé(e)

s'en mêler participer, s'impliquer

raccompagner ramener à la maison

se retirer s'en aller

pressentir prévoir grâce à l'intuition

APRÈS LA LECTURE

1

Compréhension Répondez aux questions suivantes en utilisant des phrases complètes. Ensuite, comparez vos réponses avec celles d'un(e) camarade de classe.

1. Où se passe la scène et dans quel contexte social?
2. Qui est l'hôtesse?
3. Qu'est-ce que l'hôtesse fait au début de la scène?
4. Qu'est-ce que Christina Le Châtelard refuse de faire? Pourquoi?
5. Quelle émotion Christina exprime-t-elle devant cette situation?
6. De quoi est-ce que Christina accuse Sophie?
7. Comment Sophie se sent-elle devant cette accusation?
8. Quelle est la réaction des autres convives?
9. Quelle est l'explication de Sophie pour ce qui s'est passé?
10. En citant Victor Hugo, qu'est-ce qu'un invité propose de faire?
11. Quelle solution suggère George Banon?
12. Quelle est la réaction de la personne impliquée dans la suggestion?

2

Points de vue Complétez les phrases avec les mots-clés pour décrire les points de vue des différents personnages. Utilisez le temps indiqué entre parenthèses pour les verbes.

1. Avoir treize ____________ à table peut porter malheur.
2. Christina Le Châtelard provoque une grande ____________ en refusant de s'asseoir.
3. Parce qu'il ne sait pas quoi faire, le mari de Sophie ____________ face à la situation. (présent)
4. Christina pense que Sophie l'____________. (passé composé)
5. Sophie est ____________ car elle n'a pas l'habitude de faire des erreurs.
6. Sophie se défend en expliquant qu'un invité a annulé ____________.
7. Christina refuse de rester et elle ____________ à partir. (présent)
8. George Banon ____________ que la situation va dégénérer et il propose une solution. (présent)

VOCABULAIRE PERSONNEL
Notez le nouveau vocabulaire à mesure que vous l'apprenez.

3

Les personnages Décrivez les personnalités des personnages ci-dessous. Utilisez les adjectifs du tableau ou d'autres de votre choix. Citez des exemples du texte qui illustrent vos choix d'adjectifs. Ensuite, comparez vos descriptions avec celles d'un(e) camarade.

aggressif (-ve)	attentionné(e)	égoïste	proactif (-ive)	sociable
analytique	calme	indifférent(e)	réservé(e)	soucieux (-euse)
arrogant(e)	discret (-ète)	prétentieux (-euse)	respectueux (-euse)	têtu(e)

MODÈLE *George Banon est analytique et proactif. Il prend une initiative, tout en restant respectueux des autres.*

1. Sophie/Madamedu
2. Christina Le Châtelard
3. Le mari de Sophie

4 

Bonne suggestion ou gaffe sociale? Dans la dernière partie de l'extrait, on fait la connaissance de George Banon, qui prend une initiative très inattendue. Est-ce une bonne suggestion ou a-t-il fait une gaffe sociale? Pourquoi? Écrivez un paragraphe dans lequel vous expliquez l'initiative de Banon en considérant les questions suivantes.

1. L'auteur mentionne deux fois que Banon est étranger. Que veut-il insinuer par cela?
2. Quel est le rapport entre le fait d'être étranger et le comportement de Banon?
3. Banon connaît-il les règles de savoir-vivre français? Se rend-il compte de leur importance?

5 

Une scène Vous venez d'analyser l'initiative de George Banon. Comment pensez-vous que les autres personnages vont réagir à sa suggestion? En groupes, jouez une scène entre Sophie, Christina, George Banon et les autres convives dans laquelle chaque personnage réagit à la suggestion. Vont-ils se mettre d'accord sur une solution?

STRATÉGIE

Utiliser le bon registre
Avant d'écrire, pensez au(x) registre(s) que vont utiliser vos personnages. Par exemple: Allez-vous utiliser le tutoiement? Votre personnage va-t-il s'adresser à son interlocuteur sur un ton autoritaire, respectueux ou affectueux?

6 

Qui est-ce? Pour chaque personnage de l'extrait, écrivez deux affirmations qu'il pourrait prononcer à propos des coutumes et des règles de savoir-vivre. Ensuite, lisez vos phrases à un(e) camarade de classe qui va essayer de deviner de quel personnage il s'agit; puis changez de rôles.

7 

Essai persuasif Êtes-vous d'accord avec l'affirmation suivante? *Les coutumes et les règles de savoir-vivre en société sont importantes et elles doivent toujours être respectées.* En citant l'extrait que vous venez de lire et en donnant des exemples de votre propre vie, écrivez un essai persuasif qui suit ce schéma:

- Un paragraphe dans lequel vous présentez la thèse
- Un paragraphe d'explication dans lequel vous analysez et soutenez la thèse en utilisant des arguments logiques
- Un paragraphe de conclusion dans lequel vous terminez l'analyse et résumez les arguments qui soutiennent la thèse

RESSOURCES
Consultez la liste des appendices à la p. xiii.

STRUCTURES

Le plus-que-parfait et la concordance des temps

Cherchez les références ci-dessous dans l'extrait et complétez les phrases en utilisant un verbe au plus-que-parfait.

Quand Sophie s'est rendu compte qu'il y avait un problème, elle **s'était déjà assise**.

1. Sophie a expliqué qu'il y avait treize convives à table car...
2. Un invité s'est souvenu que Victor Hugo...
3. Avant de finalement prendre la parole, George Banon... pendant dix minutes.
4. George Banon s'est décidé à prendre une initiative parce qu'il...
5. Sonia a regardé derrière son épaule car...

RESSOURCES
Consultez les explications de grammaire de l'appendice A aux pp. 370–372.

LECTURE 4.2 ▸ LA CÉRÉMONIE DU THÉ

AU SUJET DU TEXTE Ce texte sur la tradition incontournable du thé à la menthe documente l'origine de cette coutume omniprésente au Maroc ainsi que dans d'autres pays du Maghreb. Bien qu'il en existe de nombreuses variations (certaines utilisent du miel et de la cannelle, entre autres), ses ingrédients principaux sont toujours les mêmes. Le texte permet de découvrir non seulement l'histoire du thé à la menthe ainsi que son importance dans la vie familiale, sociale et culturelle des Maghrébins au fil du temps, mais présente aussi les divers ingrédients et plantes qui composent la boisson ancestrale et, finalement, les détails de sa préparation.

AVANT LA LECTURE

1 **Les coutumes de ma culture** La lecture parle d'une coutume marocaine bien ancrée dans la culture moderne. Les coutumes et les pratiques culturelles peuvent bien sûr se rapporter à des domaines variés: la cuisine, la musique, les fêtes, les produits culturels, par exemple. Faites une liste des coutumes et pratiques culturelles qui sont importantes pour votre famille, votre communauté ou votre culture en général.

2 **Discussion et comparaison** Comparez la liste créée pour l'Activité 1 avec celle d'un(e) camarade de classe. À tour de rôle, posez-vous des questions sur vos coutumes et pratiques culturelles respectives. Vous pouvez aborder les points suivants:

- l'origine de ces coutumes ou pratiques culturelles
- les détails qui leur sont associés: Qui les pratique? Quand? Comment? Pourquoi?
- l'évolution dans la pratique de ces coutumes au fil du temps (pendant les cinquante dernières années, par exemple)
- l'importance de ces coutumes et pratiques culturelles pour vous et votre famille
- les perspectives culturelles que ces pratiques révèlent

3 **L'importance des coutumes** Par petits groupes, discutez des questions suivantes pour établir le rôle des coutumes et des pratiques culturelles. Parlez aussi de la nécessité de les préserver.

1. Pourquoi les coutumes existent-elles dans toutes les cultures?
2. Pourquoi certaines coutumes disparaissent-elles au fil du temps?
3. D'après vous, y a-t-il des coutumes si bien intégrées au quotidien que l'on n'y réfléchit plus? Lesquelles, par exemple?
4. Dans votre famille ou dans votre culture, qui est responsable de préserver les traditions et les coutumes?
5. Y a-t-il, pour les enfants, des coutumes particulièrement importantes? Lesquelles et pourquoi sont-elles si importantes, à votre avis?
6. En quoi est-ce que les coutumes préparent les jeunes à la vie adulte?

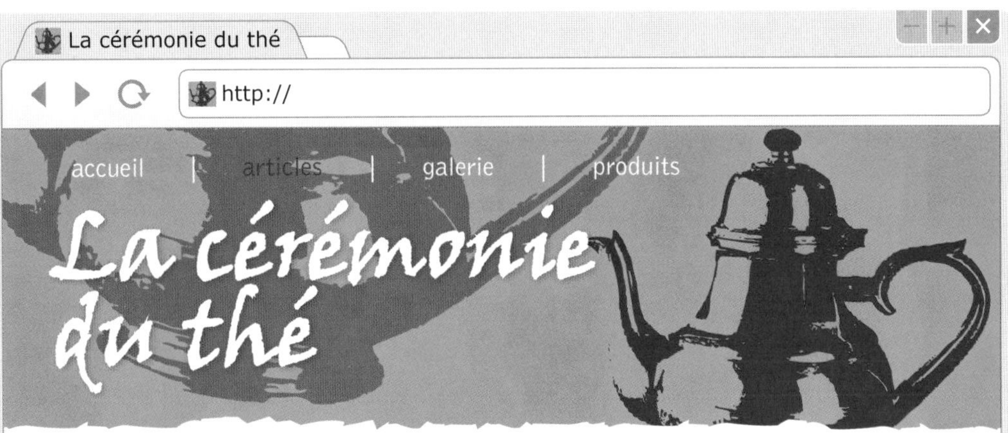

Au Maroc, bien plus qu'une simple boisson chaude, le thé est tout un art de vivre.

Bien sûr, le thé à la menthe n'est pas bu uniquement au Maroc mais bien dans tout le Maghreb. Nous parlerons ici du Maroc car ce pays est le berceau de cette façon de déguster le thé.

Le thé à la menthe est l'une des traditions les plus originales du Maroc. Pour toutes les occasions, les fêtes, les rencontres et les soirées familiales, un Marocain offre du thé à la menthe qui est **siroté** partout et par tous tout au long de la journée...

Le thé à la menthe est la boisson traditionnelle des pays du Maghreb. Mais au Maroc, le thé est, plus particulièrement, la boisson de l'hospitalité pour accueillir. On prête au **breuvage** un grand nombre de vertus, notamment toniques et digestives. Sa préparation et son goût varient en fonction des régions et des pays du Maghreb. Il est, ainsi, plus sucré dans le nord que dans le sud du Maroc.

Quoi qu'il soit aujourd'hui devenu un élément central de la vie sociale au Maghreb, sa consommation de masse est en fait, historiquement assez récente. Au milieu du XIXème siècle, il est introduit dans les pays du Maghreb, à un moment où les Anglais, confrontés à la perte des marchés slaves après la Guerre de Crimée, cherchaient de nouveaux débouchés. La boisson la plus répandue au Maghreb jusqu'alors était l'infusion de feuilles de menthe, parfois d'absinthe, et il semble que le thé ait reçu un accueil favorable des populations, car, mêlé à ces feuilles, il en diminuait l'**amertume** sans en dénaturer le goût, ni la couleur.

Petit à petit, un cérémonial se mit en place, et tout un folklore, ainsi qu'un artisanat, se développa autour de cette nouvelle consommation devenue la boisson nationale par excellence. Grâce aux populations nomades, le thé se diffusa rapidement dans tout le Maghreb et toute l'Afrique de l'Ouest. Depuis, offrir du thé à la menthe fait partie des règles de savoir-vivre, non seulement au Maroc, mais aussi dans de nombreux autres pays arabes.

Toute une **panoplie** d'instruments tels que le **marteau** (pour casser le **pain de sucre**) participe à sa préparation dans les règles de l'art. Les recettes pour préparer un thé à la menthe varient mais les ingrédients de base sont:

Le thé vert de Chine (*Gunpowder*), qui doit son nom à ses feuilles roulées en petites

MOTS-CLÉS

siroter boire lentement

le breuvage boisson

l'amertume (f.) une des quatre sensations associées au goût; contraire de «douceur»

la panoplie gamme, ensemble

le marteau outil qui consiste en un manche et une tête en fer

le pain de sucre grand cône de sucre

Traditionnellement, le thé marocain est sucré avec des morceaux d'un grand cône de sucre qui peut peser plus d'un kilo. C'est pour cela qu'il faut un marteau! Le sucre est moulé à la main dans un entonnoir ouvert qui laisse sortir le sirop à la base. Il est de meilleure qualité que le sucre industriel.

MOTS-CLÉS

remuer mélanger avec une cuillère

mousser créer du volume

la tournée série de consommations

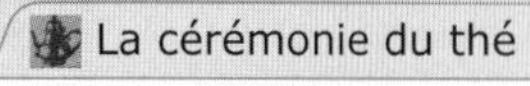

http://

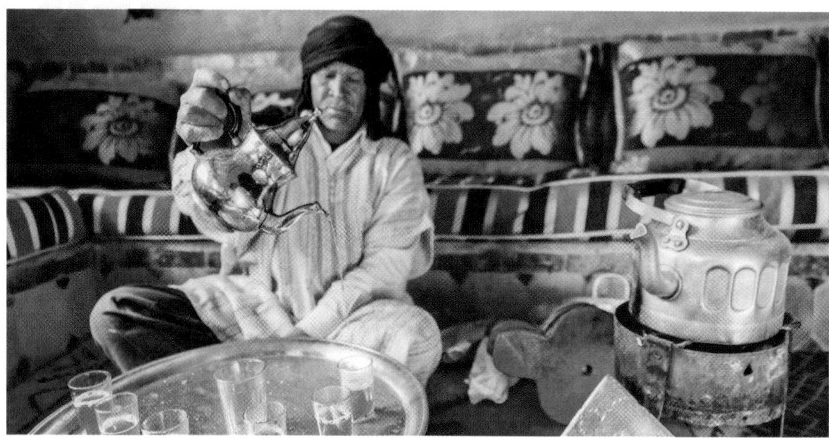

boules; la menthe verte *Nanah*, très similaire à la menthe verte ordinaire mais au feuillage plus gaufré et à la saveur plus prononcée; et le pain de sucre, présent traditionnel que l'on offre à l'occasion de différentes cérémonies familiales comme les mariages, le retour du pèlerinage ou les baptêmes.

Dans certaines régions du Maroc, chacun peut ajouter quelques gouttes d'eau de rose ou de fleur d'oranger dans son verre.

À la différence de la cuisine, faite par les femmes, le thé est traditionnellement une affaire d'homme: élaboré par le chef de famille, parfois son fils aîné, il est préparé devant l'invité puis servi et ne se refuse pas.

Préparation

Comment préparer le thé à la menthe de la cérémonie marocaine du thé ?

On fait bouillir l'eau dont on verse une petite quantité (l'équivalent d'un verre à thé) dans la théière qui contient le thé *Gunpowder*. On laisse infuser environ une minute. Puis on jette le liquide mais on garde le thé. On ajoute de la menthe et du sucre. Ensuite, on remplit la théière avec de l'eau bouillante.

Pour mélanger, on ne remue pas avec une cuillère, on prend un verre dans lequel on verse du thé de la théière, puis le contenu du verre dans la théière, et ainsi de suite plusieurs fois, ainsi le contenu sera mélangé. À chaque fois, le maître de cérémonie en goûte un peu dans son verre afin d'ajouter éventuellement du sucre ou de la menthe et surtout afin de vérifier le temps d'infusion pour ne pas obtenir un thé trop infusé qui serait trop amer.

Enfin, on verse dans les verres en tenant la théière bien haut pour faire «mousser» le sucre... et on boit très chaud.

Ensuite s'enchaînent les trois tournées rituelles:

- le premier thé est «amer comme la vie»
- le deuxième, un peu plus sucré, est «doux comme l'amour»
- le dernier, franchement sirupeux, est «suave comme la mort»

APRÈS LA LECTURE

1 **Compréhension** Choisissez la meilleure réponse à chaque question, d'après le texte.

1. Quel est l'objectif principal de l'article?
   a. Donner une recette pour préparer un bon thé
   b. Donner des informations sur la symbolique du thé au Maroc
   c. Rectifier une idée préconçue au sujet du thé
   d. Commenter sur le rôle de la Chine dans la commercialisation du thé
2. Selon le texte, qu'est-ce que la cérémonie du thé à la menthe symbolise dans la culture marocaine?
   a. La permanence de traditions qui datent du IXème siècle
   b. L'importance de l'hospitalité dans la société marocaine
   c. Le goût ancestral pour toutes sortes de produits artisanaux
   d. Le souci moderne de n'utiliser que des produits régionaux
3. Quelle population a permis la diffusion rapide du thé dans tout le Maghreb?
   a. Les Chinois
   b. Les nomades
   c. Les Marocains
   d. Les Égyptiens
4. Selon le texte, qu'est-ce qu'il est impoli de faire au Maroc?
   a. Refuser l'offre d'un verre de thé
   b. Mettre trop de sucre dans son thé
   c. Parler tout en buvant son thé
   d. Boire plusieurs verres de thé
5. Pourquoi est-ce qu'on sert le thé en gardant la théière bien haut?
   a. On ne veut pas trop mélanger le thé et la menthe.
   b. Il est nécessaire que le thé refroidisse un peu.
   c. Les hommes ont la force de lever la théière bien haut.
   d. On veut créer de la mousse sur le thé.

CONCEPTS IMPORTANTS

Résumé
Pour identifier l'affirmation qui résume le mieux un texte, cherchez les mots et les expressions qui contiennent les idées principales.

2 **Analyse et interprétation** En petits groupes, servez-vous des questions ci-dessous pour interpréter cette citation du texte:

- *le premier thé est «amer comme la vie»*
- *le deuxième, un peu plus sucré, est «doux comme l'amour»*
- *le dernier, franchement sirupeux, est «suave comme la mort»*

1. Selon cette citation, quelle est la perspective marocaine vis-à-vis de la vie, de l'amour et de la mort?
2. Comment sont les deuxième et troisième tasses de thé par rapport à la précédente?
3. Selon vous, pourquoi le rituel consiste en trois tournées?
4. Que pensez-vous de ce rituel?
5. Êtes-vous d'accord avec les perspectives sous-entendues dans ces comparaisons? Pourquoi?

STRATÉGIE

Interpréter le langage figuré
Un auteur utilise souvent des comparaisons ou des métaphores pour donner du style ou pour créer une image représentative des idées qu'il veut exprimer. Le lecteur est donc obligé d'analyser la symbolique des mots employés pour trouver les possibles interprétations du texte.

RESSOURCES
Consultez la liste des appendices à la p. xiii.

3 **Forum Internet** Écrivez un message sur le forum du site Internet qui a publié cet article sur l'importance du thé à la menthe au Maroc. Réagissez à ce que vous avez lu et posez quelques questions pour en apprendre plus sur la culture marocaine. Vous pouvez, par exemple, demander des informations supplémentaires sur d'autres coutumes typiques de l'Afrique du Nord ou vous informer sur la gastronomie marocaine. Inspirez-vous du modèle qui suit.

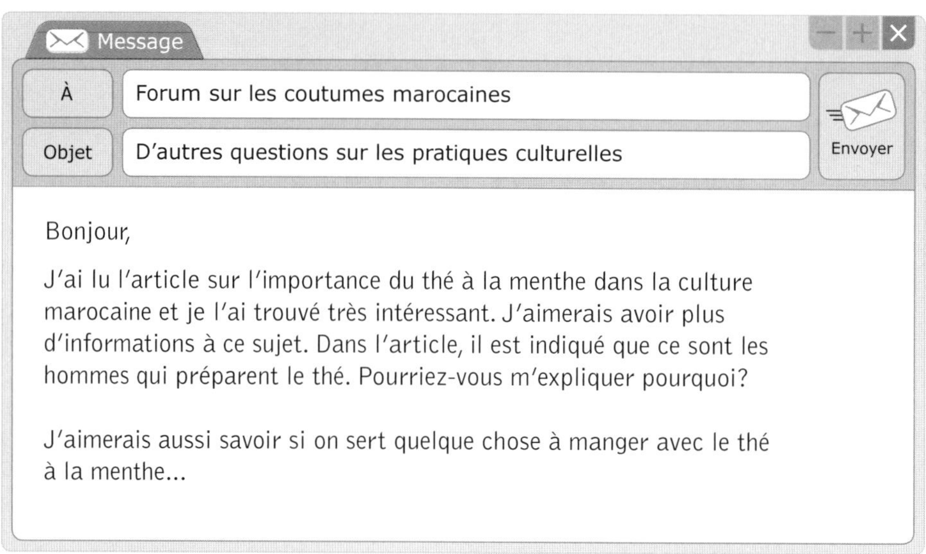
Message

À: Forum sur les coutumes marocaines

Objet: D'autres questions sur les pratiques culturelles

Envoyer

Bonjour,

J'ai lu l'article sur l'importance du thé à la menthe dans la culture marocaine et je l'ai trouvé très intéressant. J'aimerais avoir plus d'informations à ce sujet. Dans l'article, il est indiqué que ce sont les hommes qui préparent le thé. Pourriez-vous m'expliquer pourquoi?

J'aimerais aussi savoir si on sert quelque chose à manger avec le thé à la menthe...

4 **Vos traditions d'hospitalité** Avec un(e) camarade, discutez des questions suivantes.

1. L'hospitalité est-elle importante dans votre région? Expliquez.
2. En général, dans quelles situations les gens se montrent-ils hospitaliers?
3. Que font les gens de votre région pour faire preuve d'hospitalité?
4. Connaissez-vous des traditions d'hospitalité d'autres régions américaines ou d'autres cultures? Lesquelles?
5. À quoi ces traditions servent-elles en société?

VOCABULAIRE PERSONNEL
Utilisez votre vocabulaire personnel.

5 **Présentation orale** Faites des recherches sur Internet afin d'identifier une tradition d'hospitalité de trois régions ou pays francophones différents. Préparez une présentation orale dans laquelle vous comparez ces trois traditions à une de votre pays. Votre présentation doit comprendre les éléments qui suivent.

- une introduction qui:
  1. présente le sujet de votre présentation
  2. indique les pays comparés
  3. explique l'importance de l'hospitalité dans chaque pays
- une courte description de chaque tradition
- une explication de ce que les traditions ont en commun
- une explication des différences entre les traditions
- une conclusion qui résume vos idées principales et l'importance de ces traditions

AUDIO ▸ LE NGONDO, UNE FÊTE MYSTIQUE

INTRODUCTION Ce texte audio vient de RFI, une radio française d'actualités, diffusée mondialement en français et dans douze langues étrangères. Il s'agit d'un extrait d'interview avec quelques participants du Ngondo, une fête du peuple sawa, ou «peuple de l'eau» pour honorer les ancêtres et les aïeux lors des cérémonies rituelles. Le Ngondo se déroule chaque année dans le port de Douala, au Cameroun.

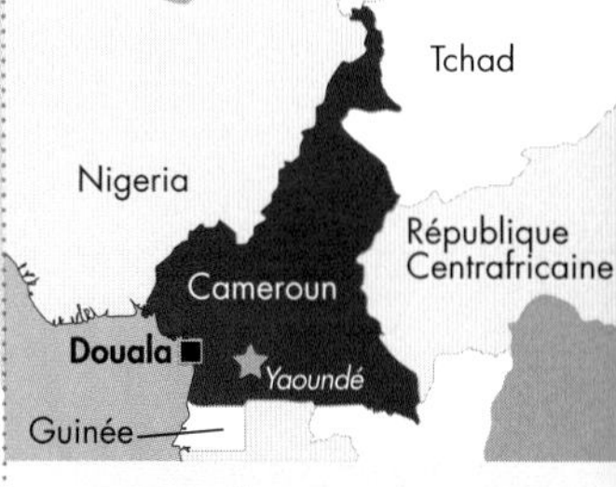

AVANT L'ÉCOUTE

1 **Communautés** Travaillez par groupes de trois ou quatre pour répondre aux questions suivantes afin d'explorer le thème des communautés indigènes et ethniques.

1. Quelles communautés indigènes connaissez-vous?
2. Où vivent-elles dans le monde?
3. Quelles sont leurs racines ethniques?
4. Qu'est-ce que vous savez de leur culture: la langue, la religion et les traditions?
5. Quels évènements ou faits importants les ont affectées ou changées? Comment et pourquoi?
6. Pensez aux Africains amenés aux États-Unis. Quelles ont été leurs contributions à la culture américaine?
7. Comment leurs descendants ont-ils gardé leur héritage?

MOTS-CLÉS

se dérouler se passer, avoir lieu
l'embouchure (f.) endroit où un fleuve se jette dans la mer
le fleuve cours d'eau, grande rivière qui se jette dans la mer
la crevette genre de crustacé
chauvin(e) fier (fière) de sa communauté, patriote
le littoral côte, bord de mer
le havre port
mouiller jeter l'ancre d'un bateau

PENDANT L'ÉCOUTE

1 **Première écoute** Lisez les catégories de l'Activité 2. Puis, écoutez une première fois le texte audio pour distinguer les idées générales.

2 **Deuxième écoute** Maintenant, écrivez d'autres mots et idées pour chaque catégorie du tableau mentionnée dans le texte audio. (Certaines catégories ne sont pas mentionnées.)

la situation politique au Cameroun	
le Ngondo	
le fleuve	
la cuisine des Sawas	
l'artisanat local	
la situation géographique	
la religion	
les traditions	

STRATÉGIE

Faire un inventaire
Pendant la première écoute, marquez d'un X chaque catégorie du tableau de l'Activité 2 qui est mentionnée dans le texte audio. Cette stratégie vous guidera à travers le contenu de l'enregistrement.

Source: Extrait de "Le Ngodo, une fête mystique", *Si loin, si proche*, diffusé le 16 avril 2011. Vous pouvez trouver la version intégrale sur www.rfi.fr.

APRÈS L'ÉCOUTE

1 Compréhension Lisez chaque phrase et décidez si elle est **vraie** ou **fausse** selon l'enregistrement. Corrigez les phrases fausses.

1. Le Ngondo se déroule chaque année à la fin du mois de décembre.
2. Plus de 25.000 personnes assistent à la fête.
3. Les Portugais ont découvert ce fleuve au XVIème siècle.
4. Le nom du fleuve signifie «rivière aux crevettes».
5. Les Sawas sont un peuple uni composé de toutes les tribus du littoral.
6. Les premiers Européens qui sont arrivés au Cameroun étaient allemands.
7. Il n'y avait pas de divinités chez les Sawas avant que les missionnaires chrétiens arrivent et leur enseignent le christianisme.
8. Charles préfère appeler leur célébration la Fête de l'eau parce que le fleuve est le centre de la vie pour la culture sawa.

VOCABULAIRE PERSONNEL
Utilisez votre vocabulaire personnel.

2 Recherches et comparaison Faites des recherches sur Internet sur une de ces communautés ethniques des États-Unis: (1) les Créoles de Louisiane ou (2) les Gullah de Charleston, en Caroline du Sud. Après, répondez aux questions suivantes.

1. Quel est leur héritage culturel? Comment a-t-il évolué?
2. Quelles sont leurs traditions principales? Comment les ont-ils préservées au cours des siècles?
3. Quels sont les points communs et les divergences entre ce groupe et les Sawas? Comparez-les.

STRATÉGIE

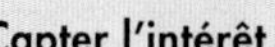

Capter l'intérêt
Pour capter l'attention de votre auditoire, commencez votre essai par un titre et une idée principale qui sont originaux. Incluez également des mots qui facilitent les transitions.

RESSOURCES

Consultez la liste des appendices à la p. xiii.

3 Essai analytique Rédigez un essai pour analyser une de ces déclarations.

« L'interaction entre les êtres humains et leur environnement influence les traditions et les coutumes d'un peuple. »

« La transmission des coutumes, connaissances et croyances d'une génération à l'autre est ce qui préserve l'esprit des peuples. »

L'essai doit comprendre au moins quatre paragraphes selon ce schéma:

1. Un paragraphe pour présenter la thèse en se concentrant sur:
   - le contexte ou le thème abordé
   - ce que vous avez appris dans le texte audio, les lectures et les autres activités de ce contexte ainsi que sur votre expérience personnelle
2. Deux ou trois paragraphes pour exposer vos idées où:
   - vous analysez et vous soutenez votre thèse avec des arguments logiques
   - vous présentez des preuves et des exemples qui soutiennent vos arguments (citez les textes de ce contexte ou d'autres sources sans oublier de les identifier)
3. Un paragraphe de conclusion dans lequel:
   - vous terminez votre analyse en résumant les arguments qui soutiennent votre thèse

LIENS CULTURELS

Record & Submit

Le carnaval de Nice sur la Côte d'Azur

Le carnaval

À NICE, L'ORIGINE DU CARNAVAL REMONTE AU MOYEN Âge. Période de réjouissance exubérante précédant le Carême, le carnaval était un moment privilégié où tout le monde, protégé par des masques et déguisements, pouvait se moquer de tous. Aujourd'hui, le carnaval de Nice, l'un des plus anciens en Europe, continue à faire honneur à la tradition carnavalesque. Animé par des professionnels du spectacle, le carnaval se déroule dans la deuxième quinzaine du mois de février et offre au public deux évènements phares: défilé de chars et bataille de fleurs. Le corso, organisé autour d'un thème, se compose d'une vingtaine de chars éblouissants, avec, en tête du cortège, celui du Roi, de la Reine et de leur fils Carnavalon. La bataille de fleurs, elle, s'organise autour de chars en fleurs naturelles à partir desquels des mannequins lancent 80.000 à 100.000 fleurs sur le public sans oublier, bien sûr, les confettis. Cet événement met en valeur la variété florale de la région puisque environ 80% des fleurs utilisées sont produites localement.

- Québec propose aussi son propre carnaval bien différent de celui de Nice. C'est un carnaval d'hiver et de neige avec des activités plus typiques de la vie dans le grand Nord, comme la sculpture sur neige ou la course de chiens de traîneaux. Il y a aussi une bataille—de boules de neige—qui s'appelle la Guerre des Ducs. Mais les traditions qui sont peut-être les plus connues sont l'énorme palais construit entièrement de blocs de glace et celle du Bonhomme Carnaval, un bonhomme de neige qui porte une tuque rouge et une ceinture fléchée, et qui est la mascotte officielle de la fête.

- Le Carnaval de La Nouvelle-Orléans en Louisiane est plus connu sous le nom de Mardi Gras. Il débute le jour de l'Épiphanie, le 6 janvier, et se termine le Mardi Gras, le jour avant le mercredi des Cendres qui marque le début du Carême. Des «Krewes» proposent des chars à thèmes qui défilent dans le Quartier français ou sur l'avenue Saint-Charles. Les animateurs des chars lancent des colliers de perles, des bonbons et des doublons à la foule. Tout le monde fait carnaval à La Nouvelle-Orléans, même les chiens qui ont leur propre défilé.

Présentation orale: comparaison culturelle

Préparez une présentation orale sur le thème suivant.

- De quelles manières les célébrations d'un même évènement diffèrent-elles à travers le monde?

Comparez votre propre communauté à une région du monde francophone que vous connaissez.

contexte 5

EN BREF

La citoyenneté

POINTS DE DÉPART

On peut définir le concept de la citoyenneté comme le respect de la diversité, le rejet de l'injustice, le sens des responsabilités et la compréhension de la manière dont fonctionne le monde en matière de politique, de problèmes de société, d'économie, de technologie, de culture et d'environnement.

- Quels sont les droits et les responsabilités d'un(e) citoyen(ne)?
- Quels parallèles voyez-vous entre le concept de la citoyenneté et celui de la démocratie?
- Dans quels genres d'actions, au niveau local comme au niveau mondial, une personne peut-elle s'investir pour contribuer au progrès dans le monde?

DÉVELOPPEMENT DU VOCABULAIRE

1  **Droits et responsabilités** Par groupes de cinq ou six, préparez une liste des droits et des responsabilités d'un(e) citoyen(ne). Ensuite, comparez votre liste avec celles des autres groupes et discutez-en avec le reste de la classe.

VOCABULAIRE PERSONNEL
Notez le nouveau vocabulaire à mesure que vous l'apprenez.

2  **Les problèmes de société** Faites une liste des problèmes de société qui vous paraissent les plus graves aujourd'hui dans le monde (par exemple, la pauvreté ou le travail des enfants). Ensuite, comparez votre liste avec celle d'un(e) camarade. Choisissez deux ou trois problèmes et discutez-en, les plaçant dans le contexte des droits et des responsabilités des citoyens.

PLUS À FOND

1 **Les droits de l'homme** Lisez la citation puis répondez aux questions.

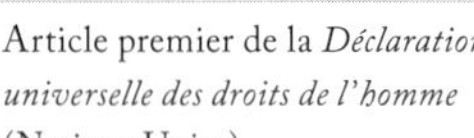

Article premier de la *Déclaration universelle des droits de l'homme* (Nations Unies)

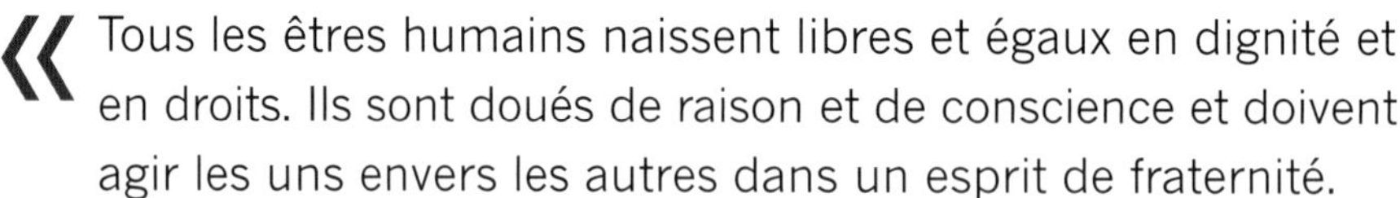

« Tous les êtres humains naissent libres et égaux en dignité et en droits. Ils sont doués de raison et de conscience et doivent agir les uns envers les autres dans un esprit de fraternité. »

1. Quels parallèles voyez-vous entre la notion de fraternité mentionnée dans la citation et le concept de la citoyenneté?
2. La citation affirme que «tous les êtres humains naissent [...] égaux en dignité et en droits». Analysez cette affirmation dans le contexte des problèmes de société que vous avez identifiés dans l'Activité 2 ci-dessus. Choisissez quelques exemples en rapport avec le sujet et partagez-les avec le reste de la classe.

RESSOURCES
Consultez la liste des appendices à la p. xiii.

2 **Recherche Internet** Cherchez la *Déclaration universelle des droits de l'homme* sur Internet. Lisez-en tous les articles, puis décrivez ce qui vous paraît le plus intéressant dans ce texte. Utilisez vos propres mots. Quel article vous a le plus interpellé(e)? Quels parallèles voyez-vous entre cet article et les actions et lois d'un pays démocratique? Partagez vos idées avec le reste de la classe.

POINTS DE DÉPART

La famille est la principale forme d'organisation des personnes dans une société et constitue souvent l'affiliation la plus importante de la vie de ces personnes. La structure familiale, qui désigne la composition et le mode d'organisation d'une famille, varie selon les cultures et les époques.

- Quelles sont les caractéristiques générales d'une famille?
- Quels sont les différents types de familles et qui sont leurs membres?
- Comment la structure familiale a-t-elle évolué et quelles sont les forces qui l'influencent?

DÉVELOPPEMENT DU VOCABULAIRE

1 **Les types de familles** Écrivez une définition pour chaque type de famille.

1. famille traditionnelle
2. famille nucléaire
3. famille élargie
4. famille monoparentale
5. famille recomposée
6. famille complexe

VOCABULAIRE PERSONNEL
Notez le nouveau vocabulaire à mesure que vous l'apprenez.

PLUS À FOND

1 **Ménages selon la structure familiale** Lisez le tableau ci-dessous et répondez aux questions.

Ménages selon la structure familiale

NOMBRE DE MÉNAGES		
Type de ménage	**1999 (en %)**	**2010 (en %)**
Ménages composés uniquement		
d'un homme seul	**12,4**	**14,2**
d'une femme seule	**18,4**	**19,6**
d'un couple sans enfant	**24,5**	**25,9**
d'un couple avec enfant(s)	**31,6**	**26,8**
d'une famille monoparentale	**7,6**	**8,3**
Ménages complexes*	**5,5**	**5,2**
Nombre de ménages	**100**	**100**

*Un «ménage complexe», au sens du recensement, est un ménage composé de deux familles, de plusieurs personnes isolées qui ne constituent pas une famille, ou de personnes isolées et de famille(s).

Source: Institut national de la statistique et des études économiques (INSEE)

1. En 2010, quel pourcentage de la population est composé de personnes vivant seules? De couples? Quel pourcentage de la population a des enfants? Cette situation est-elle comparable à la situation aux États-Unis? Expliquez.
2. En examinant les changements en pourcentage entre 1999 et 2010, quelles sont trois tendances qu'on remarque quant aux types de ménages? Qu'est-ce qui peut expliquer ces changements? Croyez-vous que ces tendances vont continuer? Pourquoi ou pourquoi pas?

2 **Recherche Internet** Cherchez des statistiques sur les différents types de familles pour un autre pays francophone. Écrivez un paragraphe dans lequel vous comparez la situation dans ce pays et celle en France.

RESSOURCES
Consultez la liste des appendices à la p. xiii.

Alice Carel | Jean-Luc Abel | Marie Parouty
On s'embrasse?

À PREMIÈRE VUE
À votre avis, quel genre de relation les personnages ont-ils? De quoi parlent-ils dans cette scène?

AU SUJET DU COURT MÉTRAGE *On s'embrasse?* est un court métrage réalisé par Pierre Olivier en 2001 qui explore le thème des relations personnelles. Une jeune femme (Alice Carel) a un rendez-vous très important. Étant en avance, elle entre dans un café pour passer le temps. Là, elle remarque un homme (Jean-Luc Abel) seul à une table et elle décide de l'aborder afin de lui demander un petit service.

AVANT LE VISIONNEMENT

1 **Prédictions** D'après les images ci-dessous et l'affiche à la page précédente, essayez de deviner et décrivez en quelques phrases ce qui va se passer dans le court métrage. Puis, après avoir regardé le film, comparez vos prédictions avec les évènements de l'histoire.

STRATÉGIE

Faire des prédictions vous aidera à mieux comprendre et retenir les détails de ce qui se passe dans un court métrage.

2 **Relations personnelles** Listez dans l'ordre ce qui est important dans une relation selon vous. Expliquez votre classement.

1. l'amour
2. la confiance
3. l'honnêteté
4. l'attirance physique
5. la similarité des intérêts ou des buts personnels

PENDANT LE VISIONNEMENT

1

La femme: «Je pourrais avoir un café, s'il vous plaît?»

1. Où est la jeune femme dans cette scène?
2. Qu'est-ce qu'elle fait? Pourquoi?

MOTS-CLÉS

rimer avoir du sens (*figuratif*)
mener sa vie vivre
se détacher de quelqu'un perdre ses sentiments pour quelqu'un
malgré moi sans le vouloir
Ne m'en veux pas. Ne te fâche pas contre moi.
se tirer partir (*familier*)

2

La femme: «Excusez-moi. Je peux vous demander un service?»

1. Pourquoi la jeune femme aborde-t-elle l'homme? Quel service lui demande-t-elle?
2. Quelle est la réaction de l'homme?

3

La femme: «**Je me suis détachée de toi**, doucement, **malgré moi. Ne m'en veux pas.**»

1. Que se passe-t-il dans cette scène?
2. Pourquoi la jeune femme semble-t-elle si triste?

APRÈS LE VISIONNEMENT

1 Compréhension Répondez aux questions suivantes, d'après le court métrage.

1. Que fait la jeune femme dans le café?
2. Que fait le premier homme que la jeune femme voit au café?
3. Que fait le deuxième homme qu'elle voit?
4. Pourquoi la jeune femme a-t-elle besoin de l'aide de l'homme?
5. De quoi s'agit-il dans le film pour lequel la jeune femme va auditionner?
6. Qu'est-ce que l'homme suggère à la jeune femme de faire en lisant ses répliques?
7. Que se passe-t-il la dernière fois que la jeune femme lit ses répliques?
8. Dans le script, quelle est la réaction de Paul quand Julie dit «On s'embrasse?»
9. Qu'est-ce qui se passe après le départ de la jeune actrice?

RESSOURCES
Consultez la liste des appendices à la p. xiii.

2 Interprétation Répondez aux questions suivantes avec un(e) partenaire.

1. Pourquoi est-ce que l'actrice ne s'approche pas du premier homme qu'elle voit dans le café, d'après vous?
2. Comment l'homme avec lequel l'actrice répète son texte se sent-il au départ?
3. La phrase «Je ne comprends pas» est source de confusion entre l'actrice et l'homme. Pourquoi?
4. À votre avis, pourquoi est-ce que l'homme demande à l'actrice de sourire en lisant ses répliques? Comment la jeune femme réagit-elle?
5. Que semble penser l'actrice de sa dernière répétition au café?
6. Comment décririez-vous la fin de ce court métrage?

3 Mise en scène Vous êtes metteur en scène; répondez aux questions suivantes.

1. Choisiriez-vous aussi un café comme décor pour ce court métrage ou préféreriez-vous un autre type d'établissement ou de lieu? Expliquez votre réponse.
2. Comment est-ce que vous suggéreriez à l'actrice de dire son texte? Pourquoi?
3. Changeriez-vous la fin de ce court métrage? Expliquez votre réponse en donnant des détails.

VOCABULAIRE PERSONNEL
Utilisez votre vocabulaire personnel.

4 Un script pour une scène de rupture Avec un(e) camarade de classe, créez votre propre script pour une scène de rupture au cinéma. Rédigez la mise en scène d'un couple en phase de rupture. Précisez les motivations et les sentiments des personnages. Vous pouvez vous inspirer d'un film que vous avez déjà vu. Ensuite, jouez la scène pour le reste de la classe.

5 Votre idéal(e) Comment décririez-vous votre petit(e) ami(e) idéal(e)? Écrivez un paragraphe dans lequel vous décrivez cette personne et votre relation avec lui ou elle.

1. Quelles valeurs et qualités personnelles votre idéal(e) a-t-il/elle?
2. Quelles habitudes cette personne a-t-elle qui favorisent une bonne relation?
3. Quelles activités faites-vous ensemble pour que votre couple reste heureux?

Intégration du thème

ESSAI DE COMPARAISON

Avant de rédiger un essai comparant deux éléments, il faut faire un choix: allez-vous faire l'éloge des deux éléments de la comparaison et en souligner les similitudes ou bien allez-vous faire l'éloge d'un seul des deux éléments et critiquer l'autre? La décision dépend du type de comparaison que vous vous apprêtez à faire.

De plus, il existe plusieurs options de plan rédactionnel: décrire les éléments en deux paragraphes distincts ou bien comparer ces éléments point par point, dans le même paragraphe voire dans la même phrase. Le choix d'un plan adapté à votre point de vue et à la nature de votre comparaison est important.

Thème de la composition

Lisez de nouveau les questions essentielles du thème:

- Qu'est-ce qui constitue une famille dans différentes sociétés?
- En quoi les individus contribuent-ils au bien-être des communautés?
- En quoi les rôles assumés par les familles et les communautés diffèrent-ils à travers le monde?

En utilisant ces questions comme base, écrivez un essai comparant les éléments d'un des aspects du thème.

AVANT D'ÉCRIRE

Pensez à la raison pour laquelle vous allez comparer les éléments que vous avez choisis et passez quelques minutes à décider du point de vue de votre composition. Choisissez le ton: objectif ou subjectif. Formulez la question que vous allez traiter et indiquez quels sont les éléments que vous allez mettre en relation à travers votre comparaison.

BROUILLON

Faites deux listes, notez tous les éléments que vous voulez mentionner. Essayez d'identifier les similitudes qui vous serviront pour établir les comparaisons ou les contrastes; choisissez les analogies que vous allez présenter et le plan de votre essai.

STRATÉGIE

Remue-méninges
La brièveté et la concision sont le résultat d'une correction et d'une révision continue d'un texte. L'objectif du brouillon est d'exprimer toutes les idées avant de les organiser.

VERSION FINALE

Après avoir corrigé votre brouillon, écrivez votre version finale. N'oubliez pas le lien entre l'introduction et la conclusion: ce qui est exposé au début doit être repris en conclusion, soit pour résumer ou ratifier, soit pour modifier la proposition de l'introduction. Vérifiez que vous n'avez rien oublié.

Thème 2

La science et la technologie

QUESTIONS ESSENTIELLES

- En quoi le développement scientifique affecte-t-il nos vies?
- Quels facteurs ont poussé à l'innovation et à la découverte dans les domaines des sciences et des technologies?
- Quel rôle les questions d'éthique jouent-elles dans les progrès de la science?

SOMMAIRE

▸▸ Le Globe de la Science et de l'Innovation, laboratoire du CERN Genève, Suisse

contexte 1 La technologie et ses effets sur la société

POINTS DE DÉPART

Les progrès constants de la science et de la technologie changent nos vies à grande vitesse. Les nouvelles technologies nous permettent d'avoir un accès facile et rapide à l'information, nous font gagner du temps et nous facilitent la communication avec les autres. Cependant, elles n'ont pas non plus que des bénéfices: elles peuvent aussi nous apporter de grandes déceptions et beaucoup de stress.

- Comment est-ce que les progrès technologiques influencent la manière dont nous vivons, agissons et communiquons?
- Que peut-on faire pour conserver un bon équilibre dans nos vies et utiliser la technologie de façon saine?
- Comment la technologie répond-elle aux besoins des personnes et de la société tout en facilitant la vie?

DÉVELOPPEMENT DU VOCABULAIRE

VOCABULAIRE PERSONNEL
Notez le nouveau vocabulaire à mesure que vous l'apprenez.

1 Les utilisations Choisissez les mots de la liste qui, d'après vous, ont un rapport avec la technologie. Si vous les sélectionnez tous, expliquez pourquoi.

- ☐ art
- ☐ bonheur
- ☐ confort
- ☐ communication
- ☐ connaissances
- ☐ conseil
- ☐ culture
- ☐ divertissement
- ☐ études
- ☐ humour
- ☐ informations
- ☐ relations personnelles
- ☐ santé
- ☐ sport
- ☐ sécurité
- ☐ transports
- ☐ travail
- ☐ voyage

Utilisez cette liste et votre expérience pour trouver cinq usages essentiels de la technologie dans la vie de tous les jours, puis présentez votre sélection à la classe.

2 Formes de communication En petits groupes, expliquez quand, comment et avec qui vous utilisez ces différentes formes de communication.

- lettre
- e-mail
- texto ou sms
- communication en personne
- message instantané
- échange par réseau social
- appel téléphonique
- appel vidéo

Quel moyen de communication préférez-vous? Pourquoi?

3 Toujours en évolution À deux, répondez aux questions.

1. Quelles sont les activités de votre vie quotidienne où les outils technologiques sont essentiels?
2. Quelles nouvelles formes de technologie avez-vous vu apparaître au cours de votre vie? Dans quels domaines?
3. Quels grands changements technologiques vous paraissent très importants?
4. Comment votre façon d'utiliser la technologie a-t-elle évolué avec le temps?
5. Est-ce que vos parents et vous utilisez les technologies modernes de la même manière? Donnez des exemples.

LECTURE 1.1 ▸ SMARTPHONES: PLUS ON EST ACCRO, MOINS ON RÉUSSIT SES ÉTUDES

AU SUJET DU TEXTE D'après cet article publié sur le site du magazine français *Le Point*, l'utilisation excessive du smartphone peut avoir un effet négatif sur le bien-être des jeunes et leurs résultats scolaires. L'article se base sur une étude réalisée auprès de 500 étudiants menée par des scientifiques à l'Université d'État de Kent aux États-Unis. L'innovation constante inhérente à ces technologies entraîne leur multiplication et rapide diffusion à un public de plus en plus large. Ce phénomène pourrait aussi bientôt toucher les plus jeunes enfants. Beaucoup d'établissements scolaires ont déjà interdit l'utilisation du smartphone à l'école, mais ils ont du mal à faire appliquer la règle. Que faut-il faire pour freiner cette tendance?

AVANT LA LECTURE

VOCABULAIRE PERSONNEL
Notez le nouveau vocabulaire à mesure que vous l'apprenez.

1 

Vous sentez-vous accro? À deux, répondez aux questions d'après vos habitudes téléphoniques (ou d'après celles de vos amis si vous n'utilisez pas de téléphone mobile).

1. Durant combien d'heures utilisez-vous votre téléphone portable chaque jour?
2. Combien de textos envoyez-vous par jour? Combien en recevez-vous?
3. À quelle fréquence consultez-vous votre téléphone mobile ou smartphone?
4. Préférez-vous envoyer des textos ou parler au téléphone? Pourquoi?
5. Est-ce que votre portable est toujours à portée de main? Comment vous sentez-vous si vous ne savez pas où il est?
6. Quel âge aviez-vous quand vous avez commencé à utiliser un téléphone portable? Était-il nécessaire d'en avoir un à cet âge? Expliquez.
7. Pour quelles raisons avez-vous acheté ou vos parents vous ont-ils donné un portable?
8. Quelles règles sont en place dans votre lycée en ce qui concerne l'utilisation des téléphones cellulaires? Êtes-vous d'accord avec ces règles? Pourquoi ou pourquoi pas?

2 

Comparaisons Écrivez un ou deux paragraphes pour décrire comment vous utilisez votre portable à l'école, puis à la maison. Y a-t-il des différences importantes entre ces deux lieux? Êtes-vous libre de l'utiliser ou avez-vous des restrictions?

3 

Téléphone et politesse Comment utiliser un téléphone mobile tout en respectant les règles élémentaires de politesse? En petits groupes, discutez des règles générales à respecter quant au téléphone portable. Ensuite, faites une liste des dix consignes les plus importantes.

STRATÉGIE

Établir des connexions entre un texte et sa propre expérience
Pendant la lecture, pensez à vos propres expériences. Cela vous permettra de vous sentir plus proche des expériences rapportées dans le texte.

MOTS-CLÉS

néfaste qui a de mauvaises conséquences

décortiquer analyser minutieusement

s'avérer être reconnu comme vrai

délétère qui attaque la santé ou met la vie en danger

avouer confesser, révéler

en avoir marre en avoir assez, ne pas pouvoir continuer

SMARTPHONES: PLUS ON EST **ACCRO**, MOINS ON RÉUSSIT SES ÉTUDES

Par
Sophie Bartczak

Utiliser modérément son téléphone mobile pourrait bien être la clé pour réussir ses études. Tout en étant plus heureux et moins anxieux...

COMME LEURS AÎNÉS, les étudiants ont toujours leur smartphone en main. Et, sans surprise, cette habitude n'est pas sans conséquence **néfaste**. Un groupe de scientifiques de l'université de Kent, aux États-Unis, **a décortiqué** auprès de 500 étudiants âgés en moyenne de 20 ans lés liens entre la durée d'utilisation de leur portable et leurs résultats scolaires, ainsi que leur niveau d'anxiété et de satisfaction dans la vie. Les résultats révèlent clairement que les jeunes qui utilisent le plus leur mobile, y compris ceux qui se limitent aux textos, ont de moins bons résultats et sont aussi plus anxieux que les autres. Deux paramètres qui les conduisent à être moins satisfaits de leur vie en général, ou en d'autres termes moins heureux.

À la différence des ordinateurs classiques, les mobiles sont toujours à portée de main et permettent de se connecter à un ensemble de services et de réseaux quasiment partout et tout le temps. Une ultra-connexion qui **s'avère** finalement **délétère** pour les plus gros utilisateurs. Les chercheurs avaient déjà constaté, lors d'une précédente étude, que ces derniers étaient en moins bonne forme que les autres, tout simplement parce que les mobiles incitent à être plus sédentaire et moins actif physiquement.

Mais les smartphones peuvent également détourner les jeunes de leurs études et aussi les rendre plus anxieux. Plusieurs d'entre eux **avouent** en effet qu'ils utilisent leur mobile durant les cours ou lorsqu'ils étudient, ou sont censés étudier. Un étudiant explique ainsi: «Je vais généralement sur mon mobile quand **j'en ai marre** d'être assis en classe ou, durant mes devoirs à la maison, je prends quelques pauses en tweetant». Une distraction qui peut prendre le pas sur les activités universitaires et, pour les utilisateurs les plus excessifs, entraîner de mauvais résultats scolaires.

Concernant l'anxiété ressentie, les chercheurs estiment qu'elle naît du sentiment d'être obligé de rester connecté aux différents réseaux sociaux. En laissant ouvert en permanence son cellulaire, impossible de retrouver un minimum de calme et de solitude, pourtant nécessaires pour **échapper** aux pressions de la vie quotidienne. «Je me sens parfois comme attaché à mon téléphone à cause des réseaux sociaux», explique un étudiant. «Comme si j'avais une obligation supplémentaire dans ma vie. Parfois, mon mobile me donne l'impression d'avoir tout un monde d'obligations parce que n'importe qui peut me contacter à tout moment».

Cette étude menée sur des étudiants mériterait d'être élargie à d'autres populations. En effet, aujourd'hui, les mobiles et smartphones se sont désormais généralisés aux populations plus jeunes, souvent dès 10 ans. En France, ils sont théoriquement interdits à l'école primaire et au collège, mais dans la pratique, les établissements avouent leur impuissance à faire respecter cette règle qui serait pourtant bénéfique pour tout le monde: les élèves, les professeurs et les parents. ◣

MOTS-CLÉS
échapper ne pas être atteint par quelque chose

APRÈS LA LECTURE

1

Trouvez l'intrus Dans chaque liste, identifiez l'expression qui n'a pas la même signification que le mot clé.

1. néfaste (ligne 4)
a. fâcheux
b. dangereux
c. avantageux
d. désastreux
e. monstrueux

2. décortiquer (ligne 6)
a. examiner
b. analyser
c. expliquer
d. compliquer
e. détailler

3. avouer (ligne 34)
a. accorder
b. admettre
c. convenir
d. nier
e. reconnaître

4. délétère (ligne 24)
a. malsain
b. irrespirable
c. nocif
d. asphyxiant
e. salubre

5. s'avérer (ligne 24)
a. se montrer
b. se révéler
c. se cacher
d. apparaître
e. se manifester

6. échapper (ligne 52)
a. évader
b. contrôler
c. fuir
d. éviter
e. sortir

2

Compréhension Choisissez la bonne réponse selon la lecture.

1. Quel est l'un des buts principaux de l'article?
a. informer le public des avantages des smartphones
b. indiquer des risques liés à l'usage des portables
c. critiquer l'usage de la technologie moderne en classe
d. critiquer les parents qui donnent des portables aux jeunes enfants

2. Pourquoi y a-t-il tant d'anxiété parmi les jeunes qui sont accros à leur portable?
a. parce qu'ils reçoivent beaucoup de textos en classe
b. parce qu'ils désirent trouver un peu de calme entre les cours
c. parce qu'ils se sentent obligés de rester connectés à tout moment
d. parce qu'ils veulent réussir leurs études

3. Qu'est-ce que le sondage de l'Université d'État de Kent a montré?
   a. que ceux qui utilisent beaucoup leur portable sont moins heureux
   b. que ceux qui n'utilisent que les textos ont moins de difficultés scolaires
   c. que ceux qui utilisent peu leur portable ont autant d'angoisses que les autres
   d. que ceux qui utilisent leur portable en cours étudient mieux

CONCEPTS IMPORTANTS

Définitions
Pour choisir la bonne définition, il peut être utile de rechercher les mots-clés dans les réponses proposées. Souvent, parmi les différentes options, il y a un mot qui indique la bonne réponse.

4. Comment est-ce que l'article définit l'ultra-connexion des jeunes?
   a. comme un accès constant à Internet sur son ordinateur portable
   b. comme un accès permanent aux ressources de l'école et aux professeurs
   c. comme une connexion permanente entre les élèves d'une même classe
   d. comme une connexion constante aux services et aux réseaux disponibles sur les smartphones

5. D'après l'article, que font les écoles au sujet de l'usage des mobiles?
   a. Elles ne réglementent pas leur usage.
   b. Elles admettent leur incapacité à réglementer leur usage.
   c. Elles encouragent l'usage des portables en cours.
   d. Elles limitent l'utilisation des mobiles à certaines classes.

3 **À votre avis** À deux, répondez aux questions.

1. Quelle est la perspective de l'auteur de l'article vis-à-vis de l'utilisation des smartphones? Justifiez votre réponse.
2. Quelles sont les idées principales de l'article? Êtes-vous d'accord avec ces idées? Pourquoi ou pourquoi pas?
3. Croyez-vous que l'utilisation excessive des téléphones cellulaires soit un problème qui puisse toucher les gens à tout âge?
4. Quelle est l'utilité des sondages similaires à celui mentionné dans l'article? Peuvent-ils vraiment aider à identifier un problème de société?

4 **Qui est accro?** Pensez aux personnes que vous considérez accros à leur portable, à leurs habitudes et aux conséquences de celles-ci. Ensuite, discutez des questions suivantes avec un(e) camarade.

1. D'après vous, qu'est-ce qui constitue une utilisation normale de son portable?
2. À quel point une utilisation quotidienne devient-elle excessive ou abusive?
3. Quelles habitudes et quels symptômes psychologiques se manifestent chez quelqu'un qui est accro à son portable?
4. Quelles sont les conséquences d'une dépendance à son mobile?
5. Qu'est-ce que cette personne doit faire pour soigner cette interdépendance?
6. Qu'est-ce qu'on peut faire pour éviter une telle dépendance?

RESSOURCES
Consultez la liste des appendices à la p. xiii.

5 **Débat** Quand on discute des téléphones portables, on parle souvent des aspects négatifs liés à leur usage et rarement des aspects positifs. Les smartphones méritent-ils d'être autant dénigrés? Pensez à leurs utilisations positives et éducatives. Puis, en petits groupes, débattez ces questions:

1. Les smartphones nous facilitent-ils ou nous rendent-ils la vie plus difficile?
2. Peut-on utiliser son smartphone et maintenir un équilibre?
3. Les lois et règles concernant l'utilisation des smartphones dans votre lycée vous semblent-elles justes ou pas? Expliquez-vous.

LECTURE 1.2 ▸ UN DOUBLE ROBOTIQUE POUR UNE SECONDE VIE

AU SUJET DU TEXTE En novembre 2013, le quotidien français *Libération* a publié un article sur les dernières inventions en robotique faites au laboratoire Joint Robotics Laboratory à Tokyo où des projets très ambitieux s'y préparent. Des chercheurs français comme Abderrahmane Kheddar y collaborent avec des équipes japonaises pour mettre au point un robot humanoïde faisant penser aux films de science-fiction. Ce robot est capable d'effectuer des tâches variées grâce à un système de pilotage basé sur la pensée. Il reste à savoir quand il pourrait être commercialisé et dans quels secteurs. Une chose est certaine: ce qui autrefois faisait partie de la science fiction, est aujourd'hui une réalité.

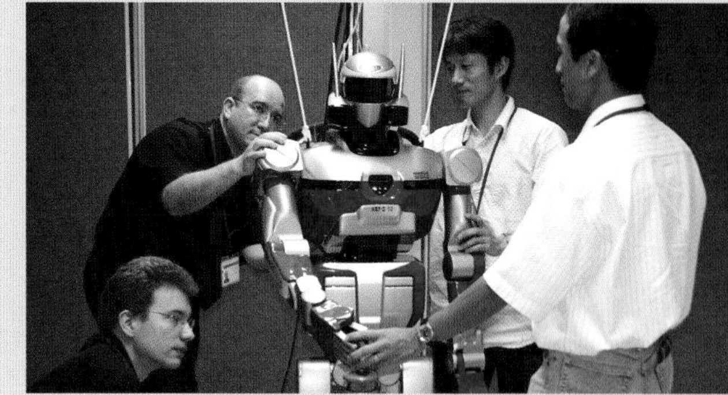

AVANT LA LECTURE

1 **Les robots** Avec un partenaire, répondez aux questions suivantes concernant les robots qui existent déjà dans notre quotidien.

1. Avez-vous déjà vu ou utilisé un robot? Quel genre de robot? À quoi ressemblait-il?
2. Dans quels secteurs de l'économie utilise-t-on les robots régulièrement?
3. À quoi les robots servent-ils?
4. Comment les robots améliorent-ils la qualité de vie des personnes ou l'efficacité d'une entreprise?
5. Quels sont les avantages et les inconvénients liés à l'utilisation des robots?
6. D'après vous, quel sera l'avenir des robots? Seront-ils de plus en plus présents dans notre vie quotidienne?

VOCABULAIRE PERSONNEL
Utilisez votre vocabulaire personnel.

2 **La science fiction** En petits groupes, réfléchissez et discutez des films, séries télévisées et romans de science fiction dans lesquels figurent des robots. Utilisez les questions ci-dessous pour guider votre discussion.

1. Faites une liste des films, séries et œuvres littéraires, classiques ou contemporains, dans lesquels figure un robot. Choisissez les cinq que vous considérez les meilleures.
2. Décrivez les robots dans ces œuvres: leurs caractéristiques physiques et psychologiques, leurs compétences, leurs relations aux autres et leur rôle dans l'histoire.
3. Analysez la morale des œuvres par rapport aux robots. Par exemple, les robots sont-ils une force du bien ou du mal?

3 **Un robot de rêve** Répondez aux questions ci-dessous.

Si vous aviez un robot comment serait-il? Que ferait-il? Quelle tâches ménagères lui donneriez-vous à faire? Quelles nouvelles expériences auriez-vous? Comment votre vie changerait-elle?

UN DOUBLE ROBOTIQUE POUR UNE SECONDE VIE

Par Rafaële Brillaud

MOTS-CLÉS

la poignée quantité qu'une main peut contenir

le casque accessoire qu'on met ou porte sur la tête

la nuque arrière de la tête, au-dessus du cou

le cerveau organe de la pensée

STRATÉGIE

Comprendre une séquence
Pour mieux comprendre l'ordre chronologique d'une série de démarches, d'actions ou d'évèvenements, faites attention aux connecteurs logiques tels que «lorsque,» «d'abord,» «alors» et «après».

IMAGINEZ que vous puissiez participer à un trekking au Népal, passer voir un ami à New York ou admirer le mont Fuji, tout cela sans jamais bouger de chez vous. Plus fort encore, alors même que vous êtes incapable de bouger un seul de vos membres. Pure science-fiction, à l'image du célèbre film *Avatar* de James Cameron où un militaire immobilisé dans un fauteuil roulant mène la rébellion sur la planète Pandora à l'aide d'un corps hybride? Pas si sûr. Car, grâce aux avancées scientifiques d'une **poignée** de laboratoires à travers le monde, le rêve d'un double robotique, conçu comme une seconde enveloppe corporelle et piloté par la pensée, est en passe de devenir réalité.

Dans les locaux du Joint Robotics Laboratory (JRL) à Tsukuba, près de Tokyo, ce double prend la forme d'un HRP-2, un robot humanoïde d'1,50 m pour 60 kg. Un doctorant enfile un **casque** doté d'une dizaine d'électrodes localisées au niveau de la **nuque**, c'est-à-dire du cortex visuel, et s'installe devant un écran, où s'affiche ce que «voit» le robot. Sans bouger le moindre petit doigt, il parvient à faire exécuter par le robot une série d'opérations: attraper une boisson, se diriger vers une table, la poser à un endroit précis. «C'est la première fois qu'un robot humanoïde réussit à effectuer plusieurs tâches différentes par le biais d'une interface **cerveau**-machine», souligne Abderrahmane Kheddar, le directeur de ce laboratoire mixte franco-japonais.

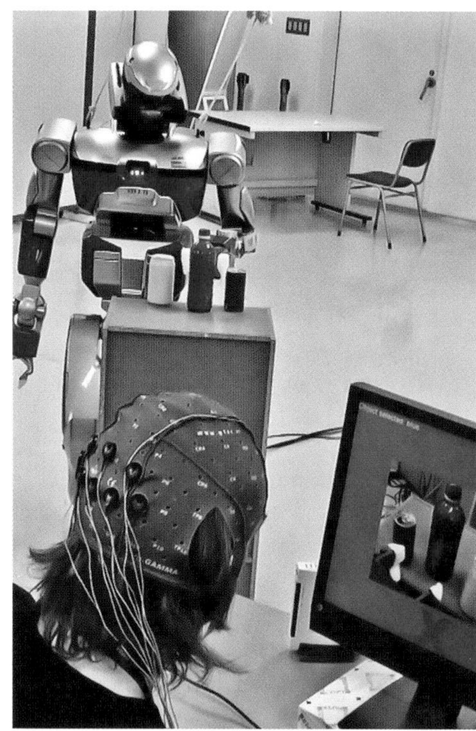

En l'absence de pilotage manuel, le système se fonde sur des signaux neuronaux qui oscillent à la même fréquence qu'un stimulus visuel clignotant. En clair, lorsque le robot repère dans son environnement des bouteilles ou des canettes, des symboles s'incrustent sur les images de ces boissons prises par le robot et se mettent à clignoter à des fréquences différentes sur l'écran de contrôle. L'opérateur se concentre alors sur le symbole de son choix et, une centaine de millisecondes après, un signal de la

« Sans bouger le moindre petit doigt, il parvient à faire exécuter par le robot une série d'opérations: attraper une boisson, se diriger vers une table, la poser à un endroit précis... »

même fréquence est détecté dans son cortex visuel. La machine n'a plus qu'à traduire l'intention de l'opérateur en commande pour le robot: saisir la canette.

Surtout, l'objectif de ces recherches est plus ambitieux qu'une simple commande à distance d'un humanoïde. Les travaux du JRL s'inscrivent dans le cadre du projet européen Vere (pour *Virtual embodiment and robotic re-embodiment*) qui réunit roboticiens, mais aussi psychologues et neurologues, pour «dissoudre la **frontière**» entre corps humains et représentations de substitution, qu'elles soient virtuelles ou réelles.

En juin 2012, un étudiant de l'université Bar-Ilan en Israël a incarné une machine à plus de 2.000 km de distance. Allongé dans un appareil d'IRM, qui scannait son cerveau et affichait son activité en temps réel, il a guidé un petit robot qui évoluait dans une pièce de l'IUT de Béziers, en France. Quand il pensait à déplacer sa main gauche ou droite, le robot bougeait de 30 degrés vers la gauche ou vers la droite. Quand il pensait à bouger ses jambes, le robot marchait en avant. En retour, l'étudiant pouvait juste voir ce que le robot voyait et entendre le bruit de ses déplacements.

MOTS-CLÉS
la frontière séparation

APRÈS LA LECTURE

1 Compréhension Répondez aux questions en vous basant sur la lecture.

1. Pourquoi dénomme-t-on le robot de JRL «un double»?
2. Comment le robot est-il piloté, et grâce à quel équipement?
3. Quelles tâches le robot peut-il exécuter?
4. Pourquoi cette manière de piloter le robot est-elle si extraordinaire?
5. Sur quoi se fonde le système de pilotage?
6. Quels sont les domaines d'expertise des scientifiques qui travaillent sur le projet?
7. Quel est l'objectif global de cette équipe de scientifiques?
8. En quoi consistait l'expérience menée par l'université Bar-Ilan en Israël et l'UIT de Béziers en France?

2 Dans l'ordre Lisez ces phrases qui décrivent comment marche HRP-2 et mettez-les dans le bon ordre.

___ Des symboles apparaissent sur les images des bouteilles.
___ Un signal neuronal de la même fréquence que le choix de l'opérateur est détecté dans son cortex visuel.
_1_ Le robot repère des bouteilles.
___ L'opérateur aperçoit les symboles.
___ Le robot prend des images des bouteilles.
___ Les symboles clignotent à des fréquences différentes.
___ Le signal est traduit en commande pour le robot: saisir la bouteille.
___ L'opérateur se concentre sur le symbole de son choix

3 Les utilisations possibles Pensez à quoi pourraient servir les doubles robotiques dans chacun de ces domaines. Puis choisissez les utilisations qui vous semblent les plus utiles et préparez une présentation orale dans laquelle vous expliquez votre point de vue.

- dans le domaine médical
- dans le domaine du tourisme et des voyages
- dans l'exploration spatiale
- dans le domaine de la recherche scientifique
- dans l'éducation et l'enseignement
- dans le sport
- dans les jeux, les spectacles ou les divertissements
- dans les relations avec la famille ou les amis

STRATÉGIE

Exprimer son accord ou son désaccord
Pour dire que vous êtes d'accord, vous pouvez utiliser des expressions comme «il est vrai», «en effet», «il est clair que», etc. Si vous n'êtes pas d'accord, vous pouvez dire «d'aucune manière» ou «au contraire».

4 Exprimez votre opinion À deux, lisez ces déclarations sur les effets de la robotique et de la technologie et dites si vous êtes d'accord ou pas. Dans chaque cas, expliquez pourquoi et donnez des exemples.

1. Les progrès en robotique ont beaucoup d'avantages.
2. L'idéal est d'utiliser des robots pour tout faire et d'arrêter de travailler soi-même.
3. Pouvoir commander des robots à distance n'est pas très utile.
4. Le progrès technologique, et les robots en particulier, peuvent faire peur.
5. Les robots peuvent faciliter le fonctionnement de notre société.
6. L'utilisation des robots dévalorise le travail des êtres humains.
7. Les robots n'évolueront jamais au niveau de ceux qu'on voit dans les films.
8. Les progrès en robotique sont une source d'inspiration pour l'avenir.

5

Les trois lois de la robotique En 1947 dans sa nouvelle *Cercle vicieux*, l'écrivain Isaac Asimov a édicté ses célèbres «trois lois de la robotique». Ces trois règles continuent d'influencer des générations de scientifiques et d'amateurs de science-fiction. Lisez-les et discutez des questions qui suivent avec toute la classe.

1. *Un robot ne peut porter atteinte à un être humain, ni, restant passif, permettre qu'un être humain soit exposé au danger.*
2. *Un robot doit obéir aux ordres que lui donne un être humain, sauf si de tels ordres entrent en conflit avec la première loi.*
3. *Un robot doit protéger son existence tant que cette protection n'entre pas en conflit avec la première ou la deuxième loi.*

1. Dans quels films, séries télévisées, œuvres littéraires, jeux vidéos, évènements historiques ou d'actualité peut-on voir l'influence de ces lois? Citez dix exemples.
2. Dans quelle mesure ces exemples ont-ils été influencés par les trois lois?
3. Selon vous, pourquoi ces lois ont-elles une influence si profonde?
4. Êtes-vous d'accord avec les principes qu'elles représentent? Expliquez-vous?

6

Essai persuasif Écrivez un essai persuasif dans lequel vous répondez à cette question: Les robots ont-ils une influence positive ou négative sur la société? Votre essai doit comprendre les sections ci-dessous.

VOCABULAIRE PERSONNEL
Utilisez votre vocabulaire personnel.

1. une introduction dans laquelle:
   - vous répondez à la question
   - vous racontez une anecdote qui interpelle le lecteur
2. deux paragraphes dans lesquels:
   - vous développez vos arguments en examinant les coûts, les bénéfices matériels et humains
   - vous soutenez vos arguments avec des exemples tirés de la lecture, en vous basant sur vos discussions en classe ou sur votre propre expérience
3. une conclusion qui:
   - résume d'une façon différente votre thèse et vos arguments
   - finit par une pensée ou une question qui convainc le lecteur d'être en accord avec vous

7

Discussion Avec deux ou trois camarades, débattez les affirmations suivantes. Citez les deux lectures de ce contexte ainsi que des exemples de votre vie pour défendre vos opinions.

RESSOURCES
Consultez la liste des appendices à la p. xiii.

1. La technologie est le domaine qui a le plus d'influence sur la vie quotidienne.
2. Les êtres humains peuvent devenir victimes de leurs propres inventions.
3. Les avancées technologiques et scientifiques de tout type nous rendront toujours heureux.
4. La technologie accélère notre rythme de vie.
5. Les êtres humains sont en train de perdre des compétences intellectuelles à cause de la technologie.

AUDIO ▸ JUSQU'OÙ FACEBOOK PEUT ALLER DANS L'INTRUSION?

MOTS-CLÉS

l'irrespect (m.) manque de respect

le partage fait de diviser et répartir

le billet petit article de journal

malveillant(e) qui souhaite faire du mal

le tollé cri d'indignation

INTRODUCTION Dans cet enregistrement, le journaliste de RFI, Dominique Desaunay, un spécialiste de l'analyse des réseaux sociaux et des nouvelles technologies, résume le mécontentement du public envers Facebook et ses changements intempestifs de fonctionnement. Les modifications que Facebook introduit régulièrement touchent souvent à la vie privée des utilisateurs et collectent ou révèlent des informations personnelles. Ils ne sont pas, par conséquent, toujours très populaires.

AVANT L'ÉCOUTE

1 **Et vous?** Faites la liste des réseaux sociaux que vous utilisez, puis à deux, comparez vos listes. Lequel des réseaux de cette liste préférez-vous? Lequel utilisez-vous le moins? Pourquoi?

2 **Pour quelle raison?** Cochez dans la liste toutes les raisons pour lesquelles vous utilisez les réseaux sociaux. Est-ce que ces réseaux vous servent à autre chose?

- ☐ envoyer des messages privés à mes amis et mes contacts
- ☐ partager les événements de ma vie
- ☐ critiquer mon école, mes amis, ma famille ou mon travail
- ☐ trouver de nouveaux amis à travers le monde
- ☐ pratiquer mon français
- ☐ rechercher une idée ou un thème pour une classe
- ☐ demander l'avis de mes amis
- ☐ chercher un travail ou un lien professionnel
- ☐ suivre la vie des stars
- ☐ apprendre ce qui se passe dans le monde

3 **Comparez** En petits groupes, répondez aux questions.

1. Quel était le premier réseau auquel vous vous êtes inscrit(e)? Quelles étaient vos premières impressions de cette expérience?
2. Quels réseaux sociaux avez-vous abandonnés? Pourquoi?
3. À votre avis, quel réseau social est le plus utile? Le moins utile? Pourquoi?
4. Pensez-vous que l'intrusion dans la vie privée soit un problème sur les réseaux sociaux? De quelle manière?
5. Comment votre réseau social idéal serait-il?

Source: Extrait de «Jusqu'où Facebook peut aller dans l'intrusion?», *Nouvelles technologies*, diffusé le 2 octobre 2011. Vous pouvez trouver la version intégrale sur www.rfi.fr.

PENDANT L'ÉCOUTE

STRATÉGIE

Identifier l'idée principale
Concentrez-vous sur l'idée principale durant l'écoute. Ne vous perdez pas dans les détails.

1 **Première écoute** Écoutez la sélection pour comprendre l'idée principale. Afin de la distinguer, notez les expressions qui attirent l'attention, les mots et les phrases qui se répètent ainsi que le ton utilisé et la vitesse à laquelle la locutrice parle. Toutes ces pistes indiquent l'importance des idées concernées.

2 

Deuxième écoute Écoutez l'audio une deuxième fois afin de noter les détails qui soutiennent l'idée principale. Écrivez les mots et les phrases qui se répètent pendant l'écoute. Ensuite, classez-les. Enfin, combinez les catégories de façon logique pour déterminer la manière dont elles soutiennent l'idée principale. Discutez de votre analyse avec un(e) partenaire. En êtes-vous arrivé(e) à la même conclusion?

APRÈS L'ÉCOUTE

1 

Vrai ou faux? Indiquez si les phrases suivantes sont vraies ou fausses, puis corrigez celles qui sont fausses.

1. L'idée du «partage sans friction», c'est qu'on peut partager facilement et rapidement, sans rencontrer de grandes difficultés techniques.
2. Le bloggeur Dave Winer aime bien le bouton like de Facebook qui permet de partager automatiquement.
3. Selon Facebook, le réseau a introduit des cookies pour rendre ses services plus personnels et pour protéger ses utilisateurs.
4. Facebook a retiré trois des cookies qui espionnaient les activités en ligne de ses utilisateurs.
5. Le journaliste pense que la «timeline» est une très bonne idée et que son utilisation ne va poser aucun problème.

2 

Les usages À deux, identifiez trois usages positifs et trois usages négatifs des réseaux sociaux. Utilisez les idées exprimées dans la sélection, ainsi que votre propre expérience, si nécessaire.

USAGES POSITIFS	USAGES NÉGATIFS
Partager des photos récentes avec sa famille.	*Donner accès à ses données et informations personnelles.*

3

Les conséquences À quatre, lisez vos listes de l'Activité 2 et discutez des conséquences de ces usages dans la vie privée, puis dans la vie professionnelle. Donnez des exemples concrets.

4 

Essai persuasif Que pensez-vous des vacances déconnectées—sans smartphone, ni ordinateur, ni tablette, ni console de jeux, ni télé? Écrivez un essai persuasif dans lequel vous donnez votre opinion tout en essayant de convaincre vos lecteurs que des vacances de ce genre auraient des conséquences positives ou négatives selon le cas. Suivez ce schéma:

- Commencez par une introduction qui présente votre position à propos des vacances déconnectées et décrit à quoi ressemble ce genre de vacances.
- Donnez deux ou trois arguments qui soutiennent votre position illustrés avec des exemples de votre vie ou de ce contexte.
- Résumez votre position et vos arguments avec de nouvelles images descriptives qui interpellent vos lecteurs.

VOCABULAIRE PERSONNEL
Utilisez votre vocabulaire personnel.

RESSOURCES
Consultez la liste des appendices à la p. xiii.

LIENS CULTURELS

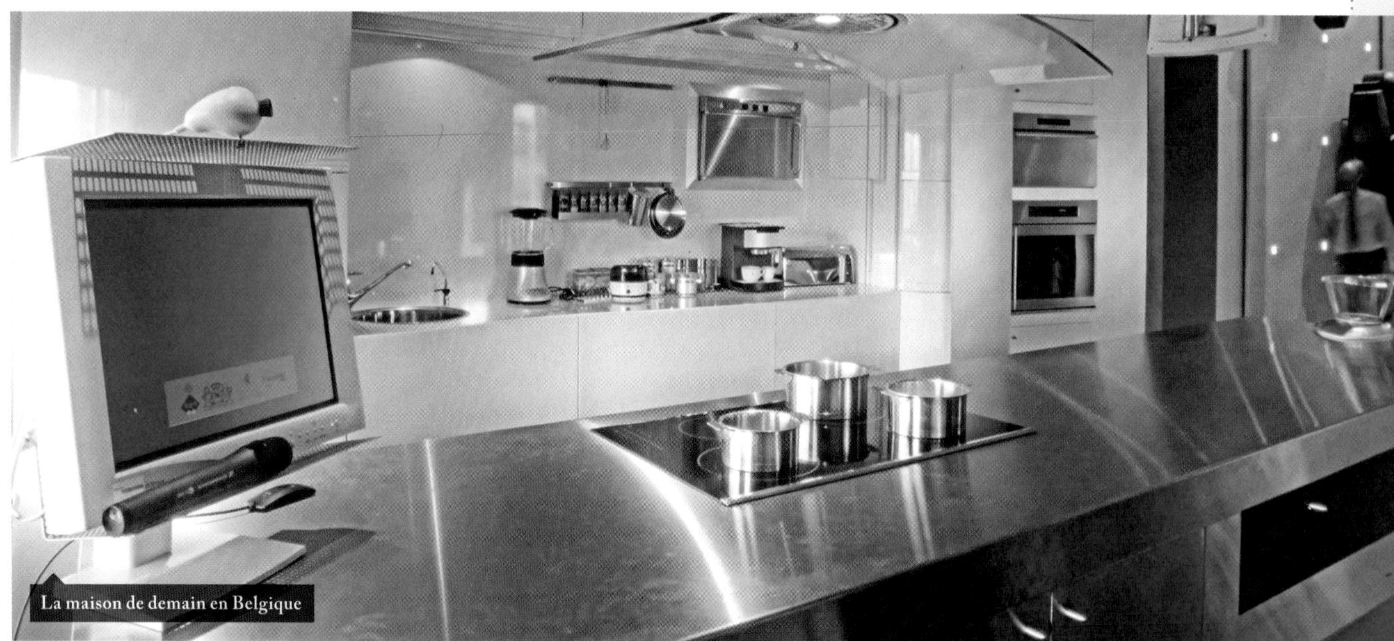

La maison de demain en Belgique

La maison de demain existe déjà

EN BELGIQUE, À VILVORDE, PETITE VILLE SITUÉE AU NORD de Bruxelles, la maison de demain est déjà une réalité. Grâce à la domotique—c'est-à-dire la science des techniques automatisées pour le confort, la sécurité et la communication dans l'habitat—la Maison du futur veut nous rendre la vie plus facile. La poubelle de sa cuisine, très écologique, trie automatiquement les déchets. Le réfrigérateur a une porte faite d'un écran connecté qui vous permet de choisir la recette d'un plat et de la voir réaliser par un grand chef sur votre téléviseur. Sur les miroirs de la salle de bains, vous pouvez lire les journaux, voir la météo, écouter les nouvelles du jour ou mettre votre musique préférée tout en prenant une douche dont la température est préréglée. Cette maison est aussi un site ouvert au public et on peut la visiter pour comprendre comment l'électronique améliorera tous ces petits aspects de notre vie quotidienne. Voilà de quoi nous donner de l'espoir dans l'avenir!

- La maison prototype conçue par les étudiants de l'IUT de Blagnac est la première maison intelligente de ce type en France. Née d'un partenariat entre université, industriels et laboratoires de recherche, elle développe un habitat adapté à la personne dépendante. Pour un handicapé moteur, l'évier et les meubles de la cuisine se baissent ainsi que le lavabo de la salle de bains. Pour la personne âgée, la maison offre, par exemple, un tapis au pied du lit avec capteurs qui permet de signaler le lever de la personne ou de lui tracer un chemin lumineux vers les toilettes. Face à une population vieillissante ou dépendante, c'est une réponse possible à un problème de société grandissant. Dans un pays où les jeunes sont confrontés au chômage, c'est aussi un secteur porteur d'emplois et d'avenir.

- A l'université de Concordia, au Québec, des chercheurs travaillent sur la conception de maisons intelligentes qui produisent autant d'énergie qu'elles en consomment et affichent, au final, un bilan énergétique nul. En particulier, ils s'intéressent à l'énergie solaire dont on peut bénéficier en orientant les bâtiments vers le sud et en utilisant une fenestration optimale ou en construisant des solariums ou des serres attenantes.

Présentation orale: comparaison culturelle

Préparez une présentation orale sur ce thème.

- Comment la technologie répond-elle aux besoins des personnes et de la société tout en facilitant la vie?

Comparez votre propre communauté à une région du monde francophone que vous connaissez.

contexte 2 Les découvertes et les inventions

POINTS DE DÉPART

De la préhistoire jusqu'aux temps modernes, toutes les époques sont marquées par de grandes découvertes et inventions qui changent les sociétés et la vie quotidienne des individus.

- Qu'est-ce qui motive le besoin d'invention?
- Quelles conditions favorisent ou empêchent la découverte de nouvelles inventions?
- Dans quels domaines les inventions et découvertes récentes nous laissent-elles espérer de nouveaux progrès?

DÉVELOPPEMENT DU VOCABULAIRE

VOCABULAIRE PERSONNEL
Notez le nouveau vocabulaire à mesure que vous l'apprenez.

1 Définitions Identifiez la description correcte pour chacun des termes.

1. ___ une expérience
2. ___ l'utilisateur/l'utilisatrice
3. ___ l'inventeur/l'inventrice
4. ___ le/la visionnaire
5. ___ le/la scientifique
6. ___ l'informaticien(ne)
7. ___ le chercheur/la chercheuse
8. ___ le génie

a. personne inspirée, douée, qui anticipe
b. personne spécialisée en informatique
c. personne qui crée quelque chose d'original
d. test ou essai pour vérifier une hypothèse
e. personne qui fait de la recherche
f. aptitude ou faculté qui permet de concevoir et de créer
g. personne qui travaille dans la science
h. personne qui utilise un appareil ou un service

2 Les précurseurs Identifiez le précurseur le plus logique de chaque technologie de la liste.

1. ___ l'ordinateur
2. ___ l'avion
3. ___ la voiture électrique
4. ___ le fax
5. ___ le cellulaire
6. ___ le TGV
7. ___ la télévision numérique
8. ___ le courrier électronique

a. le moteur à explosion
b. la calculatrice
c. le train
d. la lettre
e. la télé analogique
f. le dirigeable
g. le téléphone
h. le télégraphe

3 Inventions et utilité En petits groupes, faites une liste d'inventions qui ne vous semblent pas utiles. Exprimez pourquoi elles vous semblent superflues. Vous pouvez faire une recherche sur Internet.

4 Inventions et recherche À deux, répondez aux questions et échangez vos opinions.

1. D'après vous, est-ce qu'il y a beaucoup d'inventions importantes qui sont faites aux États-Unis? Donnez des exemples.
2. Que pensez-vous de l'état de la recherche aux États-Unis? Est-ce qu'elle favorise l'apparition de nouvelles inventions?
3. Où naissent les grandes inventions? Dans les universités? Dans les entreprises? Chez les particuliers? Expliquez.

LECTURE 2.1 ▸ UN JEUNE CAMEROUNAIS INVENTE LE CARDIOPAD

AU SUJET DU TEXTE Cet article parle d'Arthur Zang, un jeune Camerounais ingénieur en génie informatique, qui a conçu un appareil médical extraordinaire. Le génie innovateur de ce jeune homme montre que les progrès technologiques ne cessent d'augmenter l'efficacité, la qualité et l'étendue des soins médicaux. En effet, Arthur a mis au point une tablette médicale pour pallier le manque de cardiologues considérant l'importante population du pays. Ces progrès permettent de mieux soigner les patients, dans des délais plus courts, en minimisant les risques qu'ils encourent et s'avèrent donc très prometteurs.

AVANT LA LECTURE

VOCABULAIRE PERSONNEL
Utilisez votre vocabulaire personnel.

1 

Les technologies médicales À deux, répondez en détail aux questions.

1. Connaissez-vous des gens qui souffrent de troubles respiratoires comme l'asthme? Se servent-ils d'inhalateurs ou d'aérosols doseurs?
2. Quels appareils diagnostiques, comme le thermomètre pour mesurer la température ou le tensiomètre pour mesurer la tension, connaissez-vous?
3. Quels appareils qui aident à traiter des maladies chroniques comme les allergies ou le diabète, par exemple, des pompes à insuline ou des stylos injectables, avez-vous déjà vus?
4. Quels athlètes équipés de prothèses connaissez-vous?
5. Quel impact ont ces prothèses sur leur qualité de vie, d'après vous?
6. Quels autres accessoires ou appareils médicaux sont plutôt communs?
7. Quel est l'appareil médical moderne qui vous impressionne le plus ou vous paraît le plus utile? Expliquez.
8. Si vous pouviez créer un nouvel instrument médical, que serait-il et à quoi servirait-il?

RESSOURCES
Consultez la liste des appendices à la p. xiii.

2 

Des conseils Votre jeune cousin doit préparer un projet de science pour son école. Il a choisi comme sujet «les dernières technologies médicales». Il vous écrit un courriel pour vous demander de l'aide. Répondez-lui avec trois ou quatre conseils faciles à suivre.

Salut! Dis donc, tu pourrais m'aider? Je dois préparer un projet de science sur les dernières technologies médicales, mais je ne sais pas lesquelles choisir. Il faut en choisir trois différentes. De plus, je ne suis pas sûr de quels aspects de chaque technologie je dois parler. Dois-je créer des illustrations? Des graphiques ou même des maquettes? Au secours!

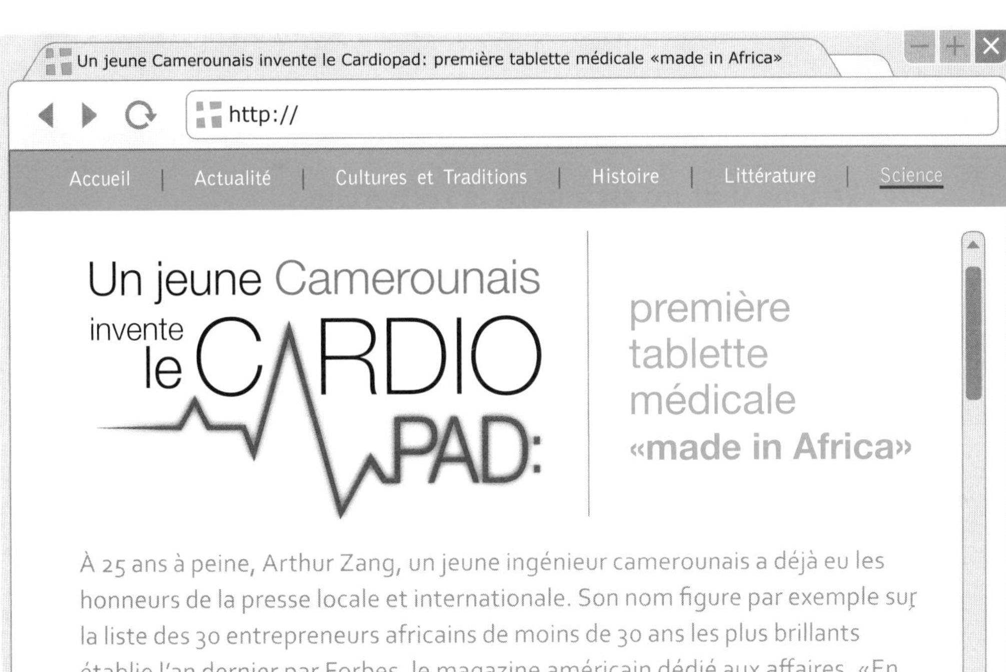

À 25 ans à peine, Arthur Zang, un jeune ingénieur camerounais a déjà eu les honneurs de la presse locale et internationale. Son nom figure par exemple sur la liste des 30 entrepreneurs africains de moins de 30 ans les plus brillants établie l'an dernier par Forbes, le magazine américain dédié aux affaires. «En matière d'innovation, il représente ce qu'il y a de mieux en Afrique», notait Forbes. Arthur Zang a su répondre à un vrai besoin en inventant le Cardiopad, première tablette tactile médicale fabriquée en Afrique, qui devrait permettre de sauver de nombreuses vies notamment au sein de la population la plus **démunie** du Cameroun.

Diplômé de l'école polytechnique de Yaoundé, c'est au cours d'un stage à l'hôpital général de la ville effectué il y a trois ans, que le jeune ingénieur fait le **constat** suivant: le Cameroun ne recense alors que 30 cardiologues pour 20 millions d'habitants, répartis entre les deux principales villes du pays, Yaoundé—la capitale—et la ville portuaire de Douala. «Cela signifie que les patients qui vivent dans des villages éloignés sont obligés de prendre le bus pour réaliser leurs examens, ce qui pose non seulement un problème au niveau de leur **suivi** médical mais aussi au niveau économique car le transport accroît aussi leurs dépenses», explique-t-il.

À la demande du professeur Samuel Kingué, cardiologue à l'hôpital général de Yaoundé, Arthur Zang commence à réfléchir à une solution pour faire en sorte qu'un maximum de patients puissent être soignés par les rares cardiologues du pays. Il poursuit ses recherches en systèmes électroniques embarqués au laboratoire de polytechnique et, afin de parfaire ses connaissances en électronique numérique, il suit un programme d'enseignement gratuit à distance dispensé par le gouvernement indien.

C'est ainsi que le Cardiopad a vu le jour. La tablette médicale mise au point par Arthur Zang permet de réaliser des électrocardiogrammes (l'appareil est relié par des électrodes à la poitrine du patient) et de transmettre les résultats à distance au cardiologue. «Il s'agit d'une solution mobile et bon marché: nous comptons le commercialiser à 2 millions de Francs CFA (environ 4,000 dollars US), soit un coût deux fois inférieur à celui des appareils actuellement sur le marché», assure-t-il (l'appareil n'est pas destiné aux patients mais aux hôpitaux qui les prêtent aux patients).

STRATÉGIE

Utiliser ce que vous savez déjà
De nombreux termes scientifiques sont des mots apparentés. Cependant vous devez aussi vérifier que le sens probable est logique dans le contexte.

MOTS-CLÉS

démuni(e) privé(e) de ressources

le constat observation

le suivi contrôle attentif sur une certaine période

MOTS-CLÉS

subventionner soutenir et aider avec de l'argent
l'embûche (f.) obstacle
le chômeur personne sans emploi
l'atout (m.) avantage
le frein ce qui empêche ou arrête le mouvement
le boulot travail (*familier*)
viable réalisable, durable

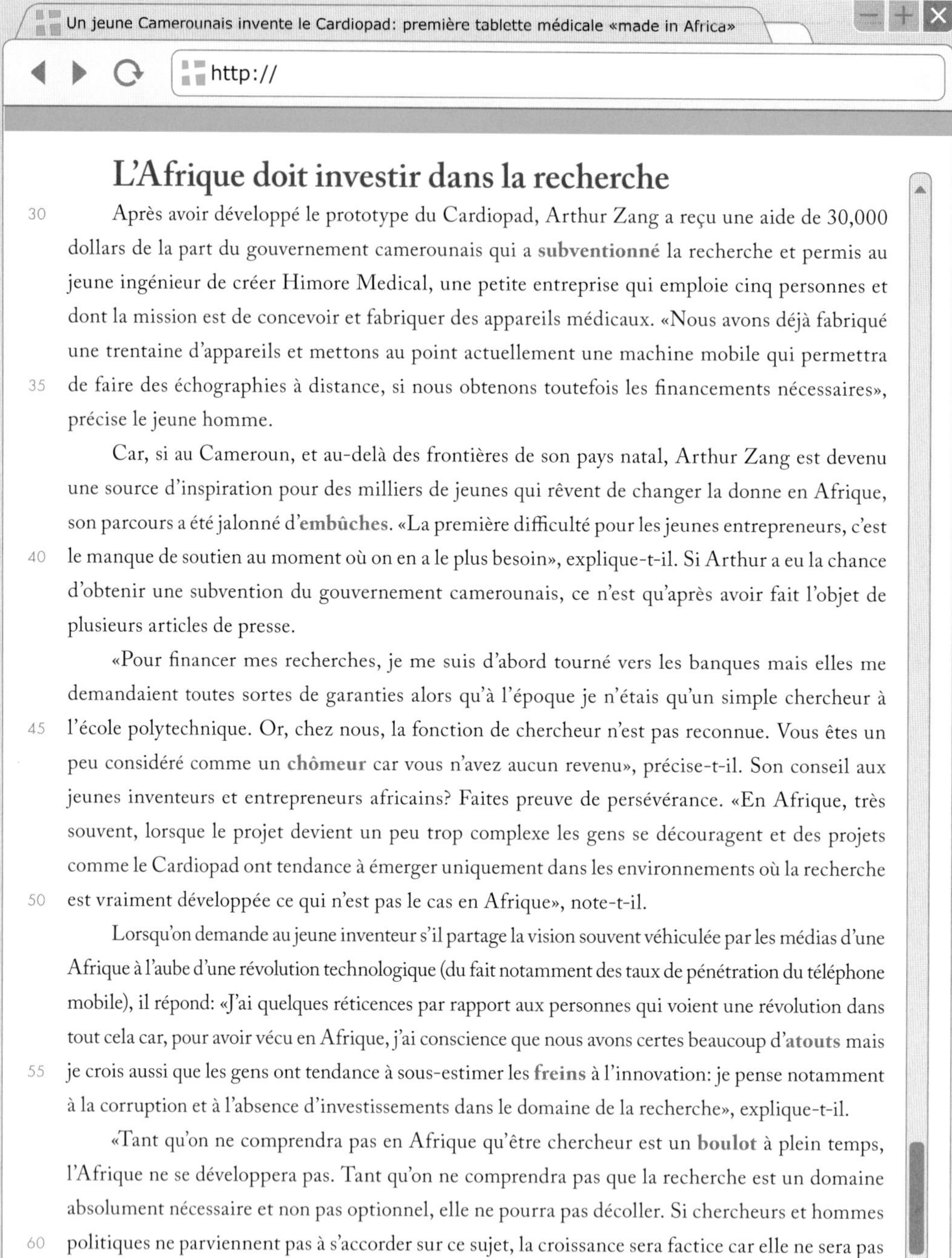

Un jeune Camerounais invente le Cardiopad: première tablette médicale «made in Africa»

http://

L'Afrique doit investir dans la recherche

Après avoir développé le prototype du Cardiopad, Arthur Zang a reçu une aide de 30,000 dollars de la part du gouvernement camerounais qui a **subventionné** la recherche et permis au jeune ingénieur de créer Himore Medical, une petite entreprise qui emploie cinq personnes et dont la mission est de concevoir et fabriquer des appareils médicaux. «Nous avons déjà fabriqué une trentaine d'appareils et mettons au point actuellement une machine mobile qui permettra de faire des échographies à distance, si nous obtenons toutefois les financements nécessaires», précise le jeune homme.

Car, si au Cameroun, et au-delà des frontières de son pays natal, Arthur Zang est devenu une source d'inspiration pour des milliers de jeunes qui rêvent de changer la donne en Afrique, son parcours a été jalonné d'**embûches**. «La première difficulté pour les jeunes entrepreneurs, c'est le manque de soutien au moment où on en a le plus besoin», explique-t-il. Si Arthur a eu la chance d'obtenir une subvention du gouvernement camerounais, ce n'est qu'après avoir fait l'objet de plusieurs articles de presse.

«Pour financer mes recherches, je me suis d'abord tourné vers les banques mais elles me demandaient toutes sortes de garanties alors qu'à l'époque je n'étais qu'un simple chercheur à l'école polytechnique. Or, chez nous, la fonction de chercheur n'est pas reconnue. Vous êtes un peu considéré comme un **chômeur** car vous n'avez aucun revenu», précise-t-il. Son conseil aux jeunes inventeurs et entrepreneurs africains? Faites preuve de persévérance. «En Afrique, très souvent, lorsque le projet devient un peu trop complexe les gens se découragent et des projets comme le Cardiopad ont tendance à émerger uniquement dans les environnements où la recherche est vraiment développée ce qui n'est pas le cas en Afrique», note-t-il.

Lorsqu'on demande au jeune inventeur s'il partage la vision souvent véhiculée par les médias d'une Afrique à l'aube d'une révolution technologique (du fait notamment des taux de pénétration du téléphone mobile), il répond: «J'ai quelques réticences par rapport aux personnes qui voient une révolution dans tout cela car, pour avoir vécu en Afrique, j'ai conscience que nous avons certes beaucoup d'**atouts** mais je crois aussi que les gens ont tendance à sous-estimer les **freins** à l'innovation: je pense notamment à la corruption et à l'absence d'investissements dans le domaine de la recherche», explique-t-il.

«Tant qu'on ne comprendra pas en Afrique qu'être chercheur est un **boulot** à plein temps, l'Afrique ne se développera pas. Tant qu'on ne comprendra pas que la recherche est un domaine absolument nécessaire et non pas optionnel, elle ne pourra pas décoller. Si chercheurs et hommes politiques ne parviennent pas à s'accorder sur ce sujet, la croissance sera factice car elle ne sera pas soutenue par quelque chose de **viable**», conclut le jeune inventeur du Cardiopad.

APRÈS LA LECTURE

1 **Compréhension** Répondez aux questions.

1. Quelle constatation d'Arthur Zang a engendré l'idée du Cardiopad?
2. Pourquoi est-ce que le Cardiopad est-il particulièrement efficace au Cameroun?
3. Quelles études Zang a-t-il poursuivies, le menant à la création du Cardiopad?
4. Que fait le Cardiopad exactement?

5. Qu'est-ce que c'est Himore Medical et quelles sont ses activités?
6. À quelles difficultés les jeunes chercheurs en Afrique doivent-ils faire face?
7. Qu'est-ce qui peut freiner l'innovation en Afrique?
8. Quelles attitudes doivent changer pour que la croissance soutenue soit une réalité?

2 **Expliquez** À deux, interprétez ces citations et expliquez ce qu'elles veulent dire.

1. «...ce qui pose non seulement un problème au niveau de leur suivi médical mais aussi au niveau économique...»
2. «...son parcours a été jalonné d'embûches».
3. «Or, chez nous, la fonction de chercheur n'est pas reconnue».
4. «...j'ai conscience que nous avons certes beaucoup d'atouts mais je crois aussi que les gens ont tendance à sous-estimer les freins à l'innovation...»

3 **Comparaison culturelle** À deux, faites des recherches sur Internet pour en apprendre plus sur l'état de la recherche en Afrique. Faites-en de même pour la recherche aux États-Unis puis, écrivez un compte rendu sur ces points:

- les progrès en nouvelles technologies
- le financement et d'autres paramètres qui aident ou empêchent la recherche
- les difficultés de commercialisation d'une invention

VOCABULAIRE PERSONNEL
Utilisez votre vocabulaire personnel.

4  **Présentation orale** D'après l'article, Arthur Zang produit une machine mobile qui permettra de faire des échographies à distance. Faites une présentation orale pour répondre aux questions et exprimer votre opinion sur ce projet.

- Pourquoi cette invention vous semble-t-elle utile en Afrique?
- Quel(s) problème(s) vise-t-elle à résoudre?
- Quels obstacles Arthur Zang doit-il surmonter avant de commercialiser son invention?

STRATÉGIE

Soutenir une idée avec des preuves
Quand vous donnez votre opinion sur un sujet, apportez des preuves de ce que vous avancez pour montrer que vos conclusions sont logiques.

STRUCTURES

Les propositions introduites par si

Examinez le texte pour trouver des exemples de propositions introduites par si, puis expliquez le sens de chaque phrase.

MODÈLE ***«Car, si au Cameroun, et au delà... Arthur Zang est devenu une source d'inspiration..., son parcours a été jalonné d'embûches».***
Cette phrase montre qu'Arthur Zang a maintenant du succès et que son parcours peut servir de modèle à d'autres jeunes Africains. Elle souligne aussi le fait que tout n'a pas été facile pour lui et qu'il a dû se battre pour réaliser ses projets.

RESSOURCES
Consultez les explications de grammaire de l'appendice A aux pp. 375–377.

LECTURE 2.2 ▸ DE LA TERRE À LA LUNE

AU SUJET DE L'AUTEUR Jules Verne, écrivain français (1828–1905), est le grand spécialiste du roman scientifique d'anticipation, précurseur de la science-fiction. Auteur de quatre-vingt romans et nouvelles, dont *De la Terre à la Lune*, *Vingt mille lieues sous les mers*, et *Le Voyage en ballon*, Jules Verne était convaincu des possibilités illimitées de la science. Son génie visionnaire et ses connaissances scientifiques lui ont permis d'anticiper des technologies du 20e siècle comme le vol spatial, l'exploration sous-marine, l'hélicoptère, l'air conditionné, les missiles guidés et le cinéma.

AU SUJET DU TEXTE Dans les chapitres qui précèdent cet extrait du roman *De la Terre à la Lune*, Barbicane, président du Gun-Club de Baltimore a l'idée extraordinaire d'envoyer un boulet par un énorme canon sur la Lune. Un Parisien, Michel Ardan, lui télégraphie aussitôt et lui demande de remplacer le boulet par un projectile cylindro-conique qui pourrait contenir trois passagers. Dans l'extrait, Michel Ardan essaie de convaincre Barbicane et son rival, le capitaine Nicholl, de commencer ensemble une aventure commune dans l'espace. On y lit aussi une description détaillée des préparatifs au lancement du projectile qui permettra aux trois hommes de voyager jusqu'à la lune.

AVANT LA LECTURE

1 **La recherche scientifique** Organisez les étapes d'une recherche scientifique dans l'ordre chronologique le plus logique. Expliquez votre raisonnement.

- expérience
- résultats
- anticipation
- observation
- question
- hypothèse
- prédiction

Ajoutez d'autres étapes si cette liste vous semble incomplète.

2 **Mon expérience** À deux, discutez d'une expérience scientifique que vous avez faite durant un cours ou un concours. Utilisez les questions qui suivent pour vous guider.

RESSOURCES
Consultez la liste des appendices à la p. xiii.

1. Est-ce que vous avez choisi le sujet de votre expérience vous-même ou était-ce l'idée d'une autre personne?
2. Quel était le sujet de votre recherche?
3. Quelles informations ou quels instruments avez-vous utilisés?
4. Quelles techniques de recherche étaient disponibles? Lesquelles ne l'étaient pas?
5. Servez-vous des étapes de l'Activité 1 pour vous guider et décrivez chaque étape de votre expérience.

3 **Jules Verne** Faites des recherches sur l'auteur et répondez aux questions qui suivent. Ensuite, partagez vos réponses avec la classe.

1. Écrivez un résumé d'une de ses œuvres ou d'un des films inspirés par ses livres.
2. Faites une liste des avancées technologiques et d'autres détails qui témoignent du fait que Jules Verne était un avant-gardiste.
3. Faites une liste des inventions qu'il avait imaginées et qui ont vu le jour.
4. Expliquez pourquoi selon vous certaines inventions auraient ou n'auraient pas été créées.

DE LA TERRE À LA LUNE DE JULES VERNE

(Extraits des chapitres 21–22)

«MES BRAVES AMIS, dit-il en laissant poindre sur ses lèvres son meilleur sourire, il n'y a jamais eu entre vous qu'un **malentendu**. Pas autre chose. Eh bien! Pour prouver que tout est fini entre vous, et puisque vous êtes gens à risquer votre peau, acceptez franchement la proposition que je vais vous faire.

— Parlez, dit Nicholl.

— L'ami Barbicane croit que son projectile ira tout droit à la Lune.

— Oui, certes, répliqua le président.

— Et l'ami Nicholl est persuadé qu'il retombera sur la terre.

— J'en suis certain, s'écria le capitaine.

— Bon! reprit Michel Ardan. Je n'ai pas la prétention de vous mettre d'accord; mais je vous dis tout bonnement: Partez avec moi, et venez voir si nous resterons en route.

— Hein!» fit J.-T. Maston stupéfait.

Les deux rivaux, à cette proposition subite, avaient levé les yeux l'un sur l'autre. Ils s'observaient avec attention. Barbicane attendait la réponse du capitaine. Nicholl guettait les paroles du président.

«Eh bien? fit Michel de son ton le plus engageant. Puisqu'il n'y a plus de **contrecoup** à craindre!

— Accepté!» s'écria Barbicane.

Mais, si vite qu'il eût prononcé ce mot, Nicholl l'avait achevé en même temps que lui.

«Hurrah! bravo! vivat! hip! hip! hip! s'écria Michel Ardan en tendant la main aux deux adversaires. Et maintenant que l'affaire est arrangée, mes amis, permettez-moi de vous traiter à la française. Allons déjeuner».

[…]

En effet, une expérience préparatoire, tentée le 18 octobre, avait donné les meilleurs résultats et fait concevoir les plus légitimes **espérances**.

Barbicane, désirant se rendre compte de l'effet de contrecoup au moment du départ d'un projectile, fit venir un **mortier** de trente-deux pouces (0,75 cm) de l'arsenal de Pensacola. On l'installa sur le rivage de la rade d'Hillisboro, afin que la bombe retombât dans la mer et que sa chute fût amortie. Il ne s'agissait que d'expérimenter la **secousse** au départ et non le choc à l'arrivée. Un projectile creux fut préparé avec le plus grand soin pour cette curieuse expérience. Un épais capitonnage, appliqué sur un réseau de ressorts faits du meilleur **acier**, doublait ses parois intérieures. C'était un véritable **nid** soigneusement **ouaté**.

«Quel dommage de ne pouvoir y prendre place!» disait J.-T. Maston en regrettant que sa taille ne lui permît pas de tenter l'aventure.

Dans cette charmante bombe, qui se fermait au moyen d'un couvercle à vis, on introduisit d'abord un gros chat, puis un écureuil appartenant au secrétaire perpétuel du Gun-Club, et auquel J.-T. Maston tenait particulièrement. Mais on voulait savoir comment ce petit animal, peu sujet au vertige, supporterait ce voyage expérimental.

MOTS-CLÉS

le malentendu désaccord né d'une divergence d'interprétation

le contrecoup répercussion, choc en retour

l'espérance (f.) attente optimiste, espoir

le mortier tube conçu pour le lancement de bombes

la secousse choc, perturbation

l'acier (m.) métal, alliage de fer et de carbone

le nid habitat construit par un oiseau pour y pondre ses œufs

ouaté rempli de laine ou de coton

MOTS-CLÉS

les flots (m.) eaux

la chute action de tomber

point équivalent de l'adverbe négatif «pas»

anéantir réduire à zéro

Le mortier fut chargé avec cent soixante livres de poudre et la bombe placée dans la pièce. On fit feu.

Aussitôt le projectile s'enleva avec rapidité, décrivit majestueusement sa parabole, atteignit une hauteur de mille pieds environ, et par une courbe gracieuse alla s'abîmer au milieu des **flots**.

Sans perdre un instant, une embarcation se dirigea vers le lieu de sa **chute**; des plongeurs habiles se précipitèrent sous les eaux, et attachèrent des câbles aux oreillettes de la bombe, qui fut rapidement hissée à bord. Cinq minutes ne s'étaient pas écoulées entre le moment où les animaux furent enfermés et le moment où l'on dévissa le couvercle de leur prison.

Ardan, Barbicane, Maston, Nicholl se trouvaient sur l'embarcation, et ils assistèrent à l'opération avec un sentiment d'intérêt facile à comprendre. À peine la bombe fut-elle ouverte, que le chat s'élança au-dehors, un peu froissé, mais plein de vie, et sans avoir l'air de revenir d'une expédition aérienne. Mais d'écureuil **point**. On chercha. Nulle trace. Il fallut bien alors reconnaître la vérité. Le chat avait mangé son compagnon de voyage.

J.-T. Maston fut très attristé de la perte de son pauvre écureuil, et se proposa de l'inscrire au martyrologe de la science.

Quoi qu'il en soit, après cette expérience, toute hésitation, toute crainte disparurent; d'ailleurs les plans de Barbicane devaient encore perfectionner le projectile et **anéantir** presque entièrement les effets de contrecoup. Il n'y avait dont plus qu'à partir. [...] ◣

APRÈS LA LECTURE

1 **Compréhension** Répondez aux questions d'après le texte.

1. Comment Michel Ardan arrive-t-il à réconcilier Barbicane et Nicholl?
2. Quel était le but de l'expérience préparatoire du 18 octobre?
3. Pourquoi la bombe devait-elle retomber dans la mer?
4. Pourquoi le projectile de lancement est-il comparé à un «nid»?
5. Pourquoi a-t-on placé un écureuil dans le projectile expérimental?
6. À l'aide de quel instrument a-t-on lancé le projectile?
7. Qu'est-il arrivé à l'écureuil une fois dans le projectile?
8. Pourquoi peut-on dire que le sort de l'écureuil est décrit avec humour?

2 **Résumez** Faites un résumé du texte. Commencez par écrire une phrase qui explique l'idée principale de chaque paragraphe, puis réunissez toutes les phrases et faites la synthèse.

MODÈLE Paragraphe 1: ***Michel Ardan et les anciens rivaux Nicholl et Barbicane sont unis dans leur désir d'entreprendre un voyage jusqu'à la lune.***

STRATÉGIE

Résumer
Faire un résumé de ce que vous avez lu vous aidera à prendre en compte ce qui est le plus pertinent.

3 **Analyse et interprétation** Discutez des questions suivantes en petits groupes.

1. Selon vous, pourquoi l'auteur a choisi les États-Unis comme cadre pour son roman?
2. Qu'est-ce que les personnages ont en commun? En quoi sont-ils différents?
3. De quelle manière l'auteur rend une œuvre de fiction aussi réaliste?
4. En quoi l'expérience décrite dans cet extrait ressemble-t-elle aux voyages spatiaux réels?
5. Quel est le ton général de l'extrait? Quel effet a-t-il sur la narration et sur le lecteur?
6. D'après vous, mis à part divertir son public, quel autre objectif l'auteur avait-il en écrivant ce roman? Justifiez vos idées.
7. Quelle pourrait être la morale de cet extrait?

4 **La conquête de l'espace** Avec un(e) camarade, faites des recherches et créez une chronologie des étapes les plus importantes de la conquête de l'espace, depuis le milieu du 20e siècle jusqu'à présent.

MODÈLE **4 octobre 1957:** Spoutnik 1, un satellite soviétique, devient le premier objet satellisé.
3 novembre 1957: Laïka, une chienne soviétique, devient le premier animal vivant envoyé dans l'espace.

5 

NASA et CNES En petits groupes, faites des recherches sur les activités des Français et des Américains dans le domaine des sciences spatiales. Utilisez les questions comme guide pour vos recherches.

1. La politique officielle du pays
   a. Est-ce qu'il existe une agence spatiale subventionnée par l'état?
   b. Est-ce qu'il existe une politique de coopération avec des agences spatiales étrangères? Lesquelles?
   c. Est-ce qu'il y a une politique commerciale liée aux sciences spatiales?

VOCABULAIRE PERSONNEL
Utilisez votre vocabulaire personnel.

2. Les activités les plus récentes
   a. Quelles sortes de fusées, de satellites ou de sondes ont été lancées dans l'espace?
   b. Quels voyages dans l'espace ont été entrepris?
   c. Quelles entreprises commerciales ou quels développements commerciaux ont eu lieu?

3. Le vol spatial et l'exploration de l'espace
   a. Quelle est le but du vol spatial?
   b. Quel est l'avenir du tourisme spatial?
   c. Quelles planètes sont à explorer en priorité?

Maintenant, comparez les deux pays et faites une liste des similarités et des différences.

VOCABULAIRE PERSONNEL
Utilisez votre vocabulaire personnel.

6

Avancées technologiques et programme spatial En petits groupes, faites des recherches sur les avancées technologiques générées par le programme spatial. Trouvez des exemples d'avancées dans les domaines suivants:

- santé et médecine
- transport
- sécurité publique
- biens de consommation
- ressources environnementales et agricoles
- technologie informatique
- productivité industrielle

Discutez de la question suivante: Ces avancées auraient-elles pu voir le jour sans le programme spatial?

7

Discussion philosophique La fascination que les êtres humains ont pour l'espace, les planètes et les étoiles existe depuis presque toujours. Pourquoi sommes-nous si fascinés? Qu'est-ce qui nous pousse à vouloir comprendre et à vouloir explorer l'univers? En petits groupes, essayez de répondre à ces questions en abordant les thèmes suivants dans votre discussion:

- le challenge
- la conquête
- la curiosité
- la découverte
- l'épanouissement
- la traversée des frontières

8

Le tourisme spatial Que pensez-vous du tourisme spatial? Considérez ces points et présentez les avantages et les inconvénients de cette nouvelle forme de tourisme à votre classe.

- une industrie prometteuse
- une activité qui garantit une expérience inoubliable
- des vacances réservées aux riches
- la pollution de l'espace

9

E-mail à la NASA La NASA prépare un projet de colonisation de Mars et cherche des volontaires. Écrivez un e-mail au directeur de la mission dans lequel vous présentez votre candidature. Dans votre e-mail, expliquez: les raisons pour lesquelles vous voulez habiter Mars, vos attributs personnels qui font de vous un excellent candidat, ce que vous pourriez apporter à la mission. N'oubliez pas d'utiliser les formules de politesse et un registre formel dans votre e-mail.

AUDIO ▸ À QUOI RESSEMBLERA LA VOITURE DU FUTUR?

INTRODUCTION Ce débat sur la voiture du futur vient de l'émission, «Les décodeurs de l'éco» (ou économie), qui est diffusée sur BFMTV, une chaîne de télévision française d'information en continu. Le présentateur, Fabrice Lundy, les représentants des constructeurs automobiles et un spécialiste des transports discutent des enjeux de la pollution, des énergies alternatives et de la conception de la voiture idéale.

MOTS-CLÉS

la contrainte limitation

le bouchon accumulation de véhicules qui gêne la circulation

le concurrent rival ou compétiteur

faire des économies réduire les dépenses

coulissant(e) glissant(e), roulant(e)

la piste chemin

AVANT L'ÉCOUTE

1 **Les voitures françaises** À deux, faites des recherches sur les principaux constructeurs automobiles dans le monde. Utilisez ces points comme guide.

- Trouvez au moins deux constructeurs français et quatre modèles de voitures qu'ils produisent.
- Comparez ces voitures avec celles que vous avez chez vous. En quoi sont-elles similaires ou différentes?

2 **Discussion** Réfléchissez à ces questions au sujet des voitures et discutez de vos réponses en petits groupes.

1. Quelles marques et modèles de voitures hybrides ou électriques connaissez-vous?
2. Parmi vos camarades de classe et leur famille, qui a une voiture hybride ou électrique? Laquelle est-ce? Décrivez-la.
3. À part l'essence et l'électricité, quelles autres sources d'énergie existent pour les voitures?
4. Parmi ces considérations, lesquelles mettez-vous le plus en valeur lorsqu'il s'agit de choisir une voiture: le prix, le style, l'efficacité énergétique, le confort, la sécurité?
5. Pourquoi est-ce que la majorité des voitures aux États-Unis utilisent l'essence?

PENDANT L'ÉCOUTE

1 **Écoute guidée** Avant la première écoute, lisez ces fragments de dialogue. Puis cochez chaque phrase au moment où vous l'entendez.

- ☐ le changement climatique avec les émissions de CO_2
- ☐ la pollution, qu'elle soit atmosphérique, ou qu'elle soit sonore
- ☐ les contraintes auxquelles on doit faire face
- ☐ ça n'est plus un véhicule du futur
- ☐ une voiture performante
- ☐ une des pistes les plus importantes
- ☐ c'est de jouer sur le poids
- ☐ la piste effectivement des matériaux
- ☐ mais il y a surtout une piste qui est très... très simple
- ☐ on n'est pas encore dans du low cost

STRATÉGIE

Identifier des informations spécifiques
Utilisez la liste des phrases de l'Activité 1 pour prédire le contenu de l'entretien. Faites attention au contexte (ce qui précède et ce qui suit) pour comprendre les informations liées à chaque phrase.

2 **Deuxième écoute** À la deuxième écoute, notez une ou deux informations liées à la voiture du futur qui correspond à chaque phrase de l'Activité 1.

PHRASE	INFORMATION(S)
le changement climatique avec les émissions de CO_2	*[elle] émettra moins de CO_2*

APRÈS L'ÉCOUTE

1 **Compréhension** Avec un(e) camarade de classe, utilisez vos notes et ce que vous avez entendu pour répondre aux questions.

1. Quels sont les quatre challenges auxquels le monde de l'automobile doit faire face aujourd'hui?
2. Comment la voiture du futur sera-t-elle pour faire face à ces challenges? Nommez au moins trois caractéristiques mentionnées.
3. Quel genre de voiture «du futur» produit-on chez Renault et se trouve déjà sur le marché?
4. Quelle est l'une des pistes les plus importantes pour réduire les polluants émis par les voitures?
5. Que peut-on faire pour réaliser cet objectif? Nommez deux alternatives.
6. Selon les constructeurs français, pour qui la voiture du futur sera-t-elle?

VOCABULAIRE PERSONNEL
Utilisez votre vocabulaire personnel.

2 **Discussion** En petits groupes, faites des recherches sur les voitures hybrides, électriques ou expérimentales. Choisissez trois voitures et comparez-les selon ces critères.

- leur source d'énergie
- leur forme et leur conception
- leur prix
- le nombre de vente à travers le monde
- leur disponibilité en général

Ensuite, discutez de quelles manières ces voitures correspondent ou pas aux besoins du futur, d'après vous. N'oubliez pas de justifier vos idées.

3 **Synthèse** Considérez tout ce que vous avez étudié dans ce contexte sur les inventions et écrivez un essai de trois paragraphes dans lequel vous explorerez ces questions ou d'autres que vous considérez importantes:

- À travers quelles étapes une idée passe-t-elle avant de se transformer en invention?
- Comment les inventions répondent-elles aux besoins de la société?
- Quels sont les challenges auxquels une invention fait face avant de voir le jour ou d'être commercialisée?

LIENS CULTURELS

Vérone Mankou: Inventeur de la première tablette tactile africaine

Vérone Mankou fait coup double!

ORIGINAIRE DU CONGO, VÉRONE MANKOU EST UN informaticien et un entrepreneur brillant. C'est en 2007 qu'il commence sa carrière et a sa première idée visionnaire; il veut inventer une tablette tactile économique afin que le plus de personnes possibles puissent se connecter et ce, à un prix abordable. Mais seulement voilà, peu de monde croit en son projet et Mankou a du mal à se lancer. Pourtant, en janvier 2012, la tablette Way-C voit enfin le jour. Fabriquée en Chine, elle n'est pas très chère et se vend très bien au Congo, au Gabon, en RD Congo et même en France. Vu son succès, la crédibilité de Vérone Mankou gagne du terrain et sa compagnie VMK commence à prospérer. Mankou devient Conseiller du Ministre des Postes, Télécommunications et Nouvelles Technologies du Congo et a désormais d'autres idées en tête. Fin 2012, il fait coup double en sortant le premier smartphone congolais, preuve indiscutable du dynamisme de ce pays et de ses jeunes entrepreneurs.

- Au Québec dans les années 1930, le fils d'Armand Bombardier tombe gravement malade et son père doit l'emmener à l'hôpital d'urgence. Cependant, on est en plein hiver, il y a une tempête de neige et les routes sont impraticables. Son fils meurt tragiquement. Pour éviter à d'autres l'horreur de son expérience, Bombardier invente alors et met au point la première autoneige. Ce faisant, il réussit à faire de l'hiver dans le grand Nord une saison comme les autres où l'on peut se déplacer aussi facilement qu'à d'autres moments de l'année.

  Aujourd'hui, la compagnie continue à exceller et propose à ses clients des motoneiges et aussi des motomarines pour la grande joie des sportifs.
- L'ingénieur suisse George de Mestral invente le velcro après une promenade avec son chien. Tandis qu'il essaie de nettoyer la fourrure de son compagnon et de se débarrasser de fleurs de chardon accrochées à son pantalon de velours, il remarque que les plantes sont faites de petits crochets pris dans les boucles du velours. Après avoir observé les fleurs au microscope, il a une idée et décide de créer un système de fermeture utilisant le même principe. Le Velcro, combinaison des termes velours et crochet, est né.

Présentation orale: comparaison culturelle

Préparez une présentation orale sur ce thème.

- Qu'est-ce qui motive le besoin d'invention?

Comparez votre propre communauté à une région du monde francophone que vous connaissez.

contexte 3 Les choix moraux

POINTS DE DÉPART

Dans un monde où les découvertes technologiques et scientifiques s'accélèrent, il s'agit d'évaluer leur impact sur nos sociétés. Il est essentiel d'essayer de comprendre et de prédire les applications positives et négatives des inventions les plus révolutionnaires.

- Comment peut-on s'assurer que la science et la technologie profitent à l'humanité au lieu de lui nuire?
- Quel est l'équilibre approprié entre le développement économique, l'équité sociale et la protection des ressources naturelles?
- Pourquoi les manipulations génétiques sont-elles controversées?

DÉVELOPPEMENT DU VOCABULAIRE

VOCABULAIRE PERSONNEL
Notez le nouveau vocabulaire à mesure que vous l'apprenez.

1 **Vos croyances** Indiquez si vous êtes d'accord ou pas avec les affirmations suivantes.

	D'accord	Pas d'accord
1. Les miracles sont possibles.	☐	☐
2. La vie n'est pas juste.	☐	☐
3. L'argent n'achète pas le bonheur.	☐	☐
4. On ne peut pas faire confiance aux autres.	☐	☐
5. «Œil pour œil, dent pour dent».	☐	☐
6. On doit toujours obéir à la loi.	☐	☐
7. Il faut toujours dire la vérité.	☐	☐
8. On apprend de ses erreurs.	☐	☐
9. Nous sommes toujours responsables de nos actions.	☐	☐
10. La fin justifie les moyens.	☐	☐

2 **Explications** Avec un(e) camarade, discutez de ce que vous pensez de chaque affirmation de l'Activité 1. Partagez des anecdotes de votre vie qui expliquent pourquoi vous êtes d'accord ou pas avec chacune des expressions. Indiquez aussi les exceptions ou les situations pour lesquelles vous changeriez d'avis.

VOCABULAIRE PERSONNEL
Notez le nouveau vocabulaire à mesure que vous l'apprenez.

3 **Le language de la science** Classez chaque mot dans la catégorie du tableau qui lui correspond: scientifique, chirurgien, clonage, stérilisation, philanthrope, génétique, immunologie, chercheur, microbiologie, oncologie, thérapie, vaccin.

DISCIPLINES	PERSONNES	PROCÉDURES

4 **Dilemme** En petits groupes, discutez de ce que vous feriez dans la situation suivante et décidez si votre choix est moral ou éthique.

Vous devez sélectionner un nouveau joueur pour l'équipe de basket de votre école à l'issue d'un match. Deux joueurs ont attiré votre attention: Malek, un nouvel élève qui a marqué plusieurs paniers et Mathieu, l'un de vos meilleurs amis qui a fait quelques bonnes passes mais dont le jeu était plus lent. Qui choisiriez-vous?

LECTURE 3.1 ▸ CLONER L'HOMME DE NÉANDERTAL: LA FOLLE IDÉE DE GEORGE CHURCH

AU SUJET DU TEXTE Cet article décrit le nouveau projet de George Church, professeur de génétique à Harvard: cloner l'homme de Néandertal. Considéré comme une sous-espèce bien distincte de celle de l'homme moderne par certains, d'autres remettent vivement en question les caractères péjoratifs qu'on lui a attribué démontrant jusqu'à une richesse culturelle. Malgré les progrès indéniables de l'archéologie préhistorique, les raisons de sa disparition restent encore à élucider. Pour Church, cloner Néandertal semble tout à fait réalisable grâce aux technologies modernes et aurait, selon lui, le grand avantage de faire revivre une espèce humaine différente de la nôtre. Cet objectif est au coeur du débat éthique sur le clonage.

AVANT LA LECTURE

VOCABULAIRE PERSONNEL
Notez le nouveau vocabulaire à mesure que vous l'apprenez.

1 

Des termes scientifiques Choisissez la description la plus appropriée.

1. ___ l'évolution
2. ___ l'hérédité
3. ___ la biologie
4. ___ la biologie synthétique
5. ___ la cellule
6. ___ le clonage
7. ___ le clone
8. ___ le génome

a. mélange de biologie et ingénierie dont le but est de créer et développer des systèmes biologiques
b. transmission de caractères communs à la génération suivante
c. individu obtenu sans fécondation et à partir d'un seul génome
d. science de la vie et étude des êtres vivants
e. ensemble des gènes contenu dans les chromosomes
f. plus petit organisme vivant
g. transformation des espèces vivantes à travers les générations
h. reproduction d'un être vivant à l'identique

2

Questions d'éthique Faites des recherches sur le clonage et notez deux arguments pour et deux arguments contre.

POUR	CONTRE
On peut cloner son animal favori.	*Les animaux clonés ont plus de problèmes.*

3 

Limites morales Écrivez une réponse de deux ou trois paragraphes à la question qui suit et utilisez des exemples spécifiques pour défendre votre opinion.

- Selon vous, les avancées scientifiques doivent-elles être encadrées par des restrictions pour des raisons d'ordre moral?

MOTS-CLÉS

le savant fou scientifique génial, mais sans limite

le dada sujet favori, passion

disposer pouvoir utiliser

l'hominidé (m.) primate du genre *homo*, ancêtre des *homo sapiens* (l'homme actuel)

la boîte crânienne ensemble des os qui protègent le cerveau

CLONER L'HOMME DE NÉANDERTAL: LA FOLLE IDÉE DE GEORGE CHURCH

Par Stanislas Kraland

Il a la barbe bien fournie, l'air débonnaire et le sourire franc. En apparence, George Church n'a donc rien du **savant fou**. D'autant plus qu'à 58 ans, ce professeur de génétique à Harvard est l'un des pionniers d'une branche un peu particulière de la science: la biologie synthétique, dont le but est de recréer certains des organismes in vitro, grâce à de l'ADN.

Son nouveau **dada**, redonner vie, pourquoi pas, à l'homme de Néandertal. D'après lui, et il est bien placé pour le savoir, les technologies dont nous **disposons** nous permettraient de cloner des membres de cette espèce d'homme disparue il y a environ 28.000 ans.

Lire et écrire de l'ADN sont des procédés désormais suffisamment rapides pour que cela ait lieu de son vivant, affirme-t-il. Seule ombre au tableau, il faudrait déjà savoir comment cloner des humains, mais aussi se l'autoriser. Néanmoins, Church estime que cela devrait être possible rapidement. Quant à la législation, si elle interdit le clonage humain dans certains pays comme l'Allemagne ou la France, il affirme que ce n'est pas le cas partout et n'exclut pas que les lois puissent changer.

Mais pour quelles raisons cloner Néandertal? Quels bénéfices y aurait-il à en tirer? À l'écouter, l'idée que sapiens, c'est-à-dire nous, puisse à nouveau cohabiter avec cet **hominidé** n'est pas si folle.

«L'homme de Néandertal pense différemment de nous. On sait que sa **boîte crânienne** était plus grande que la nôtre. Il pourrait même être plus intelligent. Le jour où nous aurons à faire à une épidémie, que nous devrons quitter la planète ou quoique ce soit, il est concevable que sa manière de penser puisse nous être bénéficiaire».

> « Car l'idée, explique-t-il, n'est pas de recréer Néandertal par pure curiosité, mais bien d'augmenter la diversité »

Dès lors, suffirait-il de créer un seul Néandertal pour s'en rendre compte? Non, estime Church. Il faudrait en cloner une cohorte afin qu'ils aient un sentiment d'identité et pourquoi pas aboutir à une culture néo-néandertalienne, et même les laisser former leur propre force politique.

Des propos qui laissent pour le moins songeur. Car l'idée, explique-t-il, n'est pas de recréer Néandertal par pure curiosité, mais bien d'augmenter la diversité: «rien n'est aussi mauvais que le manque de diversité», explique-t-il. «C'est vrai pour la culture et l'évolution, mais aussi pour la société toute entière».

Techniquement, comment faire donc, pour (re)créer Néandertal?

«Première étape, séquencer le génome de Néandertal, ce qui a déjà été fait. Deuxième étape, scinder son génome en fragments, disons environ 10.000 et les synthétiser. Enfin, il ne resterait plus qu'à introduire chacun de ces fragments dans une **cellule souche**. Si on reproduisait ce processus suffisamment de fois, on créerait une ligne de cellules souches de plus en plus proche de celles de Néandertal».

Church, qui a lui-même **mis au point** un procédé semi-automatique permettant d'accélérer ce processus dans son laboratoire, affirme qu'il faudrait d'abord créer un clone de Néandertal femelle, qui pourrait servir de mère aux autres.

Modifier notre ADN pour mieux résister aux maladies?

L'enthousiasme de Church fait peur, mais il faut le comprendre.

Selon lui, le potentiel des technologies dont nous disposons aujourd'hui est colossal et redonner vie à Néandertal n'est qu'une des facettes de ce qui nous est rendu possible. La biologie synthétique devrait nous permettre de créer des machines à base d'ADN, mais aussi du fuel à un prix abordable. Principal domaine dans lequel nous devrions tirer des bénéfices: la santé.

«Les jours des médicaments classiques pourraient être comptés. De fait, c'est déjà un miracle qu'ils fonctionnent. Ils se répartissent dans tout le corps et réagissent avec d'autres molécules. Maintenant, on est

capable de programmer des cellules. Donc je pense que la prochaine grande étape, ce sont les thérapies cellulaires. Si vous êtes capable d'intervenir sur les génomes et les cellules, votre capacité d'amélioration est colossale. Prenez le virus du sida par exemple».

Deux jours avant l'interview, le 16 janvier, un chercheur australien a annoncé avoir modifié une protéine du VIH, ayant ainsi empêché le virus de se répliquer en laboratoire. Pas encore un vaccin donc, mais bien une nouvelle piste à explorer dans le sillage des possibilités ouvertes par la biologie synthétique.

Améliorer notre espérance de vie, nous rendre résistants à différentes bactéries et autres virus, Church estime qu'il est possible et même souhaitable dans certains cas, d'intervenir directement sur notre ADN pour nous permettre une vie meilleure. L'homme se dit extrêmement attentif aux débats bioéthiques, affirme qu'il faut être prudent et à la question «croyez-vous en Dieu», Church répond qu'il croit au **pouvoir bienfaiteur** de la science. «Je suis en admiration», dit-il, «en admiration devant la nature». ◣

MOTS-CLÉS

la cellule souche cellule indifférenciée qui peut se transformer en d'autres types de cellules

mettre au point élaborer, réaliser

le pouvoir bienfaiteur influence bénéfique

APRÈS LA LECTURE

1 **Compréhension** Choisissez la meilleure réponse selon la lecture.

1. De quoi le professeur George Church est-il un pionnier?
   a. de l'anthropologie
   b. de l'archéologie
   c. de la biologie synthétique
   d. de la biosynthèse

2. Quelle est la meilleure interprétation de «ombre au tableau» dans le 3e paragraphe?
   a. problème
   b. option
   c. fausse réponse
   d. conséquence

3. Que voudrait créer le professeur Church?
   a. un spécimen unique et parfait d'homme de Néandertal
   b. un homme moderne qui ressemblerait à l'ancien Néandertal
   c. un homme surhumain
   d. tout un groupe de Néandertals

4. Quel serait le plus grand bénéfice du travail de Church?
   a. l'amélioration du fonctionnement des machines
   b. l'amélioration de la santé des hommes
   c. la multiplication de la diversité des aliments
   d. la protection des espèces menacées

5. Comment peut-on caractériser la réponse du professeur Church à la question «Croyez-vous en Dieu?» à la fin de l'article?
   a. Elle est absolument négative.
   b. Elle est ambiguë.
   c. Elle est illogique et incompréhensible.
   d. Elle est sarcastique.

CONCEPTS IMPORTANTS

Conclusions
Pour tirer des conclusions, analysez les informations concernant un thème particulier exposées par l'auteur. Évaluez les informations qui ont le plus de poids puis tirez des conclusions.

2 **Pour le professeur Church** L'article expose les grandes idées de George Church ainsi que des exemples de leurs applications possibles. Pour chaque idée, retrouvez une application citée dans le texte et notez-la dans le tableau. Ensuite, comparez vos réponses avec celles de trois camarades de classe.

IDÉE	APPLICATION
Recréer des organismes in vitro	*Recréer des espèces disparues*
Se servir de l'ADN pour recréer un hominidé	
Utiliser la biologie synthétique dans la vie quotidienne	
Développer les thérapies cellulaires	

STRATÉGIE

Identifier les causes et les effets
Souvent, les textes informatifs présentent les causes et les effets des phénomènes qu'ils décrivent. Reconnaître les relations entre ces causes et ces effets vous aidera à comprendre ce qui se passe et pour quels motifs. Cela peut vous permettre d'avoir une position plus critique face au thème.

3 **Les arguments pour ou contre** Faites une liste des arguments qui sont présentés par le professeur Church pour expliquer et justifier son idée de «ressusciter» les Néandertals. Cochez ceux qui vous paraissent valides.

4 

Votre raisonnement et vos conclusions À deux, comparez vos listes de l'Activité 3, puis répondez aux questions.

1. Lesquels des arguments de vos listes vous paraissent les plus convaincants? Pourquoi?
2. Est-ce qu'il y a des arguments qui vous paraissent faux?
3. Pensez-vous comme le professeur Church que l'humanité pourrait profiter de la présence de l'homme de Néandertal?
4. Êtes-vous d'accord avec le concept du clonage en général? Pourquoi ou pourquoi pas?

5 

La position des Nations Unies Faites des recherches sur Internet pour trouver la position actuelle de l'Organisation des Nations Unies concernant le clonage. Êtes-vous d'accord avec cette position? Écrivez une réponse dans laquelle vous expliquez la position de l'ONU et pourquoi vous la soutenez ou vous la rejetez.

RESSOURCES
Consultez la liste des appendices à la p. xiii.

6 

Essai persuasif La recherche sur les cellules souches s'est beaucoup développée au cours de ces dernières décennies, surtout en médecine, grâce à leur potentiel thérapeutique. Faites des recherches sur les cellules souches et leurs applications en médecine. Ensuite, écrivez un essai dans lequel vous vous déclarez pour ou contre ces pratiques. Dans votre essai:

- exposez une thèse bien claire, défendue par des arguments logiques et des informations scientifiques.
- présentez au moins un argument opposé à votre position et expliquez pourquoi vous n'êtes pas d'accord avec cette idée.

STRATÉGIE

Utiliser la persuasion
Quand vous faites une présentation ayant pour objectif de persuader, il est important d'utiliser des expressions emphatiques telles que «l'essentiel est...» ou «il faut tenir compte de...».

7  

Congrès scientifique Un congrès scientifique sur le clonage a lieu dans votre région avec des participants venus de tous les coins du monde. On vous a accordé l'opportunité de présenter vos opinions sur le sujet.

Préparez une présentation de cinq minutes dans laquelle vous exposez vos idées sur le clonage.

STRUCTURES

Le conditionnel présent

Notez l'usage du conditionnel présent dans l'article sur le clonage. L'auteur de l'article présente des faits hypothétiques; ces faits sont soumis à certaines conditions sans lesquelles ils ne se réaliseront pas.

Trouvez tous les verbes au conditionnel dans les paragraphes 3 à 5 du texte et expliquez pourquoi l'auteur a utilisé ce mode.

MODÈLE «Il pourrait même être plus intelligent».
Le professeur Church sait que la boîte crânienne du Néandertal était plus grande que la nôtre et en déduit une hypothèse. Le verbe pouvoir au conditionnel présent est une admission que la plus grande intelligence du Néandertal ne peut être vérifiée pour l'instant.

RESSOURCES
Consultez les explications de grammaire de l'appendice A aux pp. 373–375.

LECTURE 3.2 ▸ L'ÉTHIQUE DU DÉVELOPPEMENT DURABLE

AU SUJET DU TEXTE Le développement durable, ou comment utiliser les ressources naturelles sans les épuiser, est un concept de base qui semble facile à atteindre. Cependant dans beaucoup de pays, les croissances économiques, industrielles et démographiques font obstacle à cet idéal.

Le diagramme de Venn illustre les rapports qui existent entre les trois piliers du développement durable (société, économie et environnement) ainsi que quelques défis et solutions qui y sont liés.

AVANT LA LECTURE

VOCABULAIRE PERSONNEL
Notez le nouveau vocabulaire à mésure que vous l'apprenez.

1 **L'écotourisme** En petits groupes, décidez si ces effets sont produits par l'écotourisme et s'ils favorisent ou pas le développement durable.

1. les initiatives en éducation
2. la dégradation et la contamination de la nature
3. les subventions pour la protection de l'environnement
4. la promotion de la connaissance de l'environnement
5. la création d'emplois
6. l'influence culturelle du tourisme sur les communautés locales

2 **Un voyage virtuel** Choisissez un de ces endroits pour y faire un «voyage virtuel». Préparez ce voyage en consultant Internet. Réunissez des informations sur autant d'aspects différents que possible, puis présentez votre voyage à la classe.

- Guadeloupe, Antilles
- Corse, France
- Tahiti, Polynésie française
- Guyane, Amazonie
- Côte d'Azur, France
- Saint Pierre et Miquelon, Amérique du Nord
- Québec, Canada
- Maroc, Afrique du Nord

3 **Un message électronique** Au cours de votre voyage dans un des lieux de l'Activité 2, vous écrivez un courriel à votre meilleur(e) ami(e). Donnez-lui des détails sur ces points:

- votre logement
- la géographie, la faune et la flore locales
- les ressources et activités économiques des habitants
- les activités disponibles en écotourisme
- les mesures de protection de l'environnement qui existent

4 **Un rapport** Écrivez un rapport sur les avantages et les inconvénients de l'écotourisme dans la région que vous venez de visiter. Indiquez l'impact de l'écotourisme sur l'économie, l'environnement, la faune et la flore de la région.

L'ÉTHIQUE DU DÉVELOPPEMENT DURABLE

Le développement durable cherche à prendre en compte simultanément l'équité sociale, l'efficacité économique et la qualité environnementale.

Efficacité économique il s'agit d'assurer une gestion saine et durable, sans préjudice pour l'environnement et le social.

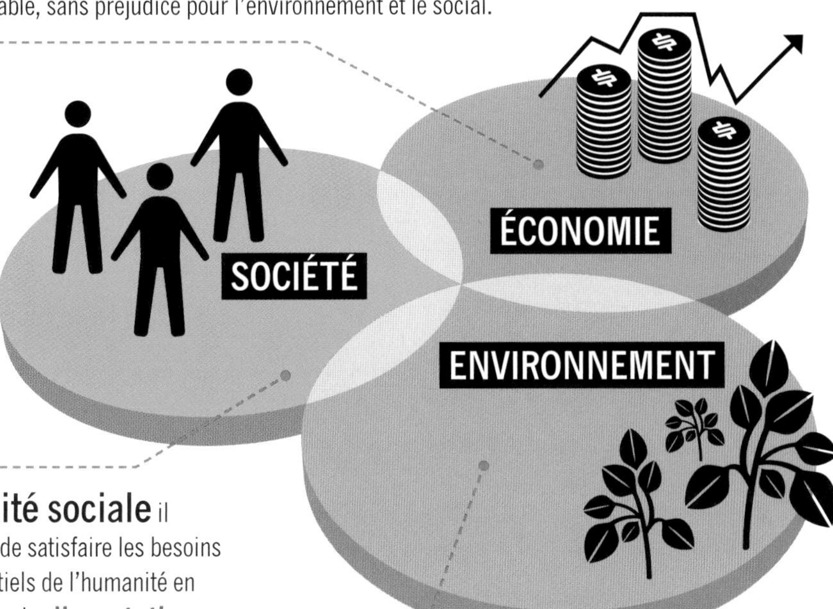

Équité sociale il s'agit de satisfaire les besoins essentiels de l'humanité en logement, **alimentation**, santé et éducation, en réduisant les inégalités entre les individus, dans le respect de leurs cultures.

Qualité environnementale il s'agit de préserver les ressources naturelles à long terme, en maintenant les grands **équilibres** écologiques et en limitant des impacts environnementaux.

La combinaison de ces trois piliers s'appuie sur 4 principes fondamentaux

1 La solidarité entre les pays, les peuples, les générations, et les membres d'une société pour partager les ressources de la Terre et permettre à nos enfants d'en profiter. Par exemple: économiser les **matières premières** pour que le plus de monde en bénéficie.

2 La précaution dans la prise de décisions afin de ne pas causer de catastrophes quand on sait qu'il existe des risques pour la santé ou l'environnement. Par exemple: limiter les émissions de CO_2 dans le but de **freiner** le changement climatique.

3 La participation de chacun, quels que soient sa carrière et son statut social, en vue d'assurer la réussite de projets durables. Entre autres, mettre en place des conseils d'enfants et de jeunes.

4 La responsabilité de chacun, citoyens, industriels ou agriculteurs, pour que celui qui abîme, dégrade et pollue, répare. Par exemple: faire payer une taxe aux industries qui polluent beaucoup.

STRATÉGIE

Contextualiser l'information
En étudiant les informations contenues dans le diagramme, pensez à des exemples concrets pour les mettre en relation avec les événements ou les circonstances qui les entourent.

MOTS-CLÉS

l'alimentation (f.) nutrition, nourriture

les équilibres (m.) états de stabilité

les matières premières (f.) produits et matériaux de base

freiner ralentir, arrêter

Source: Mtaterre

APRÈS LA LECTURE

VOCABULAIRE PERSONNEL
Utilisez votre vocabulaire personnel.

1 **Compréhension** Répondez aux questions, d'après l'article.

1. Quels sont les trois éléments de base du développement durable?
2. Dans quel but cet article a-t-il été créé?
3. Quel principe fondamental se préoccupe de la justice?
4. Quels principes exigent la coopération internationale?
5. Quel est le message principal de l'article?
6. Quel est le rapport entre le développement durable, les progrès scientifiques et l'éthique dans nos sociétés?

2 **Un exemple concret** Faites des recherches sur Internet et trouvez un cas concret de développement durable dans une région francophone. Analysez les méthodes utilisées par cette région, ainsi que les avantages dont bénéficient les trois secteurs indiqués sur le diagramme. En petits groupes, discutez ensuite de la possibilité de mettre en place un projet semblable dans votre communauté.

3 **Contextualisation** Placez chaque élément de la liste à l'endroit approprié sur le diagramme. Ensuite, discutez de vos choix avec un(e) camarade.

1. la règlementation du commerce
2. l'exploitation des matières premières
3. l'exploitation des ressources naturelles
4. les implications éthiques de l'exploitation des ressources naturelles

Ajoutez aussi à ce diagramme vos propres exemples pour chaque domaine.

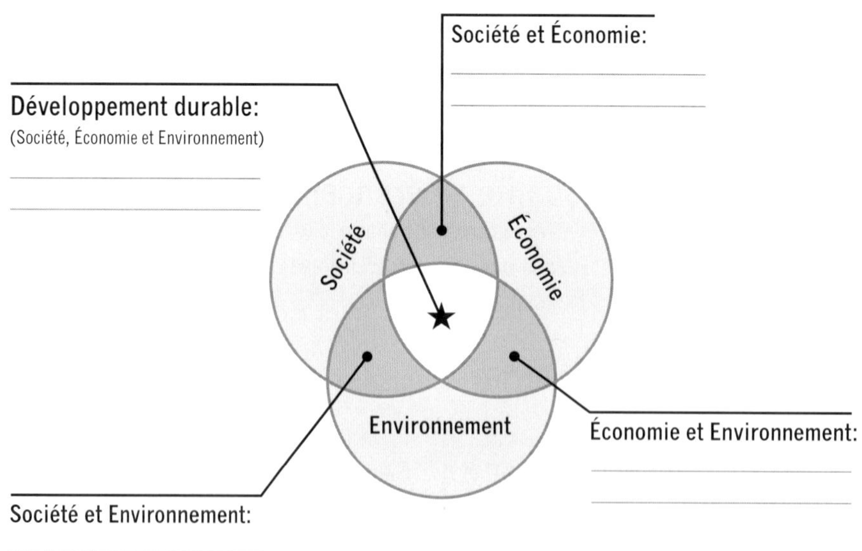

VOCABULAIRE PERSONNEL
Utilisez votre vocabulaire personnel.

4 
Comparaison Analysez le diagramme de Venn de la page 99 et comparez-le avec ce diagramme. Notez les similarités et les différences entre les deux. Lequel des diagrammes vous semble le plus efficace? Échangez vos observations avec un(e) camarade.

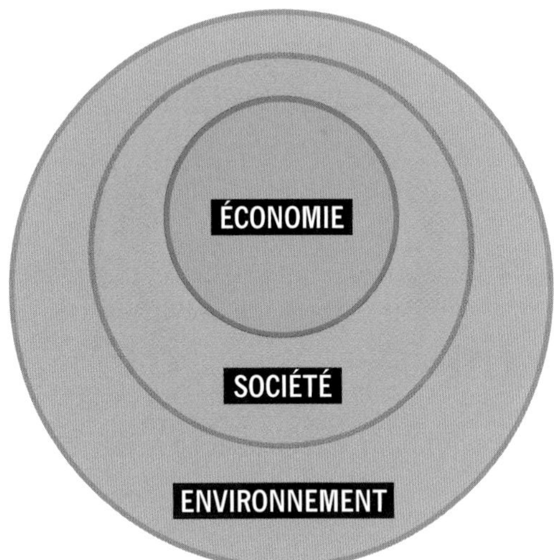

5 
Votre région Votre région est-elle favorable au développement durable? Dressez une liste de possibilités et d'obstacles qui, à votre avis, existent dans votre région. À deux, discutez de vos listes. Puis, avec toute la classe, analysez les possibilités de développement durable dans votre région ainsi que les défis qu'elles représentent. Tenez compte de ces points et d'autres qui vous semblent importants.

- la disponibilité des ressources naturelles et leur exploitation
- un juste équilibre entre l'environnement et l'expansion urbaine
- les opportunités d'éducation et d'emploi
- une croissance économique en harmonie avec le bien-être de la population
- le respect des habitants envers la flore et la faune de leur région

6 
Un article Choisissez un de ces thèmes et écrivez un court article pour une revue spécialisée sur les relations entre la société et l'environnement. Illustrez votre texte avec des exemples de votre région.

- les lois et les réglementations liées à l'environnement
- les ressources renouvelables
- l'éthique et le commerce
- l'équité entre les générations
- l'éthique et l'environnement
- le commerce équitable

7  
Présentation orale Préparez une présentation orale sur un de ces thèmes. Supportez vos idées avec des images.

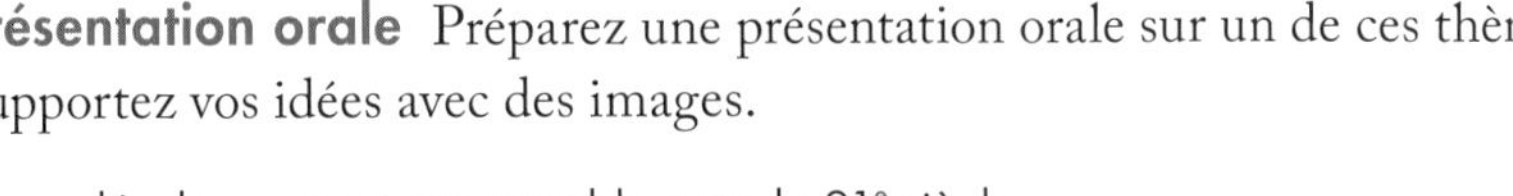

- un développement responsable pour le 21e siècle
- la régulation de l'exploitation des matières premières
- la durabilité comme droit humain de base
- les principes éthiques que la société peut mettre en place pour protéger la planète

RESSOURCES
Consultez la liste des appendices à la p. xiii.

AUDIO ▸ LES JEUX VIDÉO RENDENT-ILS VIOLENT? [2 MINUTES POUR CONVAINCRE]

MOTS-CLÉS

agacé(e) irrité(e), énervé(e)
l'amalgame (f.) mélange d'éléments divers
la cible objet que l'on vise, objectif
inculper accuser, attribuer
le délire faute de raison, excitation, folie

INTRODUCTION Cette émission a été diffusée par la chaîne de YouTube *UnDropDansLaMare* en juillet 2013. C'est un texte audio qui présente des arguments concernant la question posée dans le titre, *Les jeux vidéo rendent-ils violent?* Le locuteur cherche à convaincre son public en deux minutes via une approche vidéoludique.

AVANT L'ÉCOUTE

STRATÉGIE

Explorer le lexique
Identifier les mots en relation avec un thème spécifique vous aidera à mieux comprendre le message global.

1 Lexique Écrivez une définition pour chacun de ces mots et expressions liés aux jeux vidéo.

l'I.A.	le *gameplay*	le *QTE*
la gâchette	la manette	vidéoludique

2 Les jeux vidéo Avec un(e) camarade, discutez de ces questions.

1. Aimez-vous jouer aux jeux vidéo? Pourquoi?
2. Quel regard la société porte-elle sur les jeux vidéo? Est-ce plutôt positif ou négatif?
3. D'après vous, la plupart des jeux vidéo sont-ils trop violents? Pourquoi?
4. Quels dilemmes éthiques et moraux les jeux vidéo posent-ils?

PENDANT L'ÉCOUTE

VOCABULAIRE PERSONNEL
Notez le nouveau vocabulaire à mesure que vous l'apprenez.

1 Vocabulaire en contexte Pendant la première écoute, cochez chaque expression au moment où vous l'entendez.

- ☐ communication médiatique
- ☐ élever les débats
- ☐ polyvalent
- ☐ se fient
- ☐ casser ce fantasme
- ☐ échec
- ☐ confondent
- ☐ sensible
- ☐ faire fausse route

2 Deuxième écoute Écoutez encore une fois et choisissez la définition qui correspond à chaque expression.

1. ___ communication médiatique
2. ___ élever les débats
3. ___ polyvalent
4. ___ se fient
5. ___ casser ce fantasme
6. ___ en cas d'échec
7. ___ confondent
8. ___ sensible
9. ___ faire fausse route

a. qui est très réceptif
b. détruire cette illusion
c. se tromper
d. défaite, déroute
e. y croient
f. créer des discussions
g. message ciblé par les moyens de communication
h. qui a plusieurs compétences
i. prennent une chose pour une autre

APRÈS L'ÉCOUTE

1 **Compréhension** Répondez aux questions selon le texte audio.

1. Pourquoi le jeu vidéo est une cible facile?
2. Qu'est-ce que les non-joueurs ne peuvent pas comprendre?
3. Pourquoi rapproche-t-on le jeu vidéo et la violence?
4. Quel fantasme faut-il casser?
5. Selon le quatrième point, avec quoi confond-on la violence?
6. Qui est plus sensible à la violence dans les jeux vidéo? Pourquoi?
7. Pour quel groupe de personnes les règles des jeux sont-elles les mêmes dans la vie réelle?
8. Pourquoi parler des jeux vidéo en général c'est faire fausse route?

2 **Vos réactions** En petits groupes, débattez ces questions.

1. Quels arguments exprimés dans l'audio ont le plus de poids, d'après vous? Pourquoi? Expliquez la faiblesse des autres arguments?
2. En général, êtes-vous d'accord avec la position de Rémy? Y a-t-il des points avec lesquels vous êtes d'accord et d'autres non? Expliquez.
3. Quelle question morale se pose quand Rémy déclare «...exécuter un ennemi lors d'un QTE, où on n'a pas le choix, ou exécuter un ennemi par choix scénaristique en appuyant sur la gâchette de la manette? Ce n'est pas pareil.»? A-t-il raison d'après vous? Expliquez.

3 **Présentation orale** Préparez une présentation orale de deux minutes dans laquelle vous présentez vos opinions sur les jeux vidéo. Dans votre présentation, abordez les questions suivantes.

- Quelles influences les jeux vidéo ont-ils sur l'individu?
- Les jeux vidéo peuvent-ils avoir un mauvais impact sur la société?
- Comment devrait-on réglementer les jeux vidéo?

4 **Discussion** Quels sont les grands choix moraux de nos jours en ce qui concerne le clonage, le développement durable et les technologies comme les jeux vidéo? En petits groupes, discutez de cette question et notez dans le tableau les questions qu'on se pose et les dilemmes qui se présentent. Ensuite, partagez vos idées avec la classe.

DOMAINES POLÉMIQUES	QUESTIONS ET DILEMMES MORAUX
le clonage	
le développement durable	
les jeux vidéo	

5 **Essai** Choisissez une des questions ou dilemmes moraux de l'Activité 4 et écrivez un essai dans lequel vous présentez la question ou le dilemme moral dans son contexte. Exposez les deux visions opposées puis, donnez votre opinion et exprimez les raisons qui vous poussent à avoir ce point de vue.

LIENS CULTURELS

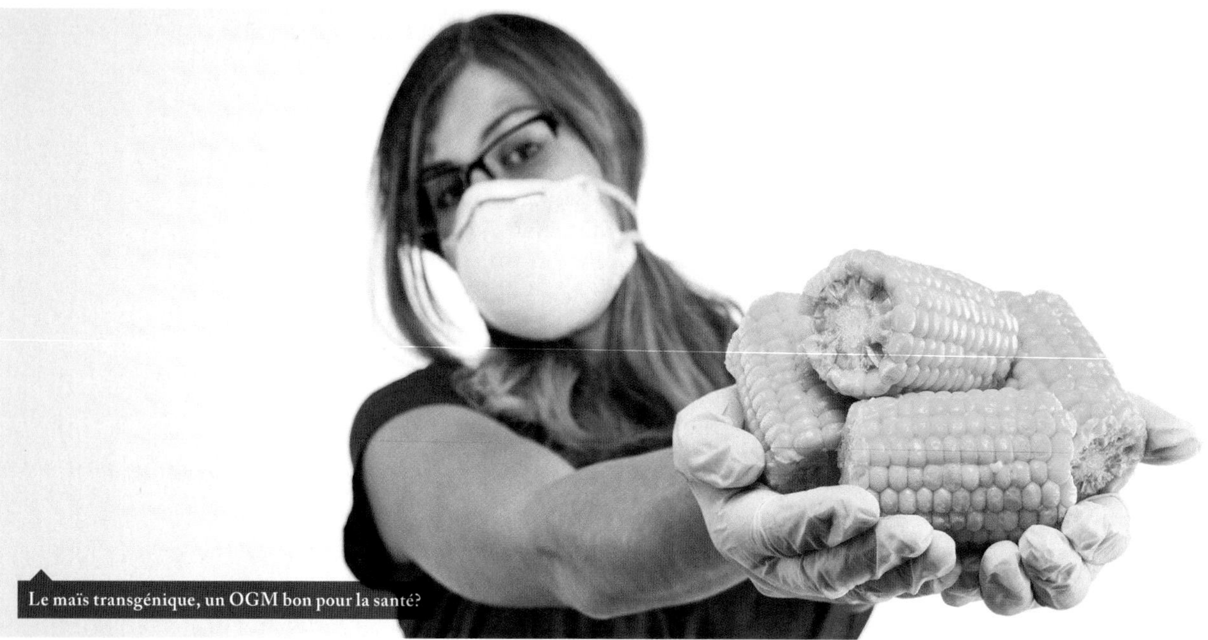

Le maïs transgénique, un OGM bon pour la santé?

Les OGM, qu'est-ce que c'est?

LES OGM (OU LES ORGANISMES GÉNÉTIQUEMENT MODIFIÉS) sont souvent des plantes, et parfois des animaux, qui ont été manipulés génétiquement en laboratoire. On a modifié leur patrimoine génétique en enlevant ou remplaçant au moins un de leurs gènes d'origine, ou bien en insérant un gène supplémentaire. Par exemple, dans le cas du maïs 810, un gène étranger de bactérie permet à la plante de mieux résister à l'attaque d'insectes ravageurs. Les aliments transgéniques ont été lancés dans le monde à cause des avantages qu'ils peuvent apporter aux producteurs et aux consommateurs, comme, par exemple, la possibilité de pouvoir conserver un produit plus longtemps. Pourtant, nombreux sont ceux qui voient ces aliments comme des dangers potentiels pour l'environnement et pour la santé. En fait, au nom du principe de précaution, le Ministère de l'Agriculture français vient d'interdire de nouveau l'utilisation du maïs 810 dans le pays.

- Au Maroc, l'approche est plus permissive qu'en France vis-à-vis des OGM. Il n'y a pas d'interdiction légale contre leur utilisation. Le ministre de l'agriculture assure aussi que les OGM sont interdits à la consommation humaine et qu'ils n'entrent pas dans l'alimentation. Cependant, des études scientifiques ont déjà révélé leur présence dans certains aliments. En plus, le gouvernement qui doit assurer le contrôle sanitaire de ce que mange la population manque de personnel et de moyens financiers. Cet état de fait n'est pas pour rassurer les Marocains sur le contenu de leurs assiettes.
- Le Burkina Faso, pays francophone de l'Afrique et premier producteur de coton du Sahel, a choisi d'utiliser les OGM. Environ la moitié de toute la production du pays est transgénique. L'utilisation de ce coton OGM permet de beaucoup moins traiter les récoltes avec des pesticides car il n'a pas besoin d'être autant protéger des insectes. Pourtant, la polémique fait rage. Les agriculteurs se plaignent du coût des grains. Plus grave, le rendement des semences diminue au fur et à mesure que les années passent. Par conséquent, même si la production augmente, les revenus des agriculteurs, eux, sont en baisse.

Présentation orale: comparaison culturelle

Préparez une présentation orale sur ce thème.

- Pourquoi les manipulations génétiques sont-elles controversées?

Comparez votre propre communauté à une région du monde francophone que vous connaissez.

contexte 4 Droits d'auteur et communication

POINTS DE DÉPART

Les progrès rapides et continus dans le secteur des technologies de l'information et de la communication présentent tant de nouvelles possibilités que certains domaines tels que celui de l'enseignement et de la propriété intellectuelle ont du mal à s'y adapter.

- Comment l'enseignement peut-il s'améliorer à l'aide d'outils informatiques et électroniques?
- Comment peut-on respecter la propriété intellectuelle tout en profitant de l'accessibilité aux œuvres littéraires et artistiques?
- Quelles influences les nouveaux modes de communication ont-ils sur la vie privée de l'individu?

DÉVELOPPEMENT DU VOCABULAIRE

VOCABULAIRE PERSONNEL
Notez le nouveau vocabulaire à mesure que vous l'apprenez.

1

L'électronique Choisissez la meilleure description pour chacun de ces termes.

1. ___ l'informatique
2. ___ l'ordinateur
3. ___ la baladodiffusion ou le podcast
4. ___ la numérisation
5. ___ la tablette numérique ou l'iPad
6. ___ le livre électronique
7. ___ le courriel
8. ___ le logiciel
9. ___ la puce
10. ___ l'internaute

a. service de correspondance entre utilisateurs d'Internet
b. téléchargement de fichiers audio ou vidéo
c. outil électronique avec une grande capacité de mémoire
d. petite plaque avec un microprocesseur
e. programme qui permet à un appareil électronique d'effectuer une tâche précise
f. action de représenter une information par des nombres
g. personne qui navigue sur Internet
h. petit ordinateur portable ultraplat sans clavier
i. domaine du traitement automatique de l'information par des machines
j. appareil pour lire les livres numériques

2

Méthodes de communication Avec un(e) partenaire, passez en revue les méthodes de communication ci-dessous. Identifiez celles qui selon vous pourraient porter atteinte à la propriété intellectuelle en expliquant comment à travers des exemples.

1. répondre à un courriel
2. envoyer un sms (texto)
3. attacher une pièce jointe
4. partager des nouvelles sur un réseau social
5. afficher un commentaire ou une photo sur un blog
6. télécopier

3

Et vous? Répondez aux questions.

1. Depuis quand surfez-vous sur le Net et dans quel but?
2. Quels sites fréquentez-vous pour faire vos devoirs? Comment les utilisez-vous?
3. Quels outils électroniques utilisez-vous régulièrement?
4. Votre outil électronique a-t-il jamais été piraté? Comment avez-vous réagi?
5. Comment échangez-vous des nouvelles avec vos amis?
6. Quelles mesures prenez-vous pour protéger vos données personnelles?

LECTURE 4.1 ▸ L'IPAD À L'ÉCOLE, PLANCHE DE SALUT OU DE MARKETING?

AU SUJET DU TEXTE L'article suivant a été publié dans *Le Devoir*, un quotidien d'information qui sort six jours par semaine à Montréal. *Le Devoir* essaie de présenter et d'expliquer les défis politiques, économiques, culturels et sociaux dans la société québécoise.

Dans cet article, des parents d'élèves québécois s'interrogent sur la nécessité de la tablette numérique à l'école. On y présente leurs témoignages et leurs raisons de douter de l'efficacité des tablettes dans l'instruction scolaire ou, au contraire, de les y approuver.

AVANT LA LECTURE

1 

La meilleure méthode À trois, décidez comment chacune de ces personnes peut communiquer d'une façon efficace dans chaque situation.

1. ___ Le médecin veut transmettre les résultats d'une analyse à un patient.
2. ___ Le professeur veut donner des instructions sur un projet de classe à ses élèves et à leurs parents.
3. ___ Un parent d'élève veut contacter directement un professeur.
4. ___ Un élève veut envoyer les devoirs à un(e) ami(e) absent(e) en classe.
5. ___ Un élève veut trouver la définition d'un mot complexe.

a. Il peut les afficher sur le site de l'école.
b. Il peut envoyer un sms.
c. Il peut les télécopier.
d. Il peut consulter un dictionnaire en ligne.
e. Il peut envoyer un courriel pour ne pas déranger.

VOCABULAIRE PERSONNEL
Utilisez votre vocabulaire personnel.

2

Mes préférences À partir de votre expérience personnelle, dites si vous êtes d'accord ou pas avec ces phrases. Expliquez pourquoi.

1. Je peux trouver les renseignements qu'il me faut pour mes devoirs d'anglais beaucoup plus facilement sur une tablette ou sur un ordinateur que dans les livres.
2. J'aime enregistrer des exposés oraux pour le cours de français sur mon mobile.
3. Je consulte des sites Internet recommandés par mes professeurs pour faire certains devoirs.
4. Je préfère compléter mes devoirs en ligne sur une tablette ou un ordinateur plutôt que de les rédiger à la main.

3

L'électronique à l'école À deux, réfléchissez à l'usage des appareils électroniques à l'école, puis complétez le tableau avec trois de leurs avantages et trois de leurs inconvénients.

AVANTAGES	INCONVÉNIENTS
Je peux enregistrer tout mon travail.	*Je peux perdre tout mon travail si la batterie est déchargée.*

L'iPAD À L'ÉCOLE, PLANCHE DE SALUT OU OUTIL DE MARKETING

par Lisa-Marie Gervais

STRATÉGIE

Utiliser ce que vous savez déjà
Utilisez vos connaissances en anglais pour identifier les mots apparentés et en déduire leur sens en français.

MOTS-CLÉS

le virage changement de direction

s'y mettre commencer quelque chose

la première la deuxième des trois années d'études au lycée

le collège équivalent québécois du lycée

le saut bond

la concurrence compétition

L'INTÉGRATION de la tablette numérique à l'école ne fait pas l'unanimité chez les parents. Près de deux mois après son implantation dans certaines écoles du Québec, les avis sont partagés. **Virage** porteur ou opération marketing?

Jessika Valence, la directrice pédagogique du Pensionnat Saint-Nom-de-Marie, qui se lancera dans l'aventure iPad l'automne prochain, résume bien cette ambivalence. «Aux portes ouvertes, il y a des parents qui nous ont dit "c'est super, pourquoi vous ne l'affichez pas en grande pompe?" et d'autres qui nous disaient "Ah non! Pas un autre qui va **s'y mettre**!"»

Car malgré le sérieux de l'objet, certains parents saisissent mal la plus-value de la tablette numérique et la considèrent plutôt comme cosmétique. «On nous a expliqué l'intention pédagogique derrière ce virage technologique. Honnêtement, je suis sortie de la rencontre sans avoir une idée claire de l'avantage», a dit la mère d'un enfant de **première** secondaire fréquentant le **Collège** de Montréal. Avec au moins quatre autres collèges privés, cette école a fait le grand **saut**. «C'est sûr que les autres écoles vont vouloir s'y mettre parce qu'elles sont en **concurrence** féroce», a-t-elle ajouté.

À la Fédération des établissements d'enseignement privés (FEEP), on ne nie pas que la compétition fait son effet. Mais c'est beaucoup plus qu'une question marketing, avance Geneviève Beauvais, directrice des communications à la FEEP. «On a fait un sondage auprès de 44.000 élèves et on a remarqué que la façon de se motiver pour un enfant change. L'école n'est plus le seul lieu de la connaissance, et pour s'adapter à cette nouvelle génération d'élèves qui voient les adultes travailler avec ces outils-là, il faut les avoir», explique-t-elle. Pour Jessika Valence, les TIC ne sont pas une option. «L'option, c'est le choix de la machine», a-t-elle dit.

MOTS-CLÉS

l'apprentissage (m.) fait d'apprendre quelque chose

taper frapper sur le clavier de l'ordinateur

avoir beau essayer sans réussir

le dîner équivalent québécois du déjeuner

Mieux que le livre?

Pour l'instant, si plusieurs enseignants s'efforcent de développer des applications et des exercices adaptés à la tablette, force est d'admettre que l'outil n'est pas exploité à son plein potentiel. Dans bien des cas, on numérise des cahiers d'exercices en format PDF sans réellement gagner en temps et en qualité d'**apprentissage**. «Quand on fait un exercice, c'est pas simplement de remplir une case. Il faut aller la chercher, la placer sur la page et **taper** le mot dans la boîte à cet effet. C'est plus long que d'écrire sur une feuille», a fait valoir le parent d'un enfant fréquentant un collège privé qui a adopté la tablette.

Certains parents craignent les effets pervers d'avoir le nez collé à l'écran. «À l'école, ils n'ont pas le droit d'aller sur Facebook, mais ils trouvent les moyens de le faire. On **a beau** vouloir les responsabiliser, c'est comme une drogue. Sur l'heure du **dîner**, vous devriez voir tous les garçons assis par terre près des casiers, tous sur leur iPad. Ils ne sont pas en train de faire du sport», raconte une maman dont la fillette fréquente le Collège de Montréal.

Anik de St-Hilaire ne s'inquiète pas pour la socialisation de sa fille, qui fréquente le même collège. «C'est vrai que les enfants passent beaucoup de temps là-dessus, mais dans la société, on passe aussi tous beaucoup de temps devant nos ordinateurs. Mais ça n'empêche pas ma fille d'aller jouer dehors ou de vouloir lire des livres ou des magazines, constate-t-elle. Comme parent, on a aussi un rôle à jouer pour les aider à trouver un équilibre. C'est comme pour la télévision». Pour elle, l'outil permet un réseautage bien plus profitable et favorise l'organisation. «Ma fille n'a jamais été aussi organisée et motivée», ajoute-t-elle. ◣

APRÈS LA LECTURE

VOCABULAIRE PERSONNEL

Notez le nouveau vocabulaire à mesure que vous l'apprenez.

1 Compréhension Répondez aux questions d'après le texte.

1. Quelle est l'idée principale du texte?
2. À qui s'adresse l'auteur?
3. Pourquoi Geneviève Beauvais pense-t-elle que l'iPad est nécessaire à l'école?
4. De quels usages négatifs de l'iPad s'inquiètent certains parents?
5. Comment les parents peuvent-ils protéger leurs enfants de ces effets négatifs?

2 Expliquez À deux, étudiez cette citation extraite de l'article et répondez aux questions.

> « Avec au moins quatre autres collèges privés, cette école a fait le grand saut. "C'est sûr que les autres écoles vont vouloir s'y mettre parce qu'elles sont en concurrence féroce". »

1. Qu'est-ce que «le grand saut» dans ce contexte?
2. Qu'est-ce que les autres écoles vont sûrement faire d'après le texte?
3. Quel rapport de force existe-t-il entre les différentes écoles?

3 **Dans votre région** L'article suggère que les tablettes sont surtout utilisées dans les écoles privées. Faites une recherche sur les lycées de votre région pour trouver où on utilise des appareils électroniques en classe, puis répondez aux questions.

1. Est-ce que ce sont surtout des lycées privés?
2. Est-ce que ces lycées sont plutôt nombreux, ou en minorité?
3. Est-ce qu'ils fournissent les appareils électroniques aux élèves gratuitement?

4 

Les devoirs Faites une liste de cinq devoirs ou projets scolaires pour lesquels les appareils électroniques vous semblent très utiles. À deux, comparez vos listes et classez les devoirs et projets en fonction de leur degré d'utilisation des appareils électroniques. Pour quels travaux sont-ils indispensables?

5 **Un message électronique** Écrivez un courriel à Lisa-Marie Gervais, l'auteur de l'article, pour lui expliquer votre perspective ou votre expérience concernant les tablettes à l'école. Abordez ces points.

- la place de la technologie dans vos cours
- le rôle que jouent les tablettes, ou qu'elles pourraient jouer, dans votre vie scolaire
- vos idées sur l'inégalité entre les élèves qui ont accès aux tablettes et ceux qui n'y ont pas accès

RESSOURCES
Consultez la liste des appendices à la p. xiii.

6 **À l'avenir** Croyez-vous que les appareils électroniques remplaceront complètement les livres et les dictionnaires dans la salle de classe? Écrivez un paragraphe pour exprimer vos idées à ce sujet. Prenez soin d'exprimer votre opinion sur les avantages et les inconvénients liés à la seule utilisation de dispositifs électroniques en classe.

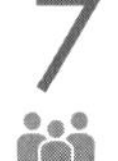

7 **L'école du futur** En petits groupes, faites des prédictions sur le rapport entre les méthodes d'enseignement et l'impact des technologies dans l'école du futur. Décrivez ces aspects et d'autres qui vous paraissent importants.

- le rôle des outils électroniques dans l'apprentissage
- les méthodes d'enseignement à distance
- l'équipement technologique dans la salle de classe
- les livres et les dictionnaires

8 **Mon expérience** Préparez une présentation orale pour la classe où vous répondez à cet argument et aux questions.

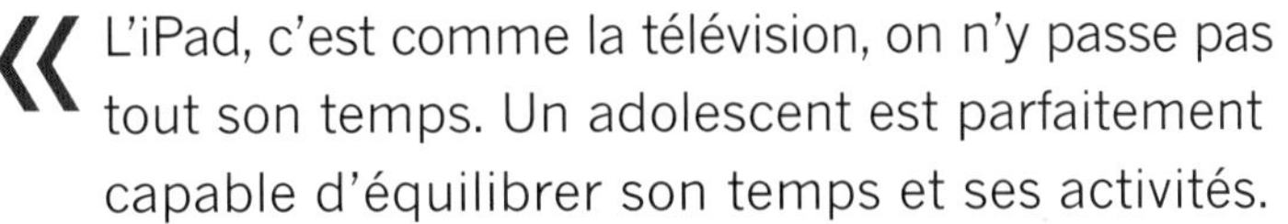

« L'iPad, c'est comme la télévision, on n'y passe pas tout son temps. Un adolescent est parfaitement capable d'équilibrer son temps et ses activités. »

- Quel est l'écran devant lequel les jeunes passent le plus de temps?
- Les jeunes passent-ils trop de temps devant des écrans en général?
- Les jeunes autour de vous ont-ils un rapport équilibré à la technologie?
- Est-il important d'avoir des règles concernant l'utilisation d'appareils électroniques?

STRATÉGIE

Exprimer la certitude
Pour présenter vos idées avec autorité, affirmez et soutenez-les avec des arguments logiques. Évitez les expressions qui indiquent le doute comme «peut-être» ou «probablement».

LECTURE 4.2 ▸ LE DROIT D'AUTEUR

AU SUJET DU TEXTE Cette bande dessinée appartient à L'Organisation mondiale de la propriété intellectuelle (OMPI). La mission de cette institution des Nations Unies est de promouvoir un système international de propriété intellectuelle qui stimule la créativité et le développement économique.

La bande dessinée présente quelques explications sur les droits d'auteur et la protection de la propriété intellectuelle, notamment dans les domaines de la littérature et de l'art.

AVANT LA LECTURE

1 **La création artistique** À deux, discutez de ces formes de création artistique. Où existent-elles dans votre communauté? Sont-elles plutôt populaires ou rares?

l'artisanat (bijoux, poterie,...)	la musique
les graffitis	la mode
la peinture murale	la danse et la chorégraphie
la peinture	la littérature
la décoration intérieure	la photographie
la cuisine	l'audiovisuel (film, court-métrage,...)

VOCABULAIRE PERSONNEL
Utilisez votre vocabulaire personnel.

2 **La créativité** Avec un(e) partenaire, répondez aux questions pour discuter d'un de vos projets artistiques ou d'un projet fait par quelqu'un que vous connaissez.

1. Quel genre de projet est-ce: un assemblage, une chanson, une composition musicale, un jeu ou autre chose?
2. À qui la création a-t-elle été montrée? A-t-elle été montrée à beaucoup de personnes?
3. Comment ont réagi les gens qui l'ont vue?
4. Quels sentiments avez-vous éprouvés à leur réaction?
5. Avez-vous gagné un prix ou une récompense pour cette œuvre?

RESSOURCES
Consultez la liste des appendices à la p. xiii.

3 **La protection** Le projet dont vous avez parlé dans l'Activité 2 fait partie de la propriété intellectuelle de l'artiste. Pensez-vous qu'il faille la protéger? À deux, discutez des questions suivantes pour mettre au clair vos idées à propos de ce sujet.

1. Quelqu'un a copié une œuvre que vous avez créée prétendant que l'idée était à lui. Comment vous sentiriez-vous? Quelles actions prendriez-vous?
2. Qu'est-ce que vous auriez pu faire pour mieux protéger votre projet et vos idées?
3. À part les projets dont vous avez déjà discutés, quels sont d'autres exemples de propriété intellectuelle?
4. Croyez-vous qu'il est important de protéger la propriété intellectuelle? Pourquoi ou pourquoi pas?
5. Pensez-vous qu'il est plutôt difficle ou plutôt facile de la protéger? Expliquez votre avis.

LE DROIT D'AUTEUR

MOTS-CLÉS

l'œuvre (f.) produit résultant d'un travail artistique

l'enregistrement (m.) acte d'inscrire sur un registre public

la marque ensemble des produits fabriqués sous le même nom

appartenir être la propriété de quelqu'un

Document issu de l'Organisation mondiale de la propriété intellectuelle (OMPI), le propriétaire du copyright.

MOTS-CLÉS
le droit de regard droit de surveillance

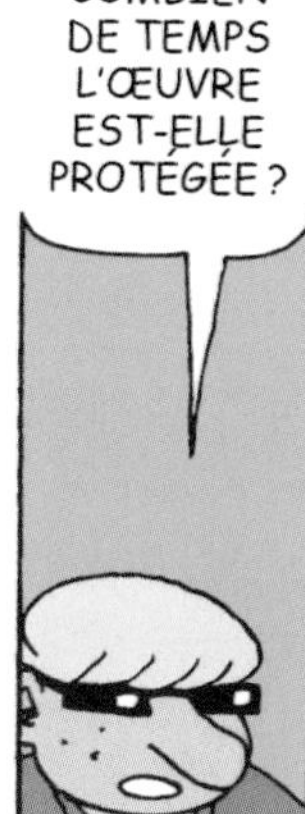

APRÈS LA LECTURE

1 **Décrire les personnages** Étudiez l'aspect physique des personnages principaux dans la bande dessinée. Faites une liste de trois ou quatre adjectifs qui décrivent chacun (sans répéter aucun adjectif). Quelle impression donne chaque personnage?

2 **Compréhension** Répondez aux questions d'après la bande dessinée.

1. Qu'est-ce que le droit d'auteur protège?
   a. l'œuvre exposée au grand public
   b. la création littéraire ou artistique
   c. toute création même industrielle
   d. seulement les créations enregistrées

2. Quand le droit d'auteur commence-t-il à exister?
   a. Quand l'artiste enregistre son œuvre.
   b. Dès que l'artiste reçoit la permission de vendre son œuvre.
   c. Dès que l'artiste crée son œuvre.
   d. Quand l'artiste commence à vendre son œuvre.

3. Que peut faire le propriétaire d'un CD une fois qu'il l'a acheté?
   a. Il peut l'écouter n'importe quand pour son propre plaisir.
   b. Il peut le faire écouter dans tout endroit public.
   c. Il peut le revendre, mais à un petit prix.
   d. Il peut en télécharger une partie et partager le fichier avec des amis.

4. Quel droit de l'acheteur naît avec l'achat d'un logiciel?
   a. Celui de le modifier et de l'améliorer.
   b. Celui de s'en servir personnellement.
   c. Celui de le copier et de le partager avec d'autres utilisateurs.
   d. Celui de l'installer sur les ordinateurs de ses amis.

5. Qu'est-ce que «le droit moral» sur une œuvre implique?
   a. On peut y avoir accès gratuitement, mais on ne peut pas la copier.
   b. On peut en changer le titre, la forme et le nom de l'auteur.
   c. On peut en vendre des copies sous son propre nom.
   d. On peut la copier et s'en servir, mais on ne peut pas s'en approprier la création.

6. Pourquoi l'OMPI a-t-elle choisi le genre de la BD pour transmettre son message?
   a. C'est amusant et reflète la création en art visuel et en littérature.
   b. Son message s'adresse surtout aux très jeunes enfants.
   c. Son message est trop complexe pour l'expliquer avec des mots.
   d. C'est une manière sarcastique de viser une audience intellectuelle.

CONCEPTS IMPORTANTS

Déductions
Utilisez le contexte de l'article et les éléments linguistiques autour des mots ou des expressions (par exemple les mots familiers) pour en déduire le sens et choisir la meilleure réponse.

3 **Interprétation** Avec un(e) camarade de classe, répondez aux questions suivantes.

1. Pourquoi le jeune blond lève ses mains à la tête dans le premier cadre?
2. D'après l'image et le texte, quel genre d'œuvres le jeune blond crée-t-il?
3. Que représentent les livres dans le deuxième cadre?
4. Quel rôle le perroquet joue-t-il dans la BD?
5. Comment interprétez-vous l'expression sur le visage du jeune aux cheveux noirs et roux? Quelles idées passent par sa tête?
6. Où les différentes scènes de la BD se passent-elles? À votre avis, pourquoi ces endroits ont été choisis?
7. En analysant l'âge, l'aspect, les habits et les nationalités des personnages, à quel public la BD est-elle destinée à votre avis?
8. La bande dessinée réussit-elle à bien communiquer son message? Pourquoi ou pourquoi pas?

VOCABULAIRE PERSONNEL
Utilisez votre vocabulaire personnel.

4 

Le coût du piratage Réfléchissez aux romans populaires du moment, les derniers films et séries télévisées, les clips vidéo, les journaux et les magazines ainsi que les photographies et les affiches que vous voyez sur Internet. Tous font l'objet du piratage. Qu'est-ce que les créateurs de ces œuvres perdent quand leurs droits sont violés? Quels autres individus perdent de l'argent? Comment les droits d'auteur peuvent aider ces artistes? En petits groupes, discutez de ces questions et partagez vos idées avec la classe.

5 

Des droits différents L'OMPI veut promouvoir un système international de propriété intellectuelle, mais en réalité les droits et leur protection peuvent être différents selon le pays. Faites des recherches sur les droits d'auteur en France ou dans un autre pays francophone et expliquez-les dans un paragraphe. Votre explication doit comprendre les points suivants:

- les droits conférés
- les moyens de protéger ces droits
- les conséquences de la violation de ces droits

6

Dépôt d'une œuvre Maintenant, imaginez que vous voulez enregistrer une œuvre dans ce pays. Quels sont vos options? Faites des recherches sur les options disponibles. Dans un premier temps décrivez ces options, puis expliquez les avantages et les inconvénients de chacune.

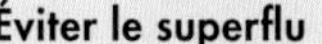

Éviter le superflu
Lorsque vous écrivez, n'utilisez pas de mots ou d'expressions superflus comme «je vais analyser...» ou «je vais parler de...». Évitez également les expressions qui n'apportent rien et l'utilisation excessive d'adjectifs. Enfin, ne répétez pas les concepts.

7 

Une lettre Vous préparez un petit livre sur la retouche des photos dans les magazines. Pour illustrer des concepts importants, vous aimeriez y mettre quelques photos que vous avez téléchargées de magazines en ligne ainsi que d'autres photos que vous avez prises vous-même mais dont l'inspiration est venue d'autres sources. Comme cette situation est un peu ambiguë, écrivez une lettre à l'OMPI pour présenter votre cas et demander des conseils. Discutez d'un ou de plusieurs de ces points.

- Est-il toujours possible de distinguer une œuvre originale d'une œuvre copiée?
- Dans quelles circonstances peut-on citer ou utiliser une partie de l'œuvre d'une autre personne?
- Que fait-on dans les cas où on veut utiliser une œuvre en ligne, mais on ne peut pas trouver son auteur?
- Peut-on créer une œuvre inspirée par plusieurs autres œuvres qui existent déjà?

RESSOURCES
Consultez la liste des appendices à la p. xiii.

8

Débat Comment garantir les droits d'auteur et la liberté de l'internaute? Ou faut-il vraiment concilier les deux? Voilà un débat souvent mené aujourd'hui. Pour discuter ces questions, divisez la classe en trois groupes. Chaque groupe doit défendre une des positions suivantes. Appuyez-vous sur les expériences de chaque membre et les réflexions résultant des activités précédentes pour construire les arguments.

- Il faut éliminer les droits d'auteur car les gens doivent avoir accès à la propriété intellectuelle et l'utiliser comme ils veulent.
- Il faut protéger les droits d'auteur à tout prix avec tous les moyens nécessaires: des amendes sévères, la prison et l'accès limité.
- Il faut trouver des moyens pour concilier la garantie des droits d'auteur et la liberté de l'internaute à travers des normes internationales ou la normalisation des créations communes.

AUDIO ▸ DONNÉES PERSONNELLES ET RÉSEAUX SOCIAUX

INTRODUCTION Dans le cadre de l'émission *Face au Droit de la propriété intellectuelle*, durant son épisode «Comment protéger ses données sur les réseaux sociaux», la journaliste Agathe Pecastaing s'interroge d'abord elle-même sur la politique de protection intellectuelle mise à la disposition des utilisateurs par les réseaux sociaux. Puis elle interroge François-Pierre Lani, avocat spécialiste en propriété intellectuelle sur la commercialisation des données personnelles postées en ligne.

MOTS-CLÉS

la denrée marchandise
convoité(e) désiré(e)
flou peu clair
entre guillemets (*sens figuré*) soit-disant
la donnée élément d'information
tierce-partie personne extérieure

AVANT L'ÉCOUTE

1 **Votre expérience** À deux, servez-vous des questions suivantes pour analyser les protocoles que vos amis et vous-même suivez sur les réseaux sociaux.

1. Est-ce que vous postez souvent des données personnelles sur les réseaux sociaux?
2. Que savez-vous sur la politique de protection de Facebook à l'égard de ses utilisateurs?
3. D'après vous, comment est-ce que les données postées sur les réseaux sociaux comme Facebook pourraient être utilisées par d'autres, sans l'accord de l'utilisateur?
4. Que peut-on faire pour sauvegarder la confidentialité de ses données?

2 **Une carte conceptuelle** Complétez les rectangles verts avec trois exemples qui illustrent chaque catégorie. Utilisez la conversation de l'Activité 1, vos idées et cette carte conceptuelle pour prédire les thèmes contenus dans l'enregistrement.

STRATÉGIE

Utiliser des cartes conceptuelles
Utilisez des cartes conceptuelles pour prédire ou organiser les informations d'un texte ou d'un enregistrement et pour capturer les relations entre les idées présentées.

PENDANT L'ÉCOUTE

1 **Vérifiez vos prédictions** Vérifiez les informations contenues dans votre carte conceptuelle. Écoutez l'enregistrement une première fois et notez quelles idées de votre carte vous entendez.

2 **Écoutez et notez** Lisez les questions de compréhension de la page suivante afin de focaliser votre attention pendant l'écoute de la sélection. Ensuite, écoutez l'enregistrement une deuxième fois et prenez des notes sur ces thèmes.

- les motifs pour ce reportage
- l'utilisation par les tierces parties des données postées sur les réseaux sociaux
- la règlementation de la protection des droits de propriété intellectuelle

APRÈS L'ÉCOUTE

1

Compréhension En petits groupes, utilisez vos notes pour répondre aux questions suivantes.

1. Quelles questions la journaliste pose-t-elle au début de cette interview?
2. Qu'est-ce que la journaliste a examiné avant l'interview?
3. Sur quelle utilisation des données personnelles la journaliste pose-t-elle des questions à M. Lani?
4. Comment M. Lani définit-il le «Big Data»?
5. Quel paradoxe M. Lani évoque-t-il?
6. Quels aspects de leur vie est-ce que les utilisateurs des réseaux sociaux veulent surtout exposer d'après M. Lani?
7. À quoi est-ce que M. Lani attribue le délai qui retarde un vote parlementaire sur la protection des données personnelles au niveau de l'Europe?
8. Selon M. Lani, quels intérêts faut-il considérer quand on prépare des projets de loi concernant les données personnelles?

RESSOURCES
Consultez la liste des appendices à la p. xiii.

2

Complétez Parfois, un locuteur n'est pas tout à fait clair et il est nécessaire de déduire ce qu'il veut dire. Écoutez l'enregistrement, puis complétez les idées ci-dessous en utilisant vos propres mots et en faisant des déductions.

1. Les internautes sont peut-être mal éduqués sur la politique de confidentialité des réseaux sociaux parce que...
2. Le choix de l'individu de poster des données personnelles implique que...
3. Vendre des données personnelles à de tierces parties n'est pas illégal puisque...
4. Un projet européen vise à règlementer l'utilisation des données personnelles parce que...
5. Il faut trouver un juste milieu entre la perspective européenne qui se focalise sur les droits de l'individu et la perspective de grandes entreprises commerciales qui...

3

Essai Suivez les instructions et servez-vous des questions ci-dessous pour rédiger un essai au sujet des données postées sur les réseaux sociaux.

1. Faites des recherches sur un réseau social pour répondre aux questions suivantes:
   - En quoi consiste la politique de protection des données personnelles que le réseau social met à la disposition de ses usagers?
   - Quelle(s) protection(s) est-ce que le réseau social garantit à ses usagers?
   - Que peut-on faire pour mieux protéger la confidentialité des gens et de leurs données?
2. Réfléchissez à ces questions:
   - Quelles technologies utilisées par les réseaux sociaux risquent de menacer votre vie privée et vos droits (par exemple, la biométrie appliquée aux photos téléchargées)?
   - Quelles peuvent être quelques utilisations inattendues des données personnelles postées en ligne? Quels effets nocifs peuvent être générés par ces utilisations?

VOCABULAIRE PERSONNEL
Utilisez votre vocabulaire personnel.

4

Discours persuasif Vous faites partie d'un comité créé par un réseau social sur la protection de la propriété intellectuelle. Préparez un discours dans lequel vous tenterez de convaincre les autres membres du comité qu'il est nécessaire d'améliorer le dispositif de protection et qu'il faut supprimer, ou mettre en place, certains règlements ou certaines lois pour atteindre ce but.

LIENS CULTURELS

Record & Submit

→ EN TOUTE LIBERTÉ
FORFAIT RÊVE
LE TOUT ILLIMITÉ
FORFAIT RÊVE
• Appels illimités vers les fixes et mobiles en France
• Appels illimités vers 20 destinations en Europe
• Appels illimités vers 30 destinations dans le reste du monde
• SMS / MMS illimités
• RêveWifi illimité
• Data 3G jusqu'à 4Go
ABONNÉS TOUTRÊVE
VOTRE 1ER FORFAIT RÊVE À
14 99 € /Mois
→ EN TOUTE LIBERTÉ
FORFAIT 4€
FORFAIT 4€
D'APPELS 3H
• 120 minutes d'appel
• 90 sms
• Option Appels internationaux
ABONNÉS TOUTRÊVE
VOTRE 1ER FORFAIT 4€ À
1 99 € /Mois

Les prix des forfaits en France rendent le mobile accessible aux jeunes.

Chacun son portable

EN FRANCE, IL Y A PLUS DE TÉLÉPHONES CELLULAIRES QUE d'habitants. Les jeunes de 12 à 24 ans sont très bien équipés: à peu près 80% d'entre eux possèdent un mobile et 40%, un smartphone. À quoi sert le téléphone quand on est un ado? On l'utilise beaucoup pour se connecter et surfer sur Internet, de préférence à partir d'un réseau wifi gratuit pour économiser sur son forfait. Ensuite, le portable sert aussi beaucoup à prendre et à envoyer des photos et des vidéos. Il donne accès à des jeux, soit en ligne ou en téléchargeant des applications. Enfin, il permet d'écouter de la musique. Mais, surtout, on s'envoie beaucoup de textos avec, car les sms illimités sont souvent compris dans les forfaits. Pour écrire ces messages courts, on peut bien sûr utiliser un langage codé à base d'abréviations, d'onomatopées ou d'acronymes, qui est plus rapide à taper que le français courant. Par exemple, l'abréviation «mdr» (pour «mort de rire») est l'équivalent de l'anglais *lol* et l'abréviation XD signifie extrêmement drôle.

- Depuis mars 2014, la Belgique a rejoint de nombreux pays et interdit la publicité et la vente de téléphones portables pour les tout-petits. Quand des téléphones spéciaux en forme de jouets ont commencé à apparaître, les Belges ont décidé de prendre des mesures pour protéger les moins de 7 ans car les effets de l'exposition excessive aux ondes électromagnétiques sur leurs jeunes cerveaux demeurent mal connus. L'interdiction de vente de portables est un bon début mais elle ne résoud pas totalement le problème. En effet, la principale source des rayonnements auxquels les enfants sont exposés vient des routeurs Wi-Fi et des bases de téléphone sans fil qui se trouvent chez eux.
- En Suisse, des campagnes d'avertissement et d'aide aux ados dénoncent les méfaits du «cyber-mobbing». Ce phénomène, né des dernières technologies et des nouvelles formes de communication, correspond au harcèlement et à l'humiliation d'une personne sur Internet dans le but de l'isoler et de l'exclure de son groupe social dans sa vie de tous les jours. Une grande partie de ce cyber-mobbing passe par les téléphones portables et par les fichiers que les jeunes échangent fréquemment par texto.

Présentation orale: comparaison culturelle

Préparez une présentation orale sur ce thème.

- Quelles influences les nouveaux modes de communication ont-ils sur la vie privée de l'individu?

Comparez votre propre communauté à une région du monde francophone que vous connaissez.

contexte 5

EN BREF

La recherche et ses nouvelles frontières

POINTS DE DÉPART

La recherche est l'ensemble des études et activités réalisées par des spécialistes pour faire avancer la connaissance. Ses nouvelles frontières sont dans les domaines scientifiques encore peu explorés.

- Quels domaines de la recherche sont liés aux principaux secteurs socio-économiques?
- Quels sont les objectifs de la recherche scientifique et qu'est-ce qui influence la direction qu'elle prend?
- Quels peuvent être les bénéfices de la recherche scientifique pour la société?

DÉVELOPPEMENT DU VOCABULAIRE

VOCABULAIRE PERSONNEL

Notez le nouveau vocabulaire à mesure que vous l'apprenez.

1 **Domaines scientifiques** Donnez un exemple de domaine de recherche scientifique pour chaque secteur socio-économique et expliquez les grands objectifs de cette recherche. Partagez vos réponses avec un(e) partenaire.

MODÈLE production industrielle
la robotique: rendre la production moins chère et plus efficace

1. santé publique
2. énergie
3. environnement
4. infrastructure
5. espace
6. défense

PLUS À FOND

1 **R&D au Canada** Observez ce tableau qui illustre les dépenses fédérales en recherche et développement au Canada. Ensuite, répondez aux questions.

Dépenses fédérales en R-D selon l'objectif socio-économique, 2008

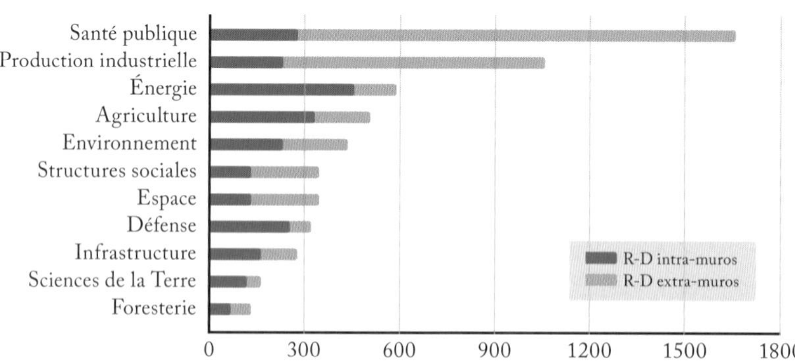

Source: Statistique Canada, Activités scientifiques fédérales 2010–2011

1. Selon le graphique, quelles sont les priorités du Canada pour la recherche? D'après vous, ces priorités sont-elles les mêmes dans d'autres pays? Pourquoi ou pourquoi pas?
2. Quelles sont les sources principales de financement pour la recherche? Comment est-ce que le financement peut influencer la direction prise par la recherche?
3. Comment est-ce que les domaines principaux de recherche d'un pays reflètent les valeurs de ce pays? D'après le graphique, quelles valeurs sont importantes au Canada?

POINTS DE DÉPART

La technologie essaie d'inventer de nouveaux outils, matériaux, méthodes ou procédés dans différents domaines scientifiques et techniques pour répondre aux besoins de la société.

- Quelles sont les technologies d'avenir et pourquoi doit-on les développer?
- Quels sont les avantages et les inconvénients des nouvelles technologies?
- Qui est responsable du financement et de la mise en œuvre de ces technologies?

DÉVELOPPEMENT DU VOCABULAIRE

VOCABULAIRE PERSONNEL
Notez le nouveau vocabulaire à mesure que vous l'apprenez.

1 

Le changement climatique En petits groupes, répondez aux questions à propos du changement climatique.

1. Qu'est-ce que le changement climatique?
2. Quelles sont les causes de ce changement? Quelles en sont les conséquences?
3. Faut-il le combattre? Pourquoi ou pourquoi pas?
4. Quelles technologies faut-il rechercher et développer pour faire face à la situation?
5. Quelles autres démarches faut-il entreprendre? Que faut-il éviter?

PLUS À FOND

1 

Les secteurs responsables Ce graphique indique le pourcentage d'émissions de CO_2 en France produit par différents secteurs économiques. Analysez le graphique, puis en petits groupes, répondez aux questions.

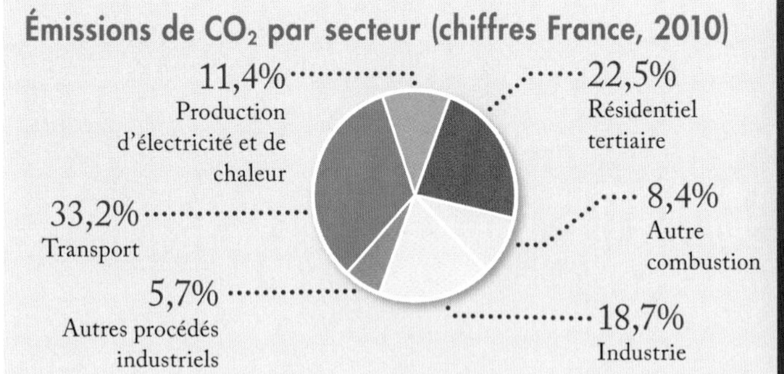

Source: *Science et Avenir*, avril 2012, n° 782

1. Quels secteurs produisent le plus de CO_2? Est-ce que ces chiffres vous surprennent?
2. D'après vous, faut-il essayer de réduire les émissions de CO_2 pour ralentir la hausse des températures? Pourquoi?
3. Est-ce que vous connaissez une technologie par secteur qui puisse aider à réaliser cet objectif? Donnez des exemples.
4. Qui doit être responsable du financement et du développement de ces technologies? Qui doit les appliquer?
5. À votre avis, est-ce que les pays riches doivent aider les pays pauvres dans ce domaine? Pourquoi?

Découverte: Le Solar Impulse

DÉCOUVERTE: LE SOLAR IMPULSE

LE TOUR DU MONDE EN AVION SOLAIRE

À PREMIÈRE VUE
Que voyez-vous sur cette photo? En quoi l'avion est-il différent des avions que vous connaissez?

AU SUJET DU COURT MÉTRAGE Dans ce reportage, vous allez partir à la découverte d'un avion solaire suisse qui pourrait un jour révolutionner l'aéronautique.

AVANT LE VISIONNEMENT

1 **Science et technologie** Répondez aux questions suivantes par des phrases complètes.

1. Selon vous, quelle a été l'invention la plus importante des deux derniers siècles? Pourquoi? En quoi celle-ci a-t-elle changé la vie de ceux qui en ont bénéficié?
2. Pour quelles raisons devient-on inventeur, à votre avis? Quelles qualités doit-on posséder pour être un bon inventeur?
3. Si les appareils modernes dont vous vous servez régulièrement n'existaient pas, pourriez-vous survivre? En quoi votre vie serait-elle différente?
4. D'après vous, quel(s) domaine(s) faut-il privilégier, de nos jours, en ce qui concerne la recherche et la science? Pourquoi?

STRATÉGIE

Réfléchir au thème
Penser au thème avant de regarder un reportage peut vous aider à vous projeter personnellement dans le sujet et à mieux le comprendre.

PENDANT LE VISIONNEMENT

Bertrand Piccard: «C'est un nouveau domaine de vol.»

1. Sur quel type de projet les gens de cette image travaillent-ils?
2. Quelles émotions peut-on lire sur leur visage? Pourquoi, à votre avis?

Le reporter: «Tout a été testé. De l'**envergure** des ailes, à la puissance des moteurs.»

1. Pourquoi un cockpit d'avion est-il attaché à un véhicule? Quel est le but de ce test?
2. Quels autres types de tests ont été réalisés sur le Solar Impulse?

Le reporter: «Reste l'étape la plus difficile: piloter l'avion.»

1. Quelles sont les similarités entre les deux appareils de la photo?
2. Quelles sont leurs différences?

MOTS-CLÉS

le carburant énergie pour moteurs
le planeur avion sans moteur
la libellule type d'insecte aux grandes ailes et aux gros yeux
l'envergure (f.) dimension des ailes déployées
réduire diminuer
la couture endroit d'assemblage de différentes pièces
secouer agiter

APRÈS LE VISIONNEMENT

1 **Compréhension** Répondez à chaque question selon le reportage.

1. Qu'est-ce que le «Solar Impulse»? En quoi est-il différent des autres appareils utilisés dans l'aviation?
2. Que veut faire Bertrand Piccard à bord du Solar Impulse? Quelle autre expérience aérienne a-t-il eue avant de considérer ce nouveau défi?
3. Quelle vision Bertrand Piccard et André Borschberg partagent-ils?
4. Quel a été le souci principal des ingénieurs qui ont travaillé sur le projet du Solar Impulse? Comment ont-ils réussi à gérer ce problème?
5. Quel a été l'autre défi que les ingénieurs ont dû relever?
6. Quels sont les deux principaux tests effectués pour tester la résistance de l'avion contre les turbulences? Quelle a été la conclusion de ces tests?
7. Qu'ont fait les deux pilotes pour apprendre à bien piloter l'avion?
8. Pourquoi l'avion est-il difficile à manœuvrer?

2 **Interprétation** Travaillez avec un(e) partenaire pour répondre à chaque question.

1. Pourquoi Bertrand Piccard décrit-il le Solar Impulse comme «un nouveau domaine de vol»?
2. Que pensez-vous de l'idée de Bertrand Piccard, consistant à essayer de faire le tour du monde à bord du Solar Impulse en utilisant aucune énergie fossile? Est-ce réalisable, d'après vous?
3. Selon vous, pourquoi le reporter pense-t-il que «piloter cet avion sera tout un défi sur le plan humain»?
4. Pourquoi est-il nécessaire de faire de nombreux tests dans une cabine de décompression avec les pilotes, d'après André Borschberg? Que pourrait-il se passer si des pilotes peu entraînés rencontraient des problèmes en vol?
5. Pensez-vous que le Solar Impulse puisse un jour remplacer les avions qui utilisent du carburant pour voler? Pourquoi ou pourquoi pas?
6. Quelles pourraient être les craintes des passagers à bord d' un avion tel que celui-ci?

RESSOURCES
Consultez la liste des appendices à la p. xiii.

3 **Vous êtes inventeurs!** Travaillez en petits groupes et choisissez un des problèmes de la liste donnée. Suggérez une invention ou un outil technologique qui pourrait solutionner ce problème. Présentez votre invention à la classe en soulignant ses points forts. Défendez-la également en anticipant les critiques qu'on pourrait lui faire et en répondant à celles-ci.

- la réduction de la dépendance aux énergies fossiles
- la sécurité dans les écoles aux États-Unis
- la protection des informations personnelles en ligne
- les changements climatiques

VOCABULAIRE PERSONNEL
Utilisez votre vocabulaire personnel.

4 
Une autre invention Faites des recherches sur Internet pour trouver des informations sur un inventeur francophone célèbre et sur une de ses inventions (récente ou non). Préparez une présentation dans laquelle vous présentez cet inventeur et son invention. Expliquez clairement les circonstances de la création de cette invention et précisez ses caractéristiques.

ESSAI: LE RAPPORT DE RECHERCHE

Un rapport de recherche vise à exprimer une réalité complexe de façon claire et objective grâce à la description et à l'analyse de différentes données. Les informations présentées sont accompagnées de graphiques, de tableaux ou de cartes pour construire un rapport clair et cohérent.

Les statistiques utilisent différents types de graphiques pour présenter de manière simple et concise les données, qui peuvent se compléter ou s'opposer. Pensez à toujours citer vos sources pour les données statistiques présentées.

Thème de la composition

Lisez de nouveau les questions essentielles du thème:

- En quoi le développement scientifique et technologique affecte-t-il nos vies?
- Quels facteurs ont poussé à l'innovation et à la découverte dans les domaines des sciences et des technologies?
- Quel rôle les questions d'éthique jouent-elles dans les progrès de la science?

En utilisant ces questions comme points de départ, écrivez un rapport de recherche sur un des aspects du thème.

AVANT D'ÉCRIRE

Préparer un rapport de recherche requiert autant d'attention pendant la phase de recherche préalable qu'au moment de l'organisation et de la présentation des informations. Faites des recherches pour trouver des données, des graphiques ou tout autre élément dont vous aurez besoin pour illustrer le thème que vous avez choisi. Après rigoureuse examination, allez à l'essentiel.

BROUILLON

Notez tous les éléments que vous voulez mentionner et organisez-les en deux listes: celle des similitudes qui vous serviront pour établir les comparaisons et celle des contrastes. Choisissez les analogies que vous allez présenter et le plan de votre essai.

STRATÉGIE

Citer des sources
Quand vous rassemblez vos sources, prenez des notes sur l'importance de chaque donnée et de chaque source ainsi que sur la manière dont vous allez les utiliser.

VERSION FINALE

Après avoir corrigé votre brouillon, écrivez votre version finale. N'oubliez pas le lien entre l'introduction et la conclusion: ce qui est exposé au début doit être repris en conclusion, soit pour résumer ou ratifier, soit pour modifier la proposition de l'introduction. Vérifiez que vous n'avez rien oublié.

Thème 3

L'esthétique

QUESTIONS ESSENTIELLES

- Comment se créent les perceptions de la beauté et de la créativité?
- En quoi les idéaux de beauté et d'esthétique influencent-ils la vie quotidienne?
- Comment l'art peut-il à la fois défier et refléter les perspectives culturelles?

SOMMAIRE

▸▸ Groupe de femmes en tenue traditionnelle, Sainte-Marie, Martinique

contexte 1 Le beau

POINTS DE DÉPART

On constate facilement que le concept de la beauté évolue au fil du temps et à travers les cultures. Mais quelles sont les raisons qui expliquent cette évolution? Bien que les goûts et les appréciations en matière d'esthétisme soient extrêmement personnels et subjectifs, le concept du «beau» semble subir l'influence de la société.

- Quelle serait une définition universelle du «beau»?
- Pourquoi les normes et les critères de beauté changent-ils d'une époque à l'autre? Sont-ils liés aux valeurs ou sont-ils purement sensoriels?
- Le concept de la beauté est-il inné ou est-il acquis et modelé au sein d'une culture?

DÉVELOPPEMENT DU VOCABULAIRE

VOCABULAIRE PERSONNEL
Notez le nouveau vocabulaire à mesure que vous l'apprenez.

1 **Le beau** Identifiez les termes du tableau ci-dessous qui, pour vous personnellement, s'apparentent au concept du «beau». Ajoutez d'autres termes qui vous semblent convenir dans chaque colonne.

la musique	l'amitié	le corps humain
la peinture	l'amour	le visage
la littérature	la solidarité	la force physique
l'architecture	l'humour	la santé
le cinéma	la philanthropie	l'intellect
la nature	l'esprit d'indépendance	l'innovation

2 **Des exemples** Choisissez cinq idées du tableau de l'Activité 1. Donnez un exemple précis qui montre pourquoi vous associez chacune au concept du «beau».

MODÈLE la musique
Je me passionne pour la musique classique. Je sais que la plupart de mes copains ne comprennent pas pourquoi; ils pensent que je suis un peu bizarre et que la musique classique est démodée. Pourtant, je me sens extrêmement heureuse quand j'entends une belle symphonie de Beethoven ou quand je joue une sonate de Mozart. Je trouve qu'il n'y a rien de plus beau que la musique classique.

3 **Comparaisons** Avec un(e) camarade de classe, discutez des concepts du tableau de l'Activité 1. Servez-vous des questions suivantes pour guider votre conversation.

- Lesquels parmi ces concepts ne vous inspirent pas l'idée du «beau»? Expliquez pourquoi.
- Lesquels parmi ces concepts sont, pour vous, le plus profondément liés à la définition du «beau»? Expliquez pourquoi.
- D'après vous, lesquels parmi ces concepts sont opposés ou totalement différents? Essayez de déterminer pourquoi des concepts si différents peuvent néanmoins inspirer le sentiment du «beau».

LECTURE 1.1 ▸ «DE LA GRÈCE ANTIQUE À NOS JOURS»: LA NOTION DES CANONS DE BEAUTÉ DANS L'HISTOIRE

Auto-graded
My Vocabulary
Partner Chat
Record & Submit
Strategy
Write & Submit

AU SUJET DU TEXTE Le texte suivant est basé sur une interview de Georges Vigarello. Diplômé en éducation physique et philosophie, il est directeur d'études à l'École des hautes études en sciences sociales, codirecteur du Centre d'études transdisciplinaires de sociologie, d'anthropologie et d'histoire et membre de l'Institut Universitaire de France. Il se concentre sur les représentations du corps et les pratiques liées à celui-ci. Dans l'interview, réalisée pour le comité de l'Observatoire NIVEA, une marque de produits cosmétiques, Georges Vigarello explique l'évolution des canons de beauté à travers l'histoire.

AVANT LA LECTURE

VOCABULAIRE PERSONNEL
Notez le nouveau vocabulaire à mesure que vous l'apprenez.

1 

Les canons de beauté Quelles caractéristiques une personne doit-elle avoir pour qu'on la considère belle? Pensez aux femmes et aux hommes que vous considérez beaux. Comment sont-ils? Quels traits les hommes ont-ils? Et les femmes? Quels traits peut-on trouver chez les deux? Discutez ces questions avec un(e) camarade de classe et notez au moins cinq caractéristiques pour chaque catégorie.

MODÈLE trait masculin: ***un corps musclé***
trait féminin: ***une silhouette ronde***
trait masculin et féminin: ***un visage équilibré***

2

Expériences personnelles Choisissez deux des sujets suivants et écrivez un paragraphe sur chacun. Vos descriptions doivent correspondre à des expériences personnelles.

1. le plus bel endroit que vous ayez visité
2. la plus belle œuvre d'art
3. le plus beau film que vous ayez vu
4. la femme que vous trouvez la plus belle
5. le plus bel animal qui existe
6. l'homme le plus beau que vous connaissiez
7. le plus beau bébé que vous ayez rencontré

Partagez vos descriptions avec un(e) camarade.

3 

Votre définition de la beauté Certains croient que la beauté est quelque chose de tangible qu'on apprécie avec un des cinq sens. D'autres croient qu'elle peut aussi être intangible, comme une énergie ou un état d'esprit. En quoi consiste la beauté pour vous? Écrivez un paragraphe dans lequel vous en donnez votre définition. Pensez à ce qui suscite en vous l'émerveillement ou des sensations agréables.

VOCABULAIRE PERSONNEL
Utilisez votre vocabulaire personnel.

MOTS-CLÉS

la toilette ensemble des soins de propreté et d'habillement

l'entretien (m.) action de maintenir en bon état

l'épaisseur (f.) largeur, grosseur

le galbe contour, profil

le traité discussion

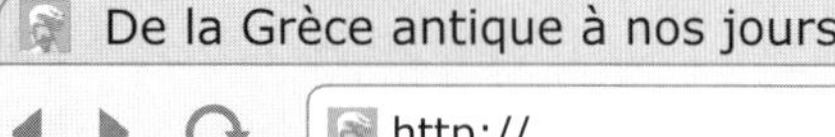

http://

Accueil | Actualité | Cultures et Traditions | Histoire | Littérature

«De la Grèce antique à nos jours»

la notion des canons de beauté dans l'histoire

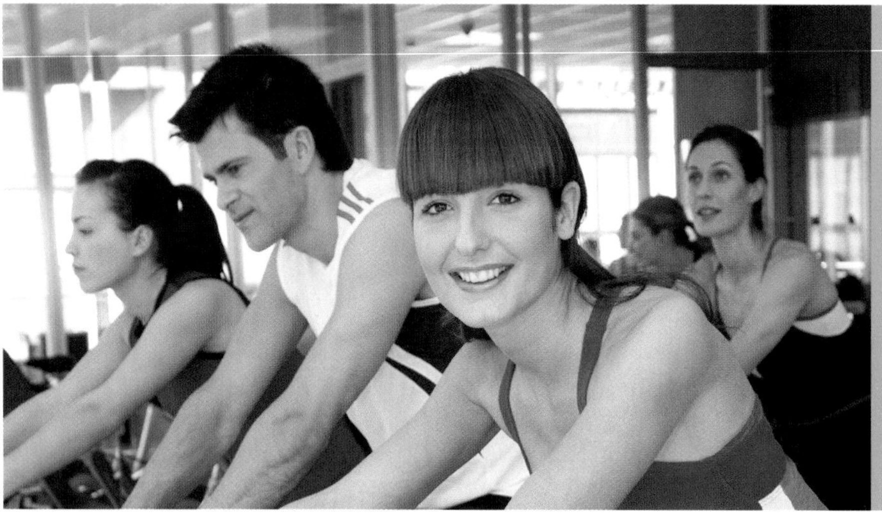

La Grèce antique

Si l'on considère la notion des canons de beauté, celle des critères de beauté dans l'histoire, la Grèce antique est intéressante parce qu'il y a un privilège très fort donné à la beauté, et cette beauté a des caractéristiques masculines que l'on voit sur les grandes sculptures grecques: équilibre, harmonie et force. Il y a une apparence du muscle ainsi qu'un intérêt très fort que l'on a aujourd'hui oublié pour la toilette, l'entretien et l'eau.

La Renaissance

À la Renaissance, une rupture très forte s'est produite dans notre histoire. C'est une rupture qui porte d'abord sur la mise en scène physique dans son apparence du corps, ce que l'on voit très bien au niveau de la peinture. C'est cette sorte d'explosion de l'épaisseur, de la richesse physique, de la mise en évidence du galbe corporel qui n'est pas seulement le muscle; là justement, le thème de la femme devient très important. Les critères ne sont plus des critères masculins mais des critères féminins. C'est-à-dire que la femme devient à partir de la Renaissance le symbole de la beauté. Une multiplicité de textes va apparaître à la Renaissance. Ce qui paraît très intéressant concernant cette période, c'est que le centre d'intérêt dans ces traités de beauté est le visage, contrairement aux traités d'aujourd'hui.

De nos jours

Ce qui est dominant aujourd'hui, se rapporte à plusieurs choses. C'est d'une part le fait que la beauté concerne l'ensemble du corps. Plus de visage, ce n'est plus seulement le visage. C'est la silhouette. C'est très important et c'est complètement contemporain. Il y a une deuxième chose qui paraît tout aussi importante et qui est liée à la première, c'est le fait que cette silhouette ne doit pas seulement montrer de la présence, elle ne doit pas seulement montrer de la densité, de la vivacité mais elle doit montrer de la mobilité. Cela renvoie à quelque chose de très important dans notre culture, qui est le fait de montrer que vous avez des possibilités d'adaptabilité. Cela correspond à la santé, le fait d'être habile, le fait d'être souple. Ces critères-là représentent beaucoup de choses qui n'étaient pas tellement présentes avant.

MOTS-CLÉS

habile qui agit avec compétence, intelligence ou ingéniosité

souple flexible

APRÈS LA LECTURE

1

Compréhension Répondez aux questions suivantes.

1. Que dit l'auteur dans ce texte?
   a. Il dit que la femme est devenue le symbole de la beauté à l'âge classique.
   b. Il explique que les critères de beauté évoluent dans le temps.
   c. Il présente son opinion personnelle de ce qu'est la beauté.
   d. Il dit que la beauté avait plus d'importance à la Renaissance qu'aujourd'hui.

2. Quel aspect de la beauté physique était souligné dans la Grèce antique?
   a. La musculature masculine
   b. Les rondeurs du corps
   c. Le visage de la femme
   d. La taille d'une personne

3. D'après le texte, où trouve-t-on des témoignages sur le concept de la beauté à l'époque de la Renaissance?
   a. Dans les sculptures
   b. Dans la peinture
   c. Dans les musées
   d. Dans l'architecture

4. En quoi le concept de la beauté est-il vraiment différent de nos jours selon le texte?
   a. Il ne se limite pas à un seul aspect du corps.
   b. Il est basé sur l'hygiène.
   c. Il n'est pas du tout lié au physique.
   d. Il s'applique surtout à la femme.

5. Qu'est-ce qui est remarquable dans les critères de beauté de la société actuelle selon le texte?
   a. Le désir de rajeunir
   b. La volonté de dépasser les limites
   c. La capacité de changer
   d. L'augmentation musculaire

CONCEPTS IMPORTANTS

Point de vue de l'auteur
Pour bien comprendre un texte, cherchez à répondre à des questions telles que: Que dit l'auteur? Pourquoi dit-il cela? Comment s'exprime-t-il?

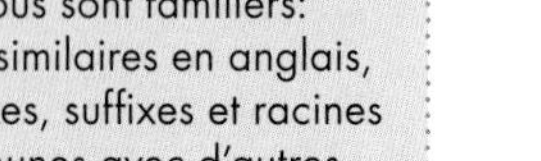

STRATÉGIE

Utiliser ce que vous savez déjà
Quand vous rencontrez un mot nouveau, pour en comprendre le sens, cherchez les éléments qui vous sont familiers: mots similaires en anglais, préfixes, suffixes et racines communes avec d'autres mots en français.

RESSOURCES
Consultez la liste des appendices à la p. xiii.

2 Familles de mots Une famille de mots est l'ensemble des mots qui ont un même radical. En français, ce radical est généralement latin. En ajoutant certains préfixes ou suffixes à un radical, on obtient des mots de la même famille. Trouvez un dérivé pour chacun des mots de la liste ci-dessous et utilisez-le dans une phrase.

1. sain
2. habile
3. entretien
4. épaisseur
5. souple

Choisissez cinq autres mots de la lecture et faites des recherches sur leur étimologie, sur Internet ou dans un dictionnaire spécialisé.

3 Les idées principales du texte Qu'est-ce que ce texte vous a appris sur l'évolution du concept de la beauté? Discutez avec un(e) camarade au sujet de ce qui vous paraît le plus frappant et le plus intéressant dans ce texte. Donnez des raisons pour soutenir votre opinion.

4 Contextualiser En petits groupes, faites des recherches sur les époques historiques mentionnées dans l'article. Quels sont les grands mouvements politiques, économiques et culturels qui définissent chaque période? Notez-les ainsi que les canons de beauté associés à chacun dans un tableau comme celui qui suit. Ensuite, discutez cette question: Comment les canons de beauté reflètent-ils les grands mouvements de chaque période historique?

ÉPOQUE HISTORIQUE	MOUVEMENTS	CANONS DE BEAUTÉ
La Grèce antique		
La Renaissance		
De nos jours		

5 Présentation orale Trouvez une sculpture de la Grèce antique, un tableau de la Renaissance ou une photo d'un magazine de mode de nos jours. Préparez une présentation orale dans laquelle vous expliquez pourquoi cette œuvre est un bon exemple des canons de beauté de son époque.

6 La beauté à travers les générations Les critères de beauté n'évoluent pas seulement à travers le temps mais aussi à travers les générations. Discutez avec un(e) camarade de classe de la façon dont diffèrent vos critères de beauté et ceux de vos parents et grands-parents. Précisez ce qui explique ces différences. Les critères de vos parents et grands-parents sont-ils pertinents? Expliquez pourquoi.

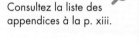

LECTURE 1.2 ▸ COMMENT SE CONSTRUIRE UNE BONNE ESTIME DE SOI?

AU SUJET DU TEXTE Serge Hefez est un médecin et psychiatre français qui se spécialise dans les relations familiales et dans la psychiatrie de l'enfant et de l'adolescent. Plusieurs de ses ouvrages, tels que *La Danse du couple* et *Quand la famille s'en mêle* ont remporté un grand succès et ont été traduits dans plusieurs langues. Depuis 2008, il est associé au Fond de l'estime de soi Dove, destiné à aider les jeunes femmes à conquérir leur estime de soi. Dans l'interview suivante faite pour *Marie Claire*, un magazine féminin de mode et de beauté, il examine la construction de l'estime de soi à travers le regard des autres ainsi qu'à travers un regard introspectif sur soi-même.

AVANT LA LECTURE

1 **Une bonne estime de soi** Cochez les qualités ci-dessous que vous trouveriez chez une personne avec une bonne estime de soi.

- ☐ la joie de vivre
- ☐ l'amabilité
- ☐ la confiance en soi
- ☐ le perfectionisme
- ☐ la peur du changement
- ☐ l'autonomie
- ☐ la passion
- ☐ l'agressivité
- ☐ la débrouillardise
- ☐ l'optimisme
- ☐ la fierté
- ☐ la sensibilité
- ☐ le sens de la charité
- ☐ l'empathie
- ☐ la vulnérabilité

VOCABULAIRE PERSONNEL
Notez le nouveau vocabulaire à mesure que vous l'apprenez.

2 **L'influence sociale** Quel rôle joue l'influence sociale ou la pression sociale dans la construction de l'estime de soi selon la tranche d'âge et le sexe? Discutez cette question avec un(e) partenaire et notez vos idées dans le tableau. Ensuite, utilisez vos notes pour répondre aux questions.

VOCABULAIRE PERSONNEL
Utilisez votre vocabulaire personnel.

ÂGE	SEXE FÉMININ	SEXE MASCULIN
Enfants (<10 ans)		
Adolescents (12–18 ans)		
Adultes de 25–60 ans		
Adultes de plus de 60 ans		

1. Pour qui l'influence sociale joue un rôle très important dans la construction de l'estime de soi?
2. Pour qui elle n'a pas beaucoup d'importance?
3. Pourquoi croyez-vous que c'est ainsi?

MOTS-CLÉS

améliorer rendre meilleur

la confiance sentiment de celui qui croit en quelqu'un ou quelque chose

soutenu(e) supporté(e), aidé(e)

Comment se construire une bonne estime de soi?

Par **Laetitia Reboulleau**

D'où vient le fait d'avoir une bonne ou mauvaise estime de soi? Et comment **améliorer** cette estime de soi? Des prémices de l'enfance à la fin de notre vie, nous passons notre temps à nous évaluer, à travers le regard des autres mais également à travers la représentation que nous avons de nous-mêmes. Le psychanalyste Serge Hefez nous livre des pistes pour mieux comprendre l'estime de soi, et pour en gagner.

***Marieclaire.fr:* En quoi l'estime de soi est-elle différente de la confiance en soi?**

Serge Hefez: Il n'y a pas de différence fondamentale entre la confiance en soi et l'estime de soi, les deux fonctionnent de façon indissociable. La confiance en soi est en effet un facteur essentiel pour avoir une bonne estime de soi. Avoir confiance en ses désirs, ses qualités, ses aptitudes, est nécessaire pour se construire une bonne estime de soi.

***Marieclaire.fr:* D'où vient le fait que l'on ait une bonne ou une mauvaise estime de soi?**

Serge Hefez: L'estime de soi se construit en même temps que se construit la personnalité, et dépend de plusieurs facteurs. Le premier correspond à celui que nos parents portent sur nous. Un enfant qui sera régulièrement **soutenu**, encouragé et félicité par ses parents aura une meilleure estime de soi qu'un enfant sans cesse **brimé**, qui ne reçoit de ses parents que des critiques. L'apprentissage de la personnalité passe également par tous les évènements marquant la vie: les expériences à l'école, qu'elles soient plaisantes ou traumatisantes, les aptitudes développées... Une personne ayant de grandes aptitudes (réussite scolaire, bons résultats sportifs, capacités artistiques...) aura par conséquent une meilleure estime de soi qu'une personne qui aura connu des **échecs** et des **déceptions**.

« La confiance en soi est en effet un facteur essentiel pour avoir une bonne estime de soi. »

***Marieclaire.fr:* En quoi avoir une bonne ou une mauvaise estime de soi peut-il influencer notre comportement?**

Serge Hefez: L'estime de soi est une sorte de filtre à travers lequel on regarde la réalité. Par exemple, une personne très jolie mais n'ayant pas une grande estime de soi se verra trop grosse, ou inintéressante et son comportement envers les autres **s'en ressentira**. Au contraire, une personne ne respectant pas forcément les «standards» de la beauté, mais disposant d'une très bonne estime de soi aura immédiatement l'air plus **avenante**.

***Marieclaire.fr:* Quel est le rôle des autres dans l'estime de soi?**

Serge Hefez: L'estime de soi se construit dès l'enfance, et c'est par le regard des parents que se construit le premier «filtre» d'estime de soi. La famille est le premier cercle qui permet la construction de la personnalité, car un jeune enfant guettera l'appréciation de ses parents. Viendront ensuite les regards de ses frères et sœurs, entre rivalité et solidarité. La période de l'adolescence aura également une grande importance, notamment au moment des premières relations amoureuses. À l'adolescence, les émotions sont amplifiées et le regard de nos pairs est d'autant plus important.

***Marieclaire.fr:* L'adolescence est-elle un moment-clé dans la construction de l'estime de soi?**

Serge Hefez: La petite enfance est le moment de plus déterminant dans la construction de l'estime de soi. Cependant, les bases de cette estime sont parfois **remises en cause** à l'adolescence. L'adolescent cherche à se détacher de l'empreinte parentale, parfois de façon agressive, et c'est là qu'intervient l'importance du regard des pairs, même si celle-ci reste filtrée par celui de nos parents.

***Marieclaire.fr:* Quels conseils pour avoir une meilleure estime de soi?**

Serge Hefez: Il ne faut pas trop **s'en remettre** au regard des autres, car ceux-ci n'ont pas toujours raison. Ayez confiance en vos goûts, vos désirs, et surtout en vos choix. Vous pouvez également établir la liste de vos priorités, et faire des projets qui vous apporteront du bien-être: pour cela, appuyez-vous sur vos envies, vos désirs. N'hésitez pas à vous impliquer pour les autres, afin de moins vous concentrer sur vous-même. Car à force de trop penser à soi, à ce que l'on voudrait être plutôt qu'à ce que l'on est, on finit par sombrer dans l'obsession. ■

MOTS-CLÉS

brimé(e) soumis(e) à des difficultés et à des abus

l'échec (m.) défaite

la déception désappointement

s'en ressentir être affecté(e)

avenant(e) affable, gracieux (gracieuse)

remettre en cause remettre en question, changer sa décision

s'en remettre (à quelqu'un) croire quelqu'un ou dépendre de quelqu'un

APRÈS LA LECTURE

1 **Compréhension** Avec un(e) camarade de classe, répondez aux questions.

1. Quelle est la relation entre la confiance en soi et l'estime de soi?
2. À quel(s) moment(s) de la vie l'estime de soi se construit-elle?
3. De quels facteurs dépend l'estime de soi?
4. Qu'est-ce qui crée une bonne estime de soi?
5. Comment une mauvaise estime de soi peut-elle influencer le comportement?
6. En ordre d'importance, qui sont les personnes qui jouent un rôle dans la construction de l'estime de soi?
7. Qu'est-ce qui arrive à l'estime de soi au moment de l'adolescence?
8. Quels conseils Serge Hefez donne-t-il à ses lecteurs?

STRATÉGIE

Évaluer les informations
Pensez au contenu du texte pendant la lecture. Formez vos propres opinions à partir des informations présentées pour déterminer si vous êtes d'accord ou non avec l'auteur.

2 **Évaluation** Interprétez la citation suivante qui apparaît dans le texte en répondant aux questions ci-dessous. Ensuite, comparez vos réponses avec celles d'un(e) camarade de classe.

> « Il ne faut pas trop s'en remettre au regard des autres, car ceux-ci n'ont pas toujours raison.

1. Que veut dire Serge Hefez par cette remarque?
2. Êtes-vous d'accord avec lui? Pourquoi (pas)?
3. Donnez un exemple de votre vie personnelle qui illustre ou remet en cause cette remarque.
4. Donnez un exemple qui provient d'un film ou d'un roman pour illustrer ou remettre en cause la remarque.

3 

Déductions Pensez aux magazines de mode et de beauté que vous connaissez — leur contenu, leur point de vue et leur public. En vous basant sur vos connaissances de ces magazines, écrivez un paragraphe dans lequel vous expliquez les motifs probables de *Marie Claire* justifiant la publication de l'interview que vous venez de lire. Votre paragraphe doit mentionner les informations qui suivent.

- le thème de l'article
- l'objectif principal de l'article
- le public du magazine
- le format choisi par la journaliste
- le point de vue et/ou ton de l'article
- les motifs secondaires possibles du magazine

RESSOURCES
Consultez la liste des appendices à la p. xiii.

4 

Un e-mail Écrivez un e-mail à Serge Hefez afin de lui dire ce que vous pensez de l'interview et pour lui demander un conseil. Votre e-mail doit comprendre:

- une information que vous avez appréciée dans l'interview; expliquez pourquoi
- une information que vous n'avez pas comprise ou avec laquelle vous n'êtes pas d'accord; expliquez pourquoi
- une demande de conseil

5 **Discussion** Avec un(e) camarade de classe, réfléchissez et discutez les questions suivantes.

1. Quel rôle jouent les magazines de mode et les autres médias dans la construction de l'estime de soi?
2. Comment ces mêmes médias influencent le regard qu'on a sur la beauté des autres et de soi-même?

6 **Débat** Formez deux groupes. Un groupe doit préparer des arguments pour défendre l'affirmation ci-dessous tandis que l'autre groupe doit préparer des arguments pour la contredire. Basez-vous sur les informations présentées dans le texte ainsi que sur vos propres expériences. Présentez vos arguments en forme de débat.

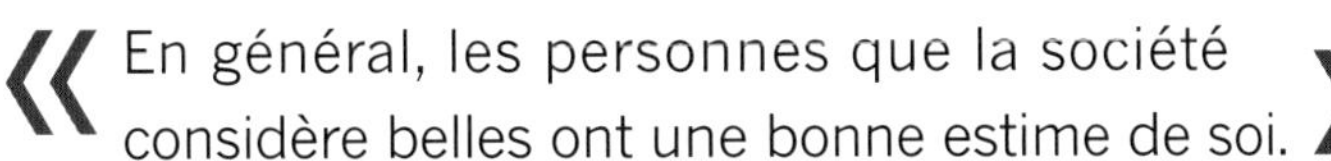

« En général, les personnes que la société considère belles ont une bonne estime de soi. »

7 **Introspection** Répondez aux questions. Discutez et comparez vos réponses avec vos camarades de classe.

1. Avez-vous confiance en vous-même ou est-ce que cela dépend de la situation? Expliquez.
2. Avez-vous une bonne estime de vous-même ou change-t-elle selon la situation? Expliquez.
3. Quels facteurs, quelles personnes et quels évènements dans votre vie ont influencé l'estime que vous avez de vous-même? Comment l'ont-ils influencée?
4. Quels facteurs, quelles personnes et quels évènements dans votre vie continuent à influencer l'estime que vous avez de vous-même?
5. Quelle influence votre apparence a-t-elle sur le regard que vous portez sur vous-même?
6. Le regard des autres est-il important pour vous? Pourquoi ou pourquoi pas?
7. Qu'est-ce que vous faites pour vous donner confiance ou améliorer votre propre estime?

8 **Présentation orale** Qu'est-ce que les institutions, comme les écoles, les groupes religieux, ou les associations bénévoles, font pour assurer que les enfants construisent une bonne estime de soi? Faites des recherches sur Internet pour découvrir les méthodes employées dans deux pays francophones et préparez une présentation orale dans laquelle vous mentionnerez les points qui suivent.

- les méthodes employées pour avoir une bonne estime de soi
- les organismes qui mettent en place ces initiatives
- les motifs de ces organismes
- leur taux de réussite

9 **Essai persuasif** Écrivez un essai persuasif dans lequel vous essayez de convaincre un groupe de parents de faire ce qu'il faut pour aider leurs enfants à construire une bonne estime d'eux-mêmes. Votre essai doit comprendre:

- une définition de l'estime de soi
- les raisons pour lesquelles une bonne estime de soi est importante
- une explication de l'influence des parents sur leurs enfants
- des exemples de ce que les parents doivent faire

VOCABULAIRE PERSONNEL

Utilisez votre vocabulaire personnel.

STRATÉGIE

Exprimer son accord ou son désaccord

Pour dire que vous êtes d'accord, vous pouvez utiliser des expressions comme «il est vrai», «en effet» et «il est clair que». Si vous n'êtes pas d'accord, vous pouvez dire «d'aucune manière» ou «au contraire».

AUDIO ▸ COLLÉGIENNES EN QUÊTE DE BEAUTÉ

MOTS-CLÉS

suscité(e) causé(e)

le primat état d'être premier en importance

soigné(e) habillé(e) avec soin

dans l'air du temps à la mode, tendance

être bien dans sa peau/ses baskets se sentir bien

INTRODUCTION Cet enregistrement est un entretien avec Rachida Bouaiss, directrice de Brainergy, une société de conseil et d'études de marketing et d'organisation des entreprises, à propos de son ouvrage *Collégiennes en quête de beauté*. Ce livre est basé sur une étude menée auprès de collégiennes de 10 à 15 ans qui révèle que la beauté et l'image de soi deviennent très importantes pour les filles à un âge de plus en plus jeune.

AVANT L'ÉCOUTE

1 **Réflexion** Par petits groupes, réfléchissez et répondez aux questions suivantes sur l'importance de la beauté et de l'image de soi dans la vie.

1. La beauté et l'image sont-elles des valeurs importantes pour vous? Expliquez.
2. Comment définissez-vous la beauté? Quels sont vos critères? Partagez-les avec le groupe.
3. Qu'est-ce que vous faites pour vous sentir bien?
4. Quels hommes et femmes incarnent le mieux vos critères de beauté? Pourquoi?

2 **Complétez et discutez** Avec un(e) partenaire, complétez les questions avec des mots-clés. Ensuite, discutez de ces questions.

1. Pensez-vous qu'on ait ____________ de la beauté, de l'apparence, de la bonne présentation de soi dans notre société?
2. Croyez-vous que nos préoccupations relatives à l'apparence extérieure soient ____________ par les médias?
3. Est-il nécessaire qu'une fille soit maquillée pour ____________, c'est-à-dire pour avoir une bonne estime de soi? Et pour les garçons, qu'est-ce qui est important dans le *look*?
4. Avoir un *look* ____________ est-il dans l'air du temps? Est-ce aussi important pour les garçons que pour les filles?

PENDANT L'ÉCOUTE

1 **Prendre des notes** Lisez les questions ci-dessous avant d'écouter l'enregistrement pour focaliser votre attention sur les thèmes principaux. Ensuite, prenez des notes alors que vous écoutez l'entretien afin de répondre aux questions.

1. Qu'est-ce qui explique le fait que la beauté et l'apparence deviennent très importantes pour les filles à un âge de plus en plus jeune?
   Notes: ____________
2. Comment les jeunes filles de l'étude définissent-elles la beauté?
   Notes: ____________
3. Qu'est-ce que ces jeunes filles font pour se conformer à leurs critères de beauté?
   Notes: ____________
4. Qui sont les modèles des jeunes filles? Pourquoi?
   Notes: ____________

Source: Extrait de «'Collégiennes en quête de beauté', de Rachida Bouaiss», *Livre France*, diffusé le 8 septembre 2013. Vous pouvez trouver la version intégrale sur www.rfi.fr.

APRÈS L'ÉCOUTE

1 **Remplissez les blancs** Lisez ces phrases de l'audio et remplissez les blancs avec les mots de la liste.

au-delà	avenant	boutons	camoufler	cernes	enrobée
espèce	ludique	mine	partie	plaisir	poids
précoce	problématique	référer	sensibilisées	soumises	trait

1. «J'aime pas trop employer le terme de féminisation ____________».
2. «Donc, ces filles qui sont ____________ à l'image depuis qu'elles sont petites, qui ont accès à Internet aussi, sur Facebook, sur les blogs et cetera, sont ____________ plus tôt au rôle et au ____________ de l'image».
3. «C'est pas tant la ____________ d'être mince, ou d'être un peu plus ____________, ou quoi que ce soit, que de bien savoir s'habiller, de porter des vêtements qui vous vont bien».
4. «Euh... ça va être ensuite le fait d'avoir un beau visage... un visage ____________, souriant... donc, on va avoir la problématique de la bonne ____________, ne pas avoir de ____________, ne pas avoir de ____________, donc elles vont forcément chercher à utiliser du fond de teint, ce genre de produits pour ____________ tout ça».
5. «Ensuite, quelque chose de très important qui n'est pas visible, mais qui fait ____________ de la beauté, c'est tout ce qui a ____________ à l'odeur, à l'hygiène et à la propreté».
6. «____________ de la partie utilitaire, fonctionnelle, image, il y a un vrai ____________».
7. «Il y a le fait de pouvoir partager ça avec sa mère ou de le partager avec ses copines, c'est aussi ____________ et un peu plus... comment dirais-je... léger».
8. «Tout à fait, les modèles auxquels elles vont se ____________, c'est les modèles qu'on a à la télé... ce genre de stars,... qui représentent une ____________ d'idéal... alors, de beauté, mais aussi de personnalité [...]».

2 **Discussion en petits groupes** Lisez de nouveau les questions de l'Activité 1 dans la section **Avant l'écoute**. Par petits groupes, répondez à ces questions selon ce que Rachida Bouaiss dit dans l'entretien. Considérez aussi vos propres expériences.

3 **Essai philosophique** Écrivez un essai philosophique dans lequel vous analysez cette question: Comment est-ce qu'on définit la beauté et quel rôle celle-ci joue-t-elle dans la construction d'une bonne ou d'une mauvaise estime de soi? Votre essai doit comprendre:

1. Une introduction dans laquelle:
   - vous exprimez la thèse de votre essai
   - vous expliquez les raisons pour lesquelles la beauté est importante dans la vie
2. Un développement dans lequel:
   - vous développez la thèse en utilisant des arguments logiques
   - vous utilisez des citations de l'audio et des deux textes de ce contexte pour soutenir vos opinions
3. Une conclusion dans laquelle:
   - vous résumez votre thèse
   - vous donnez votre propre point de vue sur ce qu'est la beauté

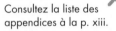

STRATÉGIE

Remplir les blancs
Trouvez un enregistrement court et essayez de le retranscrire en laissant des blancs (votre professeur peut vous aider à trouver un enregistrement). Ensuite, échangez le texte retranscrit avec un(e) partenaire et demandez-lui de remplir les blancs. Cela vous conduira à écouter l'enregistrement plusieurs fois et à penser de manière plus approfondie au thème dont il traite.

VOCABULAIRE PERSONNEL
Notez le nouveau vocabulaire à mesure que vous l'apprenez.

RESSOURCES
Consultez la liste des appendices à la p. xiii.

LIENS CULTURELS

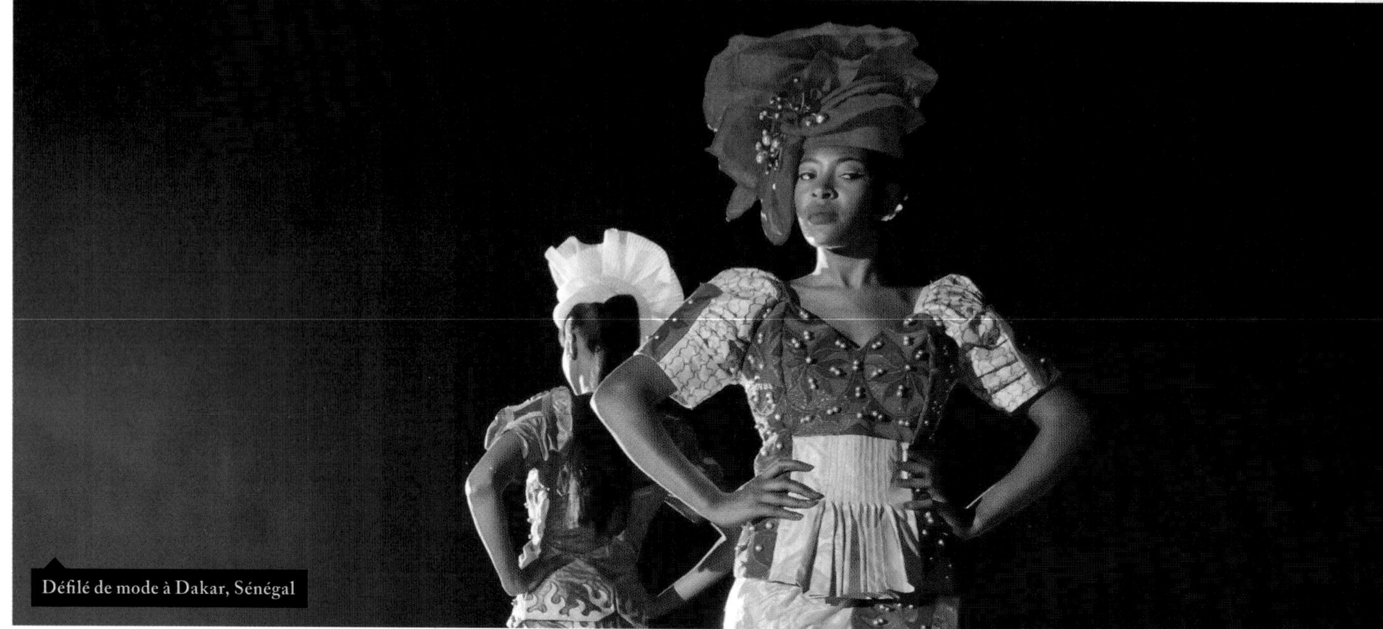
Défilé de mode à Dakar, Sénégal

Beauté et mode au Sénégal

LA CONCEPTION DE LA BEAUTÉ VARIE DANS L'ESPACE ET dans le temps. Aujourd'hui, plus que jamais, les nouveaux médias, la télévision, le cinéma et la mode déterminent notre concept du beau. Au Sénégal, à la pointe de l'Afrique de l'Ouest, on prend la mode très au sérieux. Chaque année, pendant une semaine, Dakar vit au rythme endiablé des défilés de mode. Dakar Fashion Week révèle au monde entier les créations des stylistes sénégalais comme Adama Paris ou Collé Sow Ardo, et des modélistes d'Afrique et d'ailleurs. Adama Amanda Ndiaye, plus connue sous le nom de Adama Paris est à l'origine de cette semaine qui célèbre la mode et la créativité. Fille de diplomate, éduquée en Europe, elle décide de ramener sa conception de la mode au Sénégal, en 2001. Depuis, l'événement présente chaque année une vision dynamique et colorée de l'Afrique et célèbre la beauté noire et les richesses culturelles du continent africain.

- Jael Redinha, une jeune designer-entrepreneuse luxembourgeoise, a lancé une des premières marques prêt-à-porter du Grand-Duché. Ce sont les gens et les associations de couleurs dans les rues où elle se promène ainsi que les concepts de Coco Channel qui l'inspirent. Les modèles de sa marque Jael Curiel vont de la taille 34 à 46 car elle pense que les femmes rondes ont aussi le droit de profiter de la mode.
- Seyf Dean Laouiti est un jeune styliste tunisien qui aborde la mode avec une appréciation des mélanges dont il est issu. Né d'une maman nippo-taïwanaise et d'un papa tunisien, il fait ses études de styliste modéliste à ESMOD Tunis et part ensuite en Chine. De retour, il ne s'intéresse pas à vendre un vêtement mais plutôt à le customiser. Laouiti a obtenu un premier prix au Festival de la mode, à Tunis, en 2013.
- Lancé en 2014, l'Alliance des Couturiers et Créateurs de mode du Mali (ACCM) a pour objet la promotion du stylisme malien et la valorisation des richesses du pays telles que le coton, le cuir, les perles, le bogolan (un tissu teint selon une technique typiquement malienne), et les pagnes tissés. L'alliance espère inciter le monde de la mode internationale à accorder plus d'attention aux couturiers et créateurs maliens et à leur vision de la beauté et de l'esthétique.

Présentation orale: comparaison culturelle

Préparez une présentation orale sur le thème suivant.

- Le concept de la beauté est-il inné ou est-il acquis et modelé au sein d'une culture?

Comparez votre propre communauté à une région du monde francophone que vous connaissez.

contexte 2 Le patrimoine

POINTS DE DÉPART

Le mot «patrimoine» signifie à l'origine «l'héritage qui vient du père». De nos jours, il a un sens beaucoup plus vaste et désigne l'ensemble des biens matériels ou immatériels qu'un individu, une communauté ou une nation hérite de ses ancêtres. Il existe même un patrimoine mondial, commun à l'humanité entière, dont l'UNESCO a la charge. Celui-ci est composé d'objets, de bâtiments, de lieux ou même de pratiques qui ont une valeur culturelle, naturelle ou historique reconnue par tous et tout à fait exceptionnelle.

- En quoi consiste le patrimoine culturel et pourquoi est-il important pour un pays?
- Quel rôle les arts jouent-ils dans la vie des gens?
- Quelle est l'attitude des pays en ce qui concerne la préservation de leur patrimoine culturel?

DÉVELOPPEMENT DU VOCABULAIRE

VOCABULAIRE PERSONNEL
Notez le nouveau vocabulaire à mesure que vous l'apprenez.

1 Le patrimoine culturel Associez chaque mot à sa définition.

1. ___ les arts décoratifs
2. ___ le savoir-faire artisanal
3. ___ la gastronomie
4. ___ les vestiges
5. ___ la musique folklorique
6. ___ les chefs-d'œuvre littéraires
7. ___ les lieux historiques
8. ___ la danse
9. ___ le théâtre de marionnettes
10. ___ les usines historiques

a. manufactures anciennes
b. exemples extraordinaires de la littérature
c. mouvements chorégraphiés
d. ensemble des œuvres ornementales
e. compétences créatives
f. spectacles avec des figurines qui bougent
g. traditions culinaires
h. sites importants dans l'histoire
i. compositions rythmiques propres à un pays
j. ruines ou traces du passé

2 Le patrimoine mondial D'après l'UNESCO, le patrimoine mondial est constitué de biens remarquables qu'il faut préserver. À deux, décrivez des exemples qui font ou pourraient faire partie de ce patrimoine mondial pour chaque catégorie.

Angkor Vat est un site archéologique au Cambodge qui consiste en un ensemble de temples.

- paysage sauvage
- paysage culturel
- site archéologique
- architecture
- bien industriel
- ville ancienne
- monument
- autre catégorie?

3 Le Top 10 En petits groupes, réfléchissez au patrimoine culturel, artistique ou historique des États-Unis. Faites une liste du top dix du pays. Votre liste doit comprendre une variété de domaines (lieu historique, tradition, chef-d'œuvre artistique ou monument).

MODÈLE *La ville de Williamsburg en Virginie est un des meilleurs exemples du patrimoine historique des États-Unis.*

LECTURE 2.1 ▸ LA CARROSSERIE FRANÇAISE BIENTÔT RECONNUE PAR L'UNESCO?

AU SUJET DU TEXTE Cet article publié par *Le Figaro* explique comment la Fédération Française des Véhicules d'Époque (la FFVE) propose que des voitures fabriquées en France soient classées au patrimoine mondial de l'UNESCO. En effet, s'inspirant du mouvement Art déco présenté lors de l'Exposition des arts décoratifs et industriels modernes de 1925 (représentée sur l'image), les grands carrossiers français ont commencé à produire des voitures extraordinaires, à partir de cette date. Aujourd'hui, certaines de leurs créations paraissent encore si rares et si belles qu'on peut vraiment se demander si elles ne font pas partie du patrimoine culturel de l'humanité entière.

AVANT LA LECTURE

VOCABULAIRE PERSONNEL

Notez le nouveau vocabulaire à mesure que vous l'apprenez.

1 **La construction automobile** Écrivez des définitions pour ces mots liés à la construction automobile.

- l'aérodynamique
- la carrosserie
- le châssis
- le chrome
- la marque de prestige
- le modèle de haute gamme
- l'ornement
- la voiture de masse

2 **Le patrimoine culturel** Avec un(e) partenaire, développez une définition du patrimoine culturel. Ensuite, faites des recherches pour trouver la définition de l'UNESCO et répondez aux questions.

1. Est-ce que votre définition est similaire à celle de l'UNESCO ou est-elle différente? Expliquez.
2. Y a-t-il des éléments qui manquent dans votre définition?
3. À votre avis, y a-t-il des éléments qui manquent dans la définition utilisée par l'UNESCO?
4. Après ces recherches, de quelle manière votre idée de ce qu'est le patrimoine culturel a-t-elle changé?
5. Croyez-vous que les automobiles puissent faire partie du patrimoine culturel? Expliquez.

3 **La voiture américaine** Est-ce que les voitures font partie du patrimoine culturel américain? En petits groupes, utilisez les points suivants pour en débattre et arriver à un accord. Soyez prêt(e)s à expliquer l'opinion du groupe à la classe.

- Est-ce que la production automobile est importante aux États-Unis?
- Est-ce que certaines voitures américaines sont exceptionnelles?
- Est-ce que l'apparition de la voiture a transformé le pays?
- Est-ce que la voiture occupe une place importante dans l'histoire et dans la culture du pays?

LA CARROSSERIE FRANÇAISE BIENTÔT RECONNUE PAR L'UNESCO?

MOTS-CLÉS

la gamme variété de produits, choix

donner le la servir de modèle

un sens bonne connaissance

à l'unité unique, opposé d'en masse

se déployer avoir lieu, prendre place

Par: **Sylvain Reisser**

STRATÉGIE

Évaluer l'objectivité de l'auteur
Au cours de la lecture, il est important de déterminer si l'auteur montre une préférence en faveur ou contre le thème.

LA FÉDÉRATION Française des Véhicules d'Époque œuvre pour que les grands carrossiers français qui ont officié de 1920 à 1970 soient reconnus comme patrimoine mondial par l'UNESCO. Sera-t-elle entendue? À la vision des derniers résultats de nos trois derniers constructeurs automobiles français et de l'étendue de leur **gamme**, on a peine à croire que la France a naguère occupé le premier rang de la production automobile mondiale et **donné le la** sur le plan esthétique et technique. Ce n'est pas une chimère: cette période bénie a pourtant bel et bien existé.

C'était la France des années 1920-1930. Ces sculptures roulantes constituent, durant les Années folles, les meilleurs ambassadeurs de l'excellence et de la puissance tricolore. Dans son édition du 7 octobre 1922, le journal *L'Illustration* souligne que «les étrangers sincères reconnaissent que la France a **un sens** de l'automobile tout à fait exceptionnel, qu'elle y est absolument imbattable». En parallèle de la production de masse née aux États-Unis, il est acquis que les carrossiers français donnent alors le la des tendances en habillant, souvent **à l'unité**, les châssis des marques de prestige que sont Bugatti, Delage, Delahaye, Hispano-Suiza, Talbot-Lago et Voisin. L'imagination de ces créatifs de talent s'inspire largement du mouvement Art déco engagé en marge de l'Exposition des arts décoratifs et industriels modernes de 1925. Cet événement, qui **se déploie** sur l'esplanade des Invalides, le long des quais de Seine et autour du Grand et du Petit Palais, conforte Paris dans sa position de capitale de la créativité et marque le passage de témoin entre deux courants: un conformisme hérité

MOTS-CLÉS

au détriment des avec un effet négatif sur

déboucher donner

hisser hausser, faire monter à un plus haut niveau

de l'avant-guerre, chargé de rappels historiques, et une modernité que l'on pressent nourrie de science et de technique, portée par l'influence de l'aviation et les progrès de l'aérodynamique.

Oscillant entre les deux lignes de ce monde bipolaire, les carrossiers français ne tardent pas à régner en maîtres, posant les jalons d'un suprême raffinement passé à la postérité.

Les ambassadeurs du bon goût français

Marquant l'apogée du bon goût français, leurs réalisations dont beaucoup ont malheureusement quitté le territoire pour rejoindre de grandes collections étrangères —on pense bien évidemment aux collections californiennes Mullin et Keller—s'arrachent à prix d'or dans les ventes aux enchères. Au lendemain de la Seconde Guerre mondiale, les carrossiers français pansent leurs plaies. Une page se tourne. L'heure de la voiture de masse a sonné, sous l'impulsion des pouvoirs publics qui incitent les constructeurs généralistes français à développer la voiture populaire, **au détriment des** modèles haut de gamme. L'influence de l'Amérique, les chromes surabondants, les ornements excessifs **débouchent** sur des carrosseries monstrueuses. L'âge d'or se referme au début des années soixante-dix.

Sans doute un peu nostalgique de cette période où l'automobile française brillait dans le monde, la Fédération Française des Véhicules d'Époque a proposé à l'UNESCO de les reconnaître comme Patrimoine mondial. Ce défi louable permettrait de **hisser** la carrosserie française au niveau de la gastronomie française. La FFVE sera-t-elle entendue? Il faut le souhaiter.

APRÈS LA LECTURE

1 **Vrai ou faux?** Dites si ces phrases sont vraies ou fausses, puis corrigez les fausses.

1. La France a commencé à dominer la production automobile mondiale en 1900.
2. Les voitures produites en France à l'époque décrite dans l'article étaient performantes au niveau esthétique et technique.
3. Aux États-Unis, à la même époque, on ne produisait pas de voitures à l'unité.
4. Les voitures françaises des années 20 reflètent deux courants esthétiques très différents.
5. À l'époque, la forme des voitures a bénéficié des progrès en aérodynamique.
6. Les voitures créées par les Français sont pour la plupart restées en France.
7. L'âge d'or de la carrosserie française arrive à sa fin juste après la Seconde Guerre mondiale.

2 **Interprétation** À deux, répondez aux questions.

1. Qu'est-ce que c'est, les «Années folles»?
2. Qu'est-ce qui montre que Paris est la capitale de la créativité en 1925?
3. Qu'est-ce que le courant Art déco apporte de nouveau?
4. Pourquoi la fin de la Seconde Guerre mondiale est-elle importante dans l'histoire de la carrosserie française? Comment est-ce que la production automobile s'est transformée?
5. Qu'est-ce qui caractérise les voitures américaines de l'époque?

3 **L'objectivité de l'auteur** La FFVE propose que l'UNESCO reconnaisse la carrosserie française comme patrimoine mondial. À votre avis, l'auteur de l'article montre-t-il une préférence en faveur ou contre cette proposition? Citez trois phrases ou passages qui justifient votre opinion.

4  **Expliquez** En petits groupes, répondez aux questions pour expliquer cette phrase extraite du texte.

> « Ces sculptures roulantes constituent, durant les Années folles, les meilleurs ambassadeurs de l'excellence et de la puissance tricolore. » 

1. Pourquoi l'auteur décrit les voitures comme des «sculptures roulantes»?
2. Qu'est-ce que le mot «tricolore» désigne? Par quel autre mot peut-on le remplacer?
3. Quelle est l'idée principale de la phrase?
4. Le patrimoine culturel d'un pays peut-il accroître son prestige? Expliquez.

STRATÉGIE

Paraphraser
Pour éviter tout malentendu quand vous parlez avec quelqu'un, si vous vous apercevez que cette personne ne vous comprend pas, reformulez différemment ce que vous avez dit. Utilisez cette technique quand vous faites une interview ou quand vous travaillez avec un(e) partenaire ou en groupe.

5 **Les voitures** Faites des recherches sur Internet pour trouver plus d'information sur les voitures construites dans les années 1920 et 1930 en France et aux États-Unis, puis répondez aux questions. Partagez vos réponses avec un(e) camarade.

1. De quelle manière les voitures françaises et américaines de l'époque sont-elles différentes? Quelles valeurs ces différences réflètent-elles? Expliquez.
2. Quelle(s) voiture(s) préférez-vous? Pourquoi?
3. Est-ce que vous aimeriez avoir une voiture ancienne, comme un de ces modèles?

6 **Les caractéristiques** Utilisez les recherches de l'Activité 5 pour décrire les voitures françaises de l'époque. Considérez les points suivants.

- la beauté et la forme de la voiture
- la qualité des détails et de la finition
- le prix
- la performance
- la rareté

7  **E-mail persuasif** Utilisez la liste de l'Activité 6 et d'autres arguments pour écrire un e-mail à l'UNESCO pour convaincre l'organisation d'inscrire ces automobiles au patrimoine mondial culturel. Votre e-mail doit comprendre les éléments suivants:

- une introduction qui explique le motif de votre mail
- une description de la carrosserie française et son importance culturelle et historique
- une explication de vos arguments en faveur de la récognition
- une conclusion qui résume votre souhait

VOCABULAIRE PERSONNEL
Utilisez votre vocabulaire personnel.

8  **Un débat** En petits groupes, présentez tous les arguments en faveur et contre la classification de la carrosserie française au patrimoine mondial, puis prenez une décision. Partagez votre décision avec la classe comme si vous étiez des représentants de l'UNESCO.

RESSOURCES
Consultez la liste des appendices à la p. xiii.

9   **L'Art déco** En petits groupes, faites des recherches sur l'Art déco, puis utilisez ces recherches et le texte pour répondre aux questions suivantes.

1. Quand et où est né l'Art déco? Dans quels pays était-il populaire?
2. Quelles sont ses grandes caractéristiques?
3. Quelle est l'importance de la technologie dans ce mouvement?
4. Quels types d'objets ou de bâtiments ont-été créés dans ce style?

LECTURE 2.2 ▸ LES ARTS ET LE PATRIMOINE AU CANADA: SONDAGE DE 2012 SUR L'ACCÈS ET LA DISPONIBILITÉ

AU SUJET DU TEXTE L'article et les tableaux ci-dessous ont été créés par Phoenix SPI, une maison de sondages d'opinion et d'études de marché canadienne, pour le Ministère du patrimoine canadien en 2012. Le Ministère encourage la participation à la vie culturelle du pays. Le sondage a été effectué par téléphone auprès de mille un résidents du Canada. L'objectif de cette enquête était d'évaluer les habitudes des Canadiens en matière d'activités culturelles et artistiques. Ses principaux résultats sont présentés dans trois grands tableaux.

AVANT LA LECTURE

VOCABULAIRE PERSONNEL
Notez le nouveau vocabulaire à mesure que vous l'apprenez.

1 Mon opinion Indiquez si vous êtes plutôt d'accord ou pas avec ces phrases.

	D'accord	Pas d'accord
1. Les États-Unis ont un patrimoine culturel et historique important.	☐	☐
2. Tout le monde devrait visiter des lieux qui font partie du patrimoine historique des États-Unis.	☐	☐
3. Les arts et la culture d'un pays appartiennent à tous ses habitants.	☐	☐
4. Le patrimoine culturel d'un pays est plus important que son patrimoine naturel.	☐	☐
5. Il n'y a pas beaucoup de façons de découvrir l'art et de profiter de la culture.	☐	☐
6. Il faut préserver le patrimoine culturel d'un pays pour les générations futures.	☐	☐

2 Comparez et commentez À deux, utilisez ces points pour discuter de vos réponses à l'Activité 1.

1. Comparez et expliquez vos réponses.
2. Quel rôle les arts et la culture jouent-ils dans votre vie?
3. Et pour vos camarades de classe, d'après vous?

3 Sondage Interrogez vos camarades de classe pour découvrir quelles sont leurs pratiques culturelles ou artistiques. Ensuite, préparez un petit rapport qui résume les pratiques les plus populaires.

LES ARTS ET LE PATRIMOINE AU CANADA: SONDAGE DE 2012 SUR L'ACCÈS ET LA DISPONIBILITÉ

MOTS-CLÉS

l'établissement (m.) bâtiment, organisation

l'abonnement (m.) convention entre un fournisseur et un client pour la livraison régulière d'un produit ou service

Un sondage a été réalisé auprès de nombreux Canadiens pour en apprendre plus sur leur participation à diverses activités artistiques et culturelles.

Le Château Frontenac

Le sondage s'intéresse tout particulièrement aux **établissements** et lieux historiques visités au cours de l'année, aux types d'activités pratiquées, ainsi qu'aux attitudes des personnes sondées à l'égard de ces activités artistiques et culturelles. Les résultats de cette étude sont présentés dans les graphiques suivants.

STRATÉGIE

Interpréter des graphiques, des tableaux et des statistiques
C'est une compétence essentielle compte tenu de l'abondance des informations de ce type disponibles à ce jour. Pour identifier et interpréter les données présentées, il est utile de lire le titre, la légende et la source des données.

PARTICIPATION À DES ACTIVITÉS ARTISTIQUES

Au cours des 12 derniers mois, avez-vous accompli personnellement l'une ou l'autre des activités suivantes?

Don	26%
Théâtre, danse, musique	22%
Photographie, films, art des nouveaux médias	20%
Internet en tant qu'outil de création artistique	20%
Adhésion ou **abonnement**	15%
Bénévolat – organisation artistique ou culturelle	13%
Création littéraire	10%
Arts visuels	10%

Réponses multiples acceptées. Échantillon: N = 1 001.

Source: Phoenix SPI pour le compte de *Patrimoine Canadien*, juillet 2012.

MOTS-CLÉS
le bien-être bon équilibre, santé

ÉTABLISSEMENTS ET LIEUX TOURISTIQUES OU CULTURELS VISITÉS L'AN DERNIER

Au cours des 12 derniers mois, avez-vous visité l'un des endroits suivants?

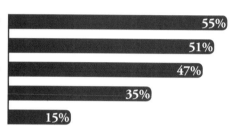

Bâtiment ou lieu historique	55%
Musée ou centre des sciences	51%
Zoo, aquarium ou jardin botanique	47%
Musée des beaux-arts	35%
Planétarium ou observatoire	15%

Réponses multiples acceptées. Échantillon: N = 1 001.

ATTITUDES À L'ÉGARD DES ACTIVITÉS ARTISTIQUES ET CULTURELLES

Veuillez indiquer si vous êtes fermement d'accord, plutôt d'accord, plutôt en désaccord ou fermement en désaccord avec les énoncés suivants. Voyons ceci...

Les activités artistiques et culturelles rendent la collectivité plus agréable

Les expériences artistiques sont une bonne occasion de réunir les gens

Les arts constituent un bon moyen d'aider les gens à réfléchir et à travailler de façon créative

Les artistes canadiens sont parmi les meilleurs du monde

L'exposition aux arts et à la culture est importante pour **le bien-être** individuel

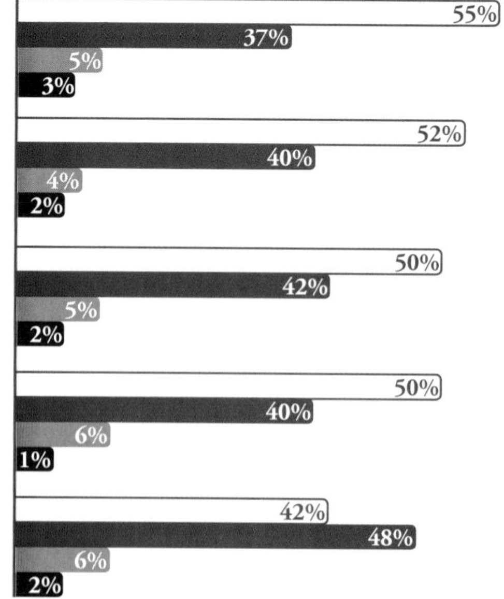

Fermement d'accord | Plutôt d'accord | Plutôt en désaccord | Fermement en désaccord

Échantillon: N = 1 001; NSP/PDR: 1% ou moins.

APRÈS LA LECTURE

1 **Compréhension** Choisissez la réponse correcte en vous basant sur les graphiques.

1. Selon le premier graphique, comment est-ce que les Canadiens participent le plus à l'art?
   a. Ils prennent des cours.
   b. Ils s'abonnent à diverses revues artistiques.
   c. Ils fréquentent les bibliothèques.
   d. Ils font des dons.
2. D'après le deuxième graphique, à quelle discipline les Canadiens s'intéressent-ils le moins?
   a. La peinture
   b. L'astronomie
   c. La biologie
   d. L'architecture
3. Selon le troisième graphique, pour les Canadiens, quelle est la raison la plus importante d'aimer les arts?
   a. Leur créativité
   b. Leur bien-être individuel
   c. La qualité de vie dans leur communauté
   d. Leur renommée internationale
4. D'après l'étude, où est-ce que les Canadiens vont le moins souvent?
   a. Au musée
   b. Au zoo
   c. Dans des lieux historiques
   d. Dans des centres de sciences
5. Selon cette enquête, laquelle de ces phrases décrit le mieux les Canadiens?
   a. Ils pensent que leurs artistes ne sont pas tous très bons.
   b. Leur patrimoine historique est très important pour beaucoup d'entre eux.
   c. Beaucoup d'entre eux s'intéressent à la littérature et écrivent des romans.
   d. Ils apprécient l'art, mais de manière individuelle.

CONCEPTS IMPORTANTS

Déductions
Pour déduire des informations sous-entendues dans un texte, utilisez les données fournies dans le texte.

2 **Résumez** Relisez les titres des graphiques et faites une analyse globale des données de chacun. Observez leur tendance et les données chiffrées qui attirent le plus l'attention. Ensuite, écrivez un petit résumé pour chacun d'entre eux. Faites référence à des informations spécifiques si nécessaire pour étayer votre explication.

3 **Évaluez** À deux, répondez aux questions pour donner votre opinion sur ce sondage et en évaluer la qualité.

1. Est-ce que ces résultats vous surprennent?
2. Est-ce que les habitudes culturelles des Canadiens sont similaires aux vôtres ou très différentes? Citez quelques exemples.
3. Est-ce qu'il manque des informations dans un de ces tableaux, à votre avis? Lesquelles?
4. Quel tableau vous semble le moins intéressant? Pourquoi?
5. Est-ce que ce sondage vous paraît bien fait dans l'ensemble? Expliquez votre point de vue.

4 

Synthèse Faites une synthèse de ce que vous avez appris sur les habitudes culturelles des Canadiens grâce au sondage de Phoenix SPI. Incluez les éléments qui suivent.

- les grandes tendances que vous avez observées
- quelques exceptions ou éléments qui vous paraissent étranges
- un détail qui vous paraît typique du Canada ou que vous pouvez expliquer d'après ce que vous savez de ce pays

STRATÉGIE

Demander des clarifications
S'il y a quelque chose que vous ne comprenez pas, posez des questions pour clarifier les informations.

5 

Enquête Vous cherchez à découvrir les habitudes culturelles d'un(e) de vos camarades de classe et son attitude envers l'art et la culture. À tour de rôle, utilisez les questions suivantes pour vous interviewer l'un et l'autre. Posez des questions complémentaires si nécessaire.

1. Fais-tu des dons à des associations culturelles ou artistiques?
2. Lis-tu régulièrement des magazines culturels?
3. Aimes-tu visiter des lieux historiques ou des musées? Pourquoi ou pourquoi pas?
4. Utilises-tu Internet pour faire de la création artistique? Si oui, comment l'utilises-tu?
5. Fais-tu du bénévolat en rapport avec l'art ou la culture?
6. À votre avis, les artistes américains ont-ils du talent? Cite quelques personnes que tu trouves talentueuses et explique pourquoi.
7. Est-ce que tu vas souvent au théâtre, à des concerts ou à des spectacles de danse?
8. Est-ce que tu préfères être seul(e) ou avec des ami(e)s quand tu participes à une activité artistique ou culturelle?
9. Est-ce que l'art te fait réfléchir ou t'inspire? Explique ton point de vue.
10. Est-ce que tu discutes souvent d'artistes ou d'œuvres avec tes ami(e)s?

6 

Analysez En petits groupes, comparez et analysez les données que vous avez recueillies dans l'enquête de l'Activité 5. Au cours de votre discussion, répondez aux questions suivantes.

1. Quelles sont les grandes tendances?
2. Est-ce que certains résultats sont contradictoires?
3. Qu'est-ce qui vous paraît le plus intéressant ou surprenant?
4. Est-ce que ces résultats vous semblent représentatifs des Américains typiques? Expliquez.
5. En quoi diffèrent les habitudes de vos camarades de classe de celles des Canadiens?

VOCABULAIRE PERSONNEL
Utilisez votre vocabulaire personnel.

7 

Dans notre communauté Le patrimoine artistique et culturel peut être matériel ou immatériel. Faites des recherches sur les deux formes du patrimoine artistique et culturel de votre communauté et préparez une présentation orale. Votre présentation doit contenir les éléments ci-dessous.

- décrivez les formes artistiques ou les pratiques culturelles les plus importantes dans votre communauté
- expliquez pourquoi elles sont importantes en donnant des détails et des exemples
- donnez votre opinion sur ce que l'art et la culture représentent dans votre communauté

RESSOURCES
Consultez la liste des appendices à la p. xiii.

8 

À mon avis Dans la vie quotidienne moderne, quel rôle l'art joue-t-il? Écrivez un texte pour répondre à cette question. Pensez à l'impact de toutes les formes d'art que vous connaissez et à ce que serait la société si elles n'existaient pas. Exprimez votre opinion personnelle sur ce sujet de façon claire et donnez des exemples précis pour l'illustrer.

AUDIO ▸ OUSMANE SOW: «JE SUIS LE PREMIER NOIR À L'ACADÉMIE DES BEAUX-ARTS».

Audio
My Vocabulary
Record & Submit
Strategy
Write & Submit

INTRODUCTION Cet enregistrement est un entretien avec Ousmane Sow, un sculpteur sénégalais qui a été le premier Noir à devenir membre de l'Académie des beaux-arts à Paris. L'interview est réalisée par Patrick Simonin, le présentateur et rédacteur en chef de l'émission *L'invité* sur TV5 Monde, une chaîne internationale de télévision francophone.

Né en 1935, Ousmane Sow sculpte depuis sa jeunesse, mais c'est seulement à l'âge de 50 ans qu'il se consacre entièrement à son art après avoir exercé le métier de kinésithérapeute pendant des années. Il a 78 ans quand il est élu membre de l'Académie, en décembre 2013.

MOTS-CLÉS

le plateau scène d'un studio de télévision
acculturer essayer de faire perdre sa culture à un peuple
tendre la main demander de l'aide, mendier
l'affrontement (m.) bataille, combat
la lutte combat, conflit
se défier lui-même se battre contre lui-même

AVANT L'ÉCOUTE

1 Recherches préliminaires Avec un(e) partenaire, faites des recherches sur Internet afin de répondre aux questions suivantes pour mieux comprendre les thèmes abordés dans le texte audio.

1. Qu'est-ce que c'est, l'Académie des beaux-arts? Quelles sont ses activités?
2. Qui était Nelson Mandela? Quel héritage a-t-il laissé au monde?
3. En quoi consistait l'exposition du Pont des Arts réalisée par Sow?
4. Qui sont les Massaïs, les Zoulous, les Peuls et les Noubas?
5. Qu'est-ce que c'est, la bataille de Little Big Horn?

STRATÉGIE

Faire des recherches préliminaires
Faire des recherches préliminaires vous aidera à assimiler les informations présentées pendant un texte audio.

2 Perspectives personnelles Répondez aux questions suivantes.

1. Pensez à des sculptures que vous avez observées. Où les avez-vous vues? Dans un parc? Devant un bâtiment? Dans un musée ou dans un édifice religieux?
2. Décrivez-en deux ou trois qui vous ont marqué(e). Quels étaient leurs sujets? Pourquoi vous ont-elles plu?
3. Qu'est-ce que chaque sculpteur voulait communiquer à travers son œuvre, d'après vous?

PENDANT L'ÉCOUTE

TV5MONDE

1 Première écoute Avant d'écouter l'enregistrement, lisez les sujets suivants. Alors que vous écoutez, cochez ceux qui sont abordés dans l'interview.

- ☐ le surnom de Sow
- ☐ un événement important pour toute l'Afrique
- ☐ l'influence du père de Sow sur son art
- ☐ des peuples africains
- ☐ une exposition des sculptures de Sow à Paris
- ☐ les voyages de Sow
- ☐ la dignité de l'homme
- ☐ les projets d'avenir de Sow

2 Deuxième écoute Pendant la deuxième écoute, notez une information liée à chacun des sujets que vous avez cochés.

APRÈS L'ÉCOUTE

1 Compréhension Répondez aux questions suivantes. Vous pouvez utiliser vos notes de l'activité précédente pour vous aider.

1. Comment surnomme-t-on Ousmane Sow?
2. D'après Sow, pourquoi son entrée à l'Académie des beaux-arts est un événement important pour toute l'Afrique?
3. À qui Sow dédie-t-il cet honneur?
4. Lors de quelle exposition le travail de Sow a-t-il été tout particulièrement reconnu?
5. Quelle a été sa première série de sculptures?
6. Qu'est-ce que Sow voulait communiquer à travers ses sculptures sur Little Big Horn, sur les Noubas et sur les Massaïs?
7. Qu'est-ce que Sow veut montrer à travers ses œuvres, en général?
8. Qu'est-ce qu'il évite dans ses sculptures?

VOCABULAIRE PERSONNEL
Utilisez votre vocabulaire personnel.

2 Interprétation et analyse Cherchez sur Internet des photos des sculptures d'Ousmane Sow qui sont mentionnées dans le texte audio. Ensuite, en vous basant sur vos impressions de ses œuvres, sur les recherches que vous avez faites dans l'Activité 1 d'**Avant l'écoute** et sur le texte audio, discutez en petits groupes des questions suivantes.

1. Pourquoi croyez-vous qu'on ait élu Ousmane Sow à l'Académie des beaux-arts en 2013?
2. D'après vous, qu'est-ce que cela peut représenter ou symboliser d'être le premier Noir à l'Académie?
3. Dans l'entretien, Sow parle de ce qu'il essaie de communiquer à travers ses sculptures. Comment ses choix de sujets (les Noubas, les Massaïs, Mandela et Little Big Horn) servent à cette fin? À votre avis, arrive-t-il à son objectif? Expliquez votre opinion.

RESSOURCES
Consultez la liste des appendices à la p. xiii.

3 Présentation orale: Comparaison Faites des recherches sur la biographie et l'œuvre d'un autre sculpteur. Qu'est-ce que cet artiste a en commun avec Ousmane Sow? Préparez une présentation orale qui traitera des éléments ci-dessous.

- donnez des informations sur la vie, la formation et l'œuvre des deux sculpteurs
- décrivez les similarités et les différences entre ces deux artistes
- exprimez votre opinion personnelle de l'œuvre de chaque artiste en disant lequel vous préférez et pourquoi.

4 Essai analytique Choisissez une forme d'art autre que la sculpture (la peinture, l'architecture ou la photographie). Faites des recherches pour trouver des artistes francophones qui s'illustrent dans l'art choisi. Préparez un essai dans lequel vous décrivez et démontrez l'importance de cette forme artistique pour le patrimoine mondial. Illustrez votre essai avec des exemples précis trouvés lors de vos recherches. Votre essai doit comprendre les points ci-dessous.

- une description précise de la forme d'art choisie
- une analyse de l'esthétique de ce type d'art et de son importance
- des exemples d'artistes francophones qui ont contribué à l'importance de cette forme d'art
- votre opinion personnelle sur cette forme d'art

LIENS CULTURELS

Le moulin de Bézard sur l'île de Marie-Galante

Le moulin de Bézard

SITUÉ SUR L'ÎLE DE MARIE-GALANTE, DANS L'ARCHIPEL DE la Guadeloupe, le moulin de Bézard témoigne du passé agricole et de l'activité sucrière de l'île. Construit dans la première moitié du XIXe siècle, le moulin était utilisé pour broyer la canne à sucre, étape nécessaire dans la fabrication du sucre. Très endommagé par le cyclone qui a ravagé l'île en 1956, le moulin a été restauré à l'identique de son architecture originale en 1994. Il a alors été équipé d'ailes démontables afin de limiter les dégâts en cas d'intempéries.

Aujourd'hui, le moulin est revenu à sa gloire passée. Il se dresse fièrement sur l'île, pour le bonheur des touristes qui peuvent y déguster le vesou, liquide produit par la canne à sucre qu'on écrase. Situées à proximité du moulin, des cases en gaulettes, habitations typiques de l'île bâties à l'aide de roseaux et surmontées de toits de paille, accueillent également les vacanciers et leur proposent de nombreux produits artisanaux.

- En 1883, Victor Schœlcher, célèbre abolitionniste, lègue sa bibliothèque personnelle (environ dix mille volumes et deux cent cinquante partitions de musique) au Conseil général de la Martinique, à condition qu'on construise une bibliothèque publique pour éduquer les anciens esclaves. En 1884, à Paris, l'architecte Henri Picq conçoit et réalise le bâtiment, qui est ensuite démonté, puis transporté par bateau et réassemblé à Fort-de-France. Monument historique depuis 1973, la bibliothèque demeure un des joyaux architecturaux de l'île.

- Au XIXe siècle, Henri Christophe, ancien esclave qui a lutté pour l'indépendance d'Haïti, s'autoproclame roi et prend le nom d'Henri Ier. Bâtisseur mégalomane, il fait construire l'immense Citadelle Laferrière et le palais de Sans Souci. Celui-ci est en partie inspiré du château de Versailles, mais il a été réalisé dans un mélange de styles architecturaux souvent jugés incompatibles. Pillé après la mort d'Henri Christophe, puis quasiment détruit par un tremblement de terre, il ne reste que quelques murs de ce palais, inscrit au Patrimoine mondial de l'UNESCO depuis 1982.

Présentation orale: comparaison culturelle

Préparez une présentation orale sur le thème suivant.

- Quelle est l'attitude des pays en ce qui concerne la préservation de leur patrimoine culturel?

Comparez votre propre communauté à une région du monde francophone que vous connaissez.

contexte 3 Les arts littéraires

POINTS DE DÉPART

Qu'il s'agisse de poèmes, de romans, d'essais ou d'œuvres dramatiques, la littérature communique les croyances et les idées d'un peuple, d'un pays ou de toute l'humanité. Elle est certainement le mode d'expression qui révèle le mieux la culture ou le point de vue d'un pays, d'une époque ou d'un milieu social.

- À quoi sert la littérature dans le monde contemporain?
- Quelles influences une œuvre littéraire peut-elle avoir sur l'individu et la société?
- Quels liens existent-ils entre le patrimoine littéraire d'un pays et sa culture en général?

DÉVELOPPEMENT DU VOCABULAIRE

VOCABULAIRE PERSONNEL
Notez le nouveau vocabulaire à mesure que vous l'apprenez.

1 **Les thèmes littéraires** Les grands thèmes littéraires se répètent à travers l'histoire. Notez le nom d'un roman, d'une nouvelle, d'une pièce de théâtre ou d'une œuvre littéraire qui correspond à chaque thème. Ensuite, comparez votre liste à celle d'un(e) camarade de classe.

- la lutte du bien contre le mal
- l'amour impossible
- le destin contre le libre arbitre
- la crise d'identité
- la mort
- les rôles de la femme
- le passage à l'âge adulte
- le déplacement ou l'exil
- le changement contre la tradition
- la beauté qui disparaît

2 **Le langage de la littérature** Pour bien comprendre un roman, il faut distinguer et comprendre ses différents éléments (le thème, l'intrigue et les personnages). À deux, créez une carte conceptuelle qui liste tous ces éléments, puis utilisez-la pour discuter de votre roman favori.

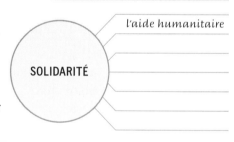

SOLIDARITÉ
l'aide humanitaire

3 **Sur la littérature** À deux, lisez les phrases et expliquez si vous êtes d'accord ou pas avec chacune d'entre elles. Exprimez votre propre opinion et utilisez des exemples littéraires tirés de vos lectures pour défendre votre point de vue.

1. Le but principal de la littérature est de s'évader de la réalité.
2. La littérature doit toujours être engagée, politiquement ou socialement.
3. Un écrivain d'origine étrangère ne peut pas comprendre ni décrire la culture d'un pays aussi bien qu'un écrivain né et élevé dans ce pays.
4. Les lauréats des prix littéraires sont les seuls auteurs qui valent la peine d'être lus.

RESSOURCES 
Consultez la liste des appendices à la p. xiii.

4 **Mes lectures** Quel genre de littérature préférez-vous à présent? La science-fiction? Les histoires d'amour? Les romans policiers? Écrivez un essai pour présenter votre genre littéraire favori et expliquez pourquoi vous aimez ce type de lecture. Incluez également des informations concernant le type d'intrigue, de personnages ou autres éléments littéraires qui vous fascinent.

LECTURE 3.1 ▸ MA LANGUE GRAND-MATERNELLE

AU SUJET DE L'AUTEUR Quand on parle de littérature française, on pense aux écrivains dont le français est la langue maternelle. Pourtant, certains écrivains d'origine étrangère ont choisi d'écrire en français et sont considérés comme des auteurs français à part entière. Andreï Makine est de ceux-là. Né en 1957 en Sibérie, c'est un écrivain d'origine russe et de langue française. Élevé par sa grand-mère, d'origine française, il a bénéficié de l'influence des deux cultures. Il a reçu le prix Goncourt en 1995 pour *Le Testament français*, un roman autobiographique dans lequel le narrateur aborde le thème de cette double culture.

AU SUJET DU TEXTE Dans son interview au *Figaro Littéraire*, Andreï Makine parle de littérature, de langue, et des différences qui existent entre le russe et le français. Le titre de l'interview, «Ma langue grand-maternelle», est ironique puisqu'on parle généralement de «langue maternelle».

AVANT LA LECTURE

VOCABULAIRE PERSONNEL
Notez le nouveau vocabulaire à mesure que vous l'apprenez.

1 **Mon expérience** Que représente la littérature pour vous? Sélectionnez les mots qui aident à décrire votre rapport à la littérature et ajoutez-en d'autres, si nécessaire. Ensuite, écrivez un paragraphe qui explique ce que vous recherchez dans la lecture.

le rêve	les connaissances	l'ésotérisme	le suspense	l'angoisse
l'analyse	l'amusement	le partage	la curiosité	la détente
l'imagination	le surnaturel	l'observation	la compagnie	le plaisir

2 **L'influence de la littérature** À quoi sert la littérature? À deux, lisez les réponses possibles à cette question et choisissez celles qui vous semblent valables. Puis, utilisez votre expérience personnelle pour expliquer et justifier vos choix.

- découvrir des mondes inconnus
- vivre des aventures différentes de la routine
- rencontrer des êtres humains extraordinaires
- apprécier mieux son patrimoine et son histoire
- développer ses connaissances personnelles
- s'évader de la monotonie de la vie quotidienne

3 **Les livres et l'enfance** Andreï Makine attribue en grande partie son goût des livres à sa grand-mère. En petits groupes, répondez aux questions pour discuter de vos souvenirs d'enfance liés à la lecture.

1. Quel rôle jouaient les livres dans votre vie quotidienne quand vous étiez enfant?
2. Est-ce que vous lisiez beaucoup, un peu ou pas du tout?
3. Quels genres préfériez-vous lire? Des bandes dessinées? Des romans? Des contes?
4. Aviez-vous un livre favori? Pourquoi est-ce que ce livre était si spécial?
5. Qu'est-ce que les livres vous ont appris à l'époque?

MOTS-CLÉS
baigner entourer
imprégner influencer
l'emprunt (m.) ce qu'on prend des autres
le lien rapport

«MA LANGUE GRAND-MATERNELLE»

Propos recueillis par Thierry Clermont

Andreï Makine, lauréat en 1995 du prix Goncourt et du prix Médicis pour *Le Testament français*, écrit en français depuis son arrivée à Paris, il y a vingt-deux ans. Il publie aujourd'hui *La Vie d'un homme inconnu.*

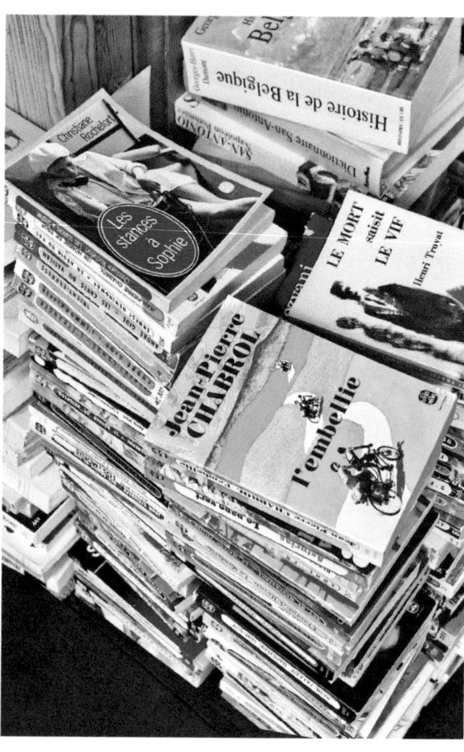

L'ÉCRIVAIN et ex-dissident russe évoque le monumental travail sur soi que représente le passage d'une langue à l'autre.

***LE FIGARO LITTÉRAIRE:* Pour vous, écrire en français, est-ce une nécessité ou un choix?**

Andreï MAKINE: En fait, je ne me suis jamais posé la question. Ou je ne me la pose pas en ces termes. C'est tout naturellement que j'écris en français, et ce depuis mon arrivée en France, il y a un peu plus de vingt ans. Cette langue, je l'ai entendue dès mon enfance, dans ma lointaine Sibérie. Elle venait de la bouche de ma grand-mère, d'origine française. Le français m'a toujours **baigné** et a encouragé, stimulé mon amour pour la littérature française. Je considère, à juste titre, le français comme ma langue «grand-maternelle».

***LE FIGARO LITTÉRAIRE:* Certains affirment que le français a tellement imprégné la langue russe qu'un Parisien ou un Auvergnat pourrait parfaitement se débrouiller à Moscou, sans prononcer un seul mot de russe. C'est sérieux?**

Andreï MAKINE: Bien sûr, c'est même très sérieux. Sylvain Tesson a très bien expliqué tout cela, et avec humour, dans son ouvrage intitulé *Katastrôf*! La liste des **emprunts** est très longue: sabotage, cauchemar, pilote... Par ailleurs, il existe un **lien** littéraire très fort entre la Russie et la France. Sans remonter jusqu'au siècle des Lumières où le français était la langue des diplomates et des intellectuels européens, j'aimerais rappeler, par exemple, que Tolstoï avait écrit les premières pages de *Guerre et Paix* directement en français, avant de se raviser, et que le grand Dostoïevski était parvenu à traduire en russe *Eugénie Grandet*, de Balzac... C'est ce qui a déterminé sa vocation littéraire. Et Raskolnikov, c'est un peu Rastignac, non?

LE FIGARO LITTÉRAIRE: Pourtant, d'autres écrivains russes exilés en France n'ont pas franchi le pas et ont continué d'écrire dans leur langue maternelle...

Andreï MAKINE: Oui, c'est d'ailleurs le cas de Tourgueniev et d'Ivan Bounine, le premier prix Nobel russe, auquel je voue une vive admiration. Mais il y a quelques exceptions. Je pense à Marina Tsvetaïeva qui a vécu une quinzaine d'années en région parisienne, pendant l'entre-deux-guerres, et qui a rédigé quelques proses directement en français, notamment sur son père.

LE FIGARO LITTÉRAIRE: Quelles sont les principales différences entre le russe et le français?

Andreï MAKINE: Tout les oppose. Le français est une langue analytique, nourrie de nombreuses propositions, alors qu'en russe, ce sont les déclinaisons qui dominent la syntaxe. Autre distinction: le français est cartésien et a été modelé par les grands auteurs de l'éloquence, d'où un certain goût du **laconisme** et ce raffinement qui marquent la grande littérature française.

LE FIGARO LITTÉRAIRE: Aujourd'hui, de nombreux écrivains étrangers installés en France en ont adopté la langue. Cela vous surprend-il?

Andreï MAKINE: Je ne suis pas surpris, mais je reste très **méfiant**. Quand on pense au travail monumental sur soi que représente le passage d'une langue à une autre... Je reste persuadé qu'en France, de nombreux auteurs se font aider dans ce délicat travail et que certains textes sont tout simplement réécrits... Moi, j'ai au moins cette qualité: j'écris sans accent...

LE FIGARO LITTÉRAIRE: Dans votre dernier roman, un des protagonistes déclare: «Un exilé n'a, pour patrie, que la littérature de sa patrie.» Est-ce votre avis?

Andreï MAKINE: Bien sûr, et j'aurais envie d'ajouter: rien de mieux pour défendre une langue que d'écrire un bon récit. Mes livres sont des actes d'amour adressés à la langue française. Je l'ai déjà évoqué dans *Cette France qu'on oublie d'aimer*, à l'heure où la littérature se retrouve trop souvent gâtée, voire pourrie par cette exécrable mondialisation. Et que dire de la télévision, ce réceptacle verbal des pires **bêtises**? Ou de cet **argot** infâme et abâtardi, ce **verlan** venu des quartiers dits pudiquement difficiles? Être «musical», et en français, dans cette cacophonie globale, est devenu mon combat. Le seul salut possible passe sans doute par la prose poétique. Alors, la communion entre les hommes pourra prendre le pas sur la communication. ◣

MOTS-CLÉS

franchir le pas prendre une décision importante
le laconisme sobriété
méfiant(e) soupçonneux (-euse)
la bêtise erreur
l'argot (m.) langage familier
le verlan argot qui inverse les syllabes des mots

STRATÉGIE

Passer et revenir
Quand vous rencontrez un mot inconnu, passez-le et continuez votre lecture jusqu'à la fin de la phrase ou du paragraphe. Puis, en utilisant le contexte, relisez la phrase et essayez de déduire le sens du mot.

APRÈS LA LECTURE

1 **Compréhension** Répondez aux questions sur l'interview.

1. Pourquoi est-ce que le titre de l'interview, «Ma langue grand-maternelle», est-il bien trouvé?
2. Quels passages ou extraits montrent qu'Andreï Makine connaît bien la littérature française?
3. Comment est-ce qu'Andreï Makine explique-t-il les liens forts qui existent entre la France et la Russie?
4. D'après lui, quelles sont les grandes différences entre le russe et le français?
5. Toujours selon lui, quels types de dangers menacent aujourd'hui la littérature?

2 **Interprétez et évaluez** Répondez aux questions et exprimez clairement votre opinion.

1. Andreï Makine dit qu'écrire dans une langue étrangère représente un «travail monumental sur soi». Que veut-il dire, selon vous?
2. Dans le dernier paragraphe, il regrette que la littérature se retrouve trop souvent «gâtée, voire pourrie par la mondialisation». Comment comprenez-vous cette phrase? Êtes-vous d'accord?
3. Quel est «le combat» qu'Andreï Makine veut désormais mener? Qu'en pensez-vous?

3  **La Russie et la France** Faites des recherches sur les relations historiques entre la France et la Russie. Puis en petits groupes, utilisez ces recherches et le contenu de l'interview pour démontrer pourquoi il y a des rapports culturels étroits entre les deux pays.

4 **La beauté** Andreï Makine croit qu'il est important d'avoir une belle plume. Il dit même que ses livres sont «des actes d'amour adressés à la langue française». Mais qu'est-ce qui rend une langue belle? La richesse du vocabulaire employé? La tournure de la phrase? Le style utilisé? Est-il nécessaire qu'un texte soit beau pour qu'il ait de la valeur? Discutez ces questions en petits groupes afin de vous mettre en accord sur la beauté de la langue et son importance dans l'expression écrite.

5 **L'autre langue** Andreï Makine dit qu'il est «méfiant» envers les œuvres de ses compatriotes russes quand elles sont écrites en français. À deux, faites une liste des difficultés les plus importantes quand on écrit dans une langue étrangère. Puis répondez à la question: à votre avis, est-il possible de créer des chefs-d'œuvre littéraires dans une langue autre que sa langue maternelle?

6 **Littérature en exil** Préparez un exposé dans lequel vous commentez le propos d'un personnage d'Andreï Makine: «Un exilé n'a, pour patrie, que la littérature de sa patrie». Comment comprenez-vous cette citation? Êtes-vous d'accord avec cette idée?

VOCABULAIRE PERSONNEL
Utilisez votre vocabulaire personnel.

7 **Un courriel à M. Makine** Choisissez deux idées importantes de l'interview et écrivez un courriel à Andreï Makine dans lequel vous lui demandez plus d'explication sur ces points. N'oubliez pas de vous présenter au début et de le remercier à la fin de votre message. Utilisez un registre soutenu pour écrire à cet auteur que vous ne connaissez pas.

RESSOURCES
Consultez la liste des appendices à la p. xiii.

8 **Présentation orale** Discutez des questions suivantes avec un(e) camarade de classe. Durant votre conversation, donnez des exemples qui soutiennent votre opinion et exprimez clairement votre point de vue.

1. Qu'est-ce que la lecture apporte de plus par rapport aux autres passe-temps populaires, tels que la télévision ou les jeux vidéo?
2. Les jeunes d'aujourd'hui ont-il la même appréciation de la langue et de la littérature que les générations antérieures?
3. Pourquoi est-il important de connaître la littérature des pays étrangers?
4. Quelles sont les contributions de la littérature à l'être humain en tant qu'individu et à la société dans son ensemble?

LECTURE 3.2 ▸ LES MISÉRABLES

AU SUJET DE L'AUTEUR Romancier, poète et dramaturge, Victor Hugo (1802–1885) est un géant de la littérature française. Écrivain engagé, ses prises de position politiques l'ont condamné à l'exil pendant 20 ans. En 1862 lors de cet exil, il a publié son roman *Les Misérables* où il révèle sa philosophie et sa vision romantique de l'être humain.

AU SUJET DU TEXTE Le texte qui suit se situe au début des *Misérables*, écrit en 1862 alors qu'Hugo vivait en exil. Il nous offre un portrait détaillé du personnage central, Jean Valjean. L'abondance de détails précis dresse également une fresque de la société rurale du début du 19e siècle dans laquelle Victor Hugo nous révèle sa philosophie et sa perception de la condition humaine.

AVANT LA LECTURE

VOCABULAIRE PERSONNEL
Notez le nouveau vocabulaire à mesure que vous l'apprenez.

1 **D'un autre siècle** Le texte que vous allez lire décrit un mode de vie et des activités qui n'existent plus. Pour mieux le comprendre, cherchez la signification de ces phrases.

1. Il était émondeur.
2. Il se louait comme moissonneur.
3. Le soir, il mangeait sa soupe.
4. Les enfants empruntaient une pinte de lait.
5. La famille n'eut pas de pain.
6. Il était quelque peu braconnier.

2 **Les conditions de vie** À votre avis, quelles étaient les conditions de vie des personnes extrêmement pauvres en France durant le 19e siècle? Avec un(e) camarade, pensez à une telle situation et décrivez les différentes formes de souffrance auxquelles ces personnes ont dû faire face. N'oubliez pas de considérer les besoins primaires tels que se nourrir, s'abriter ainsi que les soucis liés à l'éducation et aux conditions d'hygiène.

3 **Des personnages** Le roman *Les Misérables* a fait l'objet d'adaptations au cinéma et au théâtre. Avez-vous vu une de ces adaptations? Elles sont si nombreuses que l'histoire de Jean Valjean fait partie de notre culture populaire. En petits groupes, discutez de ce que vous savez déjà de l'histoire. Si elle vous est inconnue, cherchez des clips de films sur Internet et regardez-les avant de faire l'activité. Utilisez ces questions pour guider votre discussion.

VOCABULAIRE PERSONNEL
Utilisez votre vocabulaire personnel.

1. Qui sont les personnages principaux?
2. Quel est l'intrigue principale de l'histoire?
3. Quel est l'histoire personnelle de chaque personnage?
4. Quels thèmes sont abordés dans l'histoire?

LES MISÉRABLES

DE VICTOR HUGO

MOTS-CLÉS

la veuve femme dont le mari est mort
loger offrir une résidence
bourru(e) peu sociable
l'écuelle (f.) bol des paysans
affamé(e) qui a très faim
la maraude vol

STRATÉGIE

S'appuyer sur la syntaxe
Il arrive que les phrases longues contiennent des propositions subordonnées entre virgules. Lisez ces phrases sans la proposition subordonnée pour faciliter votre compréhension générale. Ensuite, relisez de nouveau la phrase complète.

VERS LE MILIEU de la nuit, Jean Valjean se réveilla.

Jean Valjean était d'une pauvre famille de paysans de la Brie. Dans son enfance, il n'avait pas appris à lire. Quand il eut l'âge d'homme, il était émondeur à Faverolles. Sa mère s'appelait Jeanne Mathieu; son père s'appelait Jean Valjean, ou Vlajean, sobriquet probablement, et contraction de *Voilà Jean*.

Jean Valjean était d'un caractère pensif sans être triste, ce qui est le propre des natures affectueuses. Somme toute, pourtant, c'était quelque chose d'assez endormi et d'assez insignifiant, en apparence du moins, que Jean Valjean. Il avait perdu en très bas âge son père et sa mère. Sa mère était morte d'une fièvre de lait mal soignée. Son père, émondeur comme lui, s'était tué en tombant d'un arbre. Il n'était resté à Jean Valjean qu'une sœur plus âgée que lui, **veuve**, avec sept enfants, filles et garçons. Cette sœur avait élevé Jean Valjean, et tant qu'elle eut son mari elle **logea** et nourrit son jeune frère. Le mari mourut. L'aîné des sept enfants avait huit ans, le dernier un an. Jean Valjean venait d'atteindre, lui, sa vingt-cinquième année. Il remplaça le père, et soutint à son tour sa sœur qui l'avait élevé. Cela se fit simplement, comme un devoir, même avec quelque chose de **bourru** de la part de Jean Valjean. Sa jeunesse se dépensait ainsi dans un travail rude et mal payé. On ne lui avait jamais connu de «bonne amie» dans le pays. Il n'avait pas eu le temps d'être amoureux.

Le soir il rentrait fatigué et mangeait sa soupe sans dire un mot. Sa sœur, mère Jeanne, pendant qu'il mangeait, lui prenait souvent dans son **écuelle** le meilleur de son repas, le morceau de viande, la tranche de lard, le cœur de chou, pour le donner à quelqu'un de ses enfants; lui, mangeant toujours, penché sur la table, presque la tête dans sa soupe, ses longs cheveux tombant autour de son écuelle et cachant ses yeux, avait l'air de ne rien voir et laissait faire. Il y avait à Faverolles, pas loin de la chaumière Valjean, de l'autre côté de la ruette, une fermière appelée Marie-Claude; les enfants Valjean, habituellement **affamés**, allaient quelquefois emprunter au nom de leur mère une pinte de lait à Marie-Claude, qu'ils buvaient derrière une haie ou dans quelque coin d'allée, s'arrachant le pot, et si hâtivement que les petites filles s'en répandaient sur leur tablier et dans leur goulotte. La mère, si elle eût su cette **maraude**, eût sévèrement corrigé les délinquants. Jean Valjean, brusque et bougon, payait en arrière de la mère la pinte de lait à Marie-Claude, et les enfants n'étaient pas punis.

Il gagnait dans la saison de l'émondage vingt-quatre sous par jour, puis il se louait comme moissonneur, comme manœuvre, comme garçon de ferme bouvier, comme homme de peine. Il faisait ce qu'il pouvait. Sa sœur travaillait de son côté, mais que faire avec sept petits enfants? C'était un triste groupe que la misère enveloppa et étreignit peu à peu. Il arriva qu'un hiver fut rude. Jean n'eut pas d'ouvrage. La famille n'eut pas de pain. Pas de pain. À la lettre. Sept enfants!

Un dimanche soir, Maubert Isabeau, boulanger sur la place de l'Église, à Faverolles, se disposait à se coucher, lorsqu'il entendit un coup violent dans la devanture grillée et vitrée de sa boutique. Il arriva à temps pour voir un bras passé à travers un

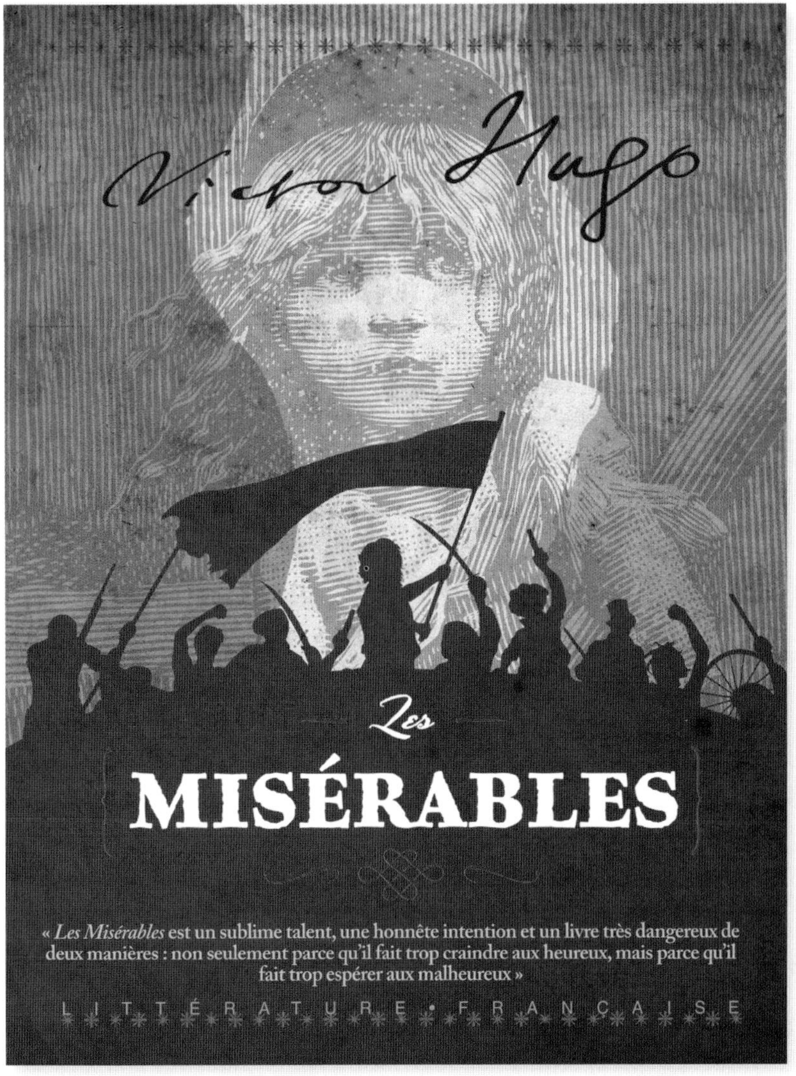

trou fait d'un coup de poing dans la grille et dans la vitre. Le bras saisit un pain et l'emporta. Isabeau sortit en hâte; le voleur s'enfuyait à toutes jambes; Isabeau courut après lui et l'arrêta. Le voleur avait jeté le pain, mais il avait encore le bras **ensanglanté**. C'était Jean Valjean.

Victor Hugo
Les
MISÉRABLES
« Les Misérables est un sublime talent, une honnête intention et un livre très dangereux de deux manières : non seulement parce qu'il fait trop craindre aux heureux, mais parce qu'il fait trop espérer aux malheureux »
LITTÉRATURE • FRANÇAISE

Ceci se passait en 1795. Jean Valjean fut traduit devant les tribunaux du temps «pour vol avec effraction la nuit dans une maison habitée». Il avait un fusil dont il se servait mieux que tireur au monde, il était quelque peu **braconnier**; ce qui lui nuisit. Il y a contre les braconniers un préjugé légitime. Le braconnier, de même que le contrebandier, côtoie de fort près le brigand. Pourtant, disons-le en passant, il y a encore un abîme entre ces races d'hommes et le hideux assassin des villes. Le braconnier vit dans la forêt; le contrebandier vit dans la montagne ou sur la mer. Les villes font des hommes féroces parce qu'elles font des hommes corrompus. La montagne, la mer, la forêt, font des hommes sauvages. Elles développent le côté farouche, mais souvent sans détruire le côté humain.

Jean Valjean fut déclaré coupable. Les termes du code étaient formels. Il y a dans notre civilisation des heures redoutables; ce sont les moments où la pénalité prononce un **naufrage**. Quelle minute funèbre que celle où la société s'éloigne et consomme l'irréparable abandon d'un être pensant! Jean Valjean fut condamné à cinq ans de **galères**. ◣

MOTS-CLÉS

ensanglanté(e) couvert(e) de sang

le braconnier personne qui chasse sans permis

le naufrage désastre, perte totale

la galère bagne, ancienne forme de prison

APRÈS LA LECTURE

1  **La bonne chronologie** Mettez les phrases dans l'ordre correct.

___ On condamna Jean Valjean à cinq ans de bagne.
_1_ Jean Valjean devint orphelin de père et de mère.
___ La sœur de Jean Valjean perdit son mari.
___ Une nuit, Jean Valjean vola un pain.
___ Jean Valjean vécut un temps avec sa sœur.
___ Jean Valjean fut traduit en justice.

2  **Compréhension** Choisissez la meilleure réponse, d'après le texte.

1. Selon le début du texte, quelle était la réputation de Jean Valjean dans la région?
a. Il cachait bien ses aventures amoureuses.
b. Personne ne le remarquait vraiment.
c. Il s'occupait tendrement de sa mère.
d. Il passait ses journées à ne rien faire.

2. Quelle est l'intention de l'auteur aux lignes 35–62?
a. Révéler le bon cœur de Jean Valjean.
b. Montrer l'indifférence de Marie-Claude.
c. Expliquer les raisons de la misère des Valjean.
d. Faire des commentaires sur l'éducation des enfants.

3. Quels adjectifs caractérisent le mieux Jean Valjean?
a. émotif et nerveux
b. taciturne et généreux
c. ouvert et toujours souriant
d. impulsif et irresponsable

4. Qu'aurait fait Jeanne si elle avait su que ses enfants demandaient du lait à Marie-Claude?
a. Elle les aurait envoyés à l'école.
b. Elle aurait payé Marie-Claude.
c. Elle aurait puni ses enfants.
d. Elle leur aurait lavé la figure.

5. Qu'est-ce que Victor Hugo exprime dans le dernier paragraphe?
a. Son admiration du système judiciaire en France.
b. Son désir de rentrer d'exil au plus vite.
c. Le bon fonctionnement du code pénal français.
d. Son réquisitoire contre le système social de l'époque.

Personnage
Les caractéristiques d'un personnage peuvent se deviner à partir de ce que celui-ci fait et dit. Pour vous faire une idée d'un personnage, prêtez attention à la manière dont il traite les autres, à ce qu'il leur dit et à ses actions.

3 **Les thèmes** À deux, cherchez des exemples ou des extraits du texte qui illustrent ces thèmes. Ensuite, discutez de leur pertinence dans votre vie quotidienne et dans nos sociétés modernes.

- La pauvreté engendre le malheur.
- On ne peut pas échapper à sa misère.
- La société condamne les pauvres.
- Une enfance tragique
- Survivre durant une période difficile

4 **Des détails** Le texte fournit beaucoup de détails sur la société du 19e siècle. À deux, trouvez des exemples ou des détails dans le texte pour chaque catégorie qui suit.

- portrait physique de Jean Valjean
- caractère de Jean Valjean
- famille de Jean Valjean
- milieu social de Jean Valjean
- cadre où l'histoire a lieu
- règles de la société du 19e siècle

5 **Interprétation** À la fin de son interview, l'auteur russe Andreï Makine (Lecture 3.1) réfléchit au rôle de la littérature dans notre monde moderne et dit:

> « Le seul salut possible passe sans doute par la prose poétique. Alors, la communion entre les hommes pourra prendre le pas sur la communication. »

En petits groupes, débattez pour comprendre comment la vision que Victor Hugo a de la littérature, se rapproche de cette citation.

STRATÉGIE

Répéter et reformuler
Quand vous exprimez des concepts complexes ou que vous voulez persuader, il est normal de devoir répéter vos idées d'une autre manière pour qu'elles soient mieux comprises. Utilisez des expressions telles que «comme je disais déjà», «comme je l'ai déjà dit» ou «comme je l'ai mentionné précédemment» pour répéter une idée ou l'exprimer autrement.

6 **Présentation orale** Les livres tels que *Les Misérables*, dans lesquels des héros innocents souffrent à cause d'injustices sociales ou personnelles, sont très populaires parce qu'ils touchent le public. Pensez à un roman similaire que vous avez lu et qui fait aussi une critique sociale. Préparez un exposé dans lequel vous répondez aux questions.

1. Quel est le titre de ce roman? Qui l'a écrit et à quelle époque?
2. Quel est le sujet du roman? Comment reflète-t-il la culture de son époque?
3. Pourquoi avez-vous lu ce roman? Pour un cours, ou bien pour votre propre plaisir?
4. Pourquoi est-ce que ce roman vous a particulièrement touché(e)?
5. Quels sont les thèmes que ce roman a en commun avec *Les Misérables*?

VOCABULAIRE PERSONNEL
Utilisez votre vocabulaire personnel.

STRUCTURES

La voix passive

En français, la voix passive sert à mettre l'accent sur le résultat d'une action ou sur les sujets qui subissent l'action. Le complément d'agent qui fait l'action peut ainsi apparaître comme moins important ou plus impersonnel. Répondez aux questions sur l'usage de la voix passive dans le texte.

1. Quelles phrases sont à la voix passive? Faites la liste.
2. À votre avis, quels types d'agents absents font l'action dans ces phrases? Qui subit ces actions?
3. Comprenez-vous pourquoi Victor Hugo utilise une voix passive dans ces phrases?

RESSOURCES
Consultez les explications de grammaire de l'appendice A aux pp. 392–393.

AUDIO ▸ INTERVIEW AVEC MARYSE CONDÉ

INTRODUCTION Cet enregistrement est une interview avec Maryse Condé, une écrivaine française née à Pointe-à-Pitre, Guadeloupe, en 1937. Connue surtout pour ses romans, elle a aussi publié de nombreux essais, pièces de théâtre, et nouvelles. Ses œuvres ont été récompensées par plusieurs distinctions littéraires dont le grand prix littéraire de la Femme (1987) et le prix de l'Académie française (1988). L'interview a eu lieu en 2010, après la publication de son roman *En attendant la montée des eaux*. Au cours de l'émission de TV5Monde «7 jours sur la planète», un journal hebdomadaire, Condé parle de l'identité et de l'évolution de ses personnages et évoque ce que, d'après elle, tous les êtres humains ont en commun.

MOTS-CLÉS

la rentrée littéraire période à la fin de l'été où beaucoup de nouveaux livres sont publiés

avoir la trouille avoir très peur *(familier)*

le déroulement des faits évolution des événements dans une histoire

englober réunir des choses, des idées en un tout

AVANT L'ÉCOUTE

1 **Maryse Condé** Allez sur Internet pour faire des recherches sur la vie et les œuvres littéraires de Maryse Condé. Faites la liste de cinq détails importants dans sa vie personnelle ou professionnelle. Ensuite, échangez vos informations avec le reste de la classe, et prenez des notes sur les contributions de vos camarades.

2 **La littérature et l'identité** À deux, discutez de ces thèmes.

1. À votre avis, comment est-ce que les cultures diverses (antillaise, africaine, européenne et américaine) de tous les pays où Maryse Condé a vécu ont influencé l'identité des personnages dans ses romans?
2. Parmi ces composantes identitaires, lesquelles, à votre avis, jouent un rôle important dans le travail d'un écrivain comme Maryse Condé? Justifiez vos choix.

- activiste pour la reconnaissance de l'esclavage en tant que crime contre l'humanité
- africaine
- divorcée
- écrivaine
- femme
- française
- lauréate d'un prix littéraire
- guadeloupéenne
- Noire
- professeur

TV5MONDE

PENDANT L'ÉCOUTE

1 **Première écoute** Avant la première écoute, lisez les questions. Puis, écoutez l'audio afin de localiser et comprendre l'information nécessaire pour répondre aux questions. Ne prenez pas de notes pour l'instant.

1. Pourquoi est-ce que Maryse Condé a «la trouille» pendant la rentrée littéraire?
2. Selon l'écrivaine, est-il plutôt facile ou difficile de parler à la télévision ou à la radio si l'auteur n'est pas connu? Pourquoi?

3. Comment est-ce que Condé appréhende la création d'un personnage? De quoi est-ce qu'un personnage est composé?
4. Quelles parties de la vie personnelle d'un écrivain transparaissent dans ses œuvres?
5. D'après Condé, comment est-ce que ses expériences dans les divers pays où elle a vécu influencent ses œuvres?
6. En fin de compte, qu'est-ce que les êtres humains cherchent dans la vie en général?

2 **Deuxième écoute** À la deuxième écoute, notez les mots ou les expressions qui vont vous aider à répondre aux questions.

VOCABULAIRE PERSONNEL
Notez le nouveau vocabulaire à mesure que vous l'apprenez.

APRÈS L'ÉCOUTE

1 **Répondre** En tenant compte de ce que Maryse Condé déclare dans l'entretien, répondez en petits groupes aux questions de Première écoute. Basez-vous sur les informations des activités précédentes.

2 **Inférer et synthétiser** À deux, discutez de ce passage afin d'inférer l'idée principale de Maryse Condé et de synthétiser son message, tout en y ajoutant vos propres idées.

« Il n'y a pas de différences fondamentales entre les Antilles et puis l'Afrique et puis l'Amérique et puis l'Europe. Ce sont des êtres humains qui vivent... et qui essaient de trouver un peu de paix, de bonheur et d'affection. Donc finalement, le monde est un. 

STRATÉGIE

Inférer et synthétiser
Inférer est nécessaire pour la compréhension et implique plusieurs processus qui ont lieu simultanément pendant l'écoute. Il arrive que le locuteur n'exprime pas clairement ce qu'il veut communiquer. L'auditeur doit alors tirer ses propres conclusions ou «lire entre les lignes». Pour synthétiser, il faut faire preuve de compréhension personnelle et arriver à vos propres conclusions et idées.

3 **Comparaison culturelle** En utilisant tout ce que vous avez appris au sujet de Maryse Condé, cherchez des informations sur une écrivaine des États-Unis qui lui ressemble (par exemple, par l'âge, le style de vie ou les thèmes littéraires). Ensuite, préparez une présentation pour la classe dans laquelle vous comparez et contrastez les deux écrivaines. Utilisez ces points pour organiser votre présentation.

- Évoquez les similarités et les différences entre les deux écrivaines.
- Comparez les thèmes principaux dans leurs œuvres.
- Donnez des informations sur une œuvre semblable à *En attendant la montée des eaux*.

RESSOURCES
Consultez la liste des appendices à la p. xiii.

4 **Analyse** Les trois écrivains que vous avez découvert au cours de ce contexte écrivent pour des raisons différentes. Écrivez un essai dans lequel vous répondez à la question: Pourquoi les auteurs écrivent-ils ou à quoi ça sert d'écrire? Votre essai doit comprendre:

- une introduction qui présente votre thèse (votre réponse à la question)
- un ou deux paragraphes dans lesquels vous présentez: vos arguments pour soutenir la thèse, des exemples tirés de ce contexte, et des opinions personnelles
- une conclusion qui résume vos arguments et votre thèse

LIENS CULTURELS

Record & Submit

Catherine Safonoff, écrivaine suisse

La littérature francophone au féminin

SI VOUS LISEZ EN FRANÇAIS, VOUS CONNAISSEZ SANS doute de nombreux écrivains francophones. Mais savez-vous qui écrit en Suisse romande ou allemande? Au carrefour de quatre zones culturelles, la Suisse produit des voix littéraires variées et riches, mais la région a bien souvent des difficultés à faire reconnaître ses écrivains, même si certains de ces auteurs ont reçu des prix littéraires prestigieux. Parmi eux se trouve l'écrivaine Catherine Safonoff qui écrit en français, en allemand et en romanche. Née à Genève où elle vit toujours, elle nous entraîne, au fil de ses romans, dans une exploration autobiographique de la vie. Avec *Autour de ma mère*, une de ses dernières œuvres, la romancière tient un carnet de bord des années difficiles qui ont précédé la mort de sa mère, Léonie, alors qu'elle-même essaie de se libérer d'un amour perdu. Malgré la tristesse du sujet, Safonoff mêle à son texte cocasserie et fantaisie et nous permet ainsi de garder la foi en la beauté du monde et de la vie.

- Madeleine Gagnon, écrivaine québécoise, examine la société québécoise et la place que les femmes y occupent. Dans *Depuis toujours*, son autobiographie, elle l'avoue, elle n'a rien inventé. Elle explore sa vie, le Québec d'hier et d'aujourd'hui, la condition féminine et les difficultés que les femmes rencontrent en essayant de conjuguer leur désir d'écrire et leurs responsabilités familiales et sociétales.
- L'écrivaine sénégalaise Mariama Bâ, élevée dans un milieu traditionnel, s'engage aujourd'hui à protéger les droits des femmes. Dans son célèbre roman *Une si longue lettre*, son personnage principal utilise les quarante jours de deuil qui suivent la mort de son mari pour écrire une lettre à sa meilleure amie. La narratrice de ce roman épistolaire témoigne avec délicatesse des souffrances de la femme africaine.
- Touhfat Mouhtare a grandi aux Comores avant de partir pour faire ses études en France où elle est restée. Dans *Âmes suspendues*, son recueil de 9 nouvelles, elle explore à travers des personnages très différents l'âme africaine face aux choix de la vie: la poursuite des rêves, l'exil ou la réclusion.

Présentation orale: comparaison culturelle

Préparez une présentation orale sur le thème suivant.

- Quels liens existent entre le patrimoine littéraire d'un pays et sa culture en général?

Comparez votre propre communauté à une région du monde francophone que vous connaissez.

contexte 4 Les arts visuels

POINTS DE DÉPART

À l'origine, les arts visuels regroupaient plusieurs genres associés à la création artistique, par exemple, les arts plastiques (peinture, sculpture, dessin), la photographie (images fixes) et le cinéma ou la vidéo (images animées). Au fil du temps, la notion d'arts visuels a évolué et aujourd'hui, ceux-ci incluent également d'autres formes artistiques, telles que les arts vivants (danse, théâtre, théâtre de marionnettes, cirque) et même l'art culinaire. L'expression artistique s'est aussi transformée. Elle est devenue plus personnalisée et plus individualisée, et elle représente non seulement les patrimoines historiques et culturels de grande envergure, mais aussi des aspects plus localisés et plus focalisés au sein des communautés et des quartiers.

- Qui doit soutenir financièrement les arts?
- Comment définit-on la beauté dans les arts visuels?
- Comment les arts visuels réflètent-ils l'identité culturelle d'un pays?

DÉVELOPPEMENT DU VOCABULAIRE

1 Définitions Trouvez la définition la plus appropriée pour chaque terme.

1. la peinture
2. l'exposition
3. le spectacle
4. la pantomime
5. le théâtre
6. la cinématographie
7. le cirque
8. l'art culinaire
9. la photographie
10. la danse

a. art dans lequel on exprime des sentiments ou des idées par des gestes
b. procédé par lequel on projette des images animées sur un écran
c. préparation et mise en valeur de plats
d. mouvements du corps souvent accompagnés de musique
e. production d'images fixes
f. art de peindre
g. action d'exposer des œuvres d'art
h. mise en scène dans laquelle des comédiens jouent des rôles sur scène
i. toute représentation faite devant un public
j. spectacle vivant itinérant qui met souvent en scène des acrobates

VOCABULAIRE PERSONNEL
Notez le nouveau vocabulaire à mesure que vous l'apprenez.

2 Parlons art! En petits groupes, discutez ces questions à propos de l'art.

1. En quoi consiste l'art pour vous?
2. Qu'est-ce qui constitue la qualité dans une œuvre d'art?
3. Qu'est-ce qui rend une œuvre «originale»?
4. Comment le passé des artistes influence-t-il leurs créations?
5. Quels sont les dix chefs-d'œuvre artistiques qui vous ont marqué(e)? Expliquez leur impact.

RESSOURCES
Consultez la liste des appendices à la p. xiii.

3 Les arts dans votre vie Avec un(e) camarade de classe, discutez du rôle que jouent les arts dans votre vie. Mentionnez les formes d'art que vous appréciez ou que vous pratiquez et expliquez ce qu'elles vous apportent. Parlez aussi des événements artistiques auxquels vous avez assisté récemment (exposition, concert, film, pièce de théâtre...).

LECTURE 4.1 ▸ CIRQUE, ARTS DE LA RUE, MARIONNETTES

AU SUJET DU TEXTE L'Institut français a été créé en 2010 pour promouvoir l'action culturelle de la France en dehors de ses frontières. Sa mission est, entre autres, d'encourager les échanges artistiques internationaux, de faire connaître la création intellectuelle française et de diffuser les arts visuels du patrimoine français. Le texte suivant, qu'on trouve dans la rubrique «Arts de la scène et musiques» du site de l'Institut, présente plusieurs initiatives artistiques françaises qui sont exportées dans le monde. Le texte mentionne par ailleurs des compagnies, comme la compagnie Off, une des dix principales compagnies d'arts de la rue en France, ainsi que le groupe F, surtout connu du grand public pour avoir créé le feu d'artifice du passage à l'an 2000 à la Tour Eiffel.

AVANT LA LECTURE

1

Le cirque Que savez-vous du cirque? Avec un(e) camarade de classe, discutez des questions suivantes pour décrire ce genre d'art visuel.

1. Êtes-vous déjà allé(e) au cirque? Si oui, quels sont vos souvenirs de cette expérience?
2. En général, où et quand les spectacles de cirque se passent-ils?
3. Quels sont les arts du cirque (par exemple, spectacles de clowns...)?
4. Qui sont les artistes? Comment apprennent-ils leur art?
5. Est-ce un spectacle cher pour le public ou le prix d'un billet est-il abordable?
6. En quoi le cirque a-t-il changé au cours des années?

VOCABULAIRE PERSONNEL
Notez le nouveau vocabulaire à mesure que vous l'apprenez.

2

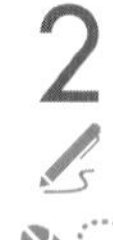

Les arts de la rue Faites des recherches sur les arts de la rue pour découvrir en quoi ils consistent. Faites une liste des différents arts et de leurs caractéristiques. Ces arts coïncident-ils avec votre définition de l'art? Écrivez un paragraphe pour expliquer votre opinion en intégrant le vocabulaire de votre liste et ce que vous avez appris pendant vos recherches.

3

Vos expériences personnelles En petits groupes, répondez aux questions suivantes.

1. Avez-vous déjà vu un spectacle de marionnettes ou un spectacle de rue? Si oui, comment était-ce? Si non, voudriez-vous en voir un?
2. Avez-vous déjà participé à une activité ou créé une œuvre d'art visuel? Si oui, décrivez l'expérience. Si non, est-ce quelque chose que vous souhaiteriez tenter un jour?
3. D'après vous, est-il important de participer à de telles expériences? Expliquez votre point de vue.

Cirque, Arts de la Rue, Marionnettes

Cirque

Dans le domaine du Cirque, l'exceptionnelle diversité du répertoire n'en finit pas de surprendre les programmateurs internationaux. La demande est croissante d'année en année et les compagnies souhaitent plus encore s'engager dans des expériences longues à l'international, car, en plus de la diffusion, elles permettent de répondre aux sollicitations des artistes locaux de se former et d'échanger sur les différentes manières d'aborder une même pratique.

Dans ce secteur, l'action de l'Institut français porte sur l'aide au **repérage** (FOCUS cirque) pour sensibiliser le milieu professionnel à la **singularité** du nouveau Cirque français, et sur l'appui le plus large possible à la diffusion des spectacles.

L'Institut français **veille** ainsi **à** accompagner tant la circulation des spectacles en «salle» que ceux conçus sous **chapiteau** et circulant avec leurs propres dispositifs.

À travers le programme IntégraleS, l'Institut français favorise la construction d'opérations, avec des grands partenaires étrangers, permettant de faire connaître quelques **démarches** artistiques singulières en aidant à la diffusion de plusieurs pièces d'un répertoire dans une même ville sur un temps court.

Arts De La Rue

Les arts de la rue, capables de mobiliser un public très large et important, sont à ce titre souvent les meilleurs ambassadeurs de la scène artistique française lors des grands événements (saisons, capitales culturelles) et festivals d'envergure. Ces occasions permettent l'accueil des grandes formes de spectacles proposés notamment par des compagnies comme Royal de Luxe, La compagnie Off, Ilotopie, Generik Vapeur, Komplex Kapharnaeum, le groupe F et d'autres encore.

MOTS-CLÉS

le repérage action de localiser ou de repérer

la singularité particularité

veiller à faire attention à

le chapiteau tente du cirque

la démarche manière d'agir ou tentative de réaliser quelque chose

STRATÉGIE

Prendre des notes
Pendant la lecture, prenez des notes ou soulignez les idées principales de chaque paragraphe. Cela vous aidera à vérifier si vous avez compris l'idée principale du texte.

MOTS-CLÉS

relever de dépendre de

le paysage ce qu'on voit autour de soi, aspect général

feutré(e) doux (douce)

convoquer faire venir

tisser élaborer de façon systématique

le castelet petit théâtre de marionnettes

Aujourd'hui, l'espace public exploité comme un territoire de jeu s'invente aussi comme un laboratoire à ciel ouvert où de nouvelles explorations visuelles, sensorielles, relationnelles, sont possibles. Si ces propositions artistiques ne sont pas nécessairement labellisées «rue», elles **relèvent** toutefois **de** signatures et de démarches de création pour l'espace public. Ces interventions publiques proposent des expériences qui modifient momentanément le **paysage** ou, de façon plus durable, le quartier d'une ville. La relation à l'intime, la vie d'un quartier, constituent le nouveau terrain de recherche des artistes de rue qui s'approprient l'espace et son histoire souvent de façon plus **feutrée**. Ces nouvelles appréhensions donnent parfois naissance à des restitutions uniques: un territoire/une histoire. L'Institut français, parallèlement aux grands formats français dans le domaine des arts de la rue, s'attache à faire découvrir ces nouvelles façons de **convoquer** le public et de **tisser** des liens avec les habitants d'une ville.

Ainsi, l'Institut français travaille à:

- aider les nouveaux festivals de rue à mieux se structurer. Le travail se fait en collaboration avec les collectivités territoriales ayant clairement mis en avant la culture et l'aménagement de l'espace urbain comme moteurs de développement du lien social (Nantes, Lille, Villeurbanne, Marseille...);

- apporter des réponses d'ordre technique et logistique (Awaln'art au Maroc, rendez-vous chez Nous au Burkina Faso);

- aider les professionnels à se repérer dans les festivals des Arts de la Rue en les accompagnant avec, en fonction de leurs besoins, des programmes personnalisés.

Marionnettes

Le secteur de la marionnette s'est, en France notamment, particulièrement transformé, développé et structuré. Aux côtés des théâtres de marionnettes traditionnels et théâtres d'objets, un théâtre animé utilisant la vidéo et les nouvelles technologies s'est imposé sur la scène artistique. La marionnette est sortie du **castelet** pour se poser à la frontière des arts plastiques, du théâtre, de la musique et des nouvelles technologies.

APRÈS LA LECTURE

1 **Compréhension** Utilisez les notes que vous avez prises pendant la lecture pour répondre aux questions.

1. Quels avantages les séjours à l'international présentent-ils aux compagnies de cirque?
2. En ce qui concerne le cirque, quels sont les buts de l'Institut français?
3. Qu'est-ce que c'est le programme IntégraleS?
4. Pourquoi les arts de la rue sont les meilleurs ambassadeurs de la scène artistique française?
5. À quoi l'espace publique d'aujourd'hui est-il comparé? Pourquoi?
6. Comment sont les nouvelles activités artistiques dans l'espace public?
7. Quels sont les objectifs de l'Institut français en ce qui concerne les arts de la rue?
8. En quoi le secteur de la marionnette a-t-il changé?
9. Qu'est-ce que l'Institut français compte faire pour encourager ce secteur?

2 **Un résumé** Utilisez vos notes et vos réponses à l'activité précédente pour écrire un résumé de l'article. Votre résumé doit mentionner:

- l'objectif principal de l'article
- le public à qui l'article est destiné
- les activités clés de l'Institut français
- la raison principale pour laquelle l'Institut français aide chaque secteur mentionné dans l'article

STRATÉGIE

Résumer
Faire un résumé de ce que vous avez lu vous aidera à prendre en compte ce qui est le plus pertinent.

VOCABULAIRE PERSONNEL
Utilisez votre vocabulaire personnel.

3 **Le soutien aux arts** Discutez les questions suivantes avec un(e) camarade de classe.

1. Pourquoi l'Institut français a-t-il été créé?
2. À votre avis, pourquoi le gouvernement français croit-il qu'il est important de soutenir et même de subventionner les arts?
3. Quels bénéfices la France peut-elle tirer de l'exportation des arts à l'international?
4. Quels sont les organisations dans votre pays, région ou communauté qui soutiennent et subventionnent les arts?
5. En quoi leurs activités se différencient-elles de celles de l'Institut français?

4 **Un festival des arts de la rue** Vous travaillez en comité pour programmer un festival des arts de la rue. En petits groupes, répondez aux questions suivantes afin de rédiger une proposition que vous pouvez présenter à votre ville.

1. Quels genres de représentations peut-on inclure dans le festival?
2. Quels types d'artistes peut-on inviter à participer au festival?
3. Quels espaces publics pourraient convenir à ce genre d'événement?
4. Quel public serait intéressé par cet événement? Les activités et les spectacles devraient-ils être payants ou gratuits? Pourquoi?
5. À quels organismes pourrait-on faire appel pour mettre en place, organiser et gérer le festival?

5 
Le cirque Faites des recherches sur un cirque en France et un cirque aux États-Unis. Écrivez un essai dans lequel vous comparez les deux. Faites des comparaisons de leurs arts et spectacles, leur mise en scène et la formation de leurs artistes. Précisez si la compagnie présente des spectacles itinérants ou s'ils sont présentés dans un endroit fixe. Expliquez d'où viennent les fonds qui soutiennent le cirque.

STRATÉGIE

Montrer ses connaissances
Au fur et à mesure que vous étudiez un thème, il est important que vous puissiez articuler et montrer vos connaissances sur le sujet. Utilisez les informations que vous avez obtenues pour vous exprimer comme un expert. Présentez ce que vous savez avec assurance pour convaincre votre audience.

RESSOURCES
Consultez la liste des appendices à la p. xiii.

VOCABULAIRE PERSONNEL
Notez le nouveau vocabulaire à mesure que vous l'apprenez.

6 

La technologie et les arts Le théâtre des marionnettes et le cirque en France se transforment grâce aux nouvelles technologies. D'autres formes d'art sont aussi touchées par ces avancées. En quoi consistent ces transformations? Faites une présentation orale pour répondre à cette question. Utilisez les débuts de phrases suivants pour guider votre réponse.

- Les influences sur la création des œuvres sont...
- Les avantages et les inconvénients pour les artistes sont...
- Les influences sur la mise en scène ou l'exhibition sont...

7 

Discussion philosophique Les nouvelles technologies transforment les œuvres d'art, mais transforment-elles aussi le regard du spectateur? Par exemple, la technologie a-t-elle changé la façon dont on regarde une œuvre? La beauté d'une œuvre est-elle jugée différemment, en fonction des technologies employées au lieu des éléments esthéthiques? Discutez des points suivants avec la classe.

- la transformation des œuvres d'art grâce aux nouvelles technologies
- l'évaluationdes œuvres d'art et votre point de vue personnel
- l'impact de la technologie sur la beauté d'une œuvre

8 

Les compagnies d'arts de la rue Faites des recherches sur les compagnies d'arts de la rue mentionnées dans le texte (p. 167, lignes 22–23) pour découvrir leurs créations. Ensuite, choisissez la compagnie qui vous plaît le plus et écrivez un court récit comprenant les points qui suivent.

- une présentation de la compagnie
- une description de ses activités
- des raisons pour lesquelles vous trouvez belles les œuvres de cette compagnie

9

Débat Vous êtes membre d'une commission à l'Institut français et vous allez décider du budget pour l'année prochaine. Présentez la compagnie que vous avez choisie dans l'Activité 8 et expliquez au groupe pourquoi la commission doit augmenter les fonds qui lui sont aloués. Après la présentation de chaque membre, débattez des mérites de chaque compagnie afin de décider quel pourcentage du budget elle devrait recevoir.

10 

Essai persuasif Écrivez un essai persuasif dans lequel vous argumenterez pour ou contre la déclaration qui suit.

« Les arts doivent recevoir des fonds publics. »

Votre essai doit traiter les éléments ci-dessous.

- une introduction qui présente votre opinion
- deux paragraphes avec des arguments et des exemples qui la soutiennent
- une conclusion qui résume votre position et vos arguments

LECTURE 4.2 ▸ L'ART DANS LA CUISINE: L'INSPIRATION PLASTIQUE DANS LA CUISINE

AU SUJET DU TEXTE Cet article présente une analyse peu conventionnelle de la cuisine comme art culinaire et art plastique en établissant des liens et des similarités entre ces deux genres d'art. Ces similarités comprennent l'inspiration, le jeu des couleurs, les formes et l'esthétique. L'auteur remarque que la cuisine a évidemment inspiré des œuvres d'art dans le domaine du cinéma avec des films comme *Chocolat* et dans le domaine de la peinture avec des tableaux comme ceux d'Arcimboldo (portraits allégoriques composés de fruits et de légumes). Mais l'auteur prétend qu'il est tout aussi vrai que la cuisine s'est inspirée de l'art et défend cette assertion avec beaucoup d'esprit.

AVANT LA LECTURE

1 **Un tableau de Giuseppe Arcimboldo** Regardez ce tableau de l'artiste Giuseppe Arcimboldo dans lequel il utilise des aliments et autres éléments détournés. Faites une liste de tous les éléments que vous y voyez, que vous associez à la nourriture et à la cuisine en général.

2 **Une critique** Regardez à nouveau le tableau d'Arcimboldo et écrivez-en une critique. Commencez par décrire le tableau, puis faites des hypothèses sur les raisons pour lesquelles l'artiste a choisi d'utiliser des éléments détournés dans sa composition. Présentez ensuite votre opinion sur cette œuvre en donnant des raisons précises.

VOCABULAIRE PERSONNEL
Utilisez votre vocabulaire personnel.

3 **Les beaux-arts** Qui parmi les grands artistes français aimez-vous? Faites des recherches sur l'œuvre de deux ou trois peintres. Par petits groupes, discutez de l'importance des éléments suivants dans leurs œuvres pour déterminer de quelle manière ils les rendent belles ou interpellantes. Citez des tableaux spécifiques qui illustrent vos idées.

- le jeu des couleurs
- les formes
- l'esthétique générale
- les textures
- la créativité
- l'expression des sentiments et le message

MOTS-CLÉS

l'allure (f.) aspect général
le mets plat
le goût saveur
puiser extraire, prendre

L'art dans la cuisine: l'inspiration plastique dans la cuisine

http://

Ingrédient / type de recette / Occasion / Régime alimentaire / Mobile

L'art dans la cuisine:

l'inspiration plastique dans la cuisine

«Le 7ème art devrait être la cuisine et non le cinéma», Cuisine américaine, 1998.

Il a toujours été dit et redit que la cuisine pouvait être et était une source d'inspiration pour l'art sous toutes ses formes. Mais l'inverse est tout aussi possible. Ce n'est pas parce que des films comme *Le Festin de Babette, Chocolat* ou *Cuisine américaine*, des livres ou des peintres comme Arcimboldo se sont énormément inspirés de la cuisine que la cuisine ne s'est pas non plus inspirée de l'art. La cuisine a des couleurs, des formes, des textures, des contrastes, etc. L'exemple même dans la cuisine est la pâtisserie qui peut prendre diverses **allures**. En effet, la cuisine utilise la nature même à son état «sauvage» pour réaliser ses **mets**.

1. La Nature comme inspiration

La nature a été et reste toujours une grande source d'inspiration pour un bon nombre de rubriques artistiques. Beaucoup de chefs comme Michel Bras, pour montrer la réelle nature de la cuisine, son origine même, reprennent comme d'antan la plus grande source d'inspiration de la cuisine. Ce chef cuisinier s'inspire alors de scénarios de la nature afin d'inventer de nouvelles recettes lors de son contact direct avec mère nature. Une simple promenade en forêt, un son, une odeur ou une couleur vont lui suffire pour donner naissance à une toute nouvelle création plus innovatrice que jamais. Comme il le dit si bien «Parler du **goût** de l'Aubrac, c'est parler de tout, c'est parler du monde, c'est parler de moi, parler de la vie, parler de l'art, et bien sûr, parler de la cuisine!» La musique, la peinture, l'écriture doivent faire passer un message et surtout des sentiments. Il en va de même pour la cuisine lorsqu'il est question des sentiments et d'une recherche purement esthétique.

Une cuisine doit s'inspirer de la nature pour y **puiser** de sa beauté pour donner une réalité aux plats. Sinon cela reviendrait à dénaturer le sens même de ce que veut faire transparaître la cuisine, c'est-à-dire le bien-être. Une cuisine qui évoque l'invention, la contemplation, l'harmonie, la générosité, la luminosité, la découverte, la chaleur, la justesse, donne envie de manger. D'où la recherche des couleurs qui forment l'essentiel de cet art tout comme en art plastique.

2. Les contrastes de couleurs

La cuisine, tout comme les arts plastiques, utilise la couleur pour s'exprimer. Un dessert ne prendra pas les mêmes couleurs qu'un plat principal. Il sera plus doux, plus subtil au niveau de son **agencement** pictural afin de faire transparaître sa douceur et sa subtilité sur le **palais**. On ne va pas mélanger, en guise de décoration, deux fruits de couleurs quasi identiques comme un orange à côté d'un jaune. Pour bien faire paraître la beauté du dessert il va falloir choisir comme ornement une **garniture** qui se rapproche de sa couleur complémentaire. Comme par exemple une tarte au citron sur coulis de myrtille, le violet (rouge + bleu) étant la couleur complémentaire du jaune.

Tout dans la cuisine est, essentiellement lorsqu'il s'agit des desserts ou des **en-cas**, une question d'esthétique. D'où l'art qui se trouve au sein même de la cuisine.

3. Les formes

Les formes sont l'élément essentiel de l'esthétique de la cuisine. La forme rend le plat vivant. Elle harmonise le tout afin que le plat devienne un avec toute la décoration et toute l'ambiance qui l'entoure. Bien que la forme soit particulièrement importante en pâtisserie et pour les desserts cela ne signifie pas qu'elle le soit moins pour les autres plats constituant le menu. La forme, comme en art plastique, va attirer l'œil et va donner lieu au premier jugement esthétique. Elle va inciter à s'approcher, elle va **aiguiser** la curiosité et faire, tout comme dans l'art, que la personne va s'intéresser à cette chose qui a cette forme précise. Tout comme le 3D nous attire car il ressemble de plus en plus aux formes que nous connaissons, la forme de ce que nous avons dans notre assiette nous attire car elle nous renvoie à un élément de comparaison. Et c'est là que se situe la zone de recherche de tout grand chef digne de ce nom.

4. L'esthétique

L'esthétique est donc une part entière de la cuisine. Lorsqu'une personne va dans un restaurant elle ne cherche pas seulement à faire jouir de plaisir ses **papilles** mais également sa vue et son **odorat**. L'art dans la cuisine est tout un ensemble. Et en l'absence ne serait-ce que d'un seul de ces éléments toute l'harmonie s'effondre.

Que serait un dessert sans sa présentation subtile faite de coulis ou d'une autre sauce? Que serait un plat principal sans un agencement permettant d'élever les vapeurs se trouvant dans l'assiette à l'horizon des **narines**? L'agencement, la présentation sont déjà devenus la clef de voûte de la grande cuisine. Tout comme dans l'art plastique tout doit être fait à la perfection. Titien n'aurait jamais imaginé sa *Jeune fille au miroir* sans la représentation de son reflet dans le second miroir au fond du tableau. De même, un grand chef n'imaginera jamais son plat sans la petite pointe de personnalisation qui en fait un art à lui seul.

Ainsi, la cuisine s'inspire énormément de la nature et c'est son point commun principal avec l'art. Un chef d'un cinq étoiles ne se contente pas seulement de cuisiner à merveille il crée une œuvre qui a un sens esthétique très aiguisé. Lorsque l'on évalue un restaurant on ne l'évalue pas seulement sur le goût des plats, bien que ce soit très important, mais aussi sur leur présentation et c'est en cela que la cuisine se rapproche des arts plastiques.

MOTS-CLÉS

l'agencement (m.) organisation

le palais paroi supérieure de la bouche

la garniture accompagnement

un en-cas petit quelque chose à manger

aiguiser stimuler

la papille petite excroissance sur la langue

l'odorat (m.) sens lié aux odeurs

la narine partie ouverte du nez

Source: Tiphaine Campet/ www.artetcuisine.fr

APRÈS LA LECTURE

1

Compréhension Choisissez la meilleure réponse d'après le texte.

1. Quelle est une des principales sources d'inspiration pour le chef Michel Bras?
   a. La nature
   b. La peinture
   c. Les produits locaux
   d. Les voyages
2. Qu'est-ce que la cuisine, la musique, la peinture et l'écriture ont en commun d'après Michel Bras?
   a. Elles communiquent des idées et des sentiments.
   b. Ce sont des arts anciens difficiles à maîtriser.
   c. Ce sont des domaines réservés aux connaisseurs.
   d. Elles attirent des amateurs cultivés.
3. Qu'est-ce qui attire l'œil en premier quand on regarde une création culinaire?
   a. Les couleurs
   b. Les formes
   c. Les textures
   d. L'équilibre de la composition
4. Avec quoi un grand chef peut-il mettre en valeur ses desserts, d'après le texte?
   a. Avec des ornements de couleurs similaires au dessert
   b. Avec des couleurs complémentaires
   c. Avec des fruits frais et juteux
   d. Avec des produits exotiques
5. En plus du goût, qu'est-ce qui peut faire d'un plat une véritable œuvre d'art, d'après le texte?
   a. Sa légèreté
   b. Ses ingrédients
   c. Sa présentation
   d. Sa garniture

CONCEPTS IMPORTANTS

Déductions
Utilisez ce que vous savez sur le thème de la lecture pour déduire le sens d'un mot ou d'une expression inconnue.

2

L'art culinaire Trouvez dans le texte quatre similarités entre l'art culinaire et les arts plastiques. Ensuite, soulignez les mots et les expressions dans la section 4 du texte qui démontrent que la création culinaire entre dans le domaine des arts plastiques. Écrivez un paragraphe qui résume toutes les similitudes.

VOCABULAIRE PERSONNEL
Utilisez votre vocabulaire personnel.

3

La création culinaire Regardez la photo qui se trouve dans le texte et répondez aux questions.

1. De quel type de plat s'agit-il (un en-cas, une entrée, un plat principal, un dessert)? Décrivez son apparence générale et son esthétique. Trouvez-vous la présentation réussie? Pourquoi ou pourquoi pas?
2. Que peut-on dire des formes? Comment sont-elles? Qu'évoquent-elles?
3. Comment sont les couleurs? Est-ce qu'elles mettent bien en valeur la création?
4. Quels éléments naturels ont pu inspirer cette création, à votre avis?
5. Quels sentiments est-ce que cette création vous inspire? Avez-vous envie de la goûter? Pourquoi ou pourquoi pas?

4 **Perspective esthétique** Avec un(e) camarade, répondez aux questions suivantes.

1. Comment l'harmonie esthétique est-elle créée en cuisine?
2. Qu'est-ce qui fait d'un dessert une œuvre d'art?
3. Que dit l'auteur au sujet de l'importance de la personnalisation? Expliquez l'analogie entre le travail d'un grand chef et celui d'un grand artiste peintre comme Titien (section 4 du texte).
4. Regardez à nouveau la photo qui se trouve dans le texte. D'après cette création culinaire, que pouvez-vous inférer au sujet du chef qui l'a créée? Par exemple, préfère-t-il la tradition ou le nouveau? Est-ce la forme ou la couleur l'élément le plus important pour lui?

STRATÉGIE

Inférer
Faire une inférence signifie tirer des conclusions à partir d'informations disponibles dans le texte. Les inférences peuvent vous aider à comprendre les œuvres d'art ou la littérature. Recherchez des connexions possibles entre les expériences personnelles de l'artiste et les caractéristiques de son œuvre. Essayez d'identifier l'influence que les événements de la vie de l'artiste peuvent avoir sur ses œuvres.

5 **Conversation: À quoi servent les arts?** Discutez des questions suivantes avec un(e) camarade de classe. À travers vos réponses, donnez des exemples de votre expérience personnelle dans le domaine des arts visuels.

1. Quel est le but commun de toutes les formes d'arts visuels?
2. Comment ces arts enrichissent-ils la vie de l'individu?
3. Dans quel sens l'art reflète-t-il l'expérience humaine?
4. De quelle manière les arts peuvent-ils remettre en question les perspectives de la société?
5. Imaginez un monde sans arts visuels. Qu'est-ce qui manquerait le plus aux gens à votre avis? Pourquoi?

6 **Essai analytique** Choisissez un genre d'arts visuels et écrivez un essai dans lequel vous analysez les éléments qui le rendent beau. Votre essai doit comprendre:

- une phrase d'introduction
- une description de ce genre:
  - définition
  - caractéristiques
  - exemples
- les éléments esthétiques
- les raisons pour lesquelles les éléments esthétiques rendent le genre beau
- une conclusion

RESSOURCES
Consultez la liste des appendices à la p. xiii.

STRUCTURES

Les comparatifs et les superlatifs

Trouvez et notez les phrases de la lecture qui contiennent des comparatifs ou des superlatifs. Puis, créez vos propres phrases comparatives et superlatives au sujet des arts culinaires, selon les indications suivantes.

1. Ma phrase comparative avec **plus**: ______________________________
2. Ma phrase comparative avec **autant**: ______________________________
3. Ma phrase comparative avec **moins**: ______________________________
4. Ma phrase superlative (supériorité): ______________________________
5. Ma phrase superlative (infériorité): ______________________________

RESSOURCES
Consultez les explications de grammaire de l'appendice A aux pp. 394–396.

AUDIO ▸ ANTOINE TEMPÉ

MOTS-CLÉS

dévoiler faire découvrir, faire connaître

le courtier en bourse vendeur d'actions, de titres

se prédestiner à avoir l'intention de faire quelque chose

la boîte à images appareil-photo

le récit histoire

effectuer accomplir, réaliser

s'éloigner prendre de la distance par rapport à quelque chose

la brousse campagne isolée en Afrique

STRATÉGIE

Remplir un tableau SVA
Un tableau SVA (savoir, vouloir savoir, apprendre) vous permettra d'identifier ce que vous savez et ce que vous voulez savoir sur un thème déterminé. Après avoir obtenu les informations qui vous manquent, vous pourrez compléter la dernière colonne avec ce que vous avez appris.

INTRODUCTION Ce texte audio est un extrait d'une vidéo de **TV5 Monde: Tendance A**, un magazine de la création. Antoine Tempé, courtier en bourse et Parisien d'origine, a opté pour un grand changement de carrière après avoir commencé à photographier des amis danseurs dans les années 90. Dans cette interview, ce photographe explique comment il a pu glaner son inspiration dans le monde artistique africain.

AVANT L'ÉCOUTE

1 **Liste de mots** Avec un(e) camarade de classe, pensez à ce que vous savez déjà sur la photographie et sur la danse contemporaine en tant que formes d'arts visuels. Faites une liste d'expressions qui pourraient vous être utiles pour parler de ces sujets.

2 **Un tableau SVA**

Première étape: Complétez les deux premières colonnes du tableau SVA pour identifier ce que vous savez déjà et ce que vous voulez savoir sur les sujets indiqués.

	CE QUE JE SAIS	CE QUE JE VOUDRAIS SAVOIR	CE QUE J'AI APPRIS
la photographie			
la danse contemporaine			
d'autres formes d'art qu'on trouve dans des pays africains francophones			

Deuxième étape: Comparez votre tableau avec celui d'un(e) camarade de classe. Utilisez un stylo de couleur différente si vous voulez ajouter des informations.

TV5MONDE

PENDANT L'ÉCOUTE

1 **Première écoute** Relisez ce que vous avez écrit dans la colonne «Ce que je voudrais savoir», puis écoutez le texte audio. Soulignez les éléments au sujet desquels l'enregistrement vous a apporté de nouvelles informations.

2 **Deuxième écoute** Écoutez l'enregistrement attentivement une deuxième fois et notez ce que vous avez appris dans la troisième colonne du tableau SVA de l'Activité 2.

APRÈS L'ÉCOUTE

VOCABULAIRE PERSONNEL
Utilisez votre vocabulaire personnel.

1 

Nos notes Par petits groupes, comparez les notes que vous avez prises dans la troisième colonne de votre tableau SVA et discutez de ce que vous avez appris au sujet d'Antoine Tempé et de sa passion. Mentionnez les éléments suivants:

- des données biographiques
- des informations sur son métier de photographe
- ses sujets préférés et ses sources d'inspiration

2

Compréhension Répondez aux questions suivantes.

1. Où Antoine Tempé est-il allé au début de sa carrière comme photographe?
2. Qu'est-ce que Tempé photographie?
3. Pourquoi passe-t-il beaucoup de temps en Afrique?
4. Quand a-t-il découvert la danse contemporaine?
5. Qui suit-il pour faire ses photographies?
6. Qu'est-ce qu'Antoine Tempé voudrait montrer au monde?

3

Deux compagnies de danse Avec un(e) camarade de classe, faites des recherches au sujet de deux compagnies de danse contemporaine différentes: l'une basée aux États-Unis et l'autre basée dans un pays d'Afrique de l'Ouest. Comparez les deux. Ensuite, préparez une présentation pour la classe. Considérez les questions qui suivent.

- D'où vient chaque compagnie?
- Comment les danseurs sont-ils sélectionnés? Quelles sont les similarités et les différences entre les danseurs des deux compagnies?
- En quoi le style de danse est-il similaire ou différent?
- En quoi la musique reflète-t-elle la culture de chaque compagnie?
- En quoi les costumes de chaque compagnie reflètent-ils leur culture?
- Quelles traditions sont représentées dans leurs danses?

Antoine Tempé, *Fatou Cissé*, [danseuse et chorégraphe sénégalaise], 2006

4 

Présentation orale Préparez une présentation orale sur les techniques que les arts visuels emploient pour éveiller le public et l'influencer. Il est important de bien organiser votre présentation. Tâchez de suivre ces conseils:

1. Commencez par une réponse à la question qui énumère les techniques (votre thèse).
2. Présentez des exemples concrets qui illustrent les techniques les plus importantes.
   - Tirez des exemples de votre vie personnelle ou de ce contexte.
   - Expliquez de quelle manière elles éveillent ou influencent le public.
3. Utilisez des conjonctions et des mots de liaison pour relier vos idées.
4. Terminez votre présentation par des commentaires qui résument votre thèse de façon différente.

LIENS CULTURELS

« La Terre Mère », sculpture canadienne, Mosaïcultures Internationales de Montréal 2013

L'art horticole

«TERRE D'ESPÉRANCE», C'ÉTAIT LE THÈME DE L'ÉDITION 2013 de Mosaïcultures Internationales®. Le résultat: Des sculptures horticoles géantes en 2 ou 3D réalisées à partir d'éléments végétaux multicolores. L'exposition, qui est aussi une compétition, se déroule tous les trois ans dans des villes différentes où elle réunit les meilleurs artistes horticulteurs du monde. L'année 2013 a marqué la deuxième fois que cette manifestation a lieu à Montréal. Selon les critères établis, chaque sculpture doit refléter la culture du participant, à partir du thème prédéterminé, et respecter les principes du développement durable.

Deux sculptures canadiennes phares de 2013 étaient: «L'homme qui plantait des arbres», œuvre basée sur un personnage de fiction qui plante un érable, arbre symbole du Canada; et «La Terre-Mère», qui représente la culture autochtone nord-américaine et appelle l'homme à aimer la nature.

- Phnom Penh bouge avec l'énergie des jeunes photographes, artistes et autres créateurs qui dépassent les limites de l'art traditionnel khmer tout en lui rendant hommage. Le web-documentaire *Swinging Phnom Penh*, réalisé par Éléonore Sok, journaliste française d'origine cambodgienne, et son compagnon Damien Rouzaire, montre ce monde dynamique.
- Le graffiti, le pochoir, le collage, la mosaïque et les stickers sont des formes de *street art*, un mouvement artistique lié à la culture hip-hop. Vitry-sur-Seine, en banlieue parisienne, constitue un vrai laboratoire pour le *street art* depuis 2009. C'est à cette époque que C215, graffeur connu dans le monde entier, a décidé de s'y installer. Aujourd'hui ses œuvres couvrent la ville.
- Le Mouvement Saint-Soleil est une communauté artistique rurale située en Haïti. En 2013, ce mouvement visant à aider «les citoyens haïtiens à reconnaître leur vraie identité à travers la peinture» a fêté ses 40 ans. Les événements commémoratifs et les expositions-ventes rendaient hommage à tous les artistes qui ont fait rayonner la culture haïtienne.

Présentation orale: comparaison culturelle

Préparez une présentation orale sur le thème suivant.

- Comment les arts visuels réflètent-ils l'identité culturelle d'un pays?

Comparez votre propre communauté à une région du monde francophone que vous connaissez.

EN BREF

L'architecture

Auto-graded
My Vocabulary
Partner Chat
Record & Submit
Virtual Chat
Write & Submit

POINTS DE DÉPART

L'architecture est l'art de concevoir et de construire des bâtiments. Sa beauté se retrouve dans l'environnement et les matériaux choisis, les formes employées ainsi que leur agencement. Mais c'est l'innovation et l'audace qui permettent souvent d'engendrer les plus grandes œuvres.

- Qu'est-ce que les plus belles œuvres architecturales du monde ont en commun?
- La beauté est-elle une caractéristique intrinsèque de l'architecture ou est-elle une affaire de goût?
- En quoi une œuvre architecturale reflète-t-elle la culture de son époque?

DÉVELOPPEMENT DU VOCABULAIRE

VOCABULAIRE PERSONNEL
Notez le nouveau vocabulaire à mesure que vous l'apprenez.

1 **Lexique de l'architecture** Sélectionnez la définition qui correspond à chaque mot.

1. acier
2. aqueduc
3. béton
4. coupole
5. édifice
6. façade
7. hôtel particulier
8. pilotis
9. plan
10. toit-terrasse

a. bâtiment aux dimensions importantes
b. couverture plate d'un édifice
c. matériau qui est un alliage de fer et de carbone
d. pont supportant un canal d'arrivée d'eau
e. piliers qui soutiennent une construction
f. matériau de construction fait de cailloux, de graviers, de sable et d'eau
g. devant d'un bâtiment
h. dessin réalisé par un(e) architecte
i. voûte en forme de dôme
j. demeure somptueuse appartenant à de riches particuliers

2 **Le logement** Par petits groupes, faites une liste de cinq caractéristiques qui sont nécessaires pour rendre un espace habitable (par exemple: la luminosité, la surface, la ventilation). Ensuite, partagez votre liste avec la classe et choisissez tous ensemble les trois caractéristiques les plus importantes. Expliquez votre choix.

VOCABULAIRE PERSONNEL
Utilisez votre vocabulaire personnel.

3 **Architecture du patrimoine mondial** Choisissez deux œuvres architecturales qui font partie du patrimoine mondial, comme les pyramides d'Égypte ou la Tour Eiffel. Faites une liste de leurs caractéristiques les plus importantes: Qui les a créées? Quand ont-elles été construites? De quel genre d'édifice s'agit-il? À votre avis, pourquoi ces œuvres sont-elles célèbres? Pourquoi les aimez-vous ou pourquoi les trouvez-vous intéressantes? Décrivez chaque œuvre à votre camarade de classe sans révéler son nom. Votre camarade doit deviner de quelle œuvre il s'agit.

4 **L'architecture locale** Avec un(e) camarade de classe, choisissez une œuvre architecturale de votre communauté ou de votre région que vous trouvez belle. Expliquez les raisons de votre choix. Quelles sont les caractéristiques de cette œuvre que vous trouvez particulièrement remarquables? En quoi est-elle différente des autres édifices et structures des alentours? Comment reflète-t-elle l'époque de sa construction et la culture locale?

PLUS À FOND

La Villa Savoye (Poissy, France), Le Corbusier[1]

« Une maison est une machine à habiter. »

« Là où naît l'ordre, naît le bien-être. »

1  **L'architecture moderne** Cherchez des informations sur la «théorie des cinq points de l'architecture moderne» de l'architecte Le Corbusier et sur son œuvre *La Villa Savoye*. Puis, écrivez un paragraphe dans lequel vous expliquez le rapport entre les citations ci-dessus (aussi de l'architecte Le Corbusier), la «théorie des cinq points de l'architecture moderne» et la villa. En quoi *La Villa Savoye* est-elle un exemple de la «théorie des cinq points de l'architecture moderne»? En quoi ressemble-t-elle à une machine? L'architecture de cette maison inspire-t-elle du bien-être? Trouvez-vous que la villa est belle? Aimeriez-vous y habiter? Pourquoi ou pourquoi pas?

RESSOURCES
Consultez la liste des appendices à la p. xiii.

2  **Description persuasive** Faites des recherches sur Internet sur un(e) architecte francophone. Choisissez quelques-unes de ses œuvres que vous trouvez intéressantes et écrivez un essai dans lequel vous les décrivez tout en essayant de convaincre votre lecteur de leur beauté. À quels styles d'architecture ces œuvres appartiennent-elles? Quelle est la fonction de chacune? À votre avis, ces œuvres sont-elles universellement belles? Comment reflètent-elles leur époque et la culture de la région où elles se trouvent?

Vous pouvez écrire un essai sur un(e) des architectes ci-dessous ou sur un(e) autre architecte francophone de votre choix:

- Louis Le Vau (France)
- Odile Decq (France)
- Victor Horta (Belgique)
- Renée Gailhoustet (France)
- Étienne Gaboury (Canada)
- Diébédo Francis Kéré (Burkina Faso)

3  **Une œuvre par excellence** Choisissez une œuvre architecturale célèbre du monde francophone et préparez une présentation dans laquelle vous parlez: de l'architecte qui l'a créée, de l'époque de sa construction, de son importance culturelle au niveau local et international et de vos opinions personnelles à propos de l'œuvre.

1 **Le Corbusier (Charles-Édouard Jeanneret, dit Le Corbusier) (1887–1965)** est un architecte et urbaniste français d'origine suisse. Considéré comme le père de l'architecture moderne, sa «théorie des cinq points de l'achitecture moderne» (les pilotis, le toit-terrasse, le plan libre, la fenêtre en longueur, la façade libre) est une de ses plus grandes contributions à cet art.

contexte 6

EN BREF

La musique et les arts du spectacle

POINTS DE DÉPART

Les arts du spectacle comprennent toute activité créative exprimée devant un public, comme la danse, le théâtre et la musique. La musique, qui peut être définie comme une pratique artistique mêlant les sons vocaux et/ou instrumentaux, est peut-être le plus universel de ces arts.

- Comment les préférences musicales se développent-elles chez une personne?
- Quelle influence les différents styles de musique peuvent-ils avoir sur les gens?
- Comment la musique reflète-t-elle l'histoire et la culture?

DÉVELOPPEMENT DU VOCABULAIRE

1 

Styles de musique Avec un(e) camarade de classe, préparez une liste des différents styles de musique que vous connaissez. Ensuite, notez les cultures (groupes sociaux et/ou régions géographiques) et les langues associées à chaque genre de musique que vous avez identifié.

la musique country: la culture cow-boy, le sud et l'ouest des États-Unis, la langue anglaise

VOCABULAIRE PERSONNEL
Utilisez votre vocabulaire personnel.

2 

Préférences musicales En petits groupes, discutez des questions suivantes.

1. Quels styles de musique écoutez-vous? Pourquoi les aimez-vous? Et vos parents? Apprécient-ils les mêmes genres que vous? Expliquez.
2. Écoutez-vous parfois des chansons dont les paroles sont dans une langue autre que votre langue maternelle? Si oui, dans quelle langue? Si non, pourquoi pas?

PLUS À FOND

1 

Musiques française et anglo-saxonne

Regardez ce graphique, puis écrivez une composition pour répondre aux questions suivantes: Que remarquez-vous au sujet des goûts des Français pour la musique française ou anglo-saxonne? Les préférences des Français varient-elles en fonction de l'âge? Pourquoi, d'après vous? Quels facteurs peuvent expliquer pourquoi les jeunes sont plus intéressés par la musique anglo-saxonne que les personnes plus âgées?

Préférences pour la musique française ou anglo-saxonne selon l'âge

Sur 100 personnes de chaque groupe

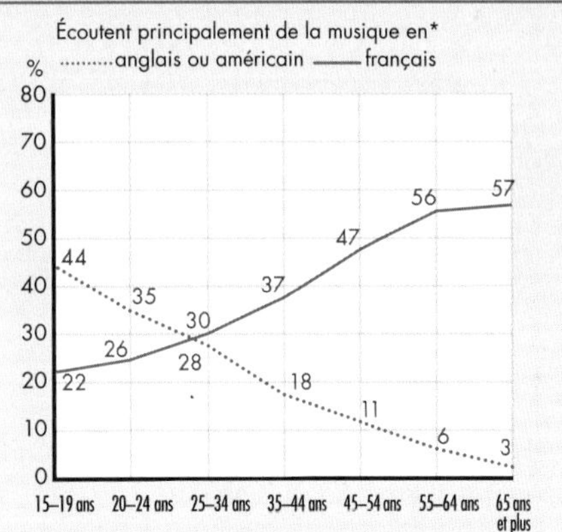

* Les personnes interrogées pouvaient déclarer ne pas attacher d'importance à ce critère ou citer une musique d'une autre langue.

RESSOURCES
Consultez la liste des appendices à la p. xiii.

Source: *Pratiques culturelles 2008*, Ministère de la Culture et de la Communication, 2009

Auto-graded
My Vocabulary
Record & Submit
Strategy
Video
Write & Submit

Le Petit
CYRANO
UNE PRODUCTION KATHARSIS FILMS
EN ASSOCIATION AVEC BUFFALO CORP. ECRIT ET RÉALISÉ PAR THIBAULT MOMBELLET
CAST ROXANE: AURÉLIA ARTO. LUDOVIC: HUGO DILLON. CYRANO: ADRIEN GAMBA-GONTARD
CHRISTIAN: PIERRE-BENOIST VAROCLIER

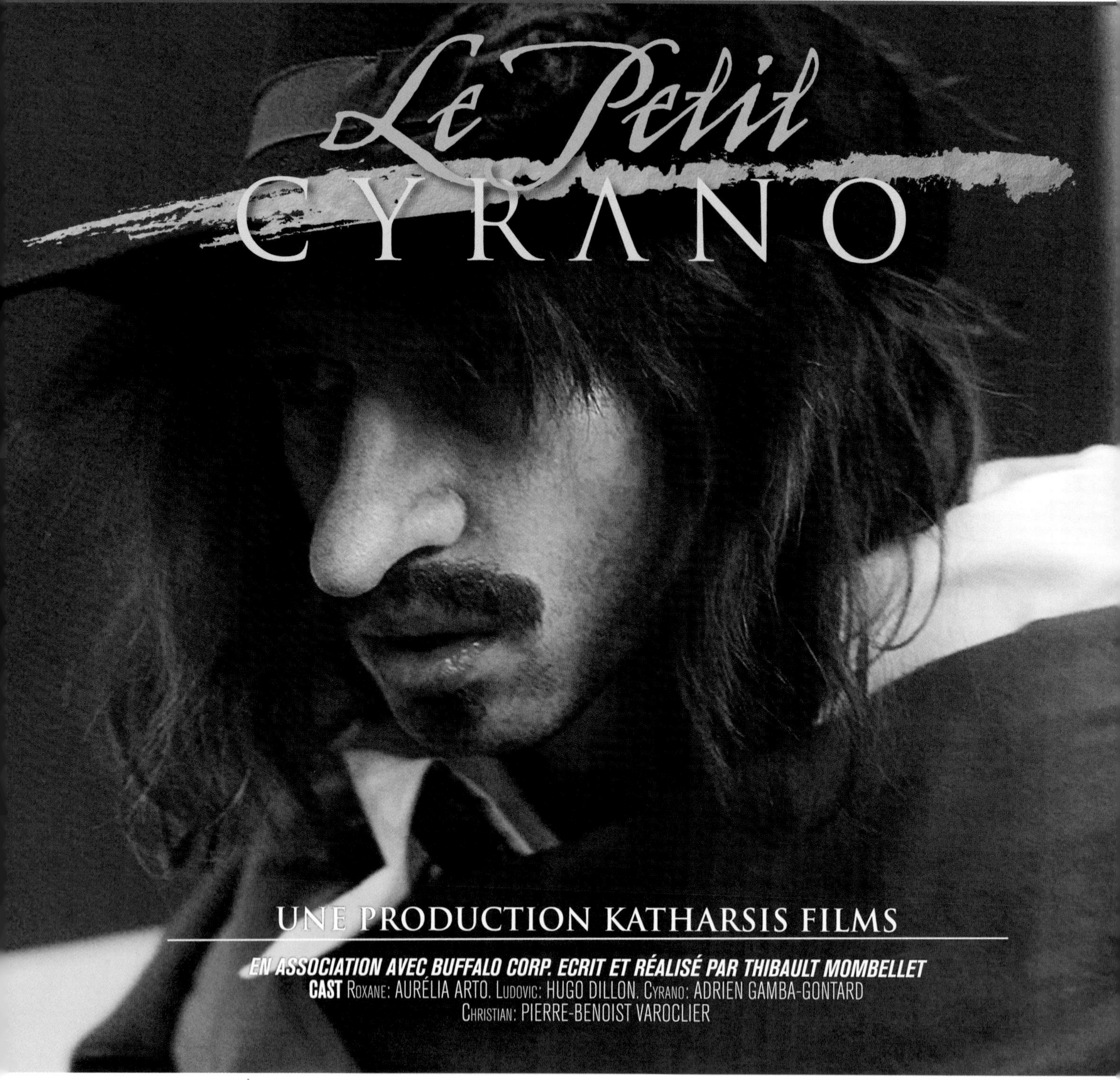

À PREMIÈRE VUE
Comment est l'homme sur la photo?

AU SUJET DU COURT MÉTRAGE Dans *Le Petit Cyrano*, on découvre un régisseur de théâtre qui, alors qu'il travaille sur une mise en scène de *Cyrano de Bergerac*, va tomber amoureux de l'actrice qui joue le rôle de Roxane. Le régisseur, habitué à rester dans l'ombre des coulisses, ne se doute pas qu'il est sur le point de jouer le rôle le plus important de sa vie. Une histoire classique d'amour secret à laquelle Thibault Mombellet donne un nouveau souffle dans ce court métrage touchant.

AVANT LE VISIONNEMENT

1  **Cyrano de Bergerac** Vous souvenez-vous de l'histoire de *Cyrano de Bergerac* (voir la deuxième lecture du Thème 1, Contexte 2, aux pages 23–27)? De quand date cette pièce de théâtre à l'origine? Qui l'a écrite? Quel est le sujet de la pièce? Qui sont les personnages principaux? Faites des recherches sur Internet, si nécessaire, puis écrivez un résumé de l'intrigue.

2  **Un amour secret** Discutez avec un(e) camarade ces questions: Avez-vous un jour caché vos sentiments pour une autre personne? Pourquoi? Que pensiez-vous qu'il se passerait si vous révéliez vos sentiments?

STRATÉGIE

Faire des recherches préliminaires
Faire des recherches préliminaires vous aidera à assimiler les informations présentées pendant un court métrage.

PENDANT LE VISIONNEMENT

Christian: «L'amour grandit, **bercé** dans mon âme inquiète...»

1. Où et quand se passe cette scène? À qui Christian parle-t-il? Que lui dit-il?
2. Qui est l'homme qu'on voit à droite? Que fait-il là?

Ludovic: «Cyrano, réveille-toi! [...]»
Les filles: «Il respire correctement. Il s'est juste endormi. [...] Mais qu'est-ce qu'on va faire?»

1. Que se passe-t-il dans cette scène?
2. Pourquoi cela pose-t-il un problème?

Roxane: «Comment pouvez-vous lire à présent? Il fait nuit. C'était vous.»

1. À qui est-ce que Roxane parle dans cette scène? Qu'est-ce qu'elle vient de comprendre?
2. Décrivez l'expression sur son visage. Quels sont les sentiments qu'elle éprouve, d'après vous?

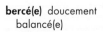

MOTS-CLÉS 

bercé(e) doucement balancé(e)
tenter essayer
s'envoler partir
le régisseur personne qui s'occupe de l'organisation matérielle d'un spectacle
s'évanouir perdre connaissance
jurer affirmer

APRÈS LE VISIONNEMENT

1

Vocabulaire en contexte Complétez les phrases avec les mots appropriés. Faites les changements nécessaires.

1. Ludovic travaille comme __________ dans un théâtre.
2. Ludovic __________ d'avouer son amour à l'actrice qui joue Roxane en lui envoyant une lettre.
3. Dans la pièce, Roxane ne voit pas Cyrano parce que l'action se passe dans __________.
4. Ludovic __________ à cause de sa blessure sur la tête.
5. Quand Roxane comprend ce qui se passe réellement et confronte Cyrano, celui-ci commence par __________ que ce n'est pas vrai.

2

Compréhension Répondez à chaque question selon le court métrage.

1. Que se passe-t-il au début du court métrage? Décrivez la première scène.
2. Qu'est-ce que l'actrice qui joue Roxane trouve dans sa loge? Qui lui a laissé ces choses?
3. Qu'arrive-t-il à l'acteur qui joue Cyrano? D'après les filles, qu'est-ce que la troupe va sans doute devoir faire à cause de cela?
4. Qui se retrouve à jouer le rôle de Cyrano? Est-ce une bonne solution? Pourquoi?
5. Pourquoi Christian et Cyrano se battent-ils en coulisse?
6. Que se passe-t-il dans la dernière scène?

3

Interprétation Discutez les questions suivantes avec un(e) camarade.

1. Pourquoi est-ce que plusieurs des comédiens se moquent de Ludovic au début du court métrage, à votre avis?
2. La note écrite par Ludovic pour l'actrice qui joue le rôle de Roxane dit: «Pendant que je restais en bas dans l'ombre noire, d'autres montaient cueillir le baiser de la gloire». Que veulent dire ces mots? Pourquoi est-ce que ces mots sont répétés vers la fin du court métrage?
3. Quelle est la réaction du public et de l'équipe technique en regardant la dernière scène entre Roxane et Cyrano? Pourquoi ont-ils réagi ainsi, d'après vous?

VOCABULAIRE PERSONNEL
Utilisez votre vocabulaire personnel.

4

Une critique de la pièce Vous avez assisté à la pièce du court métrage. Préparez une présentation orale à son sujet, comme si vous étiez critique de théâtre. Votre présentation doit comprendre les éléments suivants:

- un résumé de l'intrigue
- une présentation des personnages
- votre opinion de la pièce
- votre opinion du jeu des divers acteurs

RESSOURCES
Consultez la liste des appendices à la p. xiii.

5

Vous êtes Cyrano! Composez un poème ou une lettre d'amour que vous pourriez écrire à votre âme sœur. Inspirez-vous des paroles de Cyrano, de ses sentiments et parlez des attentions qui vous touchent.

Intégration du thème

ESSAI: LA NARRATION

Au quotidien, nous racontons souvent des histoires à partir de notre propre point de vue. C'est la même chose pour un récit narratif: il peut traiter d'un événement historique, personnel ou fictif. Ce qui est important dans un récit narratif, c'est qu'il présente une thèse qui peut être examinée à la lumière de faits historiques ou d'une histoire personnelle. Généralement, ce genre d'essai est écrit à la première personne.

Thème de la composition

Lisez de nouveau les questions essentielles du thème:

- Comment se créent les perceptions de la beauté et de la créativité?
- En quoi les idéaux de beauté et d'esthétique influencent-ils la vie quotidienne?
- Comment l'art peut-il à la fois défier et refléter les perspectives culturelles?

Choisissez celle qui a une importance particulière pour vous. Identifiez un événement qui illustre vos idées sur le thème et écrivez un essai narratif sur le sujet.

AVANT D'ÉCRIRE

Notez le thème, l'événement choisis et pensez à l'objectif recherché en écrivant cette histoire. Un récit narratif a pour objectif de donner un sens, une leçon ou d'exprimer une vérité personnelle, parfois universelle à partir d'un événement raconté.

BROUILLON

Sans vous préoccuper de la forme et de la structure, commencez à écrire ce qui vous passe par la tête à partir de ces deux éléments: le thème et ce qu'il signifie pour vous.

- Quelle est l'idée principale de votre récit?
- Quel est le fil conducteur qui donne de la cohérence à ce que vous écrivez. Pouvez-vous l'exprimer clairement?

STRATÉGIE

Faire un brouillon
L'objectif du brouillon est d'exprimer toutes les idées avant de les organiser.

VERSION FINALE

Une fois que vous êtes satisfait(e) de votre brouillon, organisez son contenu: introduction, développement, conclusion. Faites attention à la longueur des phrases pour éliminer les répétitions. S'il y a trop de détails et de descriptions qui vous font perdre le fil du récit, éliminez-les. Posez-vous les questions suivantes: Est-ce que le récit est fluide? Est-ce que l'objectif est évident à la lecture de votre essai?

Thème 4
14

La vie contemporaine

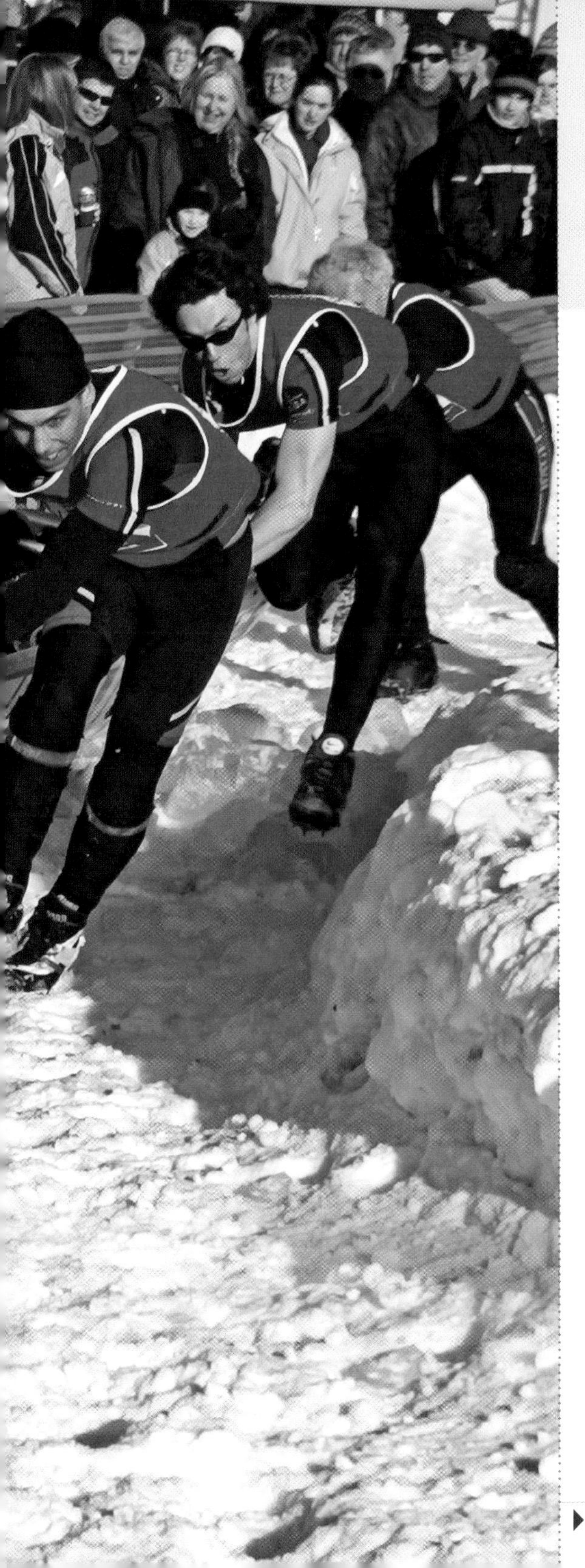

QUESTIONS ESSENTIELLES

- Comment les sociétés et les individus définissent-ils la qualité de vie?
- En quoi la vie contemporaine est-elle influencée par les perspectives, les pratiques et les produits culturels?
- Quels sont les défis de la vie contemporaine?

SOMMAIRE

▸▸ Préliminaires de la course de canoë durant le Carnaval de Québec, Québec, Canada

contexte 1 L'éducation et le monde du travail

POINTS DE DÉPART

Le monde du travail est fait de mille et une facettes. Certaines occupations exigent des études académiques traditionnelles, d'autres requièrent des qualifications et des compétences étroitement spécialisées, ou encore l'apprentissage d'un métier au sein d'une entreprise. Dans un monde où la globalisation et la technologie avancent à grands pas, les jeunes doivent faire face à toutes sortes de défis et de choix, se préparant à entrer dans le monde du travail.

- De quelle manière les écoles préparent-elles les élèves au monde du travail?
- Quels sont les plus grands défis liés à l'enseignement et au travail?
- Quels facteurs guident les jeunes vers l'indépendance et le succès dans le monde du travail?

VOCABULAIRE PERSONNEL

Notez le nouveau vocabulaire à mesure que vous l'apprenez.

DÉVELOPPEMENT DU VOCABULAIRE

1 **Les occupations** Identifiez l'occupation décrite ou suggérée par les compétences ou les qualifications données.

ingénieur	styliste de mode	médecin	architecte
esthéticien(ne)	professeur	biologiste	avocat(e)

1. scientifique qui étudie les organismes vivants
2. spécialiste des soins de beauté (épilage, gommages, massage du visage, modelage du corps)
3. personne qui connaît le droit et qui est douée dans l'art de l'élocution et de l'argumentation
4. personne qui conçoit le plan d'une maison, d'un édifice ou d'un immeuble
5. personne avec des connaissances techniques et scientifiques qui permettent de créer, contrôler et organiser des travaux
6. personne qui prescrit un traitement pour les malades
7. personne qui conçoit de nouveaux styles de vêtements, chaussures ou accessoires
8. personne capable de partager ses connaissances et de motiver les autres à apprendre

2 **L'avenir** À deux, discutez des défis que les professionnels mentionnés dans l'Activité 1 pourraient rencontrer à l'avenir. Vous pouvez vous servir des idées de la liste.

1. architecte: créer un habitat en dehors de notre planète
2. avocat(e): savoir adapter et exécuter les lois de la propriété intellectuelle
3. biologiste: savoir mettre la biologie synthétique au profit de l'humanité
4. esthéticien(ne): soigner au laser
5. ingénieur: perfectionner les technologies robotiques et informatiques
6. médecin: intégrer la nanotechnologie à la biotechnologie
7. professeur: procurer un enseignement «sur mesure» et virtuel
8. styliste de mode: adapter le sens de l'esthétique à un monde fonctionnel

3 **Comparaisons** À deux, parlez de vos projets d'avenir et surtout de ce que vous comptez faire dans la vie. Quelles occupations vous intéressent? Pourquoi vous intéressent-elles? Quelles études et quelles formations pensez-vous faire? Comment voyez-vous votre parcours professionnel? Pensez-vous exercer la même occupation pendant toute votre vie professionnelle?

LECTURE 1.1 ▸ JUNIORS INDÉPENDANTS

AU SUJET DU TEXTE L'IFAPME (*Institut wallon de Formation en Alternance et des indépendants et Petites et Moyennes Entreprises*) est une organisation qui offre des formations diverses dans une variété de secteurs professionnels. Ces programmes permettent aux jeunes de s'insérer dans le monde du travail ou aident ceux qui travaillent déjà à améliorer leurs compétences et savoir professionnels. Ce texte est un prospectus informatif présentant l'initiative pour Stages Juniors Indépendants. Ce programme proposé aux jeunes de 15 à 20 ans facilite leur accès à des formations en apprentissage et à des stages de chef d'entreprise.

AVANT LA LECTURE

1 

Le monde du travail Que savez-vous du monde du travail? En petits groupes, discutez des questions suivantes pour en décrire quelques aspects.

1. Quels sont les secteurs principaux du monde du travail?
2. Qu'est-ce qu'une profession libérale? Un prestataire de services? Un métier intellectuel? Donnez quelques exemples de chacun.
3. Qu'est-ce qu'un entrepreneur?
4. Qu'est-ce qu'un indépendant, un entrepreneur et un chef d'entreprise ont en commun? En quoi sont-ils différents?
5. Quels sont les avantages et les inconvénients de travailler pour une petite entreprise et pour une grande entreprise?

VOCABULAIRE PERSONNEL
Notez le nouveau vocabulaire à mesure que vous l'apprenez.

2

L'enseignement et le travail Un des objectifs de l'enseignement secondaire est de préparer les jeunes à entrer sur le marché du travail. Avec un(e) partenaire, complétez le tableau qui suit en répertoriant les différentes méthodes de préparation des lycéens à leur avenir professionnel.

LYCÉES TRADITIONNELS	LYCÉES ALTERNATIFS
Les élèves apprennent des stratégies pour accéder à l'information et pour résoudre des problèmes.	*Les élèves apprennent des compétences dans un domaine spécifique tel que la comptabilité.*

3

Votre expérience Répondez aux questions.

1. Avez-vous déjà suivi un cours professionnel ou technique au lycée? Si oui, dans quel domaine? Qu'est-ce que cette expérience vous a apporté? Si non, auriez-vous souhaité en suivre un?
2. Avez-vous déjà fait un stage ou une formation professionnelle? Si oui, décrivez l'expérience. Si non, souhaitez-vous le faire un jour? Expliquez votre réponse.
3. Quelle expérience avez-vous dans le monde du travail? (par exemple: babysitter, employé(e) de restaurant, jardinier)
4. Comment comptez-vous vous préparer à entrer sur le marché de l'emploi?

VOCABULAIRE PERSONNEL
Utilisez votre vocabulaire personnel.

MOTS-CLÉS

le métier occupation professionnelle, spécialisation

rétribuer donner un salaire

prester fournir un service (en Belgique)

défraiement remboursement de frais tels que les repas ou l'hébergement

JUNIORS INDÉPENDANTS:

vivre la vie d'un indépendant

Les stages «Juniors Indépendants» s'adressent aux jeunes de 15 à 20 ans. L'objectif est de leur permettre de se glisser dans la vie d'un indépendant ou d'un entrepreneur, de découvrir les réalités du quotidien d'une entreprise. C'est aussi une opportunité de découvrir des ***métiers*** *qui peuvent s'apprendre via une formation en alternance...*

Plonger dans le quotidien d'un indépendant, ça vous tente? Enfiler le costume d'un entrepreneur, vous en rêvez? Les stages «Juniors Indépendants» vous permettront de voir de tout près comment travaille un indépendant ou comment fonctionne une petite entreprise (maximum 10 travailleurs).

Les stages d'observation «Juniors Indépendants» sont rétribués! Un maximum de 450 euros pour un stage de 10 jours (ou un montant calculé au prorata du nombre de jours **prestés**), voici de quoi vous donner envie de créer, un jour pourquoi pas, votre propre entreprise! Sympa, non?

Comment faire?

1 Vous devez trouver un indépendant qui souhaite vous accueillir (conditions ci-dessous), vous convenez de la période de votre stage en fonction des sessions précisées;

2 Vous imprimez la convention de stage à partir du site de l'IFAPME[1] et vous la signez avec l'indépendant et vos parents (si vous avez moins de 18 ans);

3 Vous prenez rendez-vous dans un Service IFAPME et vous vous y présentez avec la convention signée (coordonnées des Services).

Important

- **Défraiements: 360 euros pour le Junior/ 150 euros pour l'indépendant/ entreprise**
- **Pas d'inscription si un stage «Juniors Indépendants» a déjà été réalisé précédemment**

Conditions d'inscription et de participation

Pour le jeune:

- Être âgé de 15 ans à 20 ans (accomplis)
- N'être lié par aucun contrat (contrat d'apprentissage, convention de stage, PFI, convention d'insertion socioprofessionnelle…)
- Le jeune ne peut effectuer qu'un seul stage de ce type
- Être domicilié en Région wallonne

Pour les indépendants / les entreprises:

- Le stage d'observation s'effectue auprès d'un indépendant ou dans une entreprise TPE (maximum 10 personnes) et dans une unité d'établissement située en Région wallonne (à l'exception de la Communauté germanophone);
- Chaque entreprise / indépendant ne peut accueillir que deux jeunes pendant chaque période de Stages Juniors Indépendants (soit 2 pendant les vacances d'hiver, 2 pendant les vacances de printemps et 2 pendant les vacances d'été);
- Il ne peut pas y avoir de lien de parenté (1er ou 2ème degré) entre le candidat et le chef d'entreprise où se déroulera le stage d'observation.

Pour quels métiers?

Pour pouvoir s'inscrire, les jeunes doivent avoir trouvé un indépendant / une entreprise qui accepte de les accueillir. Ces indépendants / entreprises doivent exercer une activité pour laquelle l'IFAPME organise des formations y compris les métiers intellectuels et prestataires de services.

Ne sont pas autorisés les stages dans une profession libérale (architecte, avocat...) ni même, par exemple, chez un cafetier ou une infirmière indépendante. Le choix de l'entreprise n'est pas lié à l'agrément IFAPME.

MOTS-CLÉS
domicilié logé
s'inscrire remplir les formalités pour être dans un groupe

APRÈS LA LECTURE

1 Clarifications Cherchez les expressions ci-dessous dans la lecture et analysez leur contexte pour deviner leur sens. Par la suite, écrivez un synonyme ou une définition pour chacune.

1. se glisser
2. formation en alternance
3. calculé au prorata
4. entreprise (TPE)
5. convention
6. lien de parenté (1er ou 2ème degré)

2 Compréhension Répondez aux questions.

1. Quels sont deux objectifs des stages mentionnés dans l'introduction?
2. Comment les stages sont-ils rétribués?
3. Quelles sont les trois étapes à suivre pour faire un stage Juniors Indépendants?
4. En quoi consiste les défraiements?
5. Quelles conditions sont communes aux candidats et aux entreprises?

STRATÉGIE

Parcourir le texte
Au lieu de lire chaque mot, parcourez la page rapidement pour identifier la section contenant les informations spécifiques qui vous intéressent.

3 **Aux États-Unis** Faites des recherches sur une formation en alternance au niveau du lycée, pour un lycéen dans votre région. Écrivez un court essai dans lequel vous la comparez avec les stages Juniors Indépendants. Votre essai doit comparer les aspects suivants:

- les entreprises ou organisations qui offrent la formation
- les objectifs de la formation
- les métiers ou les professions représentés
- les conditions d'inscription des participants (étudiants et entreprises)

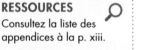

STRATÉGIE

Utiliser le bon registre
Pour vous exprimer correctement lorsque vous vous adressez à quelqu'un dans une situation formelle, pensez à utiliser le conditionnel (comme «j'aimerais…», «seriez-vous…?»). Par exemple: «J'aimerais vous parler de mon expérience» ou «Seriez-vous intéressé par la visite de nos bureaux?».

4 **Courrier électronique** Vous aimeriez vous inscrire à un stage Juniors Indépendants qui aura lieu durant les vacances. Écrivez un e-mail à un indépendant ou au chef d'une petite entreprise pour lui demander s'il était possible de vous accueillir. Suivez ces étapes pour écrire votre e-mail:

1. Commencez avec une salutation appropriée.
2. Expliquez l'objectif de votre e-mail.
3. Présentez-vous (votre nom, âge et niveau d'études).
4. Décrivez vos compétences et expliquez pourquoi vous voulez faire ce stage.
5. Expliquez pourquoi vous avez choisi cette personne ou cette entreprise.
6. Résumez encore une fois vos souhaits et terminez votre e-mail avec une formule de politesse appropriée.
7. Révisez votre message pour vous assurer que le ton et le registre choisis sont appropriés.

5 **Un entretien** L'indépendant/Le chef d'entreprise à qui vous avez écrit dans l'Activité 4 vous propose un entretien. À deux, préparez deux listes de questions: la première regroupera les questions à poser à l'indépendant/au chef d'entreprise; la seconde sera composée de celles à poser au candidat. Par la suite, simulez un entretien en abordant les points suivants:

- les compétences nécessaires pour le poste
- les responsabilités du poste
- l'expérience, les aptitudes et les motivations du stagiaire
- l'emploi du temps
- la rémunération

RESSOURCES
Consultez la liste des appendices à la p. xiii.

6   **Présentation orale** Faites des recherches sur une ville de la région de la Wallonie et préparez une présentation de deux minutes sur le sujet qui comprend ces éléments:

- au moins trois illustrations ou photos
- le système éducatif et le marché du travail
- les principales activités économiques
- un fait surprenant ou intéressant

7   **Débat** En petits groupes, débattez cette question:

L'enseignement secondaire prépare-t-il réellement les élèves au monde du travail?

LECTURE 1.2 ▸ ÉCOLE NATIONALE DU CIRQUE DU MAROC

AU SUJET DU TEXTE À l'origine, l'école *Shems'y* était un projet visant à aider les enfants en situation précaire. Cependant en 2009, elle a connu un énorme succès la propulsant au titre d'École nationale du cirque du Maroc. À présent, *Shems'y* offre des formations professionnelles d'artistes de cirque à l'issue desquelles des diplômes d'état sont conférés. Offrir des opportunités d'éducation et d'emplois pour des enfants de milieux défavorisés reste un objectif important. Agence France-Presse (AFP) est une organisation qui publie des informations relatant l'actualité internationale, et c'est à travers le reportage d'Hicham Rafih que l'on découvre cette école et sa mission.

AVANT LA LECTURE

1 **Classifiez** Cochez les métiers de la liste que vous associez avec le cirque.

- ☐ acrobate
- ☐ acteur/actrice
- ☐ chorégraphe
- ☐ clown
- ☐ danseur/danseuse
- ☐ directeur/directrice
- ☐ dresseur/dresseuse d'animaux
- ☐ équilibriste
- ☐ funambule
- ☐ jongleur/jongleuse
- ☐ magicien(ne)
- ☐ marionnettiste
- ☐ régisseur de plateau
- ☐ scénographe
- ☐ technicien(ne)
- ☐ trapéziste
- ☐ violoniste

VOCABULAIRE PERSONNEL
Notez le nouveau vocabulaire à mesure que vous l'apprenez.

2 **Discussion** En petits groupes, répondez aux questions et échangez vos opinions.

1. Qu'est-ce qui constitue «une situation précaire» pour un enfant?
2. La précarité est-elle différente selon le pays? Les défis auxquels un enfant d'un milieu défavorisé fait face, seraient-ils les mêmes au Maroc et aux États-Unis? Expliquez.
3. Quelle influence la situation socioéconomique d'un élève a-t-elle sur son accès à l'éducation et son succès à l'école?
4. Quelles initiatives sont en place pour aider les jeunes en situation précaire aux États-Unis?
5. Est-il important d'aider ces jeunes? Justifiez votre réponse.

3 **La vie de cirque** Faites des hypothèses sur la vie quotidienne dans une école de cirque en discutant des questions suivantes avec un(e) partenaire.

1. Quels cours les élèves suivraient-ils?
2. Comment leur emploi du temps serait-il organisé?
3. Quelles compétences apprendraient-ils?
4. Quels seraient les avantages de faire des études dans une école pareille?
5. Quels en seraient les inconvénients?

MOTS-CLÉS

les remparts (m.) grande muraille qui protège un lieu

franchir passer par-dessus

École nationale du cirque du Maroc

  http://

ACCUEIL | À PROPOS DE NOUS | FORMATIONS | SPECTACLES | CONTACT

ÉCOLE nationale du cirque DU MAROC

par **Hicham Rafih**

«Ici, j'ai trouvé ma passion», lance Nadia, élève de «Shems'y», un projet pour enfants défavorisés dont la spectaculaire réussite l'a propulsé au rang d'Ecole nationale du cirque du Maroc.

Derrière les **remparts** de l'ancienne cité corsaire de Salé, ville jumelle de Rabat, voilà bientôt 20 ans que Shems'y («mon soleil») a planté son chapiteau face aux rouleaux de l'océan. Son directeur, Alain Laëron, raconte à l'AFP qu'à l'époque, il s'agissait d'une simple association «pour enfants en difficulté».

Le but était de leur donner envie de «vivre ensemble», «de leur redonner goût à la vie avec des thématiques artistiques», ajoute ce Français, impliqué dans le projet depuis son origine. L'idée, alors, était notamment de s'appuyer sur la «tradition ancestrale» que constitue l'acrobatie au Maroc.

«Les habitations du Maroc ancien étaient souvent protégées par des remparts. Pour les **franchir**, les tribus avaient, parmi leurs guerriers, des acrobates», explique-t-il.

Le succès est rapidement au rendez-vous et, en 2009, le projet, piloté par l'Association

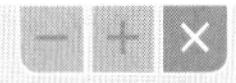

marocaine d'aide aux enfants en situation précaire (Amesip), décroche l'**agrément** de l'Etat pour une formation diplômante, une première dans le royaume et un tournant.

Depuis, dans une immense salle où les jeunes équilibristes s'entraînent sous l'œil d'un moniteur, Shems'y assure une formation sur cinq années. Chaque promotion est composée de 15 jeunes de moins de 25 ans, sélectionnés parmi des centaines de candidats.

«Avant, je passais mon temps à faire des acrobaties sur les plages de Salé ou dans **les terrains vagues** près de mon quartier. Aujourd'hui, je profite d'une formation professionnelle», se félicite Nadia, 16 ans, qui est en première année mais qui a déjà six années de pratique personnelle à son actif.

Évoquant les entraînements quasi quotidiens, elle assure ne pas compter les heures ni les longs trajets en bus. «J'ai arrêté l'école parce que le cirque, je veux en faire mon métier», dit-elle.

Originaire de Casablanca, capitale économique et plus grande ville du Maroc, Moustapha, 25 ans, qui est dans sa dernière année, affirme vouloir aussi en faire sa profession «même si je sais que c'est difficile».

Donner des ailes

Une fois leur diplôme en poche, tout n'est effectivement pas gagné pour ces passionnés de cirque, **à l'instar de** nombreux autres jeunes diplômés au Maroc, où près de 30% des jeunes sont au chômage, selon la Banque mondiale.

Certains seront recrutés dans des compagnies de cirque étrangères, d'autres sollicités par des compagnies de théâtre ou des équipes de films au Maroc, mais les **débouchés** demeurent restreints.

«Les gens ne nous prennent pas au sérieux. Ils nous voient comme des clowns, pas comme des artistes. Il faut que cette vision change», tonne Moustapha.

En attendant, «l'école nous aide en tout» et «nous sommes payés pour les spectacles auxquels nous participons», explique-t-il.

Ce jour-là, la classe de dernière année **peaufine** un spectacle, *Hams* (murmure), qui doit être présenté quelques jours plus tard à des enfants de tout le pays, à Bouznika, ville située entre Salé et Casablanca.

Funambules, trapézistes, danseurs, mimes... Devant quelque 200 personnes, la troupe décline en chorégraphies diverses sa vision de la société marocaine, un spectacle de cirque qualifié de «contemporain».

«Lorsque le diplôme leur sera délivré, ils auront ce spectacle comme un complément ajouté dans leur CV, une sorte de stage», note Alain Laëron.

«On n'est pas dans un projet de pauvres pour des pauvres, mais dans un projet digne: ces jeunes avaient leurs difficultés, aujourd'hui ils sont sur un projet fédérateur qui leur donne des ailes», avance pour sa part Touria Bouabid, la fondatrice d'Amesip.

Quant à Shems'y, son objectif est maintenant d'encourager la créativité au sein de l'école, pour donner naissance à un style artistique «proprement marocain», indique M. Laëron.

MOTS-CLÉS

l'agrément (m.) reconnaissance officielle

les terrains vagues zones urbaines non construites

donner des ailes inspirer à avancer

à l'instar de à la manière de

le débouché opportunité de travail

peaufiner terminer avec soin

APRÈS LA LECTURE

1 Compréhension Répondez aux questions d'après le texte.

1. Sur quelle tradition marocaine l'école Shems'y s'appuie-t-elle?
   a. la tradition corsaire
   b. l'acrobatie
   c. la vie en communauté
   d. le bénévolat
2. Pourquoi les diplômés de l'école auraient du mal à trouver un travail après avoir reçu leur diplôme?
   a. Il y a beaucoup de chômage au Maroc.
   b. Le diplôme de l'école n'est pas très respecté.
   c. Il n'y a pas beaucoup d'opportunités pour exercer leur métier.
   d. Les gens ne prennent pas les diplômés au sérieux.
3. Comment sont les spectacles présentés par l'école?
   a. traditionnels
   b. contemporains
   c. itinérants
   d. très marocains
4. Quel est l'objectif principal de l'école Shems'y aujourd'hui?
   a. aider les jeunes en difficulté
   b. aider les diplômés de l'école à trouver du travail
   c. recruter de nouveaux talents
   d. créer un cirque avec un style marocain
5. Quelle phrase résume le mieux l'objectif de l'article?
   a. Faire de la publicité pour l'école Shems'y.
   b. Critiquer l'enseignement traditionnel au Maroc.
   c. Informer le public au sujet de l'école Shems'y.
   d. Inciter une réaction face à la situation difficile des jeunes au Maroc.

CONCEPTS IMPORTANTS

Intentions de l'auteur
Habituellement, les auteurs écrivent pour des raisons différentes, par exemple pour convaincre, informer ou divertir. À la lecture d'un texte, nous devons identifier ce qu'a voulu dire la personne qui l'a écrit; cela peut nous aider à mieux comprendre le message.

2 Interprétation En petits groupes, discutez votre interprétation de cette citation de Touria Bouabid. De quoi parle-t-elle? Quelle conclusion tire-t-elle? Pourquoi l'auteur a inclu cette citation dans l'article?

> « On n'est pas dans un projet de pauvres pour des pauvres, mais dans un projet digne: ces jeunes avaient leurs difficultés, aujourd'hui ils sont sur un projet fédérateur qui leur donne des ailes.

STRATÉGIE

Réagir
Quand vous vous posez des questions telles que: «Qu'est-ce qui capte l'attention dans le texte?», vous en comprenez mieux le message mais aussi pourquoi vous l'appréciez.

3 Réactions Avec un(e) partenaire, discutez de vos réactions au texte. Utilisez les questions suivantes pour guider votre conversation et justifiez vos opinions en citant des exemples tirés du texte.

1. Qu'est-ce qui a capté votre attention? (Exemple: le ton, le choix des mots...)
2. Quel est le point de vue de l'auteur? Êtes-vous d'accord avec son point de vue?
3. Quelle influence l'auteur a-t-il eue sur votre opinion de l'école Shems'y? Quelles techniques a-t-il utilisées pour vous influencer?
4. Qu'est-ce que vous avez apprécié dans l'article? Expliquez-vous.
5. Qu'est-ce que vous n'avez pas apprécié? Précisez pourquoi.

4 

Les emplois au Maroc À deux, faites des recherches sur le marché de l'emploi au Maroc. Aidez-vous du tableau ci-dessous qui propose des secteurs professionnels à explorer puis essayez d'expliquer pourquoi le niveau de chômage est si élevé chez les jeunes.

la vie culturelle	le tourisme et les loisirs	l'énergie
le commerce	l'agriculture	les infrastructures
l'industrie	la médecine et la santé	la technologie

VOCABULAIRE PERSONNEL
Utilisez votre vocabulaire personnel.

5 

Discussion En vous basant sur votre recherche de l'Activité 4, sur l'article et vos propres connaissances, discutez en petits groupes la question suivante:

- L'école Shems'y prépare-t-elle assez bien ses élèves pour le marché du travail?

6 

Présentation orale: Synthèse Approfondissez vos connaissances sur l'histoire de l'acrobatie et les arts du spectacle marocain puis visitez le site Internet de Shems'y pour y décrouvrir ses représentations. De quelle manière réflètent-elles un style artistique «proprement marocain»? Préparez une présentation de deux minutes pour élaborer votre synthèse. N'hésitez pas à employer des images pour illustrer vos idées.

STRATÉGIE

Synthétiser
Après avoir lu et compris un texte, faites-en la synthèse. Considérez de nouveau les perspectives culturelles et pensez à la manière dont vous pouvez relier ce que vous avez appris et ce que vous saviez déjà.

7 

Un message électronique Selon vous, votre communauté devrait établir une école de cirque comme Shems'y. Écrivez un courrier électronique dans lequel vous essayez de convaincre l'administration d'étudier la question. Votre e-mail doit comprendre ces éléments:

- une description de l'école et ses objectifs
- les avantages d'une telle école pour la communauté
- les avantages pour les jeunes défavorisés

8 

Projection Comment sera l'avenir scolaire et professionnel de tout jeune du 21e siècle? Avec un(e) partenaire, discutez ce thème en répondant aux questions suivantes. Prenez des notes sur votre discussion.

1. À quels grands défis liés à l'enseignement et au travail les jeunes doivent-ils se confronter? Quelles sont les causes principales de ces défis?
2. Quelles solutions envisagez-vous?
3. Quels sont les avantages que ces jeunes auront mais que leurs parents et grands-parents n'ont pas eus? Quelles sont les raisons expliquant ces avantages?
4. Quelle est votre vision du futur? Plutôt positive ou plutôt négative? Expliquez.

9 

Essai persuasif Comment les systèmes éducatifs et les cadres de l'enseignement doivent-ils évoluer pour mieux préparer les jeunes au monde du travail de demain? Utilisez vos notes de l'activité précédente et écrivez un essai persuasif qui comprend ces éléments:

- une brève description des défis mondiaux actuels et futurs
- une description des aptitudes et des qualifications exigées pour faire face à ces défis
- votre vision d'un système éducatif et d'un enseignement adaptés au monde de demain
- une comparaison entre le monde du travail actuel et celui du futur

RESSOURCES 
Consultez la liste des appendices à la p. xiii.

AUDIO ▸ VACANCES DE NOËL

MOTS-CLÉS

le/la patron(ne) personne qui dirige une entreprise

appréhender comprendre

la gestion action d'organiser, diriger ou administrer quelque chose

prodiguer accorder quelque chose

le soin produit ou service esthétique

INTRODUCTION Cet enregistrement produit par RTL Vidéos en Belgique, est un reportage illustrant l'organisation d'un stage par l'IFAPME (*Institut wallon de Formation en Alternance et des indépendants et Petites et Moyennes Entreprises*) durant la période des vacances de Noël. L'objectif de ces stages est de permettre aux jeunes de Wallonie de se glisser dans le quotidien d'un chef d'entreprise. Cette séquence nous permet de découvrir l'expérience de Lauralyn, une jeune stagiaire découvrant la vie d'une esthéticienne indépendante.

AVANT L'ÉCOUTE

STRATÉGIE

Faire des prédictions
Le titre d'un enregistrement ainsi que les informations préliminaires données à son sujet vous aideront lors de son écoute pour en prédire le contenu. Lisez donc attentivement son titre et son introduction au préalable.

1 **Des prédictions** Pensez au titre, à l'introduction de cet enregistrement et à ce que vous savez déjà sur les stages d'IFAPME pour essayer de prédire le contenu de l'enregistrement. Faites une liste de prédictions et de mots-clés associés à vos idées.

2 **Travailleur indépendant** En petits groupes, discutez les questions suivantes.

1. Quelles connaissances et quelles compétences doit-on avoir pour exercer le métier d'esthéticien(ne)?
2. Quelles connaissances et quelles compétences générales tout indépendant doit-il avoir (exemple: connaître les bases de la comptabilité)?
3. Quelles qualités personnelles doit-on cultiver pour devenir son/sa propre patron(ne) (exemple: la capacité à prendre des risques)?
4. Aimeriez-vous travailler comme travailleur indépendant? Justifiez votre réponse. Si c'est le cas, pour quel métier? Quels stages ou quelles formations devriez-vous faire pour réaliser cet objectif?

PENDANT L'ÉCOUTE

VOCABULAIRE PERSONNEL
Notez le nouveau vocabulaire à mesure que vous l'apprenez.

1 **Première écoute** Révisez les mots-clés notés dans l'Activité 1. Ensuite, écoutez l'enregistrement et indiquez les mots de votre liste que vous entendez.

2 **Deuxième écoute** Écoutez l'enregistrement une deuxième fois et indiquez quels thèmes de la liste sont abordés dans le reportage. Par la suite, comparez ces thèmes avec vos prédictions de l'Activité 1. Lesquels avez-vous prédits correctement?

- ☐ l'âge des stagiaires
- ☐ la durée des stages
- ☐ la formation de Lauralyn
- ☐ les motifs de Lauralyn pour faire le stage
- ☐ les motifs de l'esthéticienne pour accueillir une stagiaire
- ☐ les défis d'un indépendant
- ☐ la situation des jeunes en sortant de l'école
- ☐ le chômage chez les jeunes
- ☐ la formation nécessaire pour devenir esthéticienne
- ☐ les différentes manières de prodiguer des soins
- ☐ les avantages des stages
- ☐ les inconvénients des stages
- ☐ les projets d'avenir de Lauralyn

APRÈS L'ÉCOUTE

1

Compréhension À deux, répondez aux questions.

1. À qui le stage est-il destiné?
2. Combien de temps dure-t-il?
3. Quelle formation Lauralyn a-t-elle suivie?
4. Pourquoi Lauralyn fait-elle ce stage?
5. Selon Lauralyn, quelle est la situation de beaucoup de jeunes en sortant de l'école?
6. Qu'est-ce que le stage va permettre à Lauralyn d'appréhender?
7. Selon Vanessa, quel est le grand avantage de ce stage?
8. Qu'est-ce que Lauralyn pense faire après le stage?

2

Réflexion Mettez-vous à la place de Lauralyn. Que comptez-vous faire après le stage? Pensez à vos aspirations personnelles et à vos désirs d'accomplissement. Écrivez un paragraphe dans lequel vous expliquez vos projets d'avenir.

3

Résumé Écrivez une description des stages offerts par l'IFAPME en résumant les informations de la Lecture 1.1 et de l'enregistrement que vous venez d'écouter. Votre paragraphe doit comprendre ces points et citer l'enregistrement.

- les personnes à qui les stages sont destinés
- les objectifs des stages
- où et avec qui les stages sont possibles
- les motifs possibles pour faire ces stages
- les avantages de ces stages

4

Présentation orale: comparaison culturelle Pourquoi doit-on aider les jeunes à s'intégrer sur le marché du travail à travers des formations et des stages? Choisissez un pays francophone et faites des recherches sur Internet pour identifier des programmes, traditionnels ou non, qui aident les jeunes sur le marché du travail. Tenez compte de ces aspects:

- la situation des jeunes sur le marché du travail de ce pays
- deux formations ou stages qui aident à les intégrer dans la vie professionnelle
- une description courte du fonctionnement de ces formations ou stages
- les métiers ou les secteurs concernés
- le taux de réussite des participants (si possible)

Faites une présentation dans laquelle vous répondez à la question initiale en utilisant les résultats de vos recherches.

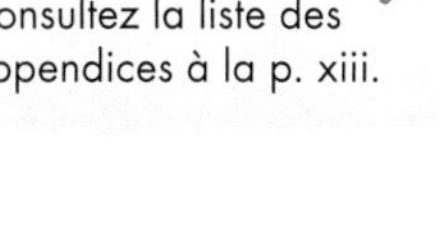

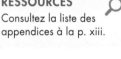

RESSOURCES
Consultez la liste des appendices à la p. xiii.

5

Discussion En petits groupes, discutez des défis auxquels les jeunes font face pour entrer sur le marché du travail et des programmes en place pour les aider dans votre pays. Comparez ces programmes avec les stages de l'IFAPME en Belgique et les formations de l'école nationale de cirque de SHEMS'Y, au Maroc. Quelles formations ou quels stages avez-vous trouvés les plus remarquables? Pourquoi?

LIENS CULTURELS

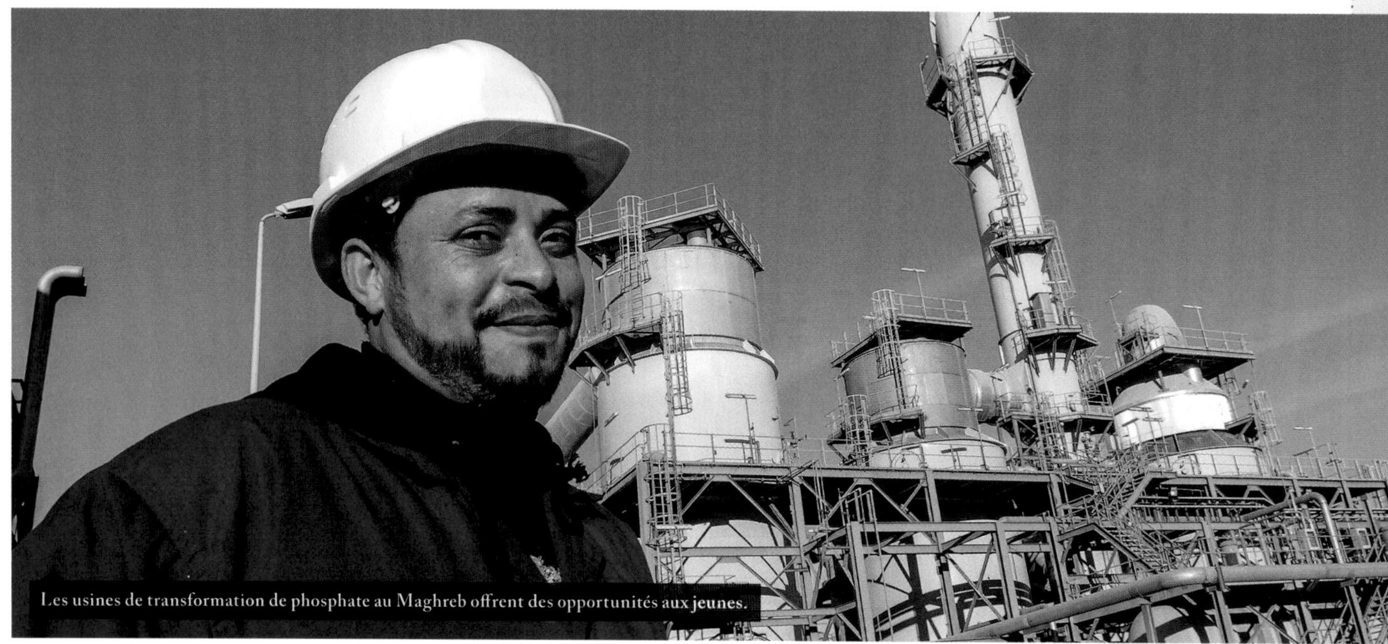
Les usines de transformation de phosphate au Maghreb offrent des opportunités aux jeunes.

Choisir son avenir

APRÈS AVOIR REÇU LEUR BACCALAURÉAT, LES JEUNES Tunisiens doivent faire un choix de carrière important, surtout quand on considère l'état difficile du marché du travail dans leur pays. Comme en Europe, la voie classique à l'université se compose d'une licence (3 ans), puis d'un master (2 ans) et d'un doctorat (3 ans). Au niveau licence, on peut choisir entre une licence appliquée, qui vise à répondre aux besoins des entreprises, ou une licence fondamentale, plus générale et plus académique. La première mène au master professionnel; la deuxième vers le doctorat. Les BTS (Brevet de technicien supérieur) représentent un troisième choix. Ce sont des formations de 2–3 ans dans des secteurs porteurs comme le tourisme, la technologie ou la mécanique.

Sur le marché du travail actuel, c'est peut-être le BTS qui offre le plus d'opportunités, car il prend moins de temps et il procure une vraie expérience pratique que beaucoup d'entreprises recherchent chez leurs employés.

- De plus en plus de jeunes Français de 18 à 25 ans partent à l'étranger pour étudier, faire un stage ou pour travailler. Leurs destinations préférées sont la Suisse, le Royaume -Uni et l'Allemagne. Pourquoi partent-ils? Pour les actifs, ce sont de meilleures rémunérations—par exemple, 8.000 euros au-dessus de la moyenne en France, pour les ingénieurs et les managers débutants—qui les attirent. Pour les étudiants, des facteurs décisifs sont le prestige des universités étrangères, la globalisation et l'internationalisation des cursus, qui se sont fortement accélérées depuis l'an 2000.
- L'Algérie est en pleine croissance. Les secteurs du bâtiment, de la santé, du pétrole et du gaz ont surtout besoin d'employés qualifiés. Des compagnies comme Sneider Electric Algérie, un spécialiste de la gestion de l'électricité, a décidé de travailler avec des institutions et des associations locales pour former des jeunes. Le but est de leur offrir un diplôme, de l'expérience et les compétences nécessaires pour pénétrer le marché du travail.

Présentation orale: comparaison culturelle

Préparez une présentation orale sur le thème suivant.

- Quels facteurs guident les jeunes vers l'indépendance et le succès dans le monde du travail?

Comparez votre propre communauté à une région du monde francophone que vous connaissez. Dans votre présentation, vous pouvez faire appel à vos expériences personnelles et celles que vous avez observées ou étudiées.

contexte 2 Les loisirs et le sport

POINTS DE DÉPART

Face à un rythme de vie qui s'accélère, œuvrer pour une bonne qualité de vie s'avère être un souci majeur. Certes, trouver ou conserver un emploi restent des priorités cruciales mais jouir de l'existence semble apporter une forme d'équilibre menant au bien-être. Les passe-temps qui s'offrent à nous, sport, musique, danse, arts culinaires ou théâtre, ainsi que les parcs et les restaurants qui nous accueillent, enrichissent la vie quotidienne dans nos villes ou nos communautés.

- En quoi la gastronomie exprime-t-elle la culture d'un pays?
- Qu'est-ce qui fait que certains sports deviennent plus qu'un simple divertissement?
- Comment les sources de divertissement révèlent-elles les préférences culturelles d'une communauté?

DÉVELOPPEMENT DU VOCABULAIRE

VOCABULAIRE PERSONNEL
Notez le nouveau vocabulaire à mesure que vous l'apprenez.

1 **Le divertissement** Pensez aux divertissements et passe-temps que vous préférez, puis répondez aux questions. Vous pouvez choisir des activités de la liste.

regarder des films	lire
écouter de la musique	regarder la télévision
faire la cuisine	bavarder entre amis
jouer d'un instrument	faire de la randonnée
regarder des émissions sportives	danser
pratiquer des sports d'équipe	aller au théâtre
jouer à des jeux vidéo	faire les magasins
faire de l'exercice	bricoler

1. Quelles sont les quatre activités qui vous attirent le plus parmi vos loisirs?
2. Laquelle préférez-vous et pourquoi?
3. Combien d'heures y consacrez-vous chaque semaine?
4. Cette activité vous permet-elle de rencontrer de nouveaux amis?
5. Selon vous, quels bénéfices cette activité vous apporte-t-elle?

2 **Mes passe-temps** À deux, discutez de vos passe-temps favoris respectifs mentionnés dans l'Activité 1. Avez-vous les mêmes ou sont-ils très différents?

3 **Mon environnement** Ce que nous faisons pendant nos loisirs dépend aussi de notre environnement (milieu social et économique, situation géographique, famille, amis...). Créez une liste de vos divertissements favoris et utilisez le tableau pour expliquer si ces activités correspondent surtout à votre personnalité, ou bien révèlent l'influence de votre environnement.

VOCABULAIRE PERSONNEL
Utilisez votre vocabulaire personnel.

MA PERSONNALITÉ	MON ENVIRONNEMENT
1. *J'aime le ski nautique.*	1. *J'habite près de la mer.*
2.	2.

LECTURE 2.1 ▸ RECETTE: GUMBO AU POULET ET À L'ANDOUILLE

AU SUJET DU TEXTE Beaucoup de gens aiment cuisiner pour se distraire, se détendre, partager de bons moments entre amis ou pour se rapprocher. À la fois loisir, art et moyen d'expression, la cuisine se montre également tel le témoin d'un brassage culturel. Par exemple, en Louisiane, le gumbo est une sorte de plat régional, surtout depuis que le chef Paul Prudhomme l'a rendu célèbre. C'est un ragoût qui combine plusieurs traditions culinaires: française, avec la préparation du roux, espagnole, avec l'ail, l'oignon et les épices, indienne autochtone, avec le liant fait de sassafras pilé, et africaine, avec la base du gumbo lui-même, également appelé okra. On sert le gumbo sur du riz nature, et on le déguste de préférence à plusieurs, en famille ou entre amis.

AVANT LA LECTURE

VOCABULAIRE PERSONNEL
Notez le nouveau vocabulaire à mesure que vous l'apprenez.

1 

Les aliments et le goût Écrivez le nom des aliments dans la catégorie appropriée: **fruits, légumes, viandes, fruits secs, épices;** précisez si vous les aimez et comment vous aimez les manger.

__________ __________ __________ __________ __________

2 

Les repas chez moi À deux, discutez les questions suivantes.

1. En semaine, que prenez-vous pour le petit déjeuner? Et au dîner?
2. Est-ce qu'en général, vous et votre famille dînez tous ensemble? À quelle heure? Regarde-t-on la télévision pendant les repas chez vous?
3. Y a-t-il des règles strictes pour les repas? Lesquelles?
4. À quelles occasions faites-vous un grand repas dans votre famille?
5. Qu'est-ce que les pratiques alimentaires de votre famille révèlent sur votre culture?
6. Si vous pouviez changer une des pratiques alimentaires de votre famille, laquelle changeriez-vous et pourquoi?

3 

Calculer les équivalents Cherchez sur Internet un convertisseur d'unités de mesure et inscrivez les équivalents correspondants ci-dessous.

1. 125 grammes = __________ onces
2. 2 litres = __________ tasses liquides (US)
3. 500 grammes = __________ livres (US)
4. 2 cuillères à soupe = __________ cuillères à café
5. 1 cuillère à café = __________ millilitres

RECETTE pour 12 personnes

Gumbo au poulet et à l'andouille

Ingrédients:

- **1** poulet coupé en morceaux
- **675** g d'**andouille** et d'andouillette ou de saucisse **fumée**
- **125** ml d'huile végétale
- **125** g de farine
- **1** oignon haché
- **1** poivron vert haché
- **2** branches de céleri hachées
- **2** litres de bouillon de poulet bien chaud
- **3** gousses d'ail hachées
- **1** boîte de tomates en dés en conserve avec son jus
- **4** gousses d'échalote coupées en rondelles, du persil frisé, du thym
- **3** feuilles de laurier, sel, poivre, poivre de cayenne, de la poudre de filé (sassafras) ou un peu de fécule de maïs

PRÉPARATION

1. **Faire revenir** les morceaux de poulet dans 125 ml d'huile pendant quelques minutes. Retirer du feu.
2. Ajouter la farine pour faire un **roux** foncé. Un roux foncé a un arrière-goût de fumé, de noisette grillée, typique de la cuisine **cajun**. Il a un pouvoir moins épaississant mais parfume davantage. Il faut le faire cuire 25 minutes à haute intensité, puis jusqu'à 1 heure à feu doux.
3. Ajouter les oignons et laisser colorer. Ajouter le poivron et le céleri et laisser cuire pendant 5 minutes. Ajouter le bouillon, les **assaisonnements** sauf la poudre de **filé** et amener à ébullition. **Baisser** le feu.
4. Ajouter le poulet et l'andouille et laisser **mijoter** pendant 2 ou 3 heures.
5. Garnir avec de l'échalote et du persil émincés. Apporter sur la table. Épaissir à la poudre de filé.
6. Si vous n'avez pas de poudre de filé, 10 minutes avant la fin de la cuisson, incorporer un peu de fécule délayée à la préparation et laisser épaissir.

MOTS-CLÉS

l'andouille (f.) charcuterie du type de la saucisse

fumé(e) au goût de barbecue

faire revenir faire frire

un roux farine et corps gras cuits ensemble

cajun culture de la Louisiane

l'assaisonnement (m.) épice

le filé poudre de feuilles de sassafras séchées

baisser diminuer

mijoter faire cuire à petit feu

STRATÉGIE

Contextualiser l'information

La meilleure manière de vous assurer que vous comprenez une recette est de la préparer. Si vous ne pouvez pas la préparer, lisez-la dans la cuisine et rassemblez les ustensiles et les ingrédients dont vous avez besoin. Si vous ne trouvez pas tout, recherchez-en des images sur Internet. Suivez les différentes étapes en faisant les gestes au fur et à mesure de votre lecture. Ce qui est important est de contextualiser le vocabulaire et d'imaginer ce qui se passe.

APRÈS LA LECTURE

1 **Compréhension** Répondez aux questions d'après les informations données dans la recette.

1. Quelles viandes sont utilisées pour préparer ce gumbo?
2. Quelle étape de cette recette va donner son goût spécifique au gumbo?
3. Quels légumes entrent dans la composition de cette recette?
4. Quels sont les différents termes qui signifient «couper en petits morceaux»?
5. Pourquoi, à votre avis, faut-il couper les ingrédients en petits morceaux?
6. Quelle épice locale utilise-t-on pour épaissir le ragoût avant de servir le gumbo?

2  **L'importance culturelle du gumbo** Le gumbo est un plat emblématique de la Louisiane. En vous basant sur les informations dans **Au sujet de la lecture** et la recette ainsi que vos propres connaissances, écrivez un paragraphe dans lequel vous expliquez pourquoi le gumbo représente bien la culture de la Louisiane. Dans votre explication, incorporez ces aspects:

- les traditions culinaires représentées dans le plat
- les ingrédients
- la préparation du gumbo
- sa dégustation

STRATÉGIE

Corriger les erreurs
Si vous faites une erreur en parlant, essayez de la corriger. Pour cela, vous pouvez utiliser les expressions «comme je disais...» ou «je voulais dire...». L'autocorrection est signe que vous comprenez la langue et que vous voulez la parler correctement.

3  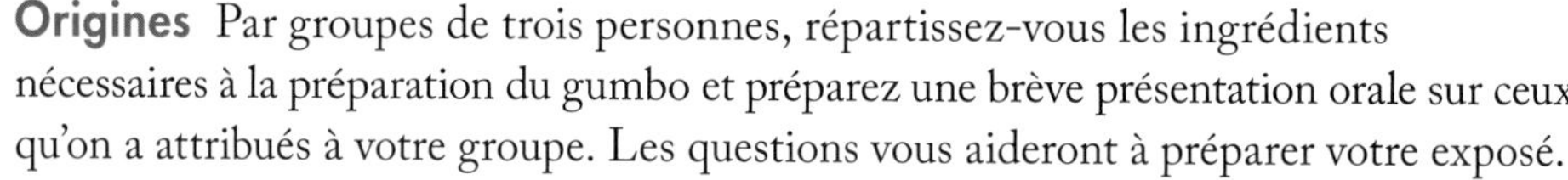 **Origines** Par groupes de trois personnes, répartissez-vous les ingrédients nécessaires à la préparation du gumbo et préparez une brève présentation orale sur ceux qu'on a attribués à votre groupe. Les questions vous aideront à préparer votre exposé.

1. Histoire de l'ingrédient
   - De quelle région du monde vient cet ingrédient?
   - Qui l'a utilisé en premier lieu?
   - Sa popularité a-t-elle changé au cours des siècles?
2. Description de l'ingrédient
   - Comment le produit-on?
   - De quelles conditions climatiques ou environnementales a-t-il besoin?
   - Quel aspect et quel goût a-t-il?
3. Utilisation de l'ingrédient
   - Comment utilise-t-on cet ingrédient?
   - Dans quels autres plats apparaît-il?
   - Pourquoi est-ce que certains ne l'aiment pas?

4  **Produits locaux?** Avec toute la classe, faites une liste des produits culinaires de votre région. Cherchez des exemples qui appartiennent à chaque catégorie.

- aliments du Nouveau Monde avant l'arrivée des Européens
- aliments qui sont populaires aujourd'hui dans notre communauté
- animaux élevés avant l'arrivée des Européens au Nouveau Monde
- animaux élevés aujourd'hui pour la consommation dans notre communauté
- plats qui sont populaires dans notre région
- influences étrangères sur la cuisine et l'alimentation dans notre région

5 **Présentation orale** Vous avez gagné un concours de cuisine et vous allez présenter votre recette francophone favorite à la télévision. Expliquez à la classe quels sont les ingrédients nécessaires, où on les trouve et comment on prépare ce plat. Utilisez les questions qui suivent pour organiser votre présentation.

1. Comment s'appelle ce plat et de quelle région du monde francophone vient-il?
2. Y a-t-il une tradition associée à ce plat? Y a-t-il une manière particulière de le manger?
3. Quels sont les ingrédients requis pour préparer ce plat?
4. Quelles sont les différentes étapes de la recette?

6 **La cuisine et vous** Pour certains, faire la cuisine est une corvée et pour d'autres, un réel plaisir. À deux, répondez aux questions en comparant vos opinions.

1. Aimez-vous cuisiner?
2. Quels sont les plats que vous savez préparer?
3. Préférez-vous cuisiner ou aller au restaurant?
4. Quel type de cuisine aimeriez-vous apprendre à faire?
5. Qu'est-ce qui vous plaît quand vous faites la cuisine et qu'est-ce qui vous plaît moins?

VOCABULAIRE PERSONNEL
Utilisez votre vocabulaire personnel.

7 **Comparaison culturelle** À deux, répondez aux questions sur les différences entre les cuisines françaises et américaines.

1. Quels sont les adjectifs qui, selon vous, qualifient la gastronomie française?
2. Quels sont les adjectifs qui qualifient la cuisine nord-américaine?
3. Quelles différences existent entre la cuisine américaine et la cuisine française? Entre la cuisine américaine et d'autres cuisines du monde francophone?
4. Quelles influences les traditions culinaires d'autres pays ont-elles sur la cuisine française et la cuisine américaine?
5. La prise des repas, leur fréquence, leur durée, les types de mets dégustés selon l'heure de la journée ou la période de l'année varient d'un pays à l'autre. Quelles différences existe-t-il dans ce domaine entre la France et les États-Unis?
6. Quelle importance les Français et les Américains attachent-ils aux activités culinaires et gastronomiques? Ont-ils des perspectives similaires ou très différentes?

8 **Les grands chefs** Faites une recherche sur les grands chefs de cuisine du 20e siècle, du 21e siècle, en Louisiane, en France et ailleurs. Pourquoi et comment sont-ils devenus célèbres? La télévision a-t-elle beaucoup influencé la popularité des grands chefs? Écrivez un essai dans lequel vous discutez de ces points.

RESSOURCES
Consultez la liste des appendices à la p. xiii.

9 **Essai persuasif** Existe-t-il une gastronomie typiquement américaine? Ou, pouvez-vous décrire une gastronomie régionale? Écrivez un essai persuasif qui répond à cette question. Dans votre essai, incorporez les éléments suivants:

- définir ce qu'est une gastronomie nationale/régionale
- décrire les caractéristiques de la cuisine américaine/régionale
- expliquer de quelle manière ces caractéristiques se conforment ou non à votre définition d'une gastronomie nationale/régionale
- donner des exemples de plats, de pratiques ou de traditions pour soutenir votre position

LECTURE 2.2 ▸ LE CHANDAIL DE HOCKEY

AU SUJET DE L'AUTEUR Roch Carrier, né au Québec en 1937, a été pendant des années enseignant de littérature aux niveaux secondaire et universitaire. C'est également un des écrivains canadiens les plus prolifiques. Parmi ses nombreux contes, *Le Chandail de hockey* est un des plus célèbres. Comme beaucoup de ses autres écrits, il fait revivre le Québec de sa jeunesse et présente les conflits qui ont émergé à cette époque.

AU SUJET DU TEXTE *Le Chandail de hockey* fait si bien partie du patrimoine québécois qu'un extrait de ce conte est imprimé sur les billets de cinq dollars canadiens. Cette histoire raconte la déception d'un jeune garçon, fan de l'équipe de hockey de Montréal et de son joueur vedette Maurice Richard, lorsqu'il doit porter le chandail de l'équipe adverse, les Maple Leafs de Toronto. Derrière les souvenirs d'enfance, on perçoit les conflits linguistiques et culturels qui ébranlent le Canada à l'époque de la Révolution Tranquille.

AVANT LA LECTURE

VOCABULAIRE PERSONNEL
Notez le nouveau vocabulaire à mesure que vous l'apprenez.

1

Culture générale et le Canada Complétez les phrases pour répondre aux cinq questions ci-dessous, puis comparez vos réponses à celles de votre groupe.

1. En terme de superficie, le Canada est...
   a. aussi grand que les États-Unis.
   b. plus grand que les États-Unis.
   c. moins grand que les États-Unis.
2. Au Canada, la densité de la population est...
   a. supérieure à celle des États-Unis.
   b. inférieure à celle des États-Unis.
   c. égale à celle des États-Unis.
3. Au 18e siècle, le Canada appartenait...
   a. à l'Angleterre.
   b. à la France.
   c. aux deux nations.
4. De nos jours, au Québec, la langue officielle est...
   a. le français.
   b. l'anglais.
   c. le français et l'anglais.
5. La Révolution Tranquille au Québec est marquée par...
   a. un rapprochement entre l'Église et l'État.
   b. un retour aux anciennes traditions.
   c. la construction d'une nouvelle identité québécoise.

2

Le régionalisme En petits groupes, discutez de ces questions.

1. Quelles caractéristiques culturelles définissent votre région (sports populaires, cuisine, traditions)?
2. Dans votre région, quels sont les lieux importants pour la vie de votre communauté?
3. Est-ce qu'il y a des conflits linguistiques dans votre propre communauté? Pourquoi?

LE CHANDAIL DE HOCKEY

de **Roch Carrier**

LES HIVERS de mon enfance étaient des saisons longues, longues. Nous vivions en trois lieux: l'école, l'église et la patinoire: mais la vraie vie était sur la patinoire. Les vrais combats se gagnaient sur la patinoire. La vraie force apparaissait sur la patinoire. Les vrais chefs se manifestaient sur la patinoire.

L'école était une sorte de punition.

Quant à l'église, nous trouvions là le repos de Dieu: on y oubliait l'école et l'on rêvait à la prochaine partie de hockey. À travers nos rêveries, il nous arrivait de réciter une prière: c'était pour demander à Dieu de nous aider à jouer aussi bien que Maurice Richard.

Tous, nous portions le même costume que lui, ce costume rouge, blanc, bleu des Canadiens de Montréal, la meilleure équipe de hockey au monde.

Sur la glace, au coup de sifflet de l'arbitre, les deux équipes s'élançaient sur le disque de caoutchouc. Nous étions cinq Maurice Richard contre cinq autres Maurice Richard à qui nous arrachions le disque; nous étions dix joueurs qui portions, avec le même brûlant enthousiasme, l'uniforme des Canadiens de Montréal. Tous nous arborions au dos le très célèbre numéro 9.

Un jour, mon chandail des Canadiens de Montréal est devenu trop étroit; puis il était déchiré ici et là; **troué**. Ma mère me dit: «Avec ce vieux chandail, tu vas nous faire passer pour pauvres!»

Elle fit ce qu'elle faisait chaque fois que nous avions besoin de vêtements. Elle commença à **feuilleter** le catalogue que la compagnie Eaton nous envoyait par la poste chaque année. Ma mère n'aimait pas les formules de commande incluses dans le catalogue; elles étaient écrites en anglais et elle n'y comprenait rien. Pour commander mon chandail de hockey, elle fit ce qu'elle faisait d'habitude; elle prit son papier à lettres et elle écrivit de sa douce calligraphie d'**institutrice**: «Cher Monsieur Eaton, auriez-vous l'amabilité de m'envoyer un chandail de hockey des Canadiens pour mon garçon qui a dix ans et qui est un peu trop grand pour son âge, et que le docteur Robitaille trouve un peu trop maigre?»

> « Le chandail des Maple Leafs pesait sur mes épaules comme une montagne. »

Monsieur Eaton répondit rapidement à la lettre de ma mère. Deux semaines plus tard, nous recevions le chandail.

Ce jour-là, j'eus l'une des plus grandes déceptions de ma vie! **Au lieu du** chandail bleu, blanc, rouge des Canadiens de Montréal, M. Eaton nous avait envoyé un chandail bleu et blanc, avec la **feuille d'érable** au devant, le chandail des Maple Leafs de Toronto. J'avais toujours porté le chandail bleu, blanc, rouge. Jamais dans mon village, quelqu'un n'avait porté le chandail de Toronto, jamais on n'y avait vu un chandail des Maple Leafs de Toronto. De plus, l'équipe de Toronto se faisait terrasser régulièrement par les triomphants Canadiens.

Les larmes aux yeux, je trouvai assez de force pour dire:

— J'porterai jamais cet uniforme-là.

MOTS-CLÉS

troué avec des trous, usé, abîmé

feuilleter tourner rapidement les pages d'un livre

l'institutrice (f.) maîtresse d'école élémentaire

au lieu de à la place de

la feuille d'érable feuille d'arbre emblématique du drapeau canadien

STRATÉGIE

Identifier les aspects culturels

Observez la manière dont les perspectives et les préférences culturelles s'expriment. Identifiez les valeurs, les goûts et les attentes qui forment les bases des traits culturels. Comparez-les avec vos propres expériences et points de vue.

MOTS-CLÉS

enfoncer placer avec force
saigner perdre du sang
se briser casser
soulagé appaisé, détendu
mites insectes qui se nourrissent de laine

— Mon garçon, tu vas d'abord l'essayer! Si tu te fais une idée sur les choses avant de les essayer, mon garçon, tu n'iras pas loin dans la vie…

Ma mère m'avait **enfoncé** sur les épaules le chandail bleu et blanc des Maples Leafs de Toronto et, déjà, j'avais les bras enfilés dans les manches. Elle tira le chandail sur moi et s'appliqua à aplatir tous les plis de cette abominable feuille d'érable sur laquelle, en pleine poitrine, étaient écrits les mots Toronto Maple Leafs.

Je pleurais.

— J'pourrai jamais porter ça.

— Pourquoi? Ce chandail-là te va bien… Comme un gant…

— Maurice Richard se mettrait jamais ça sur le dos…

— T'es pas Maurice Richard. Puis, c'est pas ce qu'on se met sur le dos qui compte, c'est ce qu'on se met dans la tête…

— Vous me mettrez pas dans la tête de porter le chandail des Maple Leafs de Toronto.

Ma mère eut un gros soupir désespéré et elle m'expliqua:

— Si tu gardes pas ce chandail qui te fait bien, il va falloir que j'écrive à M. Eaton pour lui expliquer que tu veux pas porter le chandail de Toronto. M. Eaton, c'est un Anglais; il va être insulté parce que lui, il aime les Maple Leafs de Toronto. S'il est insulté, penses-tu qu'il va nous répondre très vite? Le printemps va arriver et tu n'auras pas joué une seule partie parce que tu n'auras pas voulu porter le beau chandail bleu que tu as sur le dos.

Je fus donc obligé de porter le chandail des Maple Leafs.

Quand j'arrivai à la patinoire avec ce chandail, tous les Maurice Richard en bleu, blanc, rouge s'approchèrent un à un pour regarder ça. Au coup de sifflet de l'arbitre, je partis prendre mon poste habituel. Le chef d'équipe vint me prévenir que je ferais plutôt partie de la deuxième ligne d'attaque. Quelques minutes plus tard, la deuxième ligne fut appelée: je sautai sur la glace. Le chandail des Maple Leafs pesait sur mes épaules comme une montagne. Le chef d'équipe vint me dire d'attendre: il aurait besoin de moi à la défense, plus tard.

À la troisième période, je n'avais pas encore joué. Un des joueurs de défense reçut un coup de bâton sur le nez, il **saignait**. Je sautai sur la glace: mon heure était venue!

L'arbitre siffla: il m'infligea une punition. J'avais sauté sur la glace quand il y avait encore cinq joueurs. C'en était trop! C'était injuste!

— C'est de la persécution! C'est à cause de mon chandail bleu!

Je frappai mon bâton sur la glace si fort qu'il **se brisa**.

Soulagé, je me penchai pour ramasser les débris. Me relevant, je vis le jeune vicaire, en patins, devant moi:

— Mon enfant, ce n'est pas parce que tu as un petit chandail neuf des Maple Leafs de Toronto, au contraire des autres, que tu vas nous faire la loi. Un bon jeune homme ne se met pas en colère. Enlève tes patins et va à l'église demander pardon à Dieu.

Avec mon chandail des Maple Leafs de Toronto, je me rendis à l'église, je priai Dieu.

Je lui demandai qu'il envoie au plus vite cent millions de **mites** qui viendraient dévorer mon chandail des Maple Leafs de Toronto. ◣

APRÈS LA LECTURE

1 Compréhension Répondez aux questions qui suivent.

1. Dans quels endroits se déroule la vie du narrateur?
2. Lequel de ces endroits est le plus important?
3. Qui est l'idole des jeunes garçons de la ville?
4. Comment les garçons rendent-ils hommage à leur idole?
5. Pourquoi la mère insiste-t-elle pour acheter un nouveau chandail à son fils?
6. Comment la mère fait-elle sa commande? Pourquoi la fait-elle ainsi?
7. Quel chandail le narrateur a-t-il reçu de la compagnie Eaton?
8. Pourquoi est-il déçu?
9. Quel est le raisonnement de la mère pour ne pas échanger le chandail?
10. Qu'est-ce qui arrive au narrateur quand il porte le nouveau chandail durant le match?
11. Quelle est la réaction du vicaire par rapport à la colère du narrateur?
12. Qu'est-ce que le narrateur veut qu'il arrive à son nouveau chandail?

2 Interprétation À deux, répondez aux questions et citez des phrases du texte pour illustrer votre point de vue.

1. Quel rôle joue l'école dans la vie des jeunes du village? Pourquoi?
2. Pourquoi le hockey a-t-il une telle importance dans la vie des jeunes?
3. De quoi la mère a-t-elle peur? Pourquoi a-t-elle peur selon vous?
4. À votre avis, pourquoi la compagnie Eaton s'est trompée de chandail? Si la commande avait été faite en anglais, l'histoire aurait-elle changé?
5. Comment sont les rapports entre le garçon et sa mère?
6. Pourquoi le narrateur accepte-t-il de finalement porter le chandail des Maple Leafs? Quelle valeur est reflétée par cette décision?
7. Qu'est-ce qui peut expliquer la réaction des joueurs et de l'arbitre quand le narrateur arrive à la patinoire avec son nouveau chandail? Comprenez-vous cette réaction?
8. On dit souvent que ce conte est une allégorie des tensions qui existent entre les habitants anglophones et francophones du Canada. Relevez-en de possibles exemples dans le texte.

3 Ma communauté et moi Pour le jeune narrateur, la vie tournait essentiellement autour du hockey, de ses idoles, des matchs et de l'entraînement. En petits groupes, discutez de ce qui mobilise vos propres passions dans votre communauté et pourquoi vos choix sont peut-être différents de ce jeune Québécois. Faites une liste pour présenter les résultats de votre discussion à la classe.

4 Un message électronique Vous êtes une mère ou un père qui, comme dans le texte, a commandé un nouveau chandail de sport, mais n'a pas reçu l'article désiré. Écrivez un e-mail au service clientèle en utilisant un langage soutenu, puisque vous vous adressez à une personne que vous ne connaissez pas. Dans votre e-mail, incorporez ces éléments:

- Commencez votre e-mail poliment.
- Indiquez la date et le contenu de votre commande initiale.
- Expliquez le problème que vous avez rencontré.
- Réclamez une solution acceptable pour vous.
- Terminez par une salutation finale appropriée.

STRATÉGIE

Utiliser le bon registre
Il est important de savoir quel registre utiliser quand vous vous adressez à quelqu'un. Par exemple, vous devez utiliser la forme «vous» en présence d'un inconnu et, probablement aussi, quand vous parlez à quelqu'un de plus âgé.

5  **Souvenir d'enfance** Le narrateur a été forcé par sa mère à porter l'abominable feuille d'érable et il s'en souviendra toute sa vie. À votre tour, rappelez-vous un épisode de votre enfance durant lequel vous avez ressenti des émotions semblables à celle du jeune narrateur et racontez-le à votre partenaire.

6  **Concours d'écriture** Le journal de votre école organise un concours d'écriture sur les valeurs de la nouvelle génération. Pour y participer, lisez cet extrait du conte et comparez-le à votre propre communauté. Parmi les jeunes, qui sont «les vrais chefs» et comment se forment-ils? Écrivez un petit texte pour répondre à ces questions dans le cadre du concours d'écriture de votre école.

 ...mais la vraie vie était sur la patinoire. Les vrais combats se gagnaient sur la patinoire. La vraie force apparaissait sur la patinoire. Les vrais chefs se manifestaient sur la patinoire. 

RESSOURCES
Consultez la liste des appendices à la p. xiii.

7  **Présentation orale** Comparez l'attitude des gens de votre communauté envers le sport et les événements sportifs avec celle d'une communauté francophone que vous connaissez. Quel rôle le sport joue-t-il dans la communauté? En général, les gens préfèrent-ils pratiquer un sport ou être spectateur d'un événement sportif? Quels sports et quels événements sportifs sont les plus populaires? Préparez vos notes pendant quatre minutes et parlez pendant deux minutes.

VOCABULAIRE PERSONNEL
Utilisez votre vocabulaire personnel.

8  **Un épilogue** Le conte de Roch Carrier se termine sur un souhait, mais que va-t-il arriver exactement au jeune joueur de hockey? Écrivez un épilogue au conte, avec des verbes au passé, puis présentez votre texte à la classe. La classe votera pour élire les épilogues les plus vraisemblables et captivants.

9  **La société canadienne** Dans le conte, l'église est un des trois endroits qui ordonnent la vie du petit village canadien des années 40. À deux, faites des recherches sur Internet pour évaluer comment la vie et le système de valeurs des Canadiens ont changé depuis cette époque. Échangez ensuite vos informations avec le reste de la classe.

STRUCTURES

Le subjonctif dans les propositions substantives

Le subjonctif sert à exprimer des faits non objectifs et envisagés dans la pensée, comme le souhait, la volonté, l'ordre ou la crainte. Lisez le texte et répondez à ces points.

- Trouvez les phrases du texte qui ont un verbe au subjonctif.
- Indiquez quel verbe de la phrase est au subjonctif et quel est son infinitif.
- Expliquez ce que le subjonctif exprime.

RESSOURCES
Consultez les explications de grammaire de l'appendice A aux pp. 381–383.

AUDIO ▸ LES 10 PLUS GROS CLICHÉS FRANÇAIS

Audio
My Vocabulary
Record &Submit
Strategy

INTRODUCTION Cette séquence a été créée et mise en ligne sur YouTube par le jeune Mikaël. Il présente de manière humoristique les plus gros clichés, les idées reçues les plus communes, attachés à la France et aux Français. Mikaël présente son avis sur ces stéréotypes qui sont associés à la nourriture, aux vêtements, à l'hygiène ou à d'autres aspects de la culture française souvent remarqués par les étrangers.

MOTS-CLÉS

grève cessation concertée de travail, arrêt d'activité
preuve démonstration
immonde hideux, laid
avertir informer
crainte peur

AVANT L'ÉCOUTE

1 **Introspection** Écrivez deux ou trois phrases pour répondre à chaque question.

1. Qu'est-ce qu'un stéréotype ou un cliché?
2. Avez-vous des préjugés sur la France et les Français?
3. D'après vous, comment est le Français typique? Et la Française typique?
4. Existe-t-il des stéréotypes concernant votre pays? Donnez des exemples.

2 **Conversation** À deux, discutez de vos réponses à l'activité précédente. Pour chaque stéréotype que vous avez listé, déterminez-en l'origine. D'où proviennent ces clichés?

3 **Symboles culturels** En petits groupes, pensez aux éléments ci-dessous et à leur relation avec les Français et la culture française. Essayez d'évaluer leur importance en France.

- un bout de pain
- le béret
- le vin
- le pull à rayures
- le mime Marceau
- Jacques et Bernadette Chirac
- le camembert

PENDANT L'ÉCOUTE

1 **Première écoute** À la première écoute, faites la liste des thèmes dont Mikaël parle. Pour chaque cliché, notez une expression ou un mot relié au thème principal.

Cliché numéro **1:** *grève*
Cliché numéro **2:** ______
Cliché numéro **3:** ______
Cliché numéro **4:** ______
Cliché numéro **5:** ______
Cliché numéro **6:** ______
Cliché numéro **7:** ______
Cliché numéro **8:** ______
Cliché numéro **9:** ______
Cliché numéro **10:** ______

STRATÉGIE

Explorer le lexique
Identifier les mots en relation avec un thème spécifique vous aidera à mieux comprendre le message global.

2 **Deuxième écoute** Écoutez la séquence une deuxième fois et notez quelques mots ou expressions qui expliquent l'opinion de Mikaël sur chaque cliché identifié durant la première écoute.

APRÈS L'ÉCOUTE

1 

Compréhension Indiquez si chaque phrase est vraie ou fausse, d'après la sélection puis corrigez celles qui sont fausses.

1. En France, au lieu d'être toujours en grève, on est parfois en vacances.
2. Mikaël explique qu'il tient un morceau de pain parce que «Tout Français qui se respecte en a un».
3. Les bérets sont moches et seulement les vieilles dames en portent.
4. Les Français ne portent pas le pull à rayures du mime Marceau.
5. Bernadette Chirac a été première dame de France et top model.
6. La copine de Mikaël ne se rase pas sous les bras.

2

Interprétations En petits groupes, lisez et discutez des citations de Mikaël pour bien comprendre ses intentions et ce qu'il cherche à communiquer. Vous devez en tirer vos propres conclusions et «lire entre les lignes».

« Tous les Français, notamment à Paris, porteraient des bérets... Par contre il faudrait les avertir à l'étranger qu'on a essayé d'évoluer en termes de mode. Le béret euh... c'est fini. » 

« Le Camembert constituerait l'élément principal de notre alimentation en France. Non. On [ne] fait pas que le manger. Quand on n'a plus de dentifrice, il m'est déjà arrivé de... » 

VOCABULAIRE PERSONNEL
Utilisez votre vocabulaire personnel.

3 

Débat En petits groupes, pensez et réagissez à ces déclarations en illustrant vos réponses avec des exemples:

- Nous avons tous des stéréotypes et des idées préconçues.
- Les stéréotypes peuvent être à la fois négatifs et positifs.

RESSOURCES
Consultez la liste des appendices à la p. xiii.

4 

Présentation orale En quoi la vie contemporaine est-elle influencée et transformée par les images populaires et les clichés culturels? Préparez une présentation pour la classe où vous comparez votre propre communauté à une communauté francophone que vous connaissez. Montrez bien votre compréhension des facettes culturelles de cette communauté. Guidez votre développement à travers ces points:

- Commencez par une thèse pour indiquer votre objectif.
- Présentez deux à quatre éléments principaux où vous comparez et contrastez les deux communautés.
- Utilisez des expressions de liaison pour vous aider à comparer et contraster, telles que: Cependant, néanmoins, en revanche, par contre, d'un côté, d'un autre côté, tandis que ou d'après ce que j'ai vu.
- Concluez clairement avec une expression de liaison pour vous aider à résumer votre exposé. Exemples: Donc, on voit que, il est clair que, malgré tout et enfin.

LIENS CULTURELS

Enfants portant des lanternes pour le Têt Trung Thu

Têt Trung Thu, la Fête des enfants

DES ENFANTS PORTANT DES MASQUES ET DES LANTERNES ou d'autres jouets traditionnels participent à un défilé. Les jeunes filles sculptent des animaux à partir de bananes, de caramboles et de kakis. Les mères préparent des gâteaux en forme de lune et les pères fabriquent des jouets, comme les lanternes aux ombres chinoises ou celles en forme d'étoile. Toute la famille participe à la Fête de la mi-automne ou Têt Trung Thu.

Fête agricole et astrologique à l'origine, le Trung Thu est devenu un festival dédié aux enfants; c'est donc la Fête des enfants. Autrefois c'était une occasion de passer du temps en famille, après le gros travail des récoltes. De nos jours, même si beaucoup de familles habitent en ville, on continue à y accorder une grande importance. C'est l'occasion de présenter la culture, les danses, les sports et l'artisanat traditionnels du Viêtnam à ces futures générations.

- En juillet, la ville de Bayonne, qui est située dans le sud-ouest de la France, rend hommage à ses traditions basques au cours des Fêtes de Bayonne. Pendant quatre jours, on mange, on boit et on assiste à des concerts, des courses de vaches et surtout, de passionnantes parties de pelote basque. Ce sport, issu du jeu de paume consiste à envoyer une balle à mains nues entre deux personnes (ou équipes) contre un *fronton* (un mur). Adoré par les festivaliers, la pelote basque est pratiquée un peu partout dans la ville pendant la fête.
- Le Carnaval de Québec est célébré chaque hiver. Il s'apparente à une grande aire de jeux, où l'on peut observer plusieurs sports canadiens et même parfois, y participer. Il y a toute une variété de sports: du football joué sur «une table» de glace, des courses en canots à glace, des courses de chiens de traîneaux, des glissades sur neige et des courses d'attelage de chevaux sur la neige. Attention, le carnaval ne se limite pas qu'au sport! On peut aussi y visiter un palais de glace, y voir des sculptures faites de blocs de neige, assister aux défilés de jour et de nuit ou même y prendre un bain de neige.

Présentation orale: comparaison culturelle

Préparez une présentation orale sur le thème suivant.

- Comment les sources de divertissement révèlent-elles les préférences culturelles d'une communauté?

Comparez votre propre communauté à une région du monde francophone que vous connaissez. Dans votre présentation, vous pouvez faire appel à vos expériences personnelles ou celles que vous avez observées ou étudiées.

contexte 3 Les voyages

POINTS DE DÉPART

D'après un vieux proverbe français, «Les voyages forment la jeunesse». Cela sous-entend naturellement que pour se cultiver, approfondir ses connaissances et obtenir de nouvelles perspectives, la jeunesse doit élargir ses horizons au sens propre et au sens figuré. Que le voyage soit une simple activité de loisir, qu'il ait un but éducatif, scientifique ou humanitaire, il ne manquera pas d'apporter des expériences diverses et même parfois inattendues.

- Comment les voyages influencent-ils notre façon de voir le monde?
- Comment évalue-t-on le succès d'un voyage?
- De quelle façon les aspects historiques, géographiques et écologiques d'une région enrichissent-ils son attrait touristique?

DÉVELOPPEMENT DU VOCABULAIRE

VOCABULAIRE PERSONNEL
Notez le nouveau vocabulaire à mesure que vous l'apprenez.

1 Types de voyages Cochez le type de voyage qui correspond le mieux aux descriptions et activités suivantes (un voyage personnel pour le plaisir [P], un voyage à but humanitaire [H] ou un voyage écotouristique [É]).

	P	H	É
1. On participe au nettoyage d'un lieu pollué.	☐	☐	☐
2. Le but est de venir en aide aux populations locales.	☐	☐	☐
3. On découvre les monuments d'une grande ville.	☐	☐	☐
4. On participe à la construction de maisons.	☐	☐	☐
5. On développe des programmes pour protéger les espèces menacées.	☐	☐	☐
6. Les voyageurs apprennent l'importance de la biodiversité.	☐	☐	☐
7. On se détend à la plage ou à la campagne.	☐	☐	☐
8. Les voyageurs découvrent les lieux historiques importants.	☐	☐	☐
9. On se porte volontaire pour assister après une catastrophe naturelle.	☐	☐	☐
10. On met ses compétences personnelles au service des autres.	☐	☐	☐

2 Et vous? Quel type de voyage, parmi ceux cités dans l'Activité 1, vous intéresserait le plus? Pourquoi? Où aimeriez-vous aller? Quelles activités aimeriez-vous faire? Discutez-en avec un(e) camarade et comparez vos réponses.

3 Les aspects culturels d'un pays En petits groupes, faites des recherches sur un pays ou une région francophone et faites-en une présentation à la classe. Abordez au moins quatre des aspects suivants dans votre présentation:

- la géographie
- les arts (peinture, musique, cinéma)
- les monuments et les sites historiques
- la gastronomie (les spécialités)
- la culture locale (les fêtes, les traditions)
- les sites naturels incontournables
- la flore ou la faune (la biodiversité, les espèces animales, florales ou végétales)

LECTURE 3.1 ▸ SALUT LES PARENTS!

AU SUJET DU TEXTE Ce texte est un message électronique que Pauline et Kevin, un couple qui est en vacances en Bourgogne, envoient aux parents de Pauline. Située au centre-est de la France, la Bourgogne a été un royaume à part entière à l'époque des Francs et de Charlemagne. La région a donc un passé historique et culturel extrêmement ancien et riche. Pauline et Kevin racontent leurs expériences et leurs aventures, qui comprennent un séjour en gîte (hébergement à la campagne), des dégustations de produits du terroir (c'est-à-dire de produits locaux), ainsi que de nombreuses visites de musées et d'abbayes, ces bâtiments historiques qui abondent particulièrement dans cette région.

AVANT LA LECTURE

1  **Activités de loisir** Composez une liste des activités que vous faites quand vous êtes en vacances ou en voyage. Organisez vos cinq activités favorites par ordre de préférence. Comparez-les avec un(e) camarade.

2 **Question de registre** Comme dans tout autre texte, le registre qu'on utilise dans un message électronique dépend des rapports que l'on a avec le (la) destinataire. Identifiez les éléments de la liste ci-dessous qui seraient appropriés quand vous vous adressez à un(e) ami(e) (A) ou à un professeur (P).

___ des expressions familières
___ des blagues
___ une bonne orthographe
___ des abréviations
___ le vous
___ des formules de politesse
___ des termes académiques
___ des opinions subjectives
___ des histoires de famille
___ le tu

3  **Perspectives culturelles** Expliquez les thèmes suivants en citant des exemples, puis essayez d'expliquer leur importance au sein de la société américaine. Discutez ensuite de vos observations et de vos conclusions en petits groupes.

1. la découverte d'autres cultures
2. les bons moments passés en famille ou avec des amis
3. l'épanouissement personnel (le fait de se développer dans toutes ses possibilités)
4. la protection de l'environnement
5. la réussite financière
6. l'histoire du pays
7. le patrimoine culturel
8. l'ouverture d'esprit
9. la solidarité

STRATÉGIE

Soutenir une idée avec des preuves
Quand vous donnez votre opinion sur un sujet, apportez des preuves de ce que vous avancez pour montrer que vos conclusions sont logiques.

MOTS-CLÉS

coucou interjection pour manifester sa présence

le séjour durée pendant laquelle on reste dans un lieu

le moulin bâtiment où on moud le grain

se régaler avoir du plaisir

le fief lieu d'influence

le septennat période de sept ans (durée du mandat présidentiel en France jusqu'en 2000)

kitsch de mauvais goût

l'effigie (f.) représentation d'une personne

bredouille sans rien

Salut les parents!

Un petit **coucou** de Bourgogne, où on passe un **séjour** de rêve dans un super gîte, à La Boulaye (c'est un petit Hameau près d'Autun). On avait trouvé l'adresse par Internet, et franchement l'endroit se révèle à la hauteur de nos espérances. En fait, le gîte est tenu par un couple de gens super sympas, Christian et Monique, qui ont totalement retapé un **moulin** et qui font «chambre d'hôtes», de telle sorte qu'on mange des produits du terroir midi et soir (hier soir, c'était lapin à la moutarde, miam miam!).

Niveau culture aussi, on **se régale**! Le premier jour, on a été à Beaune. Magnifique! On a fait le tour des hospices, on a vu le fameux retable de van der Weyden; vous aviez raison: quelle merveille! Hier, on a fait une halte à Château-Chinon (le **fief** de Mitterrand!). La ville n'a pas un intérêt fou, mais il y a un musée très amusant: le «musée du **septennat**», où sont rassemblés tous les cadeaux reçus par Mitterrand lorsqu'il était Président (dans le cadre des relations diplomatiques). Il y a beaucoup de choses très très **kitsch**, comme des tapisseries ou des tableaux à son **effigie** (je vous mets une photo en pièce jointe!). À partir de demain, on renoue avec notre périple autour des abbayes: on ira voir Cluny, puis Fontenay et Vézelay.

En parallèle de tout ça, on essaie de suivre un peu la route des vins. On a fait quelques dégustations, notamment dans des caves très belles entre Pommard et Volnay. Mais les bouteilles sont tellement chères que pour l'instant on n'a rien acheté! Je crois que je suis partie pour rentrer **bredouille**!!!

Voilà voilà. On rentrera dimanche prochain. :-(D'ici là, on en profite un max.

Ça se passe bien avec les enfants? N'hésitez pas à nous appeler s'il y a un souci.

On vous embrasse,
Pauline et Kevin

APRÈS LA LECTURE

1 **Compréhension** Répondez aux questions suivantes d'après le texte.

1. Quel type de logement Pauline et Kevin ont-ils choisi pour leur séjour en Bourgogne?
2. Quel type de cuisine Pauline et Kevin apprécient-ils pendant leur séjour?
3. Quels lieux d'importance historique ou culturel Pauline et Kevin visitent-ils pendant leurs vacances?
4. Quelle œuvre d'art fallait-il aller voir en Bourgogne d'après la famille de Pauline? Pauline et Kevin l'ont-ils aimée?
5. Qu'apprend-on au sujet de la ville de Château-Chinon?
6. Quel est l'intérêt du «musée du septennat»?

2 **Contenu et style du message** Avec un(e) camarade, analysez le contenu et le style du message électronique envoyé par Pauline à ses parents. Répondez par la suite aux questions suivantes.

1. Quels sujets sont abordés?
2. Quel est le registre du message?
3. Quelles formules d'introduction et de conclusion Pauline utilise-t-elle?
4. Donnez deux exemples de termes qui montrent que Pauline s'exprime d'une manière décontractée et enjouée.
5. Donnez deux exemples d'opinions exprimées par Pauline qui soulignent le ton familier du message.
6. Qu'observez-vous au sujet du format du message (longueur, paragraphes, symboles, abréviations)?

3 **Pauline** En tenant compte des renseignements fournis dans l'introduction au texte et dans le message électronique, essayez d'imaginer et de décrire Pauline. Incluez les détails suivants:

- son âge approximatif
- ses rapports avec sa famille
- sa situation personnelle (mariée, célibataire)
- son niveau d'éducation
- sa profession
- ses loisirs préférés
- sa personnalité

4 **Analyse détaillée** Analysez le message de Pauline plus en détails en discutant les questions suivantes en petits groupes.

1. De quelle façon Pauline aborde-t-elle son séjour en Bourgogne dès le premier paragraphe quand elle décrit le gîte et les produits du terroir?
2. Comment peut-on expliquer que Pauline se serve des prénoms des propriétaires du gîte alors qu'elle vient juste de les rencontrer?
3. Quelle sorte d'attachement à son pays Pauline démontre-t-elle dans sa façon d'écrire?
4. Quelle sorte d'appréciation est évidente quand elle décrit les hospices de Beaune?
5. Quelles connaissances culturelles Pauline démontre-t-elle?
6. Comment peut-on interpréter le fait qu'elle prend le temps de visiter des «caves très belles» même si elle n'achète pas de vin?

STRATÉGIE

Analyser le style
Vous pouvez en apprendre beaucoup sur l'auteur et sur sa façon de communiquer avec le lecteur si vous analysez le style de son écriture. Pendant la lecture, prêtez attention au ton, au registre et aux thèmes discutés. Recherchez les références, les expressions régionales, identifiez les aspects et les points de vue culturels. Pensez à ce que tout cela révèle sur le style de l'auteur et sur sa façon de communiquer avec le lecteur.

VOCABULAIRE PERSONNEL
Utilisez votre vocabulaire personnel.

5 

La réponse des parents Rédigez une réponse à Pauline de la part de sa mère ou de son père. Votre message doit comprendre:

- des salutations au début et à la fin du courriel
- deux ou trois commentaires sur le séjour
- une ou deux questions au sujet du message
- des souhaits pour une bonne continuation du séjour

6

Les voyages en France et aux USA Avec un(e) camarade, comparez les voyages aux États-Unis et en France. Parlez des sujets qui suivent. Faites quelques recherches si nécessaires.

1. La fréquence et les destinations préférées
   - Voyage-t-on beaucoup? Pendant longtemps?
   - Où aime-t-on aller? Pourquoi?
2. Les moyens de transport et l'hébergement
   - Quels moyens de transport utilise-t-on aux États-Unis? En France? Pourquoi?
   - Où est-ce qu'on séjourne le plus souvent? Chez la famille? Dans des hôtels? Ailleurs?
   - Où prend-on les repas? Mange-t-on les mêmes choses qu'à la maison?
3. Les activités en voyage
   - Quelles activités aime-t-on faire dans les deux pays?
   - Quels sont quelques lieux et attractions touristiques incontournables dans les deux pays?

7 

L'influence des voyages Les voyages ont-il une influence sur notre façon de voir le monde? Qu'est-ce que le fait de voyager apporte aux gens? Répondez à ces questions en petits groupes et considérez les aspects suivants:

- la culture
- les rencontres et les relations avec les autres
- la tolérance et l'ouverture d'esprit
- l'éducation
- l'épanouissement personnel
- les expériences personnelles
- la découverte d'autres lieux
- la qualité de vie
- les perspectives qu'on développe sur la vie et le monde

RESSOURCES
Consultez la liste des appendices à la p. xiii.

8 

Présentation orale Êtes-vous d'accord avec le proverbe français cité dans les Points de départ qui dit que «les voyages forment la jeunesse»? Répondez à cette question à l'oral. Présentez votre opinion, en donnant des exemples personnels ou en faisant des raisonnements logiques pour soutenir votre point de vue. Vous pouvez aussi reprendre des idées développées dans l'Activité 7.

9 

Un mail Vous êtes en train de faire ce voyage auquel vous aviez tant aspiré. Écrivez un message électronique à un membre de votre famille ou à un(e) ami(e) pour lui raconter votre excursion, lui en donner votre opinion personnelle et lui expliquer l'influence qu'elle aura probablement sur votre vie et sur votre façon de voir le monde. Vous pouvez vous inspirer du message de Pauline.

LECTURE 3.2 ▸ UN MÉDECIN SANS FRONTIÈRES

AU SUJET DU TEXTE Ce texte est le script d'un tchat qui a eu lieu entre quelques internautes et Alexandre, un jeune médecin français. Ce dernier est parti travailler dans un hôpital à Haïti où une organisation internationale non-gouvernementale française nommée Médecins Sans Frontières (MSF) l'a envoyé. Le but de cette organisation est d'offrir une assistance médicale d'urgence aux victimes de conflits armés, d'épidémies ou de catastrophes naturelles de toutes sortes. MSF s'appuie sur des dons privés, sur des médecins comme Alexandre, ou d'autres types de volontaires, pour venir au secours de populations en détresse et ayant besoin d'une aide spécifique dans le domaine de la santé.

AVANT LA LECTURE

VOCABULAIRE PERSONNEL
Notez le nouveau vocabulaire à mesure que vous l'apprenez.

1 **Haïti** Que savez-vous au sujet d'Haïti? Essayez de répondre aux questions suivantes. Vous pouvez utiliser la carte ci-dessus, ainsi qu'Internet.

1. Qui a découvert Haïti? Quand?
2. Dans quelle mer se trouve cette île?
3. Quel autre pays trouve-t-on sur l'île?
4. Comment s'appelle la capitale d'Haïti?
5. Quelles langues sont parlées à Haïti?
6. Qu'est-ce qui lie Haïti à la France?
7. Que s'est-il passé à Haïti en 1804?
8. Que s'est-il passé à Haïti en 2010?

2 **Motivations et buts** D'après vous, pourquoi un jeune médecin français comme Alexandre a-t-il choisi de quitter la France après ses études pour partir travailler pour une organisation humanitaire à l'étranger? Quels peuvent être ses motivations et ses buts? Que va lui apporter cette expérience, d'après vous? Discutez de ces questions avec un(e) camarade.

3 **Médecins Sans Frontières** Avant de lire le texte, répondez aux questions ci-dessous pour vous familiariser avec l'organisation Médecins Sans Frontières. Travaillez en petits groupes et faites des recherches sur Internet.

1. Qui a fondé MSF? Quand et dans quel but l'organisation a-t-elle été fondée?
2. Quelles sont les activités de MSF?
3. Dans quels pays est-ce que MSF intervient en ce moment? Pourquoi?
4. Quel genre de personnes est-ce que MSF recrute? Quels sont les critères de sélection?
5. Quels sont les différents moyens de soutenir MSF?

4 **Des questions à Alexandre** Si vous pouviez participer au tchat avec Alexandre sur Internet, quelles questions aimeriez-vous lui poser au sujet de son expérience à travers MSF à Haïti? Faites une liste de cinq à six questions.

MOTS-CLÉS

le (la) brûlé(e) personne blessée pendant un incendie

le bidonville ensemble de logements précaires

tenir à cœur avoir une grande importance

postuler demander un poste, un emploi

l'urgence (f.) état qui nécessite une réaction immédiate

l'orage (m.) perturbation atmosphérique avec beaucoup de pluie et de vent

le tonnerre foudre, bruit qui accompagne l'éclair

le tremblement de terre séisme

le décalage déphasage, écart

STRATÉGIE

Se mettre à la place du personnage
Pour mieux comprendre les expériences vécues par un personnage, essayez de vous mettre à sa place. Comment vous sentiriez-vous si vous vous retrouviez dans une situation similaire? Si vous compatissez avec le personnage, vous pourrez mieux comprendre ses sentiments et ses motivations.

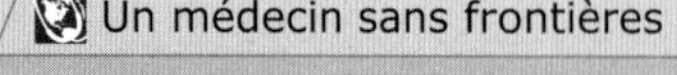

Actualité | Articles | Galerie | Forum | Contact

Un médecin sans frontières

Haïti: retrouvez le tchat du 2 décembre 2013 avec Alexandre, médecin

Alexandre est médecin hospitalier. À Port-au-Prince, il travaille dans l'unité des **brûlés** de l'hôpital de Drouillard, situé à proximité du **bidonville** de Cité Soleil. C'est le seul service de soins pour brûlés de Port-au-Prince. La plupart des patients présents dans ce service sont des enfants victimes d'accidents domestiques. Les conditions de vie de la population, trois ans après le séisme, restent toujours précaires.

Vous pouvez retrouver ci-dessous l'intégralité des questions-réponses échangées durant ce tchat entre Alexandre et les internautes.

Clemtou: Pouvez-vous nous raconter pourquoi vous avez décidé de travailler pour Médecins Sans Frontières (MSF)?

Travailler en médecine humanitaire était un projet qui me **tenait à cœur** depuis le début de mes études de médecine. En 2012, j'ai passé ma thèse de docteur en médecine et, avant de **postuler** pour un poste fixe en France, j'ai décidé de tenter l'aventure MSF.

Magali: C'est beau ce que vous faites, quelle est votre motivation? Il faut avoir les nerfs très solides pour faire ce que vous faites.

En fait ce qui me motive le plus c'est de pouvoir exercer la médecine dans un milieu différent.

L'utilité de ces actions est un moteur pour moi. Je suis aussi intéressé de pratiquer ce que j'ai appris dans mes études dans un contexte différent. Enfin, je suis aussi motivé de découvrir d'autres pays et des cultures différentes. Il faut avoir les nerfs solides: oui, mais ce n'est pas très différent des situations d'**urgence** rencontrées en France.

Bryan Prefere: Racontez-nous votre arrivée en Haïti, ça devait être fou!

Quand l'avion a atterri à Haïti, il y avait de l'**orage**, de gros nuages et du **tonnerre**, l'arrivée a été très mouvementée. J'ai traversé la ville dans une voiture MSF et j'ai découvert des routes en mauvais état, ainsi que des maisons restées détruites par le **tremblement de terre**, même s'il en reste encore peu. Ensuite, je suis arrivé dans l'hôpital MSF en banlieue de Port-au-Prince, et là j'ai été agréablement surpris de trouver un établissement en très bon état et un équipement assez avancé.

Alain: Hello Alexandre, combien de temps es-tu resté en Haïti? Le retour à la réalité française n'est pas trop difficile? La transition ne doit pas être évidente...

Je suis resté 6 mois, c'est la durée minimale lors d'une première mission. Il existe un gros **décalage** lors du retour en France, et il faut du temps pour se réhabituer à la vie quotidienne ici.

JOJO_Frizouille: Bonjour Toubib, je soutiens l'action de MSF depuis plusieurs années. Je trouve l'initiative de discuter en direct avec les hommes et les femmes de terrain vraiment importante. Aussi, peux-tu nous dire comment sont vécues les actions de MSF dans le pays d'intervention auprès de la population locale?

Après la **déferlante** de l'aide post-séisme, il y a eu un certain **ressentiment** vis-à-vis des ONG en général. Les Haïtiens trouvent que l'aide internationale n'a pas été bien coordonnée et qu'ils n'en ont pas bénéficié pleinement. Mais MSF garde une image plutôt positive car elle est présente dans le pays depuis longtemps. J'ai été personnellement remercié dans la rue par des passants qui reconnaissaient le logo MSF de la voiture.

Émilie: C'est un peu personnel comme question mais est-ce possible de concilier mission humanitaire et vie de couple? Tu étais célibataire quand tu es parti? Et maintenant?

J'étais célibataire avant de partir. Il y a de nombreux couples qui se forment en mission, je n'en dirai pas plus. ;)

Floflo: Avez-vous eu le choix de votre lieu de mission?

Non, à MSF, on ne choisit jamais ses missions, on attend que l'ONG nous propose des missions qu'on est libre d'accepter ou de refuser.

Claire: Y a-t-il un temps de césure obligatoire entre les différentes missions?

Je ne sais pas s'il y a une durée réglementaire, mais pour des raisons de récupération physique et psychologique, on laisse plusieurs semaines, voire plusieurs mois entre deux missions.

Claire: Bonjour Alexandre et merci pour votre action. Combien de temps MSF va rester en Haïti?

La pertinence de chaque projet est évaluée tous les 6 mois par MSF. Au vu de l'état sanitaire actuel du pays et des besoins de la population, notamment précaire, il est probable que MSF reste encore longtemps dans le pays.

Frank: Pensez-vous que vous garderez contact avec des Haïtiens? N'est-ce pas trop difficile de les quitter après tout ce temps sur place?

J'ai gardé le contact avec plusieurs personnels de l'équipe avec laquelle j'ai travaillé dans le service des brûlés par mail et Facebook. C'est vrai que le départ a été un moment émouvant pour moi comme pour ceux qui sont restés sur place, Haïtiens et expatriés.

Esther: Une expérience comme cela doit vous apporter beaucoup, qu'est-ce que cela vous a apporté?

Cette expérience m'a permis de progresser sur le plan médical mais aussi sur le plan humain et personnel.

MOTS-CLÉS

la déferlante arrivée subite

le ressentiment animosité

célibataire non-marié(e)

APRÈS LA LECTURE

1 **Compréhension** Répondez aux questions d'après le texte.

1. Où et avec qui Alexandre a-t-il travaillé à Haïti?
2. Pour quelles raisons Alexandre a-t-il choisi de rejoindre MSF?
3. Comment s'est passée l'arrivée d'Alexandre à Haïti?
4. Que s'est-il passé quand Alexandre est rentré en France?
5. Comment l'aide humanitaire est-elle perçue en général à Haïti?
6. Quel est l'avenir probable des projets MSF à Haïti?
7. Avec qui Alexandre a-t-il gardé le contact après son retour en France? Comment?
8. En rétrospective, que pense Alexandre de son expérience à Haïti?

2 

Vos questions Regardez à nouveau les questions que vous aviez écrites dans l'Activité 4 d'**Avant la lecture**. Le tchat avec Alexandre a-t-il apporté des réponses à vos questions? Les internautes ont-ils posé le même genre de questions? Écrivez un paragraphe dans lequel vous résumez ce que vous avez appris et ce qu'il reste à découvrir.

3 **Les qualités humaines** Avec un(e) camarade, répondez aux questions suivantes et discutez-en.

1. Comment Alexandre démontre-t-il les qualités humaines suivantes?
   - la compassion
   - la bienveillance
   - la curiosité
   - l'esprit de solidarité
   - le sens de la responsabilité civique
   - la patience
   - le courage
   - l'altruisme
2. D'après vous, lesquelles, parmi ces qualités, ont contribué le plus au succès de son expérience humanitaire à Haïti? Expliquez.

RESSOURCES
Consultez la liste des appendices à la p. xiii.

4 

Des leçons de vie Faites des hypothèses sur ce qu'Alexandre a pu découvrir ou apprendre lors de son séjour à Haïti et écrivez un paragraphe en suivant les instructions ci-dessous:

1. Dressez une liste de cinq expériences qui ont certainement enrichi Alexandre.
2. Expliquez l'importance de chacune de ces expériences formatrices.
3. Décrivez d'autres manières de vivre ces expériences.

5 **Discussion** En groupes ou avec la classe, discutez des sujets importants abordés dans le texte.

1. Quels sont les thèmes principaux du texte?
2. Quelles «leçons de vie» le texte présente-t-il?
3. Trouvez-vous les actions d'Alexandre admirables? Justifiez votre réponse.
4. Êtes-vous tenté(e) par le genre d'expérience décrit par Alexandre? Expliquez votre raisonnement.

6

Tournant de vie L'expérience d'Alexandre à Haïti peut être considérée comme tournant significatif dans sa vie. Avec un(e) camarade, examinez les situations suivantes et si elles aussi, peuvent être considérées comme des tournants importants.

VOCABULAIRE PERSONNEL
Utilisez votre vocabulaire personnel.

1. partir seul(e) dans un pays étranger
2. s'occuper des enfants victimes d'accidents domestiques
3. soigner des patients dans des bidonvilles
4. accepter la responsabilité d'une mission humanitaire peu ou pas rémunérée
5. vivre dans un pays touché par une catastrophe naturelle
6. faire face à des conditions de pauvreté et de manque d'hygiène

7

Présentation Préparez une présentation orale dans laquelle vous expliquez la différence entre ce qu'on apprend par ouï-dire ou indirectement (exemple: livres, documentaires, conférences...) et ce qu'on apprend via l'expérience personnelle directe. Faites référence aux idées du texte:

RESSOURCES
Consultez la liste des appendices à la p. xiii.

- les avantages du volontariat genre MSF
- l'exemple personnel de l'effet formateur et enrichissant d'une «leçon de vie»
- l'exemple d'une nouvelle façon de concevoir les choses comme conséquence d'un contact humain et personnel

8

Essai Approfondissez les idées abordées dans l'Activité 7 en rédigeant un essai dans lequel vous répondez à la question suivante:

- Peut-on dire que ce que l'on apprend à travers une expérience personnelle est plus profond, plus mémorable et plus enrichissant que ce qu'on apprend dans un contexte académique? Si c'est le cas, dans quelle mesure?

Votre essai doit être composé des aspects suivants:

- une introduction qui affirme votre opinion
- deux paragraphes dans lesquels vous présentez des arguments en faveur de votre position
- un ou deux paragraphes dans lesquels vous présentez des arguments allant à son encontre
- une conclusion qui résume vos arguments et qui réaffirme votre position

9

Une expérience inoubliable On peut être amené à faire des découvertes étonnantes en voyageant: lieux mystérieux, personnes inoubliables, expériences inédites et captivantes. Le voyage peut également contribuer à se découvrir soi-même. Avec un(e) camarade, parlez d'un voyage ou d'une expérience personnelle au cours duquel (de laquelle) vous avez soit découvert quelque chose, soit appris quelque chose d'important. Abordez les éléments suivants dans votre conversation:

1. la destination et la durée (pour un voyage) ou les circonstances (pour une expérience personnelle)
2. le(s) lieu(x), les évènements et/ou les personnes présentes
3. ce que vous avez découvert ou appris

10

Débat Est-il nécessaire de réaliser un objectif pour qu'un voyage soit considéré comme un succès? Débattez cette question avec toute la classe. Donnez des exemples d'excursions plausibles.

AUDIO ▸ TOURISME ET ÉCOTOURISME AU LAOS

MOTS-CLÉS

la devise unité monétaire d'un pays étranger
la rizière champs où l'on cultive le riz
le manque absence de quelque chose
se fixer établir
l'élevage (m.) production et entretien des animaux

INTRODUCTION La séquence audio qui suit est un reportage du journaliste Alain Devalpo, pour Radio France internationale (RFI). Il y présente un éco-village au Laos. Grâce à ces régions encore vierges et peu habitées, ce pays d'Asie du Sud-Est offre une grande possibilité de développer un tourisme durable.

AVANT L'ÉCOUTE

1 **Explorez le contexte** En petits groupes, répondez aux questions suivantes.

1. Quelles sont les destinations prisées par les touristes que vous connaissez? Pourquoi ces destinations sont-elles si populaires?
2. Comment les voyageurs choisissent-ils les lieux de leurs vacances? Donnez des exemples de critères.
3. Pourquoi les vacances sont-elles importantes pour l'être humain?
4. Si vous pouviez voyager dans n'importe quel endroit exotique, où iriez-vous et pourquoi?
5. Que savez-vous au sujet de l'écotourisme?

2 **L'écotourisme** Rédigez un essai dans lequel vous développez votre interprétation du terme «écotourisme». Incluez les aspects positifs de cette pratique touristique. Ensuite, lisez votre essai à toute la classe.

3 **Le Laos** À deux, cherchez une carte du Laos sur Internet. Trouvez la capitale, Vientiane, la rivière Nam Lik et les pays avec lesquels le Laos partage ses frontières. Ensuite, faites des recherches sur les caractéristiques géographiques du pays. Pourquoi croyez-vous que l'écotourisme s'y développe?

Source: Extrait de «Tourisme et écotourisme au Laos», Arnaud Jove, Anne-Cécile Bras, diffusé le 30 juillet 2009.
Vous pouvez trouver la version intégrale sur www.rfi.fr.

PENDANT L'ÉCOUTE

1 **Première écoute** Écoutez le texte audio et écrivez des mots et expressions qui correspondent à chacune des catégories du tableau de l'Activité 2.

2 **Deuxième écoute** Écoutez le texte audio de nouveau. Cette fois-ci, utilisez un stylo de couleur différente pour ajouter des petites phrases pour chaque catégorie qui résument les idées importantes.

Situation de l'éco-village	
Les villageois	
Les touristes	
L'investissement et l'infrastructure	
Les objectifs de l'éco-village	

VOCABULAIRE PERSONNEL
Notez le nouveau vocabulaire à mesure que vous l'apprenez.

STRATÉGIE

Résumer
Faire de petits résumés de ce qui se dit pendant un enregistrement vous aidera à mieux comprendre ce que vous entendez.

APRÈS L'ÉCOUTE

1 **Compréhension** Répondez aux questions suivantes. Partagez vos réponses avec un(e) partenaire.

1. Quels sont les deux activités les plus importantes pour l'économie du Laos?
2. Quels sont deux caractéristiques géographiques liées à l'éco-village?
3. Qu'est-ce qu'il se passait dans le village avant le développement du «resort»? Pourquoi?
4. Quelle était la première activité touristique de la zone?
5. Quelle est l'attitude des villageois envers l'éco-tourisme?
6. Que faut-il faire pour développer l'écotourisme dans cette zone selon le guide?
7. D'où vient l'argent pour investir dans la région et dans le développement de l'éco-village?
8. Quels sont les objectifs de cet éco-village?

VOCABULAIRE PERSONNEL
Utilisez votre vocabulaire personnel.

2 **Discussion socratique** En groupes, répondez aux questions suivantes et ajoutez-en d'autres suffisamment appropriées pour approfondir la discussion.

1. Pourquoi au début du reportage pose-t-on la question: «Le tourisme au Laos, rêve ou cauchemar, bénédiction ou calamité»?
2. Que voulait dire le chef du village en disant «regardez bien, avant on voyait ça à la télé. Maintenant, ils sont là, chez nous»?
3. En vous basant sur le reportage, quels sont les possibles avantages et inconvénients du développement de cet éco-village? Quels pourraient être les obstacles?
4. Visiteriez-vous cet éco-village pour le soutenir? Expliquez votre réponse.

STRATÉGIE

Questions pour demander des clarifications ou approfondir la discussion
- Pourquoi dis-tu cela?
- Que veux-tu dire?
- Peux-tu me donner un exemple?
- Comment en es-tu arrivé(e) à cette conclusion?
- Ces raisons suffisent-elles?
- As-tu des preuves pour soutenir ce que tu dis?
- Pourquoi est-il important de ___?
- Quel but avais-tu en posant cette question-là?

3 **Présentation orale** Comment les voyages enrichissent-ils la qualité de vie? En vous basant sur ce que vous avez appris dans ce contexte et vos expériences personnelles, préparez une présentation orale pour répondre à cette question.

LIENS CULTURELS

Les îles de la Polynésie française incarnent le paradis sur terre.

Tahiti

SITUÉES DANS LE SUD-EST DE L'OCÉAN PACIFIQUE, LES ÎLES mythiques de Tahiti, Moorea ou de Bora Bora incarnent le paradis sur terre. À cinq heures de vol d'Hawaï, elles appartiennent aux îles du Vent et constituent, avec 115 autres, la totalité de la Polynésie française. Leur climat tropical attire un grand nombre de touristes. Avec la perliculture et la pêche, le tourisme a longtemps constitué l'un des trois moteurs essentiels de la croissance économique en Polynésie. En 2008, la crise est arrivée aux îles et certains hôtels ont été laissés à l'abandon. Le tourisme de masse, bien qu'économiquement bénéfique, a aussi contribué à la dégradation des sites naturels. Aujourd'hui, on veut relancer le tourisme mais différemment. Dans une île comme Raivavae, par exemple, on vise à développer un tourisme plus écologique et une meilleure protection des sites naturels. C'est une approche responsable qui permettra aux générations futures d'apprécier toute la beauté que l'archipel peut leur offrir.

- Madagascar, une très grande île située à l'est des côtes méridionales de l'Afrique, a développé l'écotourisme avec succès dans la communauté d'Anja. Dans les années 1990, la moitié de la forêt avait déjà été illégalement rasée, ce qui a entraîné des conséquences dramatiques pour la faune et la flore. Aujourd'hui, grâce au travail et aux efforts continus de la population locale, les lémuriens, petits animaux en voie d'extinction, sont de retour et les habitants vivent dans de meilleures conditions, dans cette réserve indépendante.
- L'île de La Réunion est un petit bout de France situé à 650 km à l'ouest de Madagascar, au milieu de l'océan Indien. En 2007, le gouvernement réagit contre le tourisme de masse. Il crée la Réserve Marine de La Réunion qui s'étend sur 35 km^2 d'océan et œuvre à protéger les récifs coralliens pour permettre aux voyageurs d'apprécier ou d'inaugurer le sentier sous-marin de l'Ermitage. Muni de tuba, de palmes, et accompagné d'un guide, on peut maintenant découvrir gratuitement l'environnement marin et développer un comportement écologiquement responsable.

Présentation orale: comparaison culturelle

Préparez une présentation orale sur le thème suivant.

- De quelle façon les aspects historiques, géographiques et écologiques d'une région enrichissent-ils son attrait touristique?

Comparez votre propre communauté à une région du monde francophone que vous connaissez.

contexte 4 La publicité et le marketing

POINTS DE DÉPART

La publicité semble omniprésente dans notre vie. Elle cible tout un chacun à tout moment, que ce soit le consommateur, l'utilisateur ou l'usager, que ce soit dans la vie civique ou politique. La «pub» n'est d'ailleurs pas limitée aux biens de consommation ou aux services, car elle sert aussi à promouvoir des personnes, des initiatives, des lieux touristiques et des évènements sportifs ou culturels. Elle peut véhiculer des valeurs bénéfiques pour la société, comme la mise en garde contre les maladies, et en même temps, peut amorcer ou perpétuer des comportements négatifs, par exemple, la toxicomanie.

- Pourquoi la publicité est-elle un sujet controversé?
- Comment peut-on minimiser les effets négatifs ou les excès de la publicité?
- De quelle manière la publicité joue-t-elle sur les sensibilités des personnes?

DÉVELOPPEMENT DU VOCABULAIRE

VOCABULAIRE PERSONNEL
Notez le nouveau vocabulaire à mesure que vous l'apprenez.

1 La vie contemporaine Dans votre entourage, qui s'occupe de quoi, dans quelles circonstances et pourquoi? Remplissez les cases du tableau ci-dessous et soulignez les exemples pour lesquels vous avez déjà vu de la publicité.

ASPECT	QUI?	EXEMPLES?	POURQUOI?
rassemblement communautaire	*mes parents*	*organiser une brocante*	*recycler de vieilles affaires*
courses et achats			
participation à des œuvres charitables			
décoration/jardinage			
réparation/bricolage			

2 Organiser et informer En petits groupes, discutez du mode de renseignement ou de communication le plus efficace pour chacune des situations suivantes.

- informer les habitants du quartier qu'il va y avoir une fête de rue
- trouver un bon mécanicien
- organiser une levée de fonds pour une cause communautaire
- trouver un centre de recyclage dans le quartier
- annoncer l'ouverture d'un magasin
- faire une offre de service, comme des cours privés
- retrouver un animal disparu

3 Au courant À deux, répondez aux questions.

1. Comment restez-vous au courant des activités sociales de votre lycée?
2. Comment apprenez-vous qu'il y a des soldes ou des offres spéciales dans les magasins?
3. Qui, dans votre famille, s'intéresse le plus aux offres publicitaires?

LECTURE 4.1 ▸ LES PROSPECTUS PUBLICITAIRES EN FRANCE

AU SUJET DU TEXTE Le texte suivant a été publié sur le site *Planetoscope*, qui se consacre à procurer, en temps réel, des statistiques mondiales sur la consommation et la production des ressources naturelles. Il démontre, en utilisant des données statistiques, des sondages et des illustrations graphiques, que le nombre de prospectus publicitaires distribués en France est très important. Il explique également pourquoi ces prospectus existent, les raisons de leur distribution, et ce que les Français pensent de leur prolifération. Enfin, il souligne leur impact négatif sur l'environnement et propose des solutions alternatives à l'usage intensif du papier.

AVANT LA LECTURE

VOCABULAIRE PERSONNEL
Notez le nouveau vocabulaire à mesure que vous l'apprenez.

1 **La publicité** Identifiez la fonction de la publicité qui correspond à chaque description.

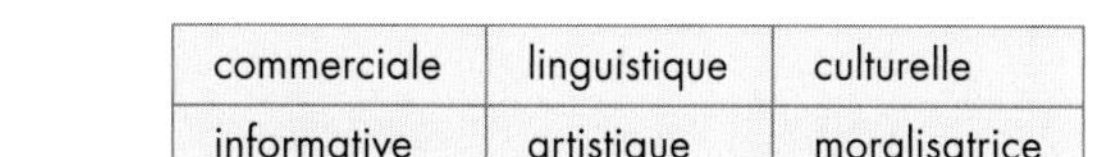

commerciale	linguistique	culturelle
informative	artistique	moralisatrice

1. allusion à des valeurs telles que le confort, le bien-être, la sécurité, la beauté, l'élégance
2. information et annonces d'évènements politiques, commerciaux ou artistiques, dans les journaux, les revues ou autres médias
3. promotion d'activités telles que la visite d'un site ou d'un festival et la participation à un concours de cuisine
4. promotion d'un service de vente et d'achat (automobile, immobilier, vêtements, produits de beauté, loisirs...)
5. invention de jeux de mots et utilisation d'un langage emphatique à surcharge connotative, personnification des produits
6. promotion de films, de pièces de théâtre, de chansons et autres formes de musique, des beaux-arts ou des arts visuels

STRATÉGIE
Réfléchir au thème
Penser au thème avant de lire peut vous aider à vous projeter personnellement dans le sujet et à mieux le comprendre.

2 **La pub au quotidien** À quelles sortes de publicités êtes-vous exposé(e)s quotidiennement? En petits groupes, répondez à cette question et comparez vos expériences personnelles en vous servant de ces points.

- les communications par Internet ou smartphone (programmes de mise à jour, nouvelles applications, nouveaux jeux...)
- les produits de beauté (shampooings, crèmes, lotions, parfums, eaux de Cologne...)
- les nouvelles modes (vêtements, chaussures, accessoires...)
- les soins de beauté (coiffure, tatouage, manucure...)
- le matériel et l'équipement de sport (grandes marques et grands logos de maillots, shorts, chaussures...)
- le fast-food et les boissons
- les concerts et les nouveaux albums
- les voitures
- les nouveaux appareils électroniques
- les nouveaux films ou les nouvelles vidéos

Les prospectus publicitaires en France

Les prospectus représentent 5% du poids des **poubelles** des Français. Si 15% des **foyers** refusaient de les recevoir, 130 millions de kilos de papier seraient économisés. Cependant, 83% des Français aiment en recevoir![1]

LE POIDS DES PROSPECTUS EN FRANCE
18.000.000.000
de prospectus / an
820.000.000
kilos de papier / an

À quoi servent les prospectus publicitaires?

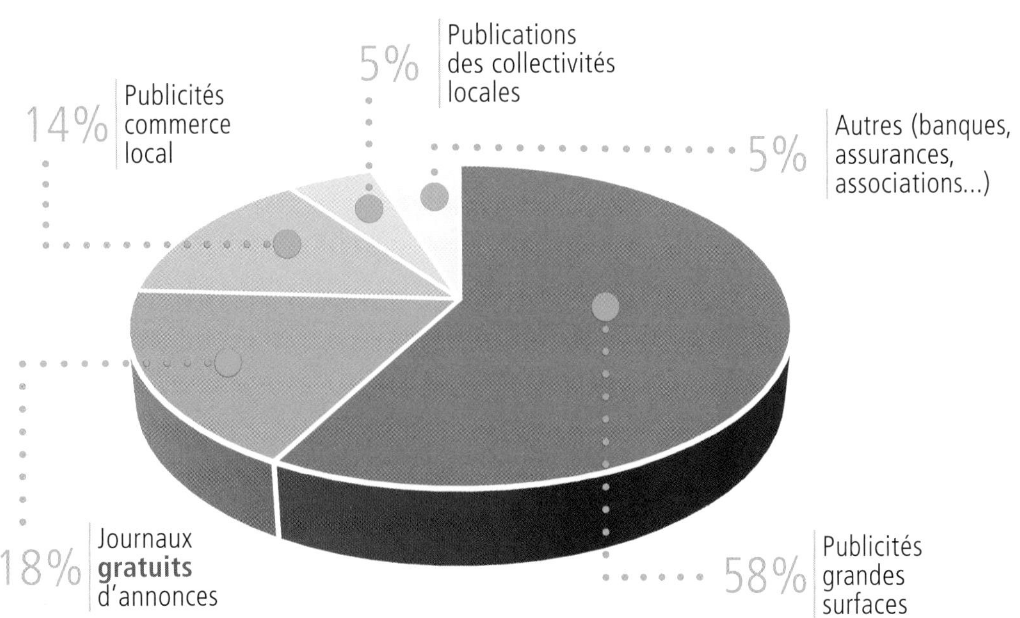

MOTS-CLÉS

la poubelle récipient qui sert à recueillir les ordures ménagères

le foyer famille

le poids mesure en grammes, kilogrammes...

gratuit qui ne coûte rien

1 Ademe, 2004

MOTS-CLÉS

le tri sélection pour recycler
le déchet ce qui est à jeter
tenir compte de donner de l'importance à
le ciblage fait de se concentrer sur un objectif précis

Les Français et les prospectus

Les prospectus remplissent un certain nombre de fonctions essentielles aux yeux des consommateurs:

Quelles solutions?

Le recyclage

En France, le **tri** des **déchets** est vu comme la première action en faveur du développement durable[2]. Cependant, moins de la moitié des papiers sont récupérés par les consommateurs[3]. C'est bien dommage, étant donné que le papier peut être recyclé au moins 5 fois!

Les prospectus numériques

70% des français utilisent internet[4], 47% ont un smartphone[5] et les tablettes se multiplient. 60 à 80% de ces utilisateurs effectuent des recherches en ligne avant de se rendre en magasin: Internet peut donc émerger comme canal massif de communication publicitaire.

L'audience en ligne est chère, mais pas autant que la publicité imprimée sur papier si l'on **tient compte des** prospectus mis directement à la poubelle. Le meilleur **ciblage** des outils numériques permet, selon les estimations, une économie d'au moins 30%. Sur 2,8 milliards d'euros de budget marketing dans l'imprimé[6], cela correspond à 850 millions d'euros par an.

2 CREDOC, 2009
3 ADEME, 2004
4 World Internet Stats
5 Médiamétrie
6 UFMD, 2011

APRÈS LA LECTURE

VOCABULAIRE PERSONNEL
Utilisez votre vocabulaire personnel.

1 Compréhension Répondez aux questions d'après le texte.

1. Quelle est l'idée principale de ce texte?
2. Qu'est-ce qui vous frappe le plus dans les données statistiques?
3. Quelle est l'attitude principale des Français envers les prospectus publicitaires?
4. Qui fait imprimer la grande majorité des prospectus?
5. Quelles sont les principales fonctions des prospectus?
6. Quelles initiatives favorables au développement durable sont envisagées?
7. Les consommateurs doivent-ils récupérer plus ou moins de papier? Pourquoi?
8. Quel avantage et quel inconvénient de la publicité numérique sont mentionnés?

STRATÉGIE

Analyser les éléments visuels
Les éléments visuels aident à communiquer le message d'un texte. Analysez la mise en page, les illustrations et les couleurs de la lecture pour déduire le but de l'auteur et l'effet qu'il veut produire.

2 Le message À deux, répondez aux questions.

1. Quel est le but de la publicité?
2. La publicité vous semble-t-elle utile? Pourquoi ou pourquoi pas?
3. Quelles stratégies de mise en page, d'illustration, de gros titres et de couleurs utilise l'auteur?
4. Quelles stratégies vous semblent spécialement efficaces pour communiquer le message et le but de cette publicité?
5. Que pourriez-vous ajouter ou changer à cette publicité?

3 **Analyse et évaluation** Répondez aux questions pour évaluer la qualité des renseignements trouvés dans le texte.

1. Les renseignements fournis sont-ils basés sur des opinions, des faits vérifiés ou un peu des deux? Justifiez vos réponses en donnant des exemples précis.
2. Quel renseignement fourni par la publicité est le plus fiable? Pourquoi?
3. Quel renseignement fourni par la publicité est le moins fiable? Pourquoi?
4. Êtes-vous convaincu(e) par le message de la publicité? Expliquez pourquoi ou pourquoi pas.
5. À quel public s'adresse l'auteur?

4 **Les points de vue** À deux, décidez quels points de vue sont représentés dans le texte et donnez des exemples.

- le scepticisme/l'optimisme
- le rejet/le soutien du matérialisme
- le rejet/le soutien des nouvelles formes de communication
- le rejet/le soutien des stratégies globales pour aider à préserver l'environnement
- une attitude négative/positive envers la numérisation

5 **Votre opinion** En petits groupes, analysez cette citation extraite du texte. Expliquez quel problème est évoqué ici et la solution qui est envisagée. Est-ce une bonne solution? Exprimez votre propre opinion et soutenez votre point de vue avec des anecdotes personnelles.

RESSOURCES
Consultez la liste des appendices à la p. xiii.

> « Le meilleur ciblage des outils numériques permet, selon nos estimations, une économie d'au moins 30%. »

6  **Les effets de la publicité** En petits groupes, discutez de ces points. Prenez position pour ou contre chaque déclaration et défendez votre point de vue de manière logique. Puis, résumez votre débat pour la classe.

- la pub nous informe et nous expose à des points de vue différents
- la pub déclenche des désirs
- la pub motive les achats
- la pub stimule l'économie
- la pub stimule la créativité
- la pub renforce les normes d'hygiène
- la pub renforce les normes de nutrition
- la pub joue sur les stéréotypes

STRATÉGIE

Poser des questions
Lors d'une discussion, posez des questions pour être sûr(e) que vous avez bien compris, pour remettre en question les arguments de la personne avec laquelle vous parlez et pour prolonger la conversation. Cela vous aidera à approfondir vos connaissances sur le sujet de la discussion.

7   **Présentation orale** Pensez à un produit que vous appréciez. Préparez une annonce publicitaire radio à présenter oralement à vos camarades de classe. Votre message publicitaire doit être persuasif et utiliser des statistiques, des résultats de sondages, et des détails convaincants.

8  **Essai persuasif** Écrivez un essai dans lequel vous expliquez pourquoi vous acceptez ou refusez de recevoir des prospectus publicitaires à domicile. Votre essai doit aussi faire paraître le point de vue s'y opposant et les raisons qui justifient votre désaccord. Justifiez votre opinion avec des références au texte et votre expérience personnelle.

LECTURE 4.2 ▸ TOUS SOUS INFLUENCE

AU SUJET DU TEXTE Cet article est paru sur le site internet *Psychologie-Sociale*. C'est une analyse détaillée des déclencheurs de la séduction qui rendent les publicités attirantes, séduisantes et au final, efficaces. La psychosociologue Elisabeth Deswarte explore ces thèmes et démontre l'influence de la publicité sur les individus. Elle souligne aussi comment, vice-versa, la société contemporaine et, en particulier, les recherches universitaires en sciences sociales et humaines, font évoluer le contenu des publicités et les formes que celles-ci prennent. Enfin, elle présente en détail les stratégies qu'emploient les créateurs de publicité pour atteindre leurs buts et toucher le public qu'ils souhaitent influencer.

AVANT LA LECTURE

VOCABULAIRE PERSONNEL
Notez le nouveau vocabulaire à mesure que vous l'apprenez.

1 **La séduction** Quels aspects de la publicité trouvez-vous les plus irrésistibles? À deux, lisez et commentez cette liste. À tour de rôle, choisissez les trois principaux attraits de la publicité et expliquez pourquoi vous les avez choisis.

- la beauté des personnes
- le sourire ou le rire des personnes
- le dynamisme des personnes
- la jeunesse et l'énergie des personnes
- l'illusion du mouvement
- les caricatures humoristiques
- les jeux de mots
- les paysages
- les couleurs
- la créativité de la mise en page ou de la présentation

2 **Ma réaction** À deux, discutez ces questions sur l'effet de la publicité.

1. Est-ce que les affiches publicitaires attirent votre attention? Où les remarquez-vous le plus? Qu'annoncent-elles?
2. Quand vous allez dans les centres commerciaux ou dans les grands magasins, est-ce que votre famille examine les dépliants des grandes surfaces avant de faire ses achats?
3. Que pensez-vous des pubs à la télévision? Prenez-vous le temps de les regarder et de les analyser? Quelle est votre pub préférée?
4. Comment réagissez-vous aux sites et aux annonces publicitaires sur Internet?
5. Remarquez-vous les stéréotypes exploités dans les publicités?
6. Pouvez-vous donner des exemples de publicités qui vous agacent?

VOCABULAIRE PERSONNEL
Utilisez votre vocabulaire personnel.

3 **Le marketing** En petits groupes, discutez des buts du marketing et des moyens qu'il utilise. Choisissez comme exemple une grande entreprise que tout le monde connaît et servez-vous de ces points pour guider votre conversation.

1. Les buts du marketing sont la rentabilité et le profit.
2. Une entreprise choisit son marché et oriente ses activités vers ce marché.
3. Le marketing oriente ses activités vers un certain type de client.
4. Pour atteindre son but, le marketing d'une entreprise doit viser les besoins réels des clients.

Tous sous influence

La publicité est omniprésente mais nous influence-t-elle?

La publicité ne nous laisse pas indifférent: Elle séduit, amuse ou au contraire agace, exaspère. L'objectif est de faire connaître un produit et d'amener au comportement d'achat. Cependant l'influence sociale est un phénomène complexe.

Dans la publicité, le monde est différent

Les personnes ne travaillent pas ou rarement. Elles n'ont pas de soucis de santé, de famille ou professionnel. Elles vivent dans une société hédoniste qui occulte l'effort. Les personnes vont se poser comme libérées des contingences matérielles. Elles vivent dans un monde où les inégalités n'existent pas, où les rapports de domination sont invisibles. Dans la publicité, on peut acheter sans argent, séduire... l'échange marchand n'existe pas, tout est gratuit.

Lorsque le travail est mis en scène, il est très esthétisé et ne correspond pas au travail réel. La publicité relaie la norme d'internalité: «On peut pourvu que l'on s'en donne les moyens». La publicité est le vecteur qui, crée ou renforce les stéréotypes. Elle enseigne les composantes d'un style de vie (normes d'hygiène, de repas...) désirable.

Elle relaie les pratiques consommatoires des groupes qui sont dans des positions dominantes et les produits de luxe sont présentés comme accessibles à tous. Elle renforce et joue sur les stéréotypes. La publicité est fondamentalement conservatrice.

EXEMPLE 1: Stéréotype de l'âge Les jeunes (stéréotype de l'adolescent) sont habillés comme des jeunes, ont un portable... Les vieux ne sont pas si vieux, ils sont alertes, en bonne santé et s'occupent de leurs petits-enfants.

EXEMPLE 2: Stéréotype ethnique Les pâtes sont italiennes (couleurs rouge et verte pour l'emballage) et le gel douche à la noix de coco est présenté par un mannequin noir.

EXEMPLE 3: Stéréotypes de genre Les femmes sont plus souvent proches de la lessive tandis que les hommes le seraient plus de la voiture. Quand les hommes sont utilisés pour être présentés avec de l'électroménager ou des enfants, on joue sur l'humour.

La publicité s'adapte à des secteurs de clientèle. La publicité n'invente rien. Elle n'est là que pour surfer sur une idée nouvelle et s'en emparer complètement.

Exemple: Les grands magasins se sont lancés dans la thématique de la protection de l'environnement et ont tous leur propre slogan, à croire qu'ils se sont tous convertis à l'écologie.

L'histoire de la publicité suit les influences

La publicité informative et persuasive

Elle s'appuie sur une conception de l'homme où le consommateur est rationnel, raisonnable et conscient. Le message parle donc au bon sens du client. Il y a un besoin à satisfaire. Le message indique et présente un produit qui vient satisfaire le besoin (ce produit est bien sûr le meilleur, efficace, durable...).

MOTS-CLÉS

le souci préoccupation
hédoniste qui cherche le plaisir
occulter masquer
le moyen ce qui sert pour atteindre un but
la lessive linge et vêtements à laver
s'emparer capter, saisir

MOTS-CLÉS

déclencher mettre en marche

le matraquage répétition fréquente et insistante d'un message

inavoué secret

le débiteur personne qui a une dette

piocher prendre dans un tas

Ce modèle s'appuie sur le schéma théorique suivant:

A: on attire l'attention

I: on suscite l'intérêt

D: on provoque le désir

A: on déclenche l'achat

A attention

D désir

La publicité mécaniste

L'individu est perçu comme passif et conditionnable. On est dans la conception béhavioriste et un modèle «Stimulus-Réponse». On entre dans l'air de la «Pub matraquage». Il ne s'agit plus de convaincre et de donner des arguments, il s'agit d'avoir un bon stimulus: le signal publicitaire (image, slogan, logo: il doit être immédiatement reconnaissable). Celui-ci doit être simple, clair et identifiable. Le signal est sensé déclencher l'achat (on a donc des affiches grandes et colorées, des répétitions inlassables de slogan...).

La publicité suggestive

Ici, l'homme est entendu comme gouverné par son inconscient et ses désirs. On entre dans l'aire de la publicité psychanalytique où différentes écoles vont influencer les publicitaires. On cherche toujours à savoir ce qui va déclencher l'achat. Se pourrait-il que ce soit les motivations inconscientes, les désirs inconscients inavoués, les fantasmes?

Aujourd'hui, la publicité fait un mixte entre ces trois modèles.

Stratégies employées dans la publicité

Pour être efficace, le slogan doit résumer une marque. Il doit:

- être spécifique à une seule marque
- être facile à retenir
- être sympathique
- attirer l'attention

Dans son livre *Influence et manipulation*, Cialdini expose différentes stratégies pour influencer les autres:

- **La réciprocité:** Il faut rendre débiteur quelqu'un. Chaque fois qu'une publicité présente l'objet comme un don (gratuit), elle est sensée déclencher la réciprocité.
- **L'engagement:** Plus on est engagé plus on persévère.
- **La sympathie:** Ce sont les personnes les plus proches de nous qui nous influencent le plus (proches sociaux).
- **La preuve sociale:** Lorsqu'on est incertain face à un choix, on a tendance à imiter ce que les autres font. L'idée est que, si tout le monde le fait, ce doit être bien. Les publicitaires connaissent bien ce phénomène. Pour qu'un message soit bon, il faut que les gens en parlent et, par là, que différents «agents de socialisation» se l'approprient. Moscovoci parle de «guides d'opinions» qui influencent sans en avoir conscience.

Les publicitaires piochent dans des recherches diverses, comme celles de la théorie de l'engagement ou encore la communication persuasive, pour les appliquer à leur création et tenter de nous influencer.

APRÈS LA LECTURE

1 Compréhension Choisissez la meilleure réponse d'après le texte.

1. Quelle est l'intention de l'article?
   a. persuader
   b. divertir
   c. informer
   d. faire une recommandation
2. Comment la sociologue décrit-elle le monde de la publicité?
   a. Il est pessimiste.
   b. Il est utopique.
   c. Il est hyper-réaliste.
   d. Il est aigre-doux.
3. Comment les gens en général sont-ils représentés dans une publicité?
   a. de manière très vraie et très réaliste
   b. toujours beaux et jeunes
   c. d'après des critères culturels et artistiques
   d. selon des stéréotypes
4. Programmer des réactions est le but de quel genre de publicité?
   a. la publicité mécaniste
   b. la publicité persuasive
   c. la publicité suggestive
   d. la publicité informative
5. Quelle est l'importance de la preuve sociale dans le domaine de la publicité?
   a. Elle montre que les consommateurs ont tendance à suivre d'autres acheteurs.
   b. Elle incite les publicitaires à ignorer les normes sociales.
   c. Elle suggère que les gens aiment mieux les publicités qui s'inspirent de scènes sociales.
   d. Elle indique que les publicités ne doivent pas donner trop de choix différents.

CONCEPTS IMPORTANTS

Intentions de l'article
On peut écrire un article pour de multiples raisons: informer, divertir ou faire une recommandation. Lisez l'article en lui prêtant une attention particulière et en analysant la manière dont l'information y est présentée. Notez aussi le ton utilisé afin de déterminer les intentions de l'article.

2 Interprétez En petits groupes, expliquez et évaluez les citations.

- «...l'influence sociale est un phénomène complexe». (ligne 4)
- «Dans la publicité, on peut acheter sans argent...» (lignes 9–10)
- «Lorsque le travail est mis en scène, il est très esthétisé...» (ligne 11)
- «...le gel douche à la noix de coco est présenté par un mannequin noir». (ligne 22)
- «La publicité n'invente rien. Elle n'est là que pour surfer sur une idée nouvelle...» (lignes 26–27)
- «Le signal est sensé déclencher l'achat». (ligne 46)

STRATÉGIE

Évaluer les conclusions

L'auteur tire des conclusions à partir des données de son analyse. Êtes-vous d'accord? Évaluez le processus et la logique suivis par l'auteur et analysez les données pour décider si ses conclusions sont logiques. Sinon, tirez vos propres conclusions.

3 Des affirmations Trouvez des extraits du texte qui illustrent ou expliquent les affirmations. Quelles affirmations semblent contradictoires? À deux, discutez de ces idées et dites si vous êtes d'accord ou non en justifiant votre position.

1. La publicité séduit et amuse.
2. La publicité agace et exaspère.
3. La publicité met en scène des personnes et des situations idéales.
4. La publicité est fondamentalement conservatrice.
5. La publicité s'appuie sur les courants d'idées de la société contemporaine.
6. La publicité s'appuie sur des études de psychologie et de comportements humains.

4 Une analyse de texte Faites l'analyse de l'extrait du texte et montrez son importance dans le contexte de la publicité et du marketing. Répondez aux questions pour guider votre réflexion.

> Dans son livre *Influence et manipulation*, Cialdini expose différentes stratégies pour influencer les autres:
> **La réciprocité**: Il faut rendre débiteur quelqu'un. Chaque fois qu'une publicité présente l'objet comme un don (gratuit), elle est sensée déclencher la réciprocité.
> **L'engagement**: Plus on est engagé, plus on persévère.
> **La sympathie**: Ce sont les personnes les plus proches de nous qui nous influencent le plus (proches sociaux).

1. Que suggère le titre du livre de Robert Cialdini quant à sa profession?
2. Qu'en est-il du sujet de son livre?
3. La première stratégie consiste à présenter un objet comme s'il était gratuit. Quelle sorte de réciprocité est déclenchée?
4. La deuxième stratégie est celle de l'engagement. Quelle est la nature et quel est l'effet d'une pub «engageante»?
5. La troisième stratégie utilise la sympathie. Comment les publicitaires et les experts du marketing peuvent-ils se servir de nos «proches sociaux»?

5 Amis ou marketing? À deux, passez en revue chacune des habitudes ci-dessous. Précisez si ce sont vos amis ou la publicité qui influencent le plus vos tendances.

- votre façon de vous habiller
- votre façon de communiquer entre amis
- le style de musique que vous écoutez
- la façon dont vous passez votre temps libre

6 Message électronique Écrivez un e-mail à un(e) ami(e) et parlez-lui de ce que vous venez de voir dans une publicité. Évoquez ces points:

- la description du produit ou du service que vous avez vu dans la pub
- les qualités de ce produit ou de ce service
- ce qui vous séduit et vous fait désirer le produit ou le service
- pourquoi votre ami(e) devrait aussi se laisser tenter

VOCABULAIRE PERSONNEL
Utilisez votre vocabulaire personnel.

7 Discussion En petits groupes, discutez de ces questions: Les effets de la publicité sont-ils plutôt positifs ou plutôt négatifs? Comment peut-on mettre plus en valeur les effets positifs et minimiser les effets négatifs? Puis, présentez un résumé de votre discussion à la classe.

RESSOURCES
Consultez la liste des appendices à la p. xiii.

8 Un essai persuasif Rédigez un court essai dans lequel vous exprimez votre opinion sur l'influence, ou au contraire, le manque d'influence, de la publicité et du marketing sur la société. Référez-vous au texte et à vos expériences personnelles pour développer votre argument et persuader vos lecteurs.

AUDIO ▸ PUBLICITÉ ET ENVIRONNEMENT

INTRODUCTION Cet enregistrement a été diffusé par *C'est pas du vent!* Cette émission hebdomadaire, qui a pour thème l'environnement, est produite par RFI (Radio France Internationale), une station de radio nationale française et est animée par Anne-Cécile Bras. Dans cet extrait, la journaliste discute du concept nommé *greenwashing* dans les publicités de produits quotidiens. Les invités sont Jacques-Olivier Barthes, membre fondateur du site Web *L'Observatoire indépendant de la publicité*, et Laurent Terrisse, président de l'agence «Limite» et fondateur du collectif «Publicitaires éco-socio-innovants».

MOTS-CLÉS

le désherbant produit chimique qui détruit les mauvaises herbes

la racine partie souterraine d'une plante

épingler critiquer et sanctionner

le blanchiment le fait de disculper, laver de tout soupçon

AVANT L'ÉCOUTE

1 

Produits «verts» À deux, faites une liste des produits du quotidien, disponibles dans les supermarchés ou grandes surfaces et qui sont présentés par la publicité comme étant «écologiquement responsables» pour la planète.

2 

Discussion En petits groupes, discutez des questions et essayez de trouver des exemples connus pour illustrer votre conversation.

1. Croyez-vous toujours ce que présente une publicité? Pourquoi?
2. Comment les agences de publicité cherchent-elles à présenter leurs produits aux jeunes de votre âge?
3. Quels mots ou quelles images les agences de publicité utilisent-elles pour vous faire croire que leurs produits sont «verts»?
4. Quelles autres stratégies de promotion connaissez-vous?
5. Comment peut-on vérifier ce qu'affirme une publicité?
6. Connaissez-vous un produit qui a bénéficié d'une publicité mensongère ou une entreprise qui a dû s'excuser après avoir eu recours à un tel procédé?

PENDANT L'ÉCOUTE

Source: Extrait de «La publicité et l'environnement», *C'est pas du vent!*, diffusé le 3 mars 2009. Vous pouvez trouver la version intégrale sur www.rfi.fr.

1 

Première écoute Écoutez l'audio et décidez si les phrases sont vraies ou fausses.

1. Les entreprises utilisent des arguments écologiques pour mieux vendre leurs produits.
2. Il est préférable pour l'environnement qu'une lessive soit antiallergique.
3. Atout Vert est une marque qui n'est pas certifiée «écolabel».
4. La lessive Le Chat n'a aucun label écologique.
5. L'éco-blanchiment est le contraire de *greenwashing*.

2 

Deuxième écoute Après une deuxième écoute, complétez les déclarations.

1. RoundUp: désherbant ____________
2. Renault: ____________ en CO_2
3. EDF: énergies de ____________
4. Diesel vert: origine ____________ et non-toxique
5. Boule de lavage: 100% ____________ et antiallergique
6. Veolia Environnement: gère l'eau, ____________ et la propreté

STRATÉGIE

Utiliser ce que vous savez déjà
Pour mieux comprendre l'enregistrement, prenez note des mots qui sont apparentés et de ceux qui ressemblent à des mots que vous connaissez.

VOCABULAIRE PERSONNEL
Utilisez votre vocabulaire personnel.

RESSOURCES
Consultez la liste des appendices à la p. xiii.

APRÈS L'ÉCOUTE

1 **Compréhension** Répondez aux questions.

1. D'après le journaliste Laurent Terrisse, quelle est la question principale qu'il faut se poser quand on voit une publicité qui utilise des notions liées à l'environnement ou à l'écologie?
2. Quel est le problème avec les extraits de publicités qui sont cités dans l'enregistrement? Est-ce que ces publicités sont réalisées par de grandes marques?
3. D'après vous, à quoi sert l'Observatoire indépendant de la publicité?
4. Quelles différences y a-t-il entre Le Chat et Atout Vert? Est-ce que ces différences sont importantes?
5. Est-ce que «mascarade écologique» est une bonne définition du *greenwashing*? Justifiez votre position.

2   **Présentation orale** Recherchez sur Internet une publicité francophone avec un exemple d'éco-blanchiment. Déterminez le produit ou le service en question et ses affirmations publicitaires. Préparez une brève présentation pour la classe qui explique les stratégies (images, mots, références) employées par les publicitaires pour faire de l'éco-blanchiment avec ce produit ou ce service. Exprimez votre opinion sur l'efficacité de cette campagne publicitaire.

3  **Réflexion et opinion** Écrivez un e-mail à l'agence publicitaire qui a produit la publicité que vous avez sélectionnée dans l'activité précédente. Dans votre e-mail:

- Dites si vous êtes pour ou contre la façon dont le produit est représenté et expliquez pourquoi.
- Exprimez votre opinion sur les stratégies utilisées pour promouvoir ce produit.
- Discutez de l'impact social de la publicité sur les jeunes de votre âge et sur la planète.
- Suggérez d'autres façons de faire de la publicité pour le produit.

4  **La réalité** En petits groupes, trouvez des exemples d'éco-blanchiment ou de publicité mensongère. Si c'est une image, sauvegardez-en une copie. Si c'est un fichier audio ou une vidéo, sauvegardez le lien. Par la suite, faites un «relooking» d'une de ces publicités pour montrer ses différences en comparaison à la réalité. Votre nouvelle version publicitaire peut être:

- un poster avec des graphiques et des images qui s'inspirent des graphiques et des images d'origine
- un clip audio qui imite le style de la publicité d'origine
- une vidéo qui démontre les réalités de l'usage du produit pour la planète

Présentez la publicité d'origine et votre nouvelle version à la classe, puis discutez du thème du mensonge dans les publicités en général.

5  **Essai** Comment la publicité et le marketing influencent-ils les choix et le comportement des gens? Cette influence va-t-elle parfois trop loin? Dans ce cas, comment les gens peuvent-ils se protéger de cette influence? Écrivez un essai pour répondre à ces questions. Citez les textes de ce contexte et des exemples de votre vie.

LIENS CULTURELS

Record & Submit

«La trahison des images», de René Magritte

L'influence de Magritte sur la publicité

LE PEINTRE SURRÉALISTE BELGE RENÉ MAGRITTE (1898–1967) est un des artistes les plus connus du XXᵉ siècle grâce en partie à l'emploi de ses tableaux dans la publicité. Son style facilement identifiable ainsi qu'une esthétique basée sur la transgression et la contradiction de la logique visuelle rendent ses œuvres parfaites pour une pratique qui s'appelle le «détournement publicitaire». Cette pratique consiste à altérer une image ou un texte célèbre de façon satirique afin de critiquer une campagne publicitaire ou un message original dans un nouveau contexte.

Plusieurs tableaux de Magritte ont influencé la publicité de cette manière, comme «La trahison des images». Ce tableau représente une pipe sous laquelle apparaît la phrase «Ceci n'est pas une pipe». L'intention de l'artiste était de montrer que l'image d'un objet n'est pas l'objet lui-même. Une référence à cette «trahison des images» a été employée dans beaucoup de publicités pour faire un contraste entre l'image et le texte.

- Tissot est une marque suisse de montres qui est réputée dans le monde entier. Dans une campagne publicitaire récente, l'entreprise met en valeur son héritage suisse en utilisant le symbole «+», commun à son logo et au drapeau du pays. Ce «+» représente la qualité, la tradition et la fiabilité—des valeurs chères aux Suisses. Avec cette campagne, Tissot cherche à offrir une image positive de ses produits et à convaincre ses clients potentiels que le luxe est abordable pour tous.

- La surproduction récente des perles noires, un produit d'exportation très important pour Tahiti, menace leur valeur. Afin de sauvegarder la qualité, la réputation et la valeur de la perle noire sur le marché international, Perles de Tahiti, une association de perliculteurs a lancé une campagne publicitaire en partenariat avec le gouvernement tahitien. Son message? La perle noire est un accessoire de luxe indispensable pour toute femme de goût. Un collier, un bracelet, une bague ou des boucles d'oreille de perles noires—tous des bijoux classiques—attirent aussi le regard, un effet désiré par les femmes, selon la campagne.

Présentation orale: comparaison culturelle

Préparez une présentation orale sur le thème suivant.

- De quelle manière la publicité joue-t-elle sur les sensibilités des personnes?

Comparez votre propre communauté à une région du monde francophone que vous connaissez.

EN BREF

Le logement

POINTS DE DÉPART

Un logement est un lieu de résidence. Les types de logements sont très variés et reflètent souvent la géographie, la démographie, l'économie et l'histoire liées à leur emplacement. Mais tous ont quelque chose en commun: ils fournissent un endroit où on peut dormir, manger et vivre.

- Quels facteurs déterminent le choix d'un logement?
- Qu'est-ce qui rend un logement agréable ou désagréable à vivre?
- En quoi les logements reflètent-ils les besoins de la société?

VOCABULAIRE PERSONNEL

Notez le nouveau vocabulaire à mesure que vous l'apprenez.

DÉVELOPPEMENT DU VOCABULAIRE

1 Le logement et la qualité de vie En petits groupes, répondez aux questions.

1. Quels sont cinq critères pour choisir un logement (par exemple, le prix ou la proximité des services)? Classez-les par ordre d'importance.
2. Quels sont les conforts de base qui rendent un logement «habitable»? Pour vous, que faudrait-il ajouter à cette liste pour que le logement soit agréable à vivre?
3. Selon vous, qu'est-ce qui rend un logement désagréable à vivre? Qu'est-ce qui le rend inhabitable?
4. Quels sont les défis actuels auxquels la société fait face quant aux logements (par exemple, la surpopulation dans un logement, la consommation élevée d'énergie)? Qu'est-ce qu'il faudrait faire pour remédier à ces situations?

PLUS À FOND

RESSOURCES

Consultez la liste des appendices à la p. xiii.

1 L'économie d'énergie chez soi Pourquoi les Français font des travaux de rénovation pour améliorer l'efficacité énergétique de leur maison? Lisez les résultats du sondage et à deux répondez aux questions.

Source: Enquête TNS Sofres pour le compte de Cap Consommateurs Habitants

ISOLER, CHANGER LES FENÊTRES, LE CHAUFFAGE OU LA PRODUCTION D'EAU, C'EST...

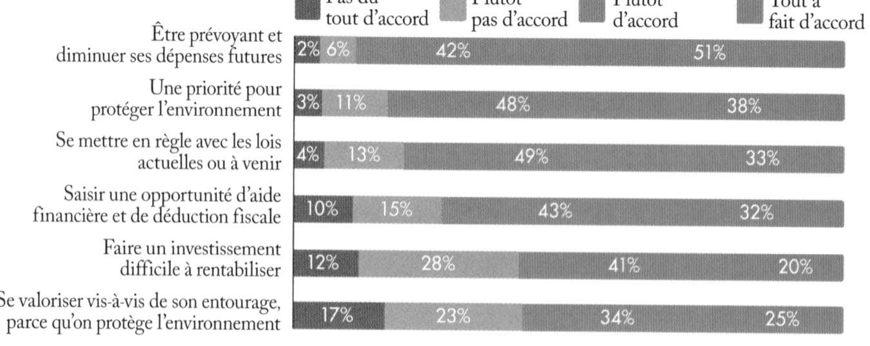

1. En quoi consiste les travaux d'économie d'énergie mentionnés dans ce sondage?
2. Quelles sont les raisons principales données pour réaliser ces travaux de rénovation?
3. La plupart des Français pensent-ils que faire des travaux d'économie d'énergie est un bon investissement? Pourquoi ou pourquoi pas? Êtes-vous du même avis?

My Vocabulary
Virtual Chat

POINTS DE DÉPART

Une fête commémore un événement spécial, un fait ou un héros (une héroïne). Elle peut être civile, religieuse ou les deux à la fois, comme dans le cas de certaines fêtes associées aux rites de passage qui marquent le franchissement d'une étape de la vie à une autre.

- Pourquoi les fêtes et les rites de passage sont-ils importants dans une culture?
- Quelles sont les traditions associées aux rites de passage et aux fêtes?
- Comment les fêtes reflètent-elles les perspectives d'une société?

DÉVELOPPEMENT DU VOCABULAIRE

VOCABULAIRE PERSONNEL
Notez le nouveau vocabulaire à mesure que vous l'apprenez.

1 **Les grands événements de la vie** Avec la classe, décrivez et discutez de l'importance des événements de la vie qui sont célébrés par des fêtes.

MODÈLE *le mariage: cérémonie qui unit deux personnes de façon officielle; on organise un grand repas avec sa famille et ses amis*

2 **Les fêtes** Discutez de ces questions avec un(e) camarade de classe.

1. Quelles sont les principales fêtes de votre pays? Comment célèbre-t-on ces fêtes?
2. Quelles valeurs et/ou perspectives de votre culture ces fêtes reflètent-elles (par exemple, le Jour d'action de grâce: c'est important d'exprimer sa gratitude)?

PLUS À FOND

1 **La fête des Mères et la fête des Pères** Analysez le graphique ci-dessous et répondez aux questions qui suivent.

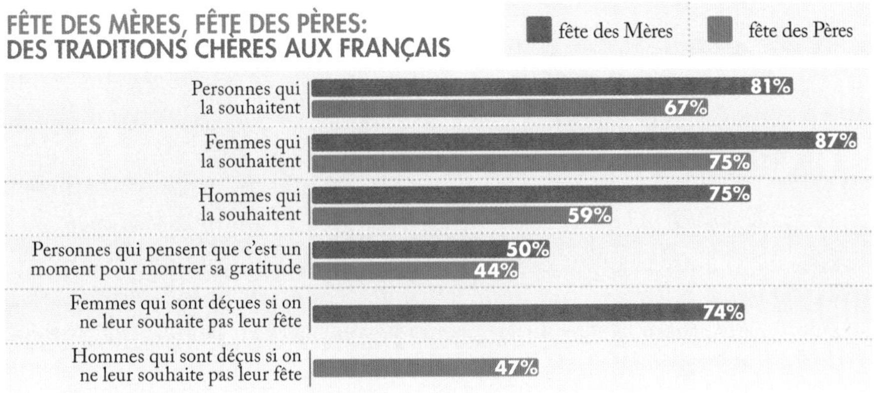

Source: IPSOS France

1. Laquelle de ces deux fêtes est la plus souhaitée?
2. Qui est plus attaché à ces fêtes, les hommes ou les femmes? Pourquoi, d'après vous?
3. Selon le graphique, pourquoi célèbre-t-on ces deux fêtes?
4. Pourquoi croyez-vous que ces deux fêtes sont si chères aux Français? Sont-elles aussi chères à votre communauté? Expliquez.

Sois mignonne

Avec
Noémie Bianco
Christine Gagnepain
Nicolas-Yvan Perrot

Sois mignonne

SCÉNARIO ET RÉALISATION **JULIEN GUIOL** PRODUCTION LES FILMS DE JULES, **NICOLAS MESTRALLET**

À PREMIÈRE VUE
Que fait la jeune femme sur l'affiche? A-t-elle l'air contente? Pourquoi ou pourquoi pas, d'après vous?

AU SUJET DU COURT MÉTRAGE Carole est une jeune femme diplômée à la recherche d'un emploi. Ayant enchaîné stage après stage et petits boulots, elle commence à désespérer. De surcroît, ses efforts pour trouver un travail qui correspond à ses compétences dans un marché extrêmement concurrentiel sont affectés par ses réflexions personnelles.

AVANT LE VISIONNEMENT

1 **Titre et affiche** Lisez le titre du court métrage et regardez bien son affiche. À votre avis, de quoi va parler ce film? Quel va en être le thème principal? Comment le réalisateur va-t-il aborder son sujet, d'après vous?

2 **Notre avenir** À deux, discutez de vos projets d'avenir.

1. Que voulez-vous faire après le lycée? Pourquoi?
2. Quelle(s) profession(s) envisagez-vous pour votre avenir? Pourquoi?
3. Quels défis pourriez-vous être mené(e) à devoir affronter pendant la recherche d'un emploi? Pourquoi?

STRATÉGIE

Analyser le titre
Le titre d'un film condense une grande partie de son contenu. Analysez le titre pour en déduire le thème principal et le point de vue du réalisateur.

PENDANT LE VISIONNEMENT

1 **Carole:** «Mes parents m'**ont soûlée** avec leurs études que je me suis tapées jusqu'à l'âge de vingt-cinq ans. Vingt ans de formattage.»

1. Quel type d'éducation Carole a-t-elle reçu?
2. D'après ce qu'elle dit, quelle importance donne-t-elle aux études?

2 **Carole:** «Si ton papa n'a pas de relations ... eh ben, t'as rien. T'as le droit d'enchaîner les stages, afin de prouver que t'es prête à te faire exploiter.»

1. Que font les deux femmes sur la photo? Pourquoi?
2. Ont-elles l'air à l'aise? Comment le savez-vous?

3 **Carole:** «Pardon. Je suis Carole Durand. J'ai vingt-six ans, un DEA en économie, et euh, une maîtrise en gestion des entreprises.»

1. Que fait Carole dans cette photo?
2. Qui est l'homme en face d'elle? Quels genres de questions lui pose-t-il probablement?

MOTS-CLÉS

l'ordure (f.) personne méprisable (*familier*)
galérer avoir du mal à survivre
le tocard personne incapable (*familier*)
soûler fatiguer, ennuyer (*familier*)
mignon(ne) joli(e)
le SDF personne sans logement
précaire fragile, instable
le taf travail, emploi (*familier*)

1 Michel, l'homme dont Carole parle dans le film, c'est Michel Drucker, un animateur de télévision très connu. Dans son émission hebdomadaire «Vivement dimanche», il reçoit de nombreuses stars et personnalités françaises.

APRÈS LE VISIONNEMENT

1 **Compréhension** Répondez à chaque question selon le court métrage.

1. Qu'est-ce que Carole fait au début du court métrage?
2. Avec qui habite-t-elle? Pourquoi?
3. À quelles sortes d'emplois Carole est-elle habituée, d'après ses remarques?
4. Quelle est la situation des jeunes en France, d'après elle?
5. Où Carole va-t-elle aujourd'hui? Pourquoi?
6. Qui rencontre-t-elle dans le bâtiment où elle entre?
7. Quel âge Carole a-t-elle? Dans quels domaines est-elle diplômée?
8. Réussit-elle à obtenir le poste? Comment le savez-vous?

2 **Interprétation** Répondez aux questions suivantes et discutez-en avec un(e) camarade.

1. Quelle est l'ironie du titre de ce court métrage, «Sois mignonne»?
2. Pourquoi est-ce que Carole écrit «OU PAS» sur l'affiche où figurent les mots «LA FRANCE FORTE»?
3. Qu'est-ce que Carole pense des personnes qui ont le pouvoir politique en France?
4. Carole dit: «Michel. C'est la France d'en haut qui parle à la France d'en bas». Que veut-elle dire par cela?
5. Que pense Carole au sujet de la précarité des jeunes?
6. Pourquoi Carole dit-elle «si ton papa n'a pas de relations [...] eh ben, t'as rien»? Que veut-elle dire?
7. Carole dit que la plupart des jeunes travaillent dur pour pouvoir se payer le même iPhone que les autres. Que sous-entend cette remarque?
8. Que pensez-vous de l'attitude de Carole? Pourrait-elle être responsable de sa difficulté à trouver un emploi?

VOCABULAIRE PERSONNEL
Utilisez votre vocabulaire personnel.

3   **Recherches et présentation orale** Faites des recherches sur Internet au sujet du chômage en France et aux États-Unis pour pouvoir répondre aux questions suivantes. Préparez une présentation orale dans laquelle vous présentez les résultats de vos recherches. Comparez la situation en France et dans votre pays.

1. Quelle est la situation actuelle en ce qui concerne le chômage en France? Qu'en est-il aux États-Unis?
2. Que font les gouvernements des deux pays pour lutter contre le chômage?
3. Parmi les mesures prises par ces gouvernements, lesquelles visent surtout le chômage des jeunes?

RESSOURCES
Consultez la liste des appendices à la p. xiii.

4  **Essai** Choisissez une des trois affirmations suivantes au sujet de l'emploi des jeunes et écrivez un essai dans lequel vous expliquez si vous êtes d'accord ou non avec l'affirmation choisie. Utilisez des arguments valables et donnez des exemples pour justifier votre opinion.

1. Il est nécessaire de faire de longues études pour pouvoir trouver un bon emploi.
2. Les jeunes devraient tous faire des stages en entreprise dans le cadre de leurs études.
3. Il est impossible aujourd'hui de trouver un emploi sans faire appel à ses relations et à l'influence de celles-ci.

Intégration du thème

ESSAI: LE TEXTE ARGUMENTATIF

Un discours argumentatif cherche à faire pencher une opinion d'un côté. C'est un raisonnement en plusieurs paragraphes qui expose, de façon progressive, une idée aux lecteurs afin qu'ils l'adoptent, ou le cas échéant, qu'ils acceptent les arguments présentés comme valables.

À la différence d'un essai subjectif (où l'auteur donne son opinion), l'objectif d'un texte argumentatif n'est pas tant l'opinion exprimée, mais la justification de cette opinion. Donc, il est essentiel de bien connaître l'opinion que l'on défend, mais aussi son contraire pour pouvoir la réfuter dans l'essai.

Thème de la composition

Lisez de nouveau les questions essentielles du thème:

- En quoi les sociétés et les individus définissent-ils ce qu'est la qualité de vie?
- En quoi la vie contemporaine est-elle influencée par les perspectives, les pratiques et les produits culturels?
- Quels sont les défis de la vie contemporaine?

En utilisant ces questions comme base, écrivez un texte argumentatif sur un des aspects du thème.

AVANT D'ÉCRIRE

Après avoir choisi un thème, faites des recherches approfondies (informations contenues dans des études sociologiques, enquêtes/sondages, anecdotes ou références) et concentrez-vous sur la thèse que vous voulez présenter.

BROUILLON

Évaluez attentivement la structure de votre essai et organisez votre plan en vous basant sur toutes les informations que vous avez décidé d'inclure; cela va vous permettre de bien présenter votre thème et de développer votre thèse spécifique.

VERSION FINALE

Pendant que vous corrigez votre texte en petits groupes, faites attention aux problèmes de logique qui ont pu se glisser dans votre essai: Les passages d'une idée à une autre sont-ils clairs? La thèse est-elle clairement associée aux arguments? Une fois que vous aurez fini de réviser en groupes vos essais respectifs, utilisez les suggestions de vos camarades pour améliorer votre essai, puis réécrivez-le clairement.

STRATÉGIE

Organiser son essai
Une structure efficace pour écrire un essai est celle en cinq paragraphes.
Paragraphe 1: Présentez la thèse.
Paragraphe 2: Contestez le point de vue formulé.
Paragraphe 3: Apportez des preuves.
Paragraphe 4: Approfondissez la thèse.
Paragraphe 5: Concluez clairement.

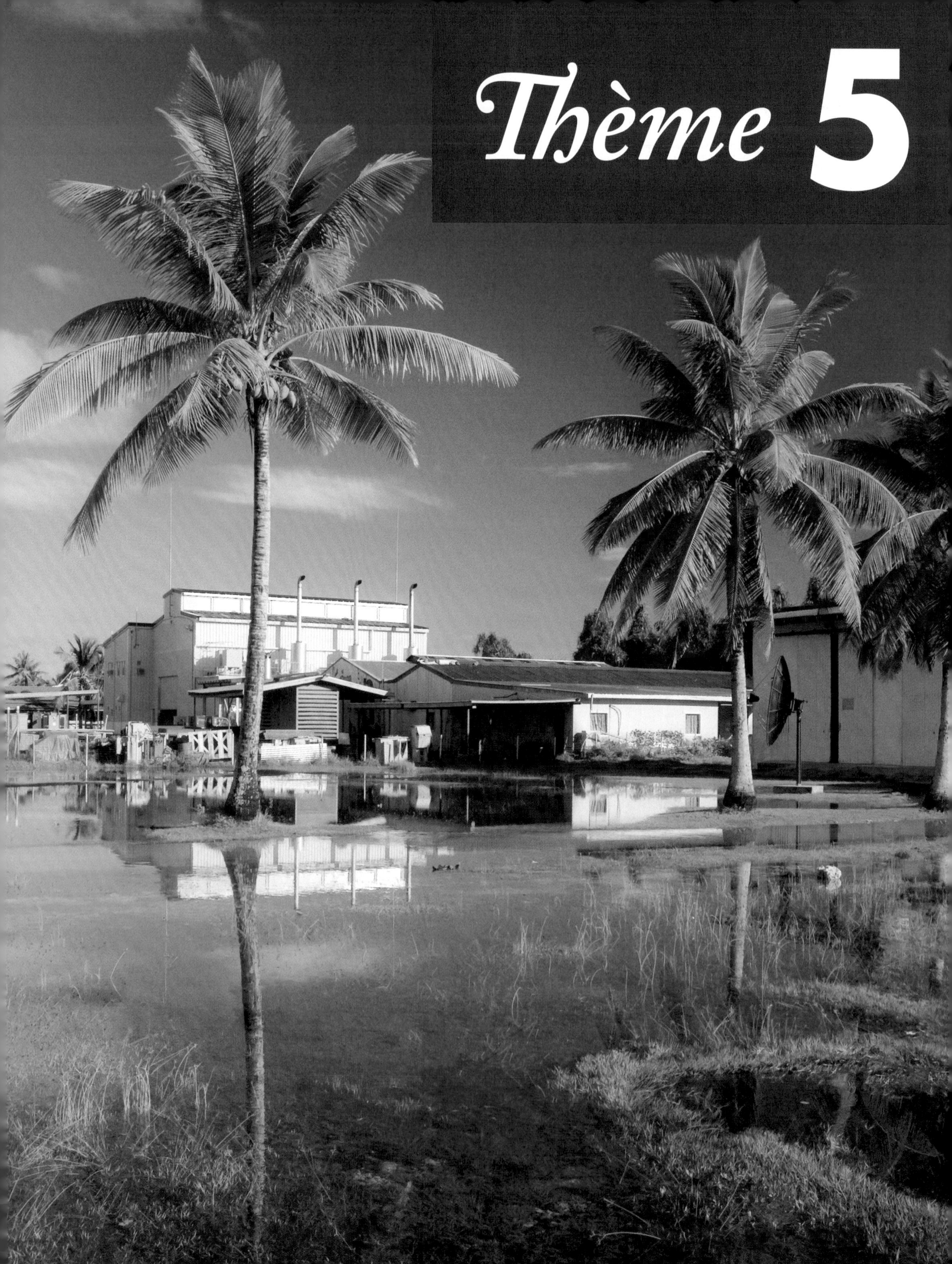

Thème 5

Les défis mondiaux

QUESTIONS ESSENTIELLES

- Quels sont les problèmes environnementaux, politiques et sociaux qui défient les sociétés à travers le monde?
- Quelles sont les origines de ces problèmes?
- Quelles sont les solutions possibles à ces défis?

SOMMAIRE

▸▸ Tuvalu, la nation qui coule

contexte 1 L'économie

POINTS DE DÉPART

L'économie est généralement définie comme la science qui étudie la production, la répartition, la distribution et la consommation des richesses d'un pays. Elle implique la gestion des ressources et suppose des choix au niveau de l'entreprise, du consommateur et du gouvernement: Quels types de biens ou de services produire? Pour quels consommateurs? Comment distribuer les revenus? Le développement d'une économie régionale ou nationale comporte des risques et des enjeux aussi bien au niveau budgétaire qu'en ce qui concerne l'accès aux marchés financiers.

- Quelles structures publiques et privées contribuent à l'innovation et à la croissance d'une économie?
- Comment les entrepreneurs peuvent-ils financer leurs services ou leurs productions?
- En quoi la géographie et la culture d'un pays influencent-elles son économie?

DÉVELOPPEMENT DU VOCABULAIRE

My Vocabulary

VOCABULAIRE PERSONNEL
Notez le nouveau vocabulaire à mesure que vous l'apprenez.

1

Quel est le rapport? Expliquez le rapport entre les mots de chaque paire, puis écrivez une phrase avec un des mots de chacune.

1. accroissement/augmentation
2. bénéfices/profits
3. réussite/réalisation
4. prêt/crédit
5. production/service
6. promouvoir/prendre l'initiative
7. subvention/ressource
8. essor/développement

2

L'influence de l'économie Par quels aspects de l'économie votre famille est-elle affectée? Et votre communauté? Et votre pays? Organisez les aspects ci-dessous dans le tableau, selon le groupe de personnes qu'ils affectent le plus. Ensuite, discutez-en en petits groupes.

MA FAMILLE ET MOI	MA COMMUNAUTÉ	MON PAYS

1. la bourse
2. les dettes
3. les finances
4. les dépenses
5. les impôts et les taxes
6. les revenus
7. les investissements
8. les budgets
9. la rémunération
10. les taux d'intérêt

3

L'autonomie économique Quels sont les avantages de l'autonomie économique? A-t-elle aussi des inconvénients? Lesquels? Avec un(e) camarade, définissez les termes suivants puis servez-vous-en dans une conversation sur l'autonomie économique de l'individu.

1. l'hypothèque
2. le crédit bancaire
3. les taux d'intérêt
4. le capital
5. les subventions
6. les ressources
7. la dette
8. le chômage

LECTURE 1.1 ▸ DES MICROCRÉDITS À BRAZZAVILLE

AU SUJET DU TEXTE Indépendante de la France depuis 1960, la République du Congo également nommé le Congo, ou Congo Brazzaville est un pays francophone d'Afrique centrale. Son histoire politique et économique s'est montrée tumultueuse. Le Congo dispose d'importantes ressources naturelles et connaît un essor de sa production d'hydrocarbures. Malgré de notables obstacles structurels qui constituent un défi majeur, ses performances et perspectives économiques demeurent globalement favorables grâce à la mise en place d'initiatives variées. L'une d'entre elles est illustrée dans ce texte à travers les efforts de l'association à but non lucratif Femmes d'Afrique, Femmes d'Avenir. FAFA s'engage à promouvoir l'indépendance économique de femmes au foyer et de commerçantes de Brazzaville, en leur donnant accès au microcrédit.

AVANT LA LECTURE

1 **Les auto-entrepreneurs** Faites quelques recherches et avec un(e) camarade de classe, répondez aux questions qui suivent.

1. Qu'est-ce qu'un auto-entrepreneur?
2. Quels facteurs économiques ou personnels poussent certaines personnes à créer leur propre entreprise?
3. De quels avantages un auto-entrepreneur profite-t-il? À quels challenges qui n'existent pas pour l'employé, un auto-entrepreneur doit-il faire face?
4. Quelles aides sont à la disposition des personnes qui veulent créer une auto-entreprise?

VOCABULAIRE PERSONNEL
Notez le nouveau vocabulaire à mesure que vous l'apprenez.

2 **Le financement** Trouver du financement est une démarche importante quand on lance une auto-entreprise. Écrivez une explication pour chacun de ces moyens de financement possibles. Précisez ce qu'ils sont et leur fonctionnement.

1. l'autofinancement
2. les prêts familiaux
3. les prêts bancaires
4. les subventions
5. l'investissement participatif
6. les mutualités

STRATÉGIE

Générer une liste de mots  
Pensez à ce que vous savez sur le thème et faites une liste de mots de vocabulaire et d'expressions liés à celui-ci.

3 **La République du Congo** Faites des recherches en petits groupes sur la République du Congo. Ensuite, discutez des questions.

- **Données générales:** superficie, villes principales, langues parlées, monnaie
- **Données démographiques:** population, niveau moyen d'éducation
- **Données économiques:** PIB/habitant, taux de croissance, taux de chômage, principaux secteurs d'activités, ressources naturelles
- **Situation politique:** type de gouvernement, troubles politiques récents.

1. Quelle est la situation économique de la République du Congo?
2. Quels sont les plus grands challenges auxquels l'économie doit faire face?
3. Quels facteurs peuvent pousser la croissance de l'économie?
4. À votre avis, de quelles manières les associations et les ONG pourraient-elles aider la population et l'économie de cette République?

MOTS-CLÉS
décupler multiplier
le montant somme
l'essor (m.) expansion

DES MICROCRÉDITS À **BRAZZAVILLE**

Femmes d'Afrique, Femmes d'Avenir (FAFA), fondée par Marie Oulion-Friedberg, est une association française à but non lucratif. Créée par une équipe pluridisciplinaire passionnée par les problématiques de développement, l'association a pour objet de promouvoir l'indépendance économique des femmes. En effet, FAFA a pleine conscience de l'esprit d'initiative des femmes africaines et de ce fait cherche à ***décupler*** *ses capacités de prêts via le microcrédit.*

Qu'est-ce que le microcrédit?

Un microcrédit est un prêt de faible **montant** destiné à une population qui n'a pas accès au système bancaire. Le microcrédit est né au Bengladesh sous l'impulsion de Muhammad Yunus. Il a connu un **essor** fulgurant comme outil de développement dans les pays les moins riches, où il soutient de nombreuses micro-entreprises.

Le pourquoi

Au Congo Brazzaville, le chômage est très important, l'offre d'emploi tant publique que privée se trouve réduite au minimum. Aussi les femmes n'ont-elles, dans leur grande majorité, d'autre solution que de créer une activité commerciale sur le marché, devant leur maison ou dans la rue.

Sur le marché de Bacongo, situé au centre de la capitale Brazzaville, des milliers de femmes vendent une multitude de denrées variées: poissons frais, fumés, salés ou séchés, viandes, volailles, féculents, fruits, légumes, fournitures de bureau, ustensiles de cuisine, vêtements, produits cosmétiques, bois, charbon, etc. Pâtissières, coiffeuses et couturières offrent leurs services sur ce marché. Afin d'obtenir des prix d'achat plus avantageux, certaines commerçantes se regroupent ou passent par le **biais** de **tontines** pour accumuler un capital. D'autres **s'efforcent** d'avoir accès au microcrédit à travers des banques mais sans succès. Ces activités sont précaires et leur existence est facilement remise en cause par des problèmes de santé, de mauvaises conditions climatiques ou d'instabilité des prix. Souvent, ces femmes n'ont pas les ressources nécessaires pour faire face. C'est pourquoi, pour les aider à construire des activités durables, FAFA met à leur disposition des financements sous forme de microcrédits et de la formation.

Le comment

L'objectif de FAFA étant de réunir toutes les conditions menant au succès, sa stratégie s'organise autour d'une offre responsable de microcrédits, de propositions de formation adaptées avec un suivi personnalisé et d'un travail collaboratif avec un partenaire local, l'Union Africaine des Femmes Managers (UAFM).

MOTS-CLÉS

le biais intermédiaire

la tontine association de personnes qui versent de l'argent sur une caisse commune pour le redistribuer à ses membres

s'efforcer faire beaucoup d'efforts

APRÈS LA LECTURE

1 Compréhension Choisissez la bonne réponse selon la lecture.

1. Qu'est-ce que le microcrédit?
   a. Une formation professionnelle
   b. Une activité commerciale sur les marchés
   c. Un prêt pour aider à la création d'une entreprise
   d. Une association qui encourage l'indépendance économique

2. Pourquoi les femmes à Brazzaville sont-elles poussées vers le concept d'auto-entreprise?
   a. Les opportunités sur le marché du travail ne sont pas nombreuses.
   b. On accorde la plupart des emplois aux hommes.
   c. Elles vivent dans une société matriarcale.
   d. Elles y sont encouragées par des associations européennes.

3. En quoi consiste l'activité de beaucoup de femmes à Brazzaville?
   a. l'élevage des animaux
   b. la préparation de la cuisine traditionnelle
   c. la vente de produits et de services
   d. la couture

4. Quelle est la raison principale expliquant pourquoi ces femmes ont du mal à monter une auto-entreprise?
   a. Elles sont dans des situations très précaires.
   b. Elles ont du mal à financer leurs activités.
   c. Elles n'ont pas d'activité durable.
   d. Elles n'ont pas les ressources nécessaires.

5. Comment l'association FAFA aide-t-elle les femmes de Brazzaville?
   a. Elle leur procure des subventions et des dons européens
   b. Elle sert d'intermédiaire avec les banques et organise des tontines
   c. Elle collabore avec elles sur leurs projets d'entreprise
   d. Elle offre des opportunités de financement et d'éducation

CONCEPTS IMPORTANTS

Définitions
Pour choisir la bonne définition, il peut être utile de rechercher les mots-clés dans les réponses proposées. Souvent, parmi les différentes options, il y a un mot qui indique la bonne réponse.

2 

Le développement FAFA est une association à but non lucratif «passionnée par les problématiques du développement». Quelles sont ces problématiques? Afin de mieux les comprendre, faites des recherches sur Internet et discutez en petits groupes des questions suivantes.

1. Qu'est-ce qu'un pays en voie de développement? En quoi diffère-t-il d'un pays «industrialisé»?
2. À quels challenges sociaux, économiques, politiques et environnementaux fait-il face? Faites une liste de trois challenges pour chaque catégorie.
3. Quels genres d'organisations apportent de l'aide à ces pays? En quoi consistent leurs aides? FAFA représente-t-elle bien ces genres d'organisations? Expliquez.

VOCABULAIRE PERSONNEL
Utilisez votre vocabulaire personnel.

3 

Les chances de réussite? Êtes-vous d'accord avec la stratégie de FAFA décrite dans le dernier paragraphe du texte? D'après ce que vous avez appris dans l'Activité 2, pensez-vous que cette stratégie mènera au succès? Discutez de vos opinions avec un(e) camarade.

4  

Création d'entreprise Avec un(e) camarade de classe, créez un plan de développement pour une petite entreprise. Utilisez les questions suivantes pour vous guider.

1. Offre: Quel produit ou service commercialiserez-vous?
2. Niche: Quel besoin cherchez-vous à satisfaire?
3. Marché: Quel type de consommateurs viserez-vous?
4. Prix: À quel(s) prix commercialiserez-vous vos produits ou services?
5. Concurrence: Quelles entreprises offrent les mêmes produits ou services? En quoi vos produits ou vos services sont-ils différents, voire meilleurs?
6. Matériaux: De quels matériaux, matières premières, outils, services, technologies et personnel aurez-vous besoin pour introduire vos produits ou services sur le marché?
7. Budget: De quelle somme d'argent aurez-vous besoin pour commencer votre entreprise?
8. Financement: Comment pensez-vous financer votre entreprise?

RESSOURCES
Consultez la liste des appendices à la p. xiii.

5

E-mail Vous êtes maintenant prêt(e)(s) à demander de l'aide pour financer l'entreprise que vous avez développée dans l'Activité 4. Écrivez un courrier électronique à une association qui offre de l'aide aux jeunes entrepreneurs pour demander un microcrédit. Votre e-mail doit comprendre les éléments suivants:

- les formules de politesse au début et à la fin de l'e-mail
- une explication de vos produits ou de vos services
- une description du marché visé
- une explication des bénéfices économiques que votre entreprise va apporter à votre communauté
- une présentation de vous-même, vos motifs pour créer cette entreprise et les raisons pour lesquelles l'association doit vous aider
- le montant du microcrédit souhaité et les justificatifs pour ce budget

LECTURE 1.2 ▸ LES 10 JEUNES FRANÇAIS LES PLUS INNOVANTS, SELON LE MIT

AU SUJET DU TEXTE Le prestigieux *Massachusetts Institute of Technology (MIT)* se charge de découvrir chaque année les meilleurs innovateurs de moins de 35 ans grâce à un concours. Des prix récompensent les meilleurs lauréats. Les critères d'évaluation sont: l'audace, l'esprit d'initiative, l'impact et l'actualité des projets. Ces projets doivent être visionnaires et peuvent se rapporter aux domaines des biotechnologies, de la médecine, de l'informatique, de l'électronique, de l'énergie, de l'Internet, des nanotechnologies, des télécommunications ou des transports. La *MIT Technology Review* publie chaque année les portraits des «génies» à suivre. Ce texte présente quatre jeunes lauréats français de l'année 2014.

AVANT LA LECTURE

1  **Termes en contexte** Complétez chacune des phrases suivantes avec l'adjectif de la liste ci-dessous qui convient le mieux. Trouvez ensuite chaque adjectif dans la lecture pour améliorer votre compréhension de sa définition et de son usage.

VOCABULAIRE PERSONNEL
Utilisez votre vocabulaire personnel.

sélectionné [ligne 6]	fiable [ligne 14]	inefficace [ligne 14]	indisponible [ligne 15]
commercialisé [ligne 19]	conçu [ligne 33]	rentable [ligne 34]	effectué [ligne 65]

1. Avant de pouvoir être réalisé, un projet doit tout d'abord être ____________.
2. Afin d'être ____________, un sondage doit être effectué d'après des normes objectives et sur un grand nombre de personnes.
3. Pour être durable, une industrie doit avoir un bon chiffre d'affaires, donc être financièrement ____________.
4. Il faut établir des critères afin que le meilleur candidat soit ____________.
5. Cet outil n'a aucun avenir parce qu'il est ____________.
6. Tout travail ____________ par un employé doit être rémunéré.
7. Dans les pays moins favorisés, le crédit traditionnel est souvent ____________.
8. Pour des raisons culturelles, ce produit est uniquement ____________ en France.

2 **Les innovations** Quelles sont les innovations importantes des 25 dernières années? En petits groupes, faites une liste d'au moins deux innovations pour chaque catégorie et discutez la manière dont elles ont contribué au bien-être de l'humanité.

la médecine	l'énergie	les télécommunications	le transport
l'informatique	l'Internet	les nanotechnologies	les biotechnologies

3  **Les innovateurs** Réfléchissez aux grands innovateurs de l'histoire. Quels sont leurs points communs? Qu'est-ce qui les motivent? Pensez à ce que vous auriez fait dans leur situation. Avec un(e) camarade, utilisez ces questions ainsi que vos propres idées pour créer un portrait d'innovateur type.

MOTS-CLÉS

le (la) titulaire celui ou celle qui possède de droit

le (la) piéton(ne) personne qui se déplace à pied

viser rechercher, avoir en vue

souligner faire remarquer

l'éolienne (f.) installation qui transforme la force du vent en énergie

la gestion organisation, administration

le bâtisseur personne qui construit

STRATÉGIE

Prédire
Avant de lire un texte dans son intégralité, considérez d'abord le titre et les sous-titres pour y trouver des indices sur les sujets explorés dans le texte.

Les 10 jeunes Français les plus innovants, selon le MIT

Parmi les 130 jeunes entrepreneurs français qui ont candidaté sur la plate-forme en ligne de la célèbre revue américaine, la prestigieuse MIT Technology Review, *dix ont été sélectionnés comme étant les jeunes Français les plus innovants. Voici les portraits de quatre d'entre eux.*

David Vissière (34 ans)

Fiabilise le géopositionnement sans GPS

Diplômé de l'École polytechnique, titulaire d'un doctorat en mathématiques et contrôle automatique de l'École des mines ParisTech, David Vissière, 34 ans, est expert en mathématiques appliquées.

Fondateur à 29 ans de la société Sysnav, il développe un système de navigation fiable dans des environnements où la technologie GPS est inefficace.

«Le GPS est indisponible pour les piétons 80% du temps», explique-t-il.

Durant sa thèse de doctorat, il découvre une méthode qui tire profit des variations de champ magnétique. Il en déduit un système de positionnement magnéto-inertiel au champ d'application très large: géopositionnement pour véhicules militaires et soldats, réalité augmentée pour les jeux vidéo, géopositionnement des AR.Drone commercialisés par Parrot.

«Nous visons des marchés de niche à forte valeur ajoutée», souligne le patron de Sysnav, société qui a réalisé 1,5 million de chiffre d'affaires en 2013 avec 12 personnes, notamment auprès des grands acteurs des industries de défense.

Karim Fahssis (29 ans)

Optimise les projets d'éoliennes

Diplômé de l'École centrale de Nantes et d'un master de gestion à l'université de Xi'an Jiaotong (Chine), Karim Fahssis, 29 ans, est un bâtisseur. Il a 24 ans quand Meteodyn, une société française d'énergie éolienne, lui confie la mission de construire de A à Z sa filiale asiatique.

Après quoi il prend un congé sabbatique qu'il met à profit pour revenir de Pékin à Paris... à vélo. Karim Fahssis fonde alors son entreprise, MeteoPole, qui diffuse le logiciel Wind Data Generator (WDG).

Lequel offre trois fonctionnalités majeures: l'évaluation de la ressource d'un site en vent, grâce à trente-cinq ans de données statistiques mondiales, la campagne de mesure et l'optimisation du financement avec les banques.

«Les projets d'éoliennes sont conçus pour durer au moins vingt ans. Ce qui génère une très grande variabilité, souligne Karim Fahssis. Disposer de trente-cinq ans de statistiques permet de rendre les projets plus rentables».

MOTS-CLÉS
l'éclairage (m.) public lumières en ville
le lot grand nombre

«Lorsque les populations accèdent à l'éclairage public, toute une dynamique de développement se met en place».

Thomas Samuel (32 ans)

Innovateur solidaire de l'année

Environ «1,3 milliard de personnes n'accèdent pas à l'éclairage public», constate Thomas Samuel, 32 ans, patron de Sunna Energy, la société qu'il a fondée il y a quatre ans en Inde, et désigné par la *MIT Technology Review* comme innovateur solidaire de l'année 2014 en France. Ingénieur diplômé à l'université de La Rochelle, il a conçu l'iSSL+, un lampadaire photovoltaïque d'éclairage public à base de LED, qui résiste aux fortes variations de température (de - 20°C à + 60°C) et réclame peu d'entretien.

«Lorsque les populations accèdent à l'éclairage public, toute une dynamique de développement se met en place», plaide Thomas Samuel, qui a relocalisé son entreprise en France sous le nom de Sunna Design.

Pour commercialiser son offre, l'entrepreneur compte répondre à des appels d'offres internationaux et mise sur des accords de licence et de distribution avec des ONG et des multinationales.

«Nous avons ainsi équipé un camp de réfugiés syriens en Jordanie ainsi que des sites au Nord Mali, commente l'innovateur solidaire, qui a levé 1,3 million d'euros auprès d'Aquitaine Création Investissement, Demeter Partners et Techno'Start. D'ici à 2020, nous espérons que 100 millions de personnes bénéficieront de nos équipements».

Rebecca Abergel (33 ans)

Traite les victimes de contamination radioactive

Long Island, Tchernobyl, Fukushima... L'accident nucléaire est toujours possible, avec son lot d'horreurs. Notamment la contamination des populations par des éléments radioactifs. Jeune chimiste française diplômée de l'université Pierre-et-Marie-Curie, de l'École nationale supérieure de Paris et de l'université de Californie à Berkeley, Rebecca Abergel, 33 ans, s'intéresse à de nouveaux agents, appelés «chélateurs».

Traduction: ce type de médicaments s'associe de façon sélective aux atomes des éléments radioactifs présents dans le corps pour les évacuer par l'urine. Les études précliniques révèlent que, s'ils sont administrés moins de vingt-quatre heures après la contamination, il est possible d'en éliminer 90%.

Encourageant. Au point que les agences fédérales américaines ont investi 11 millions de dollars depuis 2009 dans ces programmes. À présent, la jeune femme travaille, à la demande de la *Food & Drug Administration (FDA)*, à une version de son médicament administrable par voie orale. Les premiers essais sur l'homme devraient être effectués d'ici à la fin de l'année.

APRÈS LA LECTURE

1 **Compréhension** Répondez aux questions d'après le texte.

1. Quel problème l'innovation de David Vissière a-t-elle résolu?
2. Pour quelles raisons peut-on considérer l'innovation de Vissière comme une réussite commerciale?
3. Dans quel secteur se situe l'innovation de Karim Fahssis?
4. Quels bénéfices apportent les données statistiques mondiales à l'innovation de Fahssis?
5. Qu'est-ce qui fait de Thomas Samuel un innovateur «solidaire»?
6. Quelles sont les caractéristiques notables du lampadaire créé par Samuel?
7. Qui va aider Samuel à commercialiser son innovation?
8. Qu'est-ce qu'un chélateur?
9. Sur quoi travaille Rebeca Abergel en ce moment?
10. D'où vient le financement du travail d'Abergel?

VOCABULAIRE PERSONNEL
Utilisez votre vocabulaire personnel.

2 **Analyse** Pourquoi les jeunes présentés dans la lecture sont considérés parmi les plus innovants selon MIT? Avec un(e) partenaire, complétez le tableau avec les détails qui correspondent à chaque catégorie pour chaque innovation. Ensuite, analysez les informations et discutez des questions ci-dessous pour en tirer vos propres conclusions.

	SECTEUR ET INNOVATION	APPLICATIONS	FINANCEMENT ET COMMERCIALISATION	CEUX QUI EN BÉNÉFICIENT
Vissière				
Fahssis				
Samuel				
Abergel				

1. Qu'est-ce que ces jeunes ont en commun? En quoi sont-ils différents?
2. De quelle manière montrent-ils de l'audace et un esprit d'initiative?
3. En quoi ces innovations sont-elles visionnaires?
4. Quel sera leur impact économique et social à l'échelle globale?

STRATÉGIE

Recycler le vocabulaire
Réutilisez le vocabulaire que vous avez appris ou que vous venez de voir pendant la lecture.

3 **Un message électronique** Vous voulez contacter une des personnes mentionnées dans le texte par e-mail pour la féliciter et lui poser quelques questions sur ses études et sa carrière. Tâchez d'inclure les éléments suivants:

- des salutations et des formules de politesse appropriées
- une introduction indiquant l'objectif de votre message
- ce qui vous frappe dans le portrait de la personne
- ce qui vous inspire dans le travail de cette personne
- une question concernant ce que vous avez lu dans son portrait

N'oubliez pas de relire votre message et de faire les corrections nécessaires.

4 

Le meilleur candidat Vous êtes membre d'un groupe qui récompense un innovateur chaque année pour qu'il puisse continuer à développer son projet ou créer une autre innovation. Tous les jeunes de la lecture ont présenté leur candidature. Votre tâche est de décider qui recevra le don. Chaque membre de votre groupe de quatre personnes doit présenter les mérites du projet d'un de ces jeunes et essayer de convaincre les autres que son candidat est le meilleur. Vous pouvez vous servir de votre analyse de l'Activité 2 dans votre discussion.

5 

Discussion Quels bénéfices économiques les innovations de la lecture ont-elles entraînés? Avec un(e) partenaire, discutez des aspects suivants de l'économie et l'effet qu'une innovation peut avoir sur chacun. Notez au moins un effet pour chaque aspect et expliquez pourquoi il est positif.

- l'emploi
- la fabrication des biens
- le commerce (la vente et l'achat)
- la consommation
- le secteur bancaire

6 

Présentation orale En vous basant sur votre discussion de l'Activité 5, préparez une présentation orale de deux minutes afin de répondre à ces questions:

- De quelles manières l'innovation stimule la croissance économique?
  Tâchez de suivre le schéma ci-dessous et citez des exemples de ce contexte ou d'autres sources que vous connaissez pour illustrer vos idées.
- Commencez par une déclaration ou une anecdote qui attire l'attention de votre public.
- Énumérez les manières dont les innovations contribuent à la croissance économique et expliquez comment elles sont connectées.
- Citez un exemple pour illustrer chacun de vos points.
- Terminez en tirant une conclusion à propos de l'innovation.

7 

L'innovation Lequel des aspects suivants vous semble le plus favorable à l'innovation et à l'entreprise? Écrivez un paragraphe dans lequel vous justifiez votre réponse.

- développer des formations à l'entrepreneuriat dans le cadre de l'enseignement
- encourager les grandes entreprises à faire des investissements dans les petites entreprises innovantes
- permettre au gouvernement de donner des subventions aux petites entreprises innovantes

8 

Débat En petits groupes, prenez position pour ou contre le point de vue suivant:

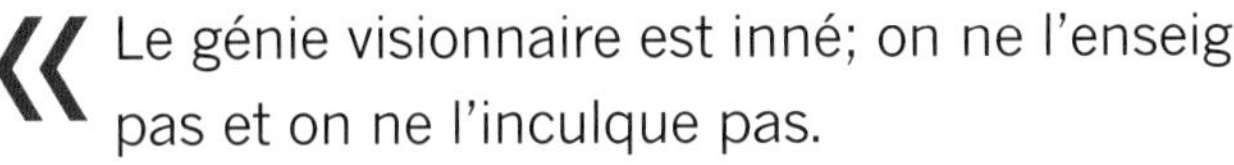

« Le génie visionnaire est inné; on ne l'enseigne
pas et on ne l'inculque pas.

Donnez des exemples du texte ainsi que des exemples issus de votre propre expérience (des textes que vous avez lus ou des documentaires que vous avez vus) pour justifier votre point de vue.

AUDIO ▸ COMPRENDRE L'IMPACT D'UNE MAUVAISE NOUVELLE

MOTS-CLÉS

le sous-traitant personne extérieure à qui une entreprise délègue un travail

émettre mettre en circulation

le titre certificat représentatif de capitaux (une action) ou de prêts (une obligation)

emprunter se faire prêter de l'argent

le remboursement paiement d'une somme due

le chiffre d'affaires total des ventes d'une entreprise

l'embauche (f.) recrutement de nouveaux employés

licencier réduire le nombre d'employés

VOCABULAIRE PERSONNEL

Notez le nouveau vocabulaire à mesure que vous l'apprenez.

INTRODUCTION Une rumeur au sujet d'un pays ou un événement négatif, tel qu'une guerre ou l'échec d'une grande entreprise, peut déstabiliser les marchés financiers. En outre, les graves conséquences d'un tel dysfonctionnement ne se limitent pas aux entreprises. Elles ont aussi un impact sur les ménages et l'économie en général. Cet enregistrement réalisé par la société Sydo, agence de conseil en pédagogie, vous aidera à mieux comprendre la relation entre une mauvaise nouvelle ou une rumeur et son impact sur l'économie.

AVANT L'ÉCOUTE

1 **Définitions** Choisissez la définition qui correspond à chaque mot que vous allez entendre dans l'enregistrement. Étudiez bien les racines des mots pour vous aider.

1. concrétiser
2. la faillite
3. le fournisseur
4. l'investisseur
5. monnayer

a. convertir en argent
b. dans l'incapacité de payer ses dettes
c. réaliser, matérialiser
d. personne qui réalise des placements financiers
e. personne qui approvisionne en marchandises

2 **De mauvaises nouvelles** Avec un(e) camarade de classe, dressez une liste de cinq mauvaises nouvelles qui pourraient avoir un effet négatif sur l'économie mondiale. Pensez à des situations dans votre pays.

PENDANT L'ÉCOUTE

1 **Première écoute** Écoutez l'enregistrement et notez des mots et des phrases associés aux effets possibles sur l'économie de chaque situation ou action dans le tableau.

CAUSES	EFFETS
Les entreprises cherchent de l'argent sur les marchés financiers.	
Les investisseurs entendent une rumeur ou une mauvaise nouvelle.	
Les entreprises ont du mal à monnayer leurs titres.	
Les banques s'inquiètent et font moins confiance aux entreprises.	
Les entreprises renoncent à leurs projets et annulent leurs commandes.	
Les ménages attendent pour concrétiser leurs projets.	
Le chiffre d'affaires des entreprises diminue.	

2 **Deuxième écoute** Pour vous préparer à la deuxième écoute, révisez les mots et les phrases que vous avez notés dans l'Activité 1 et réfléchissez aux effets possibles associés à chaque groupe. Écoutez l'enregistrement une deuxième fois. Notez tous les effets de chaque cause dans le tableau.

APRÈS L'ÉCOUTE

1 **Compréhension** Comparez les notes de votre tableau avec celles d'un(e) camarade de classe. Ensuite, utilisez ces informations pour répondre aux questions.

1. Comment les entreprises financent-elles leurs projets quand elles ne peuvent pas le faire elles-mêmes?
2. Qu'est-ce que les entreprises font pour obtenir de l'argent sur les marchés financiers?
3. Comment les investisseurs réagissent-ils suite à une mauvaise nouvelle?
4. Qu'est-ce que les entreprises font quand elles ne peuvent pas monnayer leurs titres?
5. Qu'est-ce que les banques font quand elles doutent de la capacité des entreprises à rembourser leurs prêts?
6. Quelles sont les conséquences pour les sous-traitants quand une entreprise annulent des commandes?
7. Qu'est-ce qui se passe quand les ménages ne concrétisent pas leurs projets?
8. Qu'est-ce que les entreprises font pour survivre quand leur chiffre d'affaires diminue?

2 

L'impact d'une bonne nouvelle Vous venez d'apprendre qu'une mauvaise nouvelle peut avoir des conséquences négatives sur l'ensemble de l'économie. Mais que pourrait-il se passer suite à une bonne nouvelle? En vous basant sur la série d'événements décrite dans la séquence audio, discutez en petits groupes de l'impact possible d'une bonne nouvelle sur l'ensemble du système économique. Prenez des notes pendant votre discussion afin de comparer votre «scénario» avec celui des autres groupes de la classe.

3 

Essai de réflexion et de synthèse En vous basant sur les lectures de ce contexte ainsi que sur l'enregistrement que vous venez d'écouter, écrivez un essai dans lequel vous répondez à cette question: En quoi les structures publiques et privées peuvent-elles influencer l'économie de manière positive ou négative? Votre essai doit consister en au moins trois paragraphes:

1. Un paragraphe d'introduction qui:
   - présente le contexte de l'essai
   - comprend une phrase qui répond à la question, ce qui sera votre thèse
2. Un paragraphe d'explication qui:
   - développe deux ou trois arguments qui soutiennent votre thèse
   - présente des exemples qui illustrent vos arguments
3. Un paragraphe de conclusion qui:
   - résume les arguments qui soutiennent votre thèse
   - mentionne de nouveau votre thèse en employant d'autres termes

STRATÉGIE

Identifier les causes et les effets
Souvent, les textes informatifs présentent les causes et les effets des phénomènes qu'ils décrivent. Reconnaître les relations entre ces causes et ces effets vous aidera à comprendre ce qui se passe et pour quels motifs. Cela peut vous permettre d'avoir une position plus critique face au thème.

VOCABULAIRE PERSONNEL
Utilisez votre vocabulaire personnel.

RESSOURCES
Consultez la liste des appendices à la p. xiii.

LIENS CULTURELS

Des rizières dans le delta du Mékong au Vietnam

Un grenier à riz

LE VIETNAM EST LE DEUXIÈME EXPORTATEUR DE RIZ DANS le monde, mais des changements dans les eaux du delta du Mékong menacent la riziculture. Que se passe-t-il? Peu à peu, l'eau de mer envahit le delta, qui est déjà appauvri en eau douce par des barrages et de longues périodes de sécheresse. Par conséquent, chaque année, les rizières deviennent de plus en plus salées et le riz en souffre. La moitié de la production nationale provient du delta du Mékong, donc trouver un riz qui tolère bien le sel est impératif.

Les laboratoires du CLRRI, institut de recherche du ministère vietnamien de l'Agriculture situé dans le sud du pays, ont relevé le défi. Grâce aux croisements effectués entre différentes variétés de riz, les scientifiques ont pu créer un riz qui peut même être planté dans des bassins de crevettes très salés! Leur quête continue. Prochaine étape: trouver d'autres variétés résistantes et améliorer le rendement des rizières malgré le sel, actions qui sont certaines de booster le secteur agroalimentaire déjà en pleine expansion.

- Le réseau électrique du Rwanda n'est pas toujours fiable. Alors, recharger son portable est assez compliqué. Pour résoudre ce problème, Henry Nakarundi a créé une unité de recharge mobile alimentée en énergie par des panneaux solaires. Nakarundi offre des franchises de son invention aux petits entrepreneurs. Pour un prix modeste, ceux-ci reçoivent une formation, un rechargeur mobile qui permet le rechargement de 16 téléphones portables en même temps et un contrat pour l'entretien de l'unité. Ensuite, le franchisé peut s'installer où il veut, en région urbaine ou rurale.
- Le Cambodge importe environ 80% de ses légumes car très peu de produits de qualité existent sur le marché local. S'alimenter correctement est donc assez cher. Le Projet Alba, à Phnom Penh, tente de remédier à cette situation en travaillant avec de petits agriculteurs. Ces derniers remplacent leur production de riz par des cultures de salades et de concombres, des aliments qui s'adaptent facilement aux fluctuations du climat et de la demande. Ensuite, ils vendent leurs produits sur le marché grâce aux intermédiaires du projet. Le projet Alba garantit l'achat de toute la récolte et fixe le prix des aliments. Le résultat: des revenus plus importants, stables et sécurisés ainsi que des produits bios, moins chers et locaux.

Présentation orale: comparaison culturelle

Préparez une présentation orale sur le thème suivant.

- En quoi la géographie et la culture d'un pays influencent-elles son économie?

Comparez votre propre communauté à une région du monde francophone que vous connaissez.

contexte 2 L'environnement

POINTS DE DÉPART

L'environnement est généralement défini comme l'ensemble des conditions naturelles (physiques, chimiques, biologiques) et culturelles (sociologiques) qui entourent les organismes vivants, ceux-ci étant susceptibles d'interargir avec lui directement ou indirectement. De nos jours, cependant, la notion d'environnement qui crée le plus de débats implique son agression par l'activité humaine, le bien-être et la survie des êtres vivants sur une planète où les éléments naturels sont de plus en plus menacés. La protection de l'environnement est donc devenue une préoccupation essentielle à l'échelle locale, régionale et mondiale.

- Dans quelle mesure les activités humaines ont-elles un impact sur l'environnement?
- Quels sont les grands défis environnementaux de nos jours?
- Quelles initiatives pourraient offrir des solutions aux problèmes de l'environnement?

DÉVELOPPEMENT DU VOCABULAIRE

VOCABULAIRE PERSONNEL

Notez le nouveau vocabulaire à mesure que vous l'apprenez.

1 **Les problèmes environnementaux** Expliquez l'impact des situations suivantes auxquelles l'environnement fait face.

- le réchauffement planétaire
- l'utilisation des combustibles fossiles
- le dégel de la calotte glaciaire
- l'effet de serre
- les inondations/la sécheresse
- la déforestation

2 **Des actions** Pour chaque problème mentionné dans l'Activité 1, quelle action peut-on entreprendre pour sa résolution? Avec un(e) camarade de classe, faites une liste des initiatives que vous considérez nécessaires et indiquez qui devrait les mener (les individus, les entreprises ou les gouvernements). Justifiez votre raisonnement.

3 **Le changement climatique chez vous** Comment votre communauté ou région est-elle affectée par le changement climatique? Réfléchissez aux causes de ce problème et aux troubles qui y sont liés ainsi qu'à des solutions envisageables. Parlez-en avec un(e) camarade de classe.

4 **L'avenir** Réfléchissez aux changements qui ont lieu dans votre région aujourd'hui et considérez l'avenir. D'après vous, comment votre région se présentera-t-elle dans 20 ans? Écrivez une description des changements dans son paysage urbain, sa population, son climat, la qualité de son air et de son eau. Sera-t-elle un endroit où vivre de manière plus ou moins agréable? Pourquoi?

5 **Discussion philosophique** En petits groupes, discutez des questions suivantes.

1. Sur une échelle de 1 à 5, quel degré d'importance les questions environnementales ont-elles pour vous? Expliquez.
2. Quelle importance votre communauté accorde-t-elle à l'environnement? Quelles actions mène-t-elle ou ne mène-t-elle pas au niveau de son engagement?
3. Selon vous, quels sont les problèmes environnementaux les plus urgents de nos jours?
4. D'après vous, quelles raisons expliquent les désaccords sur ce qui constitue un problème environnemental et sa solution?

Auto-graded
My Vocabulary
Partner Chat
Record & Submit
Strategy
Write & Submit

LECTURE 2.1 ▸ POUR SA SURVIE, LE VANUATU APPREND À S'ADAPTER AU CHANGEMENT CLIMATIQUE

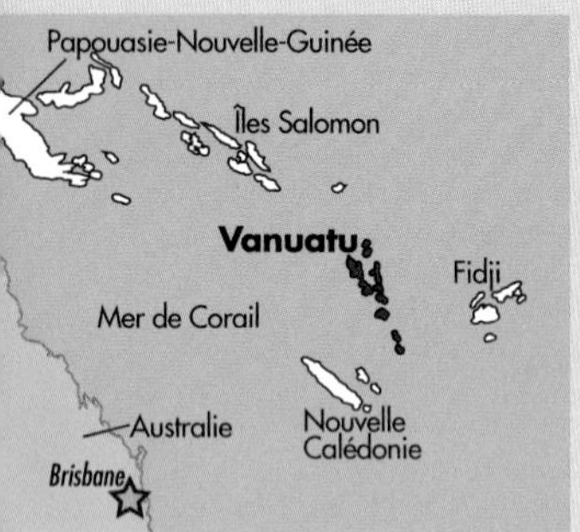

AU SUJET DU TEXTE Cet article est paru dans le quotidien français *Le Monde*, journal à grande diffusion également disponible en ligne. Il décrit les défis de l'environnement qui se profilent aux îles Vanuatu et les initiatives entreprises pour les contrer. Le Vanuatu, archipel qui comporte une multitude d'îles et couvre une superficie de 12.189 km^2, est un État d'Océanie situé dans le sud-ouest de l'océan Pacifique. Visité par les Européens au 17e siècle, ce ne sera cependant qu'au 19e siècle que l'archipel sera revendiqué par les puissances coloniales de la France et de la Grande-Bretagne. En 1980, l'archipel alors nommé Nouvelles-Hébrides devient indépendant et prend le nom de Vanuatu qui veut dire «notre terre». Ces îles ont un climat tropical ou subtropical et sont surtout d'origine volcanique et montagneuse. De 1999 à 2007, plusieurs d'entre elles ont été ravagées par des séismes et des tsunamis.

AVANT LA LECTURE

VOCABULAIRE PERSONNEL
Notez le nouveau vocabulaire à mesure que vous l'apprenez.

1  **Pour parler de l'environnement** Complétez le tableau avec des mots de la même famille. Ensuite, écrivez une phrase avec un mot de chaque rang.

NOM	VERBE	ADJECTIF
la montée	monter	
		situé
le déplacement		
	reculer	
		climatique
la sécheresse		
		fort

STRATÉGIE
Activer vos connaissances antérieures
Pour mieux comprendre la lecture, pensez à ce que vous savez déjà sur le thème et notez-le.

2 **Attention danger!** Le Vanuatu est un archipel qui se trouve sur «la ceinture de feu», un alignement de volcans. À quels risques sa situation géographique et les changements climatiques peuvent-ils l'exposer? De quelles ressources naturelles l'archipel dispose-t-il pour faire face à ces risques? Discutez de ces questions à deux et notez vos réponses.

Pour sa survie, le Vanuatu apprend à s'adapter au changement climatique

Par **Angela Bolis**

La petite embarcation fend l'eau turquoise qui sépare Efate de Pele—deux des quelques 80 îles du Vanuatu, archipel mélanésien du sud-ouest du Pacifique. À son bord, Kaltuk Kalomor, du ministère de l'Élevage, montre les rives qui ont reculé, du fait de la montée des eaux et de l'érosion. «Les gens n'y croyaient pas au début, mais maintenant, ils voient bien que certains vont devoir déplacer leurs habitations dans les terres», relève-t-il.

Les deux autres passagers, venus des Kiribati pour prendre exemple sur les projets d'adaptation au changement climatique menés au Vanuatu, opinent. Situé à plus de 2.000 kilomètres de là au beau milieu du Pacifique, leur archipel effleure la surface de la mer à moins de trois mètres d'altitude—alors que le rapport du GIEC prévoit une montée des eaux de 90 cm d'ici à 2100. Le président y envisage sérieusement l'exil de sa population.

Mais l'heure n'est pas au défaitisme. À l'agenda de la petite délégation kiribatienne, la visite d'un élevage expérimental de porcs, dans l'un des quatre villages de l'île de Pele. Car si la montée des eaux est l'un des effets les plus spectaculaires du réchauffement —amplifiée, au Vanuatu, par l'enfoncement de certaines îles—, le phénomène y entraîne surtout une plus grande variabilité climatique entre sécheresses et fortes précipitations, et une hausse de l'intensité des cyclones.

Le secteur agricole, premier touché

Ces aléas touchent en premier lieu le secteur agricole, alors que plus de deux tiers des foyers vanuatuans pratiquent la polyculture vivrière et déclarent posséder des cochons. Or, selon des études citées par Christopher Bartlett, conseiller scientifique pour l'organisme allemand GIZ qui pilote le projet, les porcs ont tendance à moins se nourrir et à perdre en fertilité en période de forte chaleur. Ils sont aussi davantage sujets aux maladies et subissent les dégâts provoqués par les ouragans.

«Nos cochons grossissaient moins qu'avant», note le chef du projet à Pele. Une

MOTS-CLÉS

reculer aller en arrière
opiner être d'accord
l'enfoncement (m.) action d'aller en profondeur
la hausse augmentation
l'aléa (m.) événement imprévisible
la polyculture vivrière agriculture diversifiée destinée à l'alimentation
subir être affecté(e)
le dégât détérioration
l'ouragan (m.) cyclone, tempête

MOTS-CLÉS

l'enclos (m.) espace fermé

receler renfermer, contenir

se targuer se vanter, dire avec fierté

à la pointe en avant

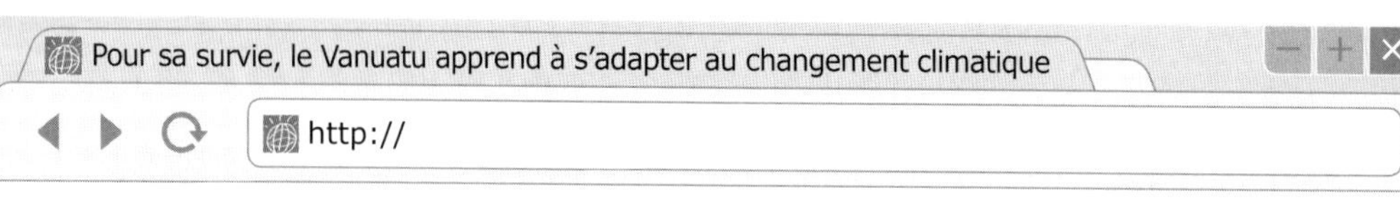
Pour sa survie, le Vanuatu apprend à s'adapter au changement climatique
http://

nouvelle race a été créée sur ce site pilote, en croisant des cochons blancs importés, à la forte corpulence, avec des cochons sauvages et domestiques locaux. Au lieu d'être laissés dans la nature et nourris exclusivement de noix de coco, ils sont protégés dans des enclos couverts, entourés de plantations fertilisées par leur lisier.

Celles-ci serviront à leur alimentation: bananes, manioc, patates douces, cocos, ainsi que des poissons tilapias, élevés dans des bacs d'eau stagnante. La méthode, autosuffisante et économe en espace, a vocation à être propagée dans le village voisin, qui déploie, entre la plage et la forêt verdoyante, ses petites maisons de tôle ondulée et de feuilles de pandanus, bordées de jardins vivriers.

Mangrove, thons et bananiers

De telles initiatives, qui commencent peu à peu à impliquer les communautés locales, émergent un peu partout au Vanuatu. Ici, on plante de la mangrove ou de l'herbe de vétiver pour contrer l'érosion côtière; là, on revient aux constructions traditionnelles, plus souples et résistantes aux cyclones; ailleurs, on installe des filets en profondeur pour permettre aux villageois de pêcher des thons, qui ne sont pas menacés par la dégradation accélérée des milieux coralliens.

Sur Epi, plus au Nord, des étudiants ont fabriqué une carte en relief de leur île, qui a permis aux habitants d'identifier des sites plus sûrs où relocaliser les routes et infrastructures côtières, endommagées par les inondations et l'érosion.

Autre exemple, sur l'île d'Efate, qui abrite la capitale Port-Vila, une ferme expérimentale teste les variétés agricoles les mieux adaptées aux nouvelles conditions climatiques. Dans une clairière, taillée dans l'épaisse forêt de l'intérieur de l'île, poussent quelques rangées de taros et de patates douces. Ces dernières viennent des Nouvelles-Hébrides et de Papouasie—l'archipel du Vanuatu recelant à lui seul quelque 200 variétés de ces tubercules.

Poussant sans aucun intrant ni irrigation dans la terre noire et granuleuse de cette île volcanique, elles seront sélectionnées en fonction de leur qualité et de leur résistance à la sécheresse. À côté, entre des pousses de pastèque et de bois de santal, Isso Nihmei, chargé du projet avec le GIZ, expérimente une technique samoane de multiplication des bananiers et conserve les plants les plus petits, mieux à même de résister aux cyclones.

«Leadership» du pacifique

Pour s'adapter au changement climatique, il en est des variétés cultivées comme des techniques: «Nul besoin d'aller chercher trop loin», note Christopher Bartlett. «Le Vanuatu a maintenu des centaines de savoirs traditionnels permettant de faire face aux aléas météorologiques». Il ne reste qu'à les identifier et à disséminer l'information, explique le scientifique.

Ce à quoi s'emploie le NAB, un bureau installé en 2012 pour coordonner au niveau national tous les projets d'adaptation. Il dépend du ministère de l'adaptation au changement climatique, lui-même créé cet été. Florence Lautu, du NAB, se targue de voir son pays «prendre le leadership de l'adaptation au changement climatique dans le Pacifique, région elle-même à la pointe par rapport au reste du monde. Car au Vanuatu, le réchauffement ne se mesure pas en pertes économiques potentielles, mais devient un danger direct pour notre population de 240 000 habitants».

Le Vanuatu—qui a rejoint la liste des pays les moins avancés après son indépendance de la France et de la Grande-Bretagne en 1980—, est en effet l'un des pays les plus vulnérables aux catastrophes naturelles. L'archipel, situé sur la ceinture de feu du Pacifique, a donc appris au fil des siècles à faire face non seulement aux cyclones qui le balaient chaque année, mais aussi aux séismes, aux tsunamis, et aux éruptions volcaniques.

APRÈS LA LECTURE

1 **Compréhension** Répondez aux questions suivantes d'après le texte.

1. Quelle est l'idée principale du texte?
   a. Le Vanuatu a peu de chance de pouvoir survivre aux tempêtes qui le menacent.
   b. Les catastrophes naturelles se multiplieront indubitablement au 21e siècle.
   c. Le Vanuatu n'a pas les ressources nécessaires pour survivre aux menaces naturelles.
   d. Le Vanuatu présente des modèles d'adaptation aux changements climatiques.
2. Pourquoi les habitants du Vanuatu devront-ils déplacer leurs habitations?
   a. Il y a un grand danger de séismes dans les îles.
   b. Les eaux montent et font reculer les terrains côtiers.
   c. Les habitations actuelles sont instables.
   d. Le ministère de l'agriculture l'exige.
3. À quoi se consacrent la plupart des habitants au Vanuatu?
   a. À la culture des noix de coco
   b. Aux plantations de bananes
   c. À la polyculture et à l'élevage de porcs
   d. À la pêche en haute mer
4. Comment contre-t-on l'érosion côtière au Vanuatu?
   a. On bâtit les maisons plus en hauteur.
   b. On propage l'implantation de certaines plantes.
   c. On protège les massifs coralliens.
   d. On encourage l'étude du relief des îles.
5. Comment peut-on décrire le sentiment de Florence Lautu?
   a. Elle est sceptique quant aux initiatives réalisées pour résister aux catastrophes naturelles.
   b. Elle a peur qu'on ne fasse pas assez pour protéger le Vanuatu contre les cyclones.
   c. Elle est fière des progrès faits dans son pays pour s'adapter aux changements environnementaux.
   d. Elle est heureuse que son pays soit indépendant de la France et de la Grande-Bretagne.

CONCEPTS IMPORTANTS

Idée principale
Pour avoir une compréhension globale du texte, il est important d'en identifier son idée principale. Le titre et les mots-clés du texte peuvent vous aider à la comprendre. Les paragraphes d'introduction et de conclusion peuvent aussi vous donner des indices.

2 **Causes et effets des phénomènes naturels** Avec un(e) camarade, expliquez les causes et les effets des phénomènes naturels suivants qui menacent les îles du Vanuatu.

PHÉNOMÈNE NATUREL	CAUSES	EFFETS
l'enfoncement des îles		
l'intensité croissante des cyclones		
l'alternance entre sécheresses et fortes précipitations		
l'érosion		

VOCABULAIRE PERSONNEL
Utilisez votre vocabulaire personnel.

3 **Comparaisons** Relisez vos notes de l'Activité 2 dans **Avant la lecture**. Qu'avez-vous appris au cours de cette lecture? Quelles réponses changeriez-vous? Quelles informations ajouteriez-vous? Notez-les.

4 **Les savoirs traditionnels** D'après le scientifique Christopher Bartlett:

> « Le Vanuatu a maintenu des centaines de savoirs traditionnels permettant de faire face aux aléas météorologiques. »

Faites une liste des «savoirs» mentionnés dans le texte. Puis, faites des recherches sur Internet pour en trouver d'autres et ajoutez-les à votre liste.

STRATÉGIE

Répondre aux questions-clés
Un article de presse bien rédigé doit informer sur les faits et communiquer aux lecteurs ce qui est important. Il doit répondre aux questions suivantes: Qui? Quoi? Quand? Où? Pourquoi?

5 **Un article de presse** Servez-vous de vos notes des Activités 3 et 4 afin de rédiger un article sur le modèle d'adaptation des habitants du Vanuatu pour faire face aux défis de la nature et aux changements climatiques.

- Décrivez brièvement les phénomènes naturels et les catastrophes qui touchent le Vanuatu.
- Expliquez l'effet de ces phénomènes sur la vie des habitants du Vanuatu.
- Montrez comment les habitants du Vanuatu combinent savoirs traditionnels et connaissances scientifiques pour affronter les défis présentés par les phénomènes naturels et les changements climatiques.

6 **Sur le plan mondial et local** Faites une liste des catastrophes naturelles de ces dix dernières années sur le plan mondial et sur le plan local. Avec un(e) camarade, discutez de deux de ces catastrophes, de leurs conséquences et de possibles actions pour prévenir autant de dégâts à l'avenir.

RESSOURCES
Consultez la liste des appendices à la p. xiii.

7 **Présentation orale** Choisissez un pays ou une région francophone et faites des recherches sur l'impact des changements climatiques à cet endroit. Préparez une présentation orale dans laquelle vous répondez à ces questions:

- Le changement climatique est-il un phénomène qui concerne tous les êtres humains?
- Est-ce un défi mondial? Quels sont ses effets dans les différentes parties du monde?
- Justifiez votre analyse et vos conclusions avec des exemples précis.

STRUCTURES

Le passé composé et l'imparfait

Notez l'emploi du passé composé et de l'imparfait dans les extraits suivants du texte. Pour chacun des extraits, expliquez l'emploi du temps.

MODÈLE « … les rives… ont reculé…»
Le passé composé décrit le fait passé, spécifique et achevé de reculer.

1. «Les gens n'y croyaient pas au début…»
2. «Nos cochons grossissaient moins qu'avant…»
3. «… des étudiants ont fabriqué une carte en relief de leur île, qui a permis aux habitants d'identifier…»
4. «Le Vanuatu… a rejoint la liste des pays les moins avancés…»
5. «L'archipel… a donc appris au fil des siècles à faire face…»

RESSOURCES
Consultez les explications de grammaire de l'appendice A aux pp. 368–370.

LECTURE 2.2 ▸ ÉCONOMIE VERTE: LE PNUE JUGE QU'IL FAUT ACCROÎTRE LE RECYCLAGE DES MÉTAUX

AU SUJET DU TEXTE L'article qui suit a été publié sur le site du Programme des Nations Unies pour l'environnement (PNUE), dont la mission est d'encourager la coopération afin de sauvegarder notre cadre de vie. L'organisation fait état de la part importante de l'utilisation des métaux dans l'activité humaine. En outre, elle préconise à travers ce texte le développement d'une économie verte via le recyclage, qui malgré tout demeure insuffisant.

AVANT LA LECTURE

1 **Le recyclage des métaux** Choisissez la définition qui correspond à chaque terme.

1. le tri
2. le pressage
3. la refonte
4. le laminage
5. le désassemblage
6. la fabrication

a. déformation d'un métal dans une machine à cylindres
b. action de fondre un métal pour lui donner une nouvelle forme
c. construction
d. action de défaire ou de disjoindre un objet
e. action de comprimer un objet
f. action de classer

2 **Vos déchets** Quels articles recyclez-vous? Lesquels ne pouvez-vous pas recycler? Faites une liste d'au moins dix articles, y compris des objets en métal, pour chaque catégorie. Comparez vos listes avec celles d'un(e) camarade de classe.

JE RECYCLE...	JE NE RECYCLE PAS...
les boîtes de conserve	*les ampoules*

VOCABULAIRE PERSONNEL
Utilisez votre vocabulaire personnel.

3 **À votre avis** En petits groupes, discutez des affirmations suivantes. Êtes-vous d'accord avec chacune d'entre elles? Pourquoi?

1. Le recyclage a un impact important sur le changement climatique.
2. Un geste individuel de recyclage ne vaut pas grand-chose.
3. Le recyclage n'est pas toujours pratique car il demande beaucoup d'organisation et de triage.
4. Les entreprises de production doivent recycler et réutiliser leurs matières premières et secondaires (emballages, équipement électrique et électronique, pneus).
5. Le recyclage des métaux est essentiel mais requiert des systèmes de traitement perfectionnés.
6. Il faut acheter des produits faits de matériaux recyclés quand on peut.

MOTS-CLÉS
accroître augmenter
l'état (m.) des lieux description de la situation actuelle de quelque chose

ÉCONOMIE VERTE: LE PNUE JUGE QU'IL FAUT ACCROÎTRE LE RECYCLAGE DES MÉTAUX

Les taux de recyclage des métaux sont actuellement très en dessous de leur potentiel et une «société du recyclage» semble pour l'instant un lointain espoir, estiment des experts dans un rapport du Programme des Nations Unies pour l'environnement (PNUE) rendu public jeudi.

Selon ce rapport intitulé «Le taux de recyclage des métaux: état des lieux», moins d'un tiers des 60 métaux étudiés ont un taux de recyclage en fin de vie supérieur à 50% et 34 métaux sont en dessous de 1% de recyclage.

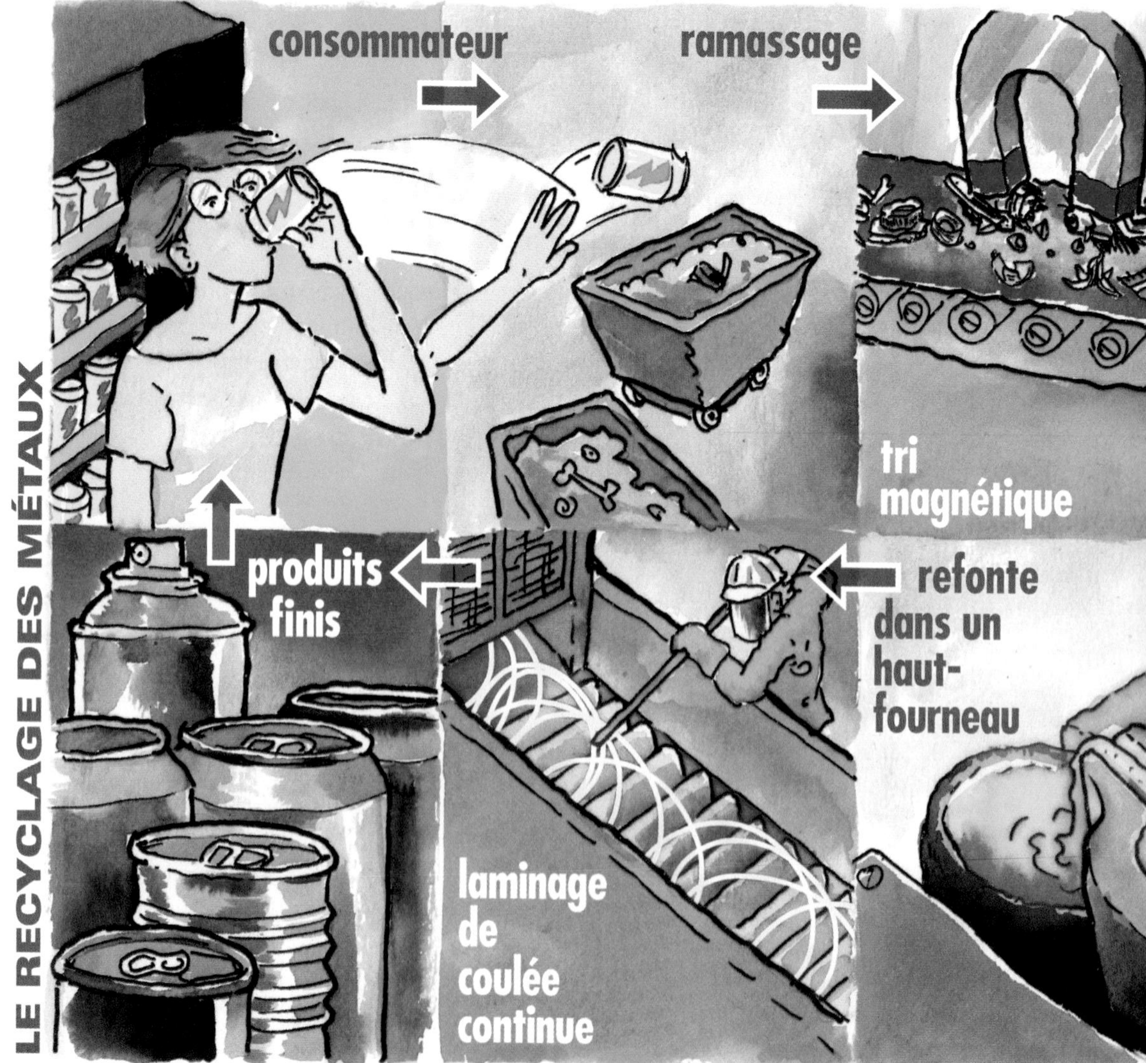

Source: www.un.org

«Malgré les efforts produits par un certain nombre de pays et de régions, les taux de recyclage sont bas au point d'être décourageants, et une 'société du recyclage' ne semble rien de plus qu'un lointain espoir», explique dans ce rapport le panel d'experts sollicités par le PNUE. «Ces performances sont particulièrement frustrantes car les métaux, à la différence d'autres ressources, sont recyclables de manière inhérente».

«En théorie, les métaux peuvent être utilisés encore et encore. Augmenter les taux de recyclage peut donc contribuer à effectuer une transition vers une économie verte, à faible émission de carbone, et à la fois aider à créer des 'emplois verts'», a expliqué le Directeur exécutif du PNUE, Achim Steiner, en présentant jeudi ce rapport dans le cadre de la Semaine Verte qui se déroule à Bruxelles, en Belgique.

Un second rapport préparé par le même panel d'experts et rendu public à Bruxelles jeudi, permet d'observer les données **découplées** des taux de croissance économique et des taux d'utilisation des ressources. Il établit que l'extraction de **minerais** et de minéraux a été multipliée par 27 au cours du 20ème siècle, un taux plus élevé que la croissance économique.

Détaillant les métaux qui ont tendance à être recyclés, comme **le plomb**, et ceux qui ne le sont pas du tout, comme l'indium, le rapport s'inquiète d'un possible **épuisement** des ressources à venir. «On ne pense pas que l'épuisement des ressources soit pour tout de suite, mais nous sommes absolument incapables de faire des prévisions basées sur les explorations géologiques très limitées qui sont actuellement conduites», a souligné l'un des experts, Thomas Graedel.

Le rapport de l'ONU offre une série de recommandations pour augmenter le taux de recyclage: encourager la fabrication de produits permettant un désassemblage facile; améliorer le traitement des déchets pour les produits complexes en fin de vie dans les pays émergents; prendre en compte le fait que, dans les pays développés, de nombreux produits **hibernent** dans des placards au lieu d'être recyclés; améliorer la technologie du recyclage.

«Ce rapport met à la disposition des gouvernements et des industries des informations de base sur le taux de recyclage des métaux afin d'accélérer le recyclage et de prendre des décisions plus intelligentes et plus **ciblées** sur la gestion des métaux à travers le monde. C'est la première fois que ce genre d'informations est compilé d'une manière aussi claire», a conclu Achim Steiner.

MOTS-CLÉS

découplé(e) séparé(e), détaché(e)

le minerai roche contenant des minéraux utiles

le plomb élément chimique (Pb), métal gris bleuâtre

l'épuisement (m.) action de tout utiliser

hiberner rester longtemps, inaction prolongée

ciblé(e) focalisé(e), porté(e) sur

APRÈS LA LECTURE

1 **Compréhension** Répondez aux questions d'après le texte.

1. Pourquoi la notion d'une «société du recyclage» reste un lointain espoir?
2. Quel avantage les métaux ont-ils en ce qui concerne le recyclage?
3. Qu'est-ce qu'une augmentation dans les taux de recyclage des métaux aiderait à effectuer?
4. Quelle inquiétude existe-t-il quant à l'avenir des ressources de métaux?
5. Quelles recommandations l'ONU offre-t-elle pour augmenter le recyclage des métaux?
6. Quelles sont les étapes du cycle de recyclage des métaux?

STRATÉGIE

Évaluer
Il n'est pas nécessaire de croire tout ce que vous lisez. Soyez analytique et prenez en considération les sources des faits et la rigueur de l'organisation qui viennent soutenir l'étude ou la remettre en question.

2 **Évaluation** Avec un(e) camarade, répondez aux questions afin d'évaluer les informations de l'article.

1. Quelles sont les sources des informations contenues dans l'article?
2. Ces sources sont-elles fiables? Comment le savez-vous?
3. L'auteur de l'article a-t-il manipulé les informations d'une certaine manière afin d'influencer le lecteur? Expliquez.
4. Croyez-vous les informations présentées dans l'article? Justifiez votre réponse.
5. Quel effet l'article a-t-il eu sur vous?

3 **Comparaison culturelle** En petits groupes, faites des recherches sur les traitements de déchets des métaux les plus courants. Comparez les données de votre communauté à celles présentées concernant la France dans l'article. Où votre communauté se trouve-t-elle sur le chemin vers une «société de recyclage»? Justifiez vos réponses.

4  **Les mesures à prendre** Quelles devraient être les responsabilités des individus et celles des autorités locales en ce qui concerne une réduction plus importante des déchets? Avec un(e) camarade, discutez et notez vos idées dans le tableau ci-dessous.

MESURES	RESPONSABILITÉS DES INDIVIDUS	RESPONSABILITÉS DES AUTORITÉS LOCALES
1.		
2.		
3.		

RESSOURCES
Consultez la liste des appendices à la p. xiii.

5  **Lettre ouverte** Vous décidez de sensibiliser les membres de votre communauté aux défis de la protection de l'environnement en les persuadant de réduire, de recycler les déchets ainsi que d'économiser l'eau et l'électricité. Dans cette optique, écrivez une lettre ouverte que vous demanderez au journal local de publier. Utilisez vos notes des activités précédentes et abordez les sujets suivants:

- les effets nocifs et durables de nos mauvaises habitudes sur l'environnement
- les mesures et les responsabilités que nous pouvons prendre pour réduire ces effets nocifs
- les raisons pour lesquelles nous devons tous adopter une approche «écolo» et responsable

AUDIO ▸ MAROC: LE ROYAUME SOLAIRE

INTRODUCTION «Élément Terre», diffusée par le biais de France24, (chaîne de télévision d'information internationale française) est une émission dédiée au développement durable. Cet enregistrement est l'extrait d'un reportage traitant de l'énergie solaire au Maroc.

Le Maroc importe plus de 90% de son énergie. Pour réduire cette dépendance, le Royaume a lancé un grand programme de développement des énergies renouvelables basé sur l'énergie solaire. Ce reportage présente les objectifs et les projets de ce programme, notamment la construction de la centrale solaire Noor à Ouarzazate, une ville du sud du Maroc située en plein désert.

MOTS-CLÉS

dépourvu(e) de sans
audacieux (audacieuse) courageux (courageuse), risqué(e)
le top départ lancement, démarrage
l'achèvement (m.) fin, accomplissement
l'envergure (f.) étendue, stature
le panneau (solaire) outil pour capter la chaleur du soleil

VOCABULAIRE PERSONNEL

Notez le nouveau vocabulaire à mesure que vous l'apprenez.

AVANT L'ÉCOUTE

1 **L'énergie solaire** Faites des recherches en ligne sur l'énergie solaire. Ensuite, répondez aux questions suivantes avec un(e) camarade de classe.

1. Qu'est-ce que l'énergie solaire?
2. Quels sont les avantages et les inconvénients de l'énergie solaire?
3. Quelles sont les zones géographiques favorables au développement de l'énergie solaire?
4. Que faut-il mettre en place pour pouvoir exploiter l'énergie solaire?

PENDANT L'ÉCOUTE

1 **Première écoute** Écoutez l'enregistrement une première fois et notez-en les idées principales.

2 **Deuxième écoute** Lisez les questions ci-dessous. Puis, durant votre deuxième écoute de la séquence audio, notez dans le tableau des mots et des expressions liés à chaque question.

QUESTIONS FONDAMENTALES	NOTES
Pourquoi le Maroc lance-t-il un programme d'énergie solaire?	
Qui est venu à Ouarzazate? Pourquoi?	
Comment qualifie-t-on le projet solaire marocain? Pourquoi?	
Quels sont les objectifs du programme solaire?	
Quel sera l'impact du programme solaire?	
Qu'est-ce que le Maroc fait pour assurer son avenir dans le développement de l'énergie solaire?	

STRATÉGIE

Identifier l'idée principale
Concentrez-vous sur l'idée principale pendant l'écoute d'un enregistrement. Ne vous perdez pas dans les détails.

Source: Extrait de «Maroc: le royaume solaire», Élément terre, diffusé le 10 juin 2013. Vous pouvez trouver la version intégrale sur www.france24.com.

APRÈS L'ÉCOUTE

1 Compréhension Travaillez avec un(e) camarade pour répondre aux questions suivantes en utilisant les notes de vos tableaux respectifs.

1. Pourquoi le Maroc «voit-il son salut dans l'énergie solaire»?
2. Qu'avez-vous appris au sujet de Mohammed VI en écoutant cette séquence audio?
3. Quelles sont les particularités du projet de Ouarzazate?
4. Comment la centrale Noor a-t-elle été financée?
5. Quelle sera la part d'énergie solaire dans la capacité électrique totale du Maroc en 2020?
6. Quels sont les objectifs du programme solaire en ce qui concerne l'environnement et l'emploi?
7. Que réduira le programme solaire?
8. Que fait le Maroc pour réaliser ses objectifs en matière d'énergie?

2 Tout un symbole Dans le reportage, la journaliste dit: «Ouarzazate reçoit son roi solaire. C'est tout un symbole». Qu'insinue-t-elle? Que symbolise le programme d'énergie solaire et notamment la centrale Noor, pour le Maroc? Discutez de ces questions en petits groupes et partagez vos idées avec la classe. Citez des informations de l'enregistrement pour soutenir vos idées.

VOCABULAIRE PERSONNEL
Utilisez votre vocabulaire personnel.

3 Présentation orale Lisez la citation ci-dessous et répondez aux questions suivantes dans une présentation orale. Citez des exemples de ce contexte pour soutenir votre opinion.

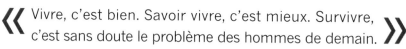

Source: Roger Molinier, *L'écologie à la croisée des chemins*

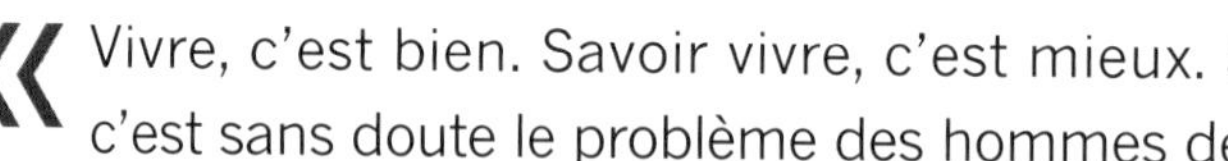
« Vivre, c'est bien. Savoir vivre, c'est mieux. Survivre, c'est sans doute le problème des hommes de demain. »

- Comment interprétez-vous cette citation? Comment voyez-vous l'avenir de la planète? Êtes-vous optimiste ou pessimiste à ce sujet? Pourquoi?

RESSOURCES
Consultez la liste des appendices à la p. xiii.

4 Essai de réflexion et de synthèse En vous basant sur les lectures de ce contexte ainsi que sur le texte audio que vous venez d'écouter, écrivez un essai dans lequel vous répondez à cette question: Pourquoi les questions environnementales et la promotion de pratiques de consommation durable représentent-elles des défis mondiaux? Votre essai doit comprendre trois paragraphes:

- une introduction dans laquelle vous présentez votre thèse
- un développement de vos arguments avec des exemples qui les soutiennent
- une conclusion qui résume votre position et vos arguments

LIENS CULTURELS

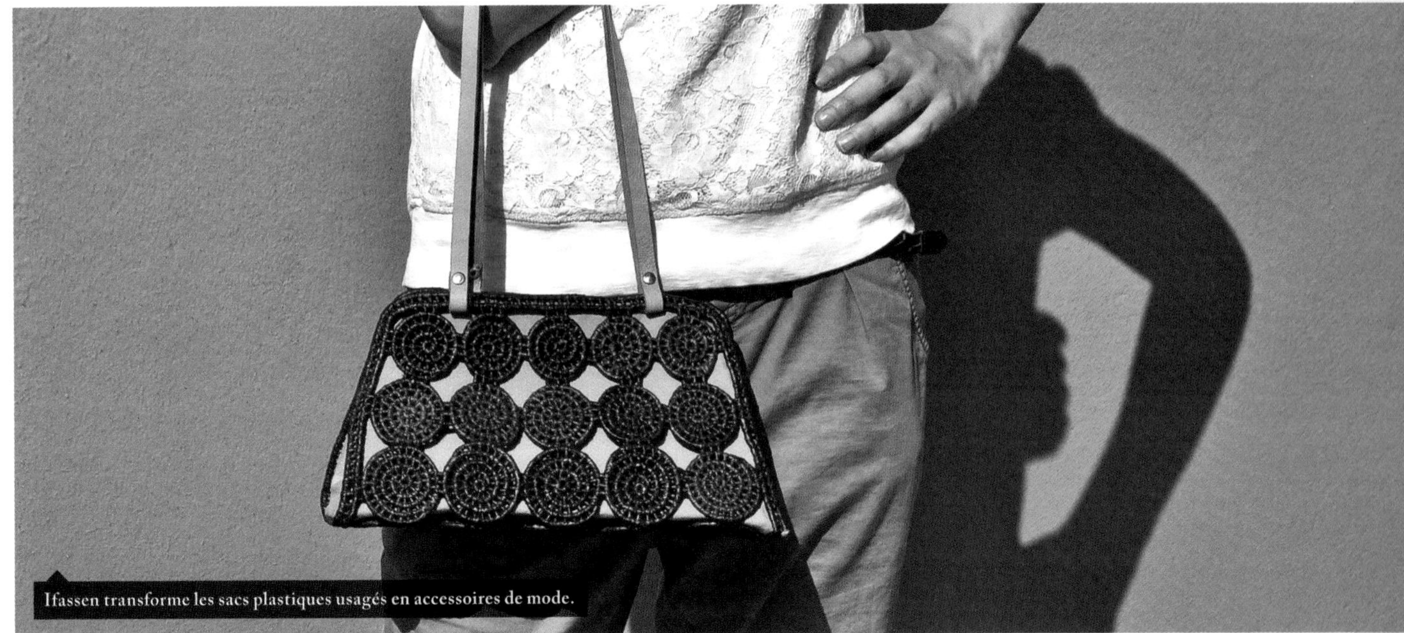

Ifassen transforme les sacs plastiques usagés en accessoires de mode.

Des sacs plastiques transformés

LES SACS PLASTIQUES CONSTITUENT UN GROS PROBLÈME de pollution au Maroc. Pour faire face à ce fléau, Ifassen, une marque de mode design et ethnique, recycle les sacs plastiques et les transforme en sacs à main et en une variété d'autres accessoires. En outre, Ifassen va au-delà de la collection et du recyclage des sacs usagés. Son impact touche aussi le social et le culturel: Ifassen offre du travail aux femmes qui se trouvent en situation précaire et valorise leur savoir-faire.

Environ 20 femmes travaillent pour la marque. Après la collecte des sacs, elles les lavent, les sèchent et les coupent en bandes étroites. Ensuite, elles combinent des fibres naturelles issues de la région avec les bandes en plastique et utilisent les techniques de la vannerie traditionnelle pour créer les accessoires de la marque. Ces femmes s'assurent ainsi un salaire correct tout en contribuant à la protection de l'environnement.

- Aujourd'hui, le patrimoine forestier d'Haïti ne représente plus que 2% de la superficie du pays. Cette déforestation a laissé Haïti très vulnérable aux inondations et aux glissements de terrain, qui font beaucoup de victimes et de dégâts. Pour combattre cette situation, le ministère de l'Environnement, en partenariat avec les Nations Unies, a lancé une initiative de reboisement dans le sud du pays. Plus de mille cinq cents jeunes pousses d'arbres ont été plantées sur 1.000 hectares. C'est juste le début d'un programme qui vise à réduire la vulnérabilité de la population face aux changements climatiques et à améliorer leur condition de vie.
- En Polynésie française, il existe cinq espèces de tortues marines. Même si toutes sont protégées, elles restent en danger, et sont notamment victimes de la chasse illégale. L'Observatoire des tortues marines en Polynésie française a pour objet la conservation de ces espèces menacées. Cet observatoire implique la population locale dans ses efforts tout en la sensibilisant à la cause des tortues. Il espère développer un réseau de bénévoles qui s'étendrait dans tout l'archipel polynésien. Ses actions correspondent à la collecte de données, la diffusion d'information, la création de guides méthodologiques et la promotion d'initiatives de recherche et de conservation.

Présentation orale: comparaison culturelle

Préparez une présentation orale sur le thème suivant.

- Quelles initiatives pourraient offrir des solutions aux problèmes de l'environnement?

Comparez votre propre communauté à une région du monde francophone que vous connaissez.

contexte 3 L'alimentation et la santé

POINTS DE DÉPART

La santé et l'alimentation sont étroitement liées. Se nourrir de façon équilibrée est primordial dans la prévention d'un grand nombre de maladies. En effet, une assiette contenant une large variété d'aliments ainsi que de bonnes habitudes alimentaires permettent à l'homme d'être en pleine forme, physiquement et mentalement. Une alimentation déséquilibrée peut engendrer toute une série de problèmes de santé. Malheureusement, cela semble être le cas beaucoup trop souvent dans nos sociétés modernes.

- Quelles habitudes alimentaires ont un effet négatif sur la santé et lesquelles ont un effet positif?
- Comment peut-on combattre les problèmes de santé liés à l'alimentation?
- Quels facteurs influencent les habitudes alimentaires?

DÉVELOPPEMENT DU VOCABULAIRE

1 Question d'alimentation Avec un(e) camarade, faites une liste de trois plats associés aux catégories suivantes. Déterminez ceux qui sont bons pour la santé et ceux qui lui sont nocifs. Justifiez vos réponses.

1. les grands repas de famille
2. la cuisine locale
3. les fast-foods
4. la cuisine traditionnelle
5. la gastronomie française
6. la cuisine ethnique

VOCABULAIRE PERSONNEL
Utilisez votre vocabulaire personnel.

2 Les enjeux de l'alimentation En petits groupes, expliquez en quoi consistent ces problèmes associés à l'alimentation et à la nutrition.

1. la malnutrition
2. les allergies à certains aliments
3. les carences alimentaires
4. l'obésité
5. l'abus de sucre ou de sel
6. l'anorexie et la boulimie
7. la famine
8. les maladies liées à une mauvaise alimentation

3 Mes pratiques Il faut considérer non seulement ce qu'on mange, mais également quand, où et avec qui on prend ses repas. Complétez le tableau, puis comparez vos réponses avec celles d'un(e) partenaire.

CE QUE JE MANGE	QUAND	OÙ	AVEC QUI
Petit déjeuner			
Déjeuner			
Dîner			
Grignotage entre les repas			

LECTURE 3.1 ▸ TEST NUTRITION: QUEL(LE) MANGEUR(SE) ÊTES-VOUS?

AU SUJET DU TEXTE «Quel(le) mangeur(se) êtes-vous?» est un sondage permettant aux lecteurs d'identifier leur profil nutritionnel. Le test propose trois profils différents. Le premier décrit des personnes qui considèrent l'acte de se nourrir comme un moyen de rester en bonne santé. Le deuxième correspond à ceux pour qui les repas sont d'excellentes occasions de se faire plaisir. Le dernier identifie les individus pour qui manger ne représente qu'une nécessité et qui focalisent donc leur vie sur d'autres priorités. Ce sondage a été publié par *Santé Magazine*, mensuel français dont la mission est de rendre accessible à ses lecteurs toute information concernant la santé, sujet essentiel pour l'individu mais aussi pour la société.

AVANT LA LECTURE

1 **Associations** Indiquez si vous associez les comportements suivants plutôt à (a) une personne qui fait très attention à sa santé, (b) une personne qui apprécie la bonne cuisine ou (c) une personne pour qui une alimentation équilibrée n'est pas une priorité.

1. prendre des vitamines
2. passer des heures à cuisiner des plats traditionnels
3. manger rapidement un sandwich le midi
4. manger dans les fast-foods
5. choisir des plats pauvres en calories et en matières grasses
6. dîner tous les soirs dans des restaurants gastronomiques
7. privilégier les fruits et les légumes frais dans son alimentation
8. manger tout le temps entre les repas

2 **Modes de vie** Répondez aux questions suivantes, puis comparez vos réponses avec celles d'un(e) partenaire.

1. Combien de repas prenez-vous par jour? De quoi se compose un déjeuner typique?
2. Mangez-vous parfois entre les repas? Si oui, que prenez-vous?
3. Préférez-vous les aliments sucrés ou salés en général? Expliquez pourquoi en donnant des exemples.
4. Prenez-vous régulièrement des suppléments nutritifs, comme des vitamines par exemple? Élaborez.
5. Allez-vous souvent au restaurant? Quel genre de restaurants aimez-vous?
6. Quand vous allez au restaurant, quel(s) type(s) de plats choisissez-vous?
7. Aimez-vous faire la cuisine? Que savez-vous préparer?

VOCABULAIRE PERSONNEL
Utilisez votre vocabulaire personnel.

3 **Typologie** Regardez à nouveau les trois catégories de personnes mentionnées dans l'Activité 1. À quel groupe pensez-vous appartenir? Écrivez un paragraphe dans lequel vous répondez à cette question en expliquant pourquoi et en donnant des exemples qui illustrent votre réponse.

RESSOURCES
Consultez la liste des appendices à la p. xiii.

MOTS-CLÉS

un petit creux quand on a un peu faim

une douceur sucrerie

grignoter manger, manger de petites choses de temps à autre

craquer pour ne pas résister à

l'alicament (m.) à la fois aliment et médicament

mitonné(e) préparé avec soin, préparé(e)

la corvée travail désagréable et obligatoire

l'étiquetage (m.) liste des produits sur l'étiquette

illico tout de suite

TEST NUTRITION:

Quel(le) mangeur(se) êtes-vous?

Votre façon de vous nourrir en dit long sur vos valeurs et votre mode de vie. Faites le tour de votre assiette avec notre test. Cochez une seule réponse par question.

1. *Un **petit creux** au milieu de la matinée?*
   a. C'est l'occasion de manger une **douceur**.
   b. Vous n'en avez pas.
   c. Vous prenez un fruit ou un verre d'eau.

2. *À midi, pour aller vite...*
   a. Vous amenez au bureau un plat préparé à la maison.
   b. Vous mangez un sandwich crudités et un yaourt.
   c. Vous sautez le repas et **grignotez** dans l'après-midi.

3. *Aller au restaurant, c'est d'abord...*
   a. Déguster des plats que vous n'avez pas le temps de préparer.
   b. Se retrouver avec des amis.
   c. Découvrir une cuisine de qualité et de nouvelles saveurs.

4. *Au supermarché, vous **craquez pour**...*
   a. Les **alicaments**.
   b. Les plats **mitonnés**.
   c. Les biscuits.

5. *Vous préférez manger les légumes...*
   a. Nature.
   b. Préparés en sauce ou en gratins.
   c. Mélangés à d'autres types d'aliments.

6. *Le chocolat est synonyme de...*
   a. Détente.
   b. Dégustation.
   c. Addiction.

7. *Les courses alimentaires du week-end?*
   a. Vous les expédiez au plus vite, c'est une **corvée**.
   b. Vous adorez découvrir les nouveautés, c'est un vrai plaisir.
   c. Vous êtes attentif(ve) à l'**étiquetage**, vous n'aimez pas acheter n'importe quoi.

8. *Achetez-vous des produits bio?*
   a. Très régulièrement.
   b. De temps à autre.
   c. Jamais.

9. *Vous essayez un produit...*
   a. Sur le conseil d'un ami ou d'un vendeur.
   b. Sur sa composition.
   c. Sur son apparence.

10. *On vous parle d'un nouvel aliment santé...*
    a. Vous l'achetez **illico** pour l'essayer.
    b. Cela vous laisse indifférent(e).
    c. Vous en parlez d'abord avec votre médecin ou des amis.

Profil A: la santé avant tout

Le plaisir n'est pas exclu de votre alimentation, mais il n'en est pas le moteur principal. Vous êtes un(e) mangeur(se) adepte des produits naturels et surtout santé, comme les œufs enrichis en oméga 3, les boissons pour sportifs apportant vitamine C et acides aminés, les aliments «nutrifonctionnels» garantissant des effets sur la flore intestinale, le sommeil... Vous êtes soucieux(se) d'avaler des ingrédients sains pour le corps, vous passez au crible les étiquettes des produits transformés.

C'est une bonne démarche, à condition de ne pas rendre anxiogène l'acte de manger. N'oubliez pas le plaisir des papilles, quitte à vous autoriser de temps à autre des petits excès de matière grasse ou de sucres.

Profil B: le goût de la tradition

Pas question pour vous de sacrifier les repas sur l'autel de la rapidité. Ils représentent des moments importants, consacrés au plaisir de la table en famille ou entre amis. Les aliments doivent aussi satisfaire vos aspirations spirituelles, émotives et fonctionnelles. Un plat doit donc être appétissant et roboratif, au détriment parfois de l'équilibre alimentaire.

Soyez vigilant(e) sur les excès de graisses animales (charcuteries, viandes rouges, fromage, beurre) et le manque de fruits et légumes frais qui pourrait vous priver d'apports optimaux de vitamines et de sels minéraux. Limitez votre consommation de vin à deux, voire trois verres (pour les hommes), par jour. Et pensez à pratiquer une activité physique.

Profil C: adepte du snacking

Loin d'être des moments privilégiés, les repas à horaires fixes, en particulier le déjeuner, sont pour vous une contrainte. Vous mangez de façon plutôt déstructurée, quitte à sauter des repas ou à manger sur le pouce.

Avec ou sans faim, il vous est difficile de résister au grignotage: yaourts (en pot ou à boire), produits salés (fromages, pizzas, biscuits apéritifs), viennoiseries et chocolat en tête.

• • • • • • • • • • • •

Statistiques de tous les internautes

Profil A: **la santé avant tout**
19%

Profil B: **le goût de la tradition**
70%

Profil C: **adepte du snacking**
11%

Au total, 500 internautes ont participé à ce test.

MOTS-CLÉS

sain(e) qui contribue à la bonne santé

manger sur le pouce manger rapidement

APRÈS LA LECTURE

1 Compréhension Répondez aux questions suivantes, d'après le texte.

1. En plus des habitudes de repas, à quoi le test s'intéresse-t-il?
2. Quelles sortes d'aliments sont privilégiées par les personnes du Profil A?
3. À quoi faut-il que les personnes du Profil A fassent attention?
4. Que représentent les repas pour les personnes du Profil B?
5. Pourquoi les personnes du Profil B doivent-elles faire attention à ce qu'elles mangent?
6. Quels types de repas est-ce que les personnes du Profil C n'apprécient pas?
7. Quelle est l'habitude alimentaire des personnes du Profil C qui pourrait être considérée comme malsaine pour ce profil?
8. Qu'est-ce que le test a révélé concernant les internautes?

STRATÉGIE

Inférer
Le journal dans lequel un article est publié peut révéler beaucoup de choses sur les intentions de l'auteur. Prenez en compte les intérêts philosophiques, politiques ou commerciaux du journal pour mieux interpréter le message de l'auteur.

2 Interprétation Lisez cette citation de l'article et répondez aux questions.

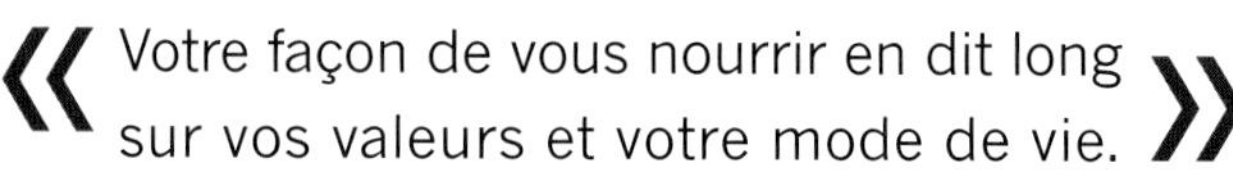
« Votre façon de vous nourrir en dit long sur vos valeurs et votre mode de vie. »

1. Qu'est-ce que l'auteur veut dire par cette déclaration?
2. Quels sont deux exemples de l'article qui soutiennent l'opinion exprimée par cette phrase?
3. Êtes-vous d'accord avec cette déclaration? Expliquez.

3 Faire une inférence Avec un(e) camarade, faites des inférences sur la lecture et répondez aux questions.

1. Quelle est la morale implicite de l'article?
2. Qu'est-ce que le magazine nous révèle quant à son point de vue vis-à-vis de la nutrition et de la santé en publiant ce test? À quel public l'article est-il destiné?
3. Quelle réaction l'auteur de l'article veut-il provoquer chez les lecteurs? D'après vous, y parvient-il?

4 Mon test Faites le test nutrition en petits groupes puis, lisez vos profils. Discutez-en ensemble et expliquez si vous êtes tout à fait d'accord, plutôt d'accord ou pas d'accord avec ceux-ci. Servez-vous de votre paragraphe de l'Activité 3 dans **Avant la lecture** et donnez des exemples précis pour justifier vos opinions.

5 De bonnes résolutions Réfléchissez aux habitudes alimentaires de votre famille et organisez-les en deux listes: l'une regroupera les bonnes habitudes que vous voulez absolument garder et l'autre celles que vous voudriez changer. Discutez de vos listes avec celles de votre partenaire et expliquez pourquoi vous souhaitez garder ou changer chaque habitude.

VOCABULAIRE PERSONNEL
Utilisez votre vocabulaire personnel.

6 Présentation orale Quelles habitudes alimentaires sont dangereuses pour la santé? Que faut-il faire pour les changer? Préparez une présentation orale dans laquelle vous répondez à ces deux questions. Choisissez deux ou trois habitudes qui d'après vous menacent la santé des jeunes et soutenez votre opinion avec des exemples de l'article ou avec vos connaissances personnelles.

LECTURE 3.2 ▸ L'ALIMENTATION BIO

AU SUJET DU TEXTE Le texte que vous allez lire a été publié en ligne par *Au Féminin de A à Z*, un magazine qui s'intéresse aux défis de la vie contemporaine en matière de santé, de nutrition et de bien-être physique et psychologique. Cet article concerne les produits biologiques, c'est-à-dire les produits naturels issus d'une agriculture qui se veut respectueuse de l'environnement. Même s'ils ne représentent qu'environ 2,5% du marché total aujourd'hui, la demande pour ces produits est en forte hausse en France. Selon une étude récente, elle a augmenté de près de 10% l'année dernière. Parmi les produits bio les plus demandés par les consommateurs, on trouve les œufs, le lait, suivis par les fruits, les légumes et la viande.

AVANT LA LECTURE

1 

Vocabulaire en contexte Parcourez rapidement l'article pour trouver les mots de la colonne de gauche. Associez-les ensuite à leur définition de la colonne de droite. Utilisez le contexte pour vous aider.

1. la brebis	a. le développement
2. la saveur	b. vivement critiqué(e)
3. la croissance	c. donné(e)
4. le distributeur	d. la garde
5. issu(e) de	e. la contribution
6. montré(e) du doigt	f. la femelle du mouton
7. l'apport	g. le vendeur
8. doté(e)	h. le goût
9. la conservation	i. apprécié(e)
10. prisé(e)	j. qui vient de

VOCABULAIRE PERSONNEL
Notez le nouveau vocabulaire à mesure que vous l'apprenez.

2

Le bio et vous À deux, discutez des questions suivantes.

1. Où votre famille fait-elle le plus souvent ses courses? Au supermarché? Au marché? Directement chez les producteurs? Pourquoi?
2. Mangez-vous parfois des produits bio? Si oui, lesquels et à quelle fréquence? Sinon, pourquoi?
3. Où peut-on acheter des produits bio dans votre communauté? Est-il difficile d'en trouver?
4. Connaissez-vous un magasin ou un restaurant bio? Décrivez-le. (S'il n'y en a pas dans votre communauté, dites comment vous imaginez un tel endroit.)
5. D'après vous, pourquoi les consommateurs de produits bio font ce choix? Donnez des raisons possibles.
6. À votre avis, y a-t-il vraiment une différence entre les produits bio et les produits qui ne le sont pas? Expliquez.

MOTS-CLÉS

le cahier des charges liste des réglementations

la semence (f.) graine qui va produire une plante

l'engrais (m.) produit pour accélérer la croissance des plantes

STRATÉGIE

Prendre des notes
Pendant la lecture, prenez des notes ou soulignez certaines parties du texte pour vous souvenir des informations importantes.

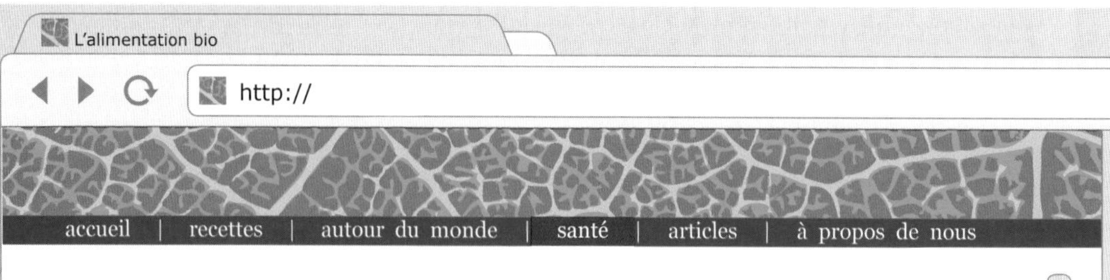

L'alimentation bio

«Bio, bio, bio», le mot est sur toutes les lèvres, mais que signifie-t-il au juste? L'alimentation biologique rime-t-elle avec bonne santé? Quels sont les plus et les moins du bio?

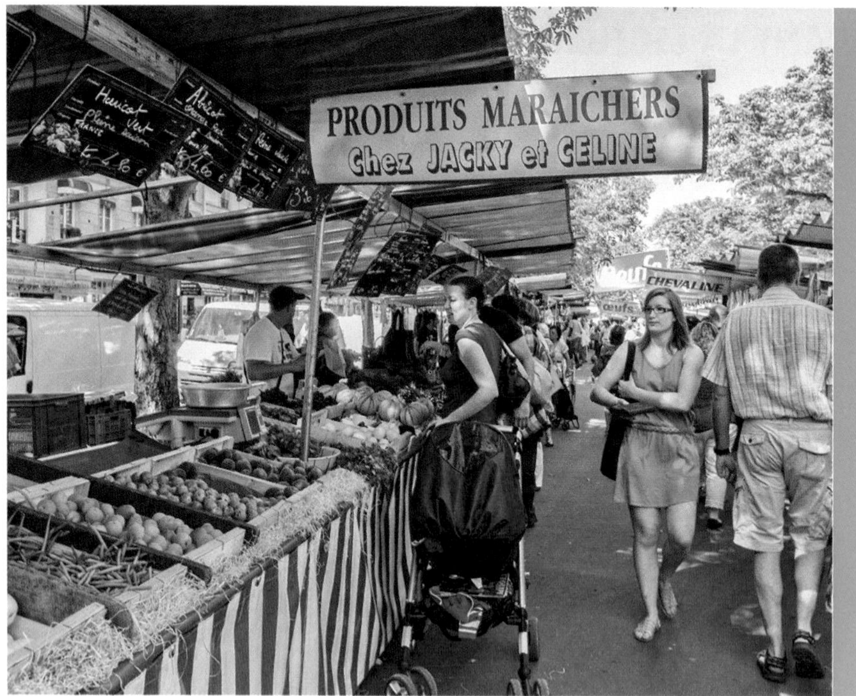

Que signifie «bio»?

Diminutif du mot «biologique» (qui signifie «science de la vie»), le bio renvoie à tous les aliments et produits qui sont issus d'une production réglementée et certifiée. La règlementation bio impose, pour chaque type d'aliments produit, un **cahier des charges** assez strict et très détaillé.

Fruits, légumes et céréales: Le logo AB atteste que ces produits sont issus de **semences** sans OGM (Organismes Génétiquement Modifiés) et cultivés sans pesticides ni **engrais** chimiques.

Viandes, poissons, œufs et lait: Ils proviennent d'élevages qui n'utilisent pas d'hormones de croissance, ni de farine animale, et où les animaux disposent d'un espace

suffisant pour vivre correctement. Dans les élevages bio, le choix des races se fait en fonction de l'environnement naturel. L'éleveur bio est respectueux des méthodes de l'agriculture naturelle, n'utilisant pas de pesticides, ni de **produits phytosanitaires** ou engrais de synthèse, ni de colorants.

Produits transformés (laitages, biscuits, plats préparés...): Pour être dotés du label bio, ces aliments doivent être constitués d'au moins 95% d'ingrédients issus de l'agriculture biologique. Ils ne peuvent contenir ni OGM, ni produits chimiques, ni additifs alimentaires, ni conservateurs.

Les bienfaits du bio sur la santé

- Les produits non transformés contiennent moins d'ajouts de synthèse (amidon de maïs, édulcorants, pesticides...) dont la toxicité de certains de ces composants est souvent montrée du doigt.
- D'un point de vue nutritionnel, certains produits bio afficheraient également un meilleur apport en gras essentiels (viandes, produits laitiers, œufs), en calcium (fromage de chèvre, de brebis) et en vitamines (fruits et légumes).
- Enfin, les adeptes des aliments bio soulignent que ceux-ci sont plus «**goûteux**». Non modifiés, et sans ajouts de synthèse, les saveurs (en particulier des fruits et légumes) ressortiraient mieux.

Les inconvénients du bio

Le prix

La première critique que l'on porte au bio est son prix. Car le respect des règlementations de production a un coût que les agriculteurs répercutent sur les prix de vente de leurs produits. Ainsi, malgré les efforts actuels des producteurs et des distributeurs, le bio resterait en moyenne entre 20 et 30% plus cher.

La conservation

Pour se pourvoir du label bio, les conservateurs intégrés aux produits sont limités... et la durée de conservation des aliments est donc généralement moins longue. Il faut bien la vérifier.

Difficiles à trouver

Les grandes surfaces proposent quasiment toutes leur gamme bio. Mais certains produits restent encore rares, surtout dans les petites **agglomérations**.

Où manger bio?

Les restos bio

De plus en plus prisés, les restos bio suivent un principe simple: ne proposer que des plats préparés à partir d'ingrédients naturels ou issus de l'agriculture biologique.

Les magasins bio

Les chaînes de magasins biologiques (La Vie Claire, Satoriz, Coopbio, Naturalia...) proposent depuis plusieurs années des produits biologiques ou diététiques. Désormais elles sont **concurrencées** par les grandes surfaces (Carrefour, Champion, Casino, Monoprix, Leclerc...) qui proposent, en plus de certaines marques de produits bio, leurs propres gammes d'aliments.

MOTS-CLÉS

le produit phytosanitaire produit utilisé pour prévenir ou soigner une maladie agricole

goûteux (goûteuse) savoureux (savoureuse)

l'agglomération (f.) ville

concurrencé(e) en compétition

APRÈS LA LECTURE

1 

Vrai ou faux? Lisez les phrases suivantes et répondez par **vrai** ou **faux**. Corrigez les erreurs.

1. Il y a peu de règlementations en agriculture bio.
2. On ne peut pas utiliser de semences OGM dans la production bio.
3. L'élevage bio permet aux poules d'aller dehors.
4. Pour avoir le label AB, les produits transformés doivent être bio à 100%.
5. Les produits bio sont généralement plus coûteux que les autres.
6. On peut maintenant acheter des produits bio en grande surface.
7. Les restaurants bio commencent à être bien fréquentés en France.
8. Les produits bio se conservent généralement aussi bien que les autres.

STRATÉGIE

Relire ses notes
Consultez les notes que vous avez prises pour répondre aux questions.

2 

Résumé de l'article Composez un résumé de l'article que vous venez de lire en utilisant les notes que vous avez prises et en tenant compte de votre point de vue. Utilisez les questions suivantes pour vous guider.

1. En quoi les produits bio diffèrent-ils des autres produits disponibles sur le marché?
2. Quels sont leurs avantages et leurs inconvénients?
3. Quelle évolution peut-on observer en ce qui concerne la consommation de produits bio?
4. Quelle est votre opinion personnelle sur cette récente «mode» du bio?

3

Analyse En petits groupes, discutez de ces questions.

1. Quelles sont les différences entre les produits bio et les produits traditionnels?
2. Selon vous, pourquoi le prix des produits bio diffère de celui des produits traditionnels?
3. Les prix des produits bio sont-ils justifiés à votre avis?
4. Pourquoi le fait d'acheter bio peut être considéré comme un acte solidaire et écologique?
5. Si les produits bio sont meilleurs pour la santé, pour quelles raisons un individu choisirait-il de ne pas en acheter?
6. À votre avis, pourquoi les produits bio restent difficiles à trouver dans certaines régions?

4 

Une cantine bio Un groupe de parents d'élèves de votre lycée s'engage en faveur du bio à la cantine. Préparez une présentation d'environ deux minutes pour convaincre l'administration et le reste des autres parents d'adopter ou de rejeter la proposition. Utilisez les informations de l'article que vous venez de lire ou d'autres sources comme arguments.

VOCABULAIRE PERSONNEL
Utilisez votre vocabulaire personnel.

5 

Un débat sur les OGM Divisez la classe en deux équipes. Une équipe sera «pour» les OGM. L'autre sera «contre». Faites des recherches sur Internet et utilisez les arguments collectés lors de vos recherches pour justifier vos positions respectives.

6  

L'homme: un «apprenti sorcier»? D'après vous, est-ce que l'homme, de par le fait qu'il essaie de produire toujours plus pour nourrir une planète où la population explose, risque d'aggraver les problèmes environnementaux? Pourra-t-il y faire face? Les modes de production bio sont-ils l'avenir de l'humanité, d'après vous? Écrivez un essai dans lequel vous répondez à ces questions.

7 

L'agriculture En petits groupes, faites des recherches sur les grands changements survenus dans les pratiques agricoles au cours des deux derniers siècles. Utilisez le tableau suivant pour organiser vos idées. Dans la première colonne, inscrivez tous les changements qui ont eu lieu; dans la deuxième, identifiez et notez les conséquences de ces changements sur la production des aliments et sur l'agriculture en général.

CHANGEMENTS DANS L'AGRICULTURE	CONSÉQUENCES
l'introduction de machines agricoles	*les débuts de l'agriculture intensive*

Partagez ensuite vos remarques avec toute la classe afin de discuter des effets engendrés par les habitudes de consommation et les pratiques alimentaires.

8

Discussion La phrase «Vous êtes ce que vous mangez» est une variation de la citation d'Anthelme Brillat-Savarin, un célèbre gastronome français, tirée de son livre *Physiologie du goût* (1826):

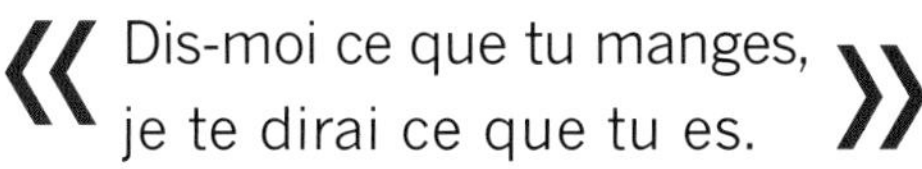

« Dis-moi ce que tu manges,
je te dirai ce que tu es. »

Avec un(e) partenaire, utilisez les questions suivantes pour discuter de ces citations.

1. En général, qu'est-ce que les deux phrases veulent dire?
2. En quoi le sens des deux variations est-il différent?
3. Pourquoi les gens continuent à employer cette phrase aujourd'hui, d'après vous?
4. Êtes-vous d'accord avec ces deux phrases? Pourquoi ou pourquoi pas?

9 

Comparaison culturelle Choisissez un pays ou une région francophone et faites des recherches sur sa production en produits bio. Préparez une présentation orale dans laquelle vous comparez le succès de l'agriculture bio de ce pays ou de cette région avec celui de la France. Tâchez de répondre aux questions suivantes dans votre présentation:

- Quel pourcentage de la production agricole est bio?
- Quels produits bio sont cultivés?
- Pour quelles raisons l'agriculture bio est encouragée ou découragée?
- Est-ce que sa production augmente ou diminue? Pourquoi?

10  

Essai persuasif Faut-il manger bio? Utilisez les informations des articles, des discussions et des recherches que vous avez faites pour ce contexte afin d'écrire un essai persuasif dans lequel vous répondez à cette question. Votre essai doit comprendre les points suivants:

- ce qu'est le «bio»
- la différence entre les produits bio et traditionnels
- les avantages et les inconvénients de manger bio (logistiques, économiques, environnementaux et du point de vue de la santé)
- votre opinion sur le sujet et des exemples spécifiques qui la soutiennent

RESSOURCES
Consultez la liste des appendices à la p. xiii.

AUDIO ▸ PRIORITÉ SANTÉ

MOTS-CLÉS

le repère marque qui permet de s'orienter

bénéfique favorable

les produits (m.) laitiers le lait et autres produits dont la préparation est à base de lait

l'apport contribution

osseux(-euse) qui a rapport aux os

INTRODUCTION Cette séquence audio est l'extrait d'une interview sur Radio France internationale (RFI) avec Serge Hercberg, médecin et président du comité de pilotage du Programme National Nutrition Santé (PNNS). L'objectif du PNNS est de contribuer à la prise de conscience de l'importance de la bonne nutrition pour la santé. Dans cette interview, le docteur Hercberg explique les recommandations faites par le PNNS.

AVANT L'ÉCOUTE

1 

La santé et les choix alimentaires En petits groupes, discutez des questions qui suivent en utilisant des exemples précis, d'ordre personnel et/ou général.

1. Quels fruits et légumes mangez-vous? Combien en mangez-vous par jour?
2. Quels aliments bons pour la santé mangez-vous régulièrement? Quels aliments pouvant avoir un effet néfaste sur la santé consommez-vous?
3. Vos habitudes alimentaires sont-elles suffisamment équilibrées? Expliquez.
4. Quelles habitudes alimentaires aimeriez-vous changer? Pourquoi?
5. En dehors de l'alimentation, quels facteurs peuvent avoir un effet sur la santé?

STRATÉGIE

Prédire
Pour pouvoir prédire les sujets abordés dans l'enregistrement, relisez les questions de l'Activité 1 avant d'écouter. Notez les idées principales que vous pensez entendre pendant l'écoute de l'enregistrement.

▸2 **Prédictions** Utilisez vos connaissances antérieures sur la nutrition et la santé pour identifier les sujets qui seront probablement abordés dans l'interview, sachant que celle-ci porte sur les recommandations alimentaires. Comparez vos réponses avec un(e) partenaire et discutez de vos choix.

	PROBABLEMENT MENTIONNÉ	PROBABLEMENT PAS MENTIONNÉ
1. les excès alimentaires		
2. les besoins alimentaires et les quantités à consommer		
3. les relations entre les aliments et les risques de développer diverses maladies		
4. les régimes alimentaires restrictifs		
5. les bénéfices associés à la pratique régulière d'un sport		

PENDANT L'ÉCOUTE

1 **Première écoute** Écoutez l'interview une première fois afin d'en saisir les idées générales. Prenez des notes.

Source: Extrait de «Alimentation et santé», Priorité Santé, diffusé le 20 janvier 2011. Vous pouvez trouver la version intégrale sur www.rfi.fr.

2 **Deuxième écoute** À la deuxième écoute, vérifiez vos notes et ajoutez des détails. Puis, comparez les idées que vous avez notées aux prédictions faites lors de l'Activité 2 d'**Avant l'écoute**.

APRÈS L'ÉCOUTE

1 **Compréhension** Répondez aux questions d'après la séquence audio.

1. Combien de fruits et de légumes doit-on manger selon le PNNS?
2. Pourquoi cette quantité de fruits et de légumes est recommandée?
3. Quel est le message principal que le PNNS veut transmettre en faisant cette recommandation?
4. Pourquoi est-il important de consommer des produits laitiers?
5. Quel conseil donne le docteur Hercberg quant aux produits laitiers?
6. Quels aliments a-t-on tendance à trop manger?
7. Pourquoi ces aliments ne sont-ils pas recommandés?
8. Quels aliments doit-on favoriser?

2 **Discussion** Quelles sont les causes, les conséquences et les solutions au déséquilibre alimentaire? Avec toute la classe, discutez de ce sujet en répondant aux questions.

VOCABULAIRE PERSONNEL
Utilisez votre vocabulaire personnel.

1. En quoi consiste le déséquilibre alimentaire?
2. Quelles sont les causes principales du déséquilibre alimentaire chez les jeunes de votre région? Réfléchissez aux possibles causes économiques, logistiques et celles concernant le mode de vie.
3. Quelles maladies et quels états physiques ainsi que psychologiques sont liés à la mauvaise nutrition?
4. Quel est le pourcentage de ces maladies et états dans la société?
5. Qu'est-ce qu'un individu peut faire pour manger mieux et rester en bonne santé?
6. Qu'est-ce que la société, le gouvernement ou d'autres organisations publiques peuvent faire pour aider les gens à gérer leur nutrition?

3 **Recherches et rapport** Faites des recherches sur les sujets indiqués ci-dessous, puis écrivez un rapport de trois paragraphes dans lequel vous présentez les résultats de votre investigation.

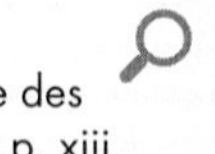

RESSOURCES
Consultez la liste des appendices à la p. xiii.

À rechercher sur Internet:
1. les menus typiques offerts dans les cantines scolaires de deux pays francophones
2. le taux d'obésité chez les adolescents dans ces mêmes pays
3. les menus typiques offerts dans les cantines scolaires aux États-Unis (ou dans votre État)
4. le taux d'obésité chez les adolescents aux États-Unis (ou dans votre État)
5. des articles ou des enquêtes sur les liens entre la qualité des déjeuners scolaires et le taux d'obésité chez les jeunes

À l'écrit: Comparez les déjeuners des cantines scolaires dans les pays francophones recherchés à ceux des cantines scolaires américaines ainsi que le rapport entre les déjeuners scolaires des trois pays et l'obésité. Notez et commentez les similarités et les différences.

LIENS CULTURELS

Des Marocaines déjeunent sur la Corniche à Casablanca, Maroc

Le diabète: nouveau fléau africain

L'AFRIQUE DOIT FAIRE FACE À UNE CROISSANCE exponentielle de personnes qui souffrent de diabète. Parfois lié à la surnutrition et à l'obésité, le diabète frappe hommes et femmes de toutes classes sociales, au cœur des villes africaines. Cette explosion est due à un changement fondamental dans la façon de se nourrir ainsi qu'à une augmentation de la sédentarité. Tandis que les ruraux continuent à manger des aliments traditionnels riches en fibres, des féculents et des viandes maigres, les Africains urbains imitent de plus en plus les modes de vie occidentaux en adoptant des régimes alimentaires hyper-gras, hyper-salés et très riches en sucres rapides. Les femmes ont un risque plus élevée que les hommes car la beauté africaine rime parfois avec rondeur. De plus, être en surpoids peut être interprété comme un signe de bonne santé et de richesse. Ces deux composantes culturelles contribuent à la progression du fléau.

- Au Congo, consommer des insectes pour se nourrir est une tradition ancestrale. Les habitants de Brazzaville consomment en moyenne 30 grammes de chenilles par personne et par jour. Aliment riche en protéines, elles apportent à l'organisme des minéraux importants comme le fer, le magnésium ou le zinc et aident les populations souffrant de malnutrition. Les plats que l'on peut cuisiner avec des chenilles sont variés et on trouve facilement des bouillons de chenilles sur les étals des marchés congolais.

- Élément de base dans l'alimentation, le manioc est à l'Afrique ce que la pomme de terre est à l'Europe ou le riz à l'Asie. C'est un tubercule de forme cylindrique dont l'écorce est brune et la chair blanche. On consomme régulièrement les racines de manioc, après les avoir débarrassées de leurs toxines en les faisant cuire. On peut également les transformer en farine («foufou») au Cameroun et au Congo, en semoule («gari») au Bénin ou en pâte de manioc fermenté («attiéké») en Côte d'Ivoire. Les racines de manioc contiennent un taux élevé d'amidon et de glucides, mais elles possèdent très peu de protéines, de vitamines et de sels minéraux.

Présentation orale: comparaison culturelle

Préparez une présentation orale sur le thème suivant.

Quels facteurs influencent les habitudes alimentaires?

- Comparez votre propre communauté à une région du monde francophone que vous connaissez.

contexte 4 La tolérance

POINTS DE DÉPART

La tolérance est un état d'esprit ouvert accordant une place à des modes de pensée et de vie différents des siens. Cette valeur est essentielle pour permettre à diverses populations de vivre ensemble. En effet, la tolérance est la capacité de respecter les idées, les sentiments, les croyances et les habitudes d'autrui même quand on les désapprouve ou souhaite les interdire. Elle implique la reconnaissance des droits universels et des libertés fondamentales.

- Quels sont les effets de la marginalisation?
- Comment les membres d'une société peuvent-ils encourager la tolérance?
- Comment les femmes ont-elles surmonté des obstacles pour accéder à des postes importants dans les entreprises et les gouvernements?

DÉVELOPPEMENT DU VOCABULAIRE

VOCABULAIRE PERSONNEL
Notez le nouveau vocabulaire à mesure que vous l'apprenez.

1 **Concepts importants** Indiquez si vous associez chaque mot à la tolérance ou à l'intolérance. Ensuite, écrivez une phrase afin de créer une définition pour chacun.

accommodement	conciliation	impartialité	mépris
approbation	discrimination	inclusion	préjugé
bouc émissaire	équité	marginalisation	stéréotype

2 **La marginalisation** En petits groupes, répondez aux questions pour discuter de la marginalisation dans votre lycée.

1. Quels groupes sont marginalisés à cause de stéréotypes ou d'autres préjugés?
2. Les individus sont aussi parfois marginalisés. Quelles caractéristiques une personne peut-elle avoir, qui la mettent en marge du groupe?
3. Comment se sent-on quand on est marginalisé ou stéréotypé? Faites une liste des adjectifs qui décrivent les sentiments qui en découlent.
4. Quelles actions peut-on entreprendre pour montrer plus de tolérance envers ces groupes et ces personnes?

3 **Les effets de l'intolérance** À deux, complétez le diagramme de Venn ci-dessous afin d'illustrer certains effets de l'intolérance dans le monde et dans votre communauté ou dans une communauté que vous connaissez bien.

Effets dans le monde
la guerre civile

Effets dans ma communauté
les bandes criminelles

Dans les deux
l'isolement de l'individu issu d'une minorité

LECTURE 4.1 ▸ HANDICAP ET ACCESSIBILITÉ: «PAS DE DÉLAI ACCEPTABLE AU-DELÀ DE 2017»

AU SUJET DU TEXTE Le texte qui suit correspond à une interview de Patrice Tripoteau, directeur général adjoint de l'Association des paralysés de France (APF). Les propos de M. Tripoteau ont été recueillis par le quotidien catholique *La Croix*, suite à une annonce du Premier ministre français relatant que l'échéance de 2015 visant à permettre l'accès de tous les immeubles aux personnes handicapées ne pourrait être atteinte. Durant cette entrevue, M. Tripoteau explique la situation actuelle en France concernant l'accessibilité et la position de l'APF.

AVANT LA LECTURE

VOCABULAIRE PERSONNEL
Utilisez votre vocabulaire personnel.

1 **L'accessibilité** L'accessibilité peut être définie telle la possibilité d'accéder aux bâtiments, à divers endroits, aux transports publics ou privés pour toute personne qui éprouve un handicap permanent ou temporaire. Avec un(e) camarade de classe, faites une liste des lieux où l'accès peut être difficile et expliquez pourquoi. Faites aussi une liste des handicaps permanents et temporaires qui peuvent empêcher l'accès.

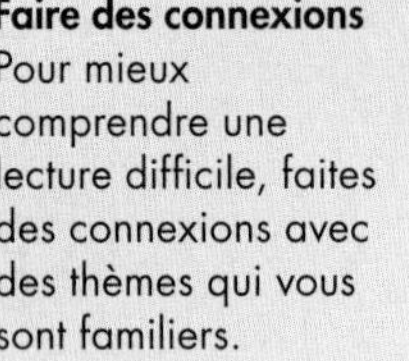

Faire des connexions
Pour mieux comprendre une lecture difficile, faites des connexions avec des thèmes qui vous sont familiers.

2 **Dans ma communauté** Répondez à ces questions au sujet de l'accessibilité dans votre communauté. Ensuite, faites des connexions entre les idées discutées et celles du texte pendant votre lecture.

1. Selon vous, l'accessibilité des endroits publics dans votre communauté est-elle excellente, bonne, adéquate ou inadéquate? Justifiez votre réponse avec des exemples concrets.
2. Est-ce que les élèves qui souffrent d'un handicap physique ont un accès facile aux salles de classe, à la cour ou au centre informatique de votre établissement? Ont-ils accès à tous les endroits de votre lycée? Comment se déplacent-ils? Quel transport leur est assuré pour venir à l'école et pour rentrer chez eux?
3. Quelles mesures pourrait-on prendre dans votre communauté pour améliorer l'accès des handicapés à tous les établissements privés et publics?

3 **Obstacles** Pourquoi l'accessibilité pour tous continue d'être problématique? En petits groupes, discutez des questions suivantes pour explorer le sujet.

1. Pour quelles raisons un individu, une institution et une entreprise ne seraient-ils pas en faveur de l'accessibilité? (Réfléchissez aux raisons psychologiques, physiques, économiques, organisationnelles et philosophiques.)
2. Quels obstacles se présentent lorsque l'on veut rendre un lieu accessible?
3. Qu'est-ce qui peut motiver une institution ou une entreprise à surmonter des obstacles pour rendre ses lieux accessibles?

HANDICAP ET ACCESSIBILITÉ: «PAS DE DÉLAI ACCEPTABLE AU-DELÀ DE 2017»

MOTS-CLÉS

le délai prolongation dans le temps; temps accordé pour faire quelque chose

légiférer passer des lois

le report fait de remettre à une date ultérieure

l'échéance (f.) moment où une obligation doit être exécutée

le particulier individu, personne

Propos recueillis par **Flore Thomasset**

TROIS QUESTIONS à Patrice Tripoteau, directeur général adjoint de l'Association des paralysés de France (APF), alors que le projet de loi habilitant le gouvernement à **légiférer** par ordonnance sur de nouveaux délais pour rendre les lieux publics et transports accessibles doit être examiné lundi 28 avril au Sénat.

La Croix: ***Comprenez-vous qu'il y ait un report de l'échéance d'accessibilité de 2015, fixé par la loi en 2005?***

Patrice Tripoteau: Pour l'Association des paralysés de France, il ne s'agit pas à proprement parler d'un report puisque nous avons obtenu que le principe d'accessibilité en 2015 soit maintenu. Un établissement recevant du public ou une entreprise de transports pourra être poursuivi par un **particulier** et soumis à des sanctions s'il n'est pas accessible aux handicapés le 1er janvier prochain.

Cela dit, le gouvernement a proposé que des délais supplémentaires soient

MOTS-CLÉS

envisager projeter, considérer pour l'avenir

le quinquennat mandat d'une durée de cinq ans

plaider défendre devant un tribunal

la méconnaissance ignorance

l'écoulement (m.) fin, expiration

le tiers partie d'un tout divisé en trois parties égales

accordés à ceux qui souhaitent s'engager sur des «agendas d'accessibilité programmée» ou «Ad'AP», ce que nous avons accepté, sur le principe. Cependant, les délais **envisagés** sont beaucoup trop longs puisqu'ils pourraient être de trois, six ou neuf ans.

Le projet de loi discuté au Sénat ne fixe pas ces délais, ce sera l'objet des ordonnances. Nous ferons alors tout pour que ces délais soient resserrés: pour nous, il n'y a pas de délai acceptable au-delà de 2017, la fin du **quinquennat**. Plusieurs mobilisations sont déjà prévues dans de grandes villes et à Paris, le 13 mai.

« Certains disent que le plus urgent, ce sont les lieux de première nécessité, mais nous plaidons, nous, pour que toute la chaîne de déplacements soit considérée. »

La Croix: ***La crise ne peut-elle pas expliquer des demandes de délais plus longs?***

P. T.: Cela fait 40 ans que le principe de l'accessibilité est inscrit dans la **loi**. À l'époque, il n'y avait pas la crise. Certains disent qu'il y a trop de normes, d'autres que ça coûte trop cher. Depuis quelques années, la crise est utilisée comme une excuse et bientôt, ce sera la suppression des départements... À chaque fois, il y a de nouveaux arguments. C'est de la mauvaise foi.

Certes, l'accessibilité peut avoir un coût et c'est pourquoi nous **plaidons** pour qu'il y ait, au niveau national, des incitations à la mise aux normes et que des soutiens financiers soient mis en place pour les petites communes et les petits commerçants. Cela dit, parfois, le coût des travaux est aussi surestimé par **méconnaissance** des normes. Il peut suffire de peu, dans certains cas, pour rendre un lieu accessible. Nous tenons par ailleurs à rappeler qu'avant la fin de 2014, et l'**écoulement** du délai des dix ans fixé en 2005, il reste encore plusieurs mois. Nous demandons donc au gouvernement de lancer une grande campagne de communication sur cette échéance.

La Croix: ***Y a-t-il des lieux à rendre accessibles en priorité?***

P. T.: Si je vous demandais, à vous valide, s'il est plus important pour vous de pouvoir vous rendre chez votre médecin, à la boucherie ou à la boulangerie, que répondriez-vous? Cette question n'a pas de sens. Certains disent que le plus urgent, ce sont les lieux de première nécessité, mais nous plaidons, nous, pour que toute la chaîne de déplacements soit considérée. Or, aujourd'hui, il n'y a pas plus d'un **tiers** des lieux et transports qui sont accessibles aux personnes handicapées.

Nous plaidons par ailleurs pour une «accessibilité universelle» des bâtiments et transports, c'est-à-dire pour qu'on ne pense pas seulement aux personnes handicapées ou en fauteuil, mais aussi aux personnes âgées, à celles avec poussettes, à celles dont la mobilité est temporairement réduite... Il s'agit de penser et de créer une société pour tous, pas seulement pour les handicapés.

Source: Propos recueillis par Flore Thomasset, publiés le 27 avril 2014. Vous pouvez trouver la version intégrale sur la-Croix.com.

APRÈS LA LECTURE

1 **Compréhension** Répondez aux questions d'après la lecture.

1. Qu'est-ce que la loi de 2005 a permis?
2. Que pense Tripoteau des délais envisagés par rapport aux Ad'AP?
3. Comment l'APF va réagir par rapport au projet de loi discuté au Sénat?
4. Depuis combien de temps le principe de l'accessibilité est inscrit dans la loi?
5. Quelles sont les excuses données pour ne pas rendre un endroit accessible?
6. Qu'est-ce que l'APF plaide et demande au gouvernement de faire d'ici la fin de 2014?
7. Quels sont les lieux à rendre accessible en priorité d'après Tripoteau?
8. Qu'est-ce que «l'accessibilité universelle» selon Tripoteau?

2 **Analyse** L'Association des paralysés de France souhaite une «accessibilité universelle». Étant donné la situation actuelle en France telle qu'elle est décrite dans l'interview, pensez-vous que cela soit une possibilité? Est-ce un rêve utopique? Écrivez un paragraphe pour répondre à cette question. Utilisez votre logique, vos connaissances antérieures et des informations du texte pour justifier vos opinions.

3 **Votre expérience** Avec un(e) camarade, discutez des questions suivantes.

1. Qu'est-ce qu'un handicap? Connaissez-vous quelqu'un qui vive un handicap? Est-ce auditif, visuel, moteur, psychologique, d'apprentissage ou autre?
2. Comment cet handicap influence-t-il la vie de cette personne? Par exemple, y a-t-il des activités ou des évènements auxquels elle ne puisse pas participer? A-t-elle besoin d'appareils spéciaux ou lui est-il nécessaire de suivre un rythme quotidien spécifique? Expliquez.
3. Comment son entourage réagit-il à son handicap?
4. Comment réagissez-vous? Réfléchissez à une situation où vous vous êtes retrouvé(e) handicapé(e), du fait d'une blessure ou d'une maladie. Les gens étaient-ils tolérants envers vous? En quoi cet handicap vous a limité(e)? À quoi n'aviez-vous pas accès? Quelles émotions éprouviez-vous?

RESSOURCES
Consultez la liste des appendices à la p. xiii.

4 **Dans les médias** En petits groupes, réfléchissez à la manière dont on présente les personnes handicapées dans les médias (les programmes de télé, les films, les magazines, les livres…). Quels mots et quelles images sont employés pour les décrire? Notez vos idées puis discutez des messages communiqués par ces mots et images concernant les personnes handicapées. Reflètent-ils la réalité? Encouragent-ils à la compréhension et à la tolérance? Comment peut-on améliorer ces messages pour encourager plus de tolérance?

5 **Les uns et les autres** Avec un(e) partenaire, créez une liste de groupes parfois victimes de l'intolérance aujourd'hui ou qui ont été marginalisés dans le passé. Pour chaque groupe, discutez de ces points:

- les caractéristiques identitaires de ce groupe
- les actes d'intolérance à son encontre
- ce qui d'après vous génère ce manque de tolérance
- les réactions du groupe face à l'intolérance
- les solutions possibles pour encourager plus de tolérance envers ce groupe

6 

Des pas vers la solidarité Réfléchissez aux conditions d'accessibilité dans votre lycée afin d'identifier un cas où l'accès aux personnes handicapées est limité. Informez-vous à propos du problème en faisant des interviews d'élèves, de professeurs ou du personnel administratif. Écrivez une proposition pour résoudre ce problème. Votre projet doit comprendre une explication du problème, les raisons pour lesquelles il est important de l'aborder et votre solution. Tâchez d'être convaincant(e) et justifiez vos arguments en utilisant des citations de vos interviews.

STRATÉGIE

S'exprimer clairement
Quand vous vous adressez à un groupe, parlez haut et articulez correctement. Pour vous comprendre, il est important que tout le monde puisse vous entendre et que vous prononciez chaque mot de manière intelligible. Ne parlez pas trop vite. Prenez votre temps et essayez de vous détendre.

7 

Présentation orale Tous les ans, votre communauté récompense un volontaire qui s'engage à encourager la tolérance et dont les efforts ont eu un impact important. Cette année, il vous revient de nommer un candidat. Choisissez un membre de votre communauté qui mérite d'être reconnu(e) pour ses actions et préparez une présentation orale pour le nommer auprès du comité établi comme juge. Suivez le schéma suivant:

1. une introduction qui comprend:
   - une présentation de vous-même
   - les raisons pour lesquelles vous avez décidé de nominer cette personne pour ce prix
2. une présentation de votre candidat qui comprend:
   - son nom, son lieu de résidence, ses titres
   - une description de son caractère
   - une explication de ses activités pour encourager la tolérance
   - les raisons pour lesquelles cette personne mérite le prix
3. une conclusion qui résume:
   - votre nomination
   - les bonnes conséquences des actions de votre candidat

STRUCTURES

Le subjonctif dans les propositions adverbiales

En utilisant la lecture, complétez les phrases suivantes en décrivant les buts de l'APF. Notez que chacun de ces objectifs est introduit par la conjonction adverbiale «pour que».

MODÈLE L'APF fera tout pour que les délais de la mise en œuvre de la loi de 2005... ***soient resserrés.***

1. L'APF se bat pour que des incitations à la mise aux normes et des soutiens financiers... pour les petites communes et les petits commerçants.
2. L'APF plaide pour que toute la chaîne de déplacement (que ce soit pour aller chez le médecin ou à la boulangerie)...
3. L'APF insiste pour qu'on... à tous ceux qui en ont besoin (par exemple, les personnes handicapées, âgées ou accompagnées de jeunes enfants).

RESSOURCES
Consultez les explications de grammaire de l'appendice A aux pp. 387–389.

LECTURE 4.2 ▸ PEUT-ON TRAVAILLER EN FRANCE AVEC UN VOILE?

AU SUJET DU TEXTE Le texte qui suit provient de *Oumma.com*, site web créé en 1999 et destiné à la communauté francophone musulmane. Ce site, dont le slogan est «l'islam en toute liberté», vise à favoriser la libre circulation d'informations sur la vie culturelle et religieuse du monde musulman. À cet effet, il publie des articles et des rubriques consacrés à une variété de sujets présentant des interviews de diverses personnalités. L'article en lui-même fait état de la question très controversée du port du voile en tant qu'expression religieuse en France et montre les obstacles auxquels font face les femmes qui choisissent de le porter, notamment dans le monde du travail.

AVANT LA LECTURE

1 **Définitions** Choisissez la définition qui correspond à chaque mot qui suit. Ces mots vous aideront à comprendre les références culturelles de la lecture.

1. ___ le voile	a. partie d'une entreprise avec une fonction spécifique
2. ___ le hijab	b. établissement qui aide les demandeurs d'emploi
3. ___ Ikea	c. foulard qui couvre les cheveux et le cou
4. ___ le BTS	d. diplôme d'enseignement supérieur
5. ___ le Pôle emploi	e. étoffe pour couvrir
6. ___ le CV	f. chef
7. ___ le/la responsable	g. magasin spécialisé dans le mobilier et objets ménagers
8. ___ le service	h. document détaillant les compétences et le parcours d'un individu

VOCABULAIRE PERSONNEL
Notez le nouveau vocabulaire à mesure que vous l'apprenez.

2 **Ce que l'on porte** En groupes de quatre, discutez des affirmations suivantes et exprimez vos opinions sur le sujet.

1. S'habiller comme on veut est une liberté individuelle.
2. L'employeur a le droit d'imposer des règles vestimentaires au travail.
3. On doit adapter ses habits à la situation dans laquelle on se trouve.
4. Porter un signe religieux fait partie de la liberté religieuse.
5. On ne doit porter un signe religieux ni à l'école ni au travail.
6. Il faut cacher ses tatouages quand on est au travail.
7. Il est important d'être tolérant vis-à-vis des habitudes vestimentaires.
8. Les piercings, tatouages et certains bijoux peuvent être choquants.

STRATÉGIE

Utiliser ce que vous savez déjà
Utilisez vos connaissances pour vous aider à mieux comprendre le contenu du message, qu'il soit écrit ou oral. Demandez-vous comment les individus de votre pays se distinguent à travers des vêtements ou des accessoires religieux.

3  **Code vestimentaire** Écrivez un paragraphe sur le code vestimentaire de votre lycée et donnez-en votre opinion. En quoi consiste-t-il? Quelle est votre opinion sur ces règles? Y a-t-il quelque chose d'interdit que vous aimeriez porter? S'il n'y a pas de règle officielle, les élèves suivent-ils un code créé par eux-mêmes? Par exemple, suivent-ils les tendances de leur groupe social?

MOTS-CLÉS

la nounou mot enfantin pour nourrice

dorénavant à partir de maintenant

l'accommodement (m.) arrangement, compromis

soluble qu'on peut résoudre, dissoudre

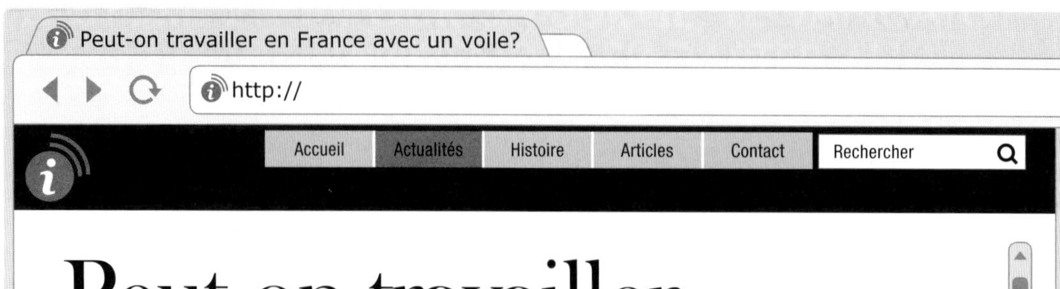

Peut-on travailler en France avec un voile?

La loi «anti nounous voilées» relance une fois de plus la question du voile dans le monde du travail. Ce sujet, surtout abordé dans les forums de discussion, n'a fait jusqu'à présent l'objet d'aucune étude, ni d'une enquête approfondie dans les médias.

Par **Laetitia Doudet**

La France et l'interdiction du voile au travail: une exception européenne

Dans une Europe tolérante et permissive à l'égard du voile, la France fait figure d'exception, à grand renfort de textes de loi interdisant le port de signes religieux dans le secteur public et **dorénavant** dans le privé. La tendance est complètement inversée en Grande-Bretagne, où des entreprises comme Ikea sont allées jusqu'à s'adapter à leurs employés, non seulement en tolérant leur voile, mais aussi en proposant des uniformes appropriés. Dans les pays anglo-saxons, la recherche de la paix sociale est souvent préférée à l'interdiction. Dans le reste de l'Europe, notamment en Allemagne, en Belgique, et en Suède, le voile est autorisé sur le lieu de travail.

Outre-Atlantique, même constat, rappelons-nous les propos de Barack Obama, lors de sa conférence au Caire, visant la France. Le fait de juger la norme vestimentaire des citoyens français, et d'interférer dans ce débat franco-français très sensible, avait été vivement critiqué. «Il est important pour les pays occidentaux d'éviter de gêner les citoyens musulmans de pratiquer leur religion comme ils le souhaitent, et par exemple en dictant les vêtements qu'une femme doit porter». Le Canada développe, pour sa part, un modèle de tolérance qui est parfaitement illustré par le parcours de Wafa Dabbagh, cette musulmane voilée, lieutenant dans l'armée canadienne. Au Québec, les **accommodements** raisonnables garantissent la non-discrimination dans le milieu du travail.

Le voile est-il soluble dans l'entreprise?

Face à cette hostilité du port du voile conjuguée à une mauvaise image, certaines se résignent à se présenter aux entretiens sans «hijab», afin de mettre toutes les chances de leur côté. Anissa B., 21 ans, étudiante en BTS «Négociation relation client», en alternance dans une société d'assurance, confie qu'elle *«porte le voile depuis un an. À l'époque, je cherchais une entreprise en alternance pour continuer mes études. C'est après un rendez-vous avec ma conseillère du Pôle emploi, qui m'a clairement signifié que je ne trouverai jamais de travail avec mon voile, que j'ai décidé de faire un compromis et de le porter en dehors de mon temps de travail»*.

Anissa n'a jamais osé se présenter voilée à un entretien: *«J'ai toujours été convaincue que l'on ne me prendrait pas avec mon voile. Il existe aujourd'hui beaucoup de discriminations dans le monde du travail, en plus d'être une femme, je suis musulmane et voilée de surcroît, je pense que c'est beaucoup*

MOTS-CLÉS

décrocher obtenir

repaire lieu qui protège, abri

pour un seul et même employeur (rires)» ajoute-t-elle, non sans humour. La plupart des candidates revêtues du voile vont même jusqu'à ne pas mettre de photos sur leur CV, afin d'optimiser leurs chances de **décrocher** un entretien.

Lors de notre enquête, nous avons réalisé à quel point il était difficile pour ces femmes voilées de trouver un emploi à la hauteur de leurs compétences. Il existe un phénomène important de «déclassement professionnel», beaucoup sont contraintes d'exercer des métiers qui ne correspondent en rien à leurs compétences.

Le regard et l'incompréhension des collègues sont des difficultés, des épreuves, rencontrées au quotidien. Anissa B. nous a confié: «*Je n'ai pas osé en discuter avec ma responsable par crainte de sa réaction, aucun de mes collègues n'était au courant que je le portais et je savais que c'était mal vu dans mon service. Je me suis donc résignée à le retirer sur mon lieu de travail. Je dois avouer que c'est une décision qui n'a pas été facile, surtout dans les débuts, c'était très dur*».

Voile non désiré! Turbans, bandanas ou chapeaux «tolérés»

En France, le voile traditionnel, connoté trop religieux, n'est pas le bienvenu dans les entreprises. Certaines femmes voilées sont prêtes à faire des concessions pour décrocher un emploi, en s'assurant de couvrir les parties du corps qui doivent être dissimulées, (plus particulièrement la chevelure), et elles remplacent leur hijab par un bandana, un turban, un chapeau ou autres... Plus discrète, cette nouvelle façon de se couvrir la tête pourrait être une solution susceptible d'inciter certains employeurs à accepter, à leur tour, ce compromis.

Les centres d'appels, «refuge» ou «repaire» pour les femmes voilées

Pour celles qui désirent travailler coûte que coûte, les centres d'appels recrutent à foison des femmes voilées. Ce n'est un secret pour personne, c'est à peu près le seul secteur qui ne fait pas de discrimination envers les femmes portant le hijab, mais la contrepartie peu enviable est un travail,

MOTS-CLÉS
le pèlerinage voyage vers un lieu sain
en dépit de malgré

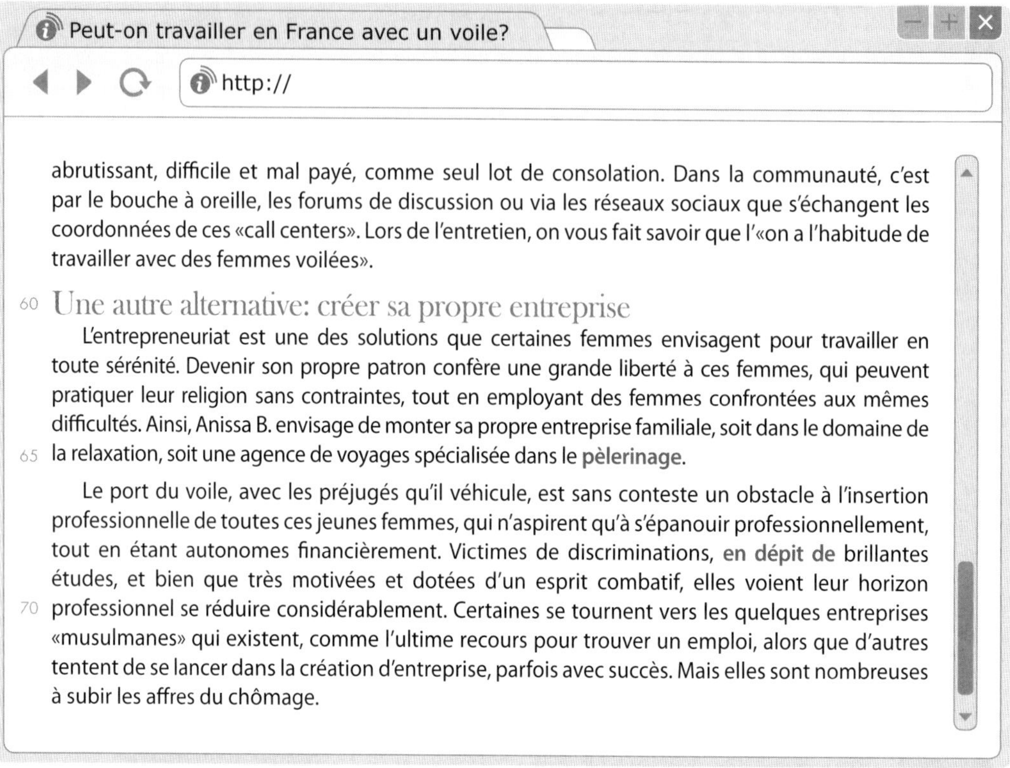
Peut-on travailler en France avec un voile?

http://

abrutissant, difficile et mal payé, comme seul lot de consolation. Dans la communauté, c'est par le bouche à oreille, les forums de discussion ou via les réseaux sociaux que s'échangent les coordonnées de ces «call centers». Lors de l'entretien, on vous fait savoir que l'«on a l'habitude de travailler avec des femmes voilées».

Une autre alternative: créer sa propre entreprise

L'entrepreneuriat est une des solutions que certaines femmes envisagent pour travailler en toute sérénité. Devenir son propre patron confère une grande liberté à ces femmes, qui peuvent pratiquer leur religion sans contraintes, tout en employant des femmes confrontées aux mêmes difficultés. Ainsi, Anissa B. envisage de monter sa propre entreprise familiale, soit dans le domaine de la relaxation, soit une agence de voyages spécialisée dans le **pèlerinage**.

Le port du voile, avec les préjugés qu'il véhicule, est sans conteste un obstacle à l'insertion professionnelle de toutes ces jeunes femmes, qui n'aspirent qu'à s'épanouir professionnellement, tout en étant autonomes financièrement. Victimes de discriminations, **en dépit de** brillantes études, et bien que très motivées et dotées d'un esprit combatif, elles voient leur horizon professionnel se réduire considérablement. Certaines se tournent vers les quelques entreprises «musulmanes» qui existent, comme l'ultime recours pour trouver un emploi, alors que d'autres tentent de se lancer dans la création d'entreprise, parfois avec succès. Mais elles sont nombreuses à subir les affres du chômage.

APRÈS LA LECTURE

CONCEPTS IMPORTANTS

Évaluer les informations
Pendant la lecture, posez-vous la question de savoir si vous êtes d'accord avec le point de vue de l'auteur. Demandez-vous aussi si le texte vous intéresse et si les informations présentées vous paraissent valides.

1 Compréhension Choisissez la meilleure réponse, d'après le texte.

1. Comment la France est-elle, quant au voile, comparée aux autres pays?
a. plus permissive
b. plus ouverte
c. plus conformiste
d. plus intolérante

2. Quel compromis est-ce qu'Anissa a accepté?
a. Elle ne portera plus jamais de voile en public.
b. Elle acceptera un moindre salaire et de plus longues heures.
c. Elle ne travaillera qu'à la maison.
d. Elle s'habillera plus conventionnellement au travail que chez elle.

3. Que veut dire l'expression «mal vu» (ligne 42) dans le texte?
a. peu apprécié
b. puni
c. à peine visible
d. inattendu

4. Que peut-on dire des call centers?
a. Ils emploient secrètement les femmes voilées.
b. Ils emploient énormément de femmes voilées.
c. Ils donnent des emplois bien rémunérés à tous.
d. Ils luttent contre la loi anti-voile.

5. Quel défi majeur les femmes voilées doivent-elles relever en France?
a. Elles ont du mal à obtenir les emplois pour lesquels elles sont qualifiées.
b. Elles se font agresser au travail.
c. On les empêche de faire des pèlerinages.
d. Elles n'ont pas le droit de créer leur propre entreprise.

2 **Le ton et le style** Au début du texte, on mentionne la loi «anti nounous voilées». Expliquez la signification de l'expression. Puis, à travers l'emploi de cette expression dès le début de l'article jusqu'à la fin, analysez le ton de l'auteur: Pourquoi a-t-elle écrit l'article? Pour qui l'a-t-elle écrit? Qu'est-ce qu'elle veut que son public comprenne, apprenne ou considère? Écrivez un paragraphe pour répondre à ces questions.

VOCABULAIRE PERSONNEL
Utilisez votre vocabulaire personnel.

3 **Réflexion personnelle** Répondez aux questions.

1. Avez-vous tendance à juger les personnes selon leur apparence? De quelle manière?
2. Prenez-vous en compte les vêtements des autres? Quelles informations les vêtements vous donnent-ils sur la personne qui les porte?
3. Vous a-t-on déjà jugé(e) du fait de votre tenue vestimentaire, votre coiffure ou vos accessoires? Comment avez-vous réagi?
4. Connaissez-vous quelqu'un ayant été victime de discrimination à cause de ses habits, de sa coiffure ou de ses bijoux? Que s'est-il passé?
5. Comment vous sentiriez-vous à la place d'Anissa? Auriez-vous pris les mêmes décisions? Expliquez.

4 **Débat** Lisez cette citation de l'article et débattez les questions en petits groupes.

> « Il est important pour les pays occidentaux d'éviter de gêner les citoyens mulsumans de pratiquer leur réligion comme ils le souhaitent, et par exemple en dictant les vêtements qu'une femme doit porter. 

1. Êtes-vous d'accord avec cette déclaration? Pourquoi?
2. Pourquoi cette phrase suscite des réactions si fortes?
3. Cette déclaration aurait-elle le même sens ou le même impact si on substituait un autre groupe religieux aux mulsumans? Expliquez votre raisonnement.

5 **Religion et république** À deux, discutez des sujets qui suivent. Utilisez des arguments logiques pour présenter votre opinion en vous basant sur des faits ou des informations vérifiées.

- Une république doit tolérer et accepter toutes les pratiques religieuses, y compris les pratiques visibles, comme la prière en public ou le port de certains accessoires et vêtements.
- Dans une république, les pratiques religieuses doivent être protégées, mais elles doivent rester confinées à l'espace privé ou aux bâtiments religieux et autres lieux de culte dédiés à ces pratiques.

6 **Essai** Qu'est-ce que «la tolérance religieuse» d'après vous? Pourquoi est-elle importante dans le monde actuel? Comment peut-on l'encourager? Écrivez un essai pour répondre à ces questions. Dans votre essai, abordez ces sujets:

- les définitions de la tolérance et de l'intolérance religieuses
- la tolérance religieuse comme défi mondial
- le respect des pratiques religieuses des autres
- les actions nécessaires pour encourager la tolérance et faire cesser l'intolérance religieuse au niveau local, national et international

RESSOURCES
Consultez la liste des appendices à la p. xiii.

Audio
My Vocabulary
Partner Chat
Record & Submit
Write & Submit

AUDIO ▸ LA TOLÉRANCE SELON KIM THÚY

MOTS-CLÉS
ressentir éprouver
rayé(e) éliminé, effacé
pénible désagréable, difficile
se taper dessus se bagarrer, lutter

INTRODUCTION Cet enregistrement, diffusé par Radio-Canada, est une interview de Kim Thúy, écrivaine québécoise née à Saïgon en 1968 et qui a émigré avec ses parents à l'âge de 10 ans. Bien qu'elle ait commencé sa vie canadienne installée à Québec en tant que réfugiée, elle a obtenu un diplôme de l'Université de Montréal en linguistique et traduction en 1990 puis en droit en 1993. Kim Thúy a travaillé comme interprète, avocate, critique gastronomique et romancière. Durant cette entrevue, elle présente ses observations au sujet du thème de la tolérance parmi les Québécois.

AVANT L'ÉCOUTE

1 **La tolérance** Avec un(e) camarade, discutez de ces questions sur la tolérance.

1. En général, considérez-vous les États-Unis comme un pays tolérant? Expliquez.
2. D'après tout ce que vous avez étudié sur ce pays, le Canada est-il un pays tolérant? Justifiez votre réponse.
3. D'après vous, pourquoi certains pays sont plus ou moins tolérants que d'autres?
4. Quels facteurs influencent la tolérance d'un peuple?
5. Pensez-vous que la tolérance dans votre pays et région se soit améliorée au cours des années? Où croyez-vous que l'intolérance continue de sévir? Expliquez.
6. Selon vous, les gens de votre région sont-ils capables de discuter de leurs différences de façon calme sans recours à la violence? Justifiez votre réponse.

2 **Faire des prédictions** Lisez ces phrases qui proviennent de l'enregistrement afin d'en prédire le contenu. Complétez le tableau avec une prédiction qui correspond à chaque phrase.

Ce mot-là devrait être rayé [...] du dictionnaire.	
on vit des moments un peu pénibles avec la Charte*	
Les débats sont nécessaires dans une société.	
on est capable de faire ça autour d'une table sans se tirer dessus	
on a réussi à élever [...] plusieurs générations maintenant de gens qui viennent d'ailleurs et qui sont aujourd'hui les Québécois	
on oublie de souligner ce travail déjà accompli	

**La Charte des valeurs québécoises* était un projet de loi visant à affirmer la laïcité et à mettre fin aux demandes d'accommodement pour raisons religieuses. En 2014, il a été rejeté, mais reste un sujet très controversé et polémique.

PENDANT L'ÉCOUTE

1 **Première écoute** Écoutez l'enregistrement en prêtant attention au contexte des phrases de l'Activité 2 d'**Avant l'écoute**.

2 **Deuxième écoute** À la deuxième écoute, notez les mots-clés associés avec chaque phrase de l'Activité 2 pour mieux comprendre les idées principales du texte.

APRÈS L'ÉCOUTE

1 **Compréhension** Répondez aux questions suivantes selon le contenu de l'enregistrement.

1. Tout au début de l'interview, que cherche à savoir la journaliste?
2. Comment Kim Thúy définit-elle la tolérance?
3. Lisez la note qui explique *La Charte des valeurs québécoises.* Selon l'écrivaine, quelle importance les débats inspirés par ce projet de loi ont-ils?
4. Quelle est l'opinion d'une ancienne juge que Kim Thúy a adoptée quant aux conflits?
5. D'après l'écrivaine, quel est le «volet» qui manque?
6. Comment Kim Thúy vit son expérience au Québec? L'a-t-elle ressentie comme une immigrée? Citez l'enregistrement pour justifier votre réponse.

STRATÉGIE

Relire ses notes
Consultez les notes que vous avez prises pour répondre aux questions.

2 **Recherches** Une personne célèbre et ses impressions sur la tolérance des Québécois est le sujet de cet enregistrement. Recherchez deux célébrités dans votre communauté ou pays et deux au Canada qui se sont engagées contre l'intolérance et pour le respect des droits de chacun. Écrivez un essai pour comparer leurs efforts. Tâchez de répondre à ces questions:

- Qui sont ces célébrités et pourquoi sont-elles connues?
- Pour qui se battent-elles et pourquoi?
- Comment se battent-elles?
- En quoi leurs efforts sont-ils similaires? En quoi sont-ils différents?
- De quelle manière leurs efforts réflètent-ils les valeurs de leurs pays?

VOCABULAIRE PERSONNEL
Utilisez votre vocabulaire personnel.

3 **Une campagne** Préparez une campagne de sensibilisation qui défend un groupe marginalisé ou minoritaire et qui plaide la tolérance envers ce groupe. Puis, faites une présentation orale de votre campagne (multimédia si possible) à la classe. Utilisez les textes et les activités de ce contexte ainsi que vos propres connaissances pour illustrer et défendre vos idées. Tâchez d'inclure et de développer les aspects suivants:

- une introduction qui annonce l'objectif de votre campagne et qui attire l'attention de votre public
- une description et une explication des préjugés auxquels le groupe en question fait face
- une analyse des conséquences de l'intolérance envers ce groupe
- une analyse de la réaction du groupe ainsi que de la communauté face à cette intolérance
- une conclusion forte qui explique votre opinion personnelle en ce qui concerne l'acceptation de la différence dans la société

RESSOURCES
Consultez la liste des appendices à la p. xiii.

LIENS CULTURELS

70e anniversaire du droit
de vote et d'éligibilité des femmes
Paris - Mercredi 16 avril 2014

Najat Vallaud-Belkacem à Paris, avril 2014

Najat Vallaud-Belkacem

BIEN QUE LES FEMMES ET LES HOMMES SOIENT ÉGAUX EN droits, les inégalités persistent dans la vie quotidienne. Dans le monde politique, les hommes constituent la majorité des élus. Pourtant, si les hommes dominent en nombre, les femmes gagnent du terrain. Najat Vallaud- Belkacem représente un excellent exemple de la femme politique qui réussit et trace le chemin à parcourir pour permettre aux femmes de faire entendre leur voix. Née dans le petit village de Béni Chiker, elle quitte son Maroc natal pour venir rejoindre son père, ouvrier maçon en France. Brillante, elle fait de solides études au prestigieux Institut d'études politiques de Paris. Elle entre ensuite au Parti socialiste et commence une ascension fulgurante pour devenir la porte-parole de François Hollande. En 2014, le président et son Premier ministre, Manuel Valls, lui confie le Ministère des Droits des femmes, de la Ville, de la Jeunesse et des Sports. À 36 ans, Madame Vallaud-Belkacem peut désormais inspirer toutes les jeunes femmes que la politique attire.

- En 1996, Bineta Diop fonde l'organisation non-gouvernementale Femmes Africa Solidarité (FAS) dont la mission est de «promouvoir l'intégration de la perspective genre dans les processus de paix en Afrique». Sénégalaise de naissance, elle s'engage dans plusieurs missions pour promouvoir la paix sur le continent africain et œuvre pour la protection des femmes contre la violence dans les zones de guerre. Grâce à son travail incessant, elle est aujourd'hui reconnue comme une des personnalités africaines les plus influentes au monde.
- Christine Lagarde est devenue en 2011 directrice du FMI, le Fonds monétaire international, organisation internationale dont la mission est d'encourager la coopération monétaire et de garantir la stabilité financière du monde. C'est la première femme à accéder à ce poste. Née à Paris mais ayant grandi au Havre, c'est d'abord une nageuse de talent qui intègre même l'équipe de France. Plus tard, elle devient avocate, puis femme d'affaires. Elle joue un rôle important dans la vie politique française d'abord en tant que ministre déléguée au Commerce extérieur, puis en tant que ministre de l'Économie, des Finances et de l'Industrie.

Présentation orale: comparaison culturelle

Préparez une présentation orale sur le thème suivant.

- Comment les femmes ont-elles surmonté des obstacles pour accéder à des postes importants dans les entreprises et les gouvernements?

Comparez votre propre communauté à une région du monde francophone que vous connaissez.

contexte 5

EN BREF

Les droits de l'être humain

POINTS DE DÉPART

Les droits de l'être humain sont les droits fondamentaux, universels et inaliénables d'une personne. Ces droits permettent à l'individu de mener une existence digne et d'avoir le plein exercice de son intelligence, ses talents, sa spiritualité et ses qualités humaines.

- Quels sont les principaux droits de l'être humain?
- Qu'est-ce qui constitue une violation des droits fondamentaux?
- Comment la société protège-t-elle les droits de l'être humain?

DÉVELOPPEMENT DU VOCABULAIRE

1  **Nos droits** En petits groupes, préparez une liste des droits de l'être humain que vous considérez comme fondamentaux. Considérez les domaines suivants: civil, politique, social, économique, spirituel, culturel. Comparez votre liste avec celle d'un autre groupe et discutez-en afin de vous mettre d'accord sur les cinq droits les plus importants.

VOCABULAIRE PERSONNEL
Utilisez votre vocabulaire personnel.

PLUS À FOND

1 **La Cour européenne des droits de l'homme** La Cour européenne des droits de l'homme (CEDH) est une institution supranationale qui traite les requêtes individuelles et étatiques alléguant une violation d'un droit de l'homme ou d'une liberté fondamentale. En 2010, la Cour a rendu 1499 arrêts de violation. Lisez le tableau ci-dessous pour découvrir les objets de ces arrêts. Ensuite, répondez aux questions.

Objet des arrêts de violation rendus par la Cour européenne des droits de l'homme

Source: www.echr.coe.int

5,52%	Droit à la vie
8,66%	Droit à un recours effectif
9,32%	Protection de la propriété
9,85%	Autres violations
14,24%	Interdiction de la torture et des traitements inhumains et dégradants
14,75%	Droit à la liberté et à la sûreté
37,66%	Droit à un procès équitable

1. Selon les décisions rendues par la Cour, quel droit a été le plus souvent violé? D'après vous, quelles situations peuvent mener à ce type de violation? Qui en sont les victimes?
2. À votre avis, quelles violations concernent probablement des requêtes individuelles? Des requêtes de la part d'un état?
3. Y a-t-il des chiffres qui vous surprennent? Lesquels? Pourquoi?

2 **Recherche Internet** Faites des recherches et écrivez un paragraphe sur d'autres organismes qui ont pour mission de veiller au respect des droits de l'être humain. Décrivez leurs actions et les différents moyens de protection à leur disposition.

EN BREF

La paix et la guerre

POINTS DE DÉPART

La paix est définie comme une situation où il n'y a pas de guerres ni de conflits armés. La sauvegarder est un objectif primordial pour la plupart des pays dans le monde. À cette fin, des organismes comme l'Organisation internationale des Nations Unies (ONU) ont été créés.

- Quels sont les facteurs et les actions qui favorisent la paix?
- Quelles sont les conséquences de la guerre?
- Qu'est-ce qu'on doit faire pour maintenir la paix dans le monde?

DÉVELOPPEMENT DU VOCABULAIRE

1 **Familles de mots** Travaillez à deux pour définir chacun des termes.

1. le désarmement
2. humanitaire
3. la lutte
4. réfugié
5. la sécurité
6. le traité

VOCABULAIRE PERSONNEL
Utilisez votre vocabulaire personnel.

2 **Un conflit armé** En petits groupes, identifiez un conflit armé récent et discutez de ses causes et de ses conséquences sur les plans humain, politique et économique pour le(s) pays concerné(s). Considérez aussi les réactions de la communauté internationale. À votre avis, que faut-il faire pour rétablir et/ou maintenir la paix? Quelles actions humanitaires sont nécessaires pour aider les victimes de ce conflit?

PLUS À FOND

1 **Les activités de l'ONU** Étudiez le graphique pour mieux comprendre les engagements de l'ONU. Ensuite, répondez aux questions en petits groupes.

Source: Centre d'information des Nations Unies, Tunis

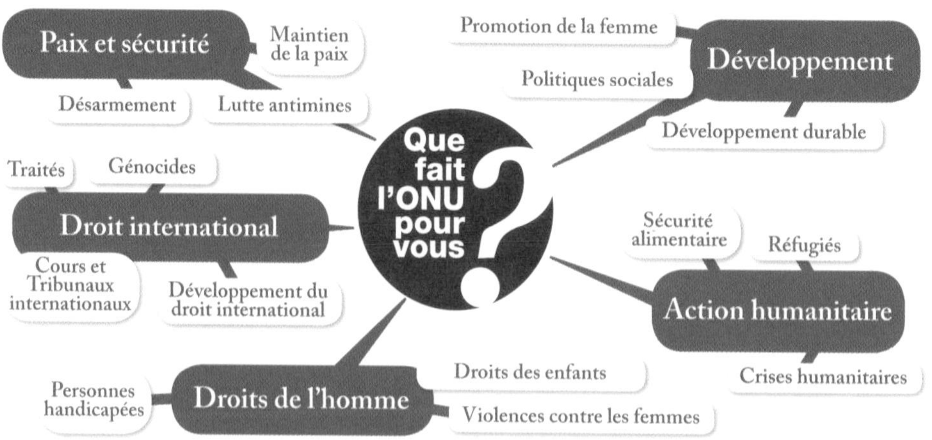

1. Quels sont les cinq domaines d'action principaux de l'ONU?
2. Sur quoi les actions de l'ONU se concentrent-elles dans chacun de ces domaines? Donnez des exemples concrets d'initiatives qui correspondent à deux ou trois d'entre eux.
3. Croyez-vous que le travail de l'ONU soit efficace? L'organisation joue-t-elle un rôle primordial dans le maintien de la paix dans le monde? Pourquoi ou pourquoi pas?

AU SUJET DU COURT MÉTRAGE C'est un jour comme un autre dans un tram du centre ville. Les passagers s'occupent tant bien que mal en attendant leur arrêt respectif. Tout à coup, un nouveau passager monte dans le tram et s'installe à côté d'une dame qu'il semble mettre très mal à l'aise. Arrive alors le contrôleur...

À PREMIÈRE VUE

Comment est le regard de la dame? Et celui de l'homme? Que regardent-ils?

AVANT LE VISIONNEMENT

1 **Diversité et tolérance** Répondez à chaque question au sujet de la diversité dans votre communauté.

1. Y a-t-il beaucoup de diversité ethnique, religieuse et/ou culturelle dans votre ville? Quels sont les différents groupes représentés? Comment se passe la cohabitation entre ces groupes? Ont-ils beaucoup d'interactions? Les gens font-ils preuve de tolérance les uns envers les autres?
2. Avez-vous déjà été témoin d'un comportement intolérant envers une personne d'une autre culture? Expliquez la situation et dites comment vous avez réagi.

MOTS-CLÉS

divers choses non précisées

le surgelé aliment conservé par la congélation

la ristourne rabais, réduction de prix

le voleur (la voleuse) personne qui prend quelque chose sans le payer

sentir avoir une odeur

STRATÉGIE

Prêter attention aux détails
Les détails visuels contribuent à l'atmosphère d'une situation. Observez les détails pour établir le contexte émotionnel du film.

PENDANT LE VISIONNEMENT

La passagère: «Divers... Qu'est-ce que c'est que ça, divers? Ah! La brosse. Ils peuvent pas appeler les choses par leur nom?»

1. Que voyez-vous sur cette photo? Que fait la femme à gauche? Qu'est-ce qu'elle vérifie? Pourquoi?
2. Et les autres passagers, que font-ils? Ont-ils des interactions entre eux?

La passagère: «Il y a de la place partout, faut encore qu'il vienne s'asseoir ici.»

1. Pourquoi la passagère n'est-elle pas contente dans cette scène?
2. Qui est l'homme à côté d'elle? Que fait-il après s'être installé dans le tram?

La passagère: «Monsieur, je vous jure... J'avais... j'avais pris mon ticket dans la main comme ça, et il l'a pris, et il l'a mangé.»

1. De quoi le contrôleur et la passagère parlent-ils dans cette scène?
2. Qu'est-ce que les autres passagers font en réponse à la scène? Pourquoi, d'après vous?

APRÈS LE VISIONNEMENT

1 **Compréhension** Répondez à chaque question selon le court métrage.

1. Que fait la femme qui parle au début? Que dit-elle au sujet du magasin d'où elle vient?
2. Que font les autres passagers du tram au début du court métrage?
3. Qui entre dans le tram? Que fait cette personne? Quelle est la réaction de la dame?
4. Qui entre dans le tram et salue le conducteur? Pourquoi cette personne est-elle montée?
5. Que fait l'homme à côté de la dame pendant que le conducteur et le contrôleur se parlent?
6. Qu'est-ce que la dame dit au contrôleur quand il lui demande son ticket de tram?
7. Quand le contrôleur demande aux autres passagers leur avis à propos du ticket de la dame, que répondent-ils?
8. Qu'est-ce que l'homme dit à la dame avant de descendre du tram?

2 **Interprétation** Travaillez avec un(e) camarade pour répondre à chaque question.

1. Pourquoi la dame n'est-elle pas contente de l'homme à côté d'elle?
2. Comment les autres passagers réagissent-ils pendant toute la scène? Que pensez-vous de leurs réactions?
3. Que pensez-vous du comportement de l'homme?
4. Qu'est-ce que le contrôleur pense de la dame, d'après vous?
5. Quelle est l'ironie de la situation à la fin de ce court métrage?

3 **Comment réagiriez-vous?** Discutez de chacune des situations suivantes en petits groupes et dites comment vous réagiriez. Comparez vos réponses à celles d'un autre groupe.

SITUATION 1: Vous entendez des voisins se plaindre d'une famille qui vient d'emménager près de chez eux parce que celle-ci ne parle pas la même langue qu'eux et vient d'une culture différente.

SITUATION 2: Vous circulez à bord d'un moyen de transport public et la personne à côté de vous commence à se plaindre des personnes d'origine étrangère en général.

SITUATION 3: Vous êtes témoin d'une scène où des lycéens se moquent ouvertement et méchamment d'un(e) jeune issu(e) d'un groupe ethnique différent du leur.

4 **Une campagne publique d'information** En petits groupes, créez une campagne publique d'information qui pourrait être diffusée dans les transports en commun pour promouvoir la tolérance et le respect envers les autres passagers. Enregistrez votre annonce pour pouvoir ensuite la partager avec les autres élèves. La classe votera et choisira la meilleure création.

VOCABULAIRE PERSONNEL
Utilisez votre vocabulaire personnel.

5 **L'intolérance en images** Connaissez-vous un autre court métrage ou un film (en français ou en anglais) qui a pour thème l'intolérance et/ou le racisme? Écrivez une critique de ce film. Commencez par un résumé de l'intrigue, puis expliquez comment le réalisateur (la réalisatrice) traite le sujet. Enfin, donnez votre opinion personnelle du film et dites si vous le recommandez ou non, et pourquoi.

RESSOURCES
Consultez la liste des appendices à la p. xiii.

ESSAI: LE TEXTE D'OPINION

Qui n'a jamais débattu au café ou à la cafétéria avec ses amis, ses camarades ou même un groupe d'inconnus un thème passionnant? Chacun a sa propre opinion, chacun pense que la sienne est la meilleure et essaie de convaincre les autres en présentant des arguments. C'est une opinion subjective qui est le résultat d'une interprétation personnelle. Il est facile d'avoir une opinion sur un sujet, mais la démontrer par écrit, de manière compréhensible, logique et claire pour un public est une tâche plus compliquée.

Un texte d'opinion est un texte formel qui a la même structure qu'un récit narratif. Cependant, dans ce type d'essai, vous ne pouvez pas simplement partager votre point de vue sur quelque chose et avancer une idée par rapport au thème. Vous devez défendre votre opinion et convaincre votre public qu'elle est valable. Bien souvent, vous devez aussi présenter les opinions contraires aux vôtres pour pouvoir défendre votre point de vue et faire en sorte qu'il soit suffisamment fort pour remporter le débat. Les éléments de base d'un texte d'opinion sont:

Thèse	Répondez directement à la question: Quelle est mon opinion à propos de… ? La thèse est présentée dans l'introduction et est développée dans le reste de l'essai. La thèse doit être claire, concise et concrète; il ne faut pas mélanger de trop nombreuses idées car elles perdent en précision. N'utilisez pas d'expressions comme «peut-être». Dans cette partie vous ne devez pas inclure de détails ni d'informations qui ne sont pas strictement nécessaires. Une introduction traditionnelle présente le thème, introduit la thèse et, souvent, annonce la conclusion. La thèse doit être originale, sans tomber dans des évidences et des affirmations capricieuses sans base logique.
Arguments	Sans arguments qui la défendent, il n'y a pas de thèse à présenter. Bien que votre opinion soit passionnée, vous devez l'exprimer dans un langage objectif, à partir de connaissances fondamentales sur le thème et en présentant des preuves qui soutiennent ce que vous affirmez. Pour offrir une base cohérente, faites principalement appel à la logique et à votre expérience personnelle. Vous pouvez mentionner ou citer le point de vue d'autres personnes, mais sans oublier que votre essai doit se concentrer sur votre opinion et non sur celles d'autrui. Les autres arguments qui peuvent être utilisés sont la réfutation, qui est le fait de rejeter les opinions contraires; l'analogie, qui recherche les similitudes entre deux cas; et l'opinion générale.
Phrase sujet	Les arguments s'organisent en paragraphes dans le corps de l'essai, chaque paragraphe ayant une phrase sujet qui établit et résume l'idée principale qui est ensuite développée dans le reste du paragraphe. De cette manière, vous délimitez l'information à inclure, ce qui permet une plus grande clarté et une organisation de l'essai qui facilite la compréhension. Dans la phrase sujet, il est important d'éviter les expressions comme «à mon avis…» ou «je considère…» qui résultent en des redondances dans un texte d'opinion; en outre le langage figuratif peut dérouter le lecteur.
Conclusion	C'est la partie la plus complexe de l'essai. Vous devez reprendre l'introduction et synthétiser les points principaux de l'essai en les connectant, mais sans répéter littéralement ce que vous avez déjà écrit. Concluez votre présentation, si l'espace le permet en démontrant l'importance de vos découvertes. Vous ne pouvez rien introduire de nouveau dans cette partie, mais vous pouvez finir sur quelques interrogations. Citer quelqu'un de connu dans votre conclusion est une forme d'emprunt prestigieux qui permet de conclure avec autorité.

Thème de la composition

Lisez de nouveau les questions essentielles du thème:

- Quels sont les problèmes environnementaux, politiques et sociaux qui défient les sociétés à travers le monde?
- Quelles sont les origines de ces problèmes?
- Quelles sont les solutions possibles à ces défis?

En utilisant ces questions comme base, écrivez un texte d'opinion sur un des aspects du thème.

AVANT D'ÉCRIRE

Une fois que vous avez choisi un thème, écrivez votre thèse (votre opinion). Ne vous occupez pas de la concision de l'expression: vous aurez le temps de la retravailler au fur et à mesure que vous rédigerez votre essai. Faites des recherches approfondies sur le thème pour trouver des arguments crédibles et fiables pour soutenir votre thèse. Faites-en une liste. Prenez en note toutes les citations que vous voulez utiliser ainsi que les noms de leurs auteurs.

BROUILLON

Organisez la composition en suivant la structure suivante: introduction, développement, conclusion. Chaque paragraphe doit développer un seul sujet exprimé autour d'un argument qui soutient votre thèse; cela doit être une phrase complète et affirmative. Expliquez bien les exemples que vous citez, et si vous réfutez quelque chose, faites-le de manière à ce que le lecteur comprenne bien les deux points de vue: le vôtre et son contraire.

STRATÉGIE

Défendre une thèse
Commencez par une affirmation claire. Défendez votre thèse avec des arguments logiques et terminez avec une conclusion qui résume la proposition de l'introduction.

VERSION FINALE

Une fois votre brouillon fini, concentrez-vous sur le corps de votre essai pour voir s'il y a des expressions, qui, à votre avis, ont plus de force que d'autres et pourraient ainsi se retrouver dans l'introduction ou dans la conclusion. Il est important que les arguments soient adaptés, présentés avec autorité et rédigés de manière claire pour être faciles à suivre.

L'opinion de l'auteur ne doit pas se retrouver mélangée avec l'opinion d'autrui ou avec les références citées. De plus, il est important que la conclusion ait une valeur qui transcende l'opinion personnelle pour intéresser un large public. Après avoir rédigé votre essai, écrivez-en la version finale.

Thème 6

La quête de soi

QUESTIONS ESSENTIELLES

- En quoi les aspects de l'identité s'expriment-ils dans diverses situations?
- Comment la langue et la culture influencent-elles l'identité?
- Comment l'identité de quelqu'un évolue-t-elle dans le temps?

SOMMAIRE

▸▸ Touristes devant le mausolée de Moulay Ismaïl à Meknès, Maroc

contexte 1 L'aliénation et l'assimilation

POINTS DE DÉPART

L'individu peut se sentir isolé quand il ne trouve pas facilement sa place en société. À l'opposé, en s'adaptant à son environnement et en essayant de s'assimiler à une culture différente de la sienne, il peut aussi risquer de perdre sa propre identité ou sa culture d'origine. Ces deux phénomènes, l'aliénation et l'assimilation, ont souvent un impact conséquent sur ce qui constitue les valeurs d'une société. Ils influencent aussi la façon dont les individus se définissent et vivent leur identité au quotidien.

- Quels sont les effets du racisme et de l'aliénation sur la société et les individus?
- Quels sont les avantages, inconvénients et conséquences de l'assimilation en société?
- Quels facteurs peuvent empêcher l'intégration des immigrés et des minorités dans une société?

DÉVELOPPEMENT DU VOCABULAIRE

VOCABULAIRE PERSONNEL
Notez le nouveau vocabulaire à mesure que vous l'apprenez.

1 **Connexions** En petits groupes, réfléchissez à ce que les mots «aliénation» et «assimilation» veulent dire et à ce qui les rapproche ou les éloigne. Notez vos idées dans le graphique ci-dessous, puis comparez vos résultats à ceux d'un autre groupe. Commentez les différences et les ressemblances que vous constatez.

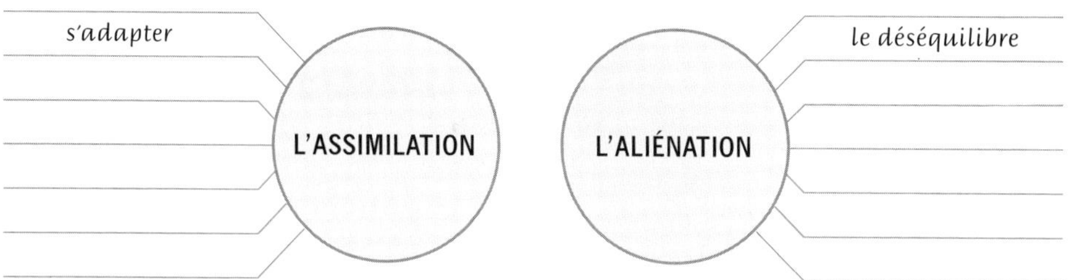

2 **Identités alternatives** Pensez-vous que chacun de nous ait une identité publique et une identité privée? Êtes-vous la «même» personne quand vous êtes en famille, à l'école ou encore entre amis? Réfléchissez à des situations dans lesquelles vous vous sentez ou agissez de manière différente, puis à deux, échangez vos opinions sur ces questions, en discutant de vos expériences dans ce domaine.

3 **Les effets de l'aliénation** Quelles sont les conséquences de l'aliénation des individus dans les sociétés modernes? Peut-il y avoir des effets positifs dans certains cas? Si oui, lesquels? En petits groupes, discutez de ces questions et faites une liste des effets de l'aliénation sur les êtres humains. Ensuite, présentez les résultats de votre réflexion à la classe.

4  **Conseils** Quels conseils pourriez-vous donner à une personne d'origine étrangère voulant s'établir dans votre pays mais ayant des difficultés à s'adapter à la culture et au style de vie? Quelles sont les meilleures stratégies pour apprendre la langue et s'intégrer culturellement? Connaissez-vous des endroits où cette personne pourrait aller et où on essaierait de l'accueillir et de l'orienter? Écrivez-lui un e-mail pour lui donner des conseils et l'aider à s'adapter à sa nouvelle vie.

LECTURE 1.1 ▸ L'HOMME QUI TE RESSEMBLE

AU SUJET DE L'AUTEUR René Philombe est le nom de plume de Philippe Louis Ombédé, un écrivain, journaliste, poète, romancier et dramaturge camerounais. Cet auteur est considéré comme un des pères de la littérature du Cameroun. En 1960, il a fondé l'Association des Poètes et Écrivains Camerounais (APEC), dont il est resté le secrétaire pendant une vingtaine d'années. Il a aussi créé sa propre maison d'édition en 1972, Semences Africaines, et a produit la première description documentée de la littérature camerounaise. Au cours de sa carrière littéraire, il a reçu le prix Mottart de l'Académie française et le prix Fonlon-Nichols de l'*African Literature Association*.

AU SUJET DU TEXTE Le texte que vous allez étudier, «L'homme qui te ressemble», est un des poèmes les plus connus de René Philombe. Il appelle à surmonter tout ce qui sépare les hommes en mettant en valeur la tolérance et la générosité.

AVANT LA LECTURE

1 **Symbolisme** Les mots choisis par un poète ont souvent un sens qui va au-delà de sa signification littérale. Quels sont les possibles sens symboliques ou figuratifs des mots et des phrases suivants? Notez vos idées, puis comparez-les avec un(e) partenaire.

- l'homme
- la porte
- le cœur
- avoir un lit
- avoir un feu
- la couleur de la peau
- les dieux
- le frère
- de tous les temps

2 **L'étranger** Qu'est-ce qu'un étranger? Est-ce une personne qui est différente physiquement? Culturellement? De par son origine? De par ses croyances? De par son comportement? L'environnement crée-t-il un étranger? En petits groupes, répondez à ces questions et utilisez des exemples de votre vie quotidienne ainsi que de votre propre expérience pour expliquer votre point de vue. Puis, résumez votre discussion pour la classe.

3 **Une expérience personnelle** Écrivez un texte bref pour décrire une situation dans laquelle vous vous êtes senti(e) comme un(e) «étranger/étrangère». Expliquez ce qui s'est passé, ce qui vous a donné l'impression d'être différent(e) et comment vous avez réagi. Est-ce que cette expérience était intéressante, gênante ou étrange?

4 **Discussion** À deux, échangez vos textes de l'Activité 3. Lisez-les et comparez vos expériences. Réfléchissez aux avantages et aux inconvénients de vivre dans une société ou un environnement différent de celui dans lequel on a grandi. D'après vous, est-ce une bonne ou une mauvaise expérience? Seriez-vous prêt(e)s à vivre dans un endroit où vous arriveriez en tant qu'«étranger»? Expliquez-vous et exprimez votre opinion.

VOCABULAIRE PERSONNEL
Utilisez votre vocabulaire personnel.

STRATÉGIE

Se mettre à la place du personnage
Pour mieux comprendre les expériences vécues par un personnage, essayez de vous mettre à sa place. Comment vous sentiriez-vous si vous vous retrouviez dans une situation similaire? Si vous compatissez avec le personnage, vous pourrez mieux comprendre ses sentiments et ses motivations.

MOTS-CLÉS

frapper taper

repousser ne pas accueillir, rejeter

la longueur distance d'une extrémité à l'autre

les cieux (m.) espaces célestes

L'homme qui te ressemble

par **René Philombe**

J'ai frappé à ta porte
J'ai frappé à ton cœur
Pour avoir un bon lit
Pour avoir un bon feu
Pourquoi me repousser?
Ouvre-moi mon frère!...

Pourquoi me demander
Si je suis d'Afrique
Si je suis d'Amérique
Si je suis d'Asie
Si je suis d'Europe?
Ouvre-moi mon frère!...

Pourquoi me demander
La longueur de mon nez
L'épaisseur de ma bouche
La couleur de ma peau
Et le nom de mes dieux?
Ouvre-moi mon frère!...

Je ne suis pas un noir
Je ne suis pas un rouge
Je ne suis pas un jaune
Je ne suis pas un blanc
Mais je ne suis qu'un homme
Ouvre-moi mon frère!...

Ouvre-moi ta porte
Ouvre-moi ton cœur
Car je suis un homme
L'homme de tous les temps
L'homme de tous les cieux
L'homme qui te ressemble!...

APRÈS LA LECTURE

1 **Compréhension et interprétation** Répondez aux questions selon le texte.

1. Qui est le narrateur du poème? Qui est le destinataire?
2. Quels sont les mots et les phrases qui se répètent? À quoi cette répétition sert-elle?
3. Quelles structures parallèles voyez-vous? Quelles sont les structures grammaticales?
4. La plupart des vers riment-ils? Quelle impression ce choix donne-t-il?
5. D'après le poète, qu'est-ce qui sépare les gens? Que pense-t-il de cette séparation?
6. Qu'est-ce que le poète sollicite?
7. Quel est le ton du poème? Quels mots créent ce ton?
8. Quelle est l'idée principale du poème?
9. Comment les éléments poétiques contribuent-ils au message du poème?
10. À votre avis, le poète réussit-il à communiquer son message? Expliquez.

2 **L'homme du poème** À deux, lisez ces vers et expliquez leur sens. Ensuite, échangez vos opinions sur cet extrait du poème. Pourquoi apparaissent-ils à la fin du poème? Pensez-vous qu'ils incarnent fidèlement la voix du narrateur? Êtes-vous d'accord avec le message qu'ils évoquent? Pourquoi ou pourquoi pas?

« Car je suis un homme
L'homme de tous les temps
L'homme de tous les cieux
L'homme qui te ressemble!... »

VOCABULAIRE PERSONNEL
Utilisez votre vocabulaire personnel.

3 **Analyse et évaluation** À deux, remplissez ce tableau sur les différences qui existent entre les personnes, d'après le poème. Notez les vers du poème qui illustrent ces différences. Il peut y avoir plusieurs exemples dans certains cas.

TYPES DE DIFFÉRENCE	VERS DU POÈME
Différence religieuse	*Et le nom de mes dieux?*
Différence physique	
Différence d'origine	
Différence biologique	

Par la suite, réfléchissez à d'autres différences qu'on pourrait ajouter à cette liste et complétez le tableau suivant. Identifiez le plus de différences possibles et donnez des exemples pour chacune d'entre elles.

TYPES DE DIFFÉRENCE	EXEMPLE
1. *Différence d'âge*	**1.** *les enfants, les adultes, les personnes âgées*
2.	**2.**

4 **Votre opinion** En petits groupes, comparez vos listes de l'Activité 3 et commentez-les. Utilisez ces questions pour organiser votre discussion et exprimer votre opinion. Puis, partagez les résultats de votre réflexion avec la classe.

RESSOURCES
Consultez la liste des appendices à la p. xiii.

1. Quels sont les types de différences qui sont cités le plus souvent? Pourquoi?
2. Est-ce qu'il y a des différences qui comptent beaucoup pour vous, mais pas du tout pour vos camarades?
3. Est-ce qu'il y a des différences qui ne comptent pas à vos yeux, mais qui sont importantes pour vos camarades?
4. À votre avis, ces différences sont-elles de nature universelle, culturelle ou les deux? Expliquez.

RESSOURCES
Consultez la liste des appendices à la p. xiii.

5 

L'assimilation À deux, répondez aux questions ci-dessous afin de discuter de l'assimilation dans une communauté.

1. Quelles sont les demandes faites aux groupes minoritaires ou aux immigrés dans une communauté?
2. Quelles raisons expliquent le souhait de s'assimiler ou pas à une société?
3. Quels sont les bénéfices ou les inconvénients de la mixité? Donnez des exemples précis.
4. Est-ce qu'il faut chercher à préserver la mixité? Dans quelles circonstances et à quelles conditions?
5. Dans quels domaines une communauté peut-elle bénéficier de sa mixité et dans quels domaines devrait-elle, au contraire, chercher à être plus homogène? Pourquoi?

6 

D'autres écrivains Faites des recherches sur un(e) écrivain(e) anglophone qui aborde des thèmes semblables à ceux qui figurent dans le poème de René Philombe. Choisissez un texte (poème, conte, paragraphe d'un essai ou d'un roman) et préparez une présentation orale dans laquelle vous comparez les deux auteurs. Tâchez de répondre aux questions suivantes et à d'autres que vous considérez importantes:

- En quoi les deux auteurs se ressemblent-ils? Comment sont-ils différents?
- Quels sont les thèmes qui se répètent à travers leurs œuvres?
- De quelle manière chacun aborde-t-il les thèmes de l'assimilation et de la solidarité humaine?
- Lisez un extrait du texte que vous avez choisi et comparez-le au poème «L'homme qui te ressemble».

7 

Essai comparatif Choisissez une des deux citations ci-dessous et comparez-la au poème de René Philombe. Écrivez un essai en expliquant ce que cette citation veut dire, puis précisez si son message est similaire, opposé ou complémentaire à celui du poème. Enfin, justifiez pourquoi vous l'avez choisie et si elle vous plaît ou pas.

Françoise Héritier 

« En premier lieu, il nous faut bien comprendre qu'être différent ne veut pas dire inégal. Le contraire de différent est semblable, même. Le contraire d'inégal est égal et non pas semblable. En voyant dans la différence la marque d'une inégalité, nous faisons faire un pas de côté à la langue sans nous interroger. Nous avons changé de registre, philosophiquement parlant, car la différence n'implique pas l'inégalité. » 

Albert Jacquard 

« La solidarité existe-t-elle encore ou bien sommes-nous en perpétuelle confrontation les uns envers les autres? Alors que les différences nous inquiètent, pourquoi ne pas les transformer en force pour nous mener plus loin dans nos échanges, le plus naturellement possible et partager notre authenticité en toute modestie! » 

LECTURE 1.2 ▸ LE RACISME EXPLIQUÉ À MA FILLE

AU SUJET DE L'AUTEUR L'écrivain Tahar Ben Jelloun est un poète et romancier de langue française et d'origine marocaine né à Fès. Suite à des études de philosophie, il commence à publier des poèmes, puis à enseigner. En 1971, il quitte le Maroc pour la France, où il obtient un doctorat et publie de nombreux articles. Il reçoit le prix Goncourt en 1987 pour son roman *La Nuit sacrée*, qui est la suite de l'histoire racontée dans son premier roman, *L'Enfant de sable*.

AU SUJET DU TEXTE Tahar Ben Jelloun a eu l'idée d'écrire ce texte en participant, avec sa fille, à une manifestation en rapport avec l'immigration. Le principe de départ est que le racisme se combat par l'éducation, et en particulier, par celle des enfants. Ce texte s'adresse donc en priorité à un public d'enfants ou de jeunes. Il est écrit sous forme de dialogue.

AVANT LA LECTURE

1  **Définition** En petits groupes, donnez une définition du racisme, puis listez des exemples de comportements racistes. Ensuite, présentez votre définition et vos exemples au reste de la classe. Expliquez les circonstances dans lesquelles les évènements se sont produits. Précisez en quoi cela vous touche.

2  **Discussion** En petits groupes, réfléchissez aux effets du racisme sur les individus qui vous entourent (famille, amis, connaissances) et sur la société dans laquelle vous vivez. Répondez à ces questions pour organiser votre discussion et exprimer votre opinion:

VOCABULAIRE PERSONNEL
Utilisez votre vocabulaire personnel.

1. Est-ce que votre communauté connaît des problèmes liés au racisme? Si oui, comment se manifestent-ils? Qui en sont les principales victimes?
2. Quels sont les effets du racisme sur votre communauté et dans la société en général?
3. Comment peut-on combattre le racisme de manière efficace?

3 **L'immigration en France** Selon le Musée de l'histoire de l'immigration, un Français sur quatre est issu de l'immigration. Une mission du musée est de rappeler que l'histoire de l'immigration est l'histoire de tout Français, car souvent les derniers arrivés sont victimes du racisme. Mais qui sont-ils ces Français? Faites des recherches sur Internet pour découvrir les informations suivantes:

1. De quels pays la majorité des immigrés des 50 dernières années viennent-ils?
2. Pour quelles raisons quittent-ils leur pays d'origine?
3. Pourquoi ont-ils choisi la France et pas un autre pays?
4. À quels défis font-ils face?
5. Qu'est-ce qui les aident à s'assimiler en société?

4   **Vos ancêtres** Qui sont vos ancêtres? De quels pays sont-ils venus? Savez-vous pourquoi ils ont immigrés aux États-Unis? Croyez-vous qu'ils étaient confrontés au racisme? Ont-il eu du mal à s'assimiler, d'après vous? Écrivez un paragraphe sur vos ancêtres et votre vision de leur expérience en répondant aux questions précédentes.

STRATÉGIE

Activer vos connaissances antérieures
L'application de vos connaissances antérieures vous aidera à mieux comprendre le texte. Pendant la lecture de l'article, faites appel à ce que vous savez déjà sur le racisme.

MOTS-CLÉS
l'attirance (f.) attraction
se méfier ne pas faire confiance

LE RACISME EXPLIQUÉ À MA FILLE

(extraits) par **Tahar Ben Jelloun**

— La différence, c'est le contrôle de la ressemblance, de ce qui est identique. La première différence manifeste est le sexe. Un homme se sent différent d'une femme. Et réciproquement. Quand il s'agit de cette différence-là, il y a, en général, **attirance**. Par ailleurs celui qu'on appelle différent a une autre couleur de peau que nous, parle une autre langue, cuisine autrement que nous, a d'autres coutumes, une autre religion, d'autres façons de vivre, de faire la fête, etc. Il y a la différence qui se manifeste par les apparences physiques (la taille, la couleur de la peau, les traits du visage, etc.) et puis il y a la différence du comportement, des mentalités, des croyances, etc.

— Alors le raciste n'aime pas les langues, les cuisines, les couleurs qui ne sont pas les siennes?

— Non, pas tout à fait; un raciste peut aimer et apprendre d'autres langues parce qu'il en a besoin pour son travail ou ses loisirs, mais il peut porter un jugement négatif et injuste sur les peuples qui parlent ces langues. De même il peut refuser de louer une chambre à un étudiant étranger, vietnamien par exemple, et aimer manger dans des restaurants asiatiques. Le raciste est celui qui pense que tout ce qui est trop différent de lui le menace dans sa tranquillité.

— C'est le raciste qui se sent menacé?

— Oui, car il a peur de celui qui ne lui ressemble pas. […]

— Il a peur?

— L'être humain a besoin d'être rassuré. Il n'aime pas trop ce qui risque de le déranger dans ses certitudes. Il a tendance à **se méfier** de ce qui est nouveau. Souvent on a peur de ce qu'on ne connaît pas. On a peur de l'obscurité, parce qu'on ne voit pas ce qui pourrait nous arriver quand toutes les lumières sont éteintes. On se sent sans défense face à l'inconnu. On imagine des choses horribles. Sans raison. Ce n'est pas logique. Parfois, il n'y a rien qui justifie la peur, et pourtant on a peur. On a beau se raisonner, on réagit comme si une menace réelle existait. Le racisme n'est pas quelque chose de juste ou de raisonnable.

« Si j'ai bien compris, le raciste a peur de l'étranger parce qu'il est ignorant, croit qu'il existe plusieurs races et considère la sienne comme la meilleure? »

[…]

— Si j'ai bien compris, le raciste a peur de l'étranger parce qu'il est ignorant, croit qu'il existe plusieurs races et considère la sienne comme la meilleure?

— Oui, ma fille. Mais ce n'est pas tout. Tu as oublié la violence et la volonté de dominer les autres.

— Le raciste est quelqu'un qui se trompe.

— Les racistes sont convaincus que le groupe auquel ils appartiennent—qui peut être défini par la religion, le pays, la langue, ou tout ensemble—est supérieur au groupe d'en face.

— Comment font-ils pour se sentir supérieurs?

— En croyant et en faisant croire qu'il existe des inégalités naturelles d'ordre physique, qui leur donne un sentiment de supériorité par rapport aux autres. Ainsi, certains se réfèrent à la religion pour justifier leur comportement ou leur sentiment. Il faut dire que chaque religion croit être la meilleure pour tous et a tendance à proclamer que ceux qui ne la suivent pas font fausse route.

— Tu dis que les religions sont racistes?

— Non, ce ne sont pas les religions qui sont racistes, mais ce que les hommes en font parfois et qui se nourrit du racisme. [...]

— Mais tu m'as dit un jour que le Coran était contre le racisme.

— Oui, le Coran, comme la Thora ou la Bible, tous les livres sacrés sont contre le racisme. [...]

— L'autre jour à la télévision, quand il y a eu des **attentats**, un journaliste a accusé l'islam. C'était un journaliste raciste, d'après toi?

— Non, il n'est pas raciste, il est ignorant et incompétent. Ce journaliste confond l'islam et la politique. Ce sont des hommes politiques qui utilisent l'islam dans leurs luttes. On les appelle les intégristes.

— Ce sont des racistes?

— Les intégristes sont des fanatiques. Le fanatique est celui qui pense qu'il est le seul à détenir la Vérité. Souvent, le fanatisme et la religion vont ensemble. Les intégristes existent dans la plupart des religions. Ils se croient inspirés par l'esprit divin. Ils sont aveugles et passionnés et veulent imposer leurs convictions à tous les autres. Ils sont dangereux, car ils n'accordent pas de prix à la vie des autres. Au nom de leur Dieu, ils sont prêts à tuer et même à mourir; beaucoup sont manipulés par un chef. Évidemment, ils sont racistes. [...]

— Dis-moi, Papa, comment faire pour que les gens ne soient plus racistes?

— Comme disait le général de Gaulle, «vaste programme»! La **haine** est tellement plus facile à installer que l'amour. Il est plus facile de se méfier, de ne pas aimer que d'aimer quelqu'un qu'on ne connaît pas...

— Alors, le raciste est quelqu'un qui n'aime personne et est égoïste. Il doit être malheureux. C'est l'**enfer**!

— Oui, le racisme, c'est l'enfer. ◣

STRATÉGIE

Résumer
Faire un résumé de ce que vous avez lu vous aidera à identifier l'idée principale d'un texte et à mieux la comprendre.

MOTS-CLÉS

l'attentat (m.) acte de terrorisme
la haine aversion, hostilité
l'enfer (m.) contraire du paradis

APRÈS LA LECTURE

1 Compréhension Choisissez la meilleure réponse d'après le texte.

1. D'après l'auteur, comment se comporte un raciste?
   a. Il n'aime pas découvrir des langues, des cuisines ou des coutumes différentes.
   b. Il préfère rester chez lui tranquillement et n'aime pas parler aux gens.
   c. Quand il rencontre quelqu'un de différent, il est curieux et pose beaucoup de questions.
   d. Il apprécie une culture, mais méprise les gens issus de cette culture.

2. Comment est-ce que les gens racistes arrivent à se sentir supérieurs?
   a. Ils imaginent qu'ils peuvent se cultiver et devenir plus intelligents que les autres.
   b. Ils pensent qu'il existe des inégalités naturelles.
   c. Ils prouvent par leur succès personnel qu'ils méritent d'être supérieurs.
   d. Ils essaient de ne pas penser à tout ce qui les rend inférieurs aux autres.

CONCEPTS IMPORTANTS

Point de vue de l'auteur
Pour bien comprendre un texte, cherchez à répondre à des questions telles que: Que dit l'auteur? Pourquoi dit-il cela? Comment s'exprime-t-il?

3. Que dit l'auteur à propos du fanatisme et de la religion?
   a. Certaines religions attirent les fanatiques plus que d'autres.
   b. Il y a des religions sans fanatiques.
   c. Le fanatisme et la religion n'ont aucune relation entre eux.
   d. Des fanatiques existent dans la plupart des religions.
4. D'après le texte, est-ce que les intégristes sont dangereux?
   a. Oui, car ils ont des convictions très fortes et de bons arguments.
   b. Oui, car ils n'ont pas beaucoup de respect pour la vie des autres.
   c. Non, car ils ne pensent qu'à Dieu la plupart du temps.
   d. Non, car ils ne veulent faire de mal à personne pour être vertueux.
5. Pourquoi est-ce que le racisme, «c'est l'enfer»?
   a. Ça ne permet pas de se faire des amis de différents milieux.
   b. Ça empêche de comprendre comment les autres vivent.
   c. Ça détruit les croyances religieuses dans le monde.
   d. Ça rend les gens isolés et sans cœur.

2 **Interprétation** À deux, interprétez le texte pour répondre aux questions.

1. Quel âge a la fille du narrateur? Quels genres de questions pose-t-elle? Pourquoi?
2. Quelles sont les caractéristiques d'une personne raciste, d'après l'auteur?
3. Est-ce que l'auteur a l'air de bien connaître les gens racistes? Expliquez votre réponse.
4. S'intéresse-t-il à la religion en général, d'après vous? Expliquez.
5. Quels sont les objectifs de l'auteur pendant cette discussion?
6. Est-ce que l'auteur propose des solutions ou évoque des remèdes contre le racisme? Lesquels?

3 **Citations** En petits groupes, analysez ces citations du texte et expliquez ce qu'elles veulent dire dans le contexte du texte.

1. «La première différence manifeste est le sexe. Un homme se sent différent d'une femme».
2. «L'être humain a besoin d'être rassuré».
3. «Il a tendance à se méfier de ce qui est nouveau».
4. «... le raciste a peur de l'étranger...»
5. «Ainsi, certains se réfèrent à la religion pour justifier leur comportement...»
6. «Non, ce ne sont pas les religions qui sont racistes, mais ce que les hommes en font parfois et qui se nourrit du racisme».
7. «Non, il n'est pas raciste. Il est ignorant et incompétent».
8. «... beaucoup sont manipulés par un chef».
9. «La haine est tellement plus facile à installer que l'amour».

4 **Définition** Dans son livre, Tahar Ben Jelloun dresse le portrait des gens qui se montrent racistes. À deux, réfléchissez aux critères qu'il donne et dites s'ils correspondent bien à votre propre définition du racisme. Utilisez ces questions pour orienter votre conversation.

1. Êtes-vous d'accord avec la description que Tahar Ben Jelloun donne du racisme? Expliquez.
2. Pouvez-vous identifier d'autres caractéristiques ou comportements des gens racistes? Lesquels?
3. Est-ce que toutes les personnes racistes se ressemblent? Expliquez.
4. Est-ce qu'il y a différentes formes de racisme? Lesquelles?

5 **Recherches** Avec un(e) partenaire, choisissez trois pays ou régions francophones afin de découvrir les formes de racisme qui existent dans chaque pays. Entrez le nom de chaque pays et le mot-clé «racisme», lisez les gros titres qui apparaissent sur la page et prenez des notes. Ensuite, discutez de ces questions:

1. Qu'est-ce que vous avez découvert? Par exemple: Qui sont les victimes du racisme? Comment le racisme se manifeste-t-il? Quelle est la réponse de la société?
2. Quelles découvertes vous surprennent le plus? Pourquoi?
3. Quels parallèles voyez-vous avec d'autres cultures ou n'y en a-t-il aucun?
4. Quelles leçons tirez-vous de ce que vous avez appris?

---

6 

Des conseils Choisissez un évènement ou un incident de caractère raciste de l'actualité ou du passé récent et écrivez une lettre à votre journal quotidien pour exprimer votre opinion. Évoquez ces points dans votre e-mail:

- la description de l'évènement
- votre réaction
- votre analyse des raisons pour lesquelles l'incident a eu lieu
- des suggestions pour éviter de tels incidents à l'avenir

VOCABULAIRE PERSONNEL
Utilisez votre vocabulaire personnel.

---

7 

Solutions Comment peut-on lutter contre le racisme? Il existe maintes manières. On peut:

- changer son propre comportement (attitudes, croyances, langage, réactions, inactions)
- s'informer et enseigner aux autres à apprécier la diversité (chez soi ou à l'école)
- participer aux activités des associations
- faire des manifestations
- travailler pour qu'on vote de nouvelles lois

Faites des recherches sur une des activités précédentes pour combattre le racisme. Ensuite, utilisez vos propres idées et ce que vous avez appris pour préparer une présentation orale dans laquelle vous expliquez en quoi consiste cette activité et pourquoi vous croyez qu'elle est efficace pour lutter contre le racisme.

---

8  

Stéréotypes Réfléchissez aux stéréotypes présents dans les médias concernant les groupes minoritaires. Comment peut-on les éliminer et présenter des images plus fidèles à la réalité? Discutez de ces questions avec un(e) camarade de classe pour développer une solution.

RESSOURCES
Consultez la liste des appendices à la p. xiii.

---

9 

Racisme et aliénation Réfléchissez aux textes que vous avez lus dans *Thèmes*, dans d'autres cours ou pour votre propre plaisir afin d'analyser la relation qui existe entre le racisme et l'aliénation. Écrivez un essai en incorporant les aspects suivants dans votre réflexion, pour identifier les points communs et les différences entre ces deux phénomènes. N'oubliez pas de donner votre opinion sur le sujet en conclusion.

- Définissez chacun des termes.
- Pensez aux effets que chacun d'eux a sur la société.
- Pensez aux effets que chacun d'eux a sur les individus.
- Comparez les endroits ou les milieux où ces phénomènes existent le plus souvent.
- Comparez les manières de combattre ces phénomènes.

AUDIO ▸ LE RACISME: MODE D'EMPLOI

MOTS-CLÉS

le mode d'emploi instructions

le/la rescapé(e) quelqu'un qui a survécu à quelque chose

minorer réduire la valeur

INTRODUCTION Cet enregistrement est extrait de l'émission *Livre France* sur RFI (Radio France Internationale), qui présente chaque dimanche un nouveau livre écrit sur l'actualité politique française. Dans cet extrait, la journaliste Sylvie Koffi interviewe la militante et chroniqueuse de radio et télévision, Rokhaya Diallo, à propos de *Racisme: mode d'emploi*, un ouvrage qui analyse l'histoire de la pensée raciste en France.

AVANT L'ÉCOUTE

1 **Le langage** Des fois le racisme se manifeste dans le langage qu'on utilise. Avec un(e) partenaire, faites une liste de 10 mots, expressions ou phrases qui peuvent être considérés racistes et expliquez pourquoi. Par exemple, dire à une personne d'origine mexicaine, «Mais tu ne parles pas espagnol?» peut être considéré raciste car on suppose que l'ethnicité détermine la langue qu'on parle.

2 **Tableau d'idées** Lisez les questions dans le tableau suivant pour bien les comprendre en préparation à l'écoute de l'extrait. Vous compléterez le tableau pendant l'écoute.

QUESTIONS	NOTES
Quel exemple de faux compliment est cité par Diallo?	
À qui a-t-on dit ce faux compliment?	
Que signifie-t-il vraiment, d'après Diallo?	
Qu'essaie-t-elle de montrer au sujet du racisme moderne?	
Quelle idée lui semble dépassée?	
Comment le racisme s'exprime-t-il aujourd'hui?	
Quelles pratiques religieuses sont la cible du racisme en France?	
Qu'est-ce que certains reprochent à l'islam français?	

PENDANT L'ÉCOUTE

1 **Première écoute** Écoutez l'enregistrement pour en comprendre les principaux thèmes. Prenez des notes pour répondre aux questions dans le tableau ci-dessus.

2 **Deuxième écoute** Au cours de la deuxième écoute, prenez des notes supplémentaires. Ajoutez des mots et des expressions que vous entendez pour pouvoir répondre aux questions du tableau.

Source: Extrait de «*'Racisme: mode d'emploi', de Rokhaya Diallo*», Livre France, diffusé le 27 mars 2011. Vous pouvez trouver la version intégrale sur www.rfi.fr.

APRÈS L'ÉCOUTE

1 

Compréhension En petits groupes, utilisez vos notes pour répondre aux questions du tableau. Ensuite, répondez à ces questions supplémentaires:

1. Quelle est l'ironie du titre du livre de Diallo? Expliquez.
2. D'après Diallo, quels groupes sont victimes de racisme en France? Expliquez.
3. Est-ce qu'il y a un ou plusieurs types de racisme en France? Donnez des détails pour justifier votre réponse.
4. En quoi est-ce que le racisme en France a-t-il changé par rapport au dix-neuvième siècle?

VOCABULAIRE PERSONNEL
Utilisez votre vocabulaire personnel.

2

Problèmes actuels Quels sont les principaux problèmes liés au racisme en France aujourd'hui? À deux, faites des recherches sur Internet ou utilisez vos connaissances pour répondre aux questions suivantes et en discutez.

1. Est-ce que Diallo a raison en ce qui concerne sa description de la situation actuelle du racisme en France?
2. Est-ce qu'il y a d'autres problèmes importants de racisme qui ne sont pas abordés dans l'entretien?
3. Êtes-vous d'accord avec l'idée de Diallo que le racisme ne s'exprime pas toujours de manière violente de nos jours? Expliquez.

RESSOURCES
Consultez la liste des appendices à la p. xiii.

3 

Essai de synthèse Quelle relation existe entre l'histoire d'un pays et les problèmes de racisme ou d'intégration qu'on peut y constater? Utilisez ce que vous avez découvert et appris dans ce **Contexte** pour écrire un essai sur cette question. Votre texte doit avoir au moins trois paragraphes:

- une introduction qui présente votre avis sur la question
- une section qui décrit et justifie votre opinion et donne plusieurs arguments en faveur de votre thèse, ainsi que des exemples pour chaque argument
- une conclusion qui résume ces arguments et démontre la validité de votre point de vue

STRATÉGIE

Faire un plan
Avant d'écrire votre essai, organisez vos idées en faisant un plan. Utilisez des chiffres romains (I, II, III...) pour identifier les sections de l'essai, des lettres majuscules (A, B, C...) pour les idées principales de chaque section, et des chiffres arabes ou des lettres minuscules pour les idées qui viennent soutenir les idées principales. Organiser vos idées avant d'écrire vous aidera à développer une version plus cohérente et plus efficace de votre essai.

4

Minorités Faites des recherches sur une minorité dans un pays francophone et préparez une présentation orale sur le sujet. Décrivez les gens qui la composent, le lieu où ils vivent et ce qui les distingue du reste de la population. Mentionnez aussi les problèmes d'assimilation ou d'intégration que ces gens peuvent avoir ou les discriminations auxquelles ils doivent faire face. Vous pouvez vous renseigner sur les exemples suivants ou sur tout autre groupe qui vous semble intéressant:

- des minorités régionales qui ont une langue traditionnelle différente du français, comme les Bretons ou les Basques pour la France
- des groupes issus de l'histoire coloniale, comme les pieds-noirs en France
- des immigrés récents, par exemple venant du Maghreb, de l'Europe de l'Est ou de l'Afrique subsaharienne
- des minorités religieuses
- des groupes sociaux qui sont confrontés à des problèmes de discrimination, comme les femmes ou les jeunes

LIENS CULTURELS

Le satellite Gaia au Centre Spatial Guyanais de Kourou

La Guyane française: un DOM à la traîne?

DÉPARTEMENT FRANÇAIS D'OUTRE-MER (C'EST-À-DIRE DOM) depuis 1946, la Guyane se trouve au nord-ouest du Brésil et à l'est du Suriname, en Amérique du Sud. Tout en étant le plus grand département français (15% de la superficie de la métropole), c'est aussi le moins peuplé! Pays riche naturellement d'une grande biodiversité et couvert d'une forêt équatoriale immense, la Guyane a aussi bénéficié de l'installation du centre aérospatial français à Kourou. Depuis la fin de la colonisation, les DOM ont reçu beaucoup d'aide venant de la métropole, mais ce coup de pouce n'a pas été le même pour tous. La Guyane fait un peu figure de parent pauvre. C'est le DOM où la vie coûte le plus cher. Le taux de chômage y est deux fois plus élevé qu'en France, et le taux de mortalité périnatale ou maternelle est supérieur à celui de tous les autres DOM. Il reste donc beaucoup à faire pour hisser la Guyane au niveau des autres DOM ou de la métropole.

- La colonisation française, dans l'ensemble, s'est effectuée sur le principe de l'assimilation totale. Cependant, dans les années trente, Aimé Césaire invente le terme de «Négritude» afin de s'opposer à la francisation du monde colonial et pour engager les gens à retrouver et cultiver leurs identités culturelles traditionnelles noires. Le poète humaniste sénégalais, Léopold Senghor, reprend cette idée et la redéfinit comme «l'ensemble des valeurs culturelles du monde noir, telles qu'elles s'expriment dans la vie, les institutions et les œuvres des Noirs» (définition tirée de *Liberté, tome 1: Négritude et Humanisme*, p. 9).
- Après la guerre d'Algérie, deux vagues d'immigration vers la France ont eu lieu. Les colons français, qui s'étaient installés en Algérie, doivent d'abord rentrer dans l'Hexagone quand l'Algérie passe du statut de colonie à celui de nation indépendante. À travers les chansons d'Enrico Macias, par exemple, on peut comprendre la tristesse et le déchirement de ces familles, dont l'Algérie était devenu le pays d'adoption. Quant aux Algériens de longue date, ils émigrent eux aussi vers la France, à partir des années 60, pour trouver du travail. Une fois sur place, ils doivent faire face à des conditions de vie très difficiles.

Présentation orale: comparaison culturelle

Préparez une présentation orale sur le thème suivant.

- Quels facteurs peuvent empêcher l'intégration des immigrés et des minorités dans une société?

Comparez votre propre communauté à une région du monde francophone que vous connaissez.

contexte 2 L'identité linguistique

POINTS DE DÉPART

Porteur de valeurs culturelles, le langage est profondément significatif dans la quête et la compréhension de soi. En tant que moyen de communication, il est aussi un outil de socialisation qui peut promouvoir la cohésion sociale d'un groupe ou d'une communauté et lui donner un sentiment identitaire. On dira donc qu'une langue commune permet la compréhension mutuelle et la conscience d'une histoire, d'où potentiellement une solidarité au sein du groupe dont les membres sont unis par cette langue; c'est ainsi que la francophonie unit les francophones.

- Quels sont les avantages générés par une langue commune au sein d'une communauté de nations?
- En quoi l'identité linguistique d'une nation est-elle influencée par l'addition de mots d'origines étrangères dans sa langue?
- Quel rapport peut-on établir entre l'identité linguistique et l'identité culturelle?

DÉVELOPPEMENT DU VOCABULAIRE

1 Mots apparentés En petits groupes, décidez de quelle manière les mots ci-dessous sont apparentés et organisez-les en quatre catégories: mots ayant même racine, synonymes, antonymes, mots d'argot et leurs équivalents en langue plus soutenue. Utilisez un dictionnaire pour trouver le sens des mots que vous ne connaissez pas.

- monolingue
- francité
- main
- rejeter
- polyglotte
- francophile
- apprécier
- flippant
- dialecte
- kiffer
- angoissant
- dialoguer
- freiner
- jargon
- patois
- louche
- adopter
- dialogue
- argot
- promouvoir

STRATÉGIE

Utiliser le dictionnaire
Quand vous utilisez un dictionnaire, vous devez faire attention aux nuances et vérifier le sens de chaque mot.

2 La francophonie Qu'est-ce que «la francophonie» pour vous? Donnez-en votre définition personnelle, puis, avec trois ou quatre camarades, comparez vos définitions. Choisissez la meilleure ou synthétisez vos définitions afin d'en créer une globale. Présentez-la alors aux autres groupes et raffinez-la en fonction de tout ce qui aura été présenté dans la classe.

3 Avantages et inconvénients À deux, faites une liste des avantages et des inconvénients d'avoir une seule langue officielle dans un pays.

AVANTAGES	INCONVÉNIENTS

VOCABULAIRE PERSONNEL
Notez le nouveau vocabulaire à mesure que vous l'apprenez.

LECTURE 2.1 ▸ L'ORGANISATION INTERNATIONALE DE LA FRANCOPHONIE

AU SUJET DU TEXTE Le texte suivant provient du site de l'Organisation internationale de la Francophonie (OIF). Cette institution internationale, créée afin de promouvoir la langue française et la coopération entre les pays francophones, a été établie par la Charte de la Francophonie adoptée en 1997. L'OIF comporte 57 états et gouvernements qui sont membres et 20 états qui participent à titre d'observateurs. L'OIF se décrit comme une «communauté de destins, consciente des liens et du potentiel qui procèdent du partage d'une langue, le français, et des valeurs universelles».

AVANT LA LECTURE

VOCABULAIRE PERSONNEL
Utilisez votre vocabulaire personnel.

1 **Unis par une langue commune** Examinez et analysez les éléments ci-dessous. À votre avis, lesquels sont importants en ce qui concerne l'unité des francophones? Classez ces idées de la plus importante à la moins importante, selon vous.

- tourisme
- économie
- droits de l'Homme
- échange de ressources académiques
- échanges culturels
- recherches scientifiques communes
- environnement
- réseaux d'institutions bancaires et financières
- technologie
- conscience d'une histoire commune
- solidarité
- discussions et dialogues

2 **Discussion et comparaison** Avec un(e) camarade de classe, discutez des sujets de l'activité précédente et comparez vos classements respectifs, en justifiant l'ordre choisi.

3 **Les membres de l'OIF** Qui sont les membres de l'Organisation internationale de la Francophonie? Accédez au site de l'OIF pour lire la liste des membres. Y a-t-il des pays membres figurant sur la liste qui vous surprennent? Lesquels? Tâchez de trouver pourquoi ces pays sont membres.

4   **Un pays francophone d'Afrique** Faites une recherche Internet sur un pays africain membre de l'OIF. Rédigez une description de ce pays et parlez de ses relations avec la France ou avec un autre pays francophone auquel il est lié. Incluez les aspects suivants:

- situation géographique
- capitale
- population
- histoire
- situation économique et politique actuelles
- langue(s) du pays
- relations avec la France ou avec un autre pays francophone

L'Organisation internationale de la Francophonie

MOTS-CLÉS

le locuteur (la locutrice) personne qui parle

la décennie période de dix ans

propice particulièrement favorable

le soutien protection, appui

appuyer soutenir

Qu'est-ce que la francophonie?

Le terme francophonie est apparu pour la première fois vers 1880, lorsqu'un géographe français, Onésime Reclus, l'utilise pour désigner l'ensemble des personnes et des pays parlant le français. On parle désormais de francophonie avec un «f» minuscule pour désigner les **locuteurs** de français et de Francophonie avec un «F» majuscule pour figurer le dispositif institutionnel organisant les relations entre les pays francophones.

220 millions de locuteurs

La francophonie, ce sont tout d'abord des femmes et des hommes qui partagent une langue commune, le français. Le dernier rapport en date de l'Observatoire de la langue française, publié en 2010, estime leur nombre à 220 millions de locuteurs répartis sur les cinq continents.

Dès les premières **décennies** du XXe siècle, des francophones prennent conscience de l'existence d'un espace linguistique partagé, **propice** aux échanges et à l'enrichissement mutuel. Ils se sont constitués depuis en une multitude d'associations et regroupements dans le but de faire vivre la francophonie au jour le jour. Parmi ces organisations, on peut citer les associations professionnelles, les regroupements d'écrivains, les réseaux de libraires, d'universitaires, de journalistes, d'avocats, d'ONG et, bien sûr, de professeurs de français.

OBJECTIFS

Les objectifs de la Francophonie sont consignés dans sa Charte:

- instauration et développement de la démocratie
- prévention, gestion et règlement des conflits, et **soutien** à l'État de droit et aux droits de l'Homme
- intensification du dialogue des cultures et des civilisations
- rapprochement des peuples par leur connaissance mutuelle
- renforcement de leur solidarité par des actions de coopération multilatérale en vue de favoriser l'essor de leurs économies
- promotion de l'éducation et de la formation

MISSIONS

Les missions de la Francophonie sont définies dans un Cadre stratégique:

- Promouvoir la langue française, la diversité culturelle et linguistique
- Promouvoir la paix, la démocratie et les droits de l'Homme
- **Appuyer** l'éducation, la formation, l'enseignement supérieur et la recherche
- Développer la coopération au service du développement durable

APRÈS LA LECTURE

1 **Compréhension** Répondez aux questions d'après le texte.

1. Que décrivait le géographe français Onésime Reclus à travers le terme «francophonie»?
2. Environ combien de francophones y a-t-il dans le monde?
3. À quoi un espace linguistique partagé est-il propice?
4. Comment les francophones se regroupent-ils pour vivre leurs liens linguistiques?
5. Quels sont les buts culturels de l'OIF?
6. Comment l'OIF envisage de promouvoir la paix, la compréhension et la démocratie?
7. À part les axes politiques et culturels, sur quels deux autres axes les objectifs de l'OIF sont-ils basés?

2 **La francophonie dans le contexte historique** Le texte mentionne qu'un géographe français a utilisé le mot «francophonie» pour la première fois vers 1880. Quels évènements historiques peuvent expliquer pourquoi ce mot est apparu à cette époque? Réfléchissez aux activités que vous avez faites dans le **Contexte 1** à propos de l'immigration en France pour répondre à cette question. Vous pouvez aussi penser à l'histoire de la langue anglaise: Comment celle-ci est-elle devenue la langue des États-Unis? Discutez de ces questions en petits groupes et comparez ensuite vos réponses avec celles d'un autre groupe.

3 **L'essor d'une langue** À deux, servez-vous de votre discussion de l'activité précédente pour répondre aux questions suivantes.

1. À votre avis, pourquoi le français est-il toujours parlé dans autant de pays du monde?
2. L'anglais et le français sont des langues officielles de beaucoup d'organisations internationales. Pourquoi, d'après vous?
3. Selon vous, quel est l'avenir du français dans les pays francophones?
4. Et dans le reste du monde? Croyez-vous que le nombre de personnes qui apprendront le français va diminuer, rester le même ou augmenter? Pourquoi?

4 **La pyramide de la francophonie** Vous connaissez certainement la pyramide des aliments. À deux, préparez une pyramide des caractéristiques qui développent la cohésion sociale entre les peuples francophones. La base de votre pyramide est la connaissance mutuelle. Ajoutez d'autres éléments qui vous paraissent importants et dans l'ordre qui vous semble approprié. Vous pouvez utiliser les éléments mentionnés dans l'Activité 1 d'**Avant la lecture**. Comparez ensuite votre pyramide à celles d'autres paires.

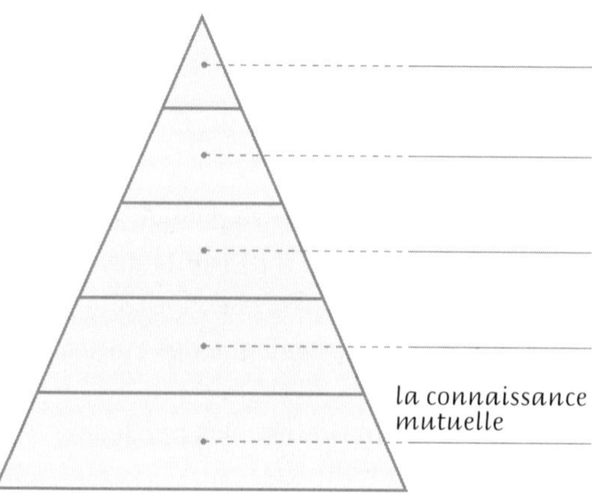

5 **Réflexion personnelle** Cela fait quelques années que vous faites des études de français. Vous considérez-vous membre de la francophonie? Quels liens partagez-vous avec les autres francophones du monde? De quelle manière votre identité a-t-elle été influencée par vos études de français? Écrivez un paragraphe pour répondre à ces questions.

VOCABULAIRE PERSONNEL
Utilisez votre vocabulaire personnel.

6 **Analyse** En petits groupes, analysez la citation suivante. Elle est extraite d'un document de la Délégation générale à la langue française et aux langues de France, qui se trouve sur le site du gouvernement français. Expliquez en quoi cette citation s'aligne sur les buts de l'OIF.

> « De tous les liens que nouent les hommes dans la cité, le lien de la langue est le plus fort, car il fonde le sentiment d'appartenance à une communauté. »

Délégation générale à la langue française et aux langues de France

7 **Identité individuelle et collective** On parle français dans des endroits très variés (géographiquement, économiquement et culturellement) du monde. À deux, choisissez un continent et réfléchissez à ce que les francophones qui y habitent ont en commun, en dehors de la langue qu'ils parlent tous. De quelles manières sont-ils différents?

8 **Présentation orale** Préparez une présentation orale sur une des idées suivantes:

- où et pourquoi le français peut promouvoir des valeurs pacifiques et démocratiques
- où et pourquoi le français peut être un catalyseur d'échanges culturels et académiques

Suivez les étapes suivantes:

1. Dressez une liste de quelques organisations, institutions ou associations internationales où l'on emploie le français. Notez les activités de chacune.
2. Déterminez trois raisons confirmant que le français est une langue idéale pour vos objectifs.
3. Faites une ébauche des points principaux de votre discours.
4. Répétez votre discours plusieurs fois devant un miroir avant de le présenter à la classe.

STRATÉGIE

S'exprimer avec précision
Une présentation réussie et efficace dépend grandement de sa préparation. Répétez plusieurs fois ce que vous allez dire à voix haute devant un miroir. Prenez votre temps quand vous parlez et articulez. Évitez de répéter des expressions comme «donc» et «bien». Faites des pauses pour insister sur certaines idées et utilisez des mots clairs et concis.

9 **Essai persuasif** Écrivez un essai sur le sujet suivant:

> « La langue française est une force positive dans le monde et elle reflète une identité collective à multiples facettes; son usage au-delà des frontières de la France mérite d'être soutenu et protégé. »

Votre essai doit comprendre les idées suivantes:

- une brève description de la francophonie dans le monde
- une analyse de la langue française comme force positive
- l'importance de l'existence d'organisations comme l'OIF pour soutenir la francophonie

RESSOURCES
Consultez la liste des appendices à la p. xiii.

LECTURE 2.2 ▸ L'ARGOT AFRICAIN INSPIRE LA LANGUE FRANÇAISE

AU SUJET DU TEXTE Le texte suivant présente deux phénomènes linguistiques intéressants qui illustrent le dynamisme de la langue française: l'emprunt de mots étrangers venant d'Afrique et du Maghreb et le développement d'une nouvelle forme d'argot. Le premier phénomène, l'emprunt linguistique, a toujours existé car la dominance culturelle, économique ou scientifique d'un pays à un moment donné s'accompagne d'un transfert du champ lexical de sa langue à d'autres langues. Le deuxième phénomène, l'introduction de l'argot dans une langue, a souvent lieu à l'intérieur d'un groupe social car il vise à distinguer l'individu de la masse. Le verlan est une forme d'argot qui serait née dans la banlieue parisienne; il consiste schématiquement à reconstituer des mots en les épelant à l'envers ou en inversant les syllabes. Celui-ci est aujourd'hui enrichi par une nouvelle forme d'argot.

AVANT LA LECTURE

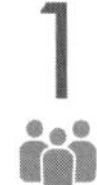

1 **Mots empruntés** En petits groupes, faites des phrases avec les termes français ci-dessous qui ont été empruntés par la langue anglaise. Vérifiez que ces mots soient utilisés de la même manière dans les deux langues. Ajoutez à la liste d'autres mots que vous connaissez, en proposant des exemples. Comparez ensuite vos mots et vos phrases avec ceux d'un autre groupe.

TERMES FRANÇAIS	EXEMPLES DE PHRASES
déjà-vu	*Il me semble que je suis déjà venu ici. J'ai comme une impression de déjà-vu.*
cuisine	
répertoire	
chic	

VOCABULAIRE PERSONNEL
Notez le nouveau vocabulaire à mesure que vous l'apprenez.

2 **Anglicismes** À deux, discutez des termes suivants qui sont des mots anglais empruntés par la langue française. Est-ce que ces mots font partie de votre vocabulaire courant? Quand et où les utilisez-vous? À votre avis, pourquoi ces mots anglais ont-ils été empruntés par la langue française? Quels sont leurs équivalents en français standard?

- buzz
- flow
- best seller
- punch

3 **L'argot** En petits groupes, trouvez la définition et l'origine de chacun des mots suivants qu'on utilise parfois en français familier.

daronne	salam alaykum	hamdu'llah	dawa	bezef

L'argot africain inspire la langue française

http://

JOURNAL | CARTE BLANCHE | EDITIONS PAYS | NOS SITES | EVENEMENTS | FOOT | MUSIK | VOYANCE

L'ARGOT AFRICAIN INSPIRE LA LANGUE FRANÇAISE

Des années après le succès du verlan dans les banlieues et dans toute la France entière, depuis quelque temps, on assiste à une nouvelle mode linguistique qui n'est pas sans rappeler l'argot parlé dans certains pays d'Afrique noire et du Maghreb.

Un **truc** de «ouf» (fou) qui a été observé par certains linguistes spécialisés de la langue française. Ne dites plus «chelou» (louche), «meuf» (femme), «céfran» (français), sinon vous risquez de passer pour un Bolos (gros **nul** et **ringard**). Ces mots sont profondément **essoufflés**. Aujourd'hui, on n'est plus à donf (à fond) dans le verlan, mais on s'enjaille (se faire plaisir) avec d'autres mots qui trouvent **la cote** partout en France, dans le langage parlé des jeunes.

Alors que localement les **tchatcheurs** cherchaient à tour de rôle, et souvent dans leurs cages d'escaliers, des nouveaux mots en verlan qui pourraient faire le buzz et intégrer le langage courant, un phénomène non attendu est venu bouleverser les quartiers en apportant du punch dans son vocabulaire. Les «reum» (mères) ou plutôt daronnes ont inconsciemment contribué à ce vocabulaire venu d'ailleurs. Certes depuis longtemps certains mots comme «salam alaykum, hamdu'llah… » étaient compris par tout le

MOTS-CLÉS

le truc mot familier pour «procédé» ou «astuce»

nul(le) ignorant(e), incompétent(e)

ringard(e) démodé(e), dépassé(e)

essoufflé(e) qui respire difficilement

la cote estime, admiration

le tchatcheur (la tchatcheuse) personne qui bavarde, qui parle beaucoup

MOTS-CLÉS

à perpette sans arrêt, éternellement

le repli retraite, recul sur soi-même

davantage de plus en plus

la francisation action de donner un caractère français

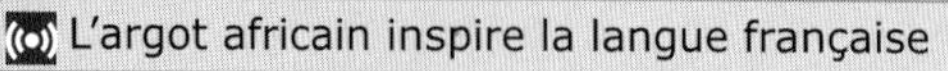
L'argot africain inspire la langue française

http://

monde; bien qu'ils ne fassent pas partie de la langue française, de nos jours on assiste à une nouvelle vague de mots d'origines africaines (noir et maghreb) entre autres, qui passent crème (qui s'adaptent) à la langue parlée par beaucoup de jeunes, qu'ils soient originaires d'Afrique ou d'Europe. Selon nombreux spécialistes, deux raisons expliquent ce phénomène.

Le RAP n'aime plus le verlan

C'est l'un des drapeaux incontestables et incontestés du verlan en banlieue. Mais ça c'était avant, vous allez me le dire. En effet, les rappeurs et les adeptes du hip-hop ont complètement changé de répertoire. Dans les nouveaux flow, ils font souvent recours à des mots qui rappellent le «bled» (pays en argot arabe) de leurs parents. Le verlan est jugé trop «mesquine» (pauvre). Bien que l'intégration de certains mots arabes dans la langue française remonte **à perpette**, on a assisté au cours de ces dernières années à une nouvelle adaptation. Dans les banlieues populaires, on ne dit plus «beaucoup» mais «bezef». C'est aussi «kif-kif» (pareil) dans les banlieues dites chic. Et si ces mots relèvent du «dawa» ou «sbeul» (désordre) dans les oreilles des plus anciens, c'est loin d'être le cas chez les jeunes «srab» (ami, copain).

> **«... de nos jours on assiste à une nouvelle vague de mots d'origines africaines (noir et maghreb) qui passent crème (qui s'adaptent) à la langue parlée par beaucoup de jeunes... »**

Un repli communautaire?

Certains linguistes pensent que cette intégration de ces mots est la conséquence du **repli** communautaire observé depuis les crises économiques répétitives. Les jeunes vont **davantage** intégrer des expressions et mots qui découlent de la culture de leurs parents respectifs. Ainsi, de même que pour l'arabe, on trouve des langages en provenance de l'Afrique noire (Côte d'Ivoire, Mali, Sénégal...). Le bambara, le wolof, le mandingue, ou encore le soninké inspirent beaucoup ces jeunes modérateurs. D'ailleurs, dans certains morceaux de RAP, on entend des mots dont parfois il faut demander la traduction. Entre le on «s'enjaille» (s'amuse, d'origine nouchi) prononcé souvent par La Fouine, et le «Ewa, moinama» (Bien frère, en comorien) de Rohff, l'Afrique n'a pas fini d'inspirer la langue de Molière. Aussi zarbi (bizarre) que cela puisse paraître, ce langage est aussi populaire que même les anciens commencent à l'adopter. La **francisation** des mots, notamment d'origine africaine, n'a pas encore dit son dernier mot.

JOURNAL | CARTE BLANCHE | EDITIONS PAYS | NOS SITES | EVENEMENTS | FOOT | MUSIK | VOYANCE

APRÈS LA LECTURE

1 **Compréhension** Choisissez la meilleure réponse d'après le texte.

1. En quoi consiste la nouvelle mode linguistique en France?
   a. À permuter les syllabes des mots
   b. À incorporer des mots d'origine arabe ou africaine au français
   c. À éviter certains mots
   d. À donner une ressemblance arabe à des mots français
2. Que veut dire «profondément essoufflés» dans le contexte de l'article?
   a. démodés et vieux jeu
   b. trop sérieux
   c. insignifiants et insensés
   d. offensifs et insultants
3. Quel phénomène observe-t-on parmi les rappeurs?
   a. Ils utilisent davantage de verlan dans leurs paroles.
   b. Ils deviennent plus traditionnels.
   c. Ils copient la musique américaine.
   d. Leur langage comporte de l'argot arabe ou africain.
4. Que peut-on dire du nouvel argot en France?
   a. Il lance un nouveau débat parmi les puristes de la langue.
   b. Il est sanctionné dans les cercles académiques.
   c. Il se remarque dans toutes les tranches d'âge.
   d. Il existe exclusivement en banlieue.
5. À quel phénomène sociologique peut-on attribuer l'intégration de mots arabes et africains dans la langue française?
   a. La réaction des jeunes face à l'ennui et à l'inaction.
   b. La cohésion communautaire face aux défis économiques.
   c. L'apparition d'un nouveau groupe d'immigrés.
   d. La tolérance dans une société multiculturelle.

CONCEPTS IMPORTANTS

Causes et effets
Établir la connexion entre la cause et l'effet peut vous aider à comprendre les motifs des personnes citées dans l'article.

2 **Le ton de l'article** Répondez aux questions pour analyser le ton de l'auteur.

1. Quel ton l'auteur utilise-t-il pour présenter des informations sur l'argot?
2. Quels mots ou quelles phrases reflètent le mieux le ton utilisé?
3. Qu'est-ce que l'auteur pense des tendances dans la création de l'argot?
4. De quelle manière l'opinion de l'auteur et son ton influencent-ils la présentation du sujet? Expliquez.

3 **Commentaire culturel** Avec un(e) camarade, discutez de ces questions.

1. À votre avis, pourquoi autant de mots d'origine étrangère sont en train d'entrer dans le français quotidien?
2. Quelles valeurs des cultures africaines et maghrébines l'argot actuel reflète-il?
3. De quelle manière l'utilisation de l'argot reflète l'identité d'une personne?
4. Quel genre d'information culturelle ou personnelle le langage qu'on utilise révèle-t-il?

STRATÉGIE

Utiliser le bon registre
Il est important de considérer à qui vous vous adressez quand vous écrivez afin de choisir le niveau de langue approprié. Par exemple: Allez-vous utiliser «tu» ou «vous» pour vous adresser à un(e) ami(e)?

VOCABULAIRE PERSONNEL
Utilisez votre vocabulaire personnel.

RESSOURCES
Consultez la liste des appendices à la p. xiii.

4 

Un e-mail Écrivez un courriel à un(e) camarade dans lequel vous lui donnez des nouvelles ou lui racontez une histoire qui vient de vous arriver. Vous devez insérer dans votre message des expressions empruntées à d'autres langues ou de l'argot qui sont présentés dans la lecture. Utilisez le plus d'emprunts possible!

5 

Votre région Y a-t-il des mots et des expressions ou un argot associés à votre région et qui contribuent à son identité? Quelles cultures ont eu de l'influence sur le langage populaire de votre région? En petits groupes, faites une liste de l'argot et des régionalismes. Par exemple, à New York on utilise le verbe *schlep* pour dire «porter» et au Texas on dit *fixin' to* pour dire qu'on va faire quelque chose. Ensuite, discutez du registre de l'expression ou du mot, sa fréquence et son acceptation dans la société.

6 

Les nouveaux mots On peut dire que l'argot, des mots empruntés ou adaptés d'une autre langue ou même des mots inventés comblent des lacunes dans une langue. Quand ces mots deviennent-ils acceptables, une vraie partie de la langue? Est-ce au moment où ils entrent dans les dictionnaires ou lorsque la majorité d'une population les emploie? Et qui, d'après vous, a le droit de décider de leur sort? Débattez de ces questions avec un(e) partenaire.

7 

Le rap On dit souvent que le rap reflète une certaine culture urbaine et qu'il contribue à la création d'une identité sociale. Cherchez sur Internet des clips de Diam's, Grand Corps Malade et La Fouine pour faire une petite exploration du rap français. Choisissez une chanson de chaque artiste. Ensuite, préparez une présentation orale dans laquelle vous commentez la manière dont les trois chansons reflètent une certaine culture et identité sociale. Abordez les points suivants:

- l'usage de l'argot
- les thèmes des chansons
- la culture reflétée dans les chansons
- l'identité sociale du rappeur/de la rappeuse
- vos impressions

8 

Discussion En petits groupes, discutez des questions suivantes.

1. De quelle manière l'argot peut empêcher la communication et la compréhension, même si ce sont des mots de la langue maternelle? Est-ce qu'on emploie parfois l'argot avec cette intention? Expliquez.
2. Est-ce que l'emploi de l'argot dans les textes que vous lisez ou que vous entendez en français empêche parfois votre compréhension? Comment réagissez-vous quand vous lisez ou vous entendez de l'argot français?
3. Utilisez-vous beaucoup d'argot en anglais, en français, dans une autre langue? Pourquoi ou pourquoi pas?

9 

Essai Écrivez un essai dans lequel vous répondez à la question ci-dessous. Votre essai doit consister en un paragraphe d'introduction, deux paragraphes qui présentent vos arguments et une conclusion. Donnez des exemples concrets des textes que vous avez lus dans ce contexte et de votre expérience personnelle.

- À votre avis, est-ce que les emprunts et les modifications linguistiques sont plutôt des sources de richesse ou des signes de perte identitaire?

AUDIO ▸ EXPRESSIONS AUTOUR DE LA MODE EN CÔTE D'IVOIRE

Audio
Auto-graded
My Vocabulary
Strategy
Write &Submit

INTRODUCTION Dans l'extrait de l'émission *Génération post-coloniale* sur RFI (Radio France Internationale) que vous allez écouter, les présentateurs Muriel Pomponne et Yvan Amar interviewent Nicole Suzi, une Ivoirienne, sur les expressions utilisées en Côte d'Ivoire pour parler des vêtements et de la mode. L'invitée donne quelques exemples d'expressions qui sont des mélanges de français (ou d'anglais) avec une des langues régionales qui se parlent en Côte d'Ivoire, au Burkina Faso et en Guinée: le bambara.

MOTS-CLÉS

bien marier bien assortir

être bien coiffé(e) arranger ses cheveux avec soin

AVANT L'ÉCOUTE

1 **Mode africaine** Faites des recherches sur la mode ivoirienne et d'autres pays de l'Afrique de l'Ouest. Trouvez six images qui représentent une variété de vêtements pour hommes et pour femmes. Dressez une liste d'expressions pour décrire les différentes tenues portées par les personnes sur vos images. Ensuite, décrivez vos images à la classe et donnez votre opinion sur chaque look.

2 **Perspectives culturelles** Discutez des questions suivantes avec un(e) camarade en utilisant vos connaissances sur la mode et les tendances actuelles.

1. Comment est-ce qu'on sait qu'une certaine mode vestimentaire est la «dernière» tendance? Par le biais de quels médias découvre-t-on les tendances en matière de mode?
2. Quelles tendances sont les plus populaires en ce moment?
3. Quelles tendances peut-on remarquer dans les choix vestimentaires des adolescents de votre école? Est-ce que tout le monde suit les mêmes tendances? Pourquoi ou pourquoi pas?
4. Comment la mode a-t-elle évolué ces trois dernières années? Qu'est-ce qui n'est plus «à la mode» aujourd'hui?
5. À votre avis, est-ce que les adolescents s'habillent de la même façon partout dans le monde? Expliquez.
6. Comment imaginez-vous que les adolescents s'habillent en France? En Côte d'Ivoire? En Martinique? Au Québec?

Source: Extrait de «*Expressions autour de la mode en Côte d'Ivoire*», Apprendre à écouter, Yvan Amar. Vous pouvez trouver la version intégrale sur www.rfi.fr.

PENDANT L'ÉCOUTE

1 **Première écoute** À la première écoute, cochez chaque mot ou expression autour de la mode que vous entendez.

- ☐ un boubou
- ☐ séduit au passage
- ☐ est bien fringué
- ☐ chic
- ☐ les bijoux
- ☐ un pagne
- ☐ les boucles d'oreille
- ☐ dans le coup
- ☐ la chaussure
- ☐ un caftan
- ☐ est devant dougou
- ☐ à la dernière mode

STRATÉGIE

Faire des connexions
Faire des connexions entre les sensations que vous avez sur le thème et ce que vous entendez pendant l'enregistrement peut vous aider à mieux en comprendre le contenu.

2 **Deuxième écoute** Écoutez l'enregistrement une deuxième fois et utilisez les mots de la boîte pour remplacer les mots en caractères gras dans les phrases qui suivent.

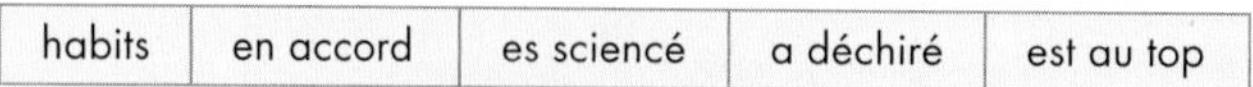

habits	en accord	es sciencé	a déchiré	est au top

1. On va dire que c'est quelqu'un qui **s'habille bien**.
2. Vieux Père, tu as bien choisi tes **vêtements**.
3. Il a laissé tout le monde derrière et lui il est en avance, donc il **a beaucoup de succès**.
4. ... de porter des vêtements qui **lui vont bien**, quoi!
5. Alors quand tout est **assorti** avec sa forme, alors là, elle est au top.

APRÈS L'ÉCOUTE

1  **Compréhension** Indiquez si les phrases suivantes sont **vraies** ou **fausses**. Si la phrase est fausse, corrigez-la.

1. Quand on appelle une personne «Vieux Père» en Côte d'Ivoire, c'est un signe de respect.
2. On dit d'une personne qui s'habille mal qu'elle «enjaille» les autres.
3. On ne peut pas utiliser l'expression «être sciencé» avec les femmes.
4. Dans le contexte de la mode, l'expression «il a déchiré» a une connotation positive.
5. L'expression «être devant dougou» est un compliment sur l'apparence physique et la tenue.

2 **Analyse** En analysant les expressions employées par Nicole Suzi dans l'enregistrement, quelles valeurs sont importantes pour les Ivoiriens? Avec un(e) partenaire, faites une liste de cinq expressions qu'elle a utilisées et faites une analyse de chacune pour répondre à cette question.

3  **Des compliments** En petits groupes, dressez une liste de six expressions pour exprimer l'approbation ou la désapprobation vis-à-vis de la tenue vestimentaire d'une personne. N'oubliez pas les expressions de l'enregistrement. Ensuite, chaque membre doit trouver deux ou trois images dans des magazines ou sur Internet de personnes habillées selon des styles différents. À tour de rôle, présentez vos images aux autres membres du groupe pour qu'ils les commentent en utilisant la liste d'expressions.

VOCABULAIRE PERSONNEL
Utilisez votre vocabulaire personnel.

4   **Essai persuasif** De quelle manière le langage qu'une personne utilise reflète-t-il son identité? Écrivez un essai dans lequel vous répondez à cette question. Réfléchissez à ce que vous avez appris dans ce contexte ainsi que tous les autres et considérez l'influence des facteurs suivants sur le langage qu'on emploie:

- les croyances et les valeurs
- le milieu social
- le lieu géographique
- la culture qui nous entoure ou celle de nos ancêtres
- l'image qu'on souhaite projeter

Votre essai doit consister en une introduction qui répond à la question, deux paragraphes avec des arguments qui soutiennent votre réponse et une conclusion. N'oubliez pas de citer des exemples concrets de contextes ou tirés de votre vie pour illustrer votre raisonnement.

LIENS CULTURELS

L'occitan et le français à l'école

L'occitan a le vent en poupe

L'OCCITAN EST UNE LANGUE ROMANE RÉGIONALE, traditionnellement parlée dans le Pays d'Oc, dans le sud-ouest de la France. C'est la langue régionale la plus parlée en France. L'intérêt pour l'enseignement de l'occitan se cristallise dans les années 1980, avec la fondation de nombreuses «calandretas». Une calendreta (ou petite alouette, en occitan) est une école publique, laïque, gratuite, qui vise à transmettre la langue et la culture de l'Occitanie aux enfants. Parents, enseignants et amis s'associent pour y faire classe. À l'école maternelle d'abord, puis à l'école élémentaire et au collège, en immersion totale, les enfants apprennent les mathématiques ou d'autres matières courantes, mais en occitan. Ils suivent aussi des cours de langue et de littérature occitanes. Les calendretas visent à faire des jeunes des individus à la fois attachés à leurs racines occitanes et ouverts sur le monde. En un mot, elles veulent les préparer à l'interculturalité et au plurilinguisme.

- Pour protéger l'identité des francophones québécois, René Levesque fait adopter la loi 101 au Québec en 1977. Ce texte cherche à renforcer la primauté du français et oblige les personnes à utiliser le français dans l'affichage public, dans l'enseignement et au travail. Tous les enfants sont obligés de faire leur scolarité dans des écoles francophones et le français devient la langue obligatoire et officielle utilisée dans les tribunaux et cours de justice. Depuis, le français règne au Québec et les Québécois sont très fiers de maintenir leur identité culturelle particulière en Amérique du Nord.
- Après l'occitan, l'alsacien est la deuxième langue régionale la plus parlée en France. Plus de 500.000 personnes le parle! L'*elsässisch* fait partie des parlers alémaniques, des dialectes parlés en Suisse, ainsi que dans quelques régions de l'Allemagne et de l'Autriche. Pour l'entendre, il vaut mieux quitter les villes, car c'est dans les petits villages d'Alsace qu'elle est le plus souvent pratiquée. L'alsacien n'a pas toujours été bien vu. Alors qu'à la sortie de la Deuxième Guerre mondiale, son utilisation était plutôt découragée, aujourd'hui, les cours de langues se multiplient et, pour les jeunes, la pratique de l'alsacien est vue comme utile, et même parfois, branchée!

Présentation orale: comparaison culturelle

Préparez une présentation orale sur le thème suivant.

- Quel rapport peut-on établir entre l'identité linguistique et l'identité culturelle?

Comparez votre propre communauté à une région du monde francophone que vous connaissez.

contexte 3 Le nationalisme et le patriotisme

POINTS DE DÉPART

Le dictionnaire de l'Académie Française définit le terme *nationalisme* ainsi: «sentiment qui consiste dans l'exaltation de l'idée nationale». Il définit le *patriotisme* comme «amour de la patrie», c'est-à-dire l'amour du pays qu'on considère le sien et avec lequel on s'identifie. En fait, ces deux sentiments naissent d'une forte identité nationale basée sur une histoire, des souvenirs et des perspectives partagés avec ses concitoyens. Cette identité nationale fait partie de ce qui différencie un pays, un groupe ou un individu d'autrui et qui le rend unique au monde.

- Comment l'identité régionale ou nationale est-elle influencée par les événements historiques?
- De quelles manières un peuple peut-il exprimer son patriotisme?
- Quels facteurs déterminent et cimentent l'identité nationale?

DÉVELOPPEMENT DU VOCABULAIRE

VOCABULAIRE PERSONNEL
Notez le nouveau vocabulaire à mesure que vous l'apprenez.

1 Liens identitaires Quel rapport les mots suivants ont-ils avec l'identité nationale? En petits groupes, choisissez cinq mots et expliquez de quelle manière ils sont liés au concept de l'identité nationale.

- affinité
- communauté
- compatibilité
- conformité
- culture
- ethnicité
- harmonie
- histoire
- homogénéité
- individualisme
- langue
- origine
- particularité
- patrimoine
- personnalité
- respect
- rites
- savoir
- similarité
- société
- uniformité

2 De grands moments Comment les grands moments historiques, comme les évènements du 11 septembre 2001 aux États-Unis, influencent l'identité d'un peuple (sa culture, ses valeurs, son patriotisme, sa façon de se considérer)? À deux, choisissez un exemple précis de grand évènement historique et décrivez ses plus gros effets, en exprimant vos points de vue.

3 Identité et patriotisme Avec un(e) partenaire, comparez vos opinions et expériences en répondant aux questions.

1. À quelle ville, quel état ou quelle région vous identifiez-vous? Pourquoi?
2. Vous sentez-vous avant tout américain(e)? Expliquez.
3. Quels facteurs ont le plus contribué à la formation de votre identité nationale (origine, ethnicité, lieu de résidence, religion, autre)?
4. Vous considérez-vous patriote? Quels gestes de patriotisme faites-vous? Expliquez.

LECTURE 3.1 ▸ LA BRETAGNE CELTIQUE

AU SUJET DU TEXTE La Bretagne est une région géographique et culturelle qui occupe une péninsule à l'extrémité ouest de la France. Son nom vient du mot latin *Britannia* qui veut dire pays des Bretons. Elle compte cinq départements et environ quatre millions d'habitants. Son histoire et son dynamisme en font une des régions les plus importantes d'Europe. Le texte que vous allez lire provient du site *gitelink.com* qui présente des locations de vacances organisées par secteur géographique et fait un survol des aspects uniques de chaque région à visiter. C'est dans ce contexte et à travers un registre conversationnel que ce passage explore le passé, la culture et le patrimoine celtiques de la Bretagne. Il souligne en particulier les similarités entre les Bretons de Bretagne et les Bretons d'Angleterre, similitudes dûes à un passé historique commun.

AVANT LA LECTURE

1 Une visite Quand vous visitez un endroit pour la première fois, où allez-vous d'abord? Quels sites ou quels lieux vous attirent le plus? Pourquoi? Faites une liste des sites et notez les raisons pour lesquelles vous aimez les découvrir.

2 Reflets d'une culture Quels sont les sites ou les lieux d'une communauté qui reflètent le mieux sa culture? Quelles activités, coutumes ou traditions sont les plus représentatives? Pourquoi? Discutez de ces questions avec un(e) partenaire. Citez non seulement des exemples de votre propre culture mais aussi d'autres cultures que vous connaissez pour illustrer et défendre votre opinion.

3 Culture celtique Que savez-vous déjà de la culture celtique? En petits groupes, utilisez les questions suivantes pour guider votre discussion. Faites des recherches si nécessaire. Ensuite, partagez vos réponses avec la classe afin de créer un portrait des Celtes.

1. Qui étaient les premiers Celtes?
2. Comment le territoire qui est aujourd'hui la France s'appelait-il sous les Celtes?
3. Quelle civilisation a suivi celle des Celtes?
4. Dans quels pays ou quelles régions se trouve la culture celtique aujourd'hui?
5. Que savez-vous de la culture celtique ancienne (religion, légendes, fêtes, art)?
6. Connaissez-vous les monuments mégalithiques de Stonehenge et Avebury? Que sont-ils?
7. Quels éléments culturels (musique, danse, art, langues, traditions, croyances, autres) sont associés avec la culture celtique de nos jours?

VOCABULAIRE PERSONNEL
Utilisez votre vocabulaire personnel.

LA BRETAGNE CELTIQUE

STRATÉGIE

Prendre des notes
Pendant la lecture, prenez des notes ou soulignez certaines parties du texte pour vous souvenir des informations importantes, comme par exemple les évènements et les personnages historiques, les dates importantes, les repères géographiques et les détails culturels les plus pertinents.

MOTS-CLÉS

l'envahisseur (m.) celui qui occupe ou prend le territoire d'autrui

chasser repousser

fuir se sauver

dépaysé(e) faire rompre les habitudes par le voyage, désorienté(e)

fier conscient de sa dignité

TOUT LE MONDE en France connaît Astérix et des millions de personnes dans le monde, bien au-delà des frontières nationales, connaissent les livres ou les films qui montrent la résistance héroïque d'Astérix et de son camarade Obélix contre l'**envahisseur** romain. Les bandes dessinées, créées par Uderzo et Goscinny à la fin des années cinquante, sont devenues des best-sellers dans les années soixante, et restent à ce jour les BD françaises les mieux connues au monde.

Et comme les cartes des livres d'Astérix nous le rappellent, c'est au nord-ouest de la Gaule, en Bretagne, que se trouve le village de nos résistants héroïques. Astérix et les siens sont des Gaulois, engagés dans une lutte d'arrière-garde contre les envahisseurs latins qui avaient installé leur empire à travers une grande partie de l'Europe de l'ouest—l'empire romain.

La Bretagne partage, avec le sud-ouest de l'Angleterre, les épopées du Roi Arthur.

Comme dans les îles britanniques, la Britannia des Romains, les tribus celtiques de la Gaule ont été repoussées vers l'océan Atlantique par la marche inexorable de l'empire romain. Les derniers Gaulois celtiques avaient pris refuge à l'extrémité nord-ouest du pays, sous la pression des tribus germaniques venues de l'est, telles que les Francs qui ont donné leur nom à la France.

Il n'y a que dans la région nord-ouest de la France que la tradition gauloise, avec son langage et sa culture celtiques, a réussi à survivre; mais la survie fut forte, car cette langue celtique et ce patrimoine culturel ont réussi à se maintenir jusqu'à nos jours, malgré d'énormes pressions; c'est ainsi que la Bretagne se trouve être, aujourd'hui, la plus grande région de culture celtique du continent européen.

Au cours du sixième siècle après Jésus-Christ, l'empire romain se désintègre, les Romains quittent les îles britanniques, laissant ces îles fertiles sans réelles défenses contre les attaques d'autres tribus germaniques venues de l'est. C'est à ce moment que les Angles et les Saxons envahissent «Britannia», qui devient la terre des Angles, Angleterre, **chassant** les tribus britanniques vers les extrémités ouest des îles. Devant l'agression anglo-saxonne, de nombreux «Britons» **fuient** les îles britanniques pour se réfugier chez leurs cousins celtiques en Armorique, cette région nord-ouest de la Gaule; et c'est ainsi que l'Armorique devient le pays des Britons, ou Bretons—c'est-à-dire la Bretagne.

Les Bretons sont donc les cousins des Celtes britanniques, et à ce jour la Bretagne partage beaucoup de points communs avec les régions celtiques des îles. Un Gallois, parlant gallois, reconnaîtra des mots familiers en breton, et les habitants de Cornouailles—ce comté du sud-ouest de l'Angleterre—ne se sentent pas vraiment **dépaysés** en débarquant du ferry qui les mène de Plymouth à Roscoff.

Les Bretons sont **fiers** de leur identité nationale, et de nombreux Bretons—surtout dans les rangs des nationalistes—se disent bretons avant d'être français. La langue bretonne est enseignée désormais dans de nombreux établissements scolaires publics, mais **au grand dam** des nationalistes bretons, n'a pas acquis le statut officiel comme celui acquis au pays de Galles par la langue galloise, par exemple, ou par le gaélique en Irlande. La Bretagne d'aujourd'hui a bien son conseil régional, comme toute région française, mais n'a pas de parlement comme l'Écosse ou le pays de Galles.

Comme dans les îles britanniques, les Bretons de l'époque préhistorique **ont légué** à la postérité un grand patrimoine culturel, et notamment des sites préhistoriques comme les mégalithes de Carnac dans le Morbihan, avec ses trois mille blocs de granite. Mais où que ce soit en Bretagne, le promeneur peut se trouver devant un dolmen ou un menhir, grands blocs de granite dont les origines sont perdues dans la nuit des temps.

L'identité culturelle de la Bretagne—reconnue officiellement depuis la signature d'une charte en 1977—s'exprime à travers une culture et des coutumes bien différentes de celles qu'on trouve dans d'autres régions de la France. Les touristes écossais qui viennent en Bretagne peuvent être surpris en entendant des airs de **cornemuse**, alors qu'ils se baladent dans une petite ville touristique en Bretagne. Mais la cornemuse—ou biniou—fait partie de la tradition musicale des régions celtiques d'Europe, tout comme la harpe—instrument emblématique du pays de Galles.

Au cours des années soixante et soixante-dix, la musique d'inspiration celtique a connu une résurgence grâce à l'arrivée du rock celtique, véhiculé en France par des artistes bretons comme Alan Stivell, qui ont acquis une réputation internationale. Beaucoup d'autres ont suivi ce chemin tracé, et aujourd'hui la musique bretonne celtique a une place privilégiée sur la scène musicale en France. ◣

MOTS-CLÉS

au grand dam de au déplaisir de quelqu'un

léguer transmettre comme héritage

la cornemuse instrument de musique à vent typique de l'Écosse et de la Bretagne

APRÈS LA LECTURE

1 Compréhension Répondez aux questions d'après la lecture.

1. Qui sont Astérix et Obélix? Dans quelle lutte se sont-ils engagés?
2. Quels groupes d'envahisseurs ont conquis la Gaule?
3. Où les tribus celtiques se sont-elles réfugiées après les invasions de la Gaule?
4. En quoi la Bretagne se distingue-t-elle aujourd'hui?
5. Qu'est-ce que beaucoup de Bretons des îles britanniques ont fait, face à l'invasion anglo-saxonne?
6. De quelles manières les Bretons se montrent-ils fiers de leur identité régionale?
7. Quel fait politique déplaît à beaucoup de Bretons?
8. Quel patrimoine culturel les Bretons préhistoriques ont-ils légué?
9. Qu'est-ce que la charte de 1977 reconnaît?
10. Quel aspect de la culture bretonne est connu au niveau international?

2 Analyse Le texte déclare un fort lien entre les descendants des tribus celtiques en disant que:

« Les Bretons sont donc les cousins des Celtes britanniques... »

Cherchez des informations dans le texte qui soutiennent cette déclaration. Ensuite, écrivez un paragraphe qui explique la nature des liens entre les deux peuples d'origine celtique.

VOCABULAIRE PERSONNEL

Utilisez votre vocabulaire personnel.

3 **Explorer** Quelle est la meilleure façon de découvrir l'histoire d'un lieu ou une région? Avec un(e) partenaire, discutez des avantages et des inconvénients de ces méthodes: faire des recherches sur Internet, visiter des sites historiques et des musées ou interviewer des gens de la région. Expliquez vos choix.

4 **L'identité française** D'après vous, pourquoi certains Français sont si attachés à l'idée que tout Français descend, au moins de façon symbolique, des Gaulois? Comment l'histoire récente de la France met-elle en cause cette notion? En petits groupes, explorez ces questions. Servez-vous aussi des points suivants pour guider votre discussion:

- l'histoire des invasions décrite dans le texte
- les actions des Gaulois, d'Astérix et d'Obélix décrites dans le texte
- les caractéristiques des peuples celtiques qui peuvent être considérées admirables
- les immigrations récentes vers la France
- les différentes cultures présentent dans la société française

5 **Recherches** En petits groupes, choisissez une langue ou un dialecte parlé en France ou dans un territoire français, comme par exemple le tahitien, le créole ou le corse, et faites des recherches sur l'état de cette langue ou de ce dialecte. Chaque groupe doit faire une présentation à la classe en répondant à ces questions:

1. Quelle est l'histoire de la langue?
2. Quel est son statut officiel? Quels sont les arguments en faveur ou contre ce statut?
3. Quel est le rapport entre la langue et l'identité régionale où on la parle?
4. Quels facteurs culturels, économiques et technologiques ont de l'influence sur cette langue et son emploi? De quelles manières l'influencent-ils?

STRUCTURES

Le subjonctif dans les propositions relatives

Le verbe de la proposition relative est au subjonctif quand cette proposition suit un superlatif. Dans cet extrait du texte: «la plus grande région de culture celtique qui reste sur le continent européen», le verbe **reste**, dans la subordonnée relative qui est introduite par le pronom **qui**, est au subjonctif. Cette subordonnée relative suit la structure superlative: **la plus grande région**.

Complétez les phrases suivantes, construites sur le même modèle, avec le verbe entre parenthèses à la forme correcte. Ensuite, faites trois phrases supplémentaires similaires, mais qui expriment ce que vous pensez du texte.

MODÈLE Les Bretons sont les personnes les plus fières qui ____________ (être).
soient

1. Les menhirs et les dolmens sont les symboles les plus intrigants qu'on ____________ (pouvoir) imaginer.
2. La cornemuse et la harpe sont les instruments les plus emblématiques du pays de Galles que je ____________ (connaître).

RESSOURCES
Consultez les explications de grammaire de l'appendice A aux pp. 384–386.

LECTURE 3.2 ▸ QU'EST-CE QU'ÊTRE FRANÇAIS?

AU SUJET DE L'AUTEUR Contre toute attente, Max Gallo, fils d'immigrés italiens qu'on destinait dans sa jeunesse à une carrière de mécanicien, fait des études de lettres. Il devient d'abord professeur, puis se lance dans le journalisme et s'engage dans la politique. Il est aussi écrivain et historien: ses romans se placent dans le contexte des grands moments de l'histoire et il compose les biographies de personnages historiques comme Jules César, Victor Hugo ou Napoléon. Son travail acharné et passionné est couronné par l'appel à servir en tant que l'un des quarante Immortels élus à l'Académie française; la mission de cette institution est, depuis sa fondation par le Cardinal de Richelieu en 1635, de gérer et surveiller l'évolution de la langue française.

AU SUJET DU TEXTE Cet article, paru dans la rubrique «actualités» du magazine *La Vie*, présente la position et les idées de Max Gallo dans le débat sur l'identité nationale qui tourne autour de questions brûlantes telles que «Qu'est-ce qu'être français?» Aimer la France, son patrimoine et construire l'avenir en tenant compte de nouveaux paramètres comme les déséquilibres démographiques font partie des réponses à cette question. Dans cet article, Max Gallo identifie également dix éléments clés qui fondent la problématique de l'identité nationale.

AVANT LA LECTURE

1 

Mon État Selon vous, lesquels de ces aspects décrivent le mieux le paysage géographique et culturel de votre État? Répondez à cette question en écrivant un ou deux paragraphes et en utilisant des exemples précis.

- les grands espaces géographiques (plaines, montagnes, plages)
- les grandes villes (gratte-ciels, centres culturels, centres commerciaux)
- les sites historiques (musées, monuments, autres lieux)
- les fêtes et les traditions
- le patrimoine (culturel, historique, oral, architectural)

2

Flux démographiques En petits groupes, discutez des flux démographiques dont vous avez connaissance. Répondez aux questions pour faire avancer votre discussion:

1. Quelles villes ou quels États attirent un grand nombre d'immigrés aux États-Unis? Pourquoi?
2. Y a-t-il beaucoup d'immigrés dans votre communauté ou votre État? Expliquez.
3. Quelle est l'histoire de l'immigration dans votre État? Quelles sortes de relations existent entre les nouveaux immigrés ou les nouveaux arrivés et les habitants de souche?
4. Que se passe-t-il quand les immigrés deviennent citoyens? Par exemple, deviennent-ils très patriotes? Gardent-ils leur langue?
5. Que se passe-t-il pour les enfants des nouveaux immigrés? Sont-ils complètement assimilés? Gardent-ils la culture de leurs parents?

VOCABULAIRE PERSONNEL
Utilisez votre vocabulaire personnel.

3 

Le rôle de l'État À deux, discutez de la question suivante: Dans un pays composé de personnes d'origines diverses, quel rôle devrait jouer l'État pour former et soutenir une identité nationale commune? Par exemple, devrait-il exiger que tous parlent la même langue ou suivent des cours d'éducation civique? Débattez de ce sujet avec la classe.

MOTS-CLÉS

façonné(e) formé(e), modelé(e)

le sillon trace laissée par un instrument de labour à la surface de la terre

inéluctable caractère de ce qu'on ne peut pas changer ou éviter

Propos recueillis par **Ninon Renaud**, pour "LA VIE" n°3349 du 6/11/2009 et lavie.fr

Qu'est-ce qu'être français?

Être français, pour moi, c'est d'abord aimer le paysage de la France. J'entends tout ce qui est inscrit dans l'espace, aussi bien le paysage rural que le paysage urbain ou monumental: une église, un château fort, c'est un paysage.

Nous sommes un pays qui a été **façonné** à la fois dans les **sillons** et dans les constructions par la main de l'homme depuis plus de deux millénaires. Être français, c'est ensuite aimer la manière dont les hommes s'inscrivent dans ce paysage: comment ils le modèlent, le préservent, le prolongent. En d'autres termes, le patrimoine est un élément important du rapport de l'homme français avec le paysage de son pays.

Au-delà de cette réponse essentielle, qui se situe sur un plan affectif, un débat sur l'identité nationale est d'autant plus nécessaire que l'humanité entière est entrée dans une période de transition tout à fait révolutionnaire. La mondialisation étant devenue une réalité, l'espace humain va être parcouru par de grands flux démographiques qui vont modifier en profondeur nos sociétés. Ces mouvements sont **inéluctables** du fait des déséquilibres démographiques et des différences de niveaux de vie. Pour que cette humanité probablement métissée qui va naître ne soit pas une régression mais un atout, il faut très précisément dire ce quoi nous sommes attachés. Pour ce faire, il nous faut définir les grands paramètres autour desquels s'articule ce que l'historien Fernand Braudel appelait «la problématique centrale de la nation».

Pour ce qui est de la France, j'identifie dix éléments clés qui fondent cette problématique centrale et qui devront constituer les **garde-fous** du débat. Il y a d'abord le droit du sol qui s'oppose au droit du sang. Nous ne sommes pas une race, nous sommes une nation, et c'est la raison pour laquelle le **droit du sol** est capital. Dans ce contexte, le rôle de l'État centralisé est crucial. Dans la mesure où nous sommes un pays composé de peuples divers, nous avons besoin d'un ciment pour vivre ensemble harmonieusement. Et qui dit État dit service public, ce qui était déjà le cas sous la monarchie.

En troisième lieu, la citoyenneté représente notre relation individuelle à cet État car nous sommes non pas un pays de communautés mais une communauté nationale. Le quatrième élément, c'est la langue française. La diversité de nos origines la rend une fois encore décisive. Immédiatement après la langue surgit la question de l'école, élément capital de la transmission de nos valeurs, socle de notre unité. Une de ses tâches fondamentales est d'ailleurs d'enseigner notre langue. Dans cette logique, la laïcité, c'est-à-dire la séparation de l'Église et de l'État, doit être absolument préservée et constitue le sixième paramètre. Quand une nouvelle religion arrive, comme l'islam, qu'il faut bien évidemment respecter, elle doit s'inscrire dans cette laïcité qui transcende les périodes historiques. On peut d'ailleurs voir dans le baptême de Clovis[1] le premier acte laïc qui a marqué la séparation du pouvoir ecclésiastique et du pouvoir royal.

La notion d'égalité constitue le septième élément de la problématique centrale de la nation France, non pas simplement parce qu'elle est inscrite au fronton de nos mairies, «Liberté, Égalité, Fraternité», mais parce qu'elle conditionne elle aussi la cohabitation depuis toujours des peuples d'origines aussi différentes. C'est donc une égalité de droit et de devoir. Il y a ensuite ce que j'appelle la sociabilité française, qui recouvre l'égalité entre hommes et femmes. Le neuvième paramètre renvoie à la conscience que le risque d'**éclatement** de la nation est toujours présent, justement parce que nous sommes des peuples divers. Enfin, nous avons toujours voulu avoir une vocation universaliste.

La France a une construction politique **enracinée** depuis des millénaires qu'il est important de préserver. Sa communauté n'est pas fixe mais il faut débattre pour savoir si l'on préfère le repli communautaire ou une nation citoyenne. Moi, je préfère la nation citoyenne. ■

MOTS-CLÉS

le garde-fou ce qui donne une protection

le droit du sol l'appartenance à un pays par le fait d'y résider

l'éclatement (m.) explosion

enraciné fixé de manière stable

1 Clovis est considéré le premier roi de ce qu'est la France d'aujourd'hui.

APRÈS LA LECTURE

1 Compréhension Répondez aux questions d'après le texte.

1. Quels sont deux éléments qui font partie de ce qui définit «être français»?
2. Qu'est-ce qui rend le débat sur l'identité nationale vraiment nécessaire dans le monde actuel?
3. Qu'est-ce qui rend les flux démographiques «inéluctables»?
4. Comment doit être l'État, d'après Max Gallo?
5. Qu'est-ce qui rend l'usage de la langue française indispensable?
6. Quel concept fondamental est-ce que le baptême de Clovis symbolise?
7. Quelle autre égalité est-ce que l'auteur juxtapose à l'égalité de droit?
8. Quel aspect de la France retrouve-t-on au début et à la fin du texte?
9. Quelles sont les deux attitudes identitaires que Max Gallo oppose, à la fin du texte?

2 **Les éléments clés** Dans le texte, Max Gallo mentionne dix éléments clés qu'il faut absolument considérer dans le débat sur l'identité nationale. À deux, relisez le texte et faites une liste de ces points en expliquant leur importance. À la suite d'une discussion, déterminez si l'on doit aussi considérer ces dix éléments dans le cas des États-Unis ou s'il y a certains éléments qui ne sont pas applicables.

LES ÉLÉMENTS CLÉS	IMPORTANCE
1.	

3 **Deux perspectives** Max Gallo aborde plusieurs concepts importants:

- la nation citoyenne
- le repli communautaire
- le droit du sol
- le droit du sang
- la séparation de l'Église et de l'État (la laïcité)

En petits groupes, expliquez chacun de ces concepts en utilisant vos propres définitions et en donnant des exemples précis. Gallo s'annonce en faveur de la nation citoyenne, du droit du sol et de la laïcité. Êtes-vous d'accord avec ses positions? Justifiez vos réponses et discutez de vos opinons. Quels autres principes, à votre avis, aideront des personnes d'origines diverses à vivre harmonieusement ensemble?

STRATÉGIE

Faire un brouillon
La brièveté et la concision sont le résultat d'une correction et d'une révision continue d'un texte. L'objectif du brouillon est d'exprimer toutes les idées avant de les organiser.

4 **Essai** «Liberté, Égalité, Fraternité» est la devise nationale de la France. De quelle manière une devise reflète-elle l'identité nationale d'un pays? Faites des recherches sur les devises nationales de deux autres pays francophones. Écrivez un essai qui répond à cette question et qui compare ces devises avec celle de la France. Votre essai doit comprendre:

- les trois devises et une explication de chacune
- une explication du rapport entre l'identité nationale de chaque pays et sa devise
- les similarités et les différences de ces devises

VOCABULAIRE PERSONNEL

Utilisez votre vocabulaire personnel.

5 **L'identité nationale** Préparez une présentation orale pour exprimer ce qui, à votre avis, est nécessaire au développement d'une identité nationale de nos jours. Servez-vous du texte, ainsi que de vos expériences personnelles. N'oubliez pas de mentionner quels obstacles et quels défis se dressent face à une coexistence harmonieuse dans le monde moderne.

AUDIO ▸ LA BATAILLE DU MADE IN FRANCE

INTRODUCTION Cet enregistrement est un extrait d'une interview d'Arnaud Montebourg, ministre de l'Économie, du Redressement productif et du Numérique, sur le site d'information *20minutes.fr*. Montebourg y discute sa campagne de communication «Made in France», qui promeut le développement de la production et de la fabrication de produits de consommation en France, afin de revitaliser l'économie du pays et de sauver son savoir-faire industriel.

MOTS-CLÉS

le surcoût qui dépasse le coût normal
apporter sa pierre (à l'édifice) contribuer, collaborer
l'appui (m.) soutien, aide
aérien(ne) venant de l'air
le fantassin soldat

VOCABULAIRE PERSONNEL

Utilisez votre vocabulaire personnel.

AVANT L'ÉCOUTE

1 **Vos affaires** En petits groupes, essayez d'identifier l'origine des objets qui se trouvent dans la classe (vos vêtements, vos appareils...). Puis, répondez aux questions.

1. Parmi les produits de votre inventaire, lesquels ont été fabriqués aux États-Unis?
2. De quels pays viennent la majorité des produits que vous possédez? Pourquoi?
3. Si ces produits sont d'origine étrangère, est-ce qu'on pourrait facilement trouver les mêmes produits, mais de fabrication américaine?
4. Quelles sont les différences de prix entre les produits «Made in USA» et les produits importés, d'après vous?
5. Quelles seraient les conséquences sur l'économie nationale et locale si tous les produits étaient importés?
6. Est-ce que vous accepteriez de payer un peu plus pour un produit si cela pouvait aider l'économie de votre pays? Expliquez votre choix.

PENDANT L'ÉCOUTE

1 **Première écoute** Écoutez l'interview une première fois afin d'en saisir les idées générales.

2 **Deuxième écoute** À la deuxième écoute, identifiez le message principal de l'interview et indiquez quelles idées ci-dessous ont été mentionnées.

	Mentionnée	Pas mentionnée
1. En payant un peu plus pour les produits «made in France», les consommateurs auraient des produits de meilleure qualité.	☐	☐
2. La campagne «Made in France» est une bataille qui mérite le soutien des consommateurs et du gouvernement.	☐	☐
3. Les habitudes d'achats des consommateurs n'ont aucune influence sur la fabrication des produits en France.	☐	☐
4. Le gouvernement offre un appui financier aux industriels et agriculteurs français.	☐	☐
5. Même si un consommateur n'en a pas les moyens, il faut que tout ce qu'il achète soit «made in France».	☐	☐

STRATÉGIE

Point de vue du locuteur
Considérez les informations qui sont incluses dans l'enregistrement, les aspects qui en sont exclus et le public auquel le locuteur s'adresse pour identifier son point de vue.

APRÈS L'ÉCOUTE

1 **Compréhension** Répondez aux questions selon l'enregistrement.

1. Selon Montebourg, qu'est-ce qui se passe quand on achète «low-cost»?
2. Pourquoi Montebourg ne veut pas dire aux internautes qu'il vaut mieux payer le surcoût pour les produits français?
3. En quoi consiste le combat de «Made in France»?
4. Qui sont les combattants?
5. Qu'est-ce que le gouvernement apporte à ce combat?
6. De quelle manière les Français peuvent-ils y contribuer?

2 **Interprétation** Montebourg compare la campagne de «Made in France» à un combat ou une guerre. Pourquoi d'après vous? A-t-il raison de le faire? Écrivez un paragraphe dans lequel vous expliquez le symbolisme du combat, les raisons pour lesquelles Montebourg l'emploie et votre opinion sur le sujet.

3 **Questions complémentaires** À la fin de l'enregistrement, les internautes peuvent poser des questions au ministre. Préparez cinq questions complémentaires pour Arnaud Montebourg, qui reflètent votre opinion au sujet de la mondialisation et de l'achat de produits fabriqués uniquement en France. Puis, présentez vos questions au reste de la classe et expliquez pourquoi vous avez choisi de poser ces questions-là.

4 **Discussion** En petits groupes, discutez des questions suivantes.

1. En quoi se ressemblent les objectifs des campagnes «Made in France» et «Made in USA»?
2. Quelles sont les conséquences positives de telles campagnes?
3. Quelles pourraient être quelques-unes des conséquences négatives?
4. Ces campagnes vous paraissent-elles réalistes? Pourquoi ou pourquoi pas?
5. Quelle est votre opinion personnelle sur ces deux campagnes?

RESSOURCES
Consultez la liste des appendices à la p. xiii.

5 **Essai: Synthèse** Des campagnes «Made in France» et «Made in USA» représentent-elles une expression positive ou négative du nationalisme? Utilisez les résultats de votre discussion de l'activité précédente, ce que vous avez appris dans ce contexte ainsi que vos connaissances personnelles pour écrire un essai qui répond à cette question. Votre essai doit comprendre:

- votre définition du nationalisme
- des manifestations positives et négatives du nationalisme
- une explication de telles campagnes (objectifs, activités, réussite)
- votre réponse à la question
- deux ou trois arguments qui soutiennent votre réponse
- un appel au public vis-à-vis de telles campagnes

LIENS CULTURELS

Le Panthéon à Paris

Le Panthéon

CETTE INSCRIPTION: «AUX GRANDS HOMMES, LA PATRIE reconnaissante», se trouve sur le fronton du Panthéon, église commandée en 1744 par Louis XV, construite par l'architecte Soufflot et terminée en 1789. Bâtie au sommet de la montagne de Sainte-Geneviève, au cœur du Quartier latin, à Paris, le Panthéon a servi d'église avant de devenir le temple républicain qui abrite aujourd'hui les grands personnages de l'histoire de France. Mirabeau, un héros révolutionnaire, sera le premier à y être inhumé. Il sera suivi de nombreuses autres personnalités masculines comme Voltaire, Rousseau, ou Victor Hugo et la première féminine: Marie Curie. Lieu vivant de mémoire, le Panthéon est une nécropole qui abrite aujourd'hui soixante-et-onze tombes et urnes funéraires, ainsi que des plaques ou fresques, comme celles dédiées au poète martiniquais Aimé Césaire. Le choix d'inhumer une personnalité au Panthéon appartient au président de la République, mais peut toujours être décliné par la famille.

- Thomas Jefferson est ambassadeur à Paris pendant les quatre années qui précèdent la Révolution française. Il a l'occasion d'y lire les philosophes des Lumières et est influencé par *L'esprit des Lois*, de Montesquieu. De cette lecture, Jefferson conservera l'idée des trois branches du gouvernement et de la séparation entre l'exécutif, le législatif et le judiciaire afin d'en garantir leur indépendance respective. Aujourd'hui, la séparation des pouvoirs est inscrite dans la constitution américaine.
- Le 1er janvier 1804, la colonie de Saint-Domingue, après une longue guerre contre la France, se libère du joug impérial et devient le premier État indépendant noir. Elle adopte aussi le nom d'«Haïti». Sa première constitution abolit l'esclavage pour toujours, déclare que tous les Haïtiens sont égaux aux yeux de la loi, que la propriété est sacrée, que les enfants ne peuvent pas être déshérités et qu'on perd la nationalité haïtienne en cas d'émigration ou naturalisation dans un pays étranger. Tous les 1er janvier, Haïti célèbre son indépendance en mangeant de la soupe au potiron. En effet, au temps de l'esclavage et de la colonisation, seuls les maîtres avaient le droit de profiter de cette préparation. Maintenant, tous les Haïtiens peuvent savourer ce symbole de liberté, la soupe «joumou».

Présentation orale: comparaison culturelle

Préparez une présentation orale sur le thème suivant.

- Quels facteurs déterminent et cimentent l'identité nationale?

Comparez votre propre communauté à une région du monde francophone que vous connaissez.

contexte 4 Le pluriculturalisme

POINTS DE DÉPART

Les sociologues distinguent aujourd'hui le multiculturalisme du pluriculturalisme. Ces deux concepts sont basés sur l'idée que les individus sont façonnés, en partie ou en totalité, par la culture à laquelle ils appartiennent ou dont ils sont issus. Dans une société multiculturelle, on distingue des particularités culturelles différentes qui se juxtaposent les unes aux autres, sans qu'il y ait nécessairement de liens entre elles. Dans les sociétés diversifiées d'aujourd'hui, le pluralisme est une attitude qui veut assurer une interaction harmonieuse entre des groupes d'individus aux identités culturelles fusionnées, plutôt que juxtaposées. Une telle politique renforce l'unité sociale et la vitalité de la société civile, plutôt que les différences culturelles.

- Quels facteurs contribuent à la création d'une société multiculturelle ou pluriculturelle?
- Comment peut-on fusionner des groupes d'individus aux identités culturelles diverses et plurielles en une unité sociale cohésive?
- Quels critères d'égalité doivent exister dans une société pluriculturelle?

DÉVELOPPEMENT DU VOCABULAIRE

VOCABULAIRE PERSONNEL
Notez le nouveau vocabulaire à mesure que vous l'apprenez.

1 **Une société pluriculturelle** Réfléchissez aux termes ci-dessous. Lesquels de ces actions et phénomènes associez-vous avec une société pluriculturelle? Échangez vos opinions avec un(e) camarade de classe par rapport à chaque concept.

- appartenance ethnique
- choc culturel
- s'enrichir
- se fondre dans
- héberger
- hétérogénéité
- homogénéité
- métis(se)
- opprimer
- trouver refuge
- tyrannie
- xénophobie

2 **Notre monde** Relisez les définitions du multiculturalisme et du pluralisme dans les Points de départ et répondez par écrit aux questions suivantes.

1. Quelle est la différence primordiale entre le multiculturalisme et le pluralisme?
2. Selon ces définitions, la société des États-Unis est-elle monoculturelle, multiculturelle ou pluriculturelle? Justifiez vos réponses.
3. La France est-elle monoculturelle, multiculturelle ou pluriculturelle? Expliquez.
4. Quels sont les avantages de vivre dans une société multiculturelle ou pluriculturelle? Quels sont les défis auxquels ces sociétés font face?

Maintenant, comparez vos notes à celles de deux ou trois autres personnes. Pouvez-vous nommer un exemple de société vivant bien son multiculturalisme ou pluriculturalisme? Une telle société est-elle utopique?

3 **Ma communauté** Avec un(e) camarade, discutez de ces questions.

1. De quelle(s) culture(s) (ethnie, religion, langue) vos amis sont-ils issus? Votre cercle d'amis représente-t-il un exemple de pluriculturisme? Expliquez.
2. De quelle manière votre école représente-t-elle (ou pas) une culture multiculturelle ou pluriculturelle?
3. Quels exemples de multiculturalisme ou de pluriculturalisme se trouvent dans votre communauté? Pensez à la gastronomie, à la musique qu'on écoute, aux langues parlées, aux traditions et aux fêtes célébrées entre autres.

LECTURE 4.1 ▸ LA RÉUNION, «ÎLE-LABORATOIRE»

AU SUJET DU TEXTE Cet article est paru dans le journal *Le Monde diplomatique*, un mensuel d'informations internationales, politiques et économiques. Il s'agit d'une description de la situation culturelle particulière à l'île de La Réunion, terre française qui est située dans l'océan Indien. Déjà connue des navigateurs arabes et des marins portugais au 16ᵉ siècle, l'île est redécouverte en 1638 par un capitaine français, qui en prend possession au nom du roi de France, Louis XIII. De 1646 à 1649, elle est concédée à la Compagnie des Indes Orientales et des colons français commencent à s'y installer. Comme dans les autres colonies françaises de cette époque, ils produisent des denrées coloniales sur leurs plantations. Durant la seconde décennie du 18ᵉ siècle, la culture du café se développe de manière extensive sur l'île et provoque une importation massive d'esclaves venant de Madagascar ou d'Afrique. La France abolit l'esclavage sur ses territoires en 1848, mais ce n'est qu'en 1946 que La Réunion devient un département français d'outre-mer à part entière et perd définitivement son statut de colonie.

AVANT LA LECTURE

1 **Votre entourage** À deux, discutez de l'attitude de votre famille, de vos camarades de lycée ou des gens de votre communauté envers les cultures étrangères. Aiment-ils découvrir de nouvelles cultures ou sont-ils peu intéressés et préfèrent rester parmi leurs connaissances? Expliquez et donnez des exemples précis.

2  **Homogène ou pluriculturel** Quelles sont les différences entre une société homogène et une société pluriculturelle? En petits groupes, complétez un tableau comme celui-ci avec les caractéristiques de chaque société, les facteurs géographiques, historiques, économiques et culturels qui contribuent à sa création.

VOCABULAIRE PERSONNEL
Utilisez votre vocabulaire personnel.

	SOCIÉTÉ HOMOGÈNE	SOCIÉTÉ PLURICULTURELLE
Caractéristiques		
Facteurs favorables		
Avantages		
Défis		

3 **Île de la Réunion** Répondez aux questions sur l'île de la Réunion.

1. Dans quel océan se trouve-t-elle? Quels continents sont à proximité?
2. Quels sont les pays les plus proches de l'île géographiquement?
3. À votre avis, la Réunion occupe-t-elle une situation stratégique militaire ou commerciale? Expliquez.
4. Pour quelles raisons géographiques un pays aurait-il intérêt à coloniser l'île?

MOTS-CLÉS

l'autochtone (m./f.) personne originaire du pays qu'il habite

contraint(e) forcé(e)

le métissage croisement ou mélange de races

la pérennité continuité

austral lié à l'hémisphère sud

dravidien(ne) relatif aux populations du sud de l'Inde et du Sri Lanka

LA RÉUNION, «ÎLE-LABORATOIRE»

Personne à La Réunion ne peut prétendre être «**autochtone**»: tout le monde est venu d'ailleurs, de même que la flore, les épices, les idées, les religions, les savoir-faire. Et tout y a été transformé par le contact, la rencontre.

Quand les Européens arrivèrent, l'île était inhabitée. Toutefois, des navigateurs arabes qui maîtrisaient le commerce transcontinental dans l'océan Indien la connaissaient, et elle était signalée sur les cartes chinoises et indiennes. En tant que société humaine, son histoire est liée à celle des colonialismes occidentaux et à leur rivalité sur la «route des épices» dans cette partie du monde. Son peuplement est rattaché aux grands phénomènes des mondialisations successives: esclavage et migrations liées aux impérialismes.

L'île a été une perpétuelle machine de production de sens à partir de transformations et d'adaptations de ce qui y pénétrait, apporté par les migrants. Au cours de l'histoire, quelles qu'aient été les conditions de l'arrivée des uns et des autres — **contraints** ou libres —, chacun y a été un étranger, un immigré. Il n'y a, dans la littérature orale comme dans la littérature écrite, dans les rites et les récits, aucun mythe de fondation. Et donc aucune inscription d'une origine préférentielle, d'une pureté de lignage, de langue ou de dieux. Île créole, La Réunion se définit ainsi, dès le départ, par une diversité et un **métissage** fondateurs: cette hétérogénéité, constitutive de son unité, construit le «vivre ensemble», lui donnant à la fois sa signification et sa **pérennité**.

Cette diversité des origines, des langues, des pratiques culturelles et religieuses de ceux qui sont venus sur l'île (et qui continuent d'y venir), ainsi que leur dialogue dans l'espace social et culturel commun, caractérisent l'histoire de la société réunionnaise, où six mondes, principalement, se sont rencontrés: îles de l'océan Indien (Madagascar, Comores), Afrique **australe** (en particulier les peuples originaires du Mozambique), France et Europe, Inde musulmane (Gujerat), Inde **dravidienne**, Chine.

APRÈS LA LECTURE

1 Compréhension Répondez aux questions d'après la lecture.

1. Pourquoi ne peut-on pas parler d'une culture autochtone concernant l'île de la Réunion?
2. Qui connaissait déjà l'île de la Réunion avant l'arrivée des Européens?
3. À quels grands phénomènes économiques et historiques la société réunionnaise et sa colonialisation sont-elles liées?
4. Quelles caractéristiques définissent la Réunion et la rendent unique?
5. Qu'est-ce qui permet aux Réunionnais de «vivre ensemble»?
6. Quels sont deux antonymes qui caractérisent la situation des individus qui peuplent l'île?
7. Quelles sont les six civilisations qui ont beaucoup influencé l'histoire et la culture réunionnaises?

2 En contexte Pour chacun des contextes listés dans le tableau, identifiez et notez ses effets sur la société réunionnaise, d'après le texte.

CONTEXTE	EFFET(S)
L'île de la Réunion se situe sur les routes transcontinentales de l'océan Indien.	
L'île de la Réunion a été, dès le début, habitée par des gens d'origines différentes.	
Il n'y a aucun mythe de fondation.	
Chacun y a été un étranger ou un immigré.	
Six mondes différents se sont rencontrés à la Réunion.	

STRATÉGIE

Contextualiser
Mettez en relation les actions et les éléments du texte avec les évènements ou circonstances d'ordre historique, social et artistique dans lesquels ils se sont passés.

3 Analyse et interprétation Que suggère l'expression «île-laboratoire» dans le titre? Pourquoi l'auteur a-t-il choisi ce titre, à votre avis? Écrivez un paragraphe pour répondre à ces questions. Citez des exemples du texte pour justifier vos idées.

4 Discussion En petits groupes de trois ou quatre, discutez de cette citation du texte. Utilisez les questions ci-dessous pour guider votre discussion.

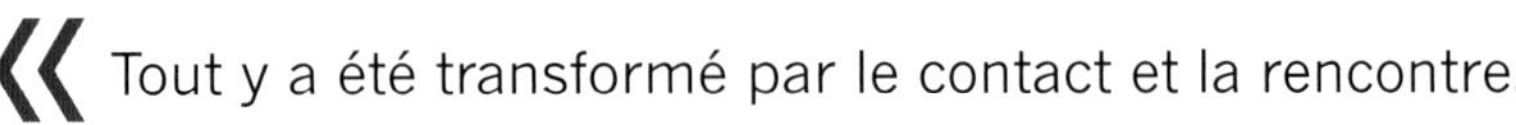

« Tout y a été transformé par le contact et la rencontre. »

1. Quelle idée la citation exprime-t-elle?
2. Que se passe-t-il quand deux cultures différentes se rencontrent pour la première fois? Comment sont-elles transformées quand le contact continue pendant un certain temps?
3. Que se passe-t-il quand deux individus de milieux différents se rencontrent pour la première fois? En quoi cette rencontre est-elle différente s'ils viennent du même milieu?
4. De quelles manières le contact avec quelqu'un de nouveau peut-il transformer la vie d'un individu?

5 

Vivre sur une île Avec un(e) partenaire, discutez des différences entre vivre sur une île et vivre sur un territoire continental. Considérez les aspects suivants: l'environnement, les ressources naturelles, le commerce, le rythme de vie, les habitudes, la population et son identité, la culture, les rapports avec des communautés extérieures. Ensuite, utilisez les résultats de votre conversation pour répondre à ces questions: Qu'est-ce qu'une île peut offrir en tant que carrefour de cultures? Y a-t-il des îles aux États-Unis où beaucoup de cultures se rencontrent?

STRATÉGIE

Montrer ses connaissances
Au fur et à mesure que vous étudiez un thème, il est important que vous puissiez articuler et montrer vos connaissances sur le sujet. Utilisez les informations que vous avez obtenues pour vous exprimer comme un expert. Présentez ce que vous savez avec confiance pour convaincre votre audience.

6

L'influence du passé De quelle manière le passé d'une société influence-t-il son présent? En petits groupes, choisissez un pays (les États-Unis, votre État, la France ou un autre pays francophone que vous connaissez bien) et discutez de quelles manières on peut percevoir l'influence des phénomènes historiques ci-dessous dans la société actuelle de ce pays (aspects à explorer: attitudes, valeurs, classes économiques et sociales, identité nationale, économie et système de gouvernement). Ensuite, répondez à la question initiale en présentant vos idées à la classe.

- le commerce transcontinental
- le colonialisme
- l'économie agraire/industrielle
- l'esclavage
- l'immigration
- les migrations

7 

Les DOM Divisez la classe en petits groupes. Chaque groupe fera des recherches sur un département d'outre-mer (DOM) afin de trouver ces informations:

1. sa situation et ses caractéristiques géographiques
2. le nom de son chef-lieu et ses villes principales
3. quand et pourquoi la France l'a colonisé
4. les plus grands évènements de son histoire
5. les langues parlées, les religions pratiquées
6. les ethnicités de sa population et les cultures influentes

Présentez votre DOM à la classe et prenez des notes sur les présentations.

RESSOURCES
Consultez la liste des appendices à la p. xiii.

8 

Présentation orale Choisissez deux ou trois départements d'outre-mer et préparez une présentation orale dans laquelle vous répondez à cette question: De quelle manière les DOM contribuent-ils au multiculturalisme de la France? Utilisez vos notes de l'activité précédente et vos connaissances personnelles.

STRUCTURES

Le passé du subjonctif

On utilise le passé du subjonctif quand l'action du verbe au subjonctif se situe avant celui de la clause principale. Lisez l'exemple ci-dessous, puis retrouvez dans le texte un cas similaire. Ensuite, expliquez ce que veut dire la phrase dans lequel le passé du subjonctif a été employé.

RESSOURCES
Consultez les explications de grammaire de l'appendice A aux pp. 389–391.

Quelle qu'ait été l'origine de leurs parents, ils sont avant tout américains.

LECTURE 4.2 ▸ LE CŒUR À RIRE ET À PLEURER

AU SUJET DE L'AUTEUR Maryse Condé est née en Guadeloupe, mais a fait des études d'anglais à Paris. Elle a travaillé dans l'enseignement en Afrique, avant de devenir journaliste à la BBC et en France. Puis, elle s'est installée aux États-Unis où elle s'est consacrée à l'écriture de romans. Ceux-ci explorent les questions identitaires liées au sexe, à la race et à la culture dans différents milieux et à différentes époques historiques. Maryse Condé a aussi été présidente du Comité pour la Mémoire de l'Esclavage, créé en France en janvier 2004.

AU SUJET DU TEXTE Le texte est un extrait de son livre intitulé *Le cœur à rire et à pleurer: contes vrais de mon enfance*. Il est à noter que le sous-titre de ce roman est ambigu, puisqu'il évoque des contes, qui sont en théorie des histoires fictives plutôt qu'autobiographiques. En fait, ces histoires sont narrées dans de courts épisodes qui correspondent à différents souvenirs d'enfance. Ce texte fait partie de l'épisode qui s'appelle *Leçon d'histoire*. On y retrouve la petite Maryse, qui est élevée dans un milieu aisé et par des parents créoles antillais qui, comme le reste de leur génération, respectent la France métropolitaine. Maryse y découvre l'inégalité, basée sur la couleur de la peau et issue de l'histoire coloniale, quand une petite fille blanche la traite de «nègre». Elle doit, en outre, faire face au silence inexpliqué de sa famille sur ce sujet délicat.

AVANT LA LECTURE

VOCABULAIRE PERSONNEL
Notez le nouveau vocabulaire à mesure que vous l'apprenez.

1

Les expressions Trouvez la définition qui correspond le mieux à chaque expression (soutenue ou familière). Ensuite, cherchez l'expression dans le texte et observez le contexte pour vérifier et solidifier votre compréhension.

1. ___ chahuter (ligne 8)	a. habillée
2. ___ bien élevée (ligne 10)	b. partir
3. ___ tarder (ligne 24)	c. par le passé
4. ___ à cloche-pied (ligne 25)	d. donner un coup brutal
5. ___ fagotée (ligne 28)	e. polie, bien éduquée
6. ___ tourner les talons (ligne 39)	f. bousculer, blaguer
7. ___ allonger une bourrade (ligne 57)	g. sur un seul pied
8. ___ dans le temps (ligne 84)	h. mettre longtemps

2

Situation À deux, répondez à ces questions et partagez vos idées et expériences.

1. Que feriez-vous si quelqu'un vous insultait dans un endroit public? Comment réagiriez-vous?
2. En parleriez-vous à vos amis ou vos parents? Que vous conseillerait-on?
3. Comment cette expérience changerait-elle le regard que vous portez sur cette personne ou le groupe de personnes s'adressant à vous de la sorte?

3

Journal intime Quand vous étiez enfant, que faisiez-vous et vers qui vous tourniez-vous quand l'attitude d'un copain ou d'une copine vous blessait? Que vous répondait-on et comment vous aidait-on? Pensez à votre enfance ou à un évènement d'œuvre littéraire, puis écrivez un petit texte pour votre journal intime, dans lequel vous décrivez la situation, les sentiments et les réactions de votre entourage.

MOTS-CLÉS
la gamine fille
la biguine danse antillaise
convoiter désirer
la méchanceté cruauté
fadasse fade, sans intérêt (*familier*)

LE CŒUR À RIRE ET À PLEURER: CONTES VRAIS DE MON ENFANCE

Par **Maryse Condé**

STRATÉGIE

Visualiser
Visualiser est le processus par lequel on forme des images mentales pour se représenter des personnages et des scènes. Pendant la lecture, visualisez la scène décrite par l'auteur (maison, paysage), imaginez les personnages (visages, expressions, gestes et langage corporel, ton de la voix, vêtements), ainsi que d'autres détails similaires.

Souvent, après le dîner qu'Adélia servait à sept heures du soir tapantes, mon père et ma mère, se tenant par le bras, sortaient prendre la fraîcheur.

ILS ME TRAÎNAIENT toujours derrière eux. Parce que ma mère était toute fière d'avoir une si jeune enfant dans son âge plus que mûr et aussi parce qu'elle n'était jamais en paix lorsque je me trouvais loin d'elle. Moi, je ne prenais aucun plaisir dans ces promenades. J'aurais préféré rester à la maison avec mes frères et sœurs. Sitôt que mes parents leur avaient donné dos, ils commençaient à chahuter. Mes frères s'entretenaient avec leurs **gamines** sur le pas de la porte. Ils mettaient des disques de **biguine** sur le phonographe, se racontaient toutes espèces de blagues en créole. Sous le prétexte qu'une personne bien élevée ne mange pas dans la rue, au cours de ces sorties, mes parents ne m'offraient ni pistaches bien grillées, ni sukakoko. J'en étais réduite à **convoiter** toutes ces douceurs et à me poster devant les marchandes dans l'espoir que malgré mes vêtements achetés à Paris, elles me prendraient en pitié. Des fois, la ruse marchait et l'une d'entre elles, la figure à moitié éclairée par son quinquet, me tendait une main pleine:

– Tiens pour toi! Pitit à manman!

En plus, mes parents ne s'occupaient guère de moi et parlaient entre eux. De Sandrino qu'on avait encore menacé de renvoyer du lycée. D'une de mes soeurs qui n'étudiait pas à l'école. D'investissements financiers, car mon père était un excellent gestionnaire. Encore et surtout de la **méchanceté** de cœur des gens de La Pointe qui n'en revenaient pas que des nègres réussissent leur vie comme ils réussissaient la leur. À cause de cette paranoïa de mes parents, j'ai vécu mon enfance dans l'angoisse. J'aurais tout donné pour être la fille de gens ordinaires, anonymes.

Mes parents s'asseyaient toujours sur le même banc, contre le kiosque à musique. S'il était occupé par des indésirables, ma mère restait plantée devant eux, battant la mesure du pied, avec une mine tellement impatiente qu'ils ne tardaient pas à déguerpir. Seule, je m'amusais comme je pouvais. Je sautais à cloche-pied dans les allées. Je shootais des cailloux. J'écartais les bras et je devenais un avion qui s'élève dans les airs. J'interpellais les étoiles et le croissant de lune. À voix haute, avec de grands gestes, je me racontais des histoires. Un soir au milieu de mes jeux solitaires, une petite fille surgit de la noirceur. Blondinette, mal fagotée, une queue de cheval **fadasse** dans le dos. Elle m'apostropha en créole:

– *Ki non a-w*[1]?

Je me demandai en mon for intérieur pour qui elle me prenait. Pour l'enfant de riens-du-tout? Espérant produire mon petit effet, je déclinai mon identité avec emphase. Elle ne sembla

1 Comment t'appelles-tu?

pas ébranlée, car il était visible qu'elle entendait mon patronyme pour la première fois et elle poursuivit avec la même autorité, toujours en créole:

– Moi, c'est Anne-Marie de Surville. On va jouer! Mais attention, ma maman ne doit pas me voir avec toi sinon, elle me battrait.

Je suivis son regard et j'aperçus quelques femmes blanches immobiles, assises de dos, les cheveux flottant uniformément sur les épaules. Les façons de cette Anne-Marie ne me plaisaient pas du tout. Un moment, je fus tentée de tourner les talons et de rejoindre mes parents. En même temps, j'étais trop heureuse de trouver une partenaire de mon âge même si elle me commandait comme à sa servante.

Immédiatement, Anne-Marie prit la direction de nos jeux et, toute la soirée, je me soumis à ses caprices. Je fus la mauvaise élève et elle me tira les cheveux. En plus, elle releva ma robe pour m'administrer la fessée. Je fus le cheval. Elle monta sur mon dos et elle me bourra les côtes de coups de pied. Je fus la **bonne** et elle me souffleta. Elle m'abreuvait de **gros mots**. Je frémissais en entendant voler les *kouni à manman a-w*[2] et les *tonnè dso*[3] interdits. Finalement, une ultime taloche me fit tellement mal que je courus me réfugier dans les bras de ma mère. Dans ma honte, je ne m'expliquai pas. Je prétextai que j'avais pris un saut et laissai mon **bourreau** gambader en toute impunité près du kiosque à musique.

« Pourquoi doit-on donner des coups aux nègres? »

Le lendemain, Anne-Marie m'attendait au même endroit. Pendant plus d'une semaine, elle fut fidèle au poste et je me livrai sans protester à ses **sévices**. Après qu'elle eut manqué m'**éborgner**, je finis par protester, lassée de sa brutalité:

– Je ne veux plus que tu me **donnes des coups**.

Elle ricana et m'allongea une vicieuse bourrade au creux de l'estomac:

– Je dois te donner des coups parce que tu es une négresse.

J'eus la force de m'éloigner d'elle.

Sur le chemin du retour, j'eus beau méditer sa réponse, je ne lui trouvai ni rime ni raison. Au moment du coucher, après les prières aux divers bons anges gardiens et à tous les saints du paradis, j'interrogeai ma mère:

– Pourquoi doit-on donner des coups aux nègres? Ma mère sembla **estomaquée**, elle s'exclama:

– Comment une petite fille aussi intelligente que toi peut-elle poser pareilles questions?

Elle traça en vitesse un signe de croix sur mon front, se leva et se retira en éteignant la lumière de ma chambre. Le lendemain matin, à l'heure de la coiffure, je revins à la charge. Je sentais que la réponse fournirait la clé à l'édifice souvent mystérieux de mon monde. La vérité sortirait de la jarre où on la tenait enfermée. Devant mon insistance, ma mère me frappa sèchement avec le dos du peigne:

– Enfin, cesse de raconter des bêtises. Est-ce que tu vois quelqu'un donner des coups à ton papa ou à moi?

La suggestion était invraisemblable. Pourtant, la **fébrilité** de ma mère trahissait son embarras. Elle me **cachait** quelque chose. À midi, j'allai rôder dans la cuisine autour des jupes d'Adélia. Hélas! Elle faisait tourner une sauce. Aussitôt qu'elle m'aperçut, avant seulement que j'ouvre la bouche, elle se mit à crier:

– Sors de là ou j'appelle ta maman.

Je ne pus qu'obéir. J'hésitai, puis montai frapper à la porte du bureau de mon père. Alors qu'à tout moment je me sentais enveloppée de l'affection chaude et tatillonne de ma mère, je savais que je n'intéressais guère mon père. Je n'étais pas un garçon. Après tout, j'étais sa dixième

MOTS-CLÉS

la bonne servante
le gros mot mot obscène
le bourreau celui qui torture ou tourmente
les sévices (m.) violence
éborgner crever l'œil
donner un coup frapper
estomaqué étonné
la fébrilité nervosité, agitation
cacher dissimuler

2 l'injure suprême
3 tonnerre du sort

enfant, car il avait eu deux fils d'un premier mariage. Mes pleurs, mes caprices, mon désordre l'excédaient. Je lui posai ma question en forme de leitmotiv:

– Pourquoi doit-on donner des coups aux nègres?

Il me regarda et me répondit distraitement:

– Qu'est-ce que tu racontes? On nous donnait des coups dans le temps.

Va trouver ta maman, veux-tu? ◣

APRÈS LA LECTURE

1

Compréhension Choisissez la meilleure réponse, d'après le texte.

1. Comment l'auteur décrit-elle les gens de La Pointe?
   a. Ce sont des paranoïaques.
   b. Ils sont ordinaires, mais ouverts d'esprit.
   c. Ils travaillent dur et en sont fiers.
   d. Ils sont racistes et jaloux.
2. Comment l'auteur décrit-elle Anne-Marie physiquement?
   a. mignonne et brune
   b. petite et vive
   c. jolie et souriante
   d. blonde et fade
3. Comment Anne-Marie jouait-elle avec la narratrice?
   a. Elle ne voulait que jouer à des sports.
   b. Elle jouait à la maman.
   c. Elle lui faisait subir tous ses caprices.
   d. Elle aimait faire le cheval pour la narratrice.
4. Quel est l'objectif principal de la narratrice au cours de l'histoire?
   a. Elle veut comprendre les actions d'Anne-Marie.
   b. Elle veut prendre une décision.
   c. Elle veut exprimer un sentiment qu'elle avait étouffé.
   d. Elle veut apaiser sa conscience.
5. Quel aspect de son identité sociale la narratrice n'avait-elle pas encore compris?
   a. sa «négritude» antillaise
   b. la position sociale supérieure de ses parents
   c. la force de sa personnalité
   d. son humilité et sa timidité

2

Un souvenir marquant Dans ce texte, Maryse Condé souligne l'importance des mots de sa camarade de jeux quand elle lui dit:

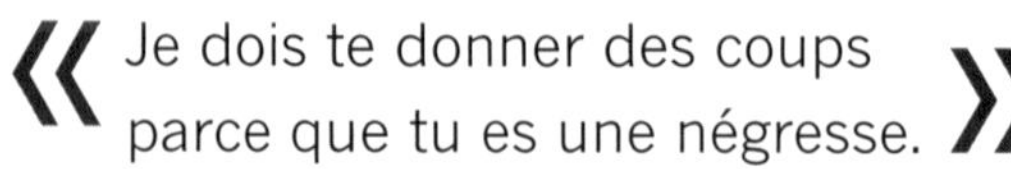
« Je dois te donner des coups
parce que tu es une négresse. »

Écrivez deux paragraphes dans lesquels vous expliquez les sentiments qu'a eus la narratrice et ses réactions successives. A-t-elle compris tout de suite ce qui se passait? Justifiez votre réponse avec des extraits du texte.

VOCABULAIRE PERSONNEL
Utilisez votre vocabulaire personnel.

3 

Le reflet de la société Dans le texte, Anne-Marie mène le jeu entre elle et la narratrice. À deux, retrouvez les différents types de jeux auxquels jouent les petites filles et expliquez leurs implications culturelles. Que reflètent ces jeux au sujet de la société créole? Complétez le tableau selon l'exemple ci-dessous.

LE JEU	L'IMPLICATION CULTURELLE
Anne-Marie joue le rôle de la maîtresse d'école et tire les cheveux à Maryse.	*Les maîtres et les maîtresses d'école frappent les élèves pour les punir.*

4 

La société guadeloupéenne En petits groupes, servez-vous du texte et des renseignements collectés de l'activité précédente pour décrire la société guadeloupéenne à l'époque où l'auteur était encore enfant. Expliquez aussi quels traits de cette société semblent issus du colonialisme et de l'esclavage.

CONCEPTS IMPORTANTS

Narrateur
Un récit peut être raconté de différents points de vue. Quand la personne qui raconte l'histoire est le personnage principal, on dit que le récit est à la *première personne*. Ce choix de narration nous donne accès aux réflexions, motifs et perspectives du personnage principal.

5 

Les adultes En utilisant le texte et les rapports qu'il décrit entre la narratrice et Anne-Marie, discutez en petit groupes de comment se passaient les interactions des adultes dans la société guadeloupéenne de l'époque. Pensez-vous qu'il y avait des classes sociales différentes? Si oui, lesquelles? À quelle(s) classe(s) appartiennent les parents des deux petites filles? Comment réagiraient-ils s'ils se rencontraient?

6 

L'impact psychologique Maryse Condé se souvient clairement de sa rencontre avec Anne-Marie. D'après vous, cet évènement a-t-il eu un impact important sur sa personnalité, ses rapports aux autres ou ses activités de femme adulte? À deux, relisez «Au sujet de l'auteur» pour y trouver quelques détails pertinents, puis faites des recherches sur Internet pour répondre à cette question.

7 

Expliquez À votre avis, pourquoi les enfants sont-ils parfois cruels les uns envers les autres? Est-ce la faute des parents qui ne les élèvent pas correctement? Manquent-ils de maturité pour comprendre l'effet de leurs paroles ou de leurs actions sur les autres? En petits groupes, discutez et débattez de ces sujets.

8

Histoire universelle Qu'est-ce qui rend une histoire universelle? En petits groupes, analysez *Le cœur à rire et à pleurer* en tant qu'histoire universelle en répondant à ces questions:

1. D'après vous, les évènements de l'histoire sont-ils vraisemblables? Pourquoi?
2. Sont-ils des évènements qui pourraient avoir lieu aujourd'hui?
3. Le type d'interaction des personnages se retrouve-t-il dans la société contemporaine?
4. Quels éléments littéraires rendent ou ne rendent pas cette histoire universelle (les thèmes, le ton, le style entre autres)?
5. Quelle est votre conclusion? L'histoire est-elle universelle? Expliquez.

9 

Synthèse Comparez la société guadeloupéenne décrite par Maryse Condé avec la société réunionnaise de la lecture précédente. Qu'est-ce que les deux sociétés ont en commun? Qu'est-ce qui les distingue? Comment peut-on expliquer ces différences ou ces similarités? À votre avis, ces sociétés sont-elles plutôt multiculturelles ou pluriculturelles? Écrivez deux ou trois paragraphes pour donner votre avis.

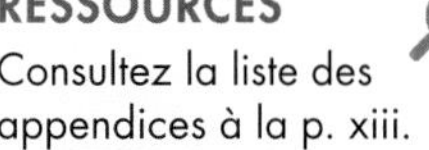

Consultez la liste des appendices à la p. xiii.

AUDIO ▸ ENTREVUE AVEC CALIXTHE BEYALA SUR LA FRANCOPHONIE

MOTS-CLÉS
l'engouement (m.) enthousiasme, amour
reprocher critiquer, blâmer
étatique relatif à l'État
promouvoir attirer l'attention sur quelque chose

INTRODUCTION Cette conversation est extraite d'une interview télévisée de l'émission *7 jours sur la planète* sur TV5Monde. Elle évoque la philosophie de Calixthe Beyala, écrivain de langue française née au Cameroun. L'auteur expose son amour de la langue française et de la francophonie, en expliquant le rôle que la culture francophone peut jouer dans le cadre du pluriculturalisme actuel.

AVANT L'ÉCOUTE

1  **L'Afrique francophone** Individuellement, faites tout d'abord une liste de pays francophones africains et ajoutez-y les faits que vous connaissez déjà sur ces pays (gouvernement, population, langues, célébrités ou culture). Ensuite, à deux, comparez vos listes et les renseignements que vous avez notés.

2  **La langue maternelle** À trois, discutez de votre langue maternelle et réfléchissez à ces questions:

1. Cette langue est-elle issue de votre pays ou d'un autre, historiquement?
2. Dans quel(s) autre(s) pays du monde est-ce qu'on la parle?
3. Est-ce que la langue d'une personne définit fortement son identité? Expliquez.
4. Est-ce que votre langue maternelle tend à diviser ou unifier les gens autour de vous? Expliquez.

TV5MONDE

VOCABULAIRE PERSONNEL
Notez le nouveau vocabulaire à mesure que vous l'apprenez.

PENDANT L'ÉCOUTE

1 **Première écoute** Avant d'écouter, lisez d'abord les cinq questions fondamentales pour vous concentrer sur les idées principales de l'entrevue. Ensuite, écoutez une première fois et notez des mots et des idées qui vous aideront à répondre à ces questions plus tard.

QUESTIONS FONDAMENTALES	NOTES
1. Quels détails aident à comprendre le style littéraire de Calixthe Beyala?	
2. Pourquoi peut-on la considérer comme une militante engagée?	
3. Comment l'écrivain décrit-elle le rôle du français dans sa vie?	
4. Quel devrait être le rôle de la francophonie, d'après elle?	
5. Pourquoi est-elle déçue aujourd'hui?	

2 **Deuxième écoute** Écoutez l'entrevue une deuxième fois pour ajouter au tableau précédent les détails que vous n'avez pas remarqués ou notés durant la première écoute.

APRÈS L'ÉCOUTE

1 **Résumez** À deux, utilisez vos notes du tableau de l'Activité 1 pour répondre aux questions fondamentales. Comparez vos notes et faites un petit résumé de la conversation que vous avez entendue.

2 **La francophonie** À deux, discutez de ce que vous savez déjà de l'Organisation internationale de la Francophonie. Notez ses missions ainsi que ses actions principales. De quelle manière sont-elles en accord avec les attentes de Calixthe Beyala? Selon vous, les efforts de l'OIF sont-ils adéquats? Pourquoi ou pourquoi pas?

3 **Essai** Choisissez une de ces deux citations extraites de l'interview de Calixthe Beyala. Écrivez un petit texte dans lequel vous expliquez ce que la citation veut dire et dites si vous êtes d'accord avec le point de vue de Beyala sur la francophonie.

« La francophonie devrait être dans la rue et non dans les salons. »

« Oui, parce qu'à travers la francophonie, on apprend les uns des autres. On apprend à évoluer ensemble, on apprend non seulement à mieux se connaître, mais à adopter toutes formes de pensées, toutes formes de systèmes. »

4 

Argumentez Comment est-ce que la francophonie, définie et vue d'après Calixthe Beyala, aide à soutenir le pluriculturalisme? Pensez aux questions des Points de départ et à ce que vous avez appris au cours de ce contexte. Préparez une présentation orale sur le sujet et suivez ces conseils:

- Utilisez des détails et des exemples spécifiques.
- Citez des expériences personnelles.
- Pensez aux pays où le français est la langue dominante, mais aussi aux pays où c'est une langue parmi d'autres.
- Soyez logique.

STRATÉGIE

Résumer
Faire un résumé de ce que vous avez entendu vous aidera à prendre en compte ce qui est le plus pertinent.

RESSOURCES
Consultez la liste des appendices à la p. xiii.

STRATÉGIE

Utiliser des arguments logiques
Défendez votre point de vue avec un argument valide. Soutenez votre opinion avec des preuves spécifiques et défendez-les avec des arguments logiques.

LIENS CULTURELS

Saint-Martin: une île française et hollandaise

Saint-Martin

A MI-DISTANCE ENTRE PORTO-RICO ET LA GUADELOUPE, Saint-Martin est une petite île multiculturelle, de 90 km^2, et partagée en deux zones. Le territoire français se situe dans la partie nord de l'île, tandis que la partie sud appartient aux Pays-Bas. Un cas unique au monde, c'est un territoire pluriculturel, où il n'y a pas de frontière physique, et où les biens et les personnes peuvent circuler librement entre les deux parties de l'île. Avec plus de cent vingt nationalités différentes, Saint-Martin a connu des migrations intra-caraïbes constantes au fil des années et selon l'état de l'économie régionale. Depuis 1980, cette collectivité d'outre-mer française fait aussi face à une augmentation massive de sa population, qui est passée de 8.000 habitants à 35.000 (dans la partie française). Cette immigration est due en partie à la loi de défiscalisation des DOM-TOM en 1985 et au développement du tourisme local. Avec un climat tropical parfait toute l'année, de belles plages de sable blanc, un parc marin où vivent de nombreuses espèces, Saint-Martin offre en effet un petit bout de paradis.

- La Suisse est un pays où le multilinguisme a un statut officiel. Gérer les écoles est la responsabilité de chaque canton. La langue d'enseignement correspond à la langue de la région: le français, l'allemand, l'italien ou le romanche. Dans la majorité des cantons, tous les enfants parlent cette langue régionale et apprennent en plus au moins deux langues supplémentaires (une deuxième langue nationale et l'anglais). La Suisse est aussi un pays de migrants. Toutes les nationalités viennent y travailler et les Suisses eux-mêmes vivent et travaillent dans de multiples pays européens. Ce plurilinguisme et cette tradition de migration, permettent aux Suisses de s'intégrer efficacement dans toute société pluriculturelle, qu'elle soit en Suisse ou ailleurs.
- La Belgique a trois langues officielles (le néerlandais, le français et l'allemand) et de nombreuses langues régionales ou dialectes. Quatre régions différentes existent dans le pays: la région linguistique néerlandaise, française, allemande et la région bilingue de Bruxelles. De plus en plus de Flamands et de francophones parlent aussi une deuxième langue, voire une troisième, en plus de l'anglais. Cependant, si vous devez vous adresser à l'administration, il est impératif d'utiliser la langue officielle de la région où vous vivez.

Présentation orale: comparaison culturelle

Préparez une présentation orale sur le thème suivant.

- Quels critères d'égalité doivent exister dans une société pluriculturelle?

Comparez votre propre communauté à une région du monde francophone que vous connaissez.

contexte 5

EN BREF

Les croyances et les systèmes de valeurs

POINTS DE DÉPART

Les croyances religieuses, philosophiques et politiques, ainsi que les normes de conduite morales ou éthiques, définissent le système de valeurs d'une société. Ce système, à son tour, influence l'évolution de cette société et l'identité de ses membres.

- Quelles sont les valeurs et croyances qui gouvernent les sociétés modernes?
- Quelle influence les croyances et les valeurs sociales exercent-elles sur l'identité ou sur la conduite d'un individu?
- Les croyances et les valeurs reflètent-elles fidèlement la culture générale d'une société?

DÉVELOPPEMENT DU VOCABULAIRE

1 **Nos valeurs** À deux, dressez une liste de dix valeurs universelles que vous considérez essentielles, puis classez-les par ordre d'importance. Comment transmet-on ces valeurs en société? Comment ces valeurs vous ont-elles façonné(e), à votre avis?

VOCABULAIRE PERSONNEL
Utilisez votre vocabulaire personnel.

2 **Les croyances** En petits groupes, faites une liste de cinq croyances importantes dans votre communauté et discutez de la façon dont elles influencent la conduite des gens. Ensuite, comparez les listes de toute la classe afin de déterminer les croyances et les conduites qui forment la base d'une identité nationale commune.

(croyance) Le temps, c'est de l'argent.
(conduite) Les gens font un effort pour être à l'heure.

PLUS À FOND

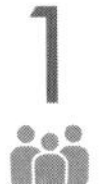

1 **Les moins de 35 ans** Radio France a réalisé un sondage sur les valeurs des jeunes. En petits groupes, lisez le tableau ci-contre, puis répondez aux questions pour analyser son contenu.

1. En vous basant sur les valeurs de chaque pays, comment décririez-vous le caractère national de ces pays? À votre avis, ces valeurs influencent-elles la conduite des citoyens de ces pays? Comment?
2. Selon vous, quelles sont les trois valeurs primordiales dans votre pays? Avec quel pays du tableau votre pays a-t-il le plus en commun?
3. Vos valeurs personnelles sont-elles les mêmes que celles de votre pays ou ressemblent-elles plus à celles d'un pays du tableau?
4. En vous basant sur le tableau, dans quel pays aimeriez-vous bien vivre? Dans quel pays n'aimeriez-vous pas vivre du tout? Expliquez.

LES TROIS VALEURS PRIMORDIALES DES CITOYENS SELON LES MOINS DE 35 ANS

BELGIQUE	Respect	32,4%
	Education	29,5%
	Liberté	29,1%
CANADA	Liberté	37,7%
	Ecologie	30,8%
	Education	29,2%
FRANCE	Solidarité	35,3%
	Ecologie	29,8%
	Respect	28,7%
SUISSE	Respect	35,0%
	Solidarité	30,6%
	Education	29,5%

Source: Radio France

La sexualité

POINTS DE DÉPART

Le sexe d'un individu et les rôles que la société lui attribue constituent un aspect important de sa sexualité. Ils influencent son identité, ses attitudes, ses valeurs, son comportement, les choix qu'il fait et même les opportunités qui lui sont offertes.

- Pour quelles raisons existe-t-il des différences de parité entre les hommes et les femmes?
- Comment les stéréotypes culturels influencent-ils l'expression de la sexualité?
- De quelle manière les opportunités d'une personne sont-elles influencées par son sexe?

DÉVELOPPEMENT DU VOCABULAIRE

VOCABULAIRE PERSONNEL
Notez le nouveau vocabulaire à mesure que vous l'apprenez.

1 Les relations entre les sexes Écrivez une définition pour chaque terme.

1. un agent de changement
2. l'autonomisation de l'individu
3. le décalage entre hommes et femmes
4. l'égalité des chances
5. la méritocratie
6. la mixité
7. la parité
8. le plafond de verre

2 Discussion Avec un(e) camarade de classe, discutez de ces questions.

1. Vous considérez-vous comme un garçon/une fille typique? Expliquez.
2. Quels rôles traditionnellement associés à votre sexe assumez-vous?
3. À votre avis, avez-vous les mêmes opportunités que l'autre sexe? Expliquez.
4. Êtes-vous content(e) de votre condition en tant que fille/garçon? Pourquoi ou pourquoi pas?

PLUS À FOND

VOCABULAIRE PERSONNEL
Utilisez votre vocabulaire personnel.

1 La mixité dans l'enseignement supérieur en France En petits groupes, analysez le graphique et répondez aux questions.

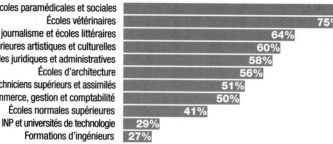

Part des filles dans l'enseignement supérieur selon la formation ou le type d'institution(%)

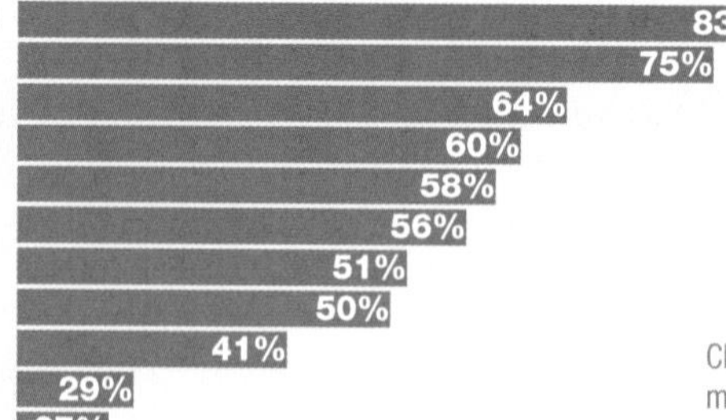

Source: Ministère de l'enseignement supérieur et de la recherche

Quelles formations sont les plus mixtes? Les moins mixtes? Trouvez-vous ces chiffres surprenants? De quelle manière le manque de mixité reflète-t-il ou pas des stéréotypes culturels? Quelles autres raisons expliquent ce manque de mixité sociale?

RIEN à DIRE

AU SUJET DU COURT MÉTRAGE Charles est un homme peu loquace. Il n'aime pas se mêler aux conversations, que celles-ci soient avec des étrangers ou même des amis. D'ailleurs, ses amis s'inquiètent au sujet de son silence. Cependant, il possède un talent impressionnant inconnu de tous jusqu'à présent...

À PREMIÈRE VUE

Où est l'homme sur cette image? Que fait-il? A-t-il l'air heureux et épanoui? Pourquoi ou pourquoi pas, d'après vous?

AVANT LE VISIONNEMENT

STRATÉGIE

Rechercher des indices
Rechercher des indices vous aidera à identifier les détails qui peuvent vous donner des pistes sur le thème, l'intrigue et le ton du court métrage.

1 **Des indices** Lisez le titre du court métrage et regardez bien son affiche. Quels indices peuvent vous aider à en deviner le thème? Que pouvez-vous déduire au sujet du personnage principal?

2 **Question de personnalité** Répondez à chaque question au sujet de votre caractère et de vos préférences en matière de communication.

1. Quels sont les trois adjectifs qui décrivent le mieux votre personnalité? Pourquoi?
2. En société, aimez-vous être le centre d'intérêt ou êtes-vous plutôt calme?
3. Est-il plus important d'être soi-même ou de se conformer aux autres? Expliquez.

MOTS-CLÉS

causer converser
tracasser inquiéter
décrocher un mot parler
rebondir utiliser, se baser sur
s'entraîner s'habituer à faire quelque chose, pratiquer
éclaté(e) fatigué(e)
aborder quelqu'un entamer une conversation avec quelqu'un
les impôts (m.) taxes qu'on doit payer sur ses revenus
la météo prévisions du temps qu'il va faire
fermer sa gueule se taire, ne pas parler (*familier*)

PENDANT LE VISIONNEMENT

1

L'ami: «Bon. Mon petit Charles, il faut qu'on **cause**... Hein? Depuis que t'es rentré dans la boîte, tu **décroches** pas **un mot**.»

1. Où se passe cette scène?
2. Pourquoi l'ami de Charles veut-il parler à Charles? Qu'est-ce qui l'inquiète?

2

Charles: «Bonjour. Bonjour... Bonjour, monsieur. Comment allez-vous? Bonsoir. Bonsoir. Bonsoir. Salut!»

1. Qu'est-ce que Charles est en train de faire dans cette scène? Pourquoi?
2. Quels sujets aborde-t-il dans sa vidéo? Ces sujets vous paraissent-ils appropriés? Pourquoi (pas)?

3

Charles: «T'as rempli ta déclaration d'**impôts**. Combien t'as payé ton petit haut? Je comprends plus la **météo**. Moi, je dis que dans le sud, il fait plus chaud.»

1. Que fait Charles dans cette scène? Qui l'écoute?
2. Quelle est la réaction de ses amis?

APRÈS LE VISIONNEMENT

1 **Compréhension** Répondez à chaque question selon le court métrage.

1. Que se passe-t-il chez Charles au début du court métrage?
2. Pourquoi la petite amie de Charles a-t-elle l'air déçue?
3. D'après l'ami de Charles, comment Charles est-il perçu par ses nouveaux collègues?
4. Qu'est-ce que l'ami de Charles lui suggère de faire face à la situation?
5. Qui interrompt l'enregistrement de Charles? Quelle est la réaction de cette personne devant la scène?
6. Qu'est-ce qu'on voit dans le film qui suit l'enregistrement récent de Charles? Qui est cet enfant? Comment agit-il?
7. Qu'est-ce que l'ami de Charles lui suggère de faire au parc? Charles y parvient-il? Expliquez.
8. Que se passe-t-il à la fin du court métrage? Comment les invités réagissent-ils?

2 **Interprétation** Répondez à chaque question. Travaillez avec un(e) camarade.

1. Pourquoi Charles est-il si timide en société, d'après vous? Est-ce un handicap ou est-ce qu'il s'agit simplement d'un aspect de sa personnalité qu'il faut respecter?
2. D'après vous, Charles doit-il s'inquiéter de ce que les autres pensent de lui? Pourquoi?
3. La petite amie de Charles lui dit qu'il est bizarre. Est-ce que vous êtes d'accord avec elle? Pourquoi?
4. Voyez-vous quelque chose d'ironique dans les paroles de la chanson que Charles chante à la fin du court métrage? Analysez et commentez ces paroles.

VOCABULAIRE PERSONNEL
Utilisez votre vocabulaire personnel.

3 **Citations** Choisissez une des deux citations suivantes, tirées du court métrage, et faites une petite présentation orale à la classe dans laquelle vous expliquez votre compréhension et votre interprétation personnelle de la citation choisie.

CITATION 1:
L'ami: «Ben, tu sais quand tu dis rien, les gens pensent que t'as un problème. Puis ils se mettent à penser à ta place. Ils... s'imaginent des trucs».

CITATION 2:
Charles: «Il y a des gens qui parlent et il y a des gens qui parlent pas, c'est tout. Moi, je suis plus dans l'écoute».

4 **Essai** Faut-il se méfier des gens introvertis qui parlent très peu? Écrivez un essai pour répondre à cette question. Présentez les deux points de vue et défendez votre opinion personnelle en donnant des exemples pour la soutenir. Structurez votre essai ainsi:

- une introduction qui présente brièvement les deux points de vue et votre opinion personnelle
- un paragraphe avec les arguments soutenant votre point de vue
- un paragraphe avec les arguments défendant l'autre point de vue et votre réfutation de chacun
- une conclusion qui réaffirme votre opinion

RESSOURCES
Consultez la liste des appendices à la p. xiii.

Intégration du thème

ESSAI: LA CRITIQUE CINÉMATOGRAPHIQUE

Les films ont pour objectif de divertir, mais ils sont aussi un moyen d'exposer des valeurs idéologiques et de montrer des réalités. Analyser un film ne veut pas dire en raconter l'histoire, mais plutôt le décortiquer et l'interpréter. Une critique cinématographique est censée guider et informer le lecteur, mais elle ne doit en aucun cas lui dire que penser. Il s'agit de partager une opinion sans jamais l'imposer.

Thème de la composition

Lisez de nouveau les questions essentielles du thème:

- En quoi les aspects de l'identité s'expriment-ils dans diverses situations?
- Comment la langue et la culture influencent-elles l'identité?
- Comment l'identité de quelqu'un évolue-t-elle dans le temps?

En utilisant ces questions, choisissez un film que vous avez aimé et écrivez-en une critique.

AVANT D'ÉCRIRE

Pour pouvoir analyser un film, il faut le regarder avec attention, si possible plus d'une fois. Pendant que vous le regardez, prenez des notes au sujet des différentes séquences, expressions et éléments qui vous paraissent importants. Analysez les moyens utilisés pour éveiller des émotions en vous. Rappelez-vous que si les personnages, la trame et le thème sont des aspects importants d'un film, la lumière, le son et le montage sont aussi des aspects à ne pas négliger. Faites attention aussi à la manière dont le réalisateur essaie de créer l'ambiance.

STRATÉGIE

Éviter le superflu
Lorsque vous écrivez, n'utilisez pas de mots ou d'expressions superflues comme «je vais analyser...» ou «je vais parler de...». Évitez également les expressions qui n'apportent rien et l'utilisation excessive d'adjectifs. Enfin, ne répétez pas les concepts.

BROUILLON

Commencez par donner votre impression générale du film; mentionnez le nom du réalisateur, le thème et l'année de sortie. Analysez les aspects que vous avez choisis et développez une présentation logique à partir d'exemples que le lecteur peut comprendre à la lecture du compte rendu et reconnaître lorsqu'il ira voir le film.

VERSION FINALE

Organisez votre critique en trois parties: introduction, développement et conclusion. Votre opinion est-elle évidente? Donnez-vous envie au lecteur de voir le film? Corrigez votre brouillon en groupes pour vérifier l'efficacité de votre critique et modifiez ce qui est nécessaire. Ensuite, réécrivez une version au propre.

PAGES DE GRAMMAIRE

LE PASSÉ COMPOSÉ ET L'IMPARFAIT

Rappel

On utilise soit le passé composé soit l'imparfait pour parler de faits passés. Leur usage respectif est déterminé par le contexte ou par le point de vue du narrateur.

Emplois du passé composé

- On utilise le passé composé pour parler d'un fait passé, spécifique et achevé (*completed*) au moment où l'on parle.

  Martin **a rencontré** Julie chez des amis communs.

- On l'utilise aussi pour parler d'un fait qui s'est passé à un moment précis du passé.

  Ils se **sont mariés** il y a deux mois.

- On utilise le passé composé pour parler d'une action passée en précisant le début ou la fin de cette action.

  Ils **sont rentrés** chez eux à onze heures.
  Voilà, c'est Manon... elle **a eu** un accident.

- On utilise le passé composé pour parler d'une action passée qui a eu lieu un certain nombre de fois sans être une action habituelle.

  Alain et Murielle se **sont téléphoné** trois fois hier.

- On l'utilise pour parler d'une suite d'évènement passés.

  Karim et Sonia se **sont parlé**, **se sont plu** et **ont décidé** de se revoir.

ATTENTION!

Les verbes qui utilisent en général l'auxiliaire **être**, peuvent utiliser l'auxiliaire **avoir** s'ils sont suivis d'un complément d'objet direct.

Elle **est sortie**. mais Elle **a sorti** le chien.

Élodie **est passée** devant la maison. mais Élodie **a passé** un an en France.

Emplois de l'imparfait

- On utilise l'imparfait pour parler d'une action passée sans en préciser ni le début ni la fin.

  Je **croyais** que j'aurais le temps de te le dire, mais j'**étais** bien avec toi, tu sais?

- On utilise l'imparfait pour parler d'un fait habituel dans le passé.

  Ils se **voyaient** tous les jours.
  Chaque année, ils **passaient** leurs vacances ensemble.

- On l'utilise aussi pour décrire quelqu'un (son âge, son état d'esprit) ou des faits dans le passé.

  C'**était** quelqu'un de calme et de réfléchi.
  Les arbres **étaient** en fleurs.

COUP DE MAIN

Le verbe **être** est irrégulier à l'imparfait:
j'étais, tu étais, il/elle/on était, nous étions, vous étiez, ils/elles étaient.

Les différences entre le passé composé et l'imparfait

▲ Le passé composé et l'imparfait sont souvent utilisés ensemble quand on raconte une histoire.

UTILISEZ LE PASSÉ COMPOSÉ POUR RACONTER:	UTILISEZ L'IMPARFAIT POUR DÉCRIRE:
◆ les faits principaux de l'histoire ◆ les différentes actions qui constituent la trame de l'histoire	◆ le contexte, le cadre de l'histoire, l'arrière-plan de l'action ◆ ce que les gens étaient en train de faire ◆ les gens (leur âge, leur personnalité, leur état d'esprit) et les choses

Dimanche dernier, il **faisait** beau et je **me promenais** tranquillement dans le parc. Tout à coup, une jeune fille **est tombée** de son vélo devant moi. J'**ai voulu** l'aider mais heureusement, ce n'**était** pas grave. Elle **était** jolie et très sympa. Nous **avons passé** tout l'après-midi ensemble et… je **suis tombé** amoureux d'elle!

▲ Quand on utilise le passé composé et l'imparfait dans la même phrase, on emploie l'imparfait pour l'action qui est en train de se passer (la situation, la scène de l'histoire) et le passé composé pour l'action qui interrompt le déroulement des faits.

LA SITUATION/LA SCÈNE (IMPARFAIT)	L'ACTION QUI INTERROMPT LA SCÈNE (PASSÉ COMPOSÉ)
Ils se **promenaient**…	quand il **a commencé** à pleuvoir.
Éric **était** triste…	quand Sandrine **est arrivée**.
Justine **dormait**…	quand Alex **a téléphoné**.

▲ Dans certains cas, l'emploi de l'imparfait et du passé composé indique une relation de cause à effet, une conséquence.

Elle **s'est disputée** avec son petit copain parce qu'elle **était** de mauvaise humeur. (Elle était de mauvaise humeur et c'est pour cela qu'elle s'est disputée avec son petit copain.)

COUP DE MAIN

Certains adverbes et certaines expressions sont souvent utilisés avec le passé composé: **tout à coup, soudain, un jour, une fois, hier matin** et **la semaine dernière**. D'autres sont normalement utilisés avec l'imparfait: **en général, souvent** et **d'habitude**.

ATTENTION!

Le sens des verbes **connaître, devoir, pouvoir, savoir** et **vouloir** peut changer au passé composé.

J'**ai connu** (*met*) ma fiancée à Montréal.

Elles **ont dû** arriver (*must have arrived*) trop tard.

Tu **as pu** finir (*managed to finish*) le travail à temps.

Personne n'**a su** (*found out*) qui avait apporté le cadeau.

Vous n'**avez** pas **voulu** aider (*refused to help*) la victime.

MISE EN PRATIQUE

1 **Le bal masqué** Complétez le texte en mettant les verbes entre parenthèses à l'imparfait ou au passé composé.

Quand elle (1)____________ (être) jeune, Virginie (2)____________ (être) très timide et (3)____________ (aimer) la solitude. Un jour cependant, ses amies (4)____________ (inviter) Virginie à un bal masqué. Et pour une fois, Virginie (5)____________ (accepter) l'invitation. Pendant la soirée, Virginie (6)____________ (remarquer) un garçon déguisé en Zorro qui la (7)____________ (regarder) tout le temps. Finalement, il (8)____________ (venir) lui parler et ils (9)____________ (passer) le reste de la soirée ensemble. À la fin de la soirée, le garçon (10)____________ (disparaître) et elle (11)____________ (ne jamais savoir) qui il (12)____________ (être).

2 **Pauvre Malik!**

A. Lisez l'histoire de Malik.

Il est midi, Malik a faim et va au restaurant. Il regarde distraitement les gens qui passent dans la rue. Soudain, il voit sa petite amie Mina avec un autre garçon! Ils ont l'air de bien s'amuser! Malik est furieux. Il sort du restaurant en courant et cherche le couple à travers toute la rue. Finalement, il voit Mina et le mystérieux jeune homme. Les deux jeunes gens sont à l'arrêt de bus. Malik se précipite vers eux et demande une explication à sa petite amie. Mina éclate de rire et explique que le garçon qui est avec elle n'est autre que son… cousin, Reza. Malik se sent vraiment gêné.

B. Maintenant, mettez l'histoire au passé.

Hier midi, … ____________________

____

____

3 **Les vacances d'Aline** Faites des phrases avec les éléments donnés.

MODÈLE quand / elle / être / petite / Aline / aller à la mer / avec ses parents
Quand elle était petite, Aline allait à la mer avec ses parents.

1. cette année / elle / aller à la mer / avec ses copines
2. elles / se promener sur la plage / quand / elles / voir / un garçon / qui / jouer de la guitare
3. Aline / demander / au garçon / comment il / s'appeler
4. il / répondre / qu'il / s'appeler / Lucas
5. Aline et Lucas / devenir copains et / s'entendre très bien en général
6. mais un jour / Lucas / vouloir faire de la planche à voile / et Aline, / qui / avoir peur, / ne pas vouloir
7. alors, ils / se disputer / et / rompre
8. heureusement ses amies / être là / et elles / la consoler

LE PLUS-QUE-PARFAIT ET LA CONCORDANCE DES TEMPS

Rappel

On emploie soit l'imparfait soit le passé composé pour parler d'un fait passé. Pour parler d'un fait passé qui a eu lieu chronologiquement avant un autre, on utilise le plus-que-parfait.

Le plus-que-parfait

▲ Le plus-que-parfait est un temps composé comme le passé composé. Pour former le plus-que-parfait, on prend l'imparfait de l'auxiliaire **être** ou **avoir** et on ajoute le participe passé du verbe conjugué.

	DIRE	ALLER	SE DISPUTER
je/j'	**avais** dit	**étais** allé(e)	m'**étais** disputé(e)
tu	**avais** dit	**étais** allé(e)	t'**étais** disputé(e)

	DIRE	ALLER	SE DISPUTER
il/elle/on	**avait** dit	**était** allé(e)	s'**était** disputé(e)
nous	**avions** dit	**étions** allé(e)s	nous **étions** disputé(e)s
vous	**aviez** dit	**étiez** allé(e)(s)	vous **étiez** disputé(e)(s)
ils/elles	**avaient** dit	**étaient** allé(e)s	s'**étaient** disputé(e)s

Il est arrivé à midi. Nous **avions** pourtant bien **dit** 10 heures!
Après tant d'années de séparation, ces deux amies se sont retrouvées comme si elles ne **s'étaient** jamais **quittées**.

◢ Les règles d'accord du participe passé sont les mêmes au plus-que-parfait qu'au passé composé.

Il n'a pas **vu** Farida cette semaine, et la semaine dernière, il ne l'avait pas **vue** non plus! Je crois que c'est fini entre eux!

◢ On peut aussi utiliser le plus-que-parfait pour exprimer un souhait ou un regret à propos d'une situation passée. Dans ce cas, il est introduit par **si** ou **si seulement**.

Si seulement il lui **avait dit** toute la vérité!
Si seulement elle **n'était pas partie!**

La concordance des temps

◢ La concordance des temps établit le rapport entre le temps de la proposition subordonnée et le temps de la proposition principale dont elle dépend. La concordance des temps s'applique notamment quand on rapporte ce que quelqu'un a dit; c'est-à-dire, dans le discours indirect.

Tu **veux** m'expliquer pourquoi tu **attendais** dehors?
Ils ne se **sont** pas **rendu** compte que nous **étions parties** tôt.

◢ Quand le verbe de la proposition principale est au présent ou au futur, le verbe de la proposition subordonnée est au temps qu'on utiliserait logiquement selon le sens dans une phrase indépendante.

PROPOSITION PRINCIPALE	PROPOSITION SUBORDONNÉE
Julien **dit**	qu'il **sort** avec Maya. (au moment présent) qu'il **sortira** avec Maya. (dans le futur) qu'il **sortait** avec Maya. / qu'il **est sorti** avec Maya. (dans le passé: soit habituellement, donc imparfait; soit occasionnellement, donc passé composé)
Thomas **demandera**	**si** Paola **est** là. **avec qui** Paola **arrivera**. **pourquoi** Paola **est arrivée** en retard.

◢ Quand le verbe de la proposition principale est au passé, le verbe de la proposition subordonnée se met:

à l'imparfait s'il y a simultanéité entre les deux actions.
au conditionnel s'il y a postériorité.
au plus-que-parfait s'il y a antériorité.

COUP DE MAIN

Quand on rapporte ce que quelqu'un a dit, on utilise souvent des verbes tels que **dire**, **annoncer**, **expliquer** ou **répondre** dans des phrases affirmatives et **demander**, **se demander** dans des phrases interrogatives. La proposition subordonnée est introduite par **que** dans les phrases affirmatives et par **si** ou par un mot interrogatif (**pourquoi**, **quand** et **comment**) dans les phrases interrogatives.

Je lui ai expliqué **que** tu lui avais pardonné.

Il se demandait **si** tu étais encore fâchée.

ATTENTION!

Si devient **s'** devant **il** ou **ils** mais reste **si** devant **elle**, **elles** ou **on**.

Paul pensait à ses copains et se demandait **s'ils** étaient déjà rentrés.

PROPOSITION PRINCIPALE	PROPOSITION SUBORDONNÉE
Julien **a dit**	qu'il **sortait** avec Maya. (au moment présent) qu'il **sortirait** avec Maya. (dans le futur) qu'il **était sorti** avec Maya. (dans un passé antérieur au moment où il parle)
Thomas **demandait**	**si** Paola **était** là. **avec qui** Paola **arriverait**. **pourquoi** Paola **était arrivée** en retard.

MISE EN PRATIQUE

1 **Quelle malchance!** Le week-end dernier, Amélie n'a vraiment pas eu de chance. Complétez les phrases.

1. Samedi soir, Amélie a téléphoné à Léa pour aller voir le dernier James Bond mais Léa ___________ ce film.
   a. a vu b. voyait c. avait vu
2. Quand Amélie est arrivée au cinéma, le film ___________ déjà ___________.
   a. allait… commencer b. avait… commencé c. a… commencé
3. Après la séance, Amélie a voulu prendre le dernier métro pour rentrer chez elle, mais il ___________.
   a. était déjà partie b. était déjà parti c. est déjà parti
4. Quand elle est arrivée chez elle, elle s'est rendu compte qu'elle ___________ ses clés.
   a. avait perdu b. s'était perdue c. a perdu
5. Alors, elle est allée chez ses amies mais personne n'a ouvert parce qu'elles n' ___________ pas encore ___________.
   a. étaient… rentrés b. avaient... rentré c. étaient… rentrées
6. Finalement, elle est allée chez ses parents qui étaient contents parce qu'ils ___________ Amélie depuis très longtemps.
   a. n'avaient pas vu b. ne s'étaient pas vus c. ne s'étaient pas vues

2 **Les mésaventures de Jérémy** Mettez les verbes entre parenthèses au plus-que-parfait.

Une amie m'a raconté les mésaventures de Jérémy, un jeune Américain qui (1)___________ (décider) de venir en France pour apprendre le français. À peine arrivé, il (2)___________ (rencontrer) une jeune fille très sympa qui s'appelait Gisèle. Au début, ils (3)___________ (sortir) en bande, avec les copains de Gisèle, mais après quelques semaines, les parents de Gisèle (4)___________ (insister) pour faire sa connaissance et (5)___________ (inviter) Jérémy à venir dîner chez eux.

Le soir du dîner, Jérémy (6)___________ (se présenter) chez les parents de Gisèle avec un beau bouquet de chrysanthèmes qu'il (7)___________ (acheter) pour la maman de son amie. Mais, à la surprise de Jérémy, elle (8)___________ (ne pas avoir) l'air d'apprécier ses fleurs. Comme Jérémy ne comprenait pas pourquoi elle avait l'air si contrariée, Gisèle lui (9)___________ (expliquer) la signification de ces fleurs et le pauvre Jérémy (10)___________ (devoir) se dire qu'il n'y avait pas que la langue française qu'il devait apprendre, mais aussi la culture et les coutumes du pays!

LE CONDITIONNEL PRÉSENT ET LE CONDITIONNEL PASSÉ

Rappel

On utilise le conditionnel présent pour parler d'un fait simplement possible, éventuel, ou même imaginaire. Quand on veut parler d'un fait passé qui n'a pas eu lieu, on utilise le conditionnel passé.

Le conditionnel présent

- Pour former le conditionnel présent d'un verbe, on prend le radical du futur de l'indicatif et on ajoute les terminaisons de l'imparfait de l'indicatif: **-ais**, **-ais**, **-ait**, **-ions**, **-iez**, **aient**.

	AIMER	AMENER	PRÉFÉRER	FINIR	RENDRE
je/j'	**aimer**ais	**amèner**ais	**préférer**ais	**finir**ais	**rendr**ais
tu	**aimer**ais	**amèner**ais	**préférer**ais	**finir**ais	**rendr**ais
il/elle/on	**aimer**ait	**amèner**ait	**préférer**ait	**finir**ait	**rendr**ait
nous	**aimer**ions	**amèner**ions	**préférer**ions	**finir**ions	**rendr**ions
vous	**aimer**iez	**amèner**iez	**préférer**iez	**finir**iez	**rendr**iez
ils/elles	**aimer**aient	**amèner**aient	**préférer**aient	**finir**aient	**rendr**aient

Nous **vendrions** notre vieux magnétoscope pour si peu d'argent?
Il **aimerait** acheter un nouvel ordinateur mais il n'a pas assez d'argent.

- On utilise le conditionnel pour exprimer une possibilité, une éventualité.

La télé ne marche pas. **Serait**-elle en panne?
Comment? Elle n'**abandonnerait** jamais ses études pour travailler dans les médias.

- On utilise le conditionnel dans la proposition subordonnée pour parler d'une action future quand le verbe de la proposition principale est au passé.

J'ai cru que cet article t'**intéresserait**.
Nous nous sommes dit que vous **trouveriez** une copie du magazine.
Qui vous a prévenu que les acteurs **viendraient** pour l'interview?

- On utilise le conditionnel pour marquer un désir ou une volonté atténuée. C'est ce qu'on appelle le conditionnel de politesse. Les verbes **vouloir**, **pouvoir**, **devoir** et **savoir** au conditionnel sont souvent utilisés dans ce contexte.

Pourriez-vous me dire où trouver la revue *Comment surfer sur Internet*?
Vous ne **devriez** pas dépenser tant d'argent pour des jeux vidéo!
Je **voudrais** écouter les nouvelles. **Pourrais**-tu allumer la radio?

ATTENTION!

N'oubliez pas d'omettre le **e** final de l'infinitif des verbes en **-re**.

éteindre ⟶ **éteindrais**
rendre ⟶ **rendrais**
vendre ⟶ **vendrait**

ATTENTION!

Voici quelques verbes irréguliers qui, au futur, ont un radical différent de l'infinitif.

aller	**ir-**
avoir	**aur-**
devenir	**deviendr-**
devoir	**devr-**
être	**ser-**
faire	**fer-**
pouvoir	**pourr-**
recevoir	**recevr-**
savoir	**saur-**
venir	**viendr-**
voir	**verr-**
vouloir	**voudr-**

Le conditionnel passé

▲ Le conditionnel passé est un temps composé. Pour le former, on prend le conditionnel présent de l'auxiliaire **être** ou **avoir** et on y ajoute le participe passé du verbe.

COUP DE MAIN

Il faut au conditionnel devient **il faudrait**, **il pleut** devient **il pleuvrait** et **il y a** devient **il y aurait**.

La météo a annoncé qu'**il y aurait** une tempête demain.

LES FORMES DU CONDITIONNEL PASSÉ		
	AIMER	**ALLER**
je/j'	**aurais** aimé	**serais** allé(e)
tu	**aurais** aimé	**serais** allé(e)
il/elle/on	**aurait** aimé	**serait** allé(e)
nous	**aurions** aimé	**serions** allé(e)s
vous	**auriez** aimé	**seriez** allé(e)(s)
ils/elles	**auraient** aimé	**seraient** allé(e)s

▲ On utilise le conditionnel passé pour parler d'un fait passé qui ne s'est pas réalisé.

Je t'**aurais suggéré** ce logiciel, mais il ne marche pas très bien.
Il **aurait pu** faire réparer son ordinateur au lieu d'en acheter un nouveau.

ATTENTION!

Le participe passé du verbe **devoir** est **dû**, avec un accent circonflexe pour le différencier de l'article **du**.

Nous **aurions dû** écouter la météo.

Pour son test d'endurance, elle **a dû** faire **du** vélo.

▲ Les règles d'accord du participe passé sont les mêmes au conditionnel passé qu'au passé composé.

Elle se serait **présentée** comme étant la fille de nos voisins. Et comme ça nous l'aurions **reconnue**!
Après l'interview, nous nous serions **parlé** plus longtemps et vous ne seriez pas **partis**.
Elle aurait **posté** sa lettre sans aucune hésitation, mais le concours n'était pas ouvert aux plus de 18 ans.

MISE EN PRATIQUE

1 

Quelques conseils Votre ami(e) vient d'acheter un nouvel ordinateur et il/elle ne sait pas l'utiliser. Dites-lui ce que vous feriez à sa place. Utilisez le conditionnel présent.

commencer par brancher l'ordinateur
À ta place, je commencerais par brancher l'ordinateur.

1. utiliser un clavier AZERTY
2. allumer l'ordinateur
3. ouvrir une session
4. naviguer sur Internet pour trouver un site intéressant
5. sauvegarder le site dans les «Favoris»
6. graver un CD
7. cliquer sur «Aide» pour savoir comment faire
8. suivre un cours d'informatique

2 

Quel week-end! Nathalie n'a que des regrets. Mettez les verbes entre parenthèses au conditionnel passé.

Je/J' (1)____________ (devoir) écouter la météo et je/j'(2)____________ (savoir) qu'il allait pleuvoir tout le week-end. Alors, mes copains et moi, nous (3)____________ (ne pas aller) camper et nous (4)____________ (ne pas être) surpris par l'orage sur la route. Le toit de

2 **Les relations modernes** Lors d'une soirée, Simon a rencontré une fille qu'il voudrait bien revoir mais il a oublié de lui demander ses coordonnées.

1. Si j' __________ son adresse, je lui __________ un mail.
   a. avais eu... enverrai
   b. avais... enverrais
   c. ai... aurais envoyé

2. Si j'y __________, j' __________ son numéro de mobile.
   a. avais pensé... aurais pris
   b. pensais... aurais pris
   c. pense... prenais

3. Si elle __________ un blog sur Internet, je __________ peut-être reprendre contact avec elle.
   a. a... pourrai
   b. avait eu... peux
   c. aurait... peux

4. Si tu la __________, __________-lui que je veux la revoir.
   a. verrais... disais
   b. verras... dit
   c. vois... dis

5. Si elle __________, on __________ se donner rendez-vous dans un cybercafé.
   a. veut... pourra
   b. avait voulu... pourrait
   c. voudrait... aurait pu

6. Si nous __________ nous revoir, je ne la __________ plus!
   a. pourrions... quitterai
   b. pouvions... quitterais
   c. avions pu... quitte

3 **Les remèdes miracle** Complétez la conversation d'Alain et de Martine.

ALAIN Si seulement on (1)__________ (pouvoir) découvrir une cure contre le cancer, tout (2)__________ (aller) mieux!

MARTINE Oui bien sûr, ce (3)__________ (être) bien aussi si on (4)__________ (découvrir) des remèdes miracles contre le SIDA et contre le diabète.

ALAIN Si tu (5)__________ (croire) que c'est si facile, alors (6)__________ (trouver)-les toi-même, ces remèdes miracles!

MARTINE Et si on (7)__________ (aller) au cinéma au lieu de se disputer? Nous (8)__________ (se calmer) un peu, non?

ALAIN Oui, je suis d'accord avec toi pour une fois. Tu peux même choisir le film si tu (9)__________ (vouloir).

LES PRONOMS

Rappel

On emploie les pronoms pour remplacer sans les nommer, une personne, un animal ou une chose. Leur emploi évite les répétions.

COUP DE MAIN

Ces verbes ont en général un complément d'objet indirect:

dire à, écrire à, parler à, donner à, téléphoner à, demander à.

ATTENTION!

Il ne faut pas confondre le pronom **leur** avec l'adjectif possessif **leur** qui prend un **s** lorsqu'il accompagne un nom pluriel.

Ahmed et Élodie adorent **leurs** cousins. Ils **leur** téléphonent tous les jours.

Il ne faut pas non plus confondre le pronom complément d'objet indirect **leur** avec le pronom possessif **leur(s)**.

Je ne téléphone jamais à mes cousins, mais ils téléphonent souvent aux **leurs**.

Les pronoms compléments d'objet direct et indirect

- Le complément d'objet direct est la personne ou la chose qui reçoit l'action du verbe. On peut remplacer les compléments d'objet direct par ces pronoms: **me/m'**; **te/t'**; **le/la/l'**; **nous**; **vous**; **les**.

- Aux temps composés, le participe passé conjugué avec **avoir** s'accorde avec le complément d'objet direct quand celui-ci le précède.

  Tu as lu **les cartes** que mémé nous a envoyé**es**? Moi, je ne **les** ai pas lu**es**.

- Le complément d'objet indirect est la personne qui subit l'action du verbe. On peut remplacer les compléments d'objet indirect par ces pronoms: **me/m'**; **te/t'**; **lui**; **nous**; **vous**; **leur**.

  J'ai parlé **à ma cousine**. ⟶ Je **lui** ai parlé.
  Il n'y avait pas moyen de **te** dire ce qui se passe.

Les pronoms y et en

- Le pronom **y** remplace un nom de lieu précédé d'une de ces prépositions: **à**, **sur**, **dans**, **en** et **chez**.

  Ma grand-mère va **en Provence**. Elle **y** va au mois de juin.

- Le pronom **y** remplace un nom précédé de la préposition **à**, en parlant d'une chose ou d'un évènement.

  Ils ont participé **au concours de dessin**. Ils **y** ont participé aussi l'année dernière.

- Le pronom **en** remplace un nom précédé de la préposition **de** ou d'un article partitif.

  Hassan t'a parlé **de sa nouvelle voiture?** Il **en** a parlé à tout le monde!
  Ma belle-sœur boit **du café** le matin. Elle **en** boit aussi le soir.

- Le pronom **en** remplace un nom précédé d'une expression de quantité + **de**, des articles **un** et **une** ou d'un nombre.

  —**Combien d'enfants** ont-ils?
  —Ils **en** ont **cinq!**

  —J'ai **un chat**. Et toi?
  —Moi, je n'**en** ai pas.

La place des pronoms dans la phrase

- Les pronoms se placent avant le verbe conjugué.

Nous voyons régulièrement **nos cousins**. ⟶ Nous **les** voyons régulièrement.

- Quand il y a un verbe à l'infinitif, les pronoms se placent devant l'infinitif.

Mon frère et sa femme voudraient rendre visite **à ma tante**. Ils voudraient **lui** rendre visite bientôt.

- Aux temps composés, les pronoms se placent devant l'auxiliaire.

Ma sœur a vu **Farida** au centre commercial. Elle **l'**avait vue aussi au marché.

- Quand il y a plusieurs pronoms dans la phrase, ils suivent cet ordre:

me/m'	**le**			
te/t'	(avant) **la**	(avant) **lui**	(avant) **y**	(avant) **en**
nous	**l'**	**leur**		
vous	**les**			

—Est-ce que tu prêtes **ta voiture à ta sœur?**
—Non, je ne **la lui** prête jamais.
Khalid a demandé **de l'argent à ses parents**. ⟶ Khalid **leur en** a demandé.

- Dans les phrases impératives à la forme *négative*, les pronoms suivent le même ordre énoncé plus haut. Dans les phrases impératives à la forme *affirmative*, les pronoms se placent après le verbe selon cet ordre:

	-moi	
-le	**-toi**	
-la	(avant) **-lui**	(avant) **-y**
-les	**-nous**	**-en**
	-vous	
	-leur	

Tu n'as pas encore parlé à Salima de la fête? **Parle-lui-en** maintenant!
Papa et maman rêvent de visiter la Guadeloupe. **Emmenons-les-y** cet été.

- Dans les phrases impératives à la forme affirmative, les pronoms sont rattachés au verbe par un tiret et les pronoms **me** et **te** deviennent **moi** et **toi**, sauf devant **y** et **en**.

FORME NÉGATIVE	FORME AFFIRMATIVE: APRÈS LE VERBE
Ne **me** regarde pas! N'**en** mange pas! N'**y** va pas! Ne **nous le** dites pas! Ne **m'en** donnez pas!	Regarde-**moi**! Mange**s-en**! Va**s-y**! Dites-**le-nous**! Donnez-**m'en**!

MISE EN PRATIQUE

1 

La génération de papi Complétez cette conversation avec le bon pronom de la liste.

en	les	leur	me/m'	te/t'	y

JULIEN Dis papi, est-ce que tu avais un ordinateur quand tu avais mon âge?

PAPI Non, je n'(1)__________ avais pas. Il n' (2)__________ (3)__________ avait pas à cette époque.

JULIEN À quoi tu jouais alors?

PAPI Je jouais au foot avec mes copains.

JULIEN Tu (4)__________ jouais souvent?

PAPI Bien sûr, on (5)__________ jouait tous les jours après les cours.

JULIEN Ah bon? Tu n'avais pas de devoirs à faire?

PAPI Si, mais je (6)__________ faisais d'abord. Mes copains (7)__________ attendaient pour commencer la partie. Parfois, quand ça durait trop longtemps, ils venaient (8)__________ chercher à la maison.

JULIEN Et tes parents (9)__________ permettaient d'aller jouer?

PAPI Je devais d'abord (10)__________ demander la permission. Ça, c'est sûr!

2

Une bonne éducation Les Michaux sont des parents exemplaires. Remplacez les mots soulignés par les bons pronoms.

1. Madame Michaux donne beaucoup de bonbons à ses enfants?
   Non, elle ne __________ donne pas beaucoup.
2. Les Michaux enseignent le français à leurs enfants?
   Oui, ils __________ enseignent.
3. Il y a trop de jouets dans la chambre de leur petite fille?
   Non, il n' __________ a pas trop.
4. Monsieur Michaux a emmené les enfants à la piscine l'été dernier?
   Oui, il __________ a emmenés.
5. Madame Michaux peut offrir des cours de piano à son fils aîné?
   Oui, elle peut __________ offrir.

3

Des ordres Vous gardez votre nièce de huit ans et elle est insupportable. Utilisez l'impératif et des pronoms pour lui dire de faire ou de ne pas faire ces choses.

MODÈLE ne pas manger trop de chocolat
N'en mange pas trop!

1. ne pas aller dans le jardin
2. finir ses devoirs
3. manger un fruit
4. vous donner la télécommande
5. ne pas ennuyer le chien
6. ne pas donner de la pizza au chat
7. aller immédiatement au lit

LE SUBJONCTIF DANS LES PROPOSITIONS SUBSTANTIVES

Rappel

On emploie l'indicatif pour parler d'un fait objectif. On emploie le subjonctif pour exprimer un fait envisagé dans la pensée, comme le souhait, la volonté ou la crainte.

- Pour former le présent du subjonctif des personnes du singulier (**je**, **tu**, **il/elle/on**) et de la troisième personne du pluriel (**ils/elles**), remplacez la terminaison **-ent** de la troisième personne du pluriel du présent de l'indicatif par **-e**, **-es**, **-e** et **-ent**.

  Je veux que tu **finisses** tes devoirs avant la fin du week-end.

- Pour les deux premières personnes du pluriel (**nous et vous**), remplacez la terminaison **-ons** de la première personne du pluriel du présent de l'indicatif par les terminaisons **-ions** et **-iez**.

  La pharmacienne suggère que vous **téléphoniez** à votre médecin.

- Employez le subjonctif après des verbes ou des expressions impersonnelles qui expriment la volonté, l'ordre, l'interdiction ou le désir.

  aimer mieux que to prefer that
  avoir envie que to want that
  désirer que to wish that
  il vaudrait mieux que it would be better that
  préférer que to prefer that
  vouloir que to want that

  [Mamie **souhaite**] [qu'on **aille** la voir plus souvent.]
  Proposition principale — Proposition subordonnée

  [**Il faut**] [que tu **obéisses** à tes parents.]
  Proposition principale — Proposition subordonnée

- Employez le subjonctif après les verbes qui expriment des sentiments tels que:

  LA JOIE
  être content(e) que to be glad that
  être heureux/heureuse que to be happy that
  être ravi(e) que to be thrilled that

  LA TRISTESSE
  être désolé(e) que to be sorry that
  regretter que to regret that

  LA CRAINTE
  avoir peur que to be afraid that
  craindre que to fear that

  LA COLÈRE
  être fâché(e) que to be angry that
  être furieux/furieuse que to be furious that

  L'ÉTONNEMENT
  être étonné(e) que to be astonished that
  être surpris(e) que to be surprised that

  [Mon frère **est triste**] [que sa petite amie **doive** retourner en Suisse.]
  Proposition principale — Proposition subordonnée

  [Ils **craignent**] [que leurs enfants **soient** malades.]
  Proposition principale — Proposition subordonnée

COUP DE MAIN

Le subjonctif de ces verbes est irrégulier: **aller** (que j'aille), **avoir** (que j'aie), **être** (que je sois), **faire** (que je fasse), **pouvoir** (que je puisse), **savoir** (que je sache) et **vouloir** (que je veuille).

ATTENTION!

N'employez pas le subjonctif après **espérer que**.

Nous espérons qu'il **viendra**.

J'espère qu'il le **sait**.

- Quand le sujet de la proposition principale est le même que celui de la proposition subordonnée, employez l'infinitif dans la proposition subordonnée. Avec **regretter que** ou des expressions avec **être** et **avoir**, ajoutez **de** devant l'infinitif.

INFINITIF	SUBJONCTIF
Je veux **partir**. Ma sœur est ravie **d'attendre** un bébé.	Je veux **que tu partes**. Ma sœur est ravie **que tu attendes** un bébé.

- Employez le *subjonctif* après ces verbes quand ils expriment l'incertitude ou le doute. Employez *l'indicatif* quand ils expriment une certitude.

(ne pas) douter que (not) to doubt that
(ne pas) penser que (not) to think that
(ne pas) croire que (not) to believe that
(ne pas) être certain(e) que (not) to be certain that
(ne pas) être sûr(e) que (not) to be sure that
(ne pas) être persuadé(e) que (not) to be convinced that

On n'est pas certain qu'il **fasse** froid.
Subjonctif: incertitude

Vous ne doutez pas qu'il **fait** froid.
Indicatif: certitude

- On emploie le subjonctif après les expressions impersonnelles qui expriment une nécessité, une possibilité ou un doute. On emploie l'indicatif quand elles expriment une certitude.

ça m'étonnerait que it would astonish me that
il est / n'est pas certain que it is (not) certain that
il est clair que it is clear that
il est douteux que it is doubtful
il est évident que it is obvious
il est impossible que it is impossible that
il est possible que it is possible that
il est / n'est pas sûr que it is (not) sure that
il est / n'est pas vrai que it is (not) true that
il se peut que it is possible that

Il se peut qu'il **sache** tout.
Subjonctif: incertitude

Il est clair qu'il **sait** tout.
Indicatif: certitude

- On peut parfois avoir un subjonctif dans une proposition indépendante, par exemple pour exprimer un souhait.

Karim a crié: «Et que tout **soit** prêt en bas!»
Que Dieu vous **entende!**

MISE EN PRATIQUE

1 **Fête d'anniversaire** Madame Lemercier organise une fête pour son mari. Mettez les verbes entre parenthèses au présent du subjonctif pour compléter son e-mail.

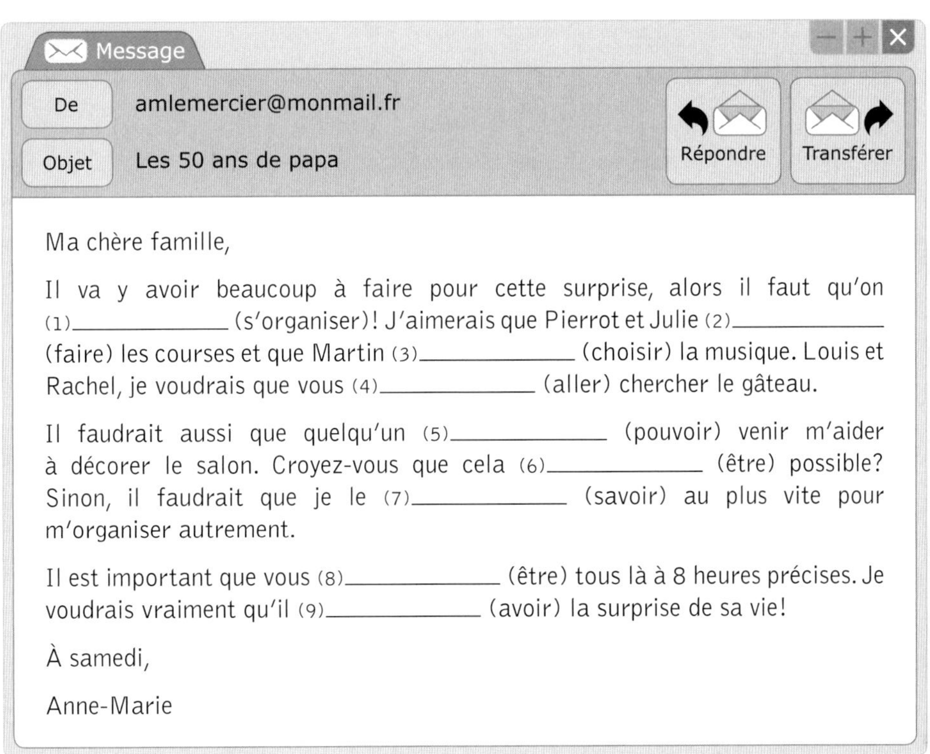

Message

De amlemercier@monmail.fr

Objet Les 50 ans de papa

Répondre Transférer

Ma chère famille,

Il va y avoir beaucoup à faire pour cette surprise, alors il faut qu'on (1)__________ (s'organiser)! J'aimerais que Pierrot et Julie (2)__________ (faire) les courses et que Martin (3)__________ (choisir) la musique. Louis et Rachel, je voudrais que vous (4)__________ (aller) chercher le gâteau.

Il faudrait aussi que quelqu'un (5)__________ (pouvoir) venir m'aider à décorer le salon. Croyez-vous que cela (6)__________ (être) possible? Sinon, il faudrait que je le (7)__________ (savoir) au plus vite pour m'organiser autrement.

Il est important que vous (8)__________ (être) tous là à 8 heures précises. Je voudrais vraiment qu'il (9)__________ (avoir) la surprise de sa vie!

À samedi,

Anne-Marie

2 **À choisir** Complétez cette conversation à l'aide de la liste. Pour chaque verbe, employez l'infinitif ou donnez la bonne forme du présent de l'indicatif ou du subjonctif.

aller	avoir	finir	laisser	mettre

ALI Fatima, laisse-moi tranquille. Il faut que je/j' (1)__________ mes devoirs.

FATIMA Mais maman veut que tu (2)__________ la table.

ALI Bon, mais j'ai peur de/d' (3)__________ une mauvaise note si je ne finis pas mes devoirs!

FATIMA Au fait, elle voudrait aussi que tu (4)__________ chercher mamie. Elle vient dîner à la maison ce soir et sa voiture est en panne.

ALI Et moi, j'aimerais qu'on me/m' (5)__________ étudier!

FATIMA Écoute, je doute que tu (6)__________ tellement envie d'étudier. Je crois plutôt que tu ne/n' (7)__________ aucune envie d'obéir à maman!

ALI Bon, bon, j'y vais! J'espère que tu (8)__________ me laisser tranquille après ça!

LE SUBJONCTIF DANS LES PROPOSITIONS RELATIVES

Rappel

La proposition relative est une proposition introduite par un pronom relatif. Cette proposition précise le sens d'un antécédent comme le ferait un adjectif. Le verbe de la relative se met le plus souvent à l'indicatif. Cependant, on met le verbe de cette proposition au subjonctif quand la proposition principale exprime une opinion, un doute, un désir ou un but.

ATTENTION!
Ne confondez pas les pronoms *relatifs* **qui** et **que** avec les pronoms *interrogatifs* **qui** et **que**. Les deux pronoms *relatifs* peuvent désigner des personnes ou des choses. Le pronom *interrogatif* **qui** ne s'utilise que pour les personnes; le pronom *interrogatif* **que** ne s'utilise que pour les choses.

Révision des pronoms relatifs

- Le pronom relatif **qui** est le sujet de la proposition relative et est suivi d'un verbe.

  C'est le seul hôtel **qui soit** près de la plage.

- Quand le pronom relatif **qui** est complément, ils est toujours précédé d'une préposition.

  C'est la seule personne **à qui** vous **puissiez** parler.

- Le pronom relatif **que** est complément d'objet direct et est suivi d'un sujet et d'un verbe.

  C'est la seule personne **que je connaisse** dans cette ville.

- Le pronom relatif **dont** remplace un pronom relatif introduit par **de**.

  Le départ est la seule chose **dont** Marion **ait** envie de parler.

- La proposition relative peut être introduite par le pronom et adverbe relatif **où**. **Où** ne s'applique qu'à des choses et pas à des personnes.

  Je cherche un hôtel **où** nous puissions être au calme et nous reposer.
  Nous voulons aller dans un endroit **où** les enfants aient l'occasion de s'amuser.

- La proposition relative peut être introduite par une forme du pronom relatif **lequel**. **Lequel** peut remplacer des personnes et des choses.

  Tu as besoin d'amis sur **lesquels** tu puisses compter.

L'emploi du subjonctif

- Le verbe de la proposition relative est au subjonctif quand cette proposition suit un superlatif.

  C'est **le meilleur** hôtel que nous **connaissions** dans cette ville.
  Ici on **a la plus belle** vue qu'il y **ait** de toute la région.

- Le verbe de la proposition relative est au subjonctif quand cette proposition suit une expression qui fonctionne comme un superlatif. Ces expressions sont souvent formées avec des adjectifs tels que *premier*, *dernier*, *seul* et *unique*.

  C'est **le seul** travail qu'elles **sachent** faire.
  C'est **le premier** guide touristique qui **soit** vraiment valable.
  C'est **l'unique** personne de cette assemblée qui **comprenne** l'anglais.

- Le verbe de la proposition relative est au subjonctif quand cette proposition suit une proposition principale négative (de sens ou de forme) ou interrogative dans laquelle l'antécédent est indéfini ou inconnu.

  Je **ne** connais **pas** de mécanicien qui **finisse** la réparation avant midi.
  Y a-t-il une étudiante ici que vous **connaissiez**?
  Alban n'a pas un emploi **qui** lui **permette** de travailler ailleurs.

- Le verbe de la proposition relative peut être au subjonctif quand cette proposition suit une proposition principale qui exprime un désir, une intention ou un but.

  Je **cherche** quelqu'un qui **écrive** bien l'allemand.
  Elle **préfère** une chambre où elle n'**entende** pas le bruit des voitures.

- Le verbe de la proposition relative peut être au subjonctif quand cette proposition dépend d'une autre qui est déjà au subjonctif. C'est ce qu'on appelle l'attraction modale.

  Je ne crois pas qu'il **connaisse** quelqu'un qui **puisse** t'aider.
  Je ne crois pas qu'il **connaisse** la personne qui **peut** t'aider.

- On utilise l'indicatif si la proposition relative exprime un fait réel et objectif.

  Je cherche une voiture qui **fasse** du 150 km/h.
  (Il est possible qu'une telle voiture n'existe pas.)

  J'ai acheté une voiture qui **fait** du 150 km/h.
  (Cette voiture existe; je l'ai achetée. C'est un fait réel.)

MISE EN PRATIQUE

1 **La voiture idéale** Sylvie veut acheter une nouvelle voiture. Elle sait exactement ce qu'elle veut, mais une voiture pareille existe-t-elle vraiment? Complétez ces phrases.

1. Sylvie cherche une voiture qui ne ____________ (coûter) pas trop cher.
2. Mais elle cherche une voiture qui ____________ (être) quand même jolie!
3. Elle a surtout besoin d'une voiture qui ____________ (tenir) le coup (will last)!
4. Et elle a envie d'une voiture qui ____________ (faire) du 150 km/h.
5. Elle doit absolument avoir une voiture qui ____________ (avoir) un grand coffre.
6. Connais-tu une personne qui ____________ (savoir) si une telle voiture existe?

2 **Vacances en famille** Ali envoie un e-mail à son amie Farida, qui travaille dans une agence de voyages. Complétez son e-mail avec le subjonctif ou l'indicatif des verbes entre parenthèses.

Message

De Ali@monmail.fr

Objet Vacances en famille

Répondre Transférer

Chère Farida,

Cette année nous partons en vacances avec mes parents et je cherche une destination qui (1)__________ (plaire) à tout le monde. Ce n'est pas facile parce que toute la famille a des goûts différents! Pour mon père, la seule chose qui compte c'est qu'il (2)__________ (pouvoir) jouer au golf. Pour ma mère, qui (3)__________ (être) une vraie gastronome, il faudrait un endroit qui (4)__________ (être) réputé pour sa gastronomie et où il y (5)__________ (avoir) beaucoup de restaurants qui ne (6)__________ (être) pas trop chers... Ma femme Leïla veut surtout un endroit qui (7)__________ (être) tranquille, comme le chalet où nous (8)__________ (passer) toutes nos vacances d'hiver.

Finalement, pour les enfants, le plus important c'est qu'ils se (9)__________ (faire) des amis. Autrement, je crois qu'ils (10)__________ (aller) s'ennuyer. Quant à moi, mon plus grand souhait, c'est que tu (11)__________ (vouloir) bien nous dénicher (unearth) ce paradis! Pour ma part, je doute qu'il (12)__________ (exister)!

Ali

3 **Voyage en France** Votre ami Sébastien qui adore la France, vous la fait visiter. Faites des phrases avec les éléments donnés et remplacez les points d'interrogation par les pronoms relatifs **qui**, **que** ou **dont**.

MODÈLE le musée du Louvre / posséder / *La Joconde* / le plus célèbre tableau / ? / être / monde
Le musée du Louvre possède *La Joconde*, le plus célèbre tableau qui soit au monde.

1. le Mont-Blanc / être / la plus haute montagne / ? / on / faire l'ascension / en France
2. le TGV / être / le train le plus rapide / ? / nous / pouvoir / prendre / pour / aller de Paris à Lyon.
3. le château de Chenonceau / être / le premier des châteaux de la Loire / ? / les touristes / vouloir / faire la visite
4. Paris / être / vraiment la plus belle ville / ? / je / connaître
5. à Toulouse / on / construire / le plus gros avion / ? / être / en service

LE SUBJONCTIF DANS LES PROPOSITIONS ADVERBIALES

Rappel

On utilise le subjonctif après des expressions de doute, de crainte, de désir et après certains verbes impersonnels. Mais on l'emploie aussi après certaines conjonctions.

◢ Le subjonctif est utilisé après ces conjonctions.

LES CONJONCTIONS SUIVIES DU SUBJONCTIF	
à condition que *provided that*	**en attendant que** *while, until*
à moins que *unless*	**jusqu'à ce que** *until*
afin que *so that*	**malgré que** *in spite of*
avant que *before*	**pour que** *in order that*
bien que *although*	**pourvu que** *provided that*
de peur/crainte que *for fear that*	**quoique** *although*
de sorte que *so that*	**sans que** *without*

Nous vous rejoindrons **à condition qu**'ils nous **laissent** partir.
Il viendra en septembre **à moins que** son passeport ne **soit** pas prêt.
Nous vous attendrons **jusqu'à ce que** vous **arriviez**.
Je partirai demain **malgré que** ça me **fasse** de la peine de vous quitter.
Ils seront partis **avant que** vous ne **soyez** de retour.
Je te donnerai le plan de la ville **de sorte que** tu **saches** où aller.

◢ Quand on parle ou écrit dans un style plus formel, on emploie souvent un ***ne* explétif** avant le subjonctif après les conjonctions **avant que**, **de peur que**, **de crainte que**, **sans que** et **à moins que**. Ce **ne** explétif ne porte aucune valeur négative et est souvent omis dans le français courant.

Je dis toujours à mes parents où je vais **de peur qu'**ils **ne** s'inquiètent.
Vous prenez l'avion à 14h00 **à moins que** le vol **ne** soit annulé.
Peuvent-ils nous déposer à la gare **avant que** vous **n'**arriviez?
La période des vacances commence **sans que** les autoroutes **ne** soient embouteillées.

◢ Quand le sujet des deux propositions est le même, on remplace la conjonction par la préposition correspondante et on utilise alors l'infinitif au lieu du subjonctif.

CONJONCTION	PRÉPOSITION
à moins que + subjonctif	**à moins de** + infinitif
afin que + subjonctif	**afin de** + infinitif
avant que + subjontif	**avant de** + infinitif
pour que + subjonctif	**pour** + infinitif

ATTENTION!
Dans certains cas il n'y a pas de préposition correspondant à la conjonction et on utilise le subjonctif bien que le sujet des deux propositions soit le même. C'est le cas pour: **bien que, quoique, pourvu que** et **jusqu'à ce que**.

Nous irons lui rendre visite **bien que nous** ne **soyons** pas invités.

Gérard achètera cette voiture **pourvu qu'il ait** assez d'argent.

CONJONCTION	PRÉPOSITION
sans que + subjonctif	**sans** + infinitif

Nous achèterons une voiture **avant de partir** en vacances.
(Nous achèterons une voiture et nous partirons en vacances.)

Nous achèterons une voiture **avant qu'Hélène** ne **parte** en vacances.
(Nous achèterons une voiture, mais c'est Hélène qui partira en vacances.)

Michel va prendre le train **pour profiter** d'un tarif réduit.
(Michel va prendre le train et Michel va profiter d'un tarif réduit.)

Michel va prendre le train **pour que** ses **parents profitent** d'un tarif réduit.
(Michel va prendre le train, mais ce sont ses parents qui vont profiter d'un tarif réduit.)

- On utilise l'indicatif après les conjonctions **après que, depuis que, dès que, parce que, pendant que, quand** et **lorsque**.

Je préfère voyager en avion **parce que** c'**est** plus rapide.
Je fais toujours des réservations **quand** je **pars** en voyage.

ATTENTION!
Quoique écrit en un seul mot veut dire **bien que** (*although*). **Quoi que** écrit en deux mots signifie **quelque chose que**.

Quoi que vous en **pensiez**, le conducteur du bus a raison.

Je vais nager **quoiqu'**il **fasse** froid.

- On emploie le subjonctif après les relatifs indéfinis.

qui que whomever
quel(le)(s) que whichever
quoi que whatever
où que wherever

Où qu'on **aille** en France, on mange bien.
Quoi que les compagnies aériennes **fassent**, elles m'énervent.

MISE EN PRATIQUE

1 

Une journée à Paris Vous êtes en vacances à Paris avec votre partenaire et vous lui suggérez des idées d'activités pour le lendemain.

On demandera à la réception de nous réveiller de bonne heure. (afin que / nous avons le temps de faire beaucoup de choses)
On demandera à la réception de nous réveiller de bonne heure afin que nous ayons le temps de faire beaucoup de choses.

1. Nous pourrions visiter le musée du Louvre. (à condition que / il n'est pas fermé)
2. On déjeunera dans un bon petit restaurant. (à moins que / il est trop cher)
3. Après, on pourrait faire un tour en bateau-mouche. (pour que / je prends des photos des monuments)
4. Ensuite, on se promènera sur les Champs-Élysées. (jusqu'à ce que / nous sommes fatigués)
5. J'aimerais acheter quelques souvenirs. (pourvu que / on a assez d'euros)

2 

Les vacances d'Aïcha Mettez les verbes entre parenthèses au subjonctif, à l'infinitif ou à l'indicatif, selon le cas.

Généralement, quand je (1)_____________ (partir) seule en vacances, je prépare tout à l'avance afin de ne pas (2)_____________ (avoir) de surprises. Je réserve ma chambre sur Internet à moins que cela ne (3)_____________ (être) pas possible.
De nos jours, il est rare que les hôtels n'aient pas de site, bien que parfois, les photos

que l'on voit sur ces sites (4)_____________ (être) trompeuses. Pourtant, je me demande comment les gens faisaient avant que l'Internet n' (5)_____________ (exister)! Par contre, quand je (6)_____________ (voyager) avec Corinne, ma meilleure amie, c'est une autre histoire. Nous roulons jusqu'à ce que nous (7)_____________ (trouver) un endroit qui nous plaise, où nous visitons tout!

3 **Projets de vacances** Vos amis vous parlent de ce qu'ils ont l'intention de faire pendant leurs prochaines vacances.

MODÈLE Nous partirons en juin _________ il n'y _________ (avoir) trop de touristes.
a. jusqu'à ce qu' b. avant qu' c. sans qu'
Nous partirons en juin avant qu'il n'y ait trop de touristes.

1. Nous irons en France cet été _____________ nous _____________ (avoir) assez d'argent.
   a. à moins que b. bien que c. à condition que
2. Là, nous prendrons le TGV _____________ ce ne _____________ (être) pas trop cher.
   a. pourvu que b. bien que c. avant que
3. Nous ferons beaucoup d'excursions _____________ nous ne _____________ (être) pas trop fatigués.
   a. sans que b. afin que c. pourvu que
4. Nous prendrons beaucoup de photos _____________ nos amis _____________ (pouvoir) se rendre compte de la beauté de l'endroit.
   a. pour que b. pourvu que c. avant que
5. On fera peut-être le même voyage l'année prochaine _____________ vous _____________ (venir) avec nous.
   a. à condition que b. avant que c. malgré que

LE PASSÉ DU SUBJONCTIF

Rappel

Le subjonctif, comme l'indicatif, est un mode. Et, comme l'indicatif, le mode du subjonctif comprend différents temps: le présent qu'on a vu dans les leçons précédentes, le passé, l'imparfait et le plus-que-parfait. L'imparfait et le plus-que-parfait du subjonctif sont rarement utilisés dans le langage courant.

- Le passé du subjonctif est un temps composé. On forme le passé du subjonctif avec le subjonctif présent des auxiliaires **être** ou **avoir** suivi du participe passé du verbe à conjuguer.

COUP DE MAIN

Le participe passé conjugué avec l'auxiliaire **avoir** s'accorde en genre et en nombre avec le complément d'objet direct si celui-ci précède le verbe.

Les éclairs? Je doute que vous les ayez **vus**.

Le participe passé conjugué avec l'auxiliaire **être** s'accorde en genre et en nombre avec le sujet du verbe.

Nous craignions qu'elles soient **parties**.

ATTENTION!

On utilise le présent du subjonctif quand les deux actions ont lieu simultanément dans le passé ou quand l'action du verbe au subjonctif a lieu après l'action du verbe de la proposition principale.

Nous avons regretté que tu ne **sois** pas là.

Ils étaient contents que vous **arriviez**.

VOIR	VENIR
que j'aie **vu**	que je sois **venu(e)**
que tu aies **vu**	que tu sois **venu(e)**
qu'il/elle/on ait **vu**	qu'il/elle/on soit **venu(e)**
que nous ayons **vu**	que nous soyons **venu(e)s**
que vous ayez **vu**	que vous soyez **venu(e)(s)**
qu'ils/elles aient **vu**	qu'ils/elles soient **venu(e)s**

- Les règles d'accord du participe passé sont les mêmes au passé du subjonctif qu'au passé composé.

  Je doute que la saison des pluies soit déjà **passée**.
  Les plus vieux arbres de la forêt? Je ne pense pas qu'ils les aient **coupés**.

- On utilise le passé du subjonctif quand l'action du verbe au subjonctif se situe avant celui de la principale. Le verbe de la principale peut être soit au présent, à l'imparfait ou au passé composé.

  Je suis désolée que tu **sois** malade. (*Tu es malade maintenant.*)
  Je suis désolée que tu **aies été** malade. (*Tu étais malade, mais tu ne l'es pas maintenant.*)
  Pascale Chabanet regrette que l'extraction minière **ait fragilisé** le sol.

Récapitulation des différents emplois du subjonctif

- On emploie le subjonctif dans les propositions substantives après des verbes qui expriment des sentiments tels que la volonté, le désir, l'ordre, la défense et certains verbes impersonnels.

  Je suis triste que tu n'**aies** pas **pu** venir en vacances avec nous.
  Je doute qu'ils **aient pensé** à prendre toutes les précautions en cas d'inondation.
  Nous craignions que vous **vous soyez perdus**.
  Pensez-vous qu'il **m'ait rapporté** un petit souvenir?
  Ils ne pensent pas qu'elle **soit** déjà **arrivée**.
  Il est bon que les coraux néo-calédoniens **aient survécu** jusqu'à présent.

- On emploie le subjonctif dans une proposition relative dans les cas suivants.

ON EMPLOIE LE SUBJONCTIF QUAND LA PROPOSITION RELATIVE...	
suit un superlatif ou une expression équivalente à un superlatif.	*Ce sont les plus beaux parcs naturels que nous* ***ayons visités****.*
exprime un désir, une intention, un but.	*Ils cherchent un guide qui* ***ait*** *déjà* ***fait*** *cette excursion.*
suit une proposition principale négative, interrogative ou qui exprime un doute.	*Vous ne trouvez aucun randonneur qui* ***soit entré*** *dans le bois hier?*
dépend d'une proposition qui est déjà au subjonctif.	*Il est impossible que vous* ***ayez pris*** *le seul sentier qui* ***soit*** *ouvert.*

- On emploie le subjonctif dans les propositions adverbiales après certaines conjonctions.

  Le guide nous a tout expliqué **bien que** nous ne lui **ayons posé** aucune question.
  Cédric nous a accompagnés **malgré qu'**il n'ait pas bien dormi la nuit dernière.
  L'État français a injecté 250 millions d'euros dans l'usine **sans que** les défenseurs du lagon **aient pu** l'en empêcher.

MISE EN PRATIQUE

1 **Une catastrophe naturelle** Hamid et son copain Romain discutent d'un incendie de forêt qui a ravagé leur région. Mettez les verbes entre parenthèses au passé du subjonctif.

HAMID Tu as lu les journaux? Tu ne penses pas que les médias (1)__________ (exagérer) l'ampleur de la catastrophe?

ROMAIN Au contraire, je doute qu'on nous (2)__________ (dire) tout ce qui s'était réellement passé. Je crains que les secours (3)__________ (ne pas arriver) à temps pour sauver certaines personnes!

HAMID Mais ils avaient pourtant prévenu les gens qu'il y avait des risques d'incendie dus à une trop grande sécheresse. La population devait en principe être hors de danger... à moins que les habitants (4)__________ (ne pas avoir) le temps d'évacuer les lieux.

ROMAIN En tout cas, je regrette que tout cela (5)__________ (se passer)! C'est vraiment la plus grande catastrophe naturelle que la région (6)__________ (connaître) ces dernières années.

2 **Sont-ils écolos?** Plusieurs de vos amis ont décidé de protéger l'environnement, mais d'autres ne sont pas encore de vrais écolos. Réagissez en utilisant diverses expressions de regret, de joie, d'étonnement ou de colère.

MODÈLE Mégane a vendu sa voiture de sport.
Je suis étonné(e) qu'elle ne l'ait pas vendue plus tôt!

1. Les parents de Matthieu lui ont offert une voiture hybride.
2. Julie a dépensé une fortune pour faire installer des panneaux solaires.
3. Albin a oublié d'éteindre les lumières chez lui avant de partir en week-end.
4. Yasmina n'a pas voulu abandonner l'utilisation de pesticides pour avoir de jolies fleurs dans son jardin.
5. Thomas et Tariq ont échangé leurs motos pour des vélos.
6. Patricia a pris l'habitude de prendre le bus pour aller travailler.
7. Éric et Isabelle sont devenus membres d'un parti écolo.
8. Loïc a signé une pétition pour sauver les espèces animales en voie de disparition.
9. Au bureau, Sylvain a refusé de participer au recyclage des canettes d'aluminium.
10. Alain a planté des légumes dans son jardin.

LA VOIX PASSIVE

Rappel

La voix active et la voix passive sont deux façons différentes de construire des phrases. À la voix active, le sujet fait l'action. À la voix passive, le sujet subit (*is subjected to*) l'action.

- Pour former la voix passive, on utilise le verbe **être** suivi du participe passé du verbe. C'est la forme du verbe **être** qui indique le temps utilisé: le présent, le passé composé, l'imparfait ou le futur. Le participe passé s'accorde en genre et en nombre avec le sujet du verbe.

VOIX ACTIVE	VOIX PASSIVE
On **plante** des arbres tous les ans.	Des arbres **sont plantés** tous les ans.
L'inondation ne **menaçait** pas mon quartier.	Mon quartier n'**était** pas **menacé** par l'inondation.
Un incendie **a détruit** leur maison.	Leur maison **a été détruite** par un incendie.

COUP DE MAIN

On emploie la préposition **de** plutôt que **par** après des verbes qui expriment un sentiment ou une émotion.

Cette patronne était crainte **de** tous ses employés.

Il est aimé **du** peuple.

- Seuls les verbes qui peuvent avoir un complément d'objet direct peuvent être utilisés à la voix passive. Le complément du verbe actif devient le sujet du verbe passif. Le sujet du verbe actif devient le complément d'agent du verbe passif. Ce complément d'agent est introduit par la préposition **par** ou **de**.

[Un tremblement de terre]	[a détruit]	[ce village.]
sujet	verbe actif	complément d'objet direct
[Ce village]	[a été détruit]	[**par** un tremblement de terre.]
sujet	verbe passif	complément d'agent
[Les touristes]	[apprécient]	[cet endroit.]
sujet	verbe actif	complément d'objet direct
[Cet endroit]	[est apprécié]	[**des** touristes.]
sujet	verbe passif	complément d'agent

Toutes les barrières coralliennes du monde **sont frappées par** cette mort blanche.

ATTENTION!

Il ne faut pas confondre les verbes qui, à la voix active, ont leur temps composés formés avec l'auxiliaire **être** et les verbes qui, à la voix passive, sont aussi construits avec **être**.

Nous **sommes arrivés**. (*voix active au passé composé*)

Nous **sommes pris** (par l'orage). (*voix passive au présent*)

- Dans certains cas, on ne précise pas qui fait l'action. Dans ces cas-là, il n'y a pas de complément d'agent.

Ce parc **a été inauguré** il y a deux ans.
Sous l'effet du stress, les algues qui nourrissent le polype **sont expulsées**.

- Quand le pronom **on** est le sujet du verbe à la voix active, ce pronom n'apparaît pas comme complément d'agent dans la phrase à la voix passive.

On a créé une réserve naturelle.
Une réserve naturelle **a été créée**.

▲ En français, on utilise plus souvent la voix active que la voix passive. Pour éviter la voix passive dans une phrase sans complément d'agent, on peut soit utiliser le pronom **on**, soit utiliser une construction pronominale avec **se**.

L'aluminium **est** facilement **recyclé**.
On recycle facilement l'aluminium.
L'aluminium **se recycle** facilement.
—Pour exploiter une énorme mine de nickel, **on a coupé** des milliers d'arbres.

▲ Il y a des cas où la transformation de la voix active à la voix passive ne peut pas se faire. C'est le cas des verbes intransitifs, des verbes pronominaux et des verbes qui demandent un complément d'objet indirect. C'est aussi le cas quand le verbe de la phrase est le verbe **avoir** ou le verbe **être** suivi d'un attribut.

Les plages **appartiennent** aux habitants de la région.
Cette réserve **a** une surface de 30.000 hectares.

MISE EN PRATIQUE

1 **Préservons la nature** Dites si les phrases sont à la voix active ou à la voix passive.

1. De nos jours, le papier et l'aluminium se recyclent régulièrement.
2. On ne doit pas gaspiller les ressources naturelles.
3. L'énergie solaire est de plus en plus utilisée.
4. On ne devrait pas polluer.
5. On doit respecter l'habitat des animaux en voie de disparition.
6. Le trafic des animaux exotiques n'est plus permis dans beaucoup de pays.
7. La nature est protégée par des lois plus strictes.
8. Les ressources naturelles se raréfient.
9. Les pesticides ne sont pas utilisés dans les produits biologiques.
10. Ces mesures seront appréciées de tous les habitants de la région.

2 **Un incendie** À la radio, on parle d'un incendie qui a eu lieu dans la région. Formez des phrases avec les éléments donnés. Mettez les verbes à la voix passive au temps ou au mode indiqué entre parenthèses.

la semaine dernière, une période de sécheresse / annoncer (passé composé)
La semaine dernière, une période de sécheresse a été annoncée.

1. il y a quelques jours, un feu de forêt / allumer / par des campeurs imprudents (passé composé)
2. en début de semaine, tout un village / détruire / par l'incendie (passé composé)
3. les blessés / amener / dans plusieurs hôpitaux de la région (passé composé)
4. tous les habitants / évacuer (passé composé)
5. à l'heure actuelle, le feu / combattre / par des dizaines de pompiers (présent de l'indicatif)
6. demain, des canadairs (*airtankers*) / envoyer / pour aider à maîtriser l'incendie (futur)
7. le week-end prochain, de l'argent / collecter / pour aider les victimes (futur)
8. il faut que des précautions / prendre / pour que ce genre d'accident ne se reproduise plus (présent du subjonctif)
9. chaque été, des milliers d'hectares de forêts / détruire / par des incendies (présent de l'indicatif)
10. tous les ans, la vie de centaines de personnes / mettre en danger / par la négligence de quelques-uns (présent de l'indicatif)

LES COMPARATIFS ET LES SUPERLATIFS

Rappel

Les comparatifs expriment le degré plus ou moins élevé d'une qualité avec une idée de comparaison. Il y a trois degrés de comparaison: l'égalité, la supériorité et l'infériorité. Les superlatifs, relatifs ou absolus, expriment la qualité au plus haut degré, avec ou sans comparaison.

Les comparatifs

- Pour comparer des adjectifs ou des adverbes, on utilise les adverbes **aussi**, **plus** ou **moins** avant l'adjectif ou l'adverbe et **que** après l'adjectif ou l'adverbe.

comparatif d'égalité	**aussi** + adjectif/adverbe + **que**
comparatif de supériorité	**plus** + adjectif/adverbe + **que**
comparatif d'infériorité	**moins** + adjectif/adverbe + **que**

Ce député est **aussi** sympathique **que** le ministre des affaires étrangères. Il parle **aussi** bien **que** lui.
Ces nouvelles lois sont **plus** strictes **que** les anciennes. Elles ne sont pas **pires que** les anciennes.
Cette candidate est **moins** intelligente **que** celles qui se sont adressées à nous hier. Elle comprend **moins** vite **qu'**elles.

- Pour comparer des noms, on utilise **autant de**, **plus de** ou **moins de** avant le nom et **que** après le nom. Dans ce cas, on compare seulement **la quantité**.

comparatif d'égalité	**autant de** + nom + **que**
comparatif de supériorité	**plus de** + nom + **que**
comparatif d'infériorité	**moins de** + nom + **que**

Mon candidat a obtenu **autant de** votes **que** le tien.
Ce parti écolo a **plus de** membres **que** celui-là.

Les superlatifs

- Les superlatifs absolus expriment une qualité au plus haut degré sans idée de comparaison. Ils se forment au moyen d'adverbes tels que **très**, **extrêmement** et **fort**, placés devant l'adjectif.

Ces élections sont **extrêmement** importantes.

- Les superlatifs relatifs expriment une qualité au plus haut degré avec une idée de comparaison.

COUP DE MAIN

Certains adjectifs ont des comparatifs irréguliers:

bon(ne)(s) ⟶ meilleur(e)(s)
mauvais(e)(s) ⟶ pire(s)

Certains adverbes ont des comparatifs irréguliers:

beaucoup ⟶ plus
bien ⟶ mieux
peu ⟶ moins

ATTENTION!

Dans les comparaisons, on utilise les pronoms disjoints (**moi**, **toi**, **lui**, **elle**, **nous**, **vous**, **eux**, **elles**) après **que**.

Cet homme est plus courageux que **toi**.

	ADJECTIFS
	Si l'adjectif *précède* le nom
superlatif de supériorité	**le/la/les plus** + adjectif + **(de)**
superlatif d'infériorité	**le/la/les moins** + adjectif + **(de)**
	Si l'adjectif *suit* le nom
superlatif de supériorité	**le/la/les** + nom + **le/la/les plus** + adjectif + **(de)**
superlatif d'infériorité	**le/la/les** + nom + **le/la/les moins** + adjectif + **(de)**

C'est **le plus** grand politicien (**du** parti).
C'est **la** députée **la plus** respectée (**du** pays).

	ADVERBES
superlatif de supériorité	**le plus** + adverbe
superlatif d'infériorité	**le moins** + adverbe

C'est le candidat qui participe **le plus souvent** aux débats.

	NOMS
superlatif de supériorité	**le plus de** + nom
superlatif d'infériorité	**le moins de** + nom

Mais c'est celui qui a **le moins d'**idées!

COUP DE MAIN

Certains adjectifs ont des superlatifs irréguliers:

bon(ne)(s) ⟶ le/la/les meilleur(e)(s)

mauvais(e)(s) ⟶ le/la/les pire(s)

Certains adverbes ont des superlatifs irréguliers:

beaucoup ⟶ le plus

bien ⟶ le mieux

peu ⟶ le moins

ATTENTION!

Le superlatif de **petit** est **le/la/les moindre(s)** quand **petit** est pris dans un sens abstrait.

Il ne faut pas nous remercier. C'était **la moindre** des choses!

Par contre, quand on parle de taille, on utilise **le/la/les plus petit(e)(s)**

Carine est **la plus petite** élève de la classe.

MISE EN PRATIQUE

1 **Mon candidat** Faites des phrases avec les éléments donnés.

1. ce candidat est / + jeune / que les autres membres de son parti
2. il a participé à / = émissions télévisées / que ton candidat
3. c'est le candidat / ++ dynamique / de notre parti
4. il a / = expérience / que les plus âgés
5. mais il est / – arrogant / que les autres candidats
6. il a / ++ bon / conseillers / de la capitale
7. il ne perd pas son calme / = souvent / que ses adversaires politiques
8. et surtout, c'est lui qui parle / ++ bien / en public

2 **Au contraire!** Votre partenaire a des idées politiques bien arrêtées (*fixed*) et vous êtes toujours de l'avis contraire. Réécrivez ces phrases en exprimant le contraire.

Cette chaîne de télévision est la moins impartiale de toutes.
Cette chaîne de télévision est la plus impartiale de toutes.

1. La pire des choses qui puisse arriver, c'est que le candidat de l'opposition soit élu.
2. Le parti écolo aura le moins de votes aux prochaines élections.
3. L'augmentation du chômage, c'est le plus grand de mes soucis.
4. C'est le conservateur qui passe le moins bien à la télévision.
5. La meilleure des solutions pour éviter les fraudes, c'est d'adopter le scrutin électronique.
6. Les jeunes s'intéressent plus à la politique aujourd'hui qu'il y a vingt ans.

3 **Quelle est votre opinion?** Dites ce que vous pensez de ces personnes. Pour chacune, écrivez deux phrases: la première en utilisant un comparatif et la seconde en utilisant un superlatif.

1. le président français
2. le président ou premier ministre de votre pays
3. le gouverneur de votre État ou un député de votre province
4. le maire de votre ville
5. la première dame des États-Unis
6. la première dame de France

LES INFINITIFS COMPLÉMENTS DE VERBE

Rappel

Vous avez déjà appris que certains verbes peuvent avoir un infinitif comme complément. Certains sont directement suivis d'un verbe à l'infinitif, d'autres se construisent avec une préposition.

- Certains verbes et expressions verbales sont directement suivis d'un verbe à l'infinitif:

aimer *to like*	**falloir (il faut)** *must*
aller *to go*	**laisser** *to let*
avouer *to confess, to admit*	**penser** *to intend*
désirer *to wish, to desire*	**pouvoir** *to be able*
détester *to hate*	**préférer** *to prefer*
devoir *should, must*	**savoir** *to know how*
espérer *to hope*	**valoir (il vaut) mieux** *it's better to*
estimer *to consider*	**vouloir** *to want*

Ils **aiment participer** aux réunions de leur parti.
Tout le monde **devrait voter**.
Ils ne **pensent** pas **assister** à la manifestation de demain.
Ils **estiment avoir** toujours raison.
Le tout, c'est de ne pas **laisser refroidir**.

- Certains verbes et expressions verbales sont suivis d'un infinitif précédé de la préposition **de**:

accepter de *to agree to*	**décider de** *to decide to*
(s')arrêter de *to stop*	**finir de** *to finish*
avoir l'intention de *to intend to*	**mériter de** *to deserve to*

avoir peur de *to be afraid of*	**oublier de** *to forget to*
avoir raison de *to be right to*	**promettre de** *to promise to*
avoir tort de *to be wrong to*	**refuser de** *to refuse to*
choisir de *to choose to*	**regretter de** *to regret*
convaincre de *to convince to*	**remercier de** *to thank for*

Ce candidat **a** vraiment **l'intention de gagner** les élections!
Nous **avions tort de croire** à toutes ses promesses électorales.
Ce sénateur **a accepté de répondre** à toutes nos questions.

◢ Certains verbes et expressions verbales sont suivis d'un infinitif précédé de la préposition **à**:

aider à *to help to*	**continuer à** *to continue to*
s'amuser à *to enjoy oneself*	**hésiter à** *to hesitate to*
apprendre à *to learn how to*	**se mettre à** *to begin to*
arriver à *to manage to*	**parvenir à** *to manage to*
commencer à *to begin to*	**réussir à** *to succeed in*
consentir à *to consent to*	**tenir à** *to insist on*

Ce candidat **est parvenu à** nous **convaincre** de voter pour lui.
Nous **avons réussi à voir** le président lors des cérémonies du 14 juillet.
Nous **tenons à** vous **accompagner** à cette manifestation.

◢ Certaines prépositions ou locutions prépositives sont suivies d'un verbe à l'infinitif:

afin de *in order to*	**au lieu de** *instead of*	**pour** *in order to*
après *after*	**avant de** *before*	**sans** *without*

Étudiez le programme des différents candidats **avant de faire** votre choix.
En France, il faut avoir la nationalité française **afin de voter**.

◢ On utilise l'infinitif passé pour indiquer une action qui a eu lieu *avant* l'action du verbe conjugué. On le forme avec l'infinitif de l'auxiliaire **avoir** ou **être** suivi du participe passé du verbe. Le participe passé qui suit l'auxiliaire **être** s'accorde en genre et en nombre avec le sujet. Le participe passé qui suit l'auxiliaire **avoir** s'accorde en genre et en nombre avec le complément d'objet direct si celui-ci le précède.

Nous avons eu tort de lui **avoir fait** confiance.
Il nous a remerciés d'**être venus**.

ATTENTION!

Les verbes **commencer** et **finir** peuvent être suivis de la préposition **par**:

commencer par *to start with*

finir par *to end up*

Nous ***avons fini par*** *comprendre que ce candidat ne tiendrait pas ses promesses.*

COUP DE MAIN

La préposition **après** est toujours suivie d'un infinitif passé.

Après avoir gagné les élections, il a pris quelques jours de vacances.

MISE EN PRATIQUE

1 **Que le meilleur gagne!** Demain, c'est le jour des élections. Choisissez la bonne préposition, si nécessaire.

1. Tous les candidats ont fini __________ mener leur campagne électorale.
   a. à b. — c. de
2. Les électeurs pourront commencer __________ voter demain dès huit heures du matin.
   a. à b. — c. de
3. Chaque citoyen a l'intention __________ voter pour le candidat ou la candidate qu'il préfère.
   a. à b. — c. de
4. Je suis sûr que certains hésitent encore __________ se prononcer.
   a. à b. — c. de
5. J'espère que mon parti réussira __________ sortir vainqueur de ces élections.
   a. à b. — c. de
6. Malheureusement, je doute que les candidats parviennent __________ tenir toutes les promesses faites pendant leur campagne.
   a. à b. — c. de
7. Théoriquement, tous les bulletins de vote devraient __________ être comptés vers dix heures du soir.
   a. à b. — c. de

2 **Élections européennes** C'est bientôt les élections européennes. Complétez l'e-mail de Julienne par les prépositions **à**, **après**, **de/d'**, **par** et **pour**, si nécessaire.

Message

De Julienne@mail.be

Objet Les élections

Répondre Transférer

Salut,

Comme il faut (1)__________ avoir dix-huit ans (2)__________ voter, cette année je vais enfin pouvoir (3)__________ voter pour la première fois! Et aux élections européennes, en plus! J'avoue (4)__________ ne pas connaître le programme de tous les candidats qui se présentent, mais je vais (5)__________ me mettre (6)__________ lire les journaux et (7)__________ écouter les émissions politiques à la télé (8)__________ en savoir plus. Je tiens (9)__________ voter intelligemment! Je dois commencer (10)__________ m'inscrire sur la liste électorale. J'ai décidé (11)__________ ne pas dire quel candidat je pense (12)__________ choisir. Je le dirai (13)__________ avoir voté. J'ai trop peur (14)__________ être influencée si j'en parle.

À +,
Julienne

appendice B Expressions pour communiquer

Il existe une grande variété de termes dans la langue française pour faciliter le développement et la cohérence des idées dans la communication orale et écrite. Essayez d'en employer quelques-uns chaque fois que vous écrirez ou parlerez.

POUR ORGANISER LA LOGIQUE DE VOS IDÉES	
Tout d'abord.../En premier lieu...	*First of all...*
En deuxième lieu.../En troisième lieu...	*Secondly.../Thirdly...*
En tout cas.../De toute façon...	*At any rate...*
Puis.../Ensuite...	*Then...*
Finalement.../En fin de compte...	*Finally...*
Tout compte fait...	*After all...*
En conclusion...	*In conclusion...*

POUR COMPARER OU CONTRASTER	
De même...	*Likewise...*
Par contre...	*On the other hand...*
Cependant.../ Pourtant...	*However...*
Néanmoins...	*Nevertheless...*

POUR DÉMONTRER UNE RELATION DE CAUSE À EFFET	
Par conséquent...	*Consequently...*
Donc.../Ainsi...	*Thus...*
De sorte que.../De façon que...	*So that...*
Comme.../Puisque.../ Parce que...	*Since.../Because...*

POUR EXPRIMER UNE OPINION	
À mon avis...	*In my opinion...*
Selon moi.../ D'après moi...	*In my opinion...*
Je pense/crois que...	*I think...*
Je trouve que...	*I find...*

POUR INTRODUIRE DES EXEMPLES	
Par exemple...	*For example...*
Ainsi que...	*Just as...*
Notamment...	*In particular...*
Entre autres...	*Among other things...*
Par ailleurs...	*Furthermore...*

POUR APPROUVER UNE IDÉE	
Certes...	*Admittedly...*
En effet...	*Indeed...*
Bien sûr...	*Of course...*
Certainement...	*Certainly...*
Assurément...	*Assuredly...*
Évidemment...	*Evidently...*

POUR OBJECTER À UNE IDÉE	
En revanche...	*In contrast...*
Malgré.../En dépit de...	*In spite of...*
Même si...	*Even if...*
Alors que.../Tandis que...	*While.../Whereas...*
Contrairement à...	*Contrarily to...*
À l'opposé de...	*Unlike...*

POUR MONTRER SPONTANÉMENT LA SURPRISE EN CONVERSATION	
Pas possible!	*Impossible!*
Sans blague!	*No kidding!*
C'est vrai?	*Really?*
Ça alors!	*Goodness!*
Ah oui?	*Really?*
Arrête!/Arrêtez!	*Stop it!*

POUR MONTRER SPONTANÉMENT DE L'INTÉRÊT EN CONVERSATION	
Dis-moi!	*Tell me!*
Raconte-moi!	*Tell me!*
Vas-y!	*Go on!*
Rappelle-moi!	*Remind me!*
Je veux savoir.	*I want to know.*

POUR ÉCLAIRCIR UN POINT EN CONVERSATION	
Je veux dire que...	*I mean that...*
Ce que je veux dire...	*What I mean is...*
C'est ça.	*That's it.*
Oui, parfaitement.	*Exactly.*

POUR MONTRER DE L'HÉSITATION EN CONVERSATION	
Euh...	*Hmm...*
Voyons...	*Let's see...*

Expressions qui indiquent un registre soutenu

Le registre de langue est un niveau de langue ou style qui suppose un certain choix concernant le lexique, la syntaxe et le ton. Le registre permet de s'adapter à un auditoire particulier. On se sert d'un registre familier pour communiquer avec ses amis et avec les membres de sa famille mais on se sert d'un registre de langue soutenue pour communiquer dans un milieu académique ou professionnel.

À L'EXAMEN AP®

Il faudra utiliser **le registre de langue soutenue** dans trois des quatre tâches du *Free Response: E-mail Reply, Persuasive Essay* et *Cultural Comparison.*

Il faudra utiliser **le registre familier** dans la *Conversation.*

Le tableau suivant vous aidera à identifier les éléments lexicaux, syntaxiques et stylistiques de chaque registre de langue.

POUR SALUER AU DÉBUT D'UNE CONVERSATION		POUR SALUER À LA FIN D'UNE CONVERSATION	
Salut. **(registre familier)** Bonjour.	*Hi.* *Hello.*	Salut. **(registre familier)** À bientôt. À demain. Au revoir.	*Bye.* *See you soon.* *See you tomorrow.* *Good bye.*

POUR SALUER AU DÉBUT D'UN E-MAIL/ COURRIER (LANGUE SOUTENUE)		POUR SALUER À LA FIN D'UN E-MAIL/ COURRIER (LANGUE SOUTENUE)	
Monsieur/Madame Cher monsieur/Chère madame À l'attention de À qui de droit...	*Sir/Madam* *Dear sir/Dear madam* *To the attention of*	Cordialement Sincères salutations Veuillez agréer, monsieur/madame, mes sentiments distingués	*Best regards* *Sincerely* *Yours truly*

POUR INTRODUIRE UNE IDÉE (LANGUE SOUTENUE)		POUR CONVAINCRE (LANGUE SOUTENUE)	
Considérons ... Observons... Comparons... Rappelons-nous... Constatons...	*Let's consider...* *Let's observe...* *Let's compare...* *Let's remember...* *Let's note...*	Il est incontestable que... Il est certain, évident, sûr que... Il faut admettre que... Il faut forcément conclure que...	*It is incontestable that...* *It is certain, evident, sure that...* *One must admit that...* *One must surely conclude that...*

LES PRONOMS PERSONNELS SUJETS ET OBJETS (REGISTRE FAMILIER)		LES PRONOMS PERSONNELS SUJETS ET OBJETS (LANGUE SOUTENUE)	
tu/te	*familiar* ***you***	vous/vous	*formal* ***you***

LES ADJECTIFS ET LES PRONOMS POSSESSIFS (REGISTRE FAMILIER)		LES ADJECTIFS ET LES PRONOMS POSSESSIFS (LANGUE SOUTENUE)	
ton/ta/tes	*familiar* ***your***	votre/vos	*formal* ***your***
le tien/la tienne, les tiens/les tiennes	*familiar* ***yours***	le vôtre/la vôtre, les vôtres	*formal* ***yours***

Enrichissez votre répertoire avec des expressions pour faire référence aux sources d'information. Cela va donner de la richesse à votre essai ou à votre présentation et vous aidera à capter l'intérêt de votre audience.

POUR INDIQUER LA COMPRÉHENSION	POUR INTERPRÉTER	POUR ANALYSER OU ÉVALUER
Selon…	Comme le pense…	Comme l'affirme…
Comme l'affirme…	Comme le souligne…	Comme le soutient…
Comme le commente…	Comme l'exprime…	Comme l'argumente…
Comme le communique…	Comme le fait ressortir…	Comme le conclut…
Comme le dit…	Comme l'interprète…	Comme le fait ressortir…
Comme l'écrit…	Comme l'argumente…	Comme le distingue…
Comme l'explique…	Comme le soutient…	Comme le souligne…
Comme l'indique…		Comme le formule…
Comme nous en informe…		Comme le justifie…
Comme le mentionne…		Comme le résume…
Comme le montre…		
Comme le raconte…		
Comme le rapporte…		

SOURCES D'INFORMATION
… la première (deuxième, troisième) source…
… la source audio…
… l'audio de *TV5 Monde*…
… l'article du *Monde*…
… l'interview de…
… le graphique…
… le présentateur de la source audio…
… les trois sources…

EXEMPLES
Le graphique analyse les effets de…
Le présentateur/La présentatrice défend la position de…
La source écrite résume le thème en…
Le/La journaliste rapporte que…
Le graphique comme l'interview justifient la nécessité de…
Les deux politiques argumentent que…

appendice E Faux-amis

Attention aux mots français et anglais qui se ressemblent mais n'ont pas la même signification dans les deux langues. En voici quelques-uns qui sont fréquemment confondus.

LE NOM FRANÇAIS QUI PRÊTE À CONFUSION	DÉFINITION CORRECTE EN ANGLAIS	LE MOT ANGLAIS CONFONDU ET SON ÉQUIVALENT FRANÇAIS
l'actualité (f.)	*current events, news*	*actuality* = la réalité
la balance	*scale*	*balance* = l'équilibre (m.)
la chance	*luck*	*chance* = le hasard
le désavantage	*drawback, handicap*	*disadvantage* = l'inconvénient (m.)
la graduation	*scaling*	*graduation* = la remise de diplôme
l'habileté (f.)	*skill*	*ability* = l'aptitude (f.)
la monnaie	*change*	*money* = l'argent (m.)
la lecture	*text/reading*	*lecture* = la conférence
la librairie	*bookstore*	*library* = la bibliothèque
le personnage	*character (novel, play...)*	*character (traits)* = la personnalité

L'ADJECTIF OU L'ADVERBE FRANÇAIS QUI PRÊTE À CONFUSION	DÉFINITION CORRECTE EN ANGLAIS	LE MOT ANGLAIS CONFONDU ET SON ÉQUIVALENT FRANÇAIS
actuel(le)/actuellement	*current/currently*	*actual/actually* = réel(le)/réellement
compréhensif (compréhensive)	*understanding*	*comprehensive* = complet (complète)
éventuel(le)/éventuellement	*possible/possibly*	*eventual/eventually* = final(e)/finalement
formidable	*great, terrific*	*formidable* = redoutable
sensible/sensiblement	*sensitive/roughly*	*sensible/sensibly* = raisonnable/raisonnablement

LE VERBE FRANÇAIS QUI PRÊTE À CONFUSION	DÉFINITION CORRECTE EN ANGLAIS	LE MOT ANGLAIS CONFONDU ET SON ÉQUIVALENT FRANÇAIS
achever	*to finish*	*to achieve* = réaliser
attendre	*to wait, expect*	*to attend* = assister à, aller à
assister à	*to attend*	*to assist* = aider
avertir	*to warn*	*to avert* = éviter
crier	*to shout*	*to cry* = pleurer
décevoir	*to disappoint*	*to deceive* = tromper
demander	*to ask*	*to demand* = exiger
informatiser	*to computerize*	*to inform* = informer, renseigner
injurier	*to insult*	*to injure* = blesser
introduire	*to introduce a topic*	*to introduce a person* = présenter
prévenir	*to warn*	*to prevent* = empêcher
rester	*to stay*	*to rest* = se reposer

Pour réviser votre essai, relisez-le comme si une autre personne l'avait écrit. Êtes-vous convaincu(e)? Les idées sont-elles présentées clairement? Y a-t-il des passages qui vous paraissent ennuyeux? Que changeriez-vous? Réviser et corriger votre essai plusieurs fois vous aidera à acquérir un œil critique.

Les étapes présentées dans les tableaux ci-dessous vous aideront à réviser et à corriger l'ensemble de votre essai ainsi que ses détails.

PREMIÈRE ÉTAPE: UNE VISION PANORAMIQUE

Thème	Est-ce que votre essai répond à la question ou au thème donné?
Thèse	Avez-vous communiqué votre thèse clairement? ‣ La thèse n'est pas la même chose que le thème: c'est un argument spécifique qui détermine la structure de l'essai. ‣ La thèse doit apparaître dans le premier paragraphe; elle ne doit jamais être perdue de vue tout au long de l'essai; elle doit être résumée, et non simplement répétée, dans la conclusion.
Logique et structure	Lisez votre essai du début à la fin, en vous concentrant sur l'organisation des idées. ‣ Chaque idée est-elle connectée avec la suivante? Éliminez tout manque de logique. ‣ Existe-t-il des sections superflues ou qui devraient être déplacées? ‣ Avez-vous soutenu votre thèse avec suffisamment d'arguments? Manque-t-il des exemples?
Audience	Votre essai est-il adapté au lecteur? ‣ Si le lecteur ne connaît pas le thème, assurez-vous d'inclure suffisamment d'éléments contextuels pour qu'il puisse suivre votre raisonnement. Expliquez les termes qui pourraient le dérouter. ‣ Adaptez le ton et le vocabulaire à l'audience. Gardez toujours à l'esprit que votre lecteur est intelligent et sceptique. Il n'acceptera pas vos idées à moins d'en être convaincu. Le ton ne doit jamais être trop familier, prétentieux ou frivole.
Intention	Si vous voulez informer ou expliquer, vous devez être précis(e) et méticuleux (méticuleuse). Un texte argumentatif doit se caractériser par son objectivité; évitez les opinions personnelles et subjectives. Si vous cherchez à persuader votre lecteur, vous pouvez exprimer vos opinions personnelles ou jugements de valeur pourvu que vous les défendiez avec des arguments logiques.

DEUXIÈME ÉTAPE: LE PARAGRAPHE

Ensuite, révisez chaque paragraphe en gardant à l'esprit les questions suivantes.

Paragraphes	◆ Chaque paragraphe contient-il un sujet/une proposition? L'idée principale doit non seulement donner de la cohérence et unifier le paragraphe mais aussi véhiculer la thèse principale de l'essai. ◆ Les transitions d'un paragraphe à l'autre sont-elles claires? Si oui, l'essai sera fluide. Si elles sont plutôt brutales, cela peut dérouter ou irriter le lecteur. ◆ Comment commencez-vous et terminez-vous votre essai? L'introduction doit être intéressante et elle doit identifier la thèse. La conclusion ne doit pas se limiter à répéter ce que vous avez déjà dit auparavant: comme tous les autres paragraphes, elle doit présenter une idée originale. ◆ Lisez chaque paragraphe, si possible à voix haute, en faisant attention au rythme et au langage. Si toutes les phrases ont la même structure, la lecture devient monotone et ennuyeuse. Essayez de varier la longueur et le rythme de chaque phrase.

TROISIÈME ÉTAPE: LA PHRASE

Pour finir, lisez en détail chaque phrase.

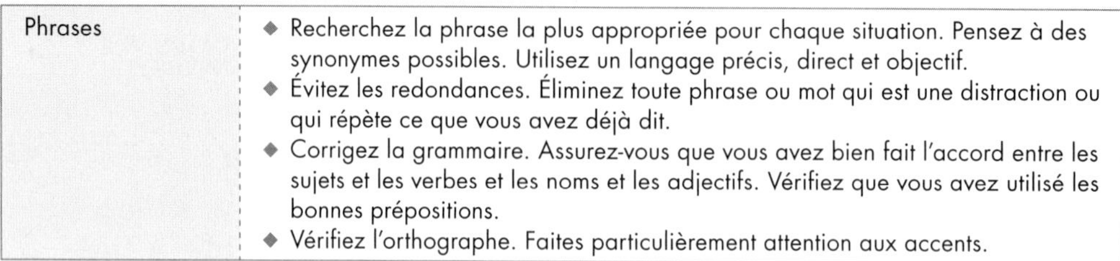

Phrases	◆ Recherchez la phrase la plus appropriée pour chaque situation. Pensez à des synonymes possibles. Utilisez un langage précis, direct et objectif. ◆ Évitez les redondances. Éliminez toute phrase ou mot qui est une distraction ou qui répète ce que vous avez déjà dit. ◆ Corrigez la grammaire. Assurez-vous que vous avez bien fait l'accord entre les sujets et les verbes et les noms et les adjectifs. Vérifiez que vous avez utilisé les bonnes prépositions. ◆ Vérifiez l'orthographe. Faites particulièrement attention aux accents.

ÉVALUATION ET PROGRÈS

Révision	Si possible, échangez votre essai avec un(e) camarade de classe et faites-vous des suggestions pour améliorer votre travail. Mentionnez ce que vous changeriez dans la composition de votre camarade mais aussi ce que vous trouvez particulièrement intéressant.
Corrections	Quand votre professeur vous rendra votre essai, lisez ses corrections et ses commentaires. Sur une feuille volante, écrivez en titre «À faire pour améliorer mon essai» et faites une liste de vos erreurs les plus fréquentes. Conservez cette feuille avec votre essai dans une chemise et faites-y référence régulièrement, en particulier quand vous écrivez un nouvel essai. Vous pourrez ainsi évaluer vos progrès et éviter de refaire les mêmes erreurs.

appendice G Erreurs fréquentes à éviter

GENDER

- Most nouns ending in **-tion, -sion, -ure, -ude, -ade, -ée, -té, -ance,** and **-ence** are feminine: **une addition, la quiétude, une promenade, une journée, la patience**.
- Most nouns ending in **-age, -ment, -ème, -ège, -oir, -isme** and **-ard** are masculine: **le ménage, un stratagème, un rasoir, le communisme**.
- Some nouns referring to people are always masculine or feminine, regardless of the person's gender: **un témoin, une victime, un mannequin, une personne**.
- Some French words are homonyms: they have the same spelling and pronunciation, but have different meanings due to the gender: **un livre/une livre** (a book/a pound), **un mémoire/une mémoire** (an essay/a memory), **un page/une page** (a servant/a [book] page), **un politique/une politique** (a politician/a policy).
- **Geographic names:** All continents are feminine. Most country names ending in an **-e** are feminine: **la Chine, la Russie, l'Italie**. There are a few exceptions, such as **le Mexique, le Cambodge, le Zimbabwe,** or le **Mozambique**. Names of countries ending in a consonant or a vowel other than an -e are usually masculine: **le Canada, le Brésil, le Japon.**

SPELLING AND PLURALIZATION

- Most English nouns ending in *-or* end in **-eur** in French: **un professeur, un gladiateur**.
- Most French nouns ending in **-al** or **-ail** change to **-aux** in the plural: **un cheval/des chevaux, un travail/des travaux**.
- Most French nouns ending in **-au** or **-eau**, and **-eu** form their plural by adding an -x: **un tuyau/des tuyaux, un feu/des feux**.
- When a French word has an English cognate with an **-s** following a vowel, then the French word takes a circumflex accent: hospital–**hôpital**, hostel–**hôtel**, forest–**forêt**.
- Languages, adjectives of nationality, and religions are not capitalized in French: **le français, le garçon canadien, le christianisme**.

ANGLICISM AND SPECIAL VOCABULARY ISSUES

- **To talk about school: Le collège** = junior high school. You <u>cannot</u> use this for higher education. **L'université** is the correct term for college. The term **école** usually refers to elementary school, but may be used for a school of higher education, such as **école de commerce**.
- **To know: *connaître* vs. *savoir*: Connaître** is to know, as in to be acquainted (with a person, place, or thing). **Savoir** is to know, as in to know facts or information (about a person, place or thing). It can also mean <u>to know how</u>.
- **To work: *travailler* vs. *marcher*:** Use **travailler** when the subject is performing a task, as in to do homework or to earn money: **Il travaille à l'université**. Use **marcher** for to work, as in to function: **La télévision marche (elle fonctionne)**.

- **To meet:** ***rencontrer*** **vs.** ***retrouver*****: Rencontrer** is used to refer to meeting someone for the first time or running into someone while **retrouver** is used when the meeting with a friend is planned, or for a date.
- **To go home:** To say one is going home, you should use **rentrer à la maison** or **rentrer chez moi/toi/lui**...
- **Time:** ***le temps*** **vs.** ***la fois*** **vs.** ***l'heure*****: Temps** is for time in general. How much time do you have? = **Combien de temps as-tu?** Use **fois** for time, as in instances: How many times do… ? = **Combien de fois est-ce que… ? Une fois (Deux fois, Plusieurs fois, La dernière fois**...). Use **heure** for asking time on the clock: **À quelle heure commence le film?**
- **To visit:** ***visiter*** **vs.** ***rendre visite*****:** Use **visiter** when you visit a place. Use **rendre visite** when you are visiting a person: **Je rends visite à ma grand-mère.**
- **To attend:** ***assister*** **vs.** ***attendre*****:** If you are attending a conference, use the verb **assister: J'assiste à une conférence. Attendre** means to wait: **J'attends le bus**.
- ***Bookstore*** **vs.** ***library*****:** You buy books at **la librairie** and borrow books from **la bibliothèque**.
- ***Good*** **vs.** ***well / bon*** **vs.** ***bien*****: Bon** is an adjective; **bien** is an adverb: **La cuisine est bonne. Il fait bien la cuisine**.

STRUCTURE AND GRAMMAR

- Nouns ending in **-ation** are derived from regular **-er** verbs: **création (créer), interrogation (interroger)**.
- ***C'est*** **vs.** ***il/elle est*****:** Use **il/elle est** + adjective to describe a person: **Il est intelligent.** Use **c'est** + adjective to describe a situation: **C'est loin**. Use **il/elle est** + unmodified adverb: **Il est tard**. Use **c'est** + modified adverb: **C'est trop tard**. Use **il/elle est** + unmodified noun: **Elle est actrice**. Use **c'est** + modified noun: **C'est une actrice célèbre**.
- **Indefinite and partitive articles:** Use indefinite articles to introduce a noun that can be counted: **un livre, deux chats**. Use partitive articles to introduce a noun that can't be counted: **de l'eau, du beurre**.
- There is no equivalent in French to the **-ing** verb form. However, you can use the expression **être en train de**: he is reading = **il est en train de lire** (in the process of).
- Do not use possessives with pronominal verbs to refer to body parts like **les mains** and **les cheveux: Je me lave les mains** (not **mes mains**).
- **To miss =** ***manquer*****.** The word order in French is as follows: **Tu me manques** (You miss to me).
- **Être** and **avoir** are used as helping verbs to form **les temps composés (passé composé, plus-que-parfait, futur antérieur**...). **Avoir** is used in most cases. **Être** is used with the verbs from the house of **être** (or *Dr. and Mrs. Vandertramp*: **Devenir, Revenir, Monter, Rester, Sortir, Venir, Aller, Naître, Descendre, Entrer, Rentrer, Tomber, Retourner, Arriver, Mourir, Partir**). Être is also used with reflexive verbs.

appendice H Stratégies pour réussir à l'examen AP®

SECTION I ▸ MULTIPLE CHOICE

FORMAT **Multiple Choice**

The Multiple Choice section of the AP® *French Language and Culture Exam* focuses on your Interpretive Communication Skills. See the chart below for the number of questions in each section and the time allotted.

<table>
<tr><th colspan="2">Section</th><th>Number of Questions</th><th>Percent of Final Score</th><th>Time</th></tr>
<tr><td colspan="4">Section I: Multiple Choice</td><td>Approx. 95 minutes</td></tr>
<tr><td>Part A</td><td>Interpretive Communication: Print Texts</td><td>30 questions</td><td rowspan="3">50%</td><td>Approx. 40 minutes</td></tr>
<tr><td rowspan="2">Part B</td><td>Interpretive Communication: Print and Audio Texts (combined)</td><td rowspan="2">35 questions</td><td rowspan="2">Approx. 55 minutes</td></tr>
<tr><td>Interpretive Communication: Audio Texts</td></tr>
</table>

STRATEGIES: MULTIPLE CHOICE

You can improve your performance on the exam by using the following strategies:

1. **Understand the format** The Multiple Choice section represents 50% of your overall grade on the exam. You will encounter 65 questions in approximately 95 minutes. Section I consists of 9 activity "sets," broken down as follows:

   - 4 sets of print (reading) activities
   - 2 sets of print and audio (reading and listening combined) activities
   - 3 sets of audio (listening) activities

2. **Preview the questions** Before you read or listen to each selection, skim the multiple choice questions to see what will be asked. Being familiar with the questions will help you anticipate what the selection is about and will help guide your reading/listening.

3. **Read the questions carefully** Pay close attention to what each question is asking. If you are asked for the main idea, your answer choice will be a broad statement; if asked for a supporting detail, look for specific information. If there is more than one source, make sure you know which source is being referenced.

4. **Look for key words** Key words in the question stem and/or answer choices may give you clues. If you are asked to identify the purpose of the selection and the answer choices include different verbs, such as *analyser, résumer, présenter* and *critiquer,* use these key words to help you make your selection.

5. **Anticipate the response** Before reading the answer choices, try to articulate what the correct response should be or contain. If you see the response that you anticipated, circle it and then check to be sure that none of the other responses is better.

6. **Eliminate illogical answers** Every question has four answer choices. If you can eliminate one or two choices quickly, your chances of choosing the correct answer increase.

7. **Compare answer choices** If two alternatives both seem correct, compare the answer choices for differences. Then, check the question stems to determine the best answer.

8. **Be careful of distractors** Vocabulary may be used in an answer choice to "trick" or distract you by appearing to be the correct answer. Just because language from the text is used in an option does not mean that it is the correct answer.

9. **Pace yourself** Do not spend too much time on any one question. If you can't answer, choose an answer at random, but circle the question number so you can come back to it if you have extra time.

10. **Answer every question** Do not leave any questions blank.

11. **Don't be afraid to change an answer** If, after answering other questions, you begin to think you may have made a mistake on a previous question, don't be afraid to go back and change your answer.

12. **Review your answers** Try to leave time to review your answers.

PART A INTERPRETIVE COMMUNICATION: PRINT TEXTS

STRATEGIES: PRINT TEXTS

Section I, Part A requires you to interpret meaning from a variety of print materials. You will be asked to identify main points and significant details, evaluate the author's purpose, and make inferences and predictions. To be successful, you should employ a variety of reading strategies:

1. **Understand the format** You will answer a total of 30 questions while completing 4 activity sets on different types of print texts. The text types you will be asked to interpret vary, as do the number of questions that accompany them. These are the text types and corresponding number of questions:

   - Promotional material: 5 questions
   - Literary text: 7 questions
   - Article and chart: 11 questions
   - Letter: 7 questions

2. **Preview the entire selection before you begin** Read the title and the introduction, and look at graphics and the visual presentation of text. Find clues to predict what the reading might be about.

3. **Determine the author's message** Most selections will focus on one central idea, and identifying that idea is critical. As you read, identify points that the author supports or refutes and look for answers to the following questions:

   - What is the author trying to say and why?
   - How is the author saying it? Is information presented as...
     an analysis: objectively presenting information to examine a topic?
     an argument: subjectively presenting opinions intended to persuade?
     a story: a narrative, usually presenting a conflict and its resolution?
   - What is the author's point of view?

4. **Take notes and underline** Keep track of important information as you read.

   - Underline the topic sentence in each paragraph. This will help you verify your understanding of the central idea and see how the passage is structured.
   - Circle key information such as names, places, events, dates, statistics, facts, or evidence, as well as any cultural references to clothing, food, music, or art.

5. **Activate background knowledge** Reflect on what you already know and find ways to connect with the content to help make sense of a challenging passage.

   - Connect to personal experiences. What aspects of the reading can you relate to?
   - Guess the meaning of unknown words based on context and usage.
   - Use your knowledge of English and French to find cognates, and identify words with familiar roots, prefixes, and suffixes.

6. **Contextualize** Find meaning by putting the reading in context.

- Visualize what is being presented—the characters, objects, places, geography; imagine the sounds and smells.
- React to the passage as you read. What excites or angers you? Why?
- Make personal connections. What is familiar and how does it relate to you?

7. **Evaluate** Make judgments about how and what information is being presented, as well as what evidence is used to support any arguments or hypotheses.

- Is the author presenting facts or opinions?
- Does the author provide supporting evidence or sources? Does the author appeal to emotion in order to persuade the reader?
- Are arguments logical? Do conclusions follow logically?

8. **Analyze** Examine the structure of the text and the author's writing style to extract meaning. Identify tone (e.g. funny, critical), rhetorical devices (techniques employed by the author), and sociolinguistic features such as regional variants.

9. **Make inferences** Sometimes a literal reading of the author's words is insufficient to get the full meaning of a passage. There may be a deeper meaning that can be inferred.

- Is there a political message or a moral?
- Is there an allegory or metaphor that can be inferred from a description?
- Are there words or ideas that might represent a larger concept?

10. **Synthesize** Integrate new information with what you already know.

- Identify unanswered questions or unresolved issues, and draw conclusions.
- Incorporate new perspectives into your understanding of culture.

11. **Memorize the direction lines!**

PART B INTERPRETIVE COMMUNICATION: PRINT AND AUDIO TEXTS (COMBINED)

STRATEGIES: PRINT AND AUDIO TEXTS

Section I, Part B requires you to interpret meaning from a combination of print and audio texts. This activity type has two formats: in one, you will listen to an audio report and read an article; and in the other, you will listen to a conversation and read a chart. Some strategies will be appropriate for both formats, but you will also want to apply strategies targeted to each format.

1. **Scan the entire selection to determine the activity format** By reviewing the activity, you can quickly see whether it is the *audio report/article* format or the *conversation/chart* format.

2. **Preview the entire selection before you begin** Read the titles and introductions to the texts, then skim the questions you will be asked.

- Find clues to help you predict what the texts might be about.
- Think about any personal experiences you've had that might be related to the topic.

3. **Compare and contrast** After previewing the selection, see if you can determine how the two texts are related. Try to determine what the texts might have in common and how they might differ.

4. **Plan your approach to listening** You will have a chance to listen to each audio text twice. You should approach the text differently depending on whether you are hearing it for the first or the second time.

The first time you listen:
- Try to understand who is speaking and the gist of what he or she is saying.
- Determine each speaker's perspective and purpose.
- Do not become frustrated over details or individual words that get in the way of comprehension.

The second time you listen:
- Focus more on details, such as who, what, where, and when.
- Take notes on specific data, such as numbers and names.
- Try to make sense of what you may not have understood the first time you listened.

5. **Synthesize** Integrate information from the two sources and draw conclusions. Incorporate new perspectives into your understanding of culture.

FORMAT 1: AUDIO REPORT AND ARTICLE

1. **Understand the format** For this format, you will be asked to listen to an audio broadcast and read a printed article. Then, you will answer 10 multiple choice questions:

- 4 questions on the article
- 4 questions on the audio "text"
- 2 questions related to both texts

Knowing how the questions are distributed will help you figure out where to look for answers.

2. **Determine the message and point of view** Keep in mind that most selections will focus on one central idea, and identifying that idea is critical. As you read and listen, think about answers to the following questions:

- What is the writer/speaker trying to say and why?
- How is the writer/speaker expressing it? Is information presented as...
  an analysis: objectively presenting information to examine a topic?
  an argument: subjectively presenting opinions intended to persuade?

3. **Evaluate** Make judgments about how and what information is being presented, as well as what evidence is used to support any arguments or hypotheses.
   - Is the writer/speaker presenting facts or opinions?
   - Does the writer/speaker provide supporting evidence or sources?

4. **Take notes and underline** Keep track of important information as you read and listen.

5. **Answer** the first 4 questions, which are based only on the article, in the time allotted for reading it.

FORMAT 2: CONVERSATION AND CHART

1. **Understand the format** For this format, you will be asked to listen to a conversation and read a chart. Then, you will answer 7 multiple choice questions:
   - 3 questions on the chart
   - 3 questions on the conversation
   - 1 question related to both sources

   Knowing how the questions are distributed will help you figure out where to look for answers.

2. **Determine who the speakers are** As you listen to the conversation, keep track of who is speaking. Try to understand each speaker's perspective and the purpose of the conversation. Are the two participants friends? Colleagues? What is their relationship?

3. **Use the speakers' tone of voice** Recognizing whether the speakers have a serious, formal tone or an informal tone may help you understand the content of what they are saying.

4. **Evaluate similarities and differences in perspectives** If the speakers are taking different sides of an issue, evaluate the similarities and differences in their positions.

5. **Preview the chart** Read the title, the column headings, and the row headings.

6. **Read the chart systematically** Use a systematic approach to reading the chart.
   - Read down the far left column and across the top row first to determine how the chart is organized.
   - Analyze any patterns you see in the chart and the differences from one column to the next.
   - Read any other text that has been written on or around the graphic.

7. **Answer** the first 3 questions, which are based only on the chart, in the time allotted for reading it.

8. **Memorize the direction lines!**

PART B INTERPRETIVE COMMUNICATION: AUDIO TEXTS

STRATEGIES: AUDIO TEXTS

Section I, Part B requires you to listen to audio recordings and answer multiple choice questions about them. You will be asked to interpret meaning from three different types of recordings: interviews, instructions, and presentations. You will have a chance to listen to each audio text twice. Use these strategies to help you succeed.

1. **Understand the format** You will hear three different types of audio recordings, and each is followed by a specific number of multiple choice questions:

   - Interviews are followed by 5 multiple choice questions. These audio selections may have more than one speaker, so keep track of who is speaking. Be aware that different points of view may be presented.
   - Instructions are followed by 5 multiple choice questions. These audio selections will contain instructions for carrying out certain activities. Listen carefully for the order of steps, and pay attention to how the task should be achieved.
   - Presentations are followed by 8 multiple choice questions. These audio selections will contain a narrative about a particular topic. Ask yourself what the speaker is trying to say and why. Think about whether the speaker is presenting information, an argument, or a story.

2. **Preview the entire selection before you begin**

3. **Don't get distracted** If you are still trying to figure out a word you just heard, you may miss what comes next in an audio. Do not get hung up on trying to figure out meanings of isolated words or expressions. Focus on the main points and understanding the big picture.

4. **Listen once** The first time you listen to the recording, focus on the main ideas. Draw a picture or diagram, or create a graphic organizer, to help you visualize what is being described.

5. **Listen again** The second time you listen, hone in on the supporting details. Write down numbers and specific data, and use words or phrases that are repeated to identify a common idea or topic.

6. **Memorize the direction lines!**

SECTION II ▸ FREE RESPONSE

FORMAT **Free Response**

The Free Response section of the *AP® French Language and Culture Exam* focuses on your Interpersonal and Presentational Communication Skills.

Understand the format The Free Response section represents 50% of your overall grade on the exam. You will encounter 4 sections during approximately 85 minutes:

Section	Number of Questions	Percent of Final Score	Time
Section II: Free Response			**Approx. 85 minutes**
Interpersonal Writing: E-mail Reply	1 prompt	50% (12.5% each)	15 minutes
Presentational Writing: Persuasive Essay	1 prompt		Approx. 55 minutes
Interpersonal Speaking: Conversation	5 prompts		20 seconds for each response
Presentational Speaking: Cultural Comparison	1 prompt		2 minutes to respond

INTERPERSONAL WRITING: E-MAIL REPLY

TASK DESCRIPTION AND EXPECTATIONS

- You will reply to an e-mail message. This is an integrated skills task that assesses reading comprehension and interpersonal writing.
- You will have 15 minutes to read the e-mail and write your reply.
- You must:
  - use a formal form of address
  - include an appropriate greeting (polite opening and closing statements)
  - respond to all questions and requests in the message
  - ask for more details about something mentioned in the message
- Task comprises 12.5% of your total free-response score.
  - Memorize the direction lines!

SCORING GUIDELINE	STRATEGIES TO REACH A 5
Maintains the exchange with a response that is clearly appropriate within the context of the task	◆ Take time to read the *Thème du cours* and the *Introduction* before reading the e-mail message. Use this information to start thinking about the task, theme, context, and setting. ◆ Budget your time wisely. In the 15 minutes provided, you must read the e-mail and compose a comprehensive, detailed reply.
Provides required information (e.g., responses to questions, request for details) with frequent elaboration	◆ Engage in the e-mail by asking for more details and eliciting further information about something mentioned. This is required. ◆ Avoid having to reread parts of the e-mail: underline or circle key words or sections that prompt you for information you need to answer or provide, or for which you need to ask for more details. ◆ Respond as fully as possible, making sure to answer questions, elaborate with details, provide information, or state your opinion as requested.
Fully understandable, with ease and clarity of expression; occasional errors do not impede comprehensibility	◆ Use circumlocution and paraphrasing to get your point across. ◆ Monitor the pace and flow of what you are communicating. ◆ Use transitional phrases and cohesive devices to add fluency to your e-mail communication. See *Expressions pour communiquer* in Appendice B (p. 399).
Varied and appropriate vocabulary and idiomatic language	◆ Concentrate on using rich vocabulary and culturally appropriate idiomatic expressions. ◆ Avoid overuse of elementary, common vocabulary.
Accuracy and variety in grammar, syntax and usage, with few errors	◆ Avoid spelling errors. Leave time to reread and edit your work. ◆ Note the tenses used in the e-mail and respond accordingly, taking your cues from the context. ◆ Be consistent in your use of standard writing conventions (e.g., capitalization, spelling, accents).
Mostly consistent use of register appropriate for the situation; control of cultural conventions appropriate for formal correspondence (e.g., greeting, closing), despite occasional errors	◆ Use the formal register–*vous*–throughout your e-mail message. ◆ Be consistent, not only with verbs, but also with pronouns and possessives. ◆ Make sure to use an appropriate, formal salutation and closing. Consider adding a polite opening after the greeting, such as *Je vous remercie de m'avoir contacté(e) au sujet de...* ◆ Take care to know whether you are addressing a male or female for: *Monsieur* or *Madame* and other expressions with gender. ◆ See *Expressions qui indiquent un registre soutenu* in Appendice C (p. 400).
Variety of simple and compound sentences, and some complex sentences	◆ Impress the Exam Reader by raising your level of communication using a variety of structures. ◆ Consider the fact that a perfectly written e-mail, *with no errors at all,* may not be scored at a 5, if it is composed of only elementary, "safe" structures, because it would not follow the scoring guidelines.

PRESENTATIONAL WRITING: PERSUASIVE ESSAY

TASK DESCRIPTION AND EXPECTATIONS

- You will write a persuasive essay based on three sources: an article, a table or graphic, and an audio recording. The sources may present different points of view on the same topic. You will need to read and listen to these sources to develop your persuasive argument.

- Integrate skills (listening, reading, writing) within two modes of communication: Interpretive (oral and written) and Presentational (writing).
- You will have 55 minutes total:
  - 6 minutes to (a) read the *Thème du cours* and *Sujet de l'essai* or prompt; (b) read source 1; and (c) study source 2
  - Up to 9 minutes to listen to the audio source twice; be sure to take notes while you listen
  - 40 minutes to plan and write your persuasive essay, addressing the *Sujet de l'essai* or prompt
- Present the sources' different viewpoints on the topic and also clearly indicate your own viewpoint and defend it thoroughly to persuade the reader to take your position.
- Cite information from all three sources, identifying them appropriately.
- You will have access to the print sources and any notes you may have taken on the audio during the entire 40-minute writing period.
- *Focus on synthesis*, not on simply summarizing the sources!
- Task comprises 12.5% of your total free-response score.
- Memorize the direction lines!

SCORING GUIDELINE	STRATEGIES TO REACH A 5
Effective treatment of topic within the context of the task	◆ Take time to read the *Thème du cours* and the *Sujet de l'essai*, which is essentially the prompt for your persuasive essay. ◆ Underline, circle, or jot down key words and phrases in the instructions and *Thème du cours* and *Sujet de l'essai*, to help you focus. Do the same with the *Introduction* that precedes each of the three sources. ◆ Budget your time wisely: In the 40 minutes provided after reading and listening, you must plan and write your persuasive essay.
Demonstrates a high degree of comprehension of the sources' viewpoints, with very few, minor inaccuracies	◆ As you read and listen, underline and take notes on information that you know will support your writing. Refer to the key words that you noted in the instructions and the *Sujet de l'essai*. ◆ Show evidence of your understanding and interpretation of all three sources. Do not simply copy or restate what you read or hear without expressing your own evaluation and synthesis in your own words. See *Expressions pour citer une source* in Appendice D (p. 401).
Integrates content from all three sources in support of the essay	◆ As you develop your thesis, support it with evidence from the sources, adding your own evaluation or analysis. ◆ You MUST use all three sources in your essay; it is crucial to a high score. Provide details and examples from viewpoints presented. ◆ Remember that there are other ways to express *dit* and *pense*. See *Expressions pour citer une source* in Appendice D (p. 401). ◆ Paraphrase: use your own language in citing information from the sources to show your own ability to compose in French. If you cite directly from sources, keep it brief and use French quotation marks « ».
Presents and defends the student's own viewpoint on the topic with a high degree of clarity; develops a persuasive argument with coherence and detail	◆ Make sure to state your viewpoint early in the essay, in the introductory paragraph. ◆ Develop your essay logically to show understanding of the sources, but add your own perspective, in your own words. ◆ Explain interesting details from the sources to support your essay rather than a general reference to sources outside the context of the prompt. Where appropriate, synthesize information and draw conclusions that incorporate multiple sources. ◆ See *Comment réviser ce qu'on écrit* in Appendice F (pp. 403–404).

SCORING GUIDELINE	STRATEGIES TO REACH A 5
Organized essay; effective use of transitional elements or cohesive devices	◆ Organize your essay into well-developed clear paragraphs that include: ‣ An introductory paragraph clarifying your intent or thesis ‣ 2–3 paragraphs in which you develop main ideas, supported with information from the sources ‣ A closing paragraph that synthesizes your remarks and emphasizes your viewpoint while addressing the *Sujet de l'essai*. ◆ Use transitional phrases and cohesive devices to add fluency to your presentation. See *Expressions pour communiquer* in Appendice B (p. 399).
Fully understandable, with ease and clarity of expression; occasional errors do not impede comprehensibility	◆ Refer back to the *Sujet de l'essai* to make sure that you are defending your viewpoint and not veering off course. ◆ Refrain from copying information from the sources in a random manner, with no regard to supporting your main points. Choose the best supporting information from the sources.
Varied and appropriate vocabulary and idiomatic language	◆ Concentrate on using rich vocabulary and appropriate idiomatic expressions that support your viewpoint and reflect the topic. ◆ Avoid English or other language interference, e.g. *actuellement* is "currently", not "actually". See *Faux-amis* in Appendice E (p. 402).
Accuracy and variety in grammar, syntax and usage, with few errors	◆ Leave time to edit your work, checking for common errors. ◆ Use a variety of verb tenses and moods. ◆ Be consistent in use of standard conventions of the written, formal language (e.g., capitalization, orthography, accents).
Develops paragraph-length discourse with a variety of simple and compound sentences, and some complex sentences	◆ Impress the Exam Reader by raising your level of communication using a variety of structures. Include compound sentences and complex structures rather than sticking to basic language.

INTERPERSONAL SPEAKING: CONVERSATION

TASK DESCRIPTION AND EXPECTATIONS

- You will be asked to participate in a simulated conversation with the following format:
  - Brief description of the situation
  - Outline of each turn of the conversation
- 1 minute to read over the introduction and the outline of the conversation.
- Five opportunities to speak. There is no text of what the other person will actually say, just an outline statement of how your partner continues the conversation.
- 20 seconds per response. Student should provide creative, meaningful responses.
- Task comprises 12.5% of your total free-response score.
- Memorize the direction lines!

<table>
<tr><th>SCORING GUIDELINE</th><th>STRATEGIES TO REACH A 5</th></tr>
<tr><td>Maintains the exchange with a series of responses that is clearly appropriate within the context of the task</td><td>◆ Carefully read the Thème du cours and the Introduction provided. Use this information to identify the theme, context, and setting. The outline will give you specific details about what your role in the conversation will be. As you read the prompts, start to visualize the conversation: Where and when is the conversation taking place? With whom are you speaking, and what is your relationship to him or her?
◆ In the 1 minute provided, underline or circle key words in the outline and jot down ideas to help guide and focus your thought process.
◆ Address each bullet point, trying to keep a smooth flow to the conversation.</td></tr>
<tr><td>Provides required information (e.g., responses to questions, statement and support of opinion) with frequent elaboration</td><td>◆ Become familiar with prompting verbs so you can respond as directed. Common terms:
<table>
<tr><td>acceptez</td><td>demandez</td><td>mentionnez</td></tr>
<tr><td>commentez</td><td>dites</td><td>proposez</td></tr>
<tr><td>communiquez</td><td>donnez</td><td>racontez</td></tr>
<tr><td>confirmez</td><td>encouragez</td><td>réagissez</td></tr>
<tr><td>conseillez</td><td>expliquez</td><td>recommandez</td></tr>
<tr><td>décrivez</td><td>exprimez</td><td>refusez</td></tr>
</table>
◆ Speak continuously. Avoid gaps while you are gathering your thoughts to respond. See Expressions pour communiquer in Appendice B.
◆ Say something that fits the topic, even if you are unsure of what was prompted. The purpose of this activity is to demonstrate your command of the language, not your knowledge of a specific topic. Be creative but do not push the conversation in a different direction.
◆ Speak for the full 20 seconds given for each prompt, but "finish" what you need to say.</td></tr>
<tr><td>Fully understandable, with ease and clarity of expression; occasional errors do not impede comprehensibility</td><td>◆ Use circumlocution, "filler" phrases, such as euh, allez, bon, etc., and paraphrasing to get your point across.
◆ Pay attention to the pacing and flow of what you are communicating. Do not allow long pauses in your responses. Use "filler" phrases (euh, ben, etc.) and language to indicate you are thinking, such as Laissez-moi réfléchir un moment.</td></tr>
<tr><td>Varied and appropriate vocabulary and idiomatic language</td><td>◆ Concentrate on using rich vocabulary and culturally appropriate idiomatic expressions.
◆ Deduce meaning of unfamiliar words used in the conversation.</td></tr>
<tr><td>Accuracy and variety in grammar, syntax and usage, with few errors</td><td>◆ Try to avoid elementary errors and focus on correct word order.
◆ Use a variety of structures rather than sticking to only safe elementary structures.</td></tr>
<tr><td>Mostly consistent use of register appropriate for the conversation</td><td>◆ Be careful with register. The introductory text will provide the key to which register you should use (formal or informal). Be consistent.
◆ Make sure to use appropriate greetings and leave-taking expressions, according to whom you are speaking.
◆ See Expressions qui indiquent un registre soutenu in Appendice C (p. 400).</td></tr>
<tr><td>Pronunciation, intonation and pacing make the response comprehensible; errors do not impede comprehensibility</td><td>◆ Show that you know what you are saying through your voice intonation. Examples: If you are asking a question, it should sound like a question.
◆ Use correct, consistent pronunciation that is easily understood by native speakers of the Francophone world.</td></tr>
<tr><td>Clarification or self-correction (if present) improves comprehensibility</td><td>◆ Paraphrase and use circumlocution to clarify what you are trying to communicate.
◆ Self-correct if you hear yourself make an error.</td></tr>
</table>

PRESENTATIONAL SPEAKING: CULTURAL COMPARISON

TASK DESCRIPTION AND EXPECTATIONS

- You will be required to give an oral presentation. In your presentation, you will make a cultural comparison between your own community and a specific community of the Francophone world.
- You will have 4 minutes to read the presentation topic and prepare your presentation.
- You will have 2 minutes to record your presentation.
- You must:
  - include an appropriate introduction, clarifying your intent or thesis
  - compare your own community to an area of the Francophone world with which you are familiar, explaining similarities and differences
  - cite examples from your previous learning and experiences to support what you present as you compare and contrast the 2 cultures
  - show your understanding of the cultural features of the Francophone world that you are comparing, within the context of the topic
  - use paragraph-length discourse with cohesive devices
  - close the presentation with concluding remarks that summarize the topic or intent of your presentation
- Task comprises 12.5% of your total free response score
- Memorize the direction lines!

SCORING GUIDELINE	STRATEGIES TO REACH A 5
Effective treatment of topic within the context of the task	◆ Take time to carefully read not only the directions but also the *Thème du cours* and the *Sujet de présentation*. The *Sujet de présentation* presents a question and a CLEAR explanation of how to address the topic. ◆ Determine with which area of the Francophone world you have the greatest familiarity to decide which Francophone culture(s) you would like to compare with your own. ◆ Underline, circle, or jot down key words and phrases in the instructions and *Sujet de présentation*, to help you focus. ◆ Budget your time wisely: You only have 4 minutes to carefully read and plan. Prepare an outline to follow.
Clearly compares the student's own community with the target culture, including supporting details and relevant examples	◆ If you decide to speak about one community at a time, start with the Francophone community. ◆ Your presentation should be structured as a comparison. Always give examples that enhance the comparative aspect of the presentation. ◆ Refer to what you have studied, read, and observed through first-hand experiences with exchange students or traveling. Quickly write down your ideas to help you focus and make connections. ◆ Provide details and examples to support both the similarities and differences across the two cultures. ◆ Make logical and relevant comparisons.

SCORING GUIDELINE	STRATEGIES TO REACH A 5
Demonstrates understanding of the target culture, despite a few minor inaccuracies	◆ Choose a Francophone culture with which you feel very familiar and knowledgeable. ◆ Show cultural knowledge by providing details about geography, history, fine arts, politics, social customs, and other culturally specific information within the *Sujet de présentation* provided. ◆ Avoid general statements that do not demonstrate true cultural learning.
Organized presentation; effective use of transitional elements or cohesive devices	◆ Decide which of the following formats you will use: point-by-point comparison or subject-by-subject comparison. Then present with a clear, logical organization, as follows: ‣ Introduction: State your intent, maybe even using a rhetorical question to draw in the audience. ‣ Body: 2–3 main points where you compare and contrast similarities and differences citing cultural evidence. Use expressions that help you establish the comparisons. ‣ Conclusion: Restate your thesis and conclude with your assessment or evaluation of the *Sujet de présentation*. ◆ Use transitional phrases and cohesive devices to add fluency to your presentation. See the *Expressions pour communiquer* in Appendice B (p. 399).
Fully understandable, with ease and clarity of expression; occasional errors do not impede comprehensibility	◆ Avoid elementary errors and focus on correct word order. ◆ Conjugate verbs unless an infinitive is called for in a particular structure. ◆ Monitor the pace and flow of what you are communicating. For language support to help you speak continuously, see *Expressions pour communiquer* in Appendice B (p. 399).
Varied and appropriate vocabulary and idiomatic language	◆ Concentrate on using rich vocabulary and culturally appropriate idiomatic expressions. ◆ Avoid overuse of elementary, common vocabulary.
Accuracy and variety in grammar, syntax and usage, with few errors	◆ Use a variety of structures, including compound sentences, rather than sticking to only careful, safe elementary structures. ◆ Consider inserting complex structures, such as clarifying appositive phrases and the subjunctive, where possible. ◆ Avoid elementary errors, which affect your score more adversely than errors made in taking risks with more advanced structures.
Mostly consistent use of register appropriate for the presentation	◆ You are addressing your entire class in a formal presentation. ◆ Although "you" should generally be avoided, if you must use it to make a point, make sure that you use *vous*.
Pronunciation, intonation and pacing make the response comprehensible; errors do not impede comprehensibility	◆ Show that you know what you are saying through your voice inflection. If you are stressing a point, enunciate and emphasize or strengthen your voice. ◆ Use correct, consistent pronunciation that is easily understood by native French speakers.
Clarification or self-correction (if present) improves comprehensibility	◆ Paraphrase and use circumlocution to clarify or further explain what you are trying to communicate. ◆ Self-correct if you hear yourself make an error.

AP® French Language and Culture Practice Exam

SECTION I ▸ Multiple Choice Questions

DO NOT OPEN THIS BOOKLET UNTIL YOU ARE TOLD TO DO SO.

At a Glance

Total Time
Approximately 1 hour, 35 minutes

Number of Questions
65

Percent of Total Score
50%

Writing Instrument
Pencil required

Section I Part A

Number of Questions
30

Time
40 minutes

Section I Part B

Number of Questions
35

Time
Approximately 55 minutes

Instructions

Section I of this exam contains 65 multiple-choice questions.

Indicate all of your answers to the multiple-choice questions on the answer sheet. No credit will be given for anything written in this exam booklet, but you may use the booklet for notes or scratch work. After you have decided which of the suggested answers is best, mark your response on your answer sheet, one response per question. If you change an answer, be sure that the previous mark is erased completely. Here is a sample question and answer.

Sample Question	Sample Answer	
Chicago is a	No.	Answer
(A) state	1	B
(B) city		
(C) country		
(D) continent		

Use your time effectively, working as quickly as you can without losing accuracy. Do not spend too much time on any one question. Go on to other questions and come back to the ones you have not answered if you have time. It is not expected that everyone will know the answers to all of the multiple-choice questions.

Your total score on the multiple-choice section is based only on the number of questions answered correctly. Points are not deducted for incorrect answers or unanswered questions.

French Language and Culture Practice Exam

SECTION I

Multiple Choice Questions
Approximately 1 hour and 35 minutes

Part A. Interpretive Communication: Print Texts
Time — 40 minutes

You will read several selections. Each selection is accompanied by a number of questions. For each question, choose the response that is best according to the selection and mark your answer on your answer sheet.

Vous allez lire plusieurs sélections. Chaque sélection est accompagnée de plusieurs questions. Pour chaque question, choisissez la meilleure réponse selon la sélection et indiquez votre réponse sur votre feuille de réponse.

Sélection numéro 1

Thème du cours:
La famille et la communauté / Les défis mondiaux

INTRODUCTION Dans cette sélection, il s'agit d'un article du site **mangerbouger.fr**, le programme national d'éducation à la nutrition du gouvernement français, qui donne des conseils aux parents pour éveiller leurs enfants à une alimentation équilibrée.

Construire les goûts de son enfant, ça s'apprend!

Votre enfant ne jure que par le jambon-purée et refuse de goûter tout ce qui est nouveau? Vous souhaitez pourtant l'éveiller à une alimentation variée et équilibrée? Rassurez-vous, avec un peu d'astuces et de temps, vous réussirez à coup sûr à inverser la tendance. Nos conseils.

Conseil n°1: Commencer tôt

Entre 2 et 7 ans, environ 75% des enfants souffrent de «néophobie alimentaire», une étape normale de leur développement caractérisée par la crainte des nouveaux aliments. Avant ses 2 ans, l'enfant est curieux de nouvelles saveurs et les acceptent facilement. Profitez-en pour lui faire découvrir toute une palette de goûts différents.

Conseil n°2: Persévérer

Il est reconnu que plus on goûte un aliment, plus on l'apprécie! Pourquoi ne pas mettre en pratique cette stratégie avec votre petit bout d'chou? Proposez-lui le même aliment régulièrement (5 à 10 fois), en le cuisinant si possible de manière identique pour qu'il ait le temps de l'apprivoiser et de l'apprécier.

Conseil n°3: Jouer sur la variété

Pour intéresser votre enfant à la nourriture, apprenez-lui à goûter de tout, de manière ludique. Comment? Vous pouvez varier les préparations et les présentations pour rendre les aliments attrayants.

Conseil n°4: Découvrir ensemble les aliments

L'éveil au goût passe par les cinq sens: voir, sentir, écouter, goûter et toucher les aliments. Alors, de temps en temps, pourquoi ne pas associer votre bambin aux courses et à la préparation des repas? Vous pouvez l'emmener avec vous au supermarché ou au marché, et en profiter pour lui faire découvrir les fruits, les légumes... L'occasion également de lui demander de choisir un aliment à mettre dans le panier de courses, puis lui montrer ensuite comment le cuisiner: les enfants adorent mettre la main à la pâte!

Conseil n°5: Préparer des repas conviviaux...

... Sans invités-surprises comme la télévision ou autres distractions qui pourraient nuire à la construction de ses goûts. En effet, c'est dans une ambiance sereine, familiale, que votre enfant aura le plus de plaisir à manger.

1. Quand est-il le plus facile d'éveiller les enfants à une alimentation saine?
   (A) Quand ils ont entre 0 et 2 ans
   (B) Entre 2 et 7 ans
   (C) Après 7 ans
   (D) L'âge n'a pas d'importance.

2. Comment les enfants apprennent-ils à apprécier un aliment?
   (A) Il faut les forcer à manger un peu de tout.
   (B) Il ne faut pas leur préparer trop souvent les mêmes choses.
   (C) Il faut leur faire goûter le même aliment de façon régulière.
   (D) Il faut toujours cuisiner cet aliment de manière différente.

3. De quelle façon originale peut-on faire découvrir de nouveaux aliments à ses enfants?
   (A) On peut les faire participer aux courses.
   (B) On peut les emmener souvent au restaurant.
   (C) On peut leur demander de choisir des recettes.
   (D) On peut faire pousser des légumes et des fruits dans son jardin.

4. Que faut-il éviter au moment des repas?
   (A) Le bruit et les stimulations externes
   (B) Les aliments nouveaux
   (C) Les jolies présentations
   (D) Les recettes compliquées

5. Quelle suggestion ne fait pas partie des conseils de cet article?
   (A) Il faut encourager les enfants à faire la cuisine.
   (B) Il faut sortir dîner en ville au moins trois fois par semaine.
   (C) Il faut utiliser tous ses sens pour apprendre à apprécier la nourriture.
   (D) Il faut varier les plats et manger dans le calme et en famille.

Sélection numéro 2

Thème du cours:
L'esthétique / La famille et la communauté

INTRODUCTION Dans cette sélection, il s'agit d'un extrait du livre *La Gloire de mon père* de Marcel Pagnol dans lequel le jeune Marcel et son père sont à la recherche de meubles d'occasion dans une boutique de brocanteur.

Chez le brocanteur

Nous nous arrêtâmes au bout du boulevard de la Madeleine, devant une boutique noirâtre. Le maître de ce commerce était grand, très maigre, et très sale. Il portait une barbe grise, et des cheveux de troubadour sortaient d'un grand chapeau d'artiste.

Mon père lui avait déjà rendu visite et avait retenu quelques «meubles»; une commode, deux tables, et plusieurs fagots de morceaux de bois poli qui, selon le brocanteur, devaient permettre de reconstituer six chaises.

Le brocanteur nous aida à charger tout ce fourniment sur la charrette à bras. Puis, on fit les comptes. Après une sorte de méditation, le brocanteur regarda fixement mon père et dit:

«Ça fait cinquante francs!

—Ho ho! dit mon père, c'est trop cher!

—C'est cher, mais c'est beau, dit le brocanteur. La commode est d'époque!»

«Je le crois volontiers, dit mon père. Elle est certainement d'une époque, mais pas de la nôtre!»

Le brocanteur prit un air dégoûté et dit:

«Vous aimez tellement le moderne?

—Ma foi, dit mon père, je n'achète pas ça pour un musée. C'est pour m'en servir». Le vieillard parut attristé par cet aveu.

«Alors, dit-il, ça ne vous fait rien de penser que ce meuble a peut-être vu la reine Marie-Antoinette en chemise de nuit?

—D'après son état, dit mon père, ça ne m'étonnerait pas qu'il ait vu le roi Hérode en caleçons!

—Là, je vous arrête, dit le brocanteur, et je vais vous apprendre une chose: le roi Hérode avait peut-être des caleçons, mais il n'avait pas de commode! Je vous le dis parce que je suis honnête.

—Je vous remercie, dit mon père. Et puisque vous êtes honnête, vous me faites le tout à trente-cinq francs».

Le brocanteur nous regarda tour à tour, et déclara: «Ce n'est pas possible, parce que je dois cinquante francs à mon propriétaire qui vient encaisser à midi.

—Alors, dit mon père indigné, si vous lui deviez cent francs, vous oseriez me les demander?

—Il faudrait bien! Où voulez-vous que je les prenne? Remarquez que si je ne devais que quarante francs, je vous en demanderais quarante. Si je devais trente, ça serait trente...

—Dans ce cas, dit mon père, je ferais mieux de revenir demain, quand vous l'aurez payé et que vous ne lui devrez plus rien...

—Ah maintenant, ce n'est plus possible! s'écria le brocanteur.

—Bien, dit mon père. Dans ce cas, nous allons décharger ces débris, et nous irons nous servir ailleurs. Petit, détache les cordes!»

Le brocanteur me retint par le bras en criant: «Attendez!»

Puis il regarda mon père avec une tristesse indignée, secoua la tête, et me dit: «Comme il est violent!»

Il s'avança vers lui, et parla solennellement: «Sur le prix, ne discutons plus: c'est cinquante francs; ça m'est impossible de le raccourcir. Mais nous pouvons peut-être allonger la marchandise».

Il entra dans sa boutique: mon père me fit un clin d'œil triomphal.

6. Comment le brocanteur est-il décrit?
   (A) C'est un vieil homme fatigué.
   (B) C'est un homme qui ne s'occupe pas de son apparence.
   (C) C'est un homme élégant et distingué.
   (D) C'est un jeune homme étranger.

7. Pourquoi le père et son fils se rendent dans cette boutique?
   (A) Des amis leur ont recommandé la boutique.
   (B) C'est le magasin préféré de la mère de famille.
   (C) Le père est déjà venu ici et il y a réservé quelques meubles.
   (D) Les meubles de cette boutique sont réputés pour leur qualité.

8. Sur quoi le commerçant et le client n'arrivent-ils pas à se mettre d'accord?
   (A) Le prix
   (B) La livraison
   (C) Le style des meubles
   (D) La garantie

9. Quel argument le père utilise-t-il pour convaincre le vendeur?
   (A) Il dit que les meubles sont vieux.
   (B) Il dit que les meubles ne sont pas beaux.
   (C) Il dit qu'il n'a pas assez d'argent.
   (D) Il dit qu'il va acheter des meubles plus modernes ailleurs.

10. Pourquoi le brocanteur a-t-il besoin de cinquante francs?
    (A) Il doit racheter du stock.
    (B) Il doit faire des travaux dans la boutique.
    (C) Il doit payer ses livreurs.
    (D) Il doit de l'argent à quelqu'un.

11. Que pense le père du problème du commerçant?
    (A) Il est attristé par sa situation.
    (B) Il ne pense pas que son problème devrait dicter le prix des marchandises.
    (C) Il pense qu'il devrait contacter son propriétaire au plus vite.
    (D) Il pense pouvoir l'aider à résoudre le problème.

12. Que menace de faire le père si le commerçant ne baisse pas ses tarifs?
    (A) Il va appeler le propriétaire du magasin.
    (B) Il va refuser de payer pour la livraison des meubles.
    (C) Il va se rendre dans un autre magasin.
    (D) Il va allonger la marchandise.

Sélection numéro 3

Thème du cours:
Les défis mondiaux / La science et la technologie

INTRODUCTION Dans cette sélection, il s'agit d'un article qui explique comment les célébrités utilisent Internet et les réseaux sociaux pour se mobiliser et défendre la cause des espèces animales menacées.

Réseaux sociaux: une touche glamour pour sauver les éléphants?

par Thomas Bourdeau

Le massacre des éléphants et des rhinocéros continue en Afrique. La corne et l'ivoire de ces animaux mutilés et tués sont revendus principalement sur les marchés vietnamien et chinois. C'est contre cette boucherie que des défenseurs de la nature ont décidé de mobiliser des vedettes américaines, dont une d'origine chinoise, pour sensibiliser à cette cause tragique.

(Avec AFP)

Au rythme actuel des massacres, la survie des rhinocéros comme des éléphants à l'état sauvage est désormais menacée à moyen terme, estiment les experts. Car l'Afrique du Sud est le théâtre d'un braconnage sans précédent de rhinocéros, tués pour leur corne, illégalement utilisée en médecine traditionnelle asiatique. Plus de 600 de ces animaux ont déjà été abattus en 2013, soit quasiment autant en huit mois que pendant toute l'année 2012. Plus de la moitié sont braconnés dans le parc national Kruger, la plus grande réserve animalière du pays. Le Kenya pour sa part fait partie des pays frappés par le braconnage des éléphants pour leurs défenses.

Des défenseurs de la nature ont dernièrement mobilisé des vedettes américaines, dont l'une d'origine chinoise, pour sensibiliser le monde. À coup d'hashtag #handsoffourelephants, de photos postées sur Instagram, ils espèrent que leur cause sera mieux entendue une fois «tweetée» par ces ambassadrices en saharienne tendance. Et c'est particulièrement vers les réseaux chinois que le message tente d'être transmis. *«Les gens en Chine, les consommateurs de corne de rhino doivent être informés. Ils ne savent pas ce qui se passe, ils ne savent pas comment la corne de rhino est produite»*, explique ainsi Bai Ling, comédienne hollywoodienne née en Chine.

Christie Brinkley, top modèle new-yorkaise, délivre les mêmes messages sur Twitter, Facebook et Instagram. Elle a éclaté en sanglots en visionnant la vidéo de rhinocéros décornés vivants et abandonnés par les braconniers à leur atroce agonie, la face découpée à la machette. *«J'espère donner beaucoup d'interviews et participer à des émissions à la télé en rentrant, et au-delà de mes médias sociaux, porter le problème sur les grands médias»*, assure-t-elle. *«Je pense qu'éduquer, éclairer, faire prendre conscience, est la clé»*. Le WWF prévoit ainsi d'utiliser massivement le réseau social Twitter le 22 septembre, décrété «Journée du rhino». Le hashtag #Iam4Rhinos sera le point de ralliement d'une campagne de sensibilisation qui se veut mondiale.

Et bonne nouvelle, cette semaine, l'un des «barons» du trafic illégal de corne de rhinocéros en Afrique du Sud a été arrêté, a annoncé l'office des parcs nationaux sud-africains, SANParks. *«Jusqu'à présent, nous avions arrêté de nombreux exécutants, mais nous pensons que ce gars est l'un des cerveaux [...] nous le soupçonnons d'être un baron du trafic»*, a affirmé à l'AFP le porte-parole de SANParks Ike Phaahla. Il a été pris dans un village proche du parc Kruger, le plus grand parc sud-africain, où se concentre la majeure partie des braconniers.

Menace sur les éléphants d'Afrique

Braconnage et trafic d'ivoire pourraient faire disparaître un cinquième des éléphants en 10 ans

Nombre estimé d'éléphants *(en 2012)*

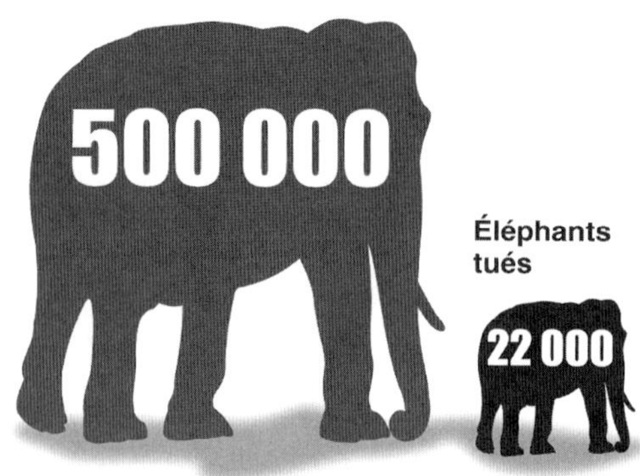

La difficile évaluation du nombre d'éléphants

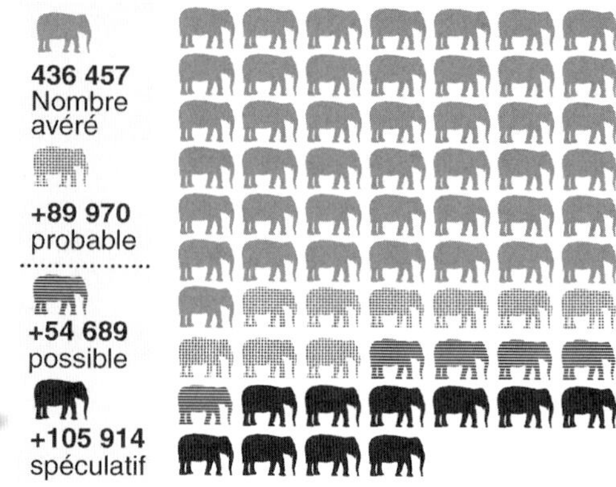

Saisies d'ivoire supérieures à 500 kg *(en tonnes)*

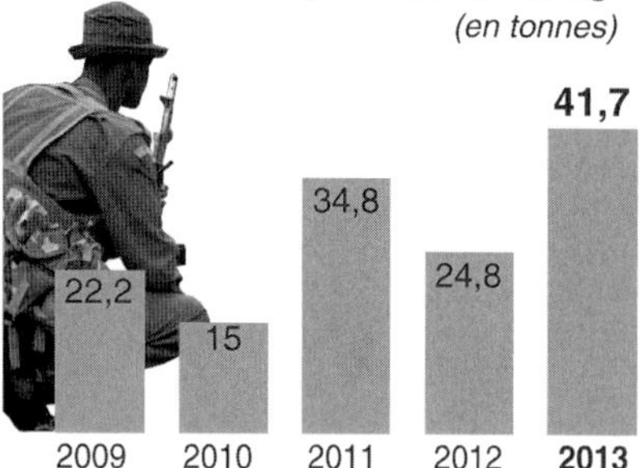

Sources : UICN, Cites Traffic

Les 8 pays accusés de «passivité» :

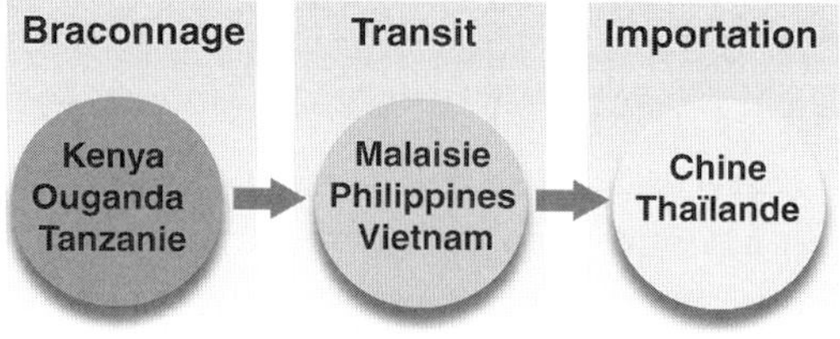

AFP

13. Qui serait particulièrement intéressé par la lecture de cet article?
    (A) Les amoureux du 7e art et de la nouvelle vague chinoise
    (B) Les jeunes qui désirent faire carrière dans la mode
    (C) Les personnes soucieuses de protéger les espèces menacées
    (D) Les agences de top modèles internationaux d'origine chinoise

14. Pourquoi est-il question de technologie dans l'article?
    (A) Toutes les vedettes de cinéma ont un compte Twitter de nos jours.
    (B) Les barons du trafic de téléphones opèrent surtout en Afrique.
    (C) La Chine est un marché en pleine expansion pour les iPhones.
    (D) On fait souvent campagne en utilisant la technologie moderne.

15. Que veut dire le mot «braconnage»?
    (A) Élevage intensif
    (B) Exportation illicite
    (C) Chasse illégale
    (D) Contrefaçon interdite

16. Quelle est l'intention de l'auteur de cet article?
    (A) Mobiliser le public pour une bonne cause
    (B) Dénoncer l'indifférence des milieux artistiques
    (C) Alerter les dirigeants des parcs d'Afrique du Sud
    (D) Faire de la publicité pour le cinéma chinois

17. D'ici à 10 ans, quel chiffre alarmant le graphique nous communique-t-il sur l'avenir des éléphants?

    (A) 5% de la population pourrait disparaître.

    (B) 50 % de la population pourrait disparaître.

    (C) 20% de la population pourrait disparaître.

    (D) 10% de la population pourrait disparaître.

18. Selon le graphique, où se situent les plus gros consommateurs d'ivoire?

    (A) En Afrique

    (B) En Asie

    (C) En Europe

    (D) En Australie

19. Selon l'article, pourquoi la corne de rhinocéros est-elle particulièrement recherchée?

    (A) On en fait des ornements traditionnels.

    (B) On l'utilise en médecine traditionnelle.

    (C) On la recherche pour les objets de culte.

    (D) On la brûle pour en faire un encens très prisé.

20. D'après l'article et le graphique, dans quel secteur les braconniers opèrent-ils?

    (A) Dans les jungles inaccessibles d'Asie

    (B) Dans les régions reculées d'Amérique du Sud

    (C) Dans les forêts tropicales des Philippines

    (D) Dans les parcs nationaux d'Afrique du Sud

21. Selon l'article, pourquoi la chasse interdite des rhinocéros est-elle particulièrement atroce?

    (A) On tue surtout les mères pour leur corne.

    (B) On coupe la corne des rhinos alors qu'ils sont vivants.

    (C) On laisse les rhinos mourir de faim.

    (D) On chasse surtout les bébés rhinos partout en Afrique.

22. Selon l'article, de quoi doit-on se réjouir?

    (A) Le nombre d'animaux braconnés a récemment diminué.

    (B) On a arrêté un chef de file du braconnage en Afrique.

    (C) On a récemment décrété le braconnage interdit en Afrique.

    (D) Le gouvernement chinois limite l'importation d'ivoire.

23. Si vous vouliez avoir plus de renseignements sur le sujet de l'article et du tableau, quel ouvrage pourriez-vous consulter?

    (A) L'ouverture du Parc Kruger en Afrique au 20e siècle

    (B) Y a-t-il des avantages certains à la médecine douce?

    (C) Pourquoi le commerce de l'ivoire explose-t-il de nos jours?

    (D) Les différences entre les éléphants d'Afrique et d'Asie

Sélection numéro 4

Thème du cours:
La vie contemporaine / La quête de soi

INTRODUCTION Dans cette lettre, Chloé Masson, qui fait des études pour obtenir une licence professionnelle en commerce, contacte M. Schaeffer, directeur du service exports d'une entreprise basée à Strasbourg, en Alsace. Cette entreprise, qui s'appelle Grands Marchés, se spécialise dans la vente de produits gastronomiques, artisanaux et commerciaux de la région.

Chloé Masson
12, rue des Arbres
67000 Strasbourg
Tel : +33 3 88 65 11 20

cmasson@yahoo.fr
Grands Marchés
À l'attention de Pierre Schaeffer
Directeur - Service Exports

Strasbourg, le 3 juin 2014
Monsieur,

Je suis depuis deux ans des cours de commerce, de marketing et de gestion dans le cadre de mes études de licence professionnelle en commerce, et en fin de parcours, je dois effectuer un stage pratique. Je souhaiterais donc faire un stage de quelques semaines dans le service exports de votre entreprise.

Madame Bodoux, professeur d'études commerciales, m'a conseillée de m'adresser à vous car vous avez employé plusieurs de ses anciens élèves comme stagiaires au cours des dernières années et cela a mené à une excellente collaboration entre vous. Veuillez trouver ci-joint sa lettre de recommandation ainsi que mon CV.

Je me permets de vous préciser que l'été dernier, j'ai fait un stage au Petit Verre, une petite entreprise qui se consacre à la vente et à l'export de produits viticoles. Là, j'ai pu développer mes compétences pratiques dans le domaine du commerce. J'y ai apprécié les efforts et les encouragements des patrons en ce qui concerne le travail collaboratif et l'esprit d'équipe au sein des employés; j'en ai conclu que cette collaboration ne pouvait avoir que des effets positifs sur le chiffre d'affaires de cette entreprise traditionnelle qui, pourtant, manquait de ressources informatiques. Lors de ce stage, j'ai également appris l'importance d'établir des liens avec les Chambres de commerce locales. J'ai été fortement frappée par leurs réseaux de mobilisation de financements publiques (aides à l'investissement, à la consultance, à l'emploi, à l'innovation) et de coordination des contacts avec les différents intervenants (banques, Région, partenaires…).

Mon but est, cependant, de me perfectionner dans la vente et l'export des produits du terroir alsacien en général. J'ai fait quelques recherches sur Grands Marchés et je me suis aperçue que votre entreprise vend une grande variété de marchandises produites sur place. C'est justement ce qui m'intéresse. De plus, je voudrais me pencher davantage sur les foires et les salons, les relations avec la presse et les campagnes de publicité. Je pense donc qu'un stage de formation non-rémunéré dans le service exports de votre entreprise me fera démarrer dans cette direction. Je serai à votre disposition à plein temps et à votre gré du 1 juin au 30 septembre.

Dans l'attente de votre réponse, je vous prie d'agréer, Monsieur, l'expression de mes sentiments les meilleurs.

Chloé Masson

24. Que peut-on dire des études de Chloé Masson?
    (A) Elles ne se passent pas trop bien.
    (B) Elle a presque fini la partie théorique.
    (C) Elles exigent énormément de temps.
    (D) Elles se font dans des établissements privés.

25. Pourquoi Chloé Masson a-t-elle contacté M. Schaeffer?
    (A) C'est l'ancien ami d'un de ses professeurs d'université.
    (B) C'est un recruteur professionnel qui le lui a recommandé.
    (C) M. Schaeffer offre des stages à des étudiants en commerce.
    (D) M. Schaeffer est directeur d'une très grande entreprise.

26. Quelle expérience pratique Chloé Masson apporterait-elle à l'entreprise Grands Marchés?
    (A) Elle connaît parfaitement bien les vins d'Alsace.
    (B) Elle a travaillé dans un bureau de ressources humaines.
    (C) Elle en sait beaucoup sur les réseaux de support aux entreprises.
    (D) Elle a un diplôme en commerce.

27. Dans quel autre milieu Chloé Masson a-t-elle déjà travaillé?
    (A) Dans un commerce de vin
    (B) Dans un petit restaurant
    (C) Dans un magasin spécialisé
    (D) Dans un marché artisanal

28. Quel mot décrit le mieux les relations entre les employés du Petit Verre?
    (A) La concurrence
    (B) La coopération
    (C) L'humour
    (D) La jalousie

29. Quel outil de support précieux Chloé Masson n'a-t-elle pas trouvé dans l'entreprise du Petit Verre?
    (A) Les nouvelles technologies
    (B) De grands investissements
    (C) Un mode de coopération hiérarchique
    (D) Des objectifs de vente précis et globaux

30. Dans l'esprit de la lettre, qu'est-ce que Chloé aurait pu ajouter à sa lettre?
    (A) Tenez-moi au courant si vous avez un poste rémunéré à m'offrir.
    (B) R.S.V.P.
    (C) Votre servante dévouée
    (D) Je compte m'investir à fond dans votre mission et dans vos initiatives.

END OF PART A

STOP

If you finish before time is called, you may check your work on Part A only. Do not go on to Part B until you are told to do so.

Si vous finissez avant l'heure, vous pouvez vérifier votre travail dans la Partie A seulement. Ne regardez pas la Partie B jusqu'à ce qu'on vous le dise.

Part B. Interpretive Communication: Print and Audio Texts (combined)
Time — Approximately 55 minutes

You have 1 minute to read the directions for this part.	Vous aurez 1 minute pour lire les instructions pour cette partie.
You will listen to an audio selection. The audio selection is accompanied by a reading selection for which you will have a designated amount of time to read it. For the audio selection, first you will have a designated amount of time to read a preview of the selection as well as to skim the questions that you will be asked. The selection will be played twice. As you listen to the selection, you may take notes. Your notes will not be scored. After listening to the selection the first time, you will have 1 minute to begin answering the questions; after listening to the selection the second time, you will have 15 seconds per question to finish answering the questions. For each question, choose the response that is best according to the audio and/or reading selection and mark your answer on your answer sheet.	Vous allez écouter une sélection audio. La sélection audio est accompagnée d'une lecture pour laquelle vous aurez un temps déterminé pour la lire. Pour la sélection audio, vous aurez d'abord un temps déterminé pour lire une introduction et pour parcourir les questions qui vous seront posées. La sélection sera jouée deux fois. Vous pouvez prendre des notes pendant que vous écoutez la sélection mais elles ne seront pas notées. Après avoir écouté la sélection une première fois, vous aurez 1 minute pour commencer à répondre aux questions; après avoir écouté la sélection une deuxième fois, vous aurez 15 secondes par question pour finir de répondre aux questions. Pour chaque question, choisissez la meilleure réponse selon la sélection audio ou la lecture et indiquez votre réponse sur votre feuille de réponse.
You will now begin this part.	Vous allez maintenant commencer cette partie.

Sélection numéro 1

Thème du cours:
La quête de soi

Source numéro 1

Vous aurez d'abord 4 minutes pour lire la source numéro 1.

INTRODUCTION Dans cet e-mail, M. Vautun assiste à la conférence de l'OIF (Organisation internationale de la Francophonie). Il écrit à un collègue mauricien et lui parle de Jean-Claude de l'Estrac, ancien ministre des Affaires étrangères de l'île Maurice et candidat à la présidence de l'OIF.

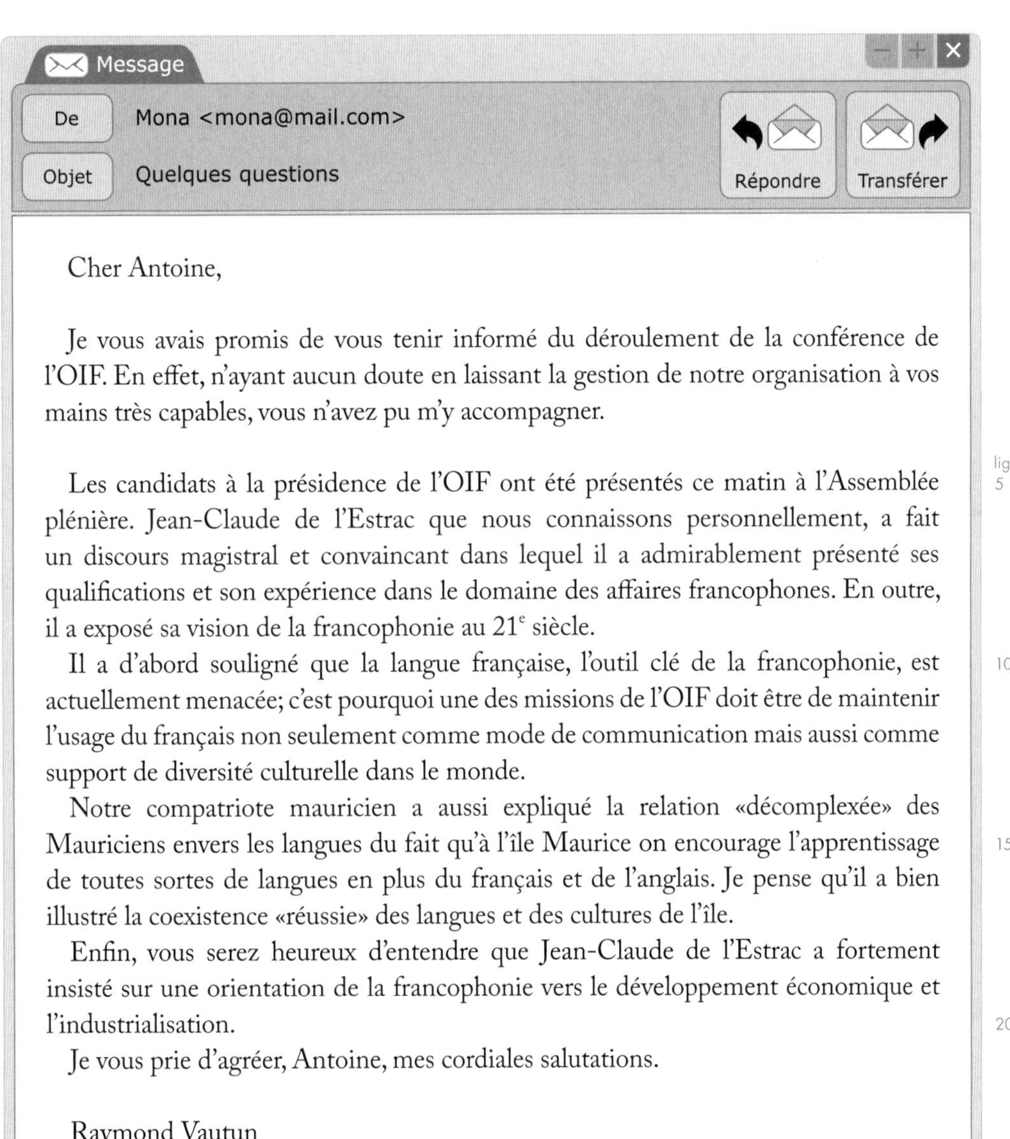

Message

De: Mona <mona@mail.com>

Objet: Quelques questions

Répondre | Transférer

Cher Antoine,

Je vous avais promis de vous tenir informé du déroulement de la conférence de l'OIF. En effet, n'ayant aucun doute en laissant la gestion de notre organisation à vos mains très capables, vous n'avez pu m'y accompagner.

Les candidats à la présidence de l'OIF ont été présentés ce matin à l'Assemblée plénière. Jean-Claude de l'Estrac que nous connaissons personnellement, a fait un discours magistral et convaincant dans lequel il a admirablement présenté ses qualifications et son expérience dans le domaine des affaires francophones. En outre, il a exposé sa vision de la francophonie au 21e siècle.

Il a d'abord souligné que la langue française, l'outil clé de la francophonie, est actuellement menacée; c'est pourquoi une des missions de l'OIF doit être de maintenir l'usage du français non seulement comme mode de communication mais aussi comme support de diversité culturelle dans le monde.

Notre compatriote mauricien a aussi expliqué la relation «décomplexée» des Mauriciens envers les langues du fait qu'à l'île Maurice on encourage l'apprentissage de toutes sortes de langues en plus du français et de l'anglais. Je pense qu'il a bien illustré la coexistence «réussie» des langues et des cultures de l'île.

Enfin, vous serez heureux d'entendre que Jean-Claude de l'Estrac a fortement insisté sur une orientation de la francophonie vers le développement économique et l'industrialisation.

Je vous prie d'agréer, Antoine, mes cordiales salutations.

Raymond Vautun

Source numéro 2

Vous aurez 2 minutes pour lire l'introduction et parcourir les questions.

INTRODUCTION À travers cette séquence, Jean-Claude de l'Estrac, secrétaire général de la Commission de l'Océan Indien (COI) et candidat à la présidence de l'OIF (Organisation internationale de la Francophonie) répond aux questions de Julien Chavanne à l'antenne de RFI matin et explique les raisons de sa candidature.

31. Quel est le but du courriel de Raymond Vautun?
    (A) Il explique pourquoi il a dû subitement partir en voyage à l'île Maurice.
    (B) Il veut renseigner un associé sur les élections du nouveau président de l'OIF.
    (C) Il annonce et décrit les obstacles que confrontent les candidats présidentiels à l'OIF.
    (D) Il veut surtout persuader son associé de voter pour Jean-Claude de l'Estrac

32. Quel est le ton de Raymond Vautun dans ce courrier électronique?
    (A) Familier
    (B) Rassurant
    (C) Arrogant
    (D) Irrité

33. Quelle est l'occupation de Raymond Vautun d'après cet e-mail?
    (A) Professeur
    (B) Journaliste
    (C) Avocat
    (D) Homme d'affaires

34. Qu'apprend-on sur Jean-Claude de l'Estrac à travers le courriel?
    (A) C'est un Mauricien réputé.
    (B) C'est un homme politique suspect.
    (C) Il est nationaliste.
    (D) Il est très jeune.

35. Selon la sélection audio, quelle valeur de la francophonie importe le plus à Jean-Claude de l'Estrac?
    (A) Elle améliore la communication.
    (B) Elle valorise la diversité.
    (C) Elle maintient le rôle diplomatique de la France.
    (D) Elle unit les pays pauvres.

36. D'après la sélection audio, dans quel domaine l'OIF peut-elle jouer un rôle positif en Afrique?
    (A) économique
    (B) diplomatique
    (C) culturel
    (D) médical

37. Dans la sélection audio, qu'est-ce qui semble paradoxal au journaliste?
    (A) M. de l'Estrac a exercé beaucoup de fonctions publiques différentes.
    (B) M. de l'Estrac veut faire de l'OIF une entreprise commerciale.
    (C) L'île Maurice est à la fois anglophone et francophone.
    (D) L'île Maurice fait partie de l'OIF mais les langues asiatiques sont dominantes.

38. Que dit Jean-Claude de l'Estrac au sujet de tensions à l'île Maurice?
    (A) Elles n'existent pas du tout.
    (B) Elles provoquent beaucoup de débats.
    (C) Elles servent plutôt à discuter de la diversité.
    (D) Elles sont gérées de façon non-agressive.

39. Quelle idée est mentionnée dans les deux sélections?
    (A) L'OIF est une organisation en péril.
    (B) La mission de l'OIF est avant tout linguistique.
    (C) La survie du français dans le monde actuel est incertaine.
    (D) Le prochain président de l'OIF doit venir de l'île Maurice.

40. Quel atout de M. de l'Estrac est souligné dans les deux sélections?
    (A) Il apprécie la richesse d'une société diversifiée.
    (B) Il parle beaucoup de langues couramment.
    (C) Il a été homme d'affaires toute sa vie.
    (D) Il a déjà été plus d'une fois président de l'OIF.

Sélection numéro 2

Thème du cours:
La vie contemporaine

Source numéro 1

Vous aurez d'abord 1 minute pour lire la source numéro 1.

INTRODUCTION Cette sélection montre les différentes façons de suivre les évènements sportifs en France. Le graphique a été publié en 2012 dans le journal *Le Figaro*.

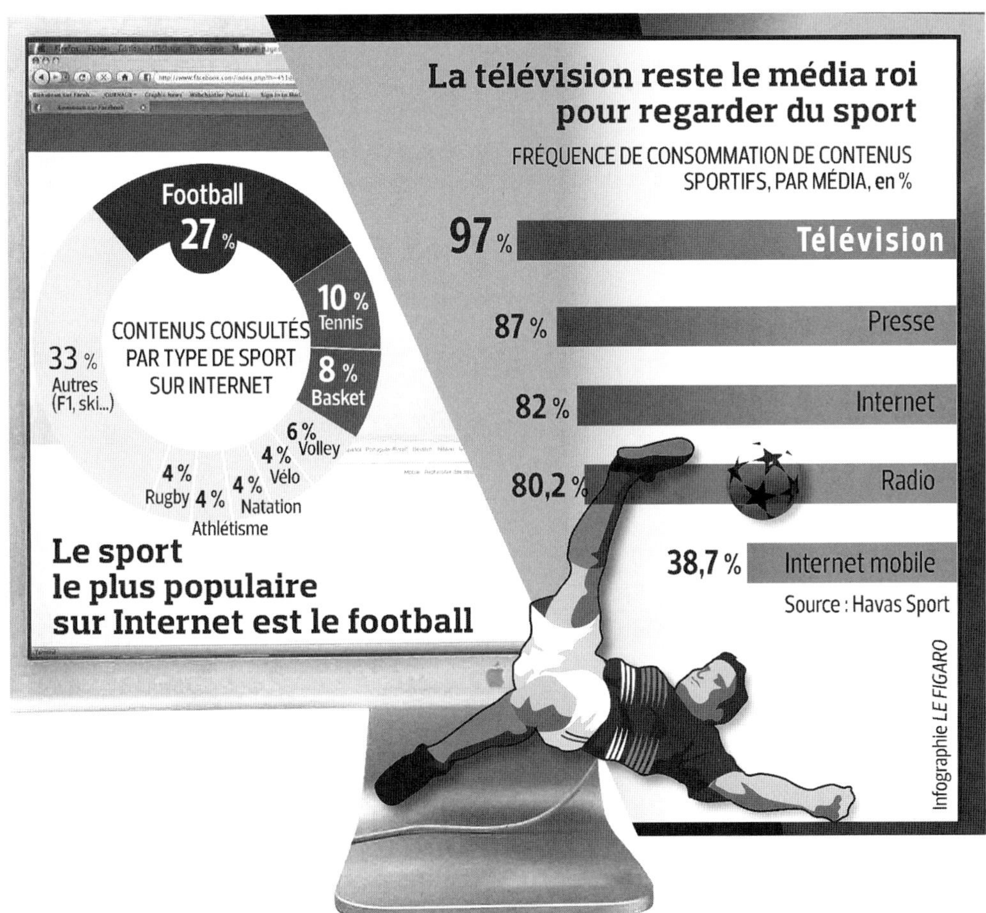

Source numéro 2

Vous aurez 1 minute pour lire l'introduction et parcourir les questions.

INTRODUCTION Dans cette sélection, Antoine et Chloé discutent de leurs projets pour le reste de la journée.

41. Comment les Français préfèrent-ils suivre les évènements sportifs?
    (A) En direct dans les stades
    (B) En regardant la télévision
    (C) En lisant les résultats de ces évènements dans les journaux
    (D) En discutant avec des amis sur Internet

42. Sur Internet, quel est le sport le plus suivi?
    (A) Le foot
    (B) Le tennis
    (C) Le cyclisme
    (D) Les sports de combat

43. D'après le graphique, quel est le sport individuel qui intéresse le plus les Français?
    (A) La natation
    (B) Le tennis
    (C) Le ski
    (D) Les courses automobiles

44. Quelle activité Chloé propose-t-elle pour l'après-midi?
    (A) Aller voir un match au stade
    (B) Aller faire du vélo pour brûler les calories accumulées à midi
    (C) Faire une randonnée avec des amis
    (D) Regarder les Jeux Olympiques à la télé

45. Pourquoi Antoine ne veut-il pas faire de randonnée aujourd'hui?
    (A) Il a un match de foot avec des copains.
    (B) Il n'aime pas les randonnées.
    (C) Il pense qu'il va pleuvoir.
    (D) Il veut regarder un match de la Coupe du monde de foot à la télé.

46. Pourquoi la mère d'Antoine l'appelle-t-elle sur son portable?
    (A) Pour lui dire que leur télé est en panne
    (B) Pour lui demander de lui prêter sa tablette
    (C) Pour lui donner le score du match France-Belgique
    (D) Pour lui proposer de la retrouver au café pour regarder le match ensemble

47. Quels médias mentionnés dans les deux sources peut-on utiliser pour se tenir informé des évènements sportifs?
    (A) Les journaux et la télé
    (B) L'Internet mobile et la télé
    (C) La presse écrite et en ligne
    (D) La radio et la télé

Sélection numéro 3

Thème du cours:
Les défis mondiaux

Vous aurez d'abord 1 minute pour lire l'introduction et parcourir les questions.

INTRODUCTION Cette sélection correspond à une interview de Carlos Lopes, secrétaire exécutif de la Commission économique des Nations Unies pour l'Afrique (CEA), à l'issue d'une réunion avec les leaders africains, à la veille de la réunion de haut niveau sur le changement climatique.

«Changement climatique: les Africains veulent faire partie des solutions»

Carlos LOPES: Tout le monde sait que l'Afrique est un continent qui est perdant, avec euh… le contexte et la situation telle qu'elle se développe. Nous avons… euh… très peu d'émissions et nous souffrons le plus euh par rapport au changement climatique en termes d'érosion, en termes de menaces de toutes sortes, en termes de manque de technologie, en termes de capacités installées pour pouvoir faire face aux défis… et nous savons que cette injustice climatique euh a aussi été, en quelque sorte, le moteur d'une attitude par rapport à l'Afrique qui… qui est la bienvenue, c'est-à-dire de vouloir aider l'Afrique, mais qui n'est pas suffisante. Nous voulons vraiment changer le discours. Les Africains veulent faire partie des solutions au changement climatique et pas seulement être les récipiendaires de l'aide qui éventuellement pourrait venir pour s'adapter à la situation actuelle. Cela veut dire quoi? Cela veut dire en quelques mots, les Africains ont besoin de s'industrialiser, ont besoin de développer leur agriculture, ont besoin de pouvoir créer des emplois, enfin faire tout euh… qui pourra permettre une amélioration de leurs conditions de vie et pourront le faire avec une technologie euh qui est adaptée au changement climatique, c'est-à-dire le faire avec des technologies modernes, plus propres, qui émettent moins euh de CO_2, ou bien, ils peuvent le faire d'une façon très traditionnelle qui permettra vraiment de combler certains euh besoins économiques et sociaux, mais qui portera beaucoup de tort euh à la situation climatique telle que nous la connaissons. Donc euh des réunions comme celles-ci sont des réunions qui permettent de faire passer le message sur le changement du discours africain.

Cristina SILVEIRO : Alors, justement, on parle de changement de discours. Est-ce que vous pouvez nous dire le message qui a été accordé ?

Carlos LOPES: Alors, le message est très clair. C'est un message qui veut passer euh vraiment euh le point suivant: les Africains veulent faire partie des solutions. Pour qu'ils puissent faire partie des solutions, ils veulent être traités d'une façon différente, ils veulent être aux tables des négociations avec une voix beaucoup plus forte, ils veulent que des accords soient trouvés d'ici euh la grande réunion de Paris de 2015 et sont très d'accord avec les initiatives du Secrétaire général, pour pouvoir éventuellement mobiliser la communauté internationale à répondre à ces défis.

48. Quel est le but de cette interview?

    (A) La participation des États africains à la solution du changement climatique

    (B) L'industrialisation de l'agriculture en Afrique

    (C) Les causes du changement climatique en Afrique

    (D) Le développement économique en Afrique

49. Quelle est l'opinion de l'interviewé concernant les effets du changement climatique en Afrique?

    (A) L'Afrique ne ressent pas encore les effets du changement climatique.

    (B) L'Afrique a déjà trouvé des solutions concrètes contre le changement climatique.

    (C) L'Afrique souffre le plus des effets du changement climatique.

    (D) Face au changement climatique, l'aide que l'Afrique reçoit est suffisante.

50. D'après ce reportage, quelle solution au changement climatique ne figure pas parmi les options pour les Africains?

    (A) Créer plus d'emplois

    (B) Développer l'agriculture avec de nouvelles technologies

    (C) S'industrialiser davantage

    (D) Produire moins d'émissions

51. Que faut-il changer pour que les Africains puissent contribuer aux solutions du changement climatique?

    (A) Il faut qu'ils aient une meilleure économie.

    (B) Il faut qu'ils soient invités aux négociations mondiales.

    (C) Il faut qu'ils s'adaptent aux initiatives suggérées.

    (D) Il faut qu'ils fassent plus de recherches scientifiques.

52. Que peut-on constater dans le contexte de l'interview?

    (A) Les Africains ne veulent pas changer de discours au sujet du changement climatique.

    (B) Les Africains n'ont pas les moyens technologiques et économiques de lutter contre le changement climatique.

    (C) Les Africains ne veulent pas simplement être bénéficiaires de l'aide contre le changement climatique.

    (D) Les Africains ne sont pas d'accord avec les initiatives contre le changement climatique.

Sélection numéro 4

Thème du cours:
L'esthétique

Vous aurez d'abord 1 minute pour lire l'introduction et parcourir les questions.

INTRODUCTION Dans cette sélection, il s'agit d'un reportage de l'émission *Culture vive* sur l'histoire de la Fête de la Musique.

53. Qui est-ce que la journaliste reçoit?
    (A) Le fondateur de la Fête de la Musique
    (B) L'auteur d'un livre au sujet de la Fête de la Musique
    (C) Le ministre de la Culture
    (D) Le directeur de la Fête de la Musique

54. Quand la Fête de la Musique est-elle née?
    (A) Il y a 30 ans.
    (B) Il y a 3 ans.
    (C) Il y a 21 ans.
    (D) Il y a 100 ans.

55. Pourquoi a-t-on eu l'idée de la Fête de la Musique?
    (A) Pour célébrer l'élection du président François Mitterrand
    (B) Pour recevoir le roi d'Espagne
    (C) Pour encourager l'apprentissage d'un instrument dans les écoles
    (D) Pour permettre aux Français de jouer dans les rues

56. Où a lieu la Fête de la Musique?
    (A) Elle a lieu uniquement à Paris.
    (B) Elle a lieu uniquement en France.
    (C) Elle connaît un succès mondial.
    (D) Elle a lieu principalement en Afrique.

57. Quelle phrase résume le mieux l'attitude lors de la création de la Fête de la Musique?
    (A) Les fondateurs n'étaient pas confiants au sujet de la réussite de la Fête.
    (B) Le gouvernement de gauche de François Mitterrand ne soutenait pas l'idée.
    (C) Les fondateurs étaient sûrs de la réussite de la Fête.
    (D) Les fondateurs ne voulaient pas continuer la Fête après sa première version.

Sélection numéro 5

Thème du cours:
La quête de soi

Vous aurez d'abord 2 minutes pour lire l'introduction et parcourir les questions.

INTRODUCTION Dans cette sélection, il s'agit d'une présentation par un professeur de la Sorbonne, à Paris, sur l'art de créer des histoires et sur la relation de celles-ci avec la perception de la réalité.

58. Quel est l'argument principal du présentateur?
    (A) Les enfants utilisent des histoires pour se préparer à l'avenir.
    (B) Il est important de raconter des histoires aux enfants.
    (C) Il n'est pas bon que les histoires enfantines reflètent trop la réalité.
    (D) Les enfants ont peu d'imagination quand ils créent des histoires.

59. D'après le présentateur, quand est-ce qu'on commence à créer des histoires?
    (A) Dès le plus jeune âge
    (B) Pendant l'adolescence
    (C) À l'âge adulte
    (D) Cela dépend des enfants

60. Parmi ces raisons, laquelle n'est pas une raison pour créer une histoire?
    (A) Pour faire l'expérience du réel en l'absence du réel
    (B) Pour «routiniser» les futurs rôles
    (C) Pour mieux affronter l'avenir
    (D) Pour mieux imiter les parents

61. Que signifie la phrase «. . . comme s'ils avaient déjà engrammé le rôle, engrammé l'histoire. . .»?
    (A) Les histoires que les parents racontent aux enfants n'ont aucun effet sur eux.
    (B) Les enfants créent des histoires pour changer leur réalité.
    (C) En créant des histoires, les enfants anticipent leurs futurs rôles de parents.
    (D) Les histoires ont peu d'influence sur l'évolution des enfants.

62. Laquelle de ces conclusions résume le mieux la présentation?
    (A) Raconter des histoires, c'est important pour le développement personnel.
    (B) Imiter les adultes, ça ne sert à rien pour les enfants.
    (C) Anticiper l'avenir garantit la réussite future des enfants.
    (D) Les garçons imitent seulement leurs pères et les filles leurs mères.

63. Dans le contexte de la présentation, que veut dire «mieux affronter le réel»?
    (A) Mieux faire face à l'avenir ou à la réalité
    (B) Mieux réussir dans la vie
    (C) Mieux comprendre l'avenir
    (D) Mieux imiter les comportements parentaux

64. D'où viennent probablement les expressions «adultes» que les enfants utilisent dans leurs histoires?
    (A) De leurs parents
    (B) Des médias
    (C) De leurs frères et sœurs
    (D) De leurs amis

65. Quelle raison est-ce que le présentateur ne cite pas, qui explique pourquoi les adultes utilisent également des simulations?
    (A) Pour sauver des vies humaines
    (B) Pour mieux comprendre leurs rôles de parents
    (C) Pour épargner le matériel
    (D) Pour développer des compétences et mieux se préparer

END OF PART B

END OF SECTION I

AP® French Language and Culture Practice Exam

SECTION II ▸ Free Response Questions

DO NOT OPEN THIS BOOKLET UNTIL YOU ARE TOLD TO DO SO.

At a Glance

Total Time
Approximately 1 hour, 25 minutes

Number of Tasks
4

Percent of Total Score
50%

Writing Instrument
Pen with black or dark blue ink

Section II Part A

Task 1:
E-mail Reply

Time
15 minutes

Task 2:
Persuasive Essay

Time
55 minutes

Section II Part B

Task 3:
Conversation

Task 4:
Cultural Comparison

Time
Approximately 15 minutes

Instructions

Part A: The questions for Section II Part A are printed in the booklet.

This part is a test of your ability to write French. It consists of one Interpersonal Communication task and one Presentational Communication task. All answers must be written in French. Write clearly and legibly. Write only in the lined spaces provided for the answers. Cross out any errors you make; crossed-out work will not be scored.

Manage your time carefully. You have 15 minutes to complete Task 1. You may review your response if you finish before the end of Task 1 is announced, but you may NOT go on to Task 2 until you are told to do so. The master audio recording will indicate the beginning and end of Task 2. You may review your response for Task 2 if you finish before the end of the task is announced, but you may NOT go back to Task 1 nor go on to Part B.

Part B: The questions for Part B are printed in the insert. This part is a test of your ability to speak French. It consists of one Interpersonal Communication task and one Presentational Communication task. You will be asked to record your responses. You will be asked to start, pause, and stop your recorder several times. Carefully follow the instructions spoken on the master recording.

SECTION II

Total Time — Approximately 1 hour and 25 minutes

Part A

Time — Approximately 1 hour and 10 minutes

Task 1: Interpersonal Communication: E-mail Reply

You will write a reply to an e-mail message. You have 15 minutes to read the message and write your reply.

Your reply should include a greeting and a closing and should respond to all the questions and requests in the message. In your reply, you should also ask for more details about something mentioned in the message. Also, you should use a formal form of address.

Vous allez écrire une réponse à un message électronique. Vous aurez 15 minutes pour lire le message et écrire votre réponse.

Votre réponse devrait débuter par une salutation et terminer par une formule de politesse. Vous devriez répondre à toutes les questions et demandes du message. Dans votre réponse, vous devriez demander des détails à propos de quelque chose mentionné dans le texte. Vous devriez également utiliser un registre de langue soutenue.

Time — 15 minutes

Thème du cours:
La famille et la communauté

INTRODUCTION Vous venez de recevoir un message électronique de M. Jacques Marin, employé communal chargé de gérer les activités jeunesse de la communauté où vous vivez. Il accuse réception de votre demande pour un poste de moniteur (monitrice) de camps de vacances pour l'été.

Les grandes vacances approchent!

Un grand nombre de jeunes de 9 à 13 ans se sont déjà inscrits aux nombreuses activités offertes en juillet et en août dans le cadre des camps de vacances subventionnés par notre commune.

Les enseignants qualifiés sont à présent embauchés mais ils auront besoin comme d'habitude de moniteurs adjoints pour animer diverses activités.

Nous faisons maintenant appel à des adolescent(e)s qui répondent à nos critères en matière d'âge, d'expérience, de leadership et surtout de motivation concernant l'amélioration des rapports sociaux.

Nous vous remercions pour la candidature à un poste de volontaire que vous avez préalablement complétée en ligne et nous vous prions de répondre aux questions suivantes:

1. Nous offrons deux sessions de camp, celle de juillet et celle d'août. Quand seriez-vous disponible?
2. Pouvez-vous confirmer que vous serez capable d'assister à une formation de moniteur (monitrice) du 3 au 6 juin?

Veuillez noter que nous donnerons préférence aux volontaires qui sont capables de participer à une session complète, soit en juillet, soit en août.

Dans l'attente de votre réponse, veuillez accepter mes sincères salutations.

Jacques Marin
Secrétaire au Service Activités Jeunesse
Commune d'Autun-les-Bains

STOP

Do not go on until you are told to do so.	Ne continuez pas jusqu'à ce qu'on vous le dise.

Task 2: Presentational Communication: Persuasive Essay

You will write a persuasive essay to submit to a French writing contest. The essay topic is based on three accompanying sources, which present different viewpoints on the topic and include both print and audio material. First, you will have 6 minutes to read the essay topic and the printed material. Afterward, you will hear the audio material twice; you should take notes while you listen. Then, you will have 40 minutes to prepare and write your essay.

In your persuasive essay, you should present the sources' different viewpoints on the topic and also clearly indicate your own viewpoint and defend it thoroughly. Use information from all the sources to support your essay. As you refer to the sources, identify them appropriately. Also, organize your essay into clear paragraphs.

Vous allez écrire un essai persuasif pour un concours d'écriture de langue française. Le sujet de l'essai est basé sur trois sources ci-jointes, qui présentent des points de vue différents sur le sujet et qui comprennent à la fois du matériel audio et imprimé. Ensuite, vous écouterez l'audio deux fois; vous devriez prendre des notes pendant que vous écoutez. Enfin, vous aurez 40 minutes pour préparer et écrire votre essai.

Dans votre essai, vous devriez présenter les points de vue différents des sources sur le sujet et aussi indiquer clairement votre propre point de vue que vous défendrez à fond. Utilisez les renseignements fournis par toutes les sources pour soutenir votre essai. Quand vous ferez référence aux sources, identifiez-les de façon appropriée. Organisez aussi votre essai en paragraphes bien distincts.

Time — Approximately 55 minutes

Thème du cours:
La vie contemporaine

Vous aurez 6 minutes pour lire le sujet de l'essai, la source numéro 1 et la source numéro 2.

Sujet de l'essai:

Aujourd'hui, peut-on parler d'égalité entre hommes et femmes dans la société française?

Source numéro 1

INTRODUCTION Dans cette sélection, il s'agit d'un programme pédagogique qui cherche à établir plus d'égalité entre les garçons et les filles.

De la maternelle au baccalauréat, égalité des filles et des garçons

L'égalité des filles et des garçons constitue une obligation légale et une mission fondamentale pour l'éducation nationale. Si les écoles et les établissements sont devenus mixtes dans les années 70, trop de disparités subsistent dans les parcours scolaires des filles et des garçons. L'éducation à l'égalité est nécessaire à l'évolution des mentalités.

UNE SITUATION CONTRASTÉE

Les filles réussissent mieux que les garçons

Dès l'école primaire, les filles obtiennent de meilleurs résultats scolaires que les garçons. Elles redoublent moins, leur taux de réussite au diplôme national du brevet et au baccalauréat est plus élevé.

...mais n'ont pas les mêmes parcours scolaires

À la fin du collège, quels que soient leur milieu social d'origine ou leur réussite scolaire, les filles s'orientent plus vers l'enseignement général et technologique que vers l'enseignement professionnel (et très rarement dans les sections industrielles).

Dans l'enseignement général et technologique, elles délaissent plus facilement les filières scientifiques et techniques. Elles choisissent aussi des options différentes des garçons.

Après le baccalauréat, dans les classes préparatoires aux grandes écoles, 74% des élèves des filières littéraires sont des filles, pour 30% des élèves scientifiques. Seulement 28% des diplômes d'ingénieurs sont délivrés à des femmes.

Les différences d'orientation entre filles et garçons ont des conséquences sur leur insertion dans l'emploi.

UN OBJECTIF AMBITIEUX: RÉÉQUILIBRER LES FILIÈRES

En Europe, le processus de Lisbonne s'est fixé un objectif: l'excellence scientifique et technologique. Augmenter la part des femmes dans ces métiers est un des moyens d'y parvenir.

L'outil: une convention interministérielle

La nouvelle convention interministérielle pour l'égalité entre les filles et les garçons, les femmes et les hommes dans le système éducatif (2013–2018) traduit la conviction selon laquelle la réussite de tous les élèves est liée à la manière dont l'École porte le message de l'égalité, l'incarne et en assure l'effectivité.

Destinée à ancrer l'égalité entre les filles et les garçons dans les pratiques des acteurs de l'école, cette convention ouvre trois chantiers prioritaires:

- **la transmission** des valeurs d'égalité entre les filles et les garçons
- **le renforcement** de l'éducation au respect mutuel et à l'égalité entre les filles et les garçons, les femmes et les hommes
- **l'engagement** pour une mixité plus forte des filières de formation et à tous les niveaux d'étude

Source numéro 2

INTRODUCTION Ce graphique, publié par l'INSEE à l'occasion de la Journée internationale des droits des femmes, montre qu'aujourd'hui, en France, les femmes sont encore victimes d'inégalités dans leur vie quotidienne.

Les chiffres des femmes en France

Source numéro 3

Vous aurez 30 secondes pour lire l'introduction.

INTRODUCTION Emmanuelle Latour, secrétaire générale de l'Observatoire de la parité entre les femmes et les hommes s'exprime sur le plateau de l'émission 7 jours sur la planète. Elle établit un bilan sur l'avancée de l'égalité des droits entre les deux sexes dans divers domaines.

Please use a separate sheet of paper to write your essay.

END OF PART A

STOP

If you finish before time is called, you may check your work on Part A only. Do not go on to Part B until you are told to do so.	Si vous finissez avant l'heure, vous pouvez vérifier votre travail dans la Partie A seulement. Ne regardez pas la Partie B jusqu'à ce qu'on vous le dise.

AP® French Language and Culture Practice Exam

SECTION II ▸ Part B

DO NOT BREAK THE SEAL ON THIS INSERT UNTIL YOU ARE TOLD TO DO SO.

At a Glance

Total Time
Approximately 15 minutes
Number of Tasks
2

Section II Part B
Task 3:
Conversation
Time
Approximately 5 minutes
Task 4:
Cultural Comparison
Time
Approximately 7 minutes

Instructions

Directions for speaking will be given to you by a master recording, and you will be told when to open this insert. This part consists of one Interpersonal Communication task and one Presentational Communication task. Your responses will be recorded. All responses must be spoken in French. Carefully follow the directions for starting, pausing, and stopping your recording equipment. Make sure that the machine is in the "Record" position when you are recording. At the completion of the exam, you should verify that your voice has been recorded.

Part B
Time — Approximately 15 minutes

This part requires spoken responses. Your cue to start or stop speaking will always be this tone.	Cette partie demande des réponses orales. Votre signal pour commencer ou cesser de parler sera toujours cette tonalité.
You have 1 minute to read the directions for this part.	Vous aurez 1 minute pour lire les instructions pour cette partie.
Your spoken responses will be recorded. Your score will be based on what you record. It is important that you speak loudly enough and clearly enough for the machine to record what you say. You will be asked to start, pause, and stop your recorder at various points during the exam. Follow the directions and start, pause, or stop the recorder only when you are told to do so. Remember that the tone is a cue only to start or stop speaking—not to start or stop the recorder.	Vos réponses orales seront enregistrées. Votre note sera basée sur ce que vous enregistrez. Il est important de parler assez fort et clairement pour que vos réponses soient enregistrées. Il vous sera demandé de mettre en marche, de mettre en pause, et d'arrêter la machine à certains moments de l'examen. Suivez les instructions et mettez en marche, mettez en pause, ou arrêtez la machine seulement quand on vous le dit. Rappelez-vous que la tonalité est seulement le signal pour commencer ou arrêter de parler —pas pour commencer ou arrêter la machine.

Task 3: Interpersonal Communication: Conversation
Time — Approximately 5 minutes

You will now begin this part.	Vous allez maintenant commencer cette partie.
You have 1 minute to read the directions for this task.	Vous aurez 1 minute pour lire les instructions pour cet exercice.
You will participate in a conversation. First, you will have 1 minute to read a preview of the conversation, including an outline of each turn in the conversation. Afterward, the conversation will begin, following the outline. Each time it is your turn to speak, you will have 20 seconds to record your response. You should participate in the conversation as fully and appropriately as possible.	Vous allez participer à une conversation. D'abord, vous aurez 1 minute pour lire une introduction à cette conversation qui comprend le schéma des échanges. Ensuite, la conversation commencera, suivant le schéma. Quand ce sera à vous de parler, vous aurez 20 secondes pour enregistrer votre réponse. Vous devriez participer à la conversation de façon aussi complète et appropriée que possible.
You will now begin this task.	Vous allez maintenant commencer cet exercice.

Thème du cours:
La vie contemporaine

Vous aurez 1 minute pour lire l'introduction.

INTRODUCTION Voici une conversation avec Marie, une camarade qui voyagera avec vous et votre classe en France. Vous participez à cette conversation parce que les voyageurs de votre groupe sont tous à l'aéroport où vous attendez votre vol. Marie, très impatiente de commencer l'aventure, veut parler du voyage.

Marie	Elle vous salue, fait un commentaire et vous pose une question.
Vous	Réagissez et répondez à sa question négativement avec une explication.
Marie	Elle réagit et pose une autre question.
Vous	Répondez en décrivant deux endroits que vous avez visités en donnant des détails.
Marie	Elle réagit et continue avec deux autres questions.
Vous	Répondez et faites des suggestions.
Marie	Elle vous remercie et elle vous pose une autre question.
Vous	Répondez avec des détails.
Marie	Elle fait des remarques.
Vous	Réagissez à ses remarques et terminez la conversation.

STOP

Do not go on until you are told to do so.	Ne continuez pas jusqu'à ce qu'on vous le dise.

Task 4 : Presentational Communication: Cultural Comparison
Time — Approximately 7 minutes

You have 1 minute to read the directions for this task.	Vous aurez 1 minute pour lire les instructions pour cet exercice.
You will make an oral presentation on a specific topic to your class. You will have 4 minutes to read the presentation topic and prepare your presentation. Then you will have 2 minutes to record your presentation. In your presentation, compare your own community to an area of the French-speaking world with which you are familiar. You should demonstrate your understanding of cultural features of the French-speaking world. You should also organize your presentation clearly.	Vous allez faire un exposé pour votre classe sur un sujet spécifique. Vous aurez 4 minutes pour lire le sujet de présentation et préparer votre exposé. Vous aurez alors 2 minutes pour l'enregistrer. Dans votre exposé, comparez votre propre communauté à une région du monde francophone que vous connaissez. Vous devriez montrer votre compréhension des facettes culturelles du monde francophone. Vous devriez aussi organiser clairement votre exposé.
You will now begin this task.	Vous allez maintenant commencer cet exercice.

Thème du cours:
La science et la technologie

Sujet de présentation:

Quelle est l'importance des nouvelles technologies et de leurs applications dans la vie des jeunes? Comparez vos observations des communautés où vous avez vécu avec vos observations d'une région du monde francophone que vous connaissez. Dans votre exposé, vous pouvez faire référence à ce que vous avez étudié, vécu, observé, etc.

END OF PART B

END OF EXAM
STOP

THÈME 1 ▸ LA FAMILLE ET LA COMMUNAUTÉ

Contexte 1 L'enfance et l'adolescence

Lecture 1.1, Après la lecture

1 1. a 2. d 3. a 4. c 5. c

Structures

peux (enfin) réaliser; réaliser (mon rêve) de devenir; a pour (simple) vocation d'insérer; aide (également) à briller; n'est pas d'avoir (un produit fini du football) mais de déceler; peuvent arriver à; a décidé de bosser; peut réussir au; permettent de prendre

Lecture 1.2, Après la lecture

1 (*Les réponses peuvent varier*). 1. Le public croit que la jeunesse est passive, désabusée et égoïste. 2. D'après Madame Fourneyron, les jeunes sont généreux et investis. Ils font confiance aux associations pour faire évoluer la société dans le sens qu'ils souhaitent. 3. Selon l'article, les jeunes sont considérés comme «de sérieux acteurs du bénévolat» parce que leur engagement a augmenté de 32% entre 2010 et 2013. Les chiffres rehaussent l'image de la jeunesse. 4. Les trois raisons principales qui incitent les jeunes à faire du bénévolat sont des compétences facilement transférables à la vie estudiantine ou au marché du travail, l'épanouissement et la dimension collective. 5. D'après le graphique, le domaine social, caritatif attire le plus de bénévoles. 6. 12% de bénévoles s'investissent surtout pour les enfants et les jeunes. 7. Si on désirait améliorer son CV en tant que professionnel de la santé, on pourrait être volontaire dans les domaines de la recherche et de l'assistance médicale.

Audio, Après l'écoute

2 (*Les réponses peuvent varier*). 1. «Entre les murs» est un long métrage entre fiction et documentaire sur l'univers de la classe et de l'enseignement d'aujourd'hui. 2. Il y a une ambiance particulière entre ce professeur de français et ses élèves avec une espèce de joute oratoire qui mène à des discussions très directes.
3. Laurent Cantet pense que l'école doit être pensée comme faisant partie du monde et non pas tel un sanctuaire à l'abri de toutes les turbulences. 4. Il pense qu'une des fonctions de l'enseignement est d'apprendre à réfléchir, de donner des armes pour affronter la vie en société. 5. L'école l'a aidé à grandir parce qu'elle l'a également aidé à penser.

Contexte 2 L'amitié et l'amour

Lecture 2.1, Après la lecture

2 1. b 2. d 3. a 4. d 5. c

Lecture 2.2, Après la lecture

1 1. a 2. c 3. b 4. d 5. d

2 3, 1, 5, 2, 4

Audio, Avant l'écoute

1 1. énervait 2. exprimer 3. proches 4. partagent 5. égalité

Audio, Après l'écoute

1 1. b 2. b 3. d 4. a 5. c

Contexte 3 Les rapports sociaux

Lecture 3.1, Après la lecture

1 1. b 2. a 3. d 4. b 5. a 6. b

Lecture 3.2, Après la lecture

1 (*Les réponses peuvent varier*). 1. Le but de l'association est de «proposer» des grands-parents de substitution aux enfants qui n'en ont pas, qui n'en ont plus ou qui vivent très loin d'eux. Cela permet de créer ou de remplacer des liens intergénérationnels.
2. Françoise Grouard est la grand-mère d'adoption de la famille Merckaert. Elle fait partie de la famille, en fêtant les 14 ans de Chloé chez elle. 3. Avec la famille Merckaert, elle joue aux dames, elle emmène les enfants en vacances et elle aide avec les devoirs. 4. Les grand-parrains peuvent apporter un lien familial à ceux qui ne l'ont pas. 5. Françoise a décidé de devenir grand-mère d'adoption parce qu'elle s'imaginait mal rester chez elle sans rien faire. Après toute sa carrière dans l'enseignement, le lien avec les enfants lui manquait. 6. La mère de Chloé, Marie-France, aime beaucoup la présence de Françoise, en disant qu'elle fait partie de la famille. Élevée par sa grand-mère, Marie-France voulait que ses enfants aient un lien avec des grands-parents, parce que «les parents ne peuvent pas tout donner».

Structures

en; y; l'; lui; eux; leur

Audio, Avant l'écoute

1 1. loyers 2. huppées 3. délabré 4. entrepôts 5. urbanisme 6. noblesse

Audio, Pendant l'écoute

1 langue courante, embourgeoisement, devenir plus aisée, sont réhabilitées, les commerces changent, bourgeois-bohèmes

Audio, Après l'écoute

1 1. Faux; «Gentrification» est un mot qui est en train de passer dans la langue courante, mais qui n'est pas encore dans les dictionnaires usuels. 2. Vrai 3. Vrai 4. Vrai 5. Faux; Les anciennes bâtisses sont réhabilitées pendant le processus de gentrification. 6. Faux; Dans le Marais à Paris, les demeures somptueuses de l'aristocratie des dix-septième et dix-huitième siècles, laissées presque à l'abandon, sont redevenues des appartements d'habitation. 7. Vrai 8. Faux; La boboïsation se passe quand des gens avec beaucoup d'argent envahissent un quartier.

Contexte 4 Les coutumes

Développement du vocabulaire

1 1. inacceptable 2. désaccord 3. se désaccoutumer 4. incohérent(e) 5. incongru(e) 6. indiscipliné(e) 7. injuste 8. désorienter 9. insécurité 10. instabilité 11. désunir 12. involontairement

Lecture 4.1, Après la lecture

1 (*Les réponses peuvent varier*). 1. La scène se passe chez un couple bourgeois parisien lors d'un dîner. 2. L'hôtesse est Sophie (dite Madamedu). 3. Elle indique où les invités doivent s'asseoir. 4. Elle refuse de s'asseoir parce qu'il y a 13 convives. 5. Elle exprime de l'horreur et du mépris. 6. Elle l'accuse d'avoir invité

13 personnes exprès. 7. Elle se sent effondrée. 8. Ils sont gênés et un peu contrariés. 9. Un couple a annulé et un invité est reparti. 10. Il propose d'aller chercher une autre personne/la personne qui est partie. 11. Il propose d'inviter Sonia, la domestique. 12. Sonia ne peut pas croire que Banon lui parle.

2 1. convives 2. gêne 3. reste coi 4. a fait exprès 5. effondrée 6. à l'improviste 7. s'apprête 8. pressent

Structures

(*Les réponses peuvent varier*). 1. ... un couple avait annulé et Hubert d'A. était reparti. 2. ... avait retardé un dîner quand la même question s'était posée. 3. ... n'avait rien dit 4. ... avait pressenti que la situation menaçait de dégénérer. 5. ... elle pensait que George Banon s'était adressé à une autre personne.

Lecture 4.2, Après la lecture

1 1. b 2. b 3. b 4. a 5. d

Audio, Après l'écoute

1 1. Faux; Le Ngondo se déroule chaque année au début du mois de décembre. 2. Faux; Plus de 15.000 personnes assistent à la fête. 3. Faux; Les Portugais ont connu ce fleuve au XIVème siècle. 4. Vrai 5. Vrai 6. Faux; Les premiers Européens qui sont arrivés au Cameroun étaient les Portugais. 7. Faux; Les Sawas avaient leur propre divinité. 8. Vrai

Contexte 6 Les coutumes

Développement du vocabulaire

1 1. une famille qui inclut un couple marié et des enfants 2. une famille immédiate, composée d'un couple, pas toujours marié, avec ou sans enfant 3. une famille composée de plusieurs générations vivant ensemble 4. une famille avec un seul parent 5. une famille composée d'un adulte qui était déjà marié, avec des enfants d'une précédente union 6. une famille qui ne suit pas les structures typiques

Plus à fond

1 1. 33,8; 52,7; 35,1 2. Le nombre de ménages composés de gens seuls a augmenté de 30,8% en 1999 à 33,8% en 2010. Le nombre de ménages composés d'un couple sans enfant a augmenté de 24,5% en 1999 à 25,9% en 2010, tandis que le nombre de couple avec enfants a décru de 31,6% en 1999 à 26,8% en 2010. Le nombre de ménages composés d'une famille monoparentale a augmenté de 7,6% en 1999 à 8,3% en 2010.

Cinémathèque On s'embrasse ?

Pendant le visionnement

1 (*Les réponses peuvent varier*). 1. La jeune femme est dans un café. 2. Elle prend un café pour passer le temps avant un rendez-vous important. Elle regarde autour d'elle pour trouver quelqu'un qui pourrait l'aider.

2 (*Les réponses peuvent varier*). 1. La jeune femme aborde l'homme car il est seul et il ne semble pas occupé. Elle lui demande de lui donner la réplique pour une audition à laquelle elle doit très prochainement participer. 2. L'homme dit «bon» et accepte de l'aider. Sa réaction n'est pas vraiment visible, et il reste tranquille.

3 (*Les réponses peuvent varier*). 1. Le personnage est en train de rompre avec son petit ami, qu'elle n'aime plus. 2. La jeune femme semble très attristée par ce que son personnage est en train de faire. Elle voulait montrer les émotions appropriées et elle a peut-être déjà vécu cette situation.

Après le visionnement

1 (*Les réponses peuvent varier*). 1. Elle prend un café en attendant son rendez-vous. Elle étudie quelque chose sur une feuille de papier. 2. Il est en train de travailler ou d'étudier. 3. Il ne fait rien. Il est assis seul à une table. 4. Elle est actrice et elle a besoin de répéter le texte d'une scène qu'elle doit interpréter pour une audition. 5. Il s'agit d'une rupture entre deux personnages, Julie et Paul. 6. Il lui suggère de sourire. 7. Elle se met à pleurer. 8. Il lui dit de partir. 9. La femme (La petite amie) de l'homme arrive. Elle lui dit: «On s'embrasse»?

2 (*Les réponses peuvent varier*). 1. L'actrice ne s'approche pas du premier homme parce qu'il est occupé. 2. L'homme est un peu hésitant et confus, en disant qu'il ne comprend pas. 3. L'actrice et l'homme ne savent pas si c'est en ce qui concerne la vie quotidienne ou la représentation. 4. Il demande qu'elle sourit parce que c'est plus réel et émouvant. Après sa demande, la jeune femme est vraiment étonnée, et elle ne croit pas que son personnage doive sourire pendant cette scène poignante. 5. L'actrice semble penser que sa dernière représentation est plus réelle et émouvante que les autres. 6. La fin de ce court métrage est ironique. La scène se passe dans la vraie vie et dans le texte qu'elle répète pour l'audition. Lorsque la jeune femme part pour l'audition, la femme (la petite amie) de l'homme revient des toilettes. Elle lui dit : «On s'embrasse»?, comme l'actrice.

THÈME 2 ▸ LA SCIENCE ET LA TECHNOLOGIE

Contexte 1 La technologie et ses effets sur la société

Lecture 1.1, Après la lecture

1 1. c 2. d 3. d 4. e 5. c 6. b

2 1. b 2. c 3. a 4. d 5. b

Lecture 1.2, Après la lecture

1 (*Les réponses peuvent varier*). 1. On nomme le robot de JRL «un double» parce qu'il fonctionne comme une seconde enveloppe corporelle. 2. Il est piloté par la pensée, grâce à un casque doté d'une dizaine d'électrodes localisées au niveau de la nuque et un écran de contrôle. 3. Le robot peut attraper une boisson, se diriger vers une table et la poser à un endroit précis. 4. Cette manière de piloter le robot est extraordinaire car sans bouger le moindre petit doigt, le doctorant parvient à faire exécuter par le robot ces opérations. 5. Le système se fonde sur des signaux neuronaux qui oscillent à la même fréquence qu'un stimulus visuel clignotant. 6. Ce projet réunit roboticiens, psychologues et neurologues. 7. Cet équipe de scientifiques a pour but de «dissoudre la frontière» entre corps humains et représentations de substitution. 8. Un étudiant de l'université Bar-Ilan en Israël, allongé dans un appareil d'IRM, a guidé un petit robot dans une pièce de l'IUT de Béziers en France.

2 3, 7, 1, 5, 2, 4, 8, 6

Audio, Après l'écoute

1 1. Vrai 2. Faux; Il a associé cette fonction de partage automatique au comportement d'un logiciel malveillant. 3. Vrai 4. Vrai 5. Faux; Le journaliste est concerné par des zooms sur des évènements et des photos des utilisateurs qui apparaissent grâce à la «timeline».

Contexte 2 Les découvertes et les inventions

Développement du vocabulaire

1 1. d 2. h 3. c 4. a 5. g 6. b 7. e 8. f

2 1. b 2. f 3. a 4. h 5. g 6. c 7. e 8. d

Lecture 2.1, Après la lecture

1 1. La constatation suivante a engendré l'idée du Cardiopad: «le Cameroun ne recense alors que 30 cardiologues pour 20 millions d'habitants, répartis entre les deux principales villes du pays, Yaoundé—la capitale—et la ville portuaire de Douala».
2. Le Cardiopad est particulièrement efficace au Cameroun car il permettra une solution mobile et bon marché: les patients qui vivent dans des villages éloignés ne seront pas obligés de prendre le bus pour leurs examens, ce qui pose un problème au niveau de leur suivi médical et au niveau économique. Cette solution permet à un maximum de patients d'être soignés par les rares cardiologues du pays. 3. Après avoir reçu son diplôme de l'école polytechnique de Yaoundé, Zang a fait un stage à l'hôpital général de la ville. À la demande de son professeur, il a poursuivi ses recherches en systèmes électroniques en laboratoire et un programme d'enseignement à distance. 4. Le Cardiopad permet de réaliser des électrocardiogrammes et de transmettre les résultats à distance au cardiologue. 5. Himore Medical est une petite entreprise qui emploie cinq personnes. Sa mission est de concevoir et fabriquer des appareils médicaux. 6. La première difficulté est le manque de soutien au moment où on en a le plus besoin. En Afrique, la fonction de chercheur n'est pas reconnue et donc les jeunes chercheurs sont considérés un peu comme les chômeurs car ils n'ont aucun revenu. 7. La corruption et l'absence d'investissements dans le domaine de la recherche peuvent freiner l'innovation en Afrique. 8. On doit comprendre que la recherche est un domaine absolument nécessaire et non pas optionnel pour que la croissance soutenue soit une réalité.

Structures

«...mettons au point actuellement... si nous obtenons toutefois les financements nécessaires».; «Si Arthur a eu la chance d'obtenir une subvention, ce n'est qu'après avoir fait l'objet de plusieurs articles de presse»; «Si chercheurs et hommes politiques ne parviennent pas à s'accorder sur ce sujet, la croissance sera factice...»; «Lorsqu'on demande au jeune inventeur s'il partage la vision...»

Lecture 2.2, Après la lecture

1 1. Michel Ardan leur propose de partir avec lui et de voir s'ils resteront en route. 2. Le but était de rendre compte de l'effet de contrecoup au moment du départ d'un projectile. 3. La bombe devait retomber dans la mer pour que sa chute fût amortie. 4. Le projectile de lancement est comparé à un nid parce que le réseau de ressorts fait du meilleur acier protège ses parois intérieures, comme un nid. 5. On a placé un écureuil une fois dans le projectile parce qu'on voulait savoir comment le petit animal supporterait ce voyage expérimental. 6. On a lancé le projectile à l'aide de cent soixante livres de poudre et de la bombe placée dans la pièce. 7. L'écureuil a été mangé par le chat. 8. On peut dire que le sort de l'écureuil est décrit avec humour car on le considère comme un martyre de la science. Sa mort, causée par le chat, est décrite avec grande gravité telle la mort d'une personne.

Audio, Après l'écoute

1 1. le changement climatique, la raréfaction des énergies fossiles, la pollution, le stationnement 2. une voiture qui émettra moins de CO_2, une voiture qui consommera moins de pétrole, une voiture qui fera moins de bruit 3. Chez Renault, on produit la voiture électrique.
4. Une des pistes les plus importantes sera de réduire le poids.
5. Pour réaliser cet objectif, on peut utiliser des matériaux plus légers que l'acier ou on peut enlever des choses dans la voiture. 6. La voiture du futur sera pour des gens qui veulent juste une voiture pour aller d'un point «a» à un point «b», sans trop de fonctions.

Contexte 3 Les choix moraux

Lecture 3.1, Avant la lecture

1 1. g 2. b 3. d 4. a 5. f 6. h 7. c 8. e

Lecture 3.1, Après la lecture

1 1. c 2. a 3. d 4. b 5. b

Structures

«il faudrait»: le verbe falloir est au conditionnel présent pour exprimer un souhait réalisable mais nuancé par l'incertitude; «cela devrait»: le verbe devoir est au conditionnel pour exprimer la supposition, nuancée par une certaine incertitude; «y aurait-il»: le verbe avoir est au conditionnel présent pour évoquer le résultat ou le bénéfice possible d'un clonage hypothétique.

Lecture 3.2, Après la lecture

1 (*Les réponses peuvent varier*). 1. Les trois éléments sont la société, l'économie et l'environnement. 2. Cet article a été créé dans le but de montrer au lecteur les rapports entre ces trois éléments du développement durable, ainsi que quelques défis et solutions. 3. L'équité sociale 4. La combinaison des trois piliers 5. Le développement durable par l'équité sociale, l'économie et l'environnement. 6. Ils se montrent interdépendants dans l'optique présentée.

Audio, Avant l'écoute

1 1. l'*I.A.*: (Intelligence artificielle); Dirige les réactions de ceux qui sont contrôlés par l'ordinateur 2. la gâchette: la partie de la manette qui relâche les coups 3. le *gameplay*: la façon dont le joueur réagit avec le jeu 4. la manette: l'appareil qui transmet les actions du joueur à l'ordinateur ou à la console de jeux vidéo 5. le *QTE*: (Quick Time Event); La phase cinémathèque du jeu vidéo qui limite le contrôle du joueur à quelque touches qui s'affichent de manière inattendue et rapide 6. Vidéoludique: un adjectif lié aux jeux vidéo

Audio, Pendant l'écoute

2 1. g 2. f 3. h 4. e 5. b 6. d 7. i 8. a 9. c

Audio, Après l'écoute

1 (*Les réponses peuvent varier*). 1. Le jeu vidéo est une cible facile car il ne se défend jamais avec maturité. 2. Les non-joueurs ne peuvent pas comprendre que le jeu vidéo est un jeu; ils se fient uniquement aux images. 3. On rapproche le jeu vidéo et la violence du fait de l'action dans ce média. On a tendance à juger plus sévèrement quelqu'un pour ses actions que pour ses opinions. 4. Il faut casser le fantasme que le virtuel et le réel sont liés. 5. On confond la violence avec l'agacement, causé par le challenge frustrant. 6. Ceux qui ont peu de référence du réel—les plus jeunes et les plus isolés socialement—sont plus sensibles à la violence dans les jeux vidéo car plus les stimulations du réel sont présentes, plus ils font concurrence à l'immersion dans les jeux vidéo. 7. Les règles des jeux sont les mêmes dans la vie réelle pour les gens en plein délire psychotique. 8. Parler des jeux vidéo en général c'est faire fausse route car il y a plusieurs sortes de jeux vidéo qui n'ont pas grand-chose en commun, et il y a plusieurs raisons derrière le fait de jouer qui changent complètement l'expérience de jeu et l'exposition possible à la violence.

Contexte 4 Droits d'auteur et communication

Développement du vocabulaire

1 1. i 2. c 3. b 4. f 5. h 6. j 7. a 8. e 9. d 10. g

Lecture 4.1, Avant la lecture

1 1. c 2. a 3. e 4. b 5. d

Lecture 4.1, Après la lecture

1 (*Les réponses peuvent varier*). 1. Le texte expose les réactions des parents concernant l'usage de l'iPad à l'école de leurs enfants. Il a pour but de montrer les effets positifs et négatifs, et de créer du dialogue concernant l'intégration de la technologie dans le système éducatif. 2. L'auteur s'adresse à un public divers. Il montre une inquiétude qui peut s'appliquer à tout le monde. 3. Elle croit que la technologie peut aider les élèves à se motiver. 4. Les parents s'inquiètent sur certains effets négatifs: il n'y a pas de gain en temps et en qualité d'apprentissage, cela peut être une distraction pour les élèves et un découragement de la socialisation parmi les étudiants. 5. Les parents peuvent aider leurs enfants à trouver un équilibre, comme pour la télévision.

Lecture 4.2, Après la lecture

2 1. b 2. c 3. a 4. b 5. d 6. a

Audio, Après l'écoute

1 1. La journaliste pose les questions: Où vont nos données personnelles? Sont-elles utilisées à des fins marketings? Comment améliorer la protection de nos données confidentielles sur les réseaux sociaux? 2. La journaliste a examiné la politique de protection des internautes sur Facebook. 3. La journaliste pose des questions sur la marchandisation et la commercialisation. 4. Il le définit comme l'anonymisation des données. 5. Il évoque le paradoxe de la vie privée exposée à tous les internautes. 6. Les utilisateurs veulent exposer l'aspect intellectuel, professionnel et familial. 7. Il l'attribue au lobbying. 8. Il faut considérer les intérêts des usagers par rapport au contrôle des données personnelles et les intérêts des entreprises commerciales par rapport à l'innovation et aux emplois.

Cinémathèque Découverte - Solar Impulse?

Pendant le visionnement

1 (*Les réponses peuvent varier*). 1. Les gens de cette image travaillent sur le premier avion solaire. 2. Ils sont très contents et fiers car leur vol a réussi.

2 (*Les réponses peuvent varier*). 1. Le cockpit d'avion est attaché à un véhicule pour tester sa résistance aux grands vents. Le but est d'expérimenter le poids de l'avion. 2. On a fait des tests de vibrations et on a secoué les ailes dans toutes les directions.

3 (*Les réponses peuvent varier*). 1.Ce sont des avions donc ils partagent des points communs variés (*Réponse libre*); l'un est commercial, l'autre est expérimental et ils utilisent des sources d'énergie différentes (*Réponse libre*).

Après le visionnement

1 (*Les réponses peuvent varier*). 1. Le «Solar Impulse» est le premier avion solaire. Il est différent car il ne consomme pas une goutte de carburant. 2. Piccard veut faire un tour du monde en avion solaire. Il a été le premier à réussir en 1999 un tour du monde en ballon sans escale. 3. Ils veulent créer un avion solaire révolutionnaire qui peut voler jour et nuit. 4. Le souci principal des ingénieurs a été le poids de l'avion. Ils ont géré ce problème en utilisant des matériaux hyper légers. 5. L'autre défi a été la source d'énergie. 6. On a fait des tests de vibrations sur toutes ses coutures. On a également secoué les ailes dans toutes les directions pour tester la résistance de l'avion contre les turbulences. La conclusion a été que l'avion est extrêmement solide. Les ailes ne cassent pas, même en rajoutant beaucoup de poids. 7. Les deux pilotes ont passé des heures et des heures dans un simulateur pour apprendre à maîtriser la libellule. 8. L'avion est difficile à manœuvrer car il est très grand, mais il vole très lentement. Il faut contrôler l'inclinaison de manière très précise.

THÈME 3 ▸ L'ESTHÉTIQUE

Contexte 1 Le beau

Lecture 1.1, Après la lecture

1 1. b 2. a 3. b 4. a 5. b

Lecture 1.2, Après la lecture

1 (*Les réponses peuvent varier*). 1. La confiance en soi est en effet un facteur essentiel pour avoir une bonne estime de soi. 2. L'estime de soi se construit en même temps que se construit la personnalité. 3. Elle dépend de plusieurs facteurs: les parents, les évènements marquants, les aptitudes, les échecs et les déceptions. 4. La manière dont on regarde la réalité peut créer une bonne estime de soi. 5. Une personne qui a une mauvaise estime de soi éprouvera du ressentiment envers les autres. 6. Les parents, les frères et sœurs, les pairs 7. Les bases de l'estime de soi sont parfois remises en cause à l'adolescence. Le regard des pairs devient beaucoup plus important. 8. Il ne faut pas trop s'en remettre au regard des autres. Il faut avoir confiance en ses goûts, ses désirs et ses choix. Il faut aussi s'impliquer pour les autres.

Audio, Avant l'écoute

2 1. un primat 2. suscitées 3. être bien dans sa peau/ses baskets 4. soigné

Audio, Pendant l'écoute

1 (*Les réponses peuvent varier*). 1. Il y a une accélération du travail sur l'image de soi. 2. La beauté est physique. C'est avoir un look soigné, avoir un beau visage et une bonne mine, avoir de beaux cheveux et de belles dents et être propre, sentir bon. 3. Elles se réveillent tôt pour se préparer, elles utilisent des produits de beauté, elles s'habillent bien. 4. Les modèles sont les stars qu'on voit à la télé parce qu'elles représentent un idéal de beauté.

Audio, Après l'écoute

1 1. précoce 2. soumises; sensibilisées; poids 3. problématique; enrobée 4. avenant; mine; cernes; boutons; camoufler 5. partie; trait 6. Au-delà; plaisir 7. ludique 8. référer; espèce

Contexte 2 Le patrimoine

Développement du vocabulaire

1 1. d 2. e 3. g 4. j 5. i 6. b 7. h 8. c 9. f 10. a

Lecture 2.1, Avant la lecture

1 l'aérodynamique: l'étude du mouvement; la carrosserie: le terme s'applique à l'entreprise de fabrication de carrosse ainsi qu'à l'enveloppe rigide d'une voiture; le châssis: la charpente de la machine; le chrome: un métal blanc; la marque de prestige: symbole faisant référence à un producteur de produits chers; le modèle de haute gamme: le modèle cher de classe supérieure; l'ornement: la partie décorée sans fonction importante; la voiture de masse: véhicule produit en grande quantité, typiquement moins cher

Lecture 2.1, Après la lecture

1 1. Faux; Elle a commencé à dominer cette production dans les années 1920. 2. Vrai. 3. Vrai. 4. Vrai. 5. Vrai. 6. Faux; Elles sont parties à l'étranger. 7. Faux; L'âge d'or se referme au début des années soixante-dix.

2 1. Les «Années folles» correspondent à la France des années 1920–1930 durant lesquelles on a mis plus d'emphase sur l'esthétique. 2. L'Exposition des arts décoratifs et industriels modernes en 1925 montre que Paris était la capitale de la créativité en 1925. 3. L'Art déco apporte une modernité que l'on pressent nourrie de science et de technique. 4. La fin de la Seconde Guerre mondiale sonne l'heure de la voiture de masse. Les pouvoirs publics incitent le développement de la voiture populaire. 5. Les voitures américaines avaient des chromes surabondants et des ornements excessifs.

Lecture 2.2, Après la lecture

1 1. d 2. b 3. c 4. b 5. b

Audio, Pendant l'écoute

1 le surnom de Sow, un évènement important pour toute l'Afrique, des peuples africains, une exposition des sculptures de Sow à Paris, la dignité de l'homme

Audio, Après l'écoute

1 (*Les réponses peuvent varier*). 1. On surnomme Ousmane Sow le géant d'Afrique et le grand sculpteur. 2. Cela montre aux jeunes artistes qu'il n'est jamais trop tard pour créer de l'art et être reconnu. 3. Il dédie cet honneur à Mandela. 4. Le travail de Sow a été reconnu lors de l'exposition du Pont des Arts. 5. Sa première série de sculptures a été les Noubas. 6. Il voulait communiquer l'importance de la résistance et du courage. 7. Sow veut montrer la dignité de l'homme, ses actions et ses luttes ainsi que son combat intérieur. 8. Il évite la violence, qu'il y ait du sang.

Contexte 3 Les arts littéraires

Lecture 3.1, Après la lecture

1 (*Les réponses peuvent varier*). 1 La grand-mère de l'auteur était d'origine française. 2. Il parle de son amour pour la littérature française et il mentionne des auteurs français. 3. Il existe un lien littéraire très fort entre la Russie et la France. Le français était la langue des diplomates et des intellectuels européens. 4. Tout les oppose. Le français est une langue analytique alors que dans le russe, ce sont les déclinaisons qui dominent la syntaxe. Le français est cartésien. 5. La littérature est menacée par la mondialisation, la télévision et l'argot.

Lecture 3.2, Après la lecture

1 6, 1, 3, 4, 2, 5

2 1. b 2. a 3. b 4. c 5. d

Structures

1. Jean Valjean fut traduit devant les tribunaux du temps «pour vol avec effraction la nuit dans une maison habitée». Jean Valjean fut condamné à cinq ans de galères. 2. Ce sont les tribunaux, les juges ou le système judiciaire qui font l'action, c'est Jean Valjean qui la subit. 3. La voix passive sert à souligner l'impuissance du personnage et le fait que des forces extérieures prennent contrôle de sa vie.

Audio, Pendant l'écoute

1 1. Elle est nerveuse au sujet de la réception de son livre par les médias. 2. C'est difficile parce que les auteurs plus connus sont mieux médiatisés et apparaissent plus souvent dans les médias. 3. Un personnage est né de la personnalité de l'écrivaine et de ses expériences. 4. Le vécu, les sentiments et les rapports au monde influencent ses œuvres. 5. Ses œuvres montrent que nous ne sommes pas si différents les uns des autres. 6. Tout le monde cherche à trouver la paix, le bonheur et l'affection.

Contexte 4 Les arts visuels

Développement du vocabulaire

1 1. f 2. g 3. i 4. a 5. h 6. b 7. j 8. c 9. e 10. d

Lecture 4.1, Après la lecture

1 (*Les réponses peuvent varier*). 1. Elles permettent de répondre aux sollicitations des artistes locaux de se former et d'échanger sur les différentes manières d'aborder une même pratique. 2. Il veut sensibiliser le milieu professionnel à la singularité du nouveau Cirque français. 3. IntégraleS est un programme de l'Institut français qui fait connaître quelques démarches artistiques singulières en aidant à la diffusion de plusieurs pièces d'un répertoire dans une même ville sur un temps court. 4. Les arts de la rue sont capables de mobiliser un public très large et important. 5. L'espace public est comparé à un territoire de jeu. Il s'invente comme un laboratoire où de nouvelles explorations visuelles sont possibles. 6. Ces nouvelles activités artistiques relèvent de signatures et de démarches de création pour l'espace public. Elles proposent des expériences qui modifient momentanément le paysage ou le quartier d'une ville. 7. L'Institut veut faire découvrir ces nouvelles façons de convoquer le public et de tisser des liens avec les habitants d'une ville. 8. On trouve des théâtres animés qui utilisent la vidéo et les nouvelles technologies. 9. Il les aide à se repérer dans les festivals en les accompagnant avec des programmes personnalisés.

Lecture 4.2, Après la lecture

1 1. a 2. a 3. b 4. b 5. c

Structures

Phrases de la lecture qui contiennent des comparatifs ou des superlatifs: Beaucoup de chefs... reprennent comme d'antan la plus grande source d'inspiration de la cuisine. (section 1); ... pour donner naissance à une toute nouvelle création plus innovatrice que jamais (section 1); Il sera plus doux, plus subtil au niveau de son agencement pictural... (section 2); ... cela ne signifie pas qu'elle le soit moins pour les autres plats constituant le menu. (section 3)

Audio, Après l'écoute

2 1. Il est allé en Afrique de l'Ouest et à Madagascar. 2. Tempé photographie le monde artistique africain. 3. Il passe beaucoup de temps en Afrique car c'est un désir qu'il avait depuis un très jeune âge. 4. Il l'a découverte lors d'un voyage d'un an qu'il a effectué en Afrique et à Madagascar. 5. Il a suivi la compagnie de danse contemporaine. 6. Il voudrait montrer que les jeunes en Afrique ont les mêmes préoccupations dans la vie que n'importe quel jeune du monde entier.

Contexte 5 L'architecture

Développement du vocabulaire

1 1. c 2. d 3. f 4. i 5. a 6. g 7. j 8. e 9. h 10. b

Cinémathèque Le Petit Cyrano

Pendant le visionnement

1 (*Les réponses peuvent varier*). 1. Cette scène se passe durant la nuit, dans une cour. Christian parle à Roxane, qui l'écoute de son balcon. Il parle de son amour pour elle. 2. L'homme à droite est Cyrano. Il souffle à Christian ce qu'il doit dire, pour gagner l'amour de Roxane.

2 (*Les réponses peuvent varier*). 1. Dans cette scène, l'homme qui joue Cyrano s'est endormi. 2. Il pose un problème parce qu'il n'y a pas un autre acteur pour prendre sa place.

3 (*Les réponses peuvent varier*). 1. Roxane parle à Ludovic qui joue le rôle de Cyrano. Elle vient de comprendre que c'était Cyrano qui avait envoyé les lettres, pas Christian. Il est aussi possible qu'elle vient de comprendre que c'était Ludovic qui avait envoyé la note qu'elle a reçue dans sa loge, et non pas l'acteur qui joue Christian. 2. Elle est étonnée et un peu confuse.

Après le visionnement

1 1. régisseur 2. tente 3. l'obscurité 4. s'évanouit 5. jurer

2 (*Les réponses peuvent varier*). 1. C'est le début de la pièce. Les acteurs jouent une scène où Christian parle d'amour à Roxane qui est à son balcon, mais c'est en fait Cyrano qui souffle à Christian ce qu'il doit dire. 2. Elle y trouve une lettre romantique et des fleurs. C'est Ludovic, le régisseur, qui lui a laissé ces choses. 3. Il s'endort. La troupe va devoir arrêter le spectacle. 4. Ludovic joue le rôle de Cyrano. C'est une bonne solution parce qu'il connaît les répliques. 5. Ils se battent parce que Christian est furieux que Ludovic joue Cyrano et parce qu'il se rend compte que Ludovic est amoureux de l'actrice qui joue Roxane. 6. Cyrano déclare son amour à Roxane et l'actrice qui joue Roxane comprend que Ludovic est amoureux d'elle.

THÈME 4 ▸ LA VIE CONTEMPORAINE

Contexte 1 L'éducation et le monde du travail

Développement du vocabulaire

1 1. biologiste 2. esthéticien(ne) 3. avocat(e) 4. architecte 5. ingénieur 6. médecin 7. styliste de mode 8. professeur

Lecture 1.1, Après la lecture

1 1. essayer 2. formation dans un établissement alternée avec un apprentissage en entreprise 3. calculé en proportion de 4. entreprise de très petite taille 5. accord 6. filiation directe

2 1. se glisser dans la vie d'un indépendant/entrepreneur et découvrir les réalités du quotidien d'une entreprise 2. un maximum de 450 euros pour un stage de 10 jours ou montant calculé au prorata 3. trouver un indépendant, imprimer et signer la convention de stage, prendre rendez-vous dans un service IFAPME 4. 360 euros pour le junior/150 euros pour l'indépendant/entreprise 5. Il ne peut pas y avoir de lien de parenté entre le candidat et le chef d'entreprise où se déroulera le stage d'observation

Lecture 1.2, Après la lecture

1 1. b 2. d 3. b 4. d 5. c

Audio, Pendant l'écoute

1 L'âge des stagiaires – la durée des stages – la formation de Lauralyn – les motifs de Lauralyn pour faire le stage – la situation des jeunes en sortant de l'école – les avantages des stages – les projets d'avenir de Lauralyn

Audio, Après l'écoute

1 1. aux jeunes de 15 à 20 ans 2. huit jours 3. une formation dans la décoration d'intérieur 4. Elle ne trouvait pas d'emploi dans sa branche 5. Ils ne savent pas quoi faire 6. toutes les facettes du métier d'esthéticienne 7. La stagiaire peut arrêter le stage si ça ne lui plaît pas ou continuer une formation dans le cas contraire 8. Elle pense travailler dans un institut.

Contexte 2 Les loisirs et le sport

Lecture 2.1, Après la lecture

1 1. Poulet, andouille, andouillette ou saucisse fumée 2. Faire un roux foncé 3. Oignon, poivron, céleri, ail, échalote 4. haché, en dés, en rondelles 5. Pour mieux diffuser leur goût 6. sassafras

Lecture 2.2, Après la lecture

1 1. L'école, l'église et la patinoire 2. La patinoire 3. Maurice

Richard 4. Ils portent le même costume que Maurice Richard 5. Elle ne veut pas que sa famille soit perçue comme pauvre. 6. Elle prit son papier à lettres et elle écrivit. Elle n'aimait pas les formules de commande incluses dans le catalogue. 7. Le chandail des Maple Leafs de Toronto 8. Il voulait recevoir le chandail des Canadiens de Montréal. 9. Ce n'est pas ce qu'on se met sur le dos qui compte, c'est ce qu'on se met dans la tête. 10. On ne le laisse pas jouer. 11. Le vicaire demande au narrateur d'aller à l'église pour prier Dieu de le pardonner. 12. Il aimerait que son chandail soit dévasté par les mites.

Structures

Il va falloir que j'écrive; écrire; nécessité

[...] qu'il envoie au plus vite; envoyer; souhait

Audio, Pendant l'écoute

1 1. grève 2. pain 3. experts en vins 4. béret 5. pull à rayure du mime Marceau 6. les premières dames de France top model 7. le camembert, élément principal de l'alimentation en France 8. bonne exportation des séries télévisées françaises à l'étranger 9. épilation des aisselles des Françaises 10. French kiss

Audio, Après l'écoute

1 (*Les réponses peuvent varier*). 1. Vrai 2. Faux: c'est un jour spécial, il y a des avions dans le ciel 3. Vrai 4. Faux: tous les Français porteraient le pull immonde à rayure du mime Marceau 5. Faux: Bernadette Chirac n'a pas été top model 6. Faux: Il n'a pas de copine.

Contexte 3 Les voyages

Développement du vocabulaire

1É; 2H; 3P; 4H; 5É; 6É; 7P; 8P; 9H; 10H

Lecture 3.1, Après la lecture

1 (*Les réponses peuvent varier*). 1. Un gîte 2. Les produits du terroir 3. Château Chinon (entre autres) 4. Le retable de van der Weyden. Oui. 5. C'était le fief de Mitterand; il y a un musée très amusant 6. Tous les cadeaux reçus par Mitterand lorsqu'il était président y sont rassemblés.

Lecture 3.2, Après la lecture

1 1. À Port-au-Prince avec Médecins Sans Frontières 2. C'était un projet qui lui tenait à cœur. 3. Il ne faisait pas beau, l'arrivée a été très mouvementée. 4. Il a eu besoin de temps pour se réhabituer à la vie quotidienne. 5. Il y a un certain ressentiment. 6. MSF sera probablement longtemps dans le pays. 7. Avec du personnel de l'équipe via e-mails et Facebook 8. Elle lui a permis de progresser sur le plan médical mais aussi sur le plan humain et personnel.

Audio, Pendant l'écoute

(échantillon de réponse) situation de l'éco-village: un «resort», déserter, la rizière; les villageois: partis, 80 maisons, accueillants; les touristes: découvrent la rivière en kayak; l'investissement et l'infrastructure:[...] manquent tant d'infrastructures, il reste beaucoup à faire; les objectifs de l'éco-village: élevage, produits naturels, préservation de la forêt

Audio, Après l'écoute

1 (*Les réponses peuvent varier*). 1. Les mines d'or et le tourisme 2. La rivière et la forêt 3. Les habitants quittaient le village car la rizière n'était pas assez productive 4. Découverte de la rivière en kayak 5. Ils sont accueillants 6. Développement des infrastructures et investissements de l'État 7. Les salaires d'Août et l'État 8. Accueil touristique et développement du village

Contexte 4 La publicité et le marketing

Lecture 4.1, Après la lecture

1 (*Les réponses peuvent varier*). 1. Favoriser le développement durable avec le recyclage 2. Moins de la moitié des papiers sont récupérés par les consommateurs 3. 83% des Français aiment recevoir des prospectus 4. Les grandes surfaces 5. Achats utiles, plaisir, comparaison et découverte 6. Recyclage, prospectus numérique, tri des déchets 7. Ils devraient en recevoir moins pour favoriser l'environnement et faire des économies 8. Une économie d'au moins 30% peut être faite mais l'audience en ligne est chère.

Lecture 4.2, Après la lecture

2 1. c 2. b 3. d 4. a 5. a

Audio, Pendant l'écoute

1 1. Vrai 2. Vrai 3. Faux 4. Vrai 5. Faux

2 1. biodégradable 2. allégée 3. demain 4. renouvelable 5. écologique 6. l'énergie, les transports

Audio, Après l'écoute

1 (*Les réponses peuvent varier*). 1. Ces notions sont-elles uniquement employées pour parvenir à vendre? 2. Ils illustrent le «greenwashing»; oui 3. *Réponse libre* 4. Atout Vert est une marque certifiée écolabel contrairement à Le Chat 5. *Réponse libre*

Contexte 5 Le logement

Plus à fond

1 1. Ils correspondent à isoler, changer les fenêtres, faire attention à l'utilisation du chauffage ou à la production d'eau 2. Être prévoyant et diminuer ses dépenses futures, protéger l'environnement 3. *Réponse libre*

Contexte 6 Les fêtes et les rites de passage

Plus à fond

1 1. La fête des Mères 2. Les femmes; *réponse libre* 3. Ce sont des traditions considérées comme des moments pour exprimer sa gratitude 4. *Réponse libre*

Cinémathèque Sois mignonne

Pendant le visionnement

1 1. Formation universitaire, DEA en économie et une maîtrise en gestion des entreprises 2. Ce fut un devoir imposé par ses parents.

2 1. Elles attendent pour un entretien. 2. Non, elles ne sourient pas et ont les bras croisés.

3 1. Elle se présente. 2. C'est la personne qui lui fait passer l'entretien; il lui pose probablement des questions sur ses qualifications.

Après le visionnement

1 1. Elle «rumine». 2. Avec sa mère. Elle n'a pas assez de revenus pour vivre seule. 3. Elle est habituée à des emplois qui ne sont pas à la hauteur de ses qualifications (faire du classement, des photocopies...) 4. On ne leur donne pas leur chance 5. Elle se rend à un entretien étant à la recherche d'un emploi. 6. D'autres jeunes femmes qui ont l'air d'être dans la même situation. 7. 26 ans; économie et gestion 8. Oui, elle le dit à la fin.

THÈME 5 ▸ LES DÉFIS MONDIAUX

Contexte 1 L'économie

Lecture 1.1, Après la lecture

1 1. c 2. a 3. c 4. d 5. d

Lecture 1.2, Avant la lecture

1 1. conçu 2. fiable 3. rentable 4. sélectionné 5. inefficace 6. effectué 7. indisponible 8. commercialisé

Lecture 1.2, Après la lecture

1 (*Les réponses peuvent varier*). 1. Alternative au GPS 2. Elle vise des niches à forte valeur ajoutée 3. L'énergie éolienne 4. L'évaluation de la ressource d'un site en vent 5. Son invention a permis d'équiper un camp de réfugiés syriens en Jordanie 6. Sa création résiste aux fortes variations de température 7. Des ONG et des multinationales 8. Médicament s'associant de façon sélective aux atomes des éléments radioactifs présents dans le corps 9. Une version de son médicament administrable par voie orale 10. Les agences fédérales américaines

Audio, Avant l'écoute

1 1. c 2. b 3. e 4. d 5. a

Audio, Après l'écoute

1 (*Les réponses peuvent varier*). 1. Elles les financent par le biais des marchés financiers ou elles demandent un prêt à la banque. 2. Elles émettent des titres qui sont achetés par des investisseurs puis vendus sur les marchés financiers. 3. Ils ont peur d'investir et ne veulent plus rien acheter. Les entreprises ont alors des difficultés à transformer leurs titres en argent. 4. Elles empruntent de l'argent auprès des banques. 5. Elles leur proposent des prêts plus chers avec des conditions dissuasives. 6. Leur chiffre d'affaires diminue et ils limitent leurs embauches. 7. Ils dépensent moins d'argent et le chiffre d'affaires de l'ensemble des entreprises diminue. 8. Elles réduisent les coûts en faisant moins travailler les sous-traitants et en gelant les salaires.

Contexte 2 L'environnement

Lecture 2.1, Après la lecture

1 1. d 2. b 3. c 4. b 5. c

Structures

(*Les réponses peuvent varier*). 1. *Croire* est un verbe d'état d'esprit; l'imparfait décrit un état d'esprit dans le passé. 2. L'imparfait décrit l'action de *grossir* comme action passée dont on ne connaît ni le début ni la fin. 3. Le passé composé décrit une suite d'évènements passés, spécifiques et achevés (*fabriquer* et *permettre*). 4. Le passé composé décrit le fait passé, spécifique et achevé de *rejoindre*. 5. Le passé composé décrit le fait passé, spécifique et achevé d'*apprendre*.

Lecture 2.2, Avant la lecture

1 1. f 2. e 3. b 4. a 5. d 6. c

Lecture 2.2, Après la lecture

1 1. Les taux de recyclage sont bas au point d'être décourageants 2. Les métaux peuvent être utilisés encore et encore 3. Cela contribuerait à effectuer une transition vers une économie verte, à faible émission de carbone et à créer des «emplois verts» 4. On s'inquiète d'un possible épuisement des ressources à venir. 5. L'ONU encourage: la fabrication de produits permettant un désassemblage facile, l'amélioration du traitement des déchets pour les produits complexes en fin de vie dans les pays émergents, la prise en compte du fait que dans les pays développés, de nombreux produits hibernent dans des placards au lieu d'être recyclés, l'amélioration de la technologie du recyclage 6. Consommateur - ramassage - tri magnétique - pressage en balles - refonte dans un haut-fourneau – laminage de coulée continue – produits finis

Audio, Après l'écoute

1 (*Les réponses peuvent varier*). 1. Parce qu'il ne possède ni gaz ni pétrole. 2. C'est le roi du Maroc. Il a donné le top départ à la centrale Noor. 3. Il est audacieux, de grande envergure, gigantesque. C'est le plus grand projet au monde de ce type connu jusqu'à ce jour. 4. La Banque mondiale, la Banque africaine de développement et la Banque européenne d'investissement ont investi 630 millions d'euros dans la centrale. 5. Elle sera de 14%. 6. Ses objectifs sont la préservation de l'environnement et la création d'emplois. 7. Il va réduire la dépendance énergétique du pays, les émissions de CO_2 et la consommation de pétrole. 8. Il forme sa jeunesse en créant de nouvelles filières spécialisées dans les énergies renouvelables.

Contexte 3 L'alimentation et la santé

Lecture 3.1, Avant la lecture

1 1. a 2. b 3. c 4. c 5. a 6. b 7. a 8. c

Lecture 3.1, Après la lecture

1 (*Les réponses peuvent varier*). 1. Il s'intéresse aussi aux habitudes d'achats alimentaires. 2. Elles privilégient les aliments nutrifonctionnels qui sont naturels et bons pour la santé. 3. Elles doivent faire attention à ne pas oublier le plaisir de manger. 4. Ils représentent des moments importants de la vie, passés en famille ou avec des amis. 5. Elles doivent faire attention pour ne pas manquer de vitamines et de sels minéraux. 6. Elles n'apprécient pas les repas à des heures fixes. 7. Le grignotage 8. Une grande partie des internautes correspond au profil B.

Lecture 3.2, Avant la lecture

1 1. f 2. h 3. a 4. g 5. j 6. b 7. e 8. c 9. d 10. i

Lecture 3.2, Après la lecture

1 1. Faux. Il y a un cahier des charges très strict et très détaillé. 2. Vrai. 3. Vrai. 4. Faux. Ils doivent être constitués d'au moins 95% d'ingrédients issus de l'agriculture biologique. 5. Vrai. 6. Vrai. 7. Vrai. 8. Faux. Ils se conservent moins longtemps car ils contiennent peu de conservateurs.

Audio, Après l'écoute

1 1. cinq fruits et légumes 2. C'est bon pour les maladies cardiovasculaires, pour éviter les cancers. 3. Ce que l'on mange peut avoir une influence sur notre santé. 4. Pour avoir un apport de calcium qui permet une bonne minéralisation osseuse 5. Il conseille d'en manger trois 6. Les aliments trop gras et trop sucrés 7. Ce sont des sources de calories s'accompagnant de peu de vitamines et minéraux 8. Les aliments qui sont à la fois source de calories, de vitamines et minéraux.

Contexte 4 La tolérance

Lecture 4.1, Après la lecture

1 1. L'accessibilité aux établissements et aux transports pour les handicapés 2. Les délais sont beaucoup trop longs 3. L'AFP va se mobiliser 4. Depuis 40 ans 5. Les excuses sont: la crise, trop de normes, les coûts élevés 6. L'AFP demande au gouvernement de lancer une grande campagne de communication sur l'échéance 7. Toute la chaîne de déplacement 8. Une accessibilité incluant les personnes âgées, celles avec des poussettes et celles dont la mobilité est temporairement réduite.

Structures

1. soient mis en place 2. soit considérée 3. donne l'accessibilité

Lecture 4.2, Avant la lecture

1 1. c 2. e 3. g 4. d 5. b 6. h 7. f 8. a

Lecture 4.2, Après la lecture

1 1. d 2. d 3. a 4. b 5. a

Audio, Après l'écoute

1 (*Les réponses peuvent varier*). 1. Elle cherche à savoir si les Québécois sont tolérants. 2. Accepter quelque chose qu'on n'aime pas, qu'on ne veut pas 3. Ils permettent des discussions pacifistes. 4. «Les conflits sont bons, les débats sont bons». 5. On ne regarde pas ce qui a déjà été accompli. 6. Elle la vit très bien; elle s'est sentie tout de suite acceptée par les Québécois et se considère québécoise.

Cinémathèque La dame dans le tram

Pendant le visionnement

1 (*Les réponses peuvent varier*). 1. Les passagers d'un moyen de transport. Elle regarde un morceau de papier. Elle vérifie une facture. Elle pense qu'on l'a trop facturée. 2. Les autres passagers ne parlent pas et n'ont pas d'interactions.

2 (*Les réponses peuvent varier*). 1. Elle n'apprécie pas que l'homme à la peau noire se soit assis près d'elle. 2. C'est un passager. Il change ses chaussures et enfile une veste.

3 (*Les réponses peuvent varier*). 1. La dame explique pourquoi elle n'a plus son ticket. 2. Ils l'ignorent. Ils ne veulent pas être mêlés aux histoires de cette femme.

Après le visionnement

1 (*Les réponses peuvent varier*). 1. Elle vérifie des prix sur un ticket. Elle dit que l'employée ne sait pas compter, que c'est une voleuse et qu'elle ne lui a pas donné sa ristourne. 2. Une passagère se maquille et se coiffe, un autre passager s'endort, d'autres lisent, un jeune écoute de la musique. 3. Un homme qui est peut-être d'origine africaine entre dans le tram. Il s'assied à côté de la dame qui parle. Elle dit qu'il y a de la place partout. Elle n'est pas contente qu'il se soit assis à côté d'elle. 4. Le contrôleur y monte. Il va contrôler les tickets des passagers. 5. Il prend le ticket de la dame et le mange. 6. Elle lui dit que l'homme à côté d'elle l'a mangé. Le contrôleur ne la croit pas. 7. Ils expriment qu'ils n'ont rien vu. 8. Il lui dit que son ticket était bon.

THÈME 6 ▸ LA QUÊTE DE SOI

Contexte 1 L'aliénation et l'assimilation

Lecture 1.1, Après la lecture

1 (*Les réponses peuvent varier*). 1. Le narrateur du poème est un homme qui nous ressemble. Il se sent victime du racisme. Le destinataire est tout le monde. 2. Les phrases répétées sont «J'ai frappé»; «Pour avoir»; «Ouvre-moi mon frère!...»; «Pourquoi me demander»; «Si je suis» et «Je ne suis pas». En plus de ces phrases, les mots répétés sont mon, ma, mes, ton et ta. Cette répétition insiste sur les idées centrales du poème, celles faisant référence à l'universalité de l'homme, les similarités ainsi que l'importance d'aller au-delà des différences physiques de l'homme. 3. Il y a plusieurs structures parallèles. Dans les trois premières strophes, le cinquième vers est ponctué par un point d'interrogation donc la forme est celle d'une question. Pour toutes les strophes, le dernier vers se termine par un point d'exclamation ainsi que des points de suspension donc la forme est celle d'une question et réponse (question rhétorique). 4. La plupart des vers ne riment pas. Ce choix donne une gravité au poème. On se concentre sur les mots, plutôt que sur les éléments de la rime. 5. Selon le poète, la longueur du nez, l'épaisseur de la bouche, la couleur de la peau et le nom des dieux que l'on vénère sont les facteurs qui séparent les gens. Il pense que ces facteurs ne sont pas raisonnables. Il ne les trouve pas importants. 6. Le poète demande que le lecteur ou la lectrice du poème ne se sépare pas des gens différents. 7. Le ton du poème est inquisiteur, grave et urgent: «frappé»; «cœur»; «repousser»; «ouvre-moi»; «ressemble». 8. L'idée principale du poème est l'universalité de l'homme. Le poète nous parle de la similarité des hommes. 9. Les éléments poétiques donnent une gravité au message. La répétition des mots et phrases représente la similarité entre les hommes.

Lecture 1.2, Après la lecture

1 1. d 2. b 3. d 4. b 5. d

Audio, Après l'écoute

1 1. Le titre donne l'impression que le livre est un mode d'emploi pour devenir raciste, mais il explique en fait, comment fonctionne le racisme. 2. Les gens d'une origine minoritaire ou ceux avec des différences culturelles sont des victimes du racisme. En France, notamment les musulmans sont des victimes du racisme. 3. Il y a plusieurs types de racisme en France. La manière dont le racisme s'exprime n'est pas toujours la même. 4. On n'invoque plus des différences raciales pour minorer certaines personnes, mais des différences culturelles.

Contexte 2 L'identité linguistique

Développement du vocabulaire

1 1. Mots basés sur la même racine: francisation/francophile/francophonie/francophone, dialoguer/dialogue 2. Synonymes: argot/verlan 3. Antonymes: monolingue/polyglotte, freiner/promouvoir, rejeter/adopter 4. Mots d'argot et leurs équivalents en langue plus soutenue: bled/pays, perpette/longtemps, kif-kif/pareil

Lecture 2.1, Après la lecture

1 1. Il décrivait les personnes et les pays de langue française. 2. Il y a environ 220 millions de locuteurs dans le monde. 3. Un espace linguistique partagé est propice aux échanges et à l'enrichissement mutuel. 4. Les francophones se regroupent en une multitude d'associations dans le but de vivre leurs liens linguistiques. Leurs objectifs sont consignés dans la Charte. 5. Le but culturel est de créer un dialogue intensif. 6. Il envisage de promouvoir la paix, la compréhension et la démocratie à travers l'essor économique. 7. Les objectifs de l'OIF sont basés sur les axes économiques et sociétaux.

Lecture 2.2, Après la lecture

1 1. b 2. a 3. d 4. c 5. b

2 (*Les réponses peuvent varier*). 1. Le ton est informatif, gai et présentatif. 2. «Ne dit plus»; «faire le buzz»; «vous allez me le dire»; «on ne dit plus»; «certains linguistes pensent» 3. Il les trouve comme une réflexion du temps. 4. On comprend mieux le sujet étant influencé par l'auteur.

Audio, Pendant l'écoute

1 séduit au passage, les bijoux, les boucles d'oreille, la chaussure, est devant dougou

2 1. est au top 2. habits 3. a déchiré 4. Es sciencé 5. en accord

Audio, Après l'écoute

1 1. Vrai. 2. Faux. Une personne qui enjaille les autres s'habille bien. 3. Faux. Cette expression s'utilise pour décrire les hommes et les femmes. 4. Vrai. 5. Vrai.

Contexte 3 La nationalisme et le patriotisme

Lecture 3.1, Après la lecture

1 (*Les réponses peuvent varier*). 1. Astérix et Obélix sont des héros gaulois (personnages de BD) qui luttent contre les envahisseurs romains. 2. Les Romains ont conquis la Gaule. 3. Elles se sont réfugiées en Bretagne, le nord-ouest de la France. 4. Elle est la plus grande région de la culture celtique du continent européen. 5. Ils ont fui les îles britanniques pour se réfugier chez leurs cousins celtiques en Armorique. 6. Ils se disent bretons avant d'être français. Dans de nombreux établissements scolaires publics, la langue bretonne est enseignée. 7. La langue bretonne n'a pas acquis le statut officiel. 8. Les Bretons ont légué à la postérité un grand patrimoine culturel, notamment des sites préhistoriques. 9. La charte de 1977 reconnaît l'identité culturelle de la Bretagne. 10. La musique bretonne celtique est connue au niveau international.

Structures

1. puisse 2. connaisse

Lecture 3.2, Après la lecture

1 (*Les réponses peuvent varier*). 1. Les deux éléments sont d'aimer le paysage de la France et d'aimer la façon dont les hommes préservent le patrimoine. 2. La mondialisation et les flux démographiques rendent le débat nécessaire. 3. Les déséquilibres démographiques et les différences de niveaux de vie rendent les flux inéluctables. 4. L'État doit être centralisé, selon Gallo. 5. La diversité des origines rend l'usage de la langue française indispensable. 6. Le baptême de Clovis symbolise la laïcité. 7. Il juxtapose l'égalité de devoir. 8. On retrouve l'ancienneté (deux millénaires) de la France. 9. Les deux attitudes qu'il oppose sont le repli communautaire et la nation citoyenne.

Audio, Pendant l'écoute

2 1. mentionnée 2. mentionnée 3. pas mentionnée 4. mentionnée 5. pas mentionnée

Audio, Après l'écoute

1 (*Les réponses peuvent varier*). 1. On est obligé de remplacer le produit beaucoup plus souvent. 2. Il considère qu'il n'y a pas de surcoût. 3. Soutenir les productions françaises selon ses moyens. 4. Les entrepreneurs, les travailleurs et les ingénieurs 5. «un appui aérien» 6. En achetant «made in France» tout en tenant compte de leurs moyens.

Contexte 4 Le pluriculturalisme

Lecture 4.1, Après la lecture

1 (*Les réponses peuvent varier*). 1.Tout le monde est venu d'ailleurs. 2. Des navigateurs arabes 3. Esclavage et migrations liées aux impérialismes 4. Chacun y a été étranger, il n'y a dans les rites et les récits aucun mythe de fondation; c'est une île créole. 5. Son hétérogénéité 6. contraints et libres 7. Île de l'océan Indien, Afrique australe, France et Europe, Inde musulmane, Inde dravidienne et Chine.

Structures

La phrase est: Au cours de l'histoire, quelles qu'aient été les conditions de l'arrivée des uns et des autres—contraints ou libres—, chacun y a été un étranger, un immigré.

Tout le monde sans exception a été un étranger

Lecture 4.2, Avant la lecture

1 1. f 2. e 3. h 4. g 5. a 6. b 7. d 8. c

Lecture 4.2, Après la lecture

1 1. d 2. d 3. c 4. a 5. a

Cinémathèque Rien à dire

Pendant le visionnement

1 (*Les réponses peuvent varier*). 1. Au travail durant le déjeuner. 2. Il a des remarques à faire concernant le comportement de Charles. Il craint que Charles ne soit pas bien intégré.

2 (*Les réponses peuvent varier*). 1. Il se filme. Il s'entraîne à être plus bavard 2. Il parle de ce qu'il a mangé et de ce qu'il porte.

3 (*Les réponses peuvent varier*). 1. Il chante et ses amis l'écoutent. 2. Son auditoire est abasourdi.

Après le visionnement

1 1. Charles et sa petite amie reçoivent des invités chez eux pour une soirée. Tout le monde parle sauf Charles. 2. Elle est déçue parce que Charles ne veut jamais parler avec les autres. 3. Ses collègues pensent que Charles est un peu bizarre et qu'il ne les aime pas. 4. Il lui suggère de s'entraîner chez lui en se filmant avec un caméscope. 5. La petite amie de Charles l'interrompt. Elle est impressionnée de voir que Charles fait des efforts pour pouvoir mieux s'exprimer en public. 6. On voit un extrait d'un autre film. L'enfant est Charles. Il est timide et il ne parle pas. 7. Son ami lui suggère d'aller aborder une femme qu'il ne connaît pas. Charles n'arrive pas à parler à cette femme car il est trop nerveux. 8. Charles joue et chante une chanson qu'il a inventée. Ses amis l'adorent et lui demandent d'en jouer une autre.

APPENDICE A ▸ GRAMMAIRE

Le passé composé et l'imparfait

1 1. était 2. était 3. aimait 4. ont invité 5. a accepté 6. a remarqué 7. regardait 8. est venu 9. ont passé 10. a disparu 11. n'a jamais su 12. était

2 avait; est allé; regardait; passaient; a vu; avaient; était; est sorti; a cherché; a vu; étaient; s'est précipité; a demandé; a éclaté; a expliqué; était; était; s'est senti

3 1. Cette année elle est allée à la mer avec ses copines. 2. Elles se promenaient sur la plage quand elles ont vu un garçon qui jouait de la guitare. 3. Aline a demandé au garçon comment il s'appelait. 4. Il a répondu qu'il s'appelait Lucas. 5. Aline et Lucas sont devenus copains et s'entendaient très bien en général. 6. Mais un jour, Lucas a voulu/voulait faire de la planche à voile et Aline, qui avait peur, ne voulait pas/n'a pas voulu. 7. Alors, ils se sont disputés et ont rompu. 8. Heureusement ses amies étaient là et elles l'ont consolée.

Le plus-que-parfait et la concordance des temps

1 1. c 2. b 3. b 4. a 5. c 6. a

2 1. avait décidé 2. avait rencontré 3. étaient sortis 4. avaient insisté 5. avaient invité 6. s'était présenté 7. avait acheté 8. n'avait pas eu 9. avait expliqué 10. avait dû

Le conditionnel présent et le conditionnel passé

1 1. À ta place, j'utiliserais un clavier AZERTY. 2. À ta place, j'allumerais l'ordinateur. 3. À ta place, j'ouvrirais une session. 4. À ta place, je naviguerais sur Internet pour trouver un site intéressant. 5. À ta place, je sauvegarderais le site dans les «Favoris». 6. À ta place, je graverais un CD. 7. À ta place, je cliquerais sur «Aide» pour savoir comment faire. 8. À ta place, je suivrais un cours d'informatique.

2 1. aurais dû 2. aurais su 3. ne serions pas allés 4. n'aurions pas été 5. n'aurait pas eu 6. n'aurait pas passé 7. aurais mieux fait 8. serait arrivé

Les propositions introduites par *si*

1 1. c 2. e 3. f 4. d 5. a 6. b

2 1. b 2. a 3. a 4. c 5. a 6. b

3 1. pouvait 2. irait 3. serait 4. découvrait 5. crois 6. trouve 7. allait 8. nous calmerions 9. veux

Les pronoms

1 1. en 2. y 3. en 4. y 5. y 6. les 7. m' 8. me 9. te 10. leur

2 1. leur en 2. le leur 3. y en 4. les y 5. lui en

3 1. N'y va pas! 2. Finis-les! 3. Manges-en un! 4. Donne-la-moi! 5. Ne l'ennuie pas! 6. Ne lui en donne pas! 7. Vas-y immédiatement!

Le subjonctif dans les propositions substantives

1 1. s'organise 2. fassent 3. choisisse 4. alliez 5. puisse 6. soit 7. sache 8. soyez 9. ait

2 1. finisse 2. mettes 3. avoir 4. ailles 5. laisse 6. aies 7. as 8. vas

Le subjonctif dans les propositions relatives

1 1. coûte 2. soit 3. tienne 4. fasse 5. ait 6. sache

2 1. plaise 2. puisse 3. est 4. soit 5. ait 6. soient 7. soit 8. passons 9. fassent 10. vont 11. veuilles 12. existe

3 1. Le Mont-Blanc est la plus haute montagne dont on fasse l'ascension en France. 2. Le TGV est le train le plus rapide que nous puissions prendre pour aller de Paris à Lyon. 3. Le château de Chenonceau est le premier des châteaux de la Loire dont les touristes veuillent faire la visite. 4. Paris est vraiment la plus belle ville que je connaisse. 5. À Toulouse on construit le plus gros avion qui soit en service.

Le subjonctif dans les propositions adverbiales

1 1. Nous pourrions visiter le musée du Louvre à condition qu'il ne soit pas fermé. 2. On déjeunera dans un bon petit restaurant à moins qu'il soit trop cher. 3. Après, on pourrait faire un tour en bateau-mouche pour que je prenne des photos des monuments. 4. Ensuite, on se promènera sur les Champs-Élysées jusqu'à ce que nous soyons fatigués. 5. J'aimerais acheter quelques souvenirs pourvu qu'on ait assez d'euros.

2 1. pars 2. avoir 3. soit 4. soient 5. existe 6. voyage 7. trouvions

3 1. à condition que, ayons 2. pourvu que, soit 3. pourvu que, soyons 4. pour que, puissent 5. à condition que, veniez

Le passé du subjonctif

1 1. aient exagéré 2. ait dit 3. ne soient pas arrivés 4. n'aient pas eu 5. se soit passé 6. ait connue

La voix passive

1 1. Voix active 2. Voix active 3. Voix passive 4. Voix active 5. Voix active 6. Voix passive 7. Voix passive 8. Voix active 9. Voix passive 10. Voix passive

2 1. Il y a quelques jours, un feu de forêt a été allumé par des campeurs imprudents. 2. En début de semaine, tout un village a été détruit par l'incendie. 3. Les blessés ont été amenés dans plusieurs hôpitaux de la région. 4. Tous les habitants ont été évacués. 5. À l'heure actuelle, le feu est combattu par des dizaines de pompiers. 6. Demain, des canadairs seront envoyés pour aider à maîtriser l'incendie. 7. Le week-end prochain, de l'argent sera collecté pour aider les victimes. 8. Il faut que des précautions soient prises pour que ce genre d'accident ne se reproduise plus. 9. Chaque été, des milliers d'hectares de forêts sont détruits par des incendies. 10. Tous les ans, la vie de centaines de personnes est mise en danger par la négligence de quelques-uns.

Les comparatifs et les superlatifs

1 1. Ce candidat est plus jeune que les autres membres de son parti. 2. Il a participé à autant d'émissions télévisées que ton candidat. 3. C'est le candidat le plus dynamique de notre parti. 4. Il a autant d'expérience que les plus âgés. 5. Mais il est moins arrogant que les autres candidats. 6. Il a les meilleurs conseillers de la capitale. 7. Il ne perd pas son calme aussi souvent que ses adversaires politiques. 8. Et surtout, c'est lui qui parle le mieux en public.

2 1. La meilleure 2. le plus 3. le moindre 4. le mieux 5. La pire 6. moins

Les infinitifs compléments de verbe

1 1. c 2. a 3. c 4. a 5. a 6. a 7. b

2 1. — 2. pour 3. — 4. — 5. — 6. à 7. à 8. pour 9. à 10. par 11. de 12. — 13. après 14. d'

Photography and Art Credits

Cover

(tl): © Media Bakery; (tm): © Michael Dwyer/Alamy; (tr): © Alex Bartel/Age Fotostock; (bl): © Yves Marcoux/Getty Images; (bm): © Michele Burgess/Corbis; (br): © Adrian Weinbrecht/Getty Images.

Front Matter

xvii: © Urfin/Shutterstock.

Thème 1:

2–3: © Paris Street/Alamy; **5:** © Kamikazz Photo; **6:** Courtesy of Diambars; **9:** © Philippe Wojazer/Reuters/Corbis; **11:** © Pascal Deloche Godong/Picture Alliance/Newscom; **15:** © Haut et Court/CANAL+/Centre National de la Cinematographie/Newscom; **16:** © BSIP SA/Alamy; **18:** © Ersinkisacik/iStockphoto; **19:** © Neustock Images/iStockphoto; **23:** © Culture Club/Getty Images; **24:** © Moviestore Collection Ltd/Alamy; **30:** © Bloomberg/Getty Images; (rose) Martín Bernetti; **32:** © Eric Robert/VIP Production/Corbis; **33:** © David R. Frazier Photolibrary/Alamy; **37:** © Privilege/Shutterstock; **38:** © Mark Bowden/Getty Images; **42:** © Vvoe/Shutterstock; **43:** © Richard Manin/Getty Images; **45:** © Frederic Souloy/Gamma-Rapho/Getty Images; **46:** © Directphoto Collection/Alamy; **50:** © Pauliene Wessel/123RF; **52:** © Hadynyah/iStockphoto; **57:** © Les Ladbury/Alamy; **60:** By permission of Pierre-Olivier Mornas.

Thème 2:

64–65: (background): © Mircea Bezergheanu/Shutterstock; (foreground): © Roy Langstaff/Alamy; **68:** © Damir Cudic/Getty Images; **71–72:** © National Institute of Advanced Industrial Science and Technology (AIST); **73:** © Yoshikazu Tsuno/AFP/Getty Images/Newscom; **78:** © Roland/MaXx Images; **80:** © Courtesy of Arthur Zang; **84:** © Photos 12/Alamy; **86:** © Die Kleinert/Alamy; **91:** © Guy-Gervais Kitina/AFP/Getty Images/Newscom; **93:** Joerg Carstensen/EPA/Newscom; **95:** © Jose A. Astor/Alamy; **98:** © Picavet/Photolibrary/Getty Images; **104:** © Keith Ferris Photo/iStockphoto; **107:** © LWA/Dann Tardif/Blend Images/Alamy; **117:** (l): © Anna Rise/iStockphoto; (r): © Kasto/Fotolia; **120:** © Denis Balibouse/Corbis.

Thème 3:

124–125: © F1 Online Digitale Bildagentur GmbH/Alamy; **127:** © Vladimir Korostyshevskiy/Shutterstock; **128:** © Javier Larrea/Age Fotostock; **131:** © 2009 Florence Barreau/Getty Images; **132:** © Sergey Peterman/Dreamstime; **138:** © Rebecca Blackwell/AP Images; **140:** © Pavilion 'Aux Galeries Lafayette' at the Art Deco Exhibition, Paris, 1925 (b/w photo), French Photographer, (20th century) / Bibliotheque des Arts Decoratifs, Paris, France / Archives Charmet / Bridgeman Images; **141:** © Sjo/iStockphoto; **144:** © Radharc Images/Alamy; **145:** © Cote Sebastien/iStockphoto; **151:** © Michel Renaudeau/MaXx Images; **153:** © Helene Pambrun/Paris Match/Getty Images; **154:** © César Lucas Abreu/MaXx Images; **157:** © DEA/M Seemuller/MaXx images; **162:** © Baltel/Sipa Press/Newscom; **164:** Courtesy of Editions Zoé; **166:** © Horacio Villalobos/EPA/Newscom; **168:** © Atlantide Phototravel/Corbis; **171:** © Heritage Image/Alamy; **172:** © Javarman/Shutterstock; **177:** Fatou Cissé, 2006 /Antoine Tempe; **178:** © Lenz/Alamy; **180:** MaXx Images; **182:** By permission of Katharsis Films.

Thème 4:

186–187: © Rubens Abboud/Alamy; **190:** © Piksel/iStockphoto; **193:** © Gunnar Knechtel/laif/Redux; **194:** © STR/Reuters/Corbis; **200:** © William Stevens/Alamy; **206:** © Jonathan Hayward/iPhoto Inc/Newscom; **208:** © Colin McConnell/Toronto Star/Getty Images; **213:** © Kham/Reuters/Newscom; **215:** © Bernard Jaubert/Maxx Images; **221:** © Rmelle Loiseau/MSF; **224:** Lauren Krolick; **226:** Courtesy of www.Tahiti-Tourisme.com; **239:** © Museum Associates/LACMA. Licensed by Art Resource, NY; **242:** By permission from Les Films de Jules.

Thème 5:

246–247: © Ashley Cooper/Corbis; **250:** © MJ Photography/Alamy; **253:** Annie Pickert Fuller; **254:** (t): Courtesy of David Vissiere; (b): Courtesy of Karim Fahssis; **255 (t)**: Quentin Salinier/Sunna Design; (b): © Roy Kaltschmidt/Berkeley Lab; **260:** © Deloche/MaXx Images; **263:** © Sami Sarkis/MaXx Images; **272:** © Paul Langrock/Zenit/laif/Redux; **273:** Courtesy of the Association du Docteur Fatiha; **275:** © Renaud Visage/MaXx Images; **279:** © Food and Drink Photos/MaXx Images; **280:** Directphoto/MaXx Images; **286:** © Africa/Alamy; **289:** © Pierre Bessard/REA/Redux; **295:** © Fred Marvaux/REA/Redux; **300:** © Nicolas Messyasz/Sipa Press/AP Images; **303:** By permission of Jean-Philippe LaRoche/Nota Bene Production scrl.

Thème 6:

308–309: © Egon Bömsch/Glow Images; **311:** Courtesy of Gunter Prust; **315:** © Christian Ugartel/El Comercio de Peru/Newscom; **322:** © Manuel Pedoussuat/ESA/AP Images; **324:** © AFP/Getty Images; **328:** © Robert Fried/Alamy; **335:** © Aksaran/Getty Images; **337:** © Kris Ubach/Age Fotostock Spain, S. L./Alamy; **338:** © Bernard Annebicque/Sygma/Corbis; **341:** © Baltel/Sipa Press/Newscom; **342:** © David Hughes/Shutterstock; **344:** © Frank Heuer/laif/Redux; **347:** © Tupungato/123RF; **349:** © Thierry Grun/Age Fotostock; **350:** © Bjul/123RF; **353:** © Baltel/Sipa Press/Newscom; **359:** © Salvatore di Nolfi/EPA/Newscom; **360:** © Cyril Delettre/REA/Redux; **363:** By permission of Jeremy Strohm.

Text Credits

Thème 1

6 Alex Gaye, www.au-senegal.com.
14 «Entre les murs» - interview du réalisateur. By permission of TV5MONDE.
19 Interview by David Doucet/www.lesinrocks.com.
28 By permission of Canadian Broadcasting Corporation.
33 Philippe Labro, L'Étudiant Étranger, © Editions Gallimard.
38 By permission of Le Monde Interactif SA. www.lemonde.fr., Moïna Fauchier-Delavigne, 2014/02/01/.
41 © RFI, 2010. http://www.rfi.fr.
46 Pierre Assouline, Les Invites, © Editions Gallimard.
51 By permission of Confrérie du Thé; www.confrerieduthe.org.
55 © RFI, 2011. http://www.rfi.fr.
60 By permission of Pierre-Olivier Mornas.

Thème 2

68 By permission of Sophie Bartczak and LePoint.fr.
73 © Rafaële Brillaud / liberation.fr /14.11.2013.
76 © RFI, 2011. http://www.rfi.fr.
81 By permission of the World Bank.
89 By permission of BFM Business.
94 By permission of Stan Kraland and Le Huffington Post.
102 By permission of Thomas Leger.
107 By permission of Le Devoir.
111 Document originally produced by the World Intellectual Property Organization (WIPO), the owner of the copyright. This selection is an extract from http://www.wipo.int/export/sites/www/freepublications/fr/copyright/484/wipo_pub_484.pdf.
115 By permission of DecideursTV/Blard Media.
120 By permission of Canadian Broadcasting Corporation.

Thème 3

128 With the authorization of the Observatory Nivea.
132 By permission of Marie Claire/www.marieclairegroup.com.
136 © RFI, 2013. http://www.rfi.fr; with permission of Rachida Bouaiss.
140 © Sylvain Reisser / lefigaro.fr /16.12.2013.
149 «Je suis le premier noir à l'académie des beaux-arts» from L'invité. By permission of TV5MONDE.
154 © Thierry Clermont / lefigaro.fr /08.01.2009.
162 «Interview avec Maryse Condé» from 7 jours sur la planète. By permission of TV5MONDE.
167 By permission of Institut Francais/www.institutfrancais.com.
172 By permission of Tiphaine Campet/www.artetcuisine.fr.
176 By permission of Ibrahima Diop.
182 By permission of Katharsis Films.

Thème 4

190 By permission of IFAPME/www.ifapme.be.
194 © AFP 2014. Selection is an extract.
198 By permission of RTL Belgium/IP Belgium SA.
207 By permission of Groupe Librex.
211 By permission of MikaelVousEnParle.
216 By permission of Pauline Barraud de Lagerie.
220 By permission of Medicines Sans Frontieres.
224 © RFI, 2009. http://www.rfimusique.com.

229 By permission of Planetoscope.com.

233 By permission of Elisabeth Deswarte/psychologie-sociale.com.

237 © RFI, 2009. http://www.rfi.fr; with permission of Laurent Terrise and Jacques-Olivier Barthes.

242 By permission from Les Films de Jules.

Thème 5

250 www.fafa-microcredit.com.

254 Extract from «Les 10 jeunes Français les plus innovants, selon le MIT» by Erick Haehnsen, April 28, 2014. www.latribune.fr

258 By permission of Sydo/www.dessinemoideleco.com.

263 By permission of Le Monde (www.lemonde.fr). Article by Angela Bolis, September 27, 2013.

268 By permission of French UN News Centre. «Economie verte: le PNUE juge qu'il faut accroître le recyclage des métaux.» Published on May 26, 2011.

271 © FRANCE 24, 2013. http://www.france24.com.

276 By permission of Sante Magazine. Article by Patricia Chairopoulos, May 6, 2013. www.santemagazine.fr.

280 By permission of Au Feminin Sante/Groupe auFeminin.com.

284 © RFI, 2011. http://www.rfi.fr; with permission of Serge Hercberg.

289 By permission of la-croix.com.

294 By permission of oumma.com.

298 By permission of Canadian Broadcasting Corporation.

303 By permission of Jean-Philippe LaRoche/Nota Bene Production scrl.

Thème 6

312 By permission of Editions Cle.

316 © Éditions du Seuil, 1998, 2009.

320 © RFI, 2011. http://www.rfi.fr; with permission of Rohkaya Diallo.

325 By permission of www.francophonie.org.

329 By permission of Afrik.com.

333 © RFI. http://www.rfi.fr.

328 Reproduced by permission from Gitelink.com, an About-France.com website.

342 Propos recueillis par Ninon Renaud, pour «LA VIE» n° 3349 du 6/11/2009 et lavie.fr.

345 By permission of 20 Minutes France.

350 La Réunion, «île-laboratoire». Alchimie des cultures, par Carpanin Marimoutou. By permission of Le Monde diplomatique.

354 «Le coeur à rire et à pleurer» by Maryse Condé @ Editions Robert Laffont, 1999, Paris.

358 «Entrevue avec Calixthe Beyala sur la francophonie» from 7 jours sur la planète. By permission of TV5MONDE.

363 By permission of Jeremy Strohm.

Practice Exam

423 By permission of Institut national de prévention et d'éducation pour la santé.

425 Éditions Bernard de Fallois / édition de la Treille-L'euau des collines. www.marcel-Pagnol.com.

427 © RFI, 2013. http://www.rfi.fr; © AFP 2014.

428 © AFP, 2014.

434 © RFI, 2014. http://www.rfi.fr; with permission of Jean Claude de L'Estrac.

435 © Service Infographie du Figaro / lefigaro.fr/04.03.2012.

437 By permission of UN Radio. «Changement climatique: les Africains veulent faire partie de solutions.» Produced in September 23, 2014.

439 © RFI, 2011. http://www.rfi.fr; with permission of Jean-Michel Djian.

440 By permission of CREA.

445 © Ministère de l'éducation nationale, de l'enseignement supérieur et de la recherche.

446 By permission of Agence Idé.

447 «Parité Homme-Femme» from 7 jours sur la planète. By permission of TV5MONDE.

A

B

C

D

E